中華古籍保護計劃

ZHONG HUA GU JI BAO HU JI HUA CHENG GUO

·成果·

中共江蘇省委黨校圖書館等八家收藏單位古籍普查登記目録

全國古籍普查登記目録

國家圖書館出版社
National Library of China Publishing House

圖書在版編目(CIP)數據

中共江蘇省委黨校圖書館等八家收藏單位古籍普查登記目録/《中共江蘇省委黨校圖書館等八家收藏單位古籍普查登記目録》編委會編. —北京:國家圖書館出版社,2022.4
(全國古籍普查登記目録)
ISBN 978-7-5013-7411-3

Ⅰ.①中… Ⅱ.①中… Ⅲ.①古籍—圖書館目録—江蘇 Ⅳ.①Z838

中國版本圖書館 CIP 數據核字(2022)第 003648 號

書　　名　中共江蘇省委黨校圖書館等八家收藏單位古籍普查登記目録
著　　者　《中共江蘇省委黨校圖書館等八家收藏單位古籍普查登記目録》編委會　編
責任編輯　王　雷

出版發行　國家圖書館出版社(北京市西城區文津街 7 號　100034)
(原書目文獻出版社 北京圖書館出版社)
010-66114536　63802249　nlcpress@nlc.cn(郵購)
網　　址　http://www.nlcpress.com
排　　版　京荷(北京)科技有限公司
印　　裝　河北三河弘翰印務有限公司
版次印次　2022 年 4 月第 1 版　2022 年 4 月第 1 次印刷

開　　本　787×1092　1/16
印　　張　34
字　　數　600 千字
書　　號　ISBN 978-7-5013-7411-3
定　　價　330.00 圓

《全國古籍普查登記目録》

工作委員會

主　任： 周和平

副主任： 張永新　詹福瑞　劉小琴　李致忠　張志清

委　員（按姓氏筆畫排序）：

于立仁　王水喬　王　沛　王紅蕾　王筱雯
方自今　尹壽松　包菊香　任　競　全　勤
李西寧　李　彤　李忠昊　李春來　李　培
李曉秋　吴建中　宋志英　努　木　林世田
易向軍　周建文　洪　琰　倪曉建　徐欣禄
徐　蜀　高文華　郭向東　陳荔京　陳紅彦
張　勇　湯旭岩　楊　揚　賈貴榮　趙　嫄
鄭智明　劉洪輝　歷　力　鮑盛華　韓　彬
魏存慶　鍾海珍　謝冬榮　謝　林　應長興

《全國古籍普查登記目録》

序　言

全國古籍普查登記工作是"中華古籍保護計劃"的首要任務，是全面開展古籍搶救、保護和利用工作的基礎，也是有史以來第一次由政府組織、參加收藏單位最多的全國性古籍普查登記工作。

2007年國務院辦公廳發布《關於進一步加强古籍保護工作的意見》(國辦發[2007]6號)，明確了古籍保護工作的首要任務是對全國公共圖書館、博物館和教育、宗教、民族、文物等系統的古籍收藏和保護狀况進行全面普查，建立中華古籍聯合目録和古籍數字資源庫。2011年12月，文化部下發《文化部辦公廳關於加快推進全國古籍普查登記工作的通知》(文辦發[2011]518號)，進一步落實了全國古籍普查登記工作。根據文化部2011年518號文件精神，國家古籍保護中心擬訂了《全國古籍普查登記工作方案》，進一步規範了古籍普查登記工作的範圍、内容、原則、步驟、辦法、成果和經費。目前進行的全國古籍普查登記工作的中心任務是通過每部古籍的身份證——"古籍普查登記編號"和相關信息，建立古籍總臺賬，全面瞭解全國古籍存藏情况，開展全國古籍保護的基礎性工作，加强各級政府對古籍的管理、保護和利用。

《全國古籍普查登記工作方案》規定了全國古籍普查登記工作的三個主要步驟：一、開展古籍普查登記工作；二、在古籍普查登記基礎上，編纂出版館藏古籍普查登記目録，形成《全國古籍普查登記目録》；三、在古籍普查登記工作基本完成的前提下，由省級古籍保護中心負責編纂出版本省古籍分類聯合目録《中華古籍總目》分省卷，由國家古籍保護中心負責編纂出版《中華古籍總目》統編卷。

在黨和政府領導下，在各地區、各有關部門和全社會共同努力下，古籍普查登記工作得以扎實推進。古籍普查已在除臺、港、澳之外的全國各省級行政區域開展，普查内容除漢文古籍外，還包括各少數民族文字古籍，特别是於2010年分别啓動了新疆古籍保護和西藏古籍保護專項，因地制宜，開展古籍普查登記工作；國家古籍保護中心研製的"全國古籍普查登記平臺"已覆蓋到全國各省級古籍保護中心，并進一步研發了"中華古籍索引庫"，爲及時展現古籍普查成果提供有力支持；截至目前，已有11375部古籍進入《國家珍貴古籍名録》，浙江、江蘇、山東、河北等省公布了省級《珍貴古籍名録》,古籍分級保護機制初步形成。

《全國古籍普查登記目録》是古籍普查工作的階段性成果,旨在摸清家底,揭示館藏,反映古籍的基本信息。原則上每申報單位獨立成册,館藏量少不能獨立成册者,則在本省範圍内幾個館目合并成册。無論獨立成册還是合并成册,均編製獨立的書名筆畫索引附於書後。著録的必填基本項目有:古籍普查登記編號、索書號、題名卷數、著者(含著作方式)、版本、册數及存缺卷數。其他擴展項目有:分類、批校題跋、版式、裝幀形式、叢書子目、書影、破損狀况等。有條件的收藏單位多著録的一些擴展項目,也反映在《全國古籍普查登記目録》上。目録編排按古籍普查登記編號排序,内在順序給予各古籍收藏單位較大自由度,可按分類排列古籍普查登記編號,也可按排架號、按同書名等排列古籍普查登記編號,以反映各館特色。

此次全國古籍普查登記工作,克服了古籍數量多、普查人員少、普查難度大等各種困難,也得到了全國古籍保護工作者的極大支持。在古籍普查登記過程中,國家古籍保護中心、各省古籍保護中心爲此舉辦了多期古籍普查、古籍鑒定、古籍普查目録審校等培訓班,全國共1600餘家單位參加了培訓,爲古籍普查登記工作培養了大量人才。同時在古籍普查登記工作中,也鍛煉了普查員的實踐能力,爲將來古籍保護事業發展奠定了良好的基礎。

《全國古籍普查登記目録》的出版,將摸清我國古籍家底,爲古籍保護和利用工作提供依據,也將是古籍保護長期工作的一個里程碑。

國家古籍保護中心
2013年10月

《全國古籍普查登記目録》

編纂凡例

一、收録範圍爲我國境内各收藏機構或個人所藏，産生於 1912 年以前，具有文物價值、學術價值和藝術價值的文獻典籍，包括漢文古籍和少數民族文字古籍以及甲骨、簡帛、敦煌遺書、碑帖拓本、古地圖等文獻。其中，部分文獻的收録年限適當延伸。

二、以各收藏機構爲分册依據，篇幅較小者，適當合并出版。

三、一部古籍一條款目，複本亦單獨著録。

四、著録基本要求爲客觀登記、規範描述。

五、著録款目包括古籍普查登記編號、索書號、題名卷數、著者、版本、册數、存缺卷等。古籍普查登記編號的組成方式是：省級行政區劃代碼—單位代碼—古籍普查登記順序號。

六、以古籍普查登記編號順序排序。

目　　録

中共江蘇省委黨校圖書館古籍普查登記目錄

全國古籍普查登記目錄

國家圖書館出版社
National Library of China Publishing House

《中共江蘇省委黨校圖書館古籍普查登記目録》

編委會

主　任： 桑學成

副主任： 胡志軍　孫文華　顧明進

主　編： 楊慶雲

副主編： 仲　明　丁小文　常　璐

編　委： 王曉寧　戚曉熔　顧麗紅　趙　霞　高　鵬　王文美

《中共江蘇省委黨校圖書館古籍普查登記目録》

前　言

江蘇省委黨校於 1953 年創建之初，接收了中共蘇南、蘇北區委黨校的圖書資料和原華東革命大學接收的國民黨中央政治大學的圖書館館藏，總數約 7 萬餘册，這其中就包括了不少古籍和民國文獻。1956 年江蘇省委黨校改稱中共江蘇省委中級黨校。20 世紀 60 年代江蘇省行政幹部學校合并到中共江蘇省委中級黨校，圖書資料亦隨之合并，增擴不少館藏。由此可知，中共江蘇省委黨校圖書館現藏古籍主要來源於以上提及的四家單位，這些古籍一直被存放在樟木書櫃裏，工作人員手工記録了書目的基本情况。

2011 年黨校圖書館搬遷，新館舍新建了古籍書庫，設置了木橱，温濕度控制在合適範圍内，消防安防系統較爲完善。由於當時老館編目條件受限，書目數據訛誤較多，又經過新舊館舍的搬遷，書籍亂序現象嚴重。另有一部分殘本古籍，全部放置於一個書櫃中，未經整理。

2017 年上半年，黨校圖書館與江蘇省古籍保護中心聯繫，針對其館藏歷史文獻的普查整理工作向省中心尋求指導和幫助。省中心非常重視，隨即派出南京圖書館的古籍保護專家赴黨校圖書館走訪調研，摸清古籍的現存狀况。在全國古籍普查登記工作即將收尾之際，爲幫助黨校圖書館解决古籍普查實際困難，省中心經討論研究，議定自 6 月 5 日起開展爲期一個月的普查工作。

南京圖書館的專家老師帶領金陵科技學院的大三學生協助開展編目工作。南京圖書館與金陵科技學院文學院有長期合作關係，南圖每年爲古籍保護和古籍修復專業的學生提供實習機會，金科院持續不斷地爲古籍保護工作輸送人才資源。參加此次黨校普查的學生多數具有不止一次的編目實踐經驗，上手較快。

因爲書籍藏而未用年限已久，學生們首先要對書籍進行簡單的除塵清理，再對照初編目録查漏補缺，核對數據，清點册數，手寫簽條，入庫上架。爲保證編目質量，學生們對善本拍照留檔，及時上傳資料，以方便後續數據審核工作。

經整理統計，我館共藏有古籍 2982 部 23564 册，其中的善本（未包括稿、抄本）共計有 415 部 3951 册，包括元刻明修本 1 部 26 册，明刻本 112 部 919 册，清乾隆及以前刻本 302 部 3006 册。

專家們認爲，我館的古籍存藏數量可觀、質量較高，版本形式也較爲豐富，不僅刻本、稿本、抄本、活字印本、套印本等一應俱全，還有少量名人批校題跋本，且稿抄本當中也有若干善本,應當進一步整理發掘。普查中发現部分書籍破損嚴重,翻看困難,亟待修復,加强保護。

鑒於我館古籍文獻數量可觀、質量較高,又缺乏古籍文獻專業人才之現狀,現階段我館以保護保管好古籍文獻爲第一要務,根據國標要求,着力提高古籍文獻管理保護等級,做好申報“江蘇省古籍重點保護單位”前期準備工作,主要包括完善古籍專用書庫功能、配置相應古籍保護設施、配備專人管理、完善管理制度以及申請古籍整理開發專項經費等。

此次普查工作得到了江蘇省古籍保護中心的大力支持,他們工作嚴謹、認真專注,體現出很高的專業水準和令人敬佩的敬業精神,但由於經手的工作人員較多,難免有疏漏之處,敬祈方家指正。

中共江蘇省委黨校圖書館

2021 年 9 月 10 日

320000－4645－0000001　03－1－1－01
尚書註疏二十卷　題(漢)孔安國傳　(唐)孔穎達疏　(唐)陸德明音釋　明崇禎五年(1632)毛氏汲古閣刻十三經註疏本　六册

320000－4645－0000002　03－1－2－01
尚書考異六卷　(明)梅鷟撰　清道光五年(1825)立本齋刻本　二册

320000－4645－0000003　03－1－2－02
尚書古文疏證八卷　(清)閻若璩撰　**朱子古文書疑一卷**　(清)閻詠輯　清乾隆十年(1745)眷西堂刻本　八册　缺一卷(尚書古文疏證三)

320000－4645－0000004　03－1－2－03
周禮十二卷　(漢)鄭玄注　(唐)陸德明音義　清同治六年(1867)崇文書局刻朱印本　六册

320000－4645－0000005　03－1－2－04
尚書後案三十卷後辨一卷　(清)王鳴盛撰　清乾隆四十五年(1780)刻本　八册

320000－4645－0000006　03－1－3－01
寫定尚書一卷　(清)吳汝綸校定　清光緒十八年(1892)石印本　一册

320000－4645－0000007　03－1－3－02
書疑九卷　(宋)王柏著　清康熙刻通志堂經解本　一册

320000－4645－0000008　03－1－3－03
周禮六卷　(漢)鄭玄注　(唐)陸德明音義　清嘉慶十一年(1806)順德張氏清芬閣刻本　六册

320000－4645－0000009　03－1－3－04
周禮六卷　(漢)鄭玄注　(唐)陸德明音義　清嘉慶十一年(1806)順德張氏清芬閣刻本　六册

320000－4645－0000010　03－1－3－05
周易孔義集説二十卷　(清)沈起元撰　清光緒八年(1882)江蘇書局刻本　八册

320000－4645－0000011　03－1－4－01
詩考不分卷　(宋)王應麟撰　清嘉慶十年(1805)虞山張氏照曠閣刻本　二册

320000－4645－0000012　03－1－4－02
韓詩外傳十卷附補逸一卷校注拾遺一卷　(漢)韓嬰撰　(清)周廷寀校注　清光緒元年(1875)望三益齋刻本　四册

320000－4645－0000013　03－1－4－03
詩經傳注八卷　(清)李塨撰　清道光二十四年(1844)蠡吾趙鍛莊静穆堂刻本　四册

320000－4645－0000014　03－1－4－04
詩經傳注八卷　(清)李塨撰　清道光二十四年(1844)蠡吾趙鍛莊静穆堂刻本　四册

320000－4645－0000015　03－1－4－05
毛詩註疏二十卷　(漢)鄭玄箋　(唐)孔穎達疏　(唐)陸德明音釋　明崇禎三年(1630)毛氏汲古閣刻十三經註疏本　十四册

320000－4645－0000016　03－2－1－01
宋葉文康公禮經會元四卷　(宋)葉時撰　(清)許元淮輯　清乾隆五十五年(1790)黄暹刻本　四册

320000－4645－0000017　03－2－1－03
周禮古學考十一卷　李滋然撰　清宣統元年(1909)鉛印本　三册

320000－4645－0000018　03－2－1－04
周易函書約註十八卷卜法詳考四卷　(清)胡煦撰　清雍正胡氏葆璞堂刻本　十二册

320000－4645－0000019　03－2－2－01
毛詩異文箋十卷　(清)陳玉樹撰　清光緒十四年(1888)刻南菁書院叢書本　三册

320000－4645－0000020　03－2－2－02
學詩毛鄭異同籤二十二卷附一卷　(清)張汝霖撰　清木活字印本　八册

320000－4645－0000021　03－2－2－03
毛詩異義四卷附詩譜一卷　(清)汪龍撰　(清)鮑方渠校　清道光五年(1825)鮑方渠刻本　四册

320000－4645－0000022　03－2－2－04

周禮輯義十二卷　(清)姜兆錫撰　清雍正九年(1731)寅清樓刻本　八册

320000－4645－0000023　03－2－3－01
周禮政要二卷　(清)孫詒讓撰　清光緒鉛印本　二册

320000－4645－0000024　03－2－3－02
周易像象述纂二卷周易像象述金針一卷　(明)吳桂森撰　清抄本　二册

320000－4645－0000025　03－2－3－03
周易指三十八卷易例一卷周易圖五卷易斷辭一卷周易上下經一卷　(清)端木國瑚撰　清東甌郭文元刻本　二十册

320000－4645－0000026　03－2－4－04
易象正十二卷初二卷終二卷　(明)黄道周輯　清康熙三十二年(1693)鄭開極刻本　十册

320000－4645－0000027　03－2－4－05
通藝録　(清)程瑤田撰　清嘉慶刻本　三册　存六種七卷(釋草小計二卷、數度小計一卷、九勢碎事一卷、釋蟲小計一卷、讓堂亦政録一卷、修辭餘鈔一卷)

320000－4645－0000028　03－3－1－01
毛鄭詩斠議一卷　羅振玉撰　清末國學萃編社鉛印本　一册

320000－4645－0000029　03－3－1－02
毛詩古音攷四卷附一卷　(明)陳第輯　(明)焦竑訂正　清光緒六年(1880)武昌張裕劍刻本　四册

320000－4645－0000030　03－3－1－03
禹貢古今注通釋六卷　(清)侯楨撰　清光緒六年(1880)古杼秋館木活字印本　二册

320000－4645－0000031　03－3－1－05
詩誦五卷　(清)陳僅撰　清光緒十一年(1885)四明陳氏文則樓木活字印本　一册　存三卷(一至三)

320000－4645－0000032　03－3－1－06
呂氏家塾讀詩記三十二卷　(宋)呂祖謙撰　(清)楊以增校　清道光、咸豐間大梁書院刻本　五册　存十七卷(一至十一、十七至十九、二十二至二十四)

320000－4645－0000033　03－3－1－07
詩經八卷　(宋)朱熹集傳　清樂志堂刻本　四册

320000－4645－0000034　03－3－2－01
欽定儀禮義疏四十八卷首二卷　(清)朱軾等撰　清同治十年(1871)湖北崇文書局刻本　三十二册

320000－4645－0000035　03－3－3－01
尚書要義二十卷　(宋)魏了翁撰　清光緒十年(1884)江蘇書局刻本　六册

320000－4645－0000036　03－3－4－01
禹貢錐指二十卷略例一卷圖一卷　(清)胡渭撰　清康熙四十四年(1705)漱六軒刻本　八册

320000－4645－0000037　04－1－1－01
禮記集説一百六十卷　(宋)衛湜撰　清康熙十六年(1677)納蘭成德通志堂刻本　四十四册　缺四十六卷(七十七至一百二十二)

320000－4645－0000038　04－1－2－01
禮書通故五十卷　(清)黄以周述　清光緒十九年(1893)黄氏試館刻本　三十二册

320000－4645－0000039　04－1－2－02
禮記釐編十卷附録一卷　(清)潘相撰　清嘉慶五年(1800)刻咸豐元年(1851)長白廷桂印本　八册

320000－4645－0000040　04－1－3－03
制服成誦編一卷附制服表一卷喪服通釋一卷　(清)周保珪撰　清光緒十八年(1892)山東書局刻本　一册

320000－4645－0000041　04－1－3－05
明堂大道録八卷附禘説二卷　(清)惠棟撰　清乾隆畢氏經訓堂刻經訓堂叢書本　二册

320000－4645－0000042　04－1－3－07
春秋内傳古注輯存三卷　(清)嚴蔚輯　清乾隆二酉齋刻本　三册

320000－4645－0000043　04－1－3－09
禮器釋名十八卷　桑宣撰　清光緒二十二年(1896)宛平桑氏刻鐵研齋叢書本　二冊

320000－4645－0000044　04－1－3－10
春秋公羊穀梁諸傳彙義十二卷　(清)姜兆錫撰　清乾隆五年(1740)寅清樓刻本　六冊

320000－4645－0000045　04－1－4－02
爾雅註疏彔義六卷　(清)姜兆錫撰　清雍正十年(1732)寅清樓刻本　二冊

320000－4645－0000046　04－1－4－03
易隱八卷首一卷　(清)曹九錫輯　清光緒十一年(1885)祥麟書屋刻本　四冊

320000－4645－0000047　04－1－4－04
易原八卷　(宋)程大昌撰　清乾隆刻道光二十七年(1847)遞修本　二冊

320000－4645－0000048　04－1－4－05
儀禮十七卷　(清)吳廷華章句　清乾隆五十九年(1794)金閶書業堂刻本　二冊

320000－4645－0000049　04－1－4－06
禮記或問八卷　(清)汪紱撰　(清)程夢元等校　清光緒二十二年(1896)刻本　四冊

320000－4645－0000050　04－1－4－07
春秋穀梁傳十二卷　(晉)范甯集解　清光緒遵義黎氏日本東京使署影宋刻古逸叢書本　二冊

320000－4645－0000051　04－1－4－08
大戴禮記補注十三卷序錄一卷　(清)孔廣森撰　清嘉慶二十二年(1817)曲阜孔氏儀鄭堂刻本　二冊

320000－4645－0000052　04－1－4－09
六禮或問十二卷首一卷末一卷　(清)汪紱撰　清光緒二十一年(1895)刻本　四冊

320000－4645－0000053　04－1－4－10
春秋例表不分卷　(清)王代豐撰　清光緒七年(1881)四川尊經書院刻本　二冊

320000－4645－0000054　04－1－4－11
春秋輯傳十三卷宗旨一卷凡例二卷　(明)王樵撰　明萬曆刻本　十冊

320000－4645－0000055　04－2－1－01
禮書通故五十卷　(清)黃以周述　(清)張惠澍等校　清光緒十九年(1893)黃氏試館刻本　一冊　存四卷(器禮通故一至四)

320000－4645－0000056　04－2－1－02
左傳舊疏考正八卷　(清)劉文淇撰　清道光十八年(1838)劉氏青溪舊屋刻本　四冊

320000－4645－0000057　04－2－1－04
禮記質疑四十九卷　(清)郭嵩燾著　清光緒十六年(1890)湖南思賢講舍刻本　十冊

320000－4645－0000058　04－2－2－01
禮記註疏六十三卷　(漢)鄭玄註　(唐)孔穎達疏　(唐)陸德明音釋　明崇禎十二年(1639)毛氏汲古閣刻十三經註疏本　二十九冊　缺二卷(五十五至五十六)

320000－4645－0000059　04－2－3－01
附釋音春秋左傳注疏六十卷　(晉)杜預注　(唐)陸德明音義　(唐)孔穎達疏　**附校勘記六十卷**　(清)阮元撰　清嘉慶二十年(1815)南昌府學刻本　二十八冊

320000－4645－0000060　04－2－4－01
家禮五卷　(宋)朱嘉撰　**附錄一卷**　(宋)楊復撰　清同治四年(1865)望三益齋刻本　二冊

320000－4645－0000061　04－2－4－02
儀禮經注疏正譌十七卷　(清)金日追撰　清乾隆五十三年(1788)張式慎刻本　張鴻來跋　四冊

320000－4645－0000062　04－2－4－03
聖廟祀典圖考五卷首一卷附二卷　(清)顧沅輯　清道光六年(1826)賜硯堂刻本　十二冊

320000－4645－0000063　04－2－4－04
儀禮經傳註疏參義內編二十三卷外編五卷首一卷　(清)姜兆錫撰　清乾隆元年(1736)寅清樓刻本　十六冊

320000－4645－0000064　04－3－1－01

春秋日食辨正一卷春秋朔閏表一卷　（清）王韜撰　清光緒十五年（1889）淞隱廬鉛印本　一册

320000－4645－0000065　04－3－1－02
劉炫規杜持平六卷　（清）邵瑛撰　清嘉慶二十二年（1817）桂隱書屋刻本　六册

320000－4645－0000066　04－3－1－03
春秋經傳集解三十卷　（晉）杜預撰　（明）穆文熙輯評　**春秋名號歸一圖二卷**　（五代）馮繼先撰　明萬曆十五年（1587）劉懷恕刻春秋戰國評苑本　十六册　存十七卷（春秋經傳集解十四至三十）

320000－4645－0000067　04－3－2－01
鍾評杜氏春秋左傳合註三十卷　（晉）杜預撰　（唐）陸德明音義　（明）鍾惺評　明崇禎四年（1631）毛氏汲古閣刻本　佚名批校　八册

320000－4645－0000068　04－3－3－01
春秋穀梁注疏二十卷附考證二十卷　（晉）范甯集解　（唐）陸德明音義　（唐）楊士勛疏　清乾隆四年（1739）刻十三經注疏本　六册

320000－4645－0000069　04－3－3－02
四書摭餘説七卷　（清）曹之升撰　清嘉慶三年（1798）刻本　六册

320000－4645－0000070　04－3－3－03
春秋家説三卷　（清）王夫之撰　清同治四年（1865）金陵湘鄉曾國荃刻船山遺書本　四册

320000－4645－0000071　04－3－4－01
四書朱子本義匯条四十三卷首四卷　（清）王步青輯　清乾隆十年（1745）敦復堂刻本　二十四册

320000－4645－0000072　04－4－1－01
春秋公羊傳二十八卷　（漢）何休注　明崇禎永懷堂刻同治八年（1869）浙江書局重修十三經古注本　三册

320000－4645－0000073　04－4－1－02
春秋公羊傳十一卷　（漢）何休學　（唐）陸德明音義　清同治七年（1868）湖北崇文書局刻朱印本　四册

320000－4645－0000074　04－4－1－03
左傳事緯十二卷　（清）馬驌撰　**左傳事緯前書八卷**　（清）張敦仁輯　清刻本　九册

320000－4645－0000075　04－4－2－01
春秋左氏傳賈服注輯述二十卷　（漢）賈逵（漢）服虔注　（清）李貽德輯　清同治五年（1866）刻本　六册

320000－4645－0000076　04－4－3－01
張翰林校正禮記大全三十卷　（明）胡廣等輯（明）張瑞圖　（明）沈正宗校　明刻本　八册　存九卷（一至九）

320000－4645－0000077　04－4－4－01
春秋大事表五十卷春秋輿圖一卷附録一卷（清）顧棟高輯　清乾隆十三年至十四年（1748－1749）萬卷樓刻本　二十册

320000－4645－0000078　04－5－1－01
宋金仁山先生大學疏義一卷　（宋）金履祥撰　清雍正七年（1729）婺郡東藕塘賢祠義學刻本　一册

320000－4645－0000079　04－5－1－02
孟子集註攷證七卷前一卷　（宋）金履祥撰　清雍正金律刻本　一册

320000－4645－0000080　04－5－1－03
駢雅訓纂十六卷首一卷　（明）朱謀㙔撰（清）魏茂林訓纂　清光緒二十年（1894）上海積山書局石印本　八册

320000－4645－0000081　04－5－1－04
論語集註攷證十卷前一卷　（宋）金履祥撰　清雍正金律刻本　二册

320000－4645－0000082　04－5－1－05
儀禮鄭註句讀十七卷附儀禮監本正誤一卷儀禮唐石經正誤一卷　（漢）鄭玄註　（清）張爾岐句讀　清同治七年（1868）金陵書局刻本　四册

320000－4645－0000083　04－5－1－06
禮記章義十卷　（清）姜兆錫撰　清雍正十年

(1732)寅清樓刻本　八册

320000－4645－0000084　04－5－2－01
附釋音禮記註疏六十三卷　(漢)鄭玄註　(唐)孔穎達疏　(唐)陸德明釋文　元刻明修本　二十六册　存三十五卷(十三至十九、二十七至三十五、四十五至六十三)

320000－4645－0000085　04－5－3－01
四書一貫講十九卷　(宋)朱熹集註　(清)顧天健著　**松陽劄記一卷**　(清)陸隴其　(清)陸公鏐撰　(清)顧天健輯　清乾隆二十八年(1763)啓後堂刻本　八册　存八卷(孟子一至七、松陽劄記一卷)

320000－4645－0000086　04－5－3－02
四書經註集證十九卷　(清)吳昌宗撰　清嘉慶三年(1798)江都汪氏刻本　十六册

320000－4645－0000087　05－1－1－01
小學鉤沈十九卷　(清)任大椿輯　(清)王念孫校　清光緒十年(1884)李氏半畝園刻本　四册

320000－4645－0000088　05－1－1－02
小學鉤沈續編八卷　顧震福撰集　清光緒十八年(1892)刻本　四册

320000－4645－0000089　05－1－1－04
四書章句集注定本辨一卷四書家塾讀本句讀一卷　(清)吳英撰　**四書章句附攷四卷**　(清)吳志忠輯　清嘉慶十六年(1811)璜川吳氏真意堂刻本　一册

320000－4645－0000090　05－1－1－05
大學衍義補一百六十卷首一卷　(明)丘濬撰　(明)陳仁錫評閱　明崇禎陳仁錫刻清京都文錦堂印本　四十册

320000－4645－0000091　05－1－2－01
説文解字句讀三十卷　(漢)許慎記　(清)王筠撰集　清光緒八年(1882)四川尊經書局刻本　十六册

320000－4645－0000092　05－1－2－02
四書章句集注二十六卷　(宋)朱熹集注　(清)吳志忠校　清光緒七年(1881)淮南書局刻本　六册

320000－4645－0000093　05－1－2－03
四書章句集註十九卷　(宋)朱熹章句　清光緒十六年(1890)常熟鮑氏抱芳閣刻本　十二册　缺二卷(孟子六至七)

320000－4645－0000094　05－1－3－01
經籍籑詁並補遺一百六卷首一卷　(清)阮元撰集　清嘉慶十七年(1812)揚州阮氏琅嬛僊館刻本　六十四册

320000－4645－0000095　05－1－5－01
説文解字十四卷説文解字標目一卷　(漢)許慎撰　(宋)徐鉉等校定　**説文通檢十四卷末一卷**　(清)黎永椿編　清嘉慶十四年(1809)孫氏刻本　九册　缺七卷(説文通檢一至七)

320000－4645－0000096　05－1－5－02
説文解字三十卷附六書音均表二卷　(清)段玉裁注　**聲韻攷四卷**　(清)戴震撰　清嘉慶經韻樓刻本　九册

320000－4645－0000097　05－2－4－01
觀古堂所刊書　葉德輝輯　清光緒長沙葉氏刻本　五册　存六種十四卷(爾雅圖贊一卷、山海經圖贊二卷、説文段注校三種四卷、南廱志經籍考二卷、萬卷堂書目四卷、絳雲樓書目補遺一卷)

320000－4645－0000098　05－2－4－02
觀古堂彙刻書　葉德輝輯　清光緒二十八年(1902)長沙葉氏刻民國八年(1919)重編印本　三册　存二種七卷(三家詩補遺三卷、爾雅補注四卷)

320000－4645－0000099　05－2－4－08
大學衍義四十三卷　(宋)真德秀彙輯　(明)陳仁錫評閱　明崇禎陳仁錫刻清京都文錦堂印本　十册

320000－4645－0000100　05－2－4－09
小學考五十卷　(清)謝啟昆錄　清光緒十四年(1888)浙江書局刻本　二十册

320000－4645－0000101　05－2－5－01
孟子三卷　清末民國間影印本　一冊

320000－4645－0000102　05－2－5－03
雷刻四種　（清）雷浚撰　清光緒十年（1884）刻本　五冊　存二種十六卷（説文引經例辨三卷、説文外編一至十三）

320000－4645－0000103　05－2－5－04
雷刻八種　（清）雷浚撰　清光緒雷氏刻本　二冊　存三種八卷（説文外編八至十一、十五至十六，説文辨疑一卷，劉氏碎金一卷）

320000－4645－0000104　05－2－5－09
輶軒使者絕代語釋别國方言十三卷　（漢）揚雄撰　（晉）郭璞注　清刻武英殿聚珍版書本　三冊

320000－4645－0000105　05－2－5－11
爾雅郭注義疏二十卷　（清）郝懿行撰　清光緒十四年（1888）湖北官書處刻本　八冊

320000－4645－0000106　05－3－1－01
爾雅郭注義疏二十卷　（清）郝懿行撰　清光緒十四年（1888）上海鴻文書局石印本　四冊

320000－4645－0000107　05－3－1－02
廣雅疏證十卷　（清）王念孫撰　（清）王引之述　**博雅音十卷**　（隋）曹憲撰　（清）王念孫校　清光緒十九年（1893）上海鴻文書局石印本　四冊

320000－4645－0000108　05－3－2－01
戴氏注論語二十卷　（清）戴望注　清同治十年（1871）刻本　一冊

320000－4645－0000109　05－3－2－02
論語竢質三卷校譌一卷　（清）江聲撰　**續校一卷**　（清）董金鑑輯　清光緒木活字印本　三冊

320000－4645－0000110　05－3－2－03
論語古訓十卷　（清）陳鱣撰　清光緒九年（1883）浙江書局刻本　二冊

320000－4645－0000111　05－3－2－04
唐卷子本論語十卷　（三國魏）何晏集解　清光緒十五年（1889）德清傅氏日本東京刻籑喜廬叢書本　二冊

320000－4645－0000112　05－3－2－05
四書改錯二十一卷附錄一卷　（清）毛奇齡撰　（清）陳元龍等校　清嘉慶十六年（1811）學圃刻本　八冊

320000－4645－0000113　05－3－2－06
四書正事括略五卷補二卷附錄一卷　（清）毛奇齡撰　清道光二十年（1840）蕭山沈氏刻本　八冊

320000－4645－0000114　05－3－2－07
釋名疏證八卷續釋名一卷補遺一卷　（漢）劉熙撰　（清）畢沅疏證　清乾隆五十四年（1789）畢氏靈岩山館刻本　四冊

320000－4645－0000115　05－3－3－01
經籍籑詁五卷首一卷　（清）阮元撰　清光緒九年（1883）上海點石齋石印本　五冊

320000－4645－0000116　05－3－3－02
夏小正一卷　（漢）戴德傳　（清）朱駿聲補傳　清光緒八年（1882）臨嘯閣刻朱氏群書本　一冊

320000－4645－0000117　05－3－3－03
夏小正戴氏傳訓解四卷夏小正考異一卷夏小正通論一卷　（清）王寶仁撰　清同治十三年（1874）舊香居刻本　一冊

320000－4645－0000118　05－3－3－04
孝經一卷　（清）姜兆錫本義　清光緒十六年（1890）刻本　一冊

320000－4645－0000119　05－3－3－05
左通補釋三十二卷　（清）梁履繩撰　清道光九年（1829）錢塘汪氏振綺堂刻光緒元年（1875）補刻本　十四冊

320000－4645－0000120　05－4－1－01
説文繫傳校錄三十卷　（清）王筠撰　清咸豐七年（1857）刻本　二冊

320000－4645－0000121　05－4－1－04
孝經學七卷　曹元弼撰　清宣統元年（1909）

刻本　一册

320000－4645－0000122　05－4－1－05
説文解字十四卷　(漢)許慎記　(宋)徐鉉等校　清初虞山毛氏汲古閣刻本　十二册

320000－4645－0000123　06－1－1－01
復古編二卷附録一卷　(宋)張有撰　**安陸集一卷**　(宋)張先撰　清光緒八年(1882)淮南書局刻本　三册

320000－4645－0000124　06－1－1－04
籀書内篇二卷　(清)曹金籀撰　清同治八年(1869)刻石屋書本　一册

320000－4645－0000125　06－1－1－05
聖門名字纂詁二卷　(清)洪恩波撰　清光緒二十三年(1897)刻本　二册

320000－4645－0000126　06－1－1－06
明堂大道録八卷禘説二卷　(清)惠棟撰　清乾隆畢氏經訓堂刻經訓堂叢書本　四册

320000－4645－0000127　06－1－2－01
隸篇十五卷續十五卷再續十五卷　(清)翟雲升撰　清道光十七年至十八年(1837－1838)東萊翟雲升刻本　十册

320000－4645－0000128　06－1－3－01
韓詩外傳十卷附韓詩外傳校注拾遺一卷韓詩外傳補逸一卷韓詩外傳舊序一卷　(漢)韓嬰撰　(清)周廷寀校注　清光緒元年(1875)望三益齋刻本　二册

320000－4645－0000129　06－1－3－05
韻鏡一卷　(宋)張麟之撰　清光緒十年(1884)遵義黎氏日本東京使署刻古逸叢書本　一册

320000－4645－0000130　06－2－1－01
宋史四百九十六卷目録三卷　(元)脱脱等撰　清光緒元年(1875)浙江書局刻本　一百八册

320000－4645－0000131　06－3－1－01
南史八十卷　(唐)李延壽撰　清同治十一年(1872)金陵書局刻本　十二册

320000－4645－0000132　06－3－1－02
南齊書五十九卷　(南朝梁)蕭子顯撰　清同治十三年(1874)金陵書局刻本　六册

320000－4645－0000133　06－3－3－01
六書通十卷　(明)閔齊伋撰　(清)畢弘述篆訂　清光緒二十一年(1895)上海鴻寶齋石印本　五册

320000－4645－0000134　06－3－3－02
文字蒙求四卷　(清)王筠撰　清光緒十三年(1887)刻本　二册

320000－4645－0000135　06－3－3－03
匡謬正俗八卷　(唐)顔師古撰　清乾隆二十一年(1756)盧見曾雅雨堂刻本　一册

320000－4645－0000136　06－3－3－05
通雅五十二卷首三卷　(明)方以智撰　清康熙五年(1666)姚文燮刻本　十八册　存四十卷(一至三十七、首三卷)

320000－4645－0000137　06－4－1－03
易經十二卷首一卷末一卷　(宋)朱熹本義　清同治四年(1865)金陵書局刻本　二册

320000－4645－0000138　06－4－1－04
十三經舊學加商二卷　(清)吴修祜撰　清光緒十五年(1889)吴修祜木活字印本　一册

320000－4645－0000139　06－4－1－05
字學舉隅不分卷　(清)龍啟瑞撰　清道光二十年(1840)刻本　一册

320000－4645－0000140　06－4－1－06
讀十三經管見草一卷　(清)王尚槩著　清宣統二年(1910)鉛印羲川遺書本　一册

320000－4645－0000141　06－4－1－07
聲韻彙譜不分卷　(清)□□著　稿本　一册

320000－4645－0000142　06－4－1－08
周易四卷附筮儀一卷周易本義卦歌一卷周易圖説一卷　(宋)朱熹本義　清同治十一年(1872)山東書局刻本　二册

320000－4645－0000143　06－4－1－09
經言拾遺十四卷　(清)徐文靖撰　清乾隆二

十一年(1756)當塗徐氏志寧堂刻徐位山六種本　二冊

320000－4645－0000144　06－4－1－11
詩韻釋音五卷　(清)陳錦輯　清光緒十三年(1887)山陰陳氏橘蔭軒刻本　二冊

320000－4645－0000145　06－4－1－12
白虎通德論二卷　(漢)班固撰　明萬曆二十年(1592)程榮刻漢魏叢書本　二冊

320000－4645－0000146　06－4－1－13
佩文詩韻釋要五卷　(清)周兆基輯　陸潤庠校　清光緒十二年(1886)刻本　一冊

320000－4645－0000147　06－4－1－14
匏瓜錄十卷　(清)芮長恤撰　清光緒十年(1884)惲氏懷永堂刻本　五冊

320000－4645－0000148　06－4－2－01
白虎通四卷　(漢)班固等撰　**白虎通義攷一卷白虎通闕文一卷**　(清)莊述祖撰輯　**白虎通校勘補遺一卷**　(清)盧文弨撰　清乾隆四十九年(1784)盧文弨刻抱經堂叢書本　二冊

320000－4645－0000149　06－4－2－02
春秋左傳杜注三十卷首一卷　(晉)杜預注　(清)姚培謙輯　清光緒十九年(1893)浙江書局刻本　十冊

320000－4645－0000150　06－4－3－01
通藝錄　(清)程瑤田撰　清嘉慶八年(1803)歙縣程氏刻本　五冊　存九種二十二卷(論語小記三卷、論語外篇二卷、釋宮小記一卷、考工創物小記八卷、溝洫疆理小記一卷、解字小記一卷、水地小記一卷、聲律小記一卷、九穀考四卷)

320000－4645－0000151　06－4－3－02
四書考異七十二卷　(清)翟灝撰　清乾隆三十四年(1769)無不宜齋刻武林竹簡齋印本　十二冊

320000－4645－0000152　06－5－1－01
經課續編八卷　(清)俞樾撰　清光緒二十五年(1899)刻春在堂全書本　四冊

320000－4645－0000153　06－5－1－03
稽古日鈔八卷　(清)張方湛等輯　清乾隆二十九年(1764)秋曉山房刻本　二冊

320000－4645－0000154　06－5－1－04
四書質疑十九卷　徐紹楨撰　清光緒九年(1883)梧州刻本　四冊

320000－4645－0000155　07－1－1－01
隋書八十五卷　(唐)魏徵等撰　清同治十年(1871)淮南書局刻本　十六冊

320000－4645－0000156　07－1－1－02
三國志六十五卷　(晉)陳壽撰　(南朝宋)裴松之注　清同治九年(1870)金陵書局刻本　十冊

320000－4645－0000157　07－1－2－01
梁書五十六卷　(唐)姚思廉撰　清同治十三年(1874)金陵書局刻本　六冊

320000－4645－0000158　07－1－2－02
宋書一百卷　(南朝梁)沈約撰　清同治十一年(1872)金陵書局刻本　十六冊

320000－4645－0000159　07－1－3－01
五代史七十四卷　(宋)歐陽修撰　(宋)徐無黨注　清同治十一年(1872)崇文書局刻本　八冊

320000－4645－0000160　07－1－3－02
北齊書五十卷　(唐)李百藥撰　清同治十三年(1874)金陵書局刻本　四冊

320000－4645－0000161　07－1－3－03
遼史拾遺二十四卷附遼史紀年表一卷　(清)厲鶚撰　清光緒元年(1875)江蘇書局刻本　八冊

320000－4645－0000162　07－1－3－04
周書五十卷　(唐)令狐德棻撰　清同治十三年(1874)金陵書局刻本　六冊

320000－4645－0000163　07－1－3－05
陳書三十六卷　(唐)姚思廉撰　清同治十一年(1872)金陵書局刻本　四冊

320000－4645－0000164　07－1－4－01

魏書一百十四卷 (北齊)魏收撰 清同治十一年(1872)金陵書局刻本 二十二冊

320000－4645－0000165 07－2－1－01
後漢書一百卷 (南朝宋)范曄撰 (唐)李賢注 **續漢書志三十卷** (晉)司馬彪撰 (南朝梁)劉昭注補 清同治八年(1869)金陵書局刻本 十八冊

320000－4645－0000166 07－3－1－01
舊唐書二百卷 (五代)劉昫撰 清同治十一年(1872)浙江書局刻本 四十八冊

320000－4645－0000167 07－3－3－01
前漢書一百卷 (漢)班固撰 (唐)顔師古注 清同治八年(1869)金陵書局刻本 二十四冊

320000－4645－0000168 07－4－1－01
舊五代史一百五十卷 (宋)薛居正等撰 清同治十一年(1872)崇文書局刻本 十六冊

320000－4645－0000169 07－4－2－01
史記一百三十卷 (漢)司馬遷撰 (南朝宋)裴駰集解 清光緒四年(1878)金陵書局刻本 十六冊

320000－4645－0000170 07－4－3－01
晉書一百三十卷 (唐)房玄齡等撰 **音義三卷** (唐)何超撰 清同治十年(1871)金陵書局刻本 二十二冊

320000－4645－0000171 07－4－4－01
北史一百卷 (唐)李延壽撰 清同治十一年(1872)金陵書局刻本 二十二冊

320000－4645－0000172 08－1－1－01
明史三百三十二卷 (清)張廷玉等撰 清光緒三年(1877)崇文書局刻本 八十冊

320000－4645－0000173 08－2－1－01
唐書二百二十五卷 (宋)歐陽修 (宋)宋祁撰 清同治十二年(1873)浙江書局刻本 四十四冊

320000－4645－0000174 08－2－3－01
遼史一百十五卷附考證 (元)托克托等修 清同治十二年(1873)江蘇書局刻本 十二冊

320000－4645－0000175 08－3－1－01
金史一百三十五卷附考證 (元)托克托等修 **欽定金國語解一卷** (清)張廷玉等撰 清同治十三年(1874)江蘇書局刻本 二十四冊

320000－4645－0000176 08－3－2－01
元史二百十卷附考證 (明)宋濂等修 **元史藝文志四卷元史氏族表三卷** (清)錢大昕撰 清同治十三年(1874)江蘇書局刻本 四十八冊

320000－4645－0000177 08－4－1－01
康熙字典十二集檢字一卷辨似一卷字母切韻要法一卷備考一卷補遺一卷 (清)張玉書等纂 清光緒十一年(1885)上海同文書局石印本 六冊

320000－4645－0000178 08－4－1－03
澤存堂五種 (清)張士俊輯 清光緒十四年(1888)上海蜚英館石印本 八冊

320000－4645－0000179 08－4－2－02
全謝山先生經史問答十卷 (清)全祖望撰 (清)史夢蛟校 清嘉慶九年(1804)餘姚史夢蛟刻本 二冊

320000－4645－0000180 08－4－2－03
三國志質疑六卷 徐紹楨撰 清光緒十二年(1886)刻本 二冊

320000－4645－0000181 08－4－2－04
三國志證聞三卷 (清)錢儀吉撰 清光緒十一年(1885)江蘇書局刻本 二冊

320000－4645－0000182 08－4－2－05
東觀漢記二十四卷 (漢)劉珍等撰 清道光十年(1830)福建刻本 四冊

320000－4645－0000183 08－4－3－01
禮書通故五十卷 (清)黃以周撰 清光緒十九年(1893)黃氏試館刻本 十九冊 存三十四卷(一至三十四)

320000－4645－0000184 08－5－4－01
補後漢書藝文志攷十卷首一卷 曾樸撰 清

光緒二十一年(1895)木活字印常熟曾氏叢書本　六冊

320000－4645－0000185　08－5－4－02
晉書輯本　(清)湯球輯　清光緒廣雅書局刻本　十冊

320000－4645－0000186　09－1－1－03
漢書地理志校注二卷識語一卷　(清)王紹蘭撰　(清)陳光淞校　清光緒二十二年(1896)蕭山陳氏遺經樓刻本　二冊

320000－4645－0000187　09－1－1－04
漢書地理志校本二卷　(清)汪遠孫撰　清道光二十八年(1848)錢塘汪遠孫振綺堂刻本　一冊

320000－4645－0000188　09－1－1－05
漢書疏證三十六卷後漢書疏證三十卷　(清)沈欽韓撰　清光緒二十六年(1900)浙江官書局刻本　四十冊

320000－4645－0000189　09－1－2－01
前漢書一百卷附考證　(漢)班固撰　(唐)顏師古注　清光緒十四年(1888)上海圖書集成印書局石印本　十八冊　存八十九卷(一至六、十五至二十八、三十二至一百)

320000－4645－0000190　09－1－3－01
史記一百三十卷附考證　(漢)司馬遷撰　(南朝宋)裴駰集解　(唐)司馬貞索隱　(唐)張守節正義　**史記正義論例謚法解列國分野一卷**　(唐)張守節撰　清光緒十四年(1888)上海蜚英館石印本　十冊　存一百六卷(史記一至五、十三至七十、八十八至一百三十)

320000－4645－0000191　09－1－4－02
明史藁三百十卷目錄三卷　(清)王鴻緒撰　清雍正敬慎堂刻本　一百冊

320000－4645－0000192　09－2－2－01
明史藁三百十卷目錄三卷　(清)王鴻緒撰　清雍正敬慎堂刻本　四十四冊　缺六十三卷(列傳五十五、六十一至八十七、一百七十一至二百五)

320000－4645－0000193　09－3－1－01
明史藁三百十卷目錄三卷　(清)王鴻緒撰　清雍正敬慎堂刻本　六十三冊　缺六卷(列傳一百九十五至二百)

320000－4645－0000194　09－4－1－01
二十四史分類輯要十二卷　(清)沈桐生輯　清光緒二十八年(1902)會文學社石印本　十六冊

320000－4645－0000195　09－4－1－02
史記志疑三十六卷　(清)梁玉繩撰　**補遺一卷**　(清)梁學昌輯　清光緒十四年(1888)餘姚朱氏刻本　十六冊

320000－4645－0000196　09－4－2－02
漢志水道疏證四卷　(清)洪頤煊撰　清光緒十四年(1888)長洲蔣鳳藻心矩齋刻本　二冊

320000－4645－0000197　09－4－2－03
姚惜抱先生前漢書評點不分卷　(清)姚鼐撰　清光緒十六年(1890)石印本　一冊

320000－4645－0000198　09－4－2－04
兩漢刊誤補遺十卷附錄一卷　(宋)吳仁傑撰　清同治七年(1868)金陵書局木活字印本　二冊

320000－4645－0000199　09－4－2－05
校刊史記集解索隱正義札記五卷　(清)張文虎撰　清同治十一年(1872)金陵書局刻本　二冊

320000－4645－0000200　09－4－2－06
二十一史論贊三十六卷　(明)沈國元輯　清抄本　六冊　缺五卷(一至二、三十三至三十五)

320000－4645－0000201　09－4－3－01
孫月峰先生批評漢書一百卷　(漢)班固撰　(明)孫鑛評　明末馮元仲天益山刻本　二十六冊

320000－4645－0000202　09－4－4－01
欽定金史語解十二卷　(清)□□撰　清光緒四年(1878)江蘇書局刻本　二冊

320000－4645－0000203　09－4－4－02
遼史拾遺補五卷　(清)楊復吉輯　清光緒三年(1877)江蘇書局刻本　二册

320000－4645－0000204　09－4－4－03
東都事畧一百三十卷　(宋)王偁撰　清上海精一閣書局刻本　十五册　存一百二十一卷(一至一百二十一)

320000－4645－0000205　09－4－5－01
補續漢書藝文志一卷　(清)錢大昭撰　清光緒十四年(1888)廣雅書局刻本　一册

320000－4645－0000206　09－4－5－02
東都事略一百三十卷　(宋)王偁撰　清光緒九年(1883)淮南書局刻本　八册

320000－4645－0000207　09－4－5－03
續漢志三十卷　(晉)司馬彪撰　(南朝梁)劉昭注補　清同治八年(1869)金陵書局刻本　二册

320000－4645－0000208　10－1－1－02
大金國志四十卷附經進大金國志表一卷金國世系圖一卷金國九主年譜一卷　(宋)宇文懋昭撰　清嘉慶二年(1797)掃葉山房刻本　二册

320000－4645－0000209　10－1－1－03
欽定元史語解二十四卷　清光緒四年(1878)江蘇書局刻本　四册　存十六卷(一至十六)

320000－4645－0000210　10－1－1－04
元史氏族表三卷　(清)錢大昕撰　清嘉慶十一年(1806)黄鍾刻本　二册

320000－4645－0000211　10－1－1－05
十七史商榷一百卷　(清)王鳴盛撰　清乾隆五十二年(1787)洞涇草堂刻本　十三册　存六十八卷(一至六十八)

320000－4645－0000212　10－1－2－01
補晉書藝文志四卷附録一卷　丁國鈞撰　丁辰注　清光緒錫山文苑閣木活字印常熟丁氏叢書本　二册

320000－4645－0000213　10－1－2－02
晉畧六十五卷　(清)周濟撰　清道光十九年(1839)刻本　十册

320000－4645－0000214　10－1－3－01
廿一史四譜五十四卷　(清)沈炳震撰　清光緒二十二年(1896)廣雅書局刻本　九册

320000－4645－0000215　10－1－4－01
廿一史四譜五十四卷　(清)沈炳震撰　清同治十年(1871)武林吳氏清來堂刻本　十六册

320000－4645－0000216　10－3－1－01
宋史四百九十六卷目錄三卷附考證　(元)脱脱等撰　清光緒十年(1884)上海同文書局石印本　十册　存五十八卷(六十一至一百十八)

320000－4645－0000217　10－3－1－02
歷代地理志韻編今釋二十卷皇朝輿地韻編二卷　(清)李兆洛輯　清道光十七年(1837)蜚學齋木活字印本　六册

320000－4645－0000218　10－3－2－01
宋書一百卷　(南朝梁)沈約撰　明萬曆二十二年(1594)南京國子監刻清順治、康熙遞修本　十八册　存八十卷(二十一至一百)

320000－4645－0000219　10－3－3－01
魏書一百十四卷　(北齊)魏收撰　明崇禎九年(1636)琴川毛氏汲古閣刻十七史本　二十八册

320000－4645－0000220　10－4－1－01
歷代宗廟附考八卷　(清)朱孔陽輯　清光緒上海申報館鉛印本　二册

320000－4645－0000221　10－4－1－02
四史發伏十卷　(清)洪亮吉著　清光緒八年(1882)小石山房刻本　四册

320000－4645－0000222　10－4－1－03
四史發伏十卷　(清)洪亮吉著　清光緒八年(1882)小石山房刻本　二册

320000－4645－0000223　10－4－1－04
歷代帝王年表不分卷　(清)齊召南撰　清道光四年(1824)小琅環仙館刻本　四册

320000－4645－0000224　10－4－1－06
新舊唐書合注　王先謙撰　清光緒九年(1883)長沙王氏刻本　一册　存一卷(魏徵列傳一)

320000－4645－0000225　10－4－2－01
大唐創業起居注三卷　(唐)大雅撰　明崇禎虞山毛氏汲古閣刻津逮秘書本　一册

320000－4645－0000226　10－4－2－02
南北史補志十四卷附南北史補志贊一卷　(清)汪士鐸撰　清光緒四年(1878)淮南書局刻本　六册

320000－4645－0000227　10－4－2－03
南北史識小録二十八卷　(清)沈名蓀　(清)朱昆田輯　(清)張應昌補正　清同治十年(1871)武林吴氏清來堂刻本　十二册

320000－4645－0000228　10－4－3－01
晉畧六十五卷　(清)周濟撰　清光緒二年(1876)味雋齋刻本　十册

320000－4645－0000229　11－1－1－01
史緯三百三十卷　(漢)司馬遷撰　(清)陳允錫删修　(清)羅大春刊補　清同治九年(1870)温陵輔仁堂刻本　七十四册　存一百九十八卷(一至一百五、一百三十至一百七十八、一百八十四至一百九十五、二百一至二百二十六、二百四十八至二百五十、二百五十七至二百五十九)

320000－4645－0000230　11－2－1－01
東華續録六十九卷　(清)潘頤福編　清光緒十八年(1892)上海圖書集成印書局鉛印本　十六册

320000－4645－0000231　11－3－1－01
[六朝]東華録一百九十五卷[三朝]東華續録二百三十卷　王先謙編　清光緒長沙王氏刻本　一百五十九册　存四百二十三卷(天命朝四卷、天聰朝十一卷、崇德朝八卷、順治朝三十六卷、康熙朝一至一百八、雍正朝二十六卷、乾隆朝一百二十卷、嘉慶朝五十卷、道光朝六十卷)

320000－4645－0000232　11－4－2－01
東華録三十二卷　(清)蔣良騏撰　清京都琉璃廠刻本　十六册

320000－4645－0000233　11－4－3－01
弘簡録二百五十四卷　(明)邵經邦撰　(清)孫遠平校　清康熙二十七年(1688)邵遠平刻遞修本　六十四册

320000－4645－0000234　11－5－2－01
弘簡録二百五十四卷　(明)邵經邦撰　(清)孫遠平校　清康熙二十七年(1688)邵遠平刻遞修本　五十册

320000－4645－0000235　12－1－1－01
資治通鑑二百九十四卷　(宋)司馬光撰　**通鑑釋文辯誤十二卷**　(元)胡三省注　清嘉慶二十一年(1816)胡克家影元刻同治八年(1869)江蘇書局重修本　一百册

320000－4645－0000236　12－2－1－01
資治通鑑補二百九十四卷　(明)嚴衍撰　清光緒二年(1876)武進盛氏思補樓木活字印本　六十册　缺六十九卷(一至三十、二百五十六至二百九十四)

320000－4645－0000237　12－3－1－01
資治通鑑二百九十四卷　(宋)司馬光撰　**通鑑釋文辯誤十二卷**　(元)胡三省注　清同治十年(1871)崇文書局刻本　一百一册　缺九卷(資治通鑑十至十八)

320000－4645－0000238　12－4－3－02
元史類編四十二卷　(清)邵遠平撰　清乾隆六十年(1795)席世臣掃葉山房刻本　十一册　缺四卷(二十二至二十五)

320000－4645－0000239　12－4－4－01
資治通鑑補二百九十四卷　(明)嚴衍撰　清光緒二年(1876)武進盛氏思補樓木活字印本　八十册

320000－4645－0000240　12－5－4－01
通鑑紀事本末二百三十九卷　(宋)袁樞撰　(明)張溥論正　清光緒十四年(1888)上海書業公所鉛印本　二十四册

320000－4645－0000241　13－1－1－01
通鑑紀事本末四十二卷　(宋)袁樞撰　明萬曆三十四年(1606)黄吉士刻本　四十一册　缺一卷(四十二)

320000－4645－0000242　13－1－3－01
通鑑長編紀事本末一百五十卷　(宋)楊仲良撰　清光緒十九年(1893)廣雅書局刻本　二十四册

320000－4645－0000243　13－1－4－01
三藩紀事本末四卷　(清)楊陸榮撰　清雍正刻本　二册

320000－4645－0000244　13－1－4－02
明史紀事本末八十卷　(清)谷應泰撰　清刻本　二十四册

320000－4645－0000245　13－2－1－01
續資治通鑑二百二十卷　(清)畢沅編　清同治八年(1869)江蘇書局刻本　六十册

320000－4645－0000246　13－2－4－01
續資治通鑑二百二十卷　(清)畢沅編　清同治八年(1869)江蘇書局刻本　七十二册

320000－4645－0000247　13－3－3－01
宋史紀事本末一百九卷　(明)陳邦瞻編輯　清光緒十四年(1888)上洋書業公所崇德堂鉛印本　八册

320000－4645－0000248　13－3－3－02
明史紀事本末八十卷　(清)谷應泰編輯　清光緒十四年(1888)上洋書業公所崇德堂鉛印本　八册

320000－4645－0000249　13－3－3－03
西夏紀事本末三十六卷　(清)張鑑編輯　清光緒十四年(1888)上洋書業公所崇德堂鉛印本　二册

320000－4645－0000250　13－3－3－04
元史紀事本末二十七卷　(明)陳邦瞻編輯　清光緒十四年(1888)上洋書業公所崇德堂鉛印本　二册

320000－4645－0000251　13－3－3－05
元史紀事本末二十七卷　(明)陳邦瞻編輯　清光緒十四年(1888)上洋書業公所崇德堂鉛印本　二册

320000－4645－0000252　13－3－3－06
三藩紀事本末二十二卷　(清)楊陸榮編輯　清光緒十四年(1888)上洋書業公所崇德堂鉛印本　一册

320000－4645－0000253　13－3－3－07
續明紀事本末十八卷　倪在田編輯　清光緒十四年(1888)上洋書業公所崇德堂鉛印本　一册　缺十五卷(一至七、十一至十八)

320000－4645－0000254　13－3－3－08
西夏紀事本末三十六卷　(清)張鑑編輯　清光緒十四年(1888)上洋書業公所崇德堂鉛印本　二册

320000－4645－0000255　13－3－3－09
金史紀事本末五十二卷　(清)李有棠編　清光緒二十五年(1899)上海書局石印本　四册

320000－4645－0000256　13－3－3－10
遼史紀事本末四十卷　(清)李有棠編　清光緒二十五年(1899)上海書局石印本　四册

320000－4645－0000257　13－3－4－01
通鑑釋文辨誤十二卷　(元)胡三省撰　清刻本　四册

320000－4645－0000258　13－3－4－02
資治通鑑校勘記宋本五卷元本二卷　(清)張瑛撰　清光緒八年(1882)江蘇書局刻本　二册

320000－4645－0000259　13－3－4－03
晏子春秋七卷　(清)孫星衍校　**音義二卷**　(清)孫星衍撰　清乾隆五十三年(1788)陽湖孫氏刻本　二册

320000－4645－0000260　13－3－4－04
國語翼解六卷　(清)陳瑑撰　清光緒十八年(1892)廣雅書局刻本　二册

320000－4645－0000261　13－3－4－05
戰國策釋地二卷　(清)張琦撰　清光緒二十

六年(1900)廣雅書局刻本　一冊

320000－4645－0000262　13－3－4－06
列女傳集注八卷補遺一卷　(清)蕭道管撰　清光緒三十四年(1908)刻本　五冊

320000－4645－0000263　13－4－1－01
繹史一百六十卷世系圖一卷年表一卷　(清)馬驌撰　清康熙刻本　四十冊

320000－4645－0000264　13－4－3－02
三朝北盟會編二百五十卷附校勘記　(宋)徐夢莘撰　清光緒四年(1878)鉛印本　三十八冊　缺十四卷(八十二至八十九、九十七至一百二)

320000－4645－0000265　13－4－4－02
元經薛氏傳十卷　(隋)王通撰　(唐)薛收傳　(宋)阮逸註　(明)程榮校　明萬曆刻漢魏叢書本　二冊

320000－4645－0000266　13－5－1－02
通鑑注商十八卷　(清)趙紹祖撰　清嘉慶二十四年(1819)刻本　四冊

320000－4645－0000267　13－5－1－03
通鑑問疑一卷　(宋)劉羲仲撰　明崇禎虞山毛氏汲古閣刻津逮秘書本　一冊

320000－4645－0000268　13－5－1－04
却掃編三卷　(宋)徐度撰　明崇禎虞山毛氏汲古閣刻津逮秘書本　三冊

320000－4645－0000269　13－5－3－01
西夏紀事本末三十六卷首二卷　(清)張鑑撰　清光緒十年(1884)江蘇書局刻本　四冊

320000－4645－0000270　13－5－3－02
稽古錄二十卷附校勘記一卷　(宋)司馬光撰　清光緒五年(1879)江蘇書局刻本　四冊

320000－4645－0000271　13－5－3－03
司馬温公稽古錄二十卷　(宋)司馬光撰　明刻本　四冊

320000－4645－0000272　14－1－1－01
三朝北盟會編二百五十卷附校勘記二卷　(宋)徐夢莘編　清光緒四年(1878)鉛印本　四十冊

320000－4645－0000273　14－1－1－02
資治通鑑外紀十卷資治通鑑外紀目錄五卷　(宋)劉恕撰　清同治十年(1871)江蘇書局刻本　四冊　存五卷(資治通鑑外紀目錄五卷)

320000－4645－0000274　14－1－1－04
歷代史略六卷　清光緒江楚書局刻本　八冊

320000－4645－0000275　14－1－2－05
歷代史略六卷　清光緒江楚書局刻本　七冊　缺一卷(二)

320000－4645－0000276　14－1－3－01
明大政纂要六十三卷　(明)譚希思編輯　清光緒湖南思賢書局刻本　二十七冊　缺二卷(四十九至五十)

320000－4645－0000277　14－1－4－02
明紀六十卷　(清)陳鶴纂　清同治十年(1871)江蘇書局刻本　二十冊

320000－4645－0000278　14－2－1－02
明紀六十卷　(清)陳鶴纂　清同治十年(1871)江蘇書局刻本　二十冊

320000－4645－0000279　14－2－2－02
明紀六十卷　(清)陳鶴纂　清同治十年(1871)江蘇書局刻本　二十冊

320000－4645－0000280　14－2－3－01
吴越備史四卷　(宋)錢儼撰　清道光二年(1822)掃葉山房刻本　二冊

320000－4645－0000281　14－2－3－02
剡川姚氏本戰國策三十三卷　(漢)高誘注　**札記三卷**　(清)黄丕烈撰　清同治八年(1869)湖北崇文書局刻本　五冊

320000－4645－0000282　14－2－3－03
國語九卷　(明)盧之頤訂正　明末刻本　題退齋主人校跋　四冊

320000－4645－0000283　14－2－3－04
尚史七十卷　(清)李鍇撰　清嘉慶十九年(1814)晚香草堂刻本　二十四冊

320000－4645－0000284　14－2－4－02
竹書紀年校正十四卷通考一卷　（清）郝懿行撰　清光緒五年（1879）東路廳署刻本　一冊

320000－4645－0000285　14－2－4－04
國語校注本三種　（清）汪遠孫撰　清道光二十六年（1846）振綺堂刻本　八冊

320000－4645－0000286　14－2－4－05
國語注解二十一卷　（三國吳）韋昭注　清乾隆十一年（1746）文盛堂刻本　六冊

320000－4645－0000287　14－3－1－01
鮮虞中山國事表疆域圖説不分卷　王先謙撰　清光緒九年（1883）長沙王氏刻本　一冊

320000－4645－0000288　14－3－1－02
華陽國志十二卷附録一卷　（晉）常璩撰　清嘉慶刻本　四冊

320000－4645－0000289　14－3－1－05
戰國策四卷　（明）張居正評訂　（明）陸樹聲評註　（明）盧之頤校正　明末刻本　三冊　缺一卷（四）

320000－4645－0000290　14－3－1－06
人壽金鑑二十二卷　（清）程得齡輯　清嘉慶二十五年（1820）刻本　六冊

320000－4645－0000291　14－3－2－01
路史前紀九卷後紀十三卷國名記七卷發揮六卷餘論十卷　（宋）羅泌撰　（宋）羅苹注　明天啓六年（1626）五桂堂刻本　十六冊

320000－4645－0000292　14－3－4－01
涑水紀聞十六卷補遺一卷　（宋）司馬光撰　清光緒三年（1877）湖北崇文書局刻本　四冊

320000－4645－0000293　14－3－4－02
聖安皇帝本紀二卷　（清）顧炎武撰　清刻本　一冊

320000－4645－0000294　14－3－4－03
紀元編三卷末一卷　（清）李兆洛撰　清道光十一年（1831）輩學齋刻本　三冊

320000－4645－0000295　14－3－4－04
司馬氏書儀十卷　（宋）司馬光撰　清同治七年（1868）江蘇書局刻本　四冊

320000－4645－0000296　14－3－4－05
南唐書十八卷　（宋）陸游撰　**音釋一卷**　（元）戚光撰　明崇禎毛氏汲古閣刻陸放翁全集本　四冊

320000－4645－0000297　14－4－1－01
十國春秋一百十四卷拾遺一卷備考一卷　（清）吳任臣撰　清海虞戴氏漱石山房刻本　十六冊

320000－4645－0000298　14－4－2－01
十國春秋一百十四卷拾遺一卷備考一卷　（清）吳任臣撰　清海虞戴氏漱石山房刻本　十九冊

320000－4645－0000299　14－4－3－01
皇明通紀輯要二十四卷　（明）陳建撰　（清）馬晉允增定　明崇禎寶日堂刻本　十冊

320000－4645－0000300　14－4－3－02
國語正義二十一卷　（清）董增齡撰　清光緒六年（1880）會稽章氏式訓堂刻本　八冊

320000－4645－0000301　14－4－3－04
晏子春秋七卷附音義二卷校勘二卷　（清）孫星衍校　清光緒元年（1875）浙江書局刻本　四冊

320000－4645－0000302　14－4－4－01
王鳳洲綱鑑會纂三十九卷首一卷　（明）王世貞撰　清光緒二十八年（1902）煥文書局石印本　十冊

320000－4645－0000303　14－4－4－02
聖武記十四卷　（清）魏源撰　清道光古微堂刻本　十二冊

320000－4645－0000304　14－5－1－01
列女傳十六卷　（漢）劉向撰　（明）汪道昆增輯　（明）仇英繪　明萬曆歙縣汪氏刻清乾隆鮑氏知不足齋重修本　十六冊

320000－4645－0000305　14－5－2－01
樞垣記略二十八卷　（清）梁章鉅撰　（清）朱智等續撰　清光緒鉛印本　六冊

320000－4645－0000306　15－1－1－01
荆駝逸史　題(清)陳湖逸士編　清道光木活字印本　二十二册

320000－4645－0000307　15－1－2－01
續藏書二十七卷　(明)李贄撰　(明)陳仁錫評正　明天啓刻本　十册

320000－4645－0000308　15－1－3－02
皇明開國臣傳十三卷　(明)朱國楨輯　明崇禎刻皇明史概本　四册　缺五卷(九至十三)

320000－4645－0000309　15－1－3－03
藏書六十八卷　(明)李贄撰　明刻本　十八册　缺二十六卷(一至二、十九至三十四、六十一至六十八)

320000－4645－0000310　15－1－4－02
道齊正軌二十卷附錄一卷　(清)鄒鳴鶴著　清光緒七年(1881)刻本　八册

320000－4645－0000311　15－2－1－01
讀史大略六十卷附小沙子史略一卷　(清)沙張白撰　清光緒二十六年(1900)刻本　十二册

320000－4645－0000312　15－2－1－02
讀史大略六十卷附小沙子史略一卷　(清)沙張白撰　清光緒二十六年(1900)刻本　十二册

320000－4645－0000313　15－2－1－03
小腆紀年坿攷二十卷　(清)徐鼒撰　清光緒六年(1880)京都龍威閣刻本　十二册

320000－4645－0000314　15－2－2－01
明季南略十八卷　(清)計六奇編　清都城琉璃廠半松居士刻本　十册

320000－4645－0000315　15－2－2－02
明季北略二十四卷　(清)計六奇編　清都城琉璃廠半松居士刻本　十六册

320000－4645－0000316　15－2－3－01
逆臣傳四卷　清刻本　二册

320000－4645－0000317　15－2－3－02
貳臣傳十二卷　清刻本　六册

320000－4645－0000318　15－2－3－03
貳臣傳十二卷　清刻本　六册

320000－4645－0000319　15－2－3－04
貳臣傳十二卷　清刻本　六册

320000－4645－0000320　15－2－3－05
明季北略二十四卷　(清)計六奇編　清都城琉璃廠半松居士刻本　十二册

320000－4645－0000321　15－2－4－06
松漠紀聞一卷續一卷附補遺一卷攷異一卷　(宋)洪皓撰　清同治十二年(1873)刻本　二册

320000－4645－0000322　15－2－4－08
思補齋筆記八卷　(清)潘世恩撰　清會文齋鄭家刻字鋪刻本　二册

320000－4645－0000323　15－2－4－10
查氏一門烈女編一卷　(清)查禮編　清光緒二十五年(1899)木活字印本　一册

320000－4645－0000324　15－2－4－22
魏鄭公諫錄五卷　(唐)王方慶輯　**魏鄭公諫續錄二卷**　(元)翟思忠輯　清光緒九年(1883)長沙王氏刻本　三册

320000－4645－0000325　15－2－4－24
魏鄭公諫續錄二卷　(元)翟思忠輯　清刻本　一册

320000－4645－0000326　15－2－4－25
魏鄭公諫續錄二卷　(元)翟思忠輯　清刻本　一册

320000－4645－0000327　15－2－4－26
元朝名臣事略十五卷　(元)蘇天爵撰　清光緒五年(1879)刻畿輔叢書本　四册

320000－4645－0000328　15－3－1－01
烈皇小識八卷　題(清)留雲居士輯　清刻本　十八册

320000－4645－0000329　15－3－1－02
烈皇小識八卷　題(清)留雲居士輯　清光緒都城琉璃廠刻明季稗史彙編本　七册

320000－4645－0000330　15－3－1－03
烈皇小識八卷　(明)文秉撰　清光緒二十二年(1896)上海圖書集成印書局鉛印本　二册

320000－4645－0000331　15－3－1－04
烈皇小識八卷　題(清)留雲居士輯　清光緒都城琉璃廠刻明季稗史彙編本　四册

320000－4645－0000332　15－3－2－01
明史竊一百五卷　(明)尹守衡撰　清光緒十二年(1886)刻本　十八册　缺二十二卷(八十四至一百五)

320000－4645－0000333　15－3－3－01
明季稗史彙編二十七卷　題(清)留雲居士輯　清光緒十三年(1887)上海圖書集成印書局鉛印本　五册　缺五卷(十三至十七)

320000－4645－0000334　15－3－4－02
毗陵人品記十卷　(明)毛憲撰　(明)吴亮增補　清光緒二年(1876)刻本　三册　缺二卷(一至二)

320000－4645－0000335　15－3－4－03
毗陵人品記十卷　(明)毛憲撰　(明)吴亮增補　清光緒二年(1876)刻本　四册

320000－4645－0000336　15－4－1－01
潛庵先生擬明史稿二十卷　(清)湯斌撰　清刻本　十二册

320000－4645－0000337　15－4－2－01
和珅案件不分卷　清抄本　一册

320000－4645－0000338　15－4－2－02
歷代邊事彙鈔十二卷　(清)朱克敬輯　清光緒二十八年(1902)上海捷記書局石印本　一册　存九卷(一至九)

320000－4645－0000339　15－4－2－03
魏鄭公諫續錄二卷　(元)翟思忠輯　清蘇州刻武英殿聚珍版書本　一册

320000－4645－0000340　15－4－3－03
四述奇十六卷　(清)張德彝撰　清光緒著易堂鉛印本　八册

320000－4645－0000341　15－4－3－04
國朝先正事略六十卷　(清)李元度編　清光緒十二年(1886)上海鉛印本　十册

320000－4645－0000342　15－4－4－01
嘯亭雜錄八卷續錄二卷　(清)昭槤撰　清光緒九思堂刻本　十二册

320000－4645－0000343　15－4－4－03
無聲詩史七卷　(清)姜紹書撰　清康熙五十九年(1720)李光暎觀妙齋刻本　四册

320000－4645－0000344　15－5－1－02
文獻徵存錄十卷　(清)錢林輯　清咸豐八年(1858)南通王氏有嘉樹軒刻本　十册

320000－4645－0000345　15－5－2－03
國朝御史題名不分卷　(清)黄玉圃輯　**國朝滿洲蒙古御史題名不分卷**　(清)瓜爾佳(清)蘇芳阿等輯　清道光京畿道刻本　二册

320000－4645－0000346　15－5－2－04
國朝先正事略錄一卷　(清)李元度纂　清同治十年(1871)抄本　一册

320000－4645－0000347　15－5－2－06
洪經略奏對筆記二卷　(清)洪承疇撰　清刻本　二册

320000－4645－0000348　15－5－2－07
綏寇紀略十二卷補遺三卷　(清)吴偉業纂　清嘉慶九年(1804)照曠閣刻本　四册

320000－4645－0000349　15－5－3－01
宋名臣言行錄前集十卷後集十四卷續集八卷別集二十六卷外集十七卷　(宋)朱熹等撰　清同治七年(1868)臨川桂氏刻本　十二册

320000－4645－0000350　15－5－3－02
野獲編三十卷首一卷　(明)沈德符撰　清道光七年(1827)錢塘姚氏扶荔山房刻本　十六册

320000－4645－0000351　16－1－1－01
曾文正公家書十卷曾文正公家訓二卷曾文正公榮哀錄一卷　(清)曾國藩撰　**曾文正公大事記四卷**　(清)王定安編　清光緒二十九年(1903)上海錦章書局石印本　六册

320000－4645－0000352　16－1－1－02
曾文正公家書十卷　（清）曾國藩撰　清光緒刻本　十册

320000－4645－0000353　16－1－1－03
曾文正公奏議十卷首一卷末一卷　（清）曾國藩撰　清同治十二年（1873）蘇郡刻本　八册

320000－4645－0000354　16－1－1－04
經史百家雜鈔二十六卷　（清）曾國藩纂　清光緒二年（1876）傳忠書局刻本　二十二册

320000－4645－0000355　16－1－2－01
經史百家簡編二卷　（清）曾國藩纂　清同治十三年（1874）傳忠書局刻本　二册

320000－4645－0000356　16－1－2－03
［江蘇常州］下浦陸氏本支譜十六卷　（清）陸黻恩等纂修　（清）陸鬻遠重修　清善慶堂木活字印本　七册　缺一卷（一）

320000－4645－0000357　16－1－2－04
楊氏婁城支譜一卷　（清）楊禧孫編　清宣統元年（1909）石印本　一册

320000－4645－0000358　16－1－2－08
陳氏家乘十二卷　（清）陳鳳吉等修　清光緒六年（1880）華裔堂木活字印本　九册　缺一卷（二）

320000－4645－0000359　16－1－2－09
［江蘇常熟、太倉］平原宗譜二十卷首一卷　（清）陸增煒　（清）陸繼煇纂修　清光緒三十二年（1906）木活字印本　五册　缺四卷（四至七）

320000－4645－0000360　16－1－4－01
澄江章氏支譜十二卷卷首一卷　（清）章朝樞等修　（清）章槐編訂　清道光二十一年（1841）刻本　八册

320000－4645－0000361　16－2－1－03
左傳紀事本末五十三卷　（清）高士奇編輯　清光緒十四年（1888）上海書業公所鉛印本　三册

320000－4645－0000362　16－2－2－02
曾文正公全集　（清）曾國藩撰　清光緒二十八年（1902）耕餘書院石印本　二十四册

320000－4645－0000363　16－2－3－01
昭代名人尺牘小傳二十四卷　（清）吳修撰　清光緒三十四年（1908）西泠印社石印本　二册

320000－4645－0000364　16－2－3－02
欽定宗室王公功績表傳十二卷首一卷　清京都琉璃廠刻本　八册

320000－4645－0000365　16－2－3－03
左文襄公全集　（清）左宗棠撰　清光緒二十一年（1895）刻本　六十三册

320000－4645－0000366　16－2－5－01
毗陵陳氏宗譜十二卷　（清）陳鼎鏞編　清光緒七年（1881）聚星堂刻本　十一册

320000－4645－0000367　16－2－5－02
陳安道先生年譜二卷　（清）陳溥撰　清光緒十八年（1892）東倉書庫刻本　一册

320000－4645－0000368　16－2－5－03
曾文正公文集四卷曾文正公詩集四卷　（清）李瀚章編　清同治十三年（1874）傳忠書局刻本　六册

320000－4645－0000369　16－2－5－09
明賢蒙正錄二卷　（清）彭定求纂輯　清同治九年（1870）刻本　一册

320000－4645－0000370　16－2－5－10
洪稚存先生［亮吉］事蹟不分卷　清同治十二年（1873）洪煒曾刻本　一册

320000－4645－0000371　16－2－5－11
伊洛淵源錄十四卷　（宋）朱熹撰　清同治五年（1866）福州正誼書院刻本　三册

320000－4645－0000372　16－3－1－01
先聖生卒年月日考二卷　（清）孔廣牧述　清光緒十五年（1889）廣雅書局刻本　一册

320000－4645－0000373　16－3－1－02
［無錫］勾吳華氏本書五十四卷附補編一卷　（清）華渚纂　清光緒三十一年（1905）木活字

印本　七冊

320000－4645－0000374　16－3－1－03
孔孟志略三卷　(清)張承燮撰　清光緒十七年(1891)東聽雨堂刻本　三冊

320000－4645－0000375　16－3－1－04
史外八卷　(清)汪有典撰　清光緒三年(1877)刻本　八冊

320000－4645－0000376　16－3－3－01
[江蘇無錫]滕氏宗譜二十卷　(清)滕廷鍾等纂修　清光緒七年(1881)無錫滕氏木活字印本　十一冊　缺三卷(七至九)

320000－4645－0000377　16－3－3－02
顏習齋先生年譜二卷　(清)李塨纂　清刻本　二冊

320000－4645－0000378　16－3－3－03
考訂朱子世家一卷　(清)江永撰　清同治六年(1867)黄田朱氏刻本　一冊

320000－4645－0000379　16－3－3－04
朱子年譜四卷朱子年譜考異四卷年譜附錄二卷　(清)王懋竑纂訂　清白田草堂刻本　四冊

320000－4645－0000380　16－3－4－02
人物志三卷　(三國魏)劉邵撰　(北魏)劉昞注　明萬曆二十年(1592)程榮刻漢魏叢書本　一冊

320000－4645－0000381　16－3－4－03
高忠憲公[攀龍]年譜一卷　(明)華允誠撰　清刻本　一冊

320000－4645－0000382　16－3－4－04
新纂氏族箋釋八卷　(清)熊峻運撰　清經綸堂刻本　七冊　缺一卷(八)

320000－4645－0000383　16－3－4－05
聖賢像贊不分卷　(明)呂維祺撰　清光緒四年(1878)曲阜會文堂刻本　四冊

320000－4645－0000384　16－4－1－01
唐尚書省郎官石柱題名攷二十六卷首一卷附錄一卷　(清)勞格撰　清光緒十二年(1886)月河精舍刻本　十二冊

320000－4645－0000385　16－4－1－03
沈文節公事實一卷　(清)沈守廉輯　清光緒八年(1882)刻本　一冊

320000－4645－0000386　16－4－1－05
皇朝貞孝節烈文編六卷　(清)汪正輯　清香溪節烈祠刻本　五冊　缺一卷(一)

320000－4645－0000387　16－4－3－01
尚友錄二十二卷補遺一卷　(明)廖用賢編纂　(明)張伯琮補輯　清康熙浙蘭林天祿齋刻後印本　十六冊

320000－4645－0000388　16－4－3－02
惲氏家乘一百卷首一卷　(清)惲彙昌等修　清咸豐八年(1858)天鈞閣刻本　八冊　存二十七卷(一至二十七)

320000－4645－0000389　16－4－4－01
華氏新義莊事略二卷　(清)華翼綸輯　清光緒二十七年(1901)木活字印本　二冊

320000－4645－0000390　16－4－4－02
[江蘇無錫隆亭]華氏宗譜二十四卷　(清)華希閔　(清)華孳亨重輯　清乾隆七年(1742)刻本(卷七、十四、十六配清抄本)　十六冊　缺九卷(二至三、六上、十五、二十至二十四)

320000－4645－0000391　16－5－1－04
靖節先生年譜攷異二卷　(清)陶澍撰　清刻本　一冊

320000－4645－0000392　16－5－1－14
張氏宗譜不分卷　(清)張一善增輯　清光緒九年(1883)刻本　十冊

320000－4645－0000393　16－5－2－01
曾文正公書札三十三卷　(清)曾國藩撰　清光緒二年(1876)傳忠書局刻本　二十二冊

320000－4645－0000394　16－5－2－02
求闕齋日記類鈔二卷　(清)曾國藩撰　清光緒二年(1876)傳忠書局刻本　二冊

320000－4645－0000395　16－5－2－03
曾文正公[國藩]年譜十二卷　(清)李瀚章編

清光緒二年(1876)傳忠書局刻本　六册

320000－4645－0000396　16－5－3－01
[常熟]京兆歸氏世譜二十卷　(清)歸令符等纂修　清道光二十四年(1844)劉寶成局刻本　六册　存十七卷(三至五、七至二十)

320000－4645－0000397　16－5－3－02
曾文正公[國藩]年譜十二卷　(清)李瀚章編　清光緒二年(1876)傳忠書局刻本　四册

320000－4645－0000398　16－5－3－04
求闕齋讀書錄十卷　(清)曾國藩纂　清光緒二年(1876)傳忠書局刻本　五册

320000－4645－0000399　16－5－3－06
駱文忠公年譜二卷　(清)駱秉章編　清同治六年(1867)刻本　二册

320000－4645－0000400　16－5－4－01
林文忠公政書三十七卷　(清)林則徐撰　清刻本　二十册

320000－4645－0000401　16－5－4－02
林文忠公政書三十七卷　(清)林則徐撰　清刻本　十六册

320000－4645－0000402　16－5－4－03
闕里文獻考一百卷首一卷末一卷　(清)孔繼汾撰　清乾隆二十七年(1762)刻本　八册

320000－4645－0000403　17－1－1－01
胡文忠公遺集十卷首一卷　(清)胡林翼撰　清同治五年(1866)刻本　八册

320000－4645－0000404　17－1－1－02
胡文忠公遺集八十六卷首一卷　(清)胡林翼撰　清光緒元年(1875)湖北崇文書局刻本　三十二册

320000－4645－0000405　17－1－2－01
李文忠公全集　(清)李鴻章撰　清光緒三十一年(1905)金陵刻本　一百册

320000－4645－0000406　17－2－1－02
左文襄公書牘節要二十六卷　(清)左宗棠撰　清光緒二十八年(1902)刻本　十二册

320000－4645－0000407　17－2－1－03
胡文忠公遺集八十六卷首一卷　(清)胡林翼撰　清光緒十四年(1888)上海著易堂鉛印本　八册

320000－4645－0000408　17－2－2－02
胡文忠公遺集十卷首一卷　(清)胡林翼撰　清同治六年(1867)刻本　三十二册

320000－4645－0000409　17－2－3－01
出使英法義比四國日記六卷　(清)薛福成撰　清光緒十八年(1892)上海鴻寶齋石印本　三册

320000－4645－0000410　17－2－3－02
李傅相歷聘歐美記二卷　(美國)林樂知彙譯　清光緒二十四年(1898)鉛印本　二册

320000－4645－0000411　17－2－3－03
浙東籌防錄四卷　(清)薛福成撰　清光緒十三年(1887)刻本　五册

320000－4645－0000412　17－2－3－04
浙東籌防錄四卷　(清)薛福成撰　清光緒十三年(1887)刻本　四册

320000－4645－0000413　17－2－3－05
出使奏疏二卷　(清)薛福成撰　清光緒二十年(1894)刻本　二册

320000－4645－0000414　17－2－3－06
出使奏疏二卷　(清)薛福成撰　清光緒二十年(1894)刻本　二册

320000－4645－0000415　17－2－3－07
出使公牘十卷　(清)薛福成撰　清光緒二十四年(1898)刻本　八册

320000－4645－0000416　17－2－3－08
出使日記續刻十卷　(清)薛福成撰　清光緒二十四年(1898)刻本　九册　缺一卷(九)

320000－4645－0000417　17－2－3－09
出使英法義比四國日記六卷　(清)薛福成撰　清光緒十八年(1892)上海鴻寶齋石印本　六册

320000－4645－0000418　17－2－4－01

庸庵全集十種 （清）薛福成撰 清光緒十三年（1887）刻本 四十四冊

320000－4645－0000419 17－5－1－01
庸庵文編四卷庸庵文續編二卷庸庵文外編四卷 （清）薛福成撰 清光緒十四年至十九年（1888－1893）刻本 十冊

320000－4645－0000420 17－5－1－02
庸庵文編四卷 （清）薛福成撰 清光緒十四年（1888）刻本 四冊

320000－4645－0000421 17－5－1－03
庸庵文續編二卷 （清）薛福成撰 清光緒十五年（1889）刻本 一冊

320000－4645－0000422 17－5－1－05
庸庵文編四卷 （清）薛福成撰 清光緒十四年（1888）刻本 三冊

320000－4645－0000423 17－5－1－07
籌洋芻議一卷 （清）薛福成撰 清光緒十年（1884）刻本 一冊

320000－4645－0000424 17－5－1－08
出使英法義比四國日記六卷 （清）薛福成撰 清光緒十八年（1892）刻本 六冊

320000－4645－0000425 17－5－1－09
出使英法義比四國日記六卷 （清）薛福成撰 清光緒十八年（1892）刻本 六冊

320000－4645－0000426 17－5－2－01
滇緬劃界圖説一卷 （清）薛福成撰 清光緒二十八年（1902）無錫傳經樓石印本 一冊

320000－4645－0000427 17－5－2－02
庸庵筆記六卷 （清）薛福成撰 清光緒二十三年（1897）蕭山陳氏刻本 四冊

320000－4645－0000428 20－1－1－01
約章成案匯覽乙篇四十二卷 （清）北洋洋務局纂輯 清光緒二十二年（1896）北洋洋務局石印本 三十七冊 存四十卷（一至二十四、二十五至三十五、三十七至三十八、四十至四十二）

320000－4645－0000429 20－1－2－03
蜀輶日記四卷 （清）陶澍撰 清光緒七年（1881）江州官舍刻本 二冊

320000－4645－0000430 20－1－2－04
錢敏肅公奏疏七卷 （清）錢鼎銘撰 清光緒六年（1880）存素堂刻本 八冊

320000－4645－0000431 20－1－2－05
錢敏肅公奏疏七卷 （清）錢鼎銘撰 清光緒六年（1880）存素堂刻本 四冊

320000－4645－0000432 20－1－2－06
復盦公牘四卷 （清）曹允源撰 清宣統二年（1910）刻本 二冊

320000－4645－0000433 20－1－2－07
復盦類稿八卷 （清）曹允源撰 清光緒二十八年（1902）刻本 二冊

320000－4645－0000434 20－1－3－01
精刊龔定盦全集 （清）龔自珍撰 清宣統元年（1909）上海國學扶輪社鉛印本 六冊 存十七卷（定盦文集三卷，定盦續集四卷，定盦文集補編四卷，定盦文集補續錄一卷、古今體詩二卷、已亥雜詩一卷，定盦文拾遺一卷，定盦先生年譜一卷）

320000－4645－0000435 20－1－3－02
曾惠敏公遺集 （清）曾紀澤撰 清光緒十九年（1893）江南製造局鉛印本 四冊 存二種九卷（文集五卷、詩集一至四）

320000－4645－0000436 20－2－1－01
曾惠敏公文集五卷使西日記二卷歸樸齋詩鈔四卷 （清）曾紀澤撰 清光緒鉛印本 三冊

320000－4645－0000437 20－2－1－04
彭剛直公奏稿八卷 （清）彭玉麟撰 清光緒十七年（1891）鉛印本 四冊

320000－4645－0000438 20－2－1－05
彭剛直公奏稿八卷 （清）彭玉麟撰 清光緒十七年（1891）鉛印本 四冊

320000－4645－0000439 20－3－1－02
約章成案匯覽乙篇四十二卷 （清）北洋洋務局輯 清光緒三十一年（1905）上海點石齋石

印本　三十四册　存四十卷(一至八、十至三十八、四十至四十二)

320000－4645－0000440　20－3－2－01
約章成案匯覽甲篇十卷　(清)北洋洋務局輯　清光緒三十一年(1905)上海點石齋石印本　十册

320000－4645－0000441　20－3－2－02
約章成案匯覽甲篇十卷　(清)北洋洋務局輯　清光緒三十一年(1905)上海點石齋石印本　十册

320000－4645－0000442　20－4－1－01
洋務經濟通考十六卷　(清)應祖錫纂定　清光緒二十七年(1901)鴻寶齋石印本　十二册

320000－4645－0000443　20－4－1－02
洋務經濟通考十六卷　(清)應祖錫纂定　清光緒二十七年(1901)鴻寶齋石印本　十二册

320000－4645－0000444　20－4－1－03
洋務經濟通考十六卷　(清)應祖錫纂定　清光緒二十七年(1901)鴻寶齋石印本　十二册

320000－4645－0000445　20－4－2－01
南海先生戊戌奏稿不分卷　康有為著　清宣統三年(1911)鉛印本　一册

320000－4645－0000446　20－4－2－02
籌蒙芻議二卷　(清)姚錫光撰　清光緒三十四年(1908)京師廣齋石印本　二册

320000－4645－0000447　20－4－2－03
郭侍郎奏疏十二卷　(清)郭嵩燾撰　清光緒十八年(1892)刻本　十一册　存十一卷(一至十一)

320000－4645－0000448　20－4－4－01
朔方備乘六十八卷首十二卷　(清)何秋濤撰　清光緒七年(1881)刻本　二十四册

320000－4645－0000449　21－1－1－01
九通分類總纂二百四十卷　(清)汪鍾霖纂校　清光緒二十八年(1902)上海文瀾書局石印本　八十册

320000－4645－0000450　21－2－1－01
中俄交涉記四卷　(清)曾紀澤撰　清光緒二十二年(1896)積山書局石印本　三册　存三卷(一、三至四)

320000－4645－0000451　21－2－1－02
時務通考續編三十一卷　題(清)點石齋主人編　清光緒二十七年(1901)上海點石齋石印本　十七册

320000－4645－0000452　21－2－2－01
光緒政要三十四卷　(清)沈桐生輯　清宣統元年(1909)上海崇義堂石印本　二十五册　缺七卷(一至六、三十四)

320000－4645－0000453　21－2－3－01
鳴原堂論文二卷　(清)曾國藩輯　清同治十二年(1873)勵志齋刻本　二册

320000－4645－0000454　21－2－3－02
鳴原堂論文二卷　(清)曾國藩輯　清同治十二年(1873)勵志齋刻本　一册　存一卷(二)

320000－4645－0000455　21－2－3－03
鳴原堂論文二卷　(清)曾國藩輯　清同治十二年(1873)勵志齋刻本　一册

320000－4645－0000456　21－2－3－08
憲政編查館奏城鎮鄉地方自治章程並選舉章程摺附單二件　(清)奕劻等撰　清宣統元年(1909)廣東學務公所印刷處鉛印本　一册

320000－4645－0000457　21－2－3－09
盛世危言十四卷　(清)鄭觀應撰　清光緒二十一年(1895)鉛印本　八册

320000－4645－0000458　21－2－3－11
揚子江籌防芻議一卷　(德國)雷諾原稿　張永煜譯述　清光緒二十二年(1896)刻本　一册

320000－4645－0000459　21－2－3－12
西國近事彙編四卷　(美國)林樂知口譯　(清)蔡錫齡筆述　清光緒鉛印本　四册

320000－4645－0000460　21－2－3－13
國朝名人書札三卷　(清)文明書局編　清宣統三年(1911)上海文明書局鉛印本　三册

320000－4645－0000461　21－2－3－14
金線集不分卷　(清)謝少菴著　清抄本　一冊

320000－4645－0000462　21－2－3－16
嗇庵隨筆六卷末一卷　(清)陸文衡著　清光緒刻本　二冊

320000－4645－0000463　21－2－4－01
得一錄十六卷　(清)余治輯　清同治八年(1869)蘇城得見齋刻本　八冊

320000－4645－0000464　21－2－4－03
翼教叢編六卷　(清)蘇輿編　清光緒二十四年(1898)武昌刻本　三冊

320000－4645－0000465　21－2－4－04
大清違警律罪目略釋一卷　清刻本　一冊

320000－4645－0000466　21－2－4－05
中國電報局清帳(光緒二十一年四月至二十二年三月)不分卷　清光緒鉛印本　一冊

320000－4645－0000467　21－2－4－07
機器織綢有限公司章程一卷　清光緒二十年(1894)石印本　一冊

320000－4645－0000468　21－2－4－11
憲政編查館奏城鎮鄉地方自治章程並選舉章程摺附單二件　(清)奕劻等撰　清宣統元年(1909)廣東學務公所印刷處鉛印本　一冊

320000－4645－0000469　21－2－4－15
校邠廬抗議二卷　(清)馮桂芬著　清光緒十八年(1892)吳縣潘氏敏德堂刻本　一冊

320000－4645－0000470　21－2－4－16
校邠廬抗議二卷　(清)馮桂芬著　清光緒十八年(1892)吳縣潘氏敏德堂刻本　二冊

320000－4645－0000471　21－2－4－19
行軍鐵路工程二卷　(英國)傅蘭雅　(清)汪振聲譯　清光緒江南製造總局鉛印本　一冊

320000－4645－0000472　21－2－4－20
吳門從政錄一卷　(清)陳光淞撰　清宣統三年(1911)鉛印本　一冊

320000－4645－0000473　21－2－4－21
出使須知一卷　(清)蔡鈞輯　清光緒十一年(1885)弢園王氏木活字印本　一冊

320000－4645－0000474　21－2－4－22
延吉邊務報告八章不分卷　(清)吳祿貞等撰　清光緒三十四年(1908)奉天學務公所鉛印本　四冊

320000－4645－0000475　21－2－4－23
温處鹽務紀要不分卷　(清)趙舒翹編　清光緒十九年(1893)甌江官舍刻本　一冊

320000－4645－0000476　21－2－4－27
民政部匯造各省第一次查報戶數表冊不分卷　(清)民政部造　清宣統元年(1909)鉛印本　一冊

320000－4645－0000477　21－2－4－28
民政部匯造各省第一次查報戶數表冊不分卷　(清)民政部造　清宣統元年(1909)鉛印本　一冊

320000－4645－0000478　21－2－4－29
民政部匯造各省第一次查報戶數表冊不分卷　(清)民政部造　清宣統元年(1909)鉛印本　一冊

320000－4645－0000479　21－2－4－31
通商各關華洋貿易總冊二卷　(清)上海通商海關造冊處譯　清光緒三十年(1904)石印本　一冊

320000－4645－0000480　21－3－2－01
大清光緒新法令不分卷　商務印書館編譯所編　清宣統元年(1909)上海商務印書館鉛印本　十一冊　存十一冊(八至十三、十五至十九)

320000－4645－0000481　21－3－3－01
蕩平髮逆圖記二十二卷首一卷　(清)杜文瀾撰　清光緒十一年(1885)上海書局石印本　四冊

320000－4645－0000482　21－3－3－02
中西紀事二十四卷　(清)夏燮撰　清光緒二

十四年(1898)藜照書屋刻本　六冊　存十九卷(六至二十四)

320000－4645－0000483　21－3－3－03
霆軍紀略十六卷　(清)陳昌編　清光緒上海申報館鉛印本　四冊　存十一卷(一至十一)

320000－4645－0000484　21－3－3－04
光緒會計表四卷　(清)劉嶽雲編　清光緒二十七年(1901)教育世界社石印本　四冊

320000－4645－0000485　21－3－3－05
實行保甲條議不分卷　(清)衛家壽撰　清光緒三十二年(1906)鉛印本　一冊

320000－4645－0000486　21－3－3－06
增像劉忠誠事略不分卷　清光緒二十九年(1903)石印本　一冊

320000－4645－0000487　21－3－3－08
平定粵寇紀略十八卷附記四卷　(清)杜文瀾編　清光緒元年(1875)詒穀堂刻本　十冊

320000－4645－0000488　21－3－4－01
國朝通商始末記二十卷　(清)王之春撰　清光緒二十一年(1895)寶善書局石印本　六冊

320000－4645－0000489　21－3－4－02
普天忠憤全集十四卷　(清)孔廣德編　清光緒二十一年(1895)石印本　十二冊

320000－4645－0000490　21－3－4－03
精選中外時務文編四十四卷　題(清)養晦生彙輯　清光緒二十三年(1897)上海積山書局石印本　十六冊

320000－4645－0000491　21－3－4－04
自强學齋治平十議二十六卷　清光緒二十三年(1897)文瑞樓石印本　十二冊

320000－4645－0000492　21－4－1－02
吴中平寇記八卷　(清)錢勖撰　清光緒元年(1875)申報館鉛印本　一冊　缺四卷(五至八)

320000－4645－0000493　21－4－1－03
天下才子文萃不分卷　王龍文等撰　清刻本　二冊

320000－4645－0000494　21－4－1－04
天下才子文萃不分卷　王龍文等撰　清刻本　二冊

320000－4645－0000495　21－4－1－05
礦政輯略十二卷首一卷　(清)劉嶽雲纂修　清光緒二十九年(1903)教育世界社石印本　八冊

320000－4645－0000496　21－4－1－06
中東戰紀本末八卷　(美國)林樂知撰　(清)蔡爾康纂輯　清光緒二十二年(1896)鉛印本　七冊　缺一卷(一)

320000－4645－0000497　21－4－2－01
國憲汎論三卷　(日本)小野梓著　(清)陳鵬譯　清光緒二十九年(1903)上海廣智書局鉛印本　三冊

320000－4645－0000498　21－4－2－02
弢園文錄外編十二卷　(清)王韜撰　清光緒九年(1883)香海弢園老民刻本　五冊　存十卷(三至十二)

320000－4645－0000499　21－4－2－03
元魁新鑰集四卷　(清)吴春叔鑑定　清光緒二十九年(1903)揚州益智社鉛印本　四冊

320000－4645－0000500　21－4－2－04
拳匪紀事六卷　(日本)佐原篤介　(清)漚隱輯　清光緒二十七年(1901)鉛印本　六冊

320000－4645－0000501　21－4－2－05
拳匪紀事六卷　(日本)佐原篤介　(清)漚隱輯　清光緒二十七年(1901)鉛印本　四冊　存四卷(二至五)

320000－4645－0000502　21－4－3－01
吴中平寇記八卷　(清)錢勖撰　清同治四年(1865)刻本　二冊

320000－4645－0000503　21－4－3－02
吴中平寇記八卷　(清)錢勖撰　清同治四年(1865)刻本　一冊　存四卷(一至四)

320000－4645－0000504　21－4－3－05
核訂現行刑律不分卷　沈家本等編　清宣統

修訂法律館鉛印本　一冊　存賊盜上中下、人命、鬬毆上下、罵詈、訴訟、受贓、詐僞、犯姦、雜犯、捕亡、斷獄上下、營造、河防、督捕則例

320000－4645－0000505　21－5－1－01
資治新書初集十四卷二集二十卷首一卷　(清)李漁輯　清光緒二十年(1894)上海圖書集成印書局鉛印本　十二冊

320000－4645－0000506　21－5－1－02
新學彙編四卷　蔡爾康輯　清光緒二十四年(1898)上海廣學會鉛印本　四冊

320000－4645－0000507　21－5－1－03
金軺籌筆四卷附奏摺一卷和約一卷專條一卷改訂陸路通商章程一卷卡倫單一卷　(清)□□輯　清光緒十三年(1887)刻本　四冊

320000－4645－0000508　22－1－1－01
思益堂日札五卷　(清)周壽昌撰　清同治三年(1864)上海申報館鉛印本　一冊

320000－4645－0000509　22－1－1－02
文獻通考二十四卷　(元)馬端臨撰　清光緒二十五年(1899)上海點石齋石印本　六冊　存八卷(一至四、十二、十七、十九、二十一)

320000－4645－0000510　22－1－1－03
二十四史九通政典類要合編三百二十卷　(清)黄書霖輯　清光緒二十八年(1902)約雅堂石印本　六十冊

320000－4645－0000511　22－1－2－01
通典二百卷附考證一卷　(唐)杜佑撰　清光緒二十七年(1901)上海圖書集成局鉛印本　十六冊

320000－4645－0000512　22－1－2－02
通典二百卷附考證一卷　(唐)杜佑撰　清光緒二十七年(1901)上海圖書集成局鉛印本　十六冊

320000－4645－0000513　22－1－3－01
文獻通考三百四十八卷　(元)馬端臨撰　清光緒二十七年(1901)上海圖書集成局鉛印本　四十三冊　缺四卷(一至四)

320000－4645－0000514　22－1－3－02
文獻通考三百四十八卷　(元)馬端臨撰　清光緒二十七年(1901)上海圖書集成局鉛印本　四十四冊

320000－4645－0000515　22－2－1－01
通志二百卷附考證三卷　(宋)鄭樵撰　清光緒二十七年(1901)上海圖書集成局鉛印本　六十冊

320000－4645－0000516　22－2－2－01
通志二百卷附考證三卷　(宋)鄭樵撰　清光緒二十七年(1901)上海圖書集成局鉛印本　六十冊

320000－4645－0000517　22－2－3－01
皇朝文獻通考輯要二十六卷　(清)湯壽潛輯　清光緒二十五年(1899)上海圖書集成局鉛印三通考輯要本　六冊　存十六卷(九、十二至二十六)

320000－4645－0000518　22－2－3－02
欽定續文獻通考輯要二十六卷　(清)湯壽潛輯　清光緒二十五年(1899)上海圖書集成局鉛印三通考輯要本　五冊　存十六卷(十一下至二十六)

320000－4645－0000519　22－2－3－03
皇朝文獻通考輯要二十六卷　(清)湯壽潛輯　清光緒二十五年(1899)上海圖書集成局鉛印三通考輯要本　八冊　存十六卷(九至二十四)

320000－4645－0000520　22－2－3－05
湘軍記二十卷　(清)王定安撰　清光緒十五年(1889)江南書局刻本　八冊

320000－4645－0000521　22－3－1－01
欽定續通志六百四十卷　(清)嵇璜等撰　清光緒二十七年(1901)上海圖書集成局鉛印本　六十冊

320000－4645－0000522　22－3－1－02
欽定續通志六百四十卷　(清)嵇璜等撰　清

光緒二十七年(1901)上海圖書集成局鉛印本　二十冊　存一百七十三卷(一至一百七十三)

320000－4645－0000523　22－3－2－01
欽定續文獻通考二百五十卷　(清)嵇璜等撰　清光緒二十七年(1901)上海圖書集成局鉛印本　三十六冊

320000－4645－0000524　22－3－2－02
欽定續文獻通考二百五十卷　(清)嵇璜等撰　清光緒二十七年(1901)上海圖書集成局鉛印本　八冊　存五十三卷(一至十七、二十一至二十四、三十四至四十六、一百七至一百二十五)

320000－4645－0000525　22－3－3－01
欽定續通典一百五十卷　(清)嵇璜等撰　清光緒二十七年(1901)上海圖書集成局鉛印本　十六冊

320000－4645－0000526　22－3－3－02
欽定續通典一百五十卷　(清)嵇璜等撰　清光緒二十七年(1901)上海圖書集成局鉛印本　十六冊

320000－4645－0000527　22－4－1－01
皇朝文獻通考三百卷　(清)嵇璜等撰　清光緒二十七年(1901)上海圖書集成局鉛印本　四十二冊

320000－4645－0000528　22－4－1－02
皇朝通典一百卷　(清)嵇璜等撰　清光緒二十七年(1901)上海圖書集成局鉛印本　十冊

320000－4645－0000529　22－4－1－03
皇朝通志一百二十六卷　(清)嵇璜等撰　清光緒二十七年(1901)上海圖書集成局鉛印本　十二冊

320000－4645－0000530　22－4－2－01
曾惠敏公遺集　(清)曾紀澤撰　清光緒十九年(1893)江南製造局鉛印本　八冊

320000－4645－0000531　22－4－2－02
通典二百卷　(唐)杜佑撰　清咸豐九年(1859)刻本　四十冊

320000－4645－0000532　22－5－1－01
吾學錄初編二十四卷　(清)吳榮光撰　清同治九年(1870)江蘇書局刻本　六冊

320000－4645－0000533　22－5－1－02
慮得集四卷附錄二卷　(明)華悰韡撰　清同治十一年(1872)詒穀堂刻本　一冊

320000－4645－0000534　22－5－1－03
慮得集四卷附錄二卷　(明)華悰韡撰　清同治十一年(1872)詒穀堂刻本　一冊

320000－4645－0000535　22－5－1－04
唐會要一百卷　(宋)王溥撰　清乾隆武英殿木活字印武英殿聚珍版書本　二十五冊　缺三十二卷(十二至十五、十九至三十七、七十二至七十四、七十七至七十八、九十至九十三)

320000－4645－0000536　22－5－2－01
廣陵通典十卷　(清)汪中撰　清道光三年(1823)刻本　三冊

320000－4645－0000537　22－5－3－01
典制類林四卷　(清)唐式南編　清乾隆三十年(1765)敬直堂刻本　二冊

320000－4645－0000538　22－5－3－02
皇朝掌故彙編内編六十卷首一卷外編四十卷首一卷　(清)宋文蔚　(清)嚴日祇等編　清光緒二十八年(1902)求實書社鉛印本　二十三冊　存四十卷(外編一至十二、十四至四十,首一卷)

320000－4645－0000539　23－1－1－01
欽定大清會典事例一千二百二十卷目錄八卷　(清)李鴻章等撰　清光緒二十五年(1899)石印本　三百八十四冊

320000－4645－0000540　23－4－1－01
欽定大清會典八十卷　(清)托津等修　清嘉慶二十三年(1818)刻本　三十九冊

320000－4645－0000541　23－5－1－01
欽定大清會典二百七十卷首一卷　(清)昆岡

等修　清光緒二十五年(1899)石印本　七十四冊

320000－4645－0000542　24－1－1－01
留垣疏草一卷　(明)徐憲卿撰　清光緒八年(1882)東海家塾刻本　二冊

320000－4645－0000543　24－1－1－02
許竹篔先生出使函稿十四卷　(清)許景澄撰　清光緒鉛印本　四冊

320000－4645－0000544　24－1－1－03
許竹篔先生奏疏錄存二卷　(清)許景澄撰　清光緒鉛印本　一冊

320000－4645－0000545　24－1－1－04
桂洲夏文湣公奏議二十一卷補遺一卷　(明)夏言撰　清光緒十七年(1891)江西書局刻本　十一冊　缺二卷(二至三)

320000－4645－0000546　24－1－1－05
寒松堂奏疏四卷　(清)魏象樞著　清光緒二十五年(1899)浙江官書局刻本　四冊

320000－4645－0000547　24－1－2－01
皇朝詞林典故六十四卷　(清)朱珪等修　清嘉慶刻本　二十四冊

320000－4645－0000548　24－1－3－01
刑案匯覽六十卷總目一卷首一卷末一卷拾遺一卷備考一卷續增刑案匯覽十六卷　(清)祝慶祺編　清光緒圖書集成局鉛印本　三十六冊

320000－4645－0000549　24－1－4－01
欽定中樞政考七十二卷　(清)明亮等纂　清道光五年(1825)刻本　七十二冊

320000－4645－0000550　24－1－5－01
在官法戒錄四卷　(清)陳宏謀編輯　清乾隆刻本　二冊

320000－4645－0000551　24－1－5－02
文昌雜錄六卷補遺一卷　(宋)龐元英撰　清乾隆二十一年(1756)德州盧氏雅雨堂刻本　二冊

320000－4645－0000552　24－1－5－03
仕學全書三十五卷　(明)魯論撰　清乾隆十一年(1746)釣閒居刻本　六冊

320000－4645－0000553　24－1－5－04
荊川先生右編四十卷　(明)唐順之輯　(明)劉曰寧補遺　明萬曆三十三年(1605)南京國子監刻後印本　十四冊　存十四卷(一至十四)

320000－4645－0000554　24－1－5－05
校注橘山四六二十卷　(宋)李廷忠撰　(明)孫雲翼注　明萬曆三十五年(1607)刻本　二冊

320000－4645－0000555　24－1－5－06
考工記二卷　(漢)鄭玄註　(明)盧之頤校　明末刻本　一冊

320000－4645－0000556　24－2－1－01
硃批諭旨不分卷　(清)世宗胤禛撰　(清)鄂爾泰　(清)張廷玉輯　清木活字朱墨套印本　一百十二冊

320000－4645－0000557　24－3－1－01
鐵琴銅劍樓藏書目錄二十四卷　(清)瞿鏞輯　清光緒二十四年(1898)常熟瞿氏刻本　二冊　存五卷(一至五)

320000－4645－0000558　24－3－2－01
大清律例彙輯便覽四十卷附督捕則例二卷　(清)湖北讞局彙輯　清同治十一年(1872)湖北讞局刻本　三十二冊

320000－4645－0000559　24－3－2－02
佐治藥言一卷續一卷　(清)汪輝祖纂　清同治五年(1866)刻本　一冊

320000－4645－0000560　24－3－2－03
施氏家風述略一卷　(清)施閏章輯錄　**施氏家風述略續編一卷**　(清)施彥恪輯錄　清乾隆刻本　一冊

320000－4645－0000561　24－3－3－01
歷代政治類考十二卷　(清)柴紹炳纂　清光緒二十七年(1901)上海自强書局石印本　三冊　存六卷(一至六)

320000－4645－0000562　24－3－3－02
經濟類攷二卷　(清)顧九錫輯著　清光緒十五年(1889)上海鴻文書局石印本　二册

320000－4645－0000563　24－3－3－03
廿二史諱略一卷　(清)周矩輯　清光緒五年(1879)仁和葛氏嘯園刻本　一册

320000－4645－0000564　24－4－1－02
皇清奏議不分卷　清抄本　八册

320000－4645－0000565　24－4－2－01
[道光]奏稿不分卷　清抄本　一册

320000－4645－0000566　24－4－2－02
樊山公牘四卷　樊增祥撰　清宣統三年(1911)上海廣益書局石印本　四册

320000－4645－0000567　24－4－2－04
樊山判牘續編四卷　樊增祥撰　清宣統三年(1911)大同書局石印本　四册

320000－4645－0000568　24－4－2－06
處分則例圖要六卷　(清)吏部纂修　清同治九年(1870)江蘇書局刻本　二册

320000－4645－0000569　24－4－2－08
墨林今話十八卷　(清)蔣寶齡撰　清咸豐二年(1852)刻本　六册

320000－4645－0000570　24－4－2－09
國朝崑新青衿錄不分卷　(清)俞鴻鈞編　清光緒二十六年(1900)灑掃局刻本　二册

320000－4645－0000571　24－4－2－11
紀元編三卷末一卷　(清)李兆洛撰　清同治十年(1871)合肥李氏刻本　三册

320000－4645－0000572　24－4－2－12
浙東課士錄四卷　(清)薛福成輯　清光緒二十年(1894)無錫薛氏刻本　四册

320000－4645－0000573　24－4－3－02
圖繪寶鑑八卷　(元)夏文彦纂　清康熙借綠草堂刻本　三册　存六卷(三至八)

320000－4645－0000574　24－4－3－03
吴平贅言八卷　(清)董沛撰　清光緒七年(1881)刻本　二册

320000－4645－0000575　24－4－3－05
治平六策一卷　(清)薛福成撰　清光緒元年(1875)刻本　一册

320000－4645－0000576　24－4－4－01
佐治藥言一卷續一卷　(清)汪輝祖纂　清乾隆五十年(1785)刻本　一册

320000－4645－0000577　24－4－4－02
在官法戒錄摘鈔四卷　(清)陳宏謀編輯　清同治七年(1868)楚北崇文書局刻本　二册

320000－4645－0000578　24－4－4－03
不費錢功德錄二卷　題(清)再生居士輯　清光緒十三年(1887)刻本　二册

320000－4645－0000579　24－4－4－04
樊山政書二十卷　樊增祥著　清宣統二年(1910)金陵鉛印本　十册

320000－4645－0000580　24－4－5－01
星軺指掌三卷續一卷　(清)聯芳　(清)慶長譯　清光緒二年(1876)刻本　四册

320000－4645－0000581　24－4－5－02
大清搢紳全書不分卷　清光緒二十一年(1895)榮錄堂刻本　二册

320000－4645－0000582　24－4－5－03
大清搢紳全書不分卷　清光緒二十一年(1895)榮錄堂刻本　一册

320000－4645－0000583　24－4－5－04
大清中樞備覽不分卷　(清)吏部編　清光緒二十一年(1895)榮錄堂刻本　一册

320000－4645－0000584　24－4－5－05
大清中樞備覽不分卷　(清)吏部編　清光緒十三年(1887)榮錄堂刻本　二册

320000－4645－0000585　24－4－5－06
大清中樞備覽不分卷　(清)吏部編　清光緒十九年(1893)榮錄堂刻本　二册

320000－4645－0000586　24－4－5－07
大清中樞備覽不分卷　(清)吏部編　清光緒

十六年(1890)榮錄堂刻本　三冊

320000－4645－0000587　24－4－5－08
大清搢紳全書(庚寅冬季至癸巳秋季)　清光緒十六年至十九年(1890－1893)榮錄堂刻本　四冊

320000－4645－0000588　24－4－5－09
大清搢紳全書(庚寅冬季)　清光緒十六年(1890)榮錄堂刻本　一冊　存一冊(三)

320000－4645－0000589　24－5－2－01
大清律例增修統纂集成四十卷督捕則例二卷　(清)陶東皋　(清)陶曉篔增修　清光緒二十七年(1901)刻本　二十四冊

320000－4645－0000590　24－5－3－02
省軒考古類編十二卷　(清)柴紹炳撰　(清)姚培謙評　清雍正四年(1726)高纘勳等刻本　四冊

320000－4645－0000591　24－5－3－03
省軒考古類編十二卷　(清)柴紹炳撰　(清)姚培謙評　清雍正四年(1726)高纘勳等刻本　四冊

320000－4645－0000592　24－5－4－01
漢官儀三卷　(宋)劉攽撰　清道光四年(1824)歙縣鮑氏刻本　一冊

320000－4645－0000593　24－5－4－02
莅政摘要二卷　(清)陸隴其輯　清光緒六年(1880)吳門刻本　二冊

320000－4645－0000594　24－5－4－03
古官制考四卷　(清)王寶仁輯　清道光八年(1828)歸香居刻本　一冊

320000－4645－0000595　24－5－4－04
柏堂集九十四卷　(清)方宗誠撰　清光緒六年(1880)刻本　一冊　存六卷(前編一至六)

320000－4645－0000596　24－5－4－05
漢官六種　(清)孫星衍輯　清刻本　一冊

320000－4645－0000597　24－5－4－06
國朝翰詹源流編年二卷　(清)吳鼎雯撰　清乾隆五十八年(1793)刻本　二冊

320000－4645－0000598　24－5－4－07
註陸宣公奏議十五卷　(唐)陸贄撰　(宋)郎曄註　清光緒七年(1881)歸安姚氏咫進齋刻本　四冊

320000－4645－0000599　25－1－1－01
儀顧堂題跋十六卷　(清)陸心源撰　清光緒十六年(1890)刻本　四冊

320000－4645－0000600　25－1－1－03
儀顧堂題跋十六卷　(清)陸心源撰　清光緒十六年(1890)刻本　四冊

320000－4645－0000601　25－1－2－01
知聖道齋讀書跋尾二卷　(清)彭元瑞撰　清刻本　二冊

320000－4645－0000602　25－1－2－04
拜經樓藏書題跋記五卷附錄一卷　(清)吳壽暘撰　清道光二十七年(1847)刻本　四冊

320000－4645－0000603　25－1－3－01
甯津爪印一卷附遼東小印一卷　(清)程龢著　清末石印本　一冊

320000－4645－0000604　25－1－3－02
區種五種五卷附錄一卷　(清)趙夢齡輯　清光緒四年(1878)蓮花池刻本　一冊

320000－4645－0000605　25－1－3－03
度支部試辦宣統三年預算案總表不分卷　(清)度支部編　清宣統三年(1911)石印本　六冊

320000－4645－0000606　25－1－3－05
藝風藏書記八卷藝風藏書續記八卷　繆荃孫撰　清光緒二十六年至民國元年(1900－1912)刻本　五冊

320000－4645－0000607　25－1－3－10
岑襄勤公勛德介福圖不分卷　(清)岑春蓂等撰　清光緒十六年(1890)石印本　一冊

320000－4645－0000608　25－2－1－01
清儀閣題跋不分卷　(清)張廷濟撰　清光緒十九年(1893)蘇州振新書社石印本　六冊

320000－4645－0000609　25－2－1－06

曝書雜記三卷　(清)錢泰吉撰　清刻本　二冊

320000－4645－0000610　25－2－1－07
浙江採集遺書總録十集　(清)沈初編　清乾隆三十九年(1774)王亶望刻本　八冊　缺二集(辛集、壬集)

320000－4645－0000611　25－2－2－02
士禮居藏書題跋記六卷　(清)黄丕烈撰　清光緒石印本　二冊

320000－4645－0000612　25－2－2－03
彙刻書目初編十集　(清)顧修編　清光緒元年(1875)長洲無夢園陳氏刻本　八冊　存八集(甲集至辛集)

320000－4645－0000613　25－2－2－04
隋經籍志考證十三卷　(清)章宗源撰　清光緒三年(1877)湖北崇文書局刻本　四冊

320000－4645－0000614　25－2－2－05
隋經籍志考證十三卷　(清)章宗源撰　清光緒三年(1877)湖北崇文書局刻本　四冊

320000－4645－0000615　25－2－2－06
張叔未解元所藏金石文字不分卷　(清)張廷濟撰　清光緒十年(1884)四會嚴氏鶴緣齋石印本　一冊

320000－4645－0000616　25－3－1－01
書目答問不分卷　(清)張之洞撰　清光緒四年(1878)上海淞隱閣鉛印本　三冊　存經部總目、史部總目、子部總目

320000－4645－0000617　25－3－1－03
欽定學政全書八十六卷首一卷　(清)汪梅鼎等撰　清嘉慶刻本　二十四冊

320000－4645－0000618　25－3－2－03
二銘艸堂金石聚十六卷　(清)張德容撰　清同治十年(1871)二銘草堂刻本　十五冊　存十五卷(一至十五)

320000－4645－0000619　25－3－2－04
二銘艸堂金石聚十六卷　(清)張德容撰　清同治十年(1871)二銘草堂刻本　三冊　存三卷(三、六、十一)

320000－4645－0000620　25－4－1－01
彙刻書目二十卷　(清)顧修編　(清)朱學勤增訂　(清)王懿榮重編　清光緒十五年(1889)上海福瀛書局刻本　二十冊

320000－4645－0000621　25－4－2－01
關中金石記八卷　(清)畢沅撰　清乾隆四十六年(1781)經訓堂刻本　三冊

320000－4645－0000622　25－4－3－01
西學書目表三卷附讀西學書法一卷　梁啟超編　清光緒二十二年(1896)刻本　一冊

320000－4645－0000623　25－4－4－01
書林揚觶二卷　(清)方東樹撰　清同治十年(1871)望三益齋刻本　二冊

320000－4645－0000624　25－5－1－06
書目答問不分卷　(清)張之洞撰　清宣統元年(1909)上海掃葉山房石印本　一冊

320000－4645－0000625　25－5－1－08
羣書校補一百卷　(清)陸心源輯　清刻本　四冊　存十一卷(一至十一)

320000－4645－0000626　25－5－1－09
隆平集二十卷　(宋)曾鞏撰　清曾國光、曾廷棟等刻本　五冊　存十八卷(三至二十)

320000－4645－0000627　25－5－1－12
天一閣見存書目四卷首一卷末一卷　(清)薛福成編　清光緒十五年(1889)無錫薛氏上海崇實書院刻本　四冊

320000－4645－0000628　25－5－1－13
傳是樓手抄書目不分卷　清抄本　二冊

320000－4645－0000629　25－5－2－02
淇縣輿地圖説二卷　(清)曹廣權撰　清光緒二十七年(1901)刻本　一冊

320000－4645－0000630　25－5－2－03
輿地總圖二卷　清抄繪本　一冊　存一卷(上)

320000－4645－0000631　25－5－2－04

九邊總圖二卷　清抄繪本　二冊

320000－4645－0000632　25－5－2－05
理學宗傳辨正十六卷　（清）劉廷詔撰　清同治十一年（1872）六安求我齋刻本　六冊　存三卷（一至三）

320000－4645－0000633　25－5－2－10
奇觚室樂石文述十二卷　（清）劉心源撰　清光緒影印本　一冊　存一卷（一）

320000－4645－0000634　26－1－1－01
廣輿記二十四卷增訂廣輿記全圖一卷　（明）陸應陽撰　（清）蔡方炳增輯　清康熙二十五年（1686）刻本　十六冊

320000－4645－0000635　26－1－1－02
歷代史論十二卷附宋史論三卷元史論一卷明史論四卷　（明）張溥撰　清刻本　七冊

320000－4645－0000636　26－1－1－03
歷代史論一編四卷　（明）張溥撰　清光緒五年（1879）潘氏敏德堂刻本　四冊

320000－4645－0000637　26－1－1－04
歷代史論一編四卷　（明）張溥撰　清光緒五年（1879）潘氏敏德堂刻本　四冊

320000－4645－0000638　26－1－1－05
地理辨正直解五卷　（明）蔣平階補傳　（明）姜垚辨正　題（清）無心道人增補　清道光元年（1821）可久堂刻本　三冊

320000－4645－0000639　26－1－1－06
地理畧説不分卷　（美國）戴集撰　清光緒二十二年（1896）上海美華書館鉛印本　一冊

320000－4645－0000640　26－1－1－08
元豐九域志十卷　（宋）王存等撰　清光緒八年（1882）金陵書局刻本　三冊

320000－4645－0000641　26－1－1－09
水經注箋刊誤十二卷　（清）趙一清撰　清刻本　一冊　存一卷（十一）

320000－4645－0000642　26－1－1－10
續黔書八卷　（清）張澍撰　清嘉慶九年（1804）刻本　一冊

320000－4645－0000643　26－1－1－11
歷代地理指掌圖不分卷　題（宋）蘇軾撰　明刻本　二冊　存二十七幅（七國壤地圖、秦郡縣天下圖、劉項中分圖、西漢郡國圖、漢异姓八王圖、漢吳楚七國圖、東漢郡國之圖、三國鼎峙圖、西晉郡國圖、東晉中興江左圖、劉宋南國圖、蕭齊南國之圖、蕭梁南國之圖、南陳南國圖、元魏北國圖、高齊北國圖、後周北國圖、隋氏有國圖、唐十道圖、唐郡名圖、唐十五採访使圖、李唐藩鎮疆界圖、朱梁及十國圖、後唐及五國圖、石晉及七國圖、劉漢及六國圖、郭周及七國圖）

320000－4645－0000644　26－1－1－12
皇朝輿地韻編二卷　（清）李兆洛輯　清刻本　一冊

320000－4645－0000645　26－1－1－13
通鑑地理通釋十四卷　（宋）王應麟撰　明崇禎虞山毛氏汲古閣刻津逮祕書本　三冊

320000－4645－0000646　26－1－2－01
東西學書錄二卷附錄一卷　（清）徐維則編　清光緒石印本　二冊　存一卷（下）

320000－4645－0000647　26－1－2－02
史論彙選乙編八卷　清光緒二十六年（1900）刻本　四冊

320000－4645－0000648　26－1－2－03
史論彙選丙編八卷　清光緒二十七年（1901）刻本　四冊

320000－4645－0000649　26－1－2－04
積古齋鐘鼎彝器款識十卷　（清）阮元撰　清嘉慶九年（1804）刻本　四冊

320000－4645－0000650　26－1－2－05
地理知本金鎖秘二卷　（清）鄧仙卿著　清嘉慶二十一年（1816）刻本　四冊

320000－4645－0000651　26－1－2－06
廣輿記二十四卷　（明）陸應陽撰　明刻本　四冊　存十八卷（一至十八）

320000－4645－0000652　26－1－2－08

來齋金石刻考略三卷　（清）林侗撰　清道光二十一年（1841）刻本　一册

320000 – 4645 – 0000653　26 – 1 – 2 – 11
金石全例十卷　（元）潘昂霄撰　（清）朱記榮輯　清光緒十八年（1892）吳縣朱氏槐廬刻本　十六册

320000 – 4645 – 0000654　26 – 1 – 2 – 13
小蓬萊閣金石目不分卷　（清）黄易編　清抄本　八册

320000 – 4645 – 0000655　26 – 1 – 2 – 14
史通削繁四卷　（清）紀昀撰　清光緒元年（1875）湖北崇文書局刻本　四册

320000 – 4645 – 0000656　26 – 1 – 2 – 15
小學韻語二卷　（清）羅澤南著　清光緒十二年（1886）刻本　二册

320000 – 4645 – 0000657　26 – 1 – 2 – 16
小學韻語二卷　（清）羅澤南著　清光緒十二年（1886）刻本　二册

320000 – 4645 – 0000658　26 – 1 – 3 – 02
東堂書目不分卷　翁之廉編　稿本　一册

320000 – 4645 – 0000659　26 – 1 – 3 – 03
太原藝文目録一卷　（清）王保譿撰　稿本　一册

320000 – 4645 – 0000660　26 – 1 – 3 – 04
直齋書録解題二十二卷　（宋）陳振孫撰　清光緒九年（1883）江蘇書局刻本　六册

320000 – 4645 – 0000661　26 – 1 – 3 – 05
理學宗傳辨正十六卷　（清）劉廷詔撰　清同治十一年（1872）六安涂氏求我齋刻本　五册　存十三卷（四至十六）

320000 – 4645 – 0000662　26 – 1 – 3 – 06
藏書紀事詩七卷　葉昌熾撰　清宣統二年（1910）刻本　六册

320000 – 4645 – 0000663　26 – 1 – 4 – 01
彙刻書目二十卷　（清）顧修輯　清刻本　一册　存一卷（四）

320000 – 4645 – 0000664　26 – 1 – 4 – 02
皇清經解原書總目不分卷皇清經解分類總目不分卷　題琴若氏編　清末民國間抄本　一册

320000 – 4645 – 0000665　26 – 1 – 4 – 03
羣書校補一百卷　（清）陸心源輯　清刻本　九册　存四十七卷（七至二十二、七十至一百）

320000 – 4645 – 0000666　26 – 1 – 4 – 04
書後不分卷　（清）蔣式瑆撰　清光緒十三年（1887）刻本　一册

320000 – 4645 – 0000667　26 – 1 – 4 – 05
東萊先生左氏博議集要八卷　（宋）吕祖謙撰　清光緒十五年（1889）宗氏刻本　二册

320000 – 4645 – 0000668　26 – 1 – 4 – 06
倭文端公遺書十卷首二卷　（清）倭仁撰　清光緒三年（1877）粵東翰元樓刻本　六册

320000 – 4645 – 0000669　26 – 2 – 1 – 01
清儀閣題跋不分卷　（清）張廷濟撰　清刻本　四册

320000 – 4645 – 0000670　26 – 2 – 1 – 02
西清古鑑四十卷附錢録十六卷　（清）梁詩正等編　清光緒石印本　七册　存二十一卷（一至二十一）

320000 – 4645 – 0000671　26 – 2 – 2 – 01
史通通釋二十卷　（唐）劉知幾撰　清光緒十九年（1893）上海文瑞樓石印本　八册

320000 – 4645 – 0000672　26 – 2 – 2 – 02
九朝野記四卷　（明）祝允明纂　清宣統三年（1911）時中書局鉛印本　二册

320000 – 4645 – 0000673　26 – 2 – 2 – 03
金石索十二卷附卷首一卷　（清）馮雲鵬（清）馮雲鵷輯　清光緒十九年（1893）上海積山書局石印本　一册　存一卷（一）

320000 – 4645 – 0000674　26 – 2 – 2 – 04
古玉圖攷不分卷　（清）吳大澂撰　清光緒十五年（1889）上海同文書局石印本　二册

320000－4645－0000675　26－2－2－06

古泉匯六十四卷　(清)李佐賢輯　清刻本　六冊　存二十五卷(利集十八卷、貞集一至七)

320000－4645－0000676　26－2－2－07

東古文存一卷　(朝鮮)金正喜輯　清光緒五年(1879)福山王氏天壤閣刻本　一冊

320000－4645－0000677　26－2－2－08

重修宣和博古圖錄三十卷　(宋)王黼撰　明萬曆二十七年(1599)于承祖刻崇禎九年(1636)于道南重修本(卷三至五配抄本)　十冊

320000－4645－0000678　26－2－3－01

史通通釋二十卷　(清)浦起龍釋　**舉例一卷**　(清)蔡焯撰　**舉要一卷**　(清)浦起龍撰　**附錄新唐書劉知幾本傳一卷**　清乾隆十七年(1752)梁溪浦氏求放心齋刻本　十二冊

320000－4645－0000679　26－2－3－02

宋瑣語不分卷　(清)郝懿行撰　清嘉慶二十一年(1816)刻本　五冊

320000－4645－0000680　26－2－3－03

兩當軒詩集十六卷　(清)黄景仁撰　清道光十七年(1837)海昌蔣氏別下齋刻本　二冊

320000－4645－0000681　26－2－3－04

安陽縣金石錄十二卷　(清)武億撰　清嘉慶二十四年(1819)安陽縣志刻本　四冊

320000－4645－0000682　26－2－4－01

歷代史論十二卷附宋史三卷元史一卷明史四卷　(明)張溥撰　清光緒十三年(1887)掃葉山房刻本　七冊

320000－4645－0000683　26－2－4－02

史論四卷　(明)張溥著　清光緒五年(1879)潘氏敏德堂刻本　四冊

320000－4645－0000684　26－2－4－03

史論四卷　(明)張溥著　清光緒五年(1879)潘氏敏德堂刻本　四冊

320000－4645－0000685　26－3－1－01

方輿全圖總説五卷　(清)顧祖禹撰　清光緒石印本　二冊　存三卷(三至五)

320000－4645－0000686　26－3－1－02

李氏五種　(清)李兆洛編輯　清光緒二十四年(1898)上海掃葉山房石印本　七冊　存三種二十三卷(歷代地理志韻編今譯二十卷、皇朝輿地理志韻編二卷、歷代地理沿革圖一卷)

320000－4645－0000687　26－3－1－03

皇朝輿地畧一卷皇朝輿地韻編一卷　(清)六承如編　**皇朝内府輿地圖縮摹本一卷**　(清)六嚴德只繪　清道光二十一年(1841)金陵邵樹榮刻本　一冊

320000－4645－0000688　26－3－1－04

皇朝輿地畧不分卷　(清)六承如編　清同治二年(1863)廣州寶華坊刻本　四冊

320000－4645－0000689　26－3－1－05

續考古圖五卷　(宋)□□撰　(清)陸心源輯　清光緒十三年(1887)歸安陸氏刻本　三冊

320000－4645－0000690　26－3－1－06

金石索十二卷附卷首一卷　(清)馮雲鵬　(清)馮雲鵷輯　清道光元年(1821)滋陽縣署刻本　六冊

320000－4645－0000691　26－3－1－07

西國近事彙編十二卷　(美國)金楷理口譯　(清)姚芬筆述　清光緒刻本　十二冊

320000－4645－0000692　26－3－2－01

十國宫詞一卷　(清)吳省蘭撰　清同治十二年(1873)淮南書局刻本　一冊

320000－4645－0000693　26－3－2－02

評史管窺四卷　(清)王步蟾著　清光緒十九年(1893)刻本　四冊

320000－4645－0000694　26－3－2－03

古今治統二十卷　(明)徐奮鵬撰　(清)陳肇元編次　清雍正元年(1723)陳肇元刻本　六冊　存十七卷(一至十七)

320000－4645－0000695　26－3－2－04

輿地廣記三十八卷附校勘札記二卷　(宋)歐

陽忞撰　清光緒六年(1880)金陵書局刻本　四册

320000－4645－0000696　26－3－2－05
輿地廣記三十八卷　(宋)歐陽忞撰　清乾隆武英殿木活字印武英殿聚珍版書本　六册

320000－4645－0000697　26－3－3－01
地理歌畧一卷　(清)葉瀚　(清)葉瀾撰　清刻本　一册

320000－4645－0000698　26－3－3－04
[江蘇無錫]滕氏宗譜二十卷　(清)滕廷鍾等纂修　清光緒七年(1881)無錫滕氏木活字印本　六册　存十卷(一至二、十三至二十)

320000－4645－0000699　26－3－3－06
華氏新義莊事略二卷　(清)華翼綸撰　清光緒二十七年(1901)刻本　一册　存一卷(上)

320000－4645－0000700　26－3－3－07
[江蘇常熟]虞山沈氏宗譜十二卷　(清)沈壽祺纂修　清宣統三年(1911)木活字印本　四册　存八卷(五至十二)

320000－4645－0000701　26－3－3－08
皇清勅授候職郎晉承德郎江浦縣訓導即選教授欽加六品銜銘軒陸君墓志銘不分卷　(清)夏寶全撰　清咸豐刻本　一册

320000－4645－0000702　26－3－4－01
泊如齋重修宣和博古圖錄三十卷　(宋)王黼等撰　明萬曆十六年(1588)泊如齋刻本　十一册　缺二卷(十四至十五)

320000－4645－0000703　26－3－4－02
增訂廣輿記二十四卷增訂廣輿記全圖一卷　(明)陸應陽輯　(清)蔡方炳增輯　清嘉慶七年(1802)刻本　十二册

320000－4645－0000704　26－4－1－01
欽定錢錄十六卷　(清)梁詩正等編　清刻本　二册

320000－4645－0000705　26－4－1－03
小學集註六卷　(宋)朱熹撰　(清)黎兆棠校　清同治八年(1869)刻本　二册

320000－4645－0000706　26－4－1－04
崇善堂徵信錄不分卷　清光緒刻本　一册

320000－4645－0000707　26－4－1－06
欽定明鑑二十四卷首一卷　(清)托津等撰　清嘉慶二十三年(1818)刻本　四册

320000－4645－0000708　26－4－2－01
國朝史論萃編甲集二卷　昭文桂村蒙學堂編　清光緒二十八年(1902)鉛印本　一册

320000－4645－0000709　26－4－2－02
通鑑論三卷　(宋)司馬光撰　(清)伍耀光輯　清光緒二十四年(1898)青華閣刻本　四册

320000－4645－0000710　26－4－2－03
御撰資治通鑑綱目三編五卷　(清)張廷玉輯　清光緒二十三年(1897)焕文書局石印本　二册

320000－4645－0000711　26－4－2－04
增注讀史論略二卷　(清)杜詔撰　清光緒二十七年(1901)刻本　二册

320000－4645－0000712　26－4－2－05
左傳史論二卷　(清)高士奇論正　清光緒七年(1881)掃葉山房刻歷代史論本　一册

320000－4645－0000713　26－4－2－06
平浙紀略十六卷　(清)秦湘業　(清)陳鍾英撰　清同治十二年(1873)浙江書局刻本　四册

320000－4645－0000714　26－4－2－07
初學史論合編二種二卷　(清)杜文瀾輯　清光緒十八年(1892)上海掃葉山房刻曼陀羅華閣叢書本　一册

320000－4645－0000715　26－4－2－08
讀史論畧一卷　(清)杜詔撰　清光緒元年(1875)京都琉璃廠刻本　一册

320000－4645－0000716　26－4－2－09
鹿忠節公[善繼]年譜二卷　(清)陳鋐編　清尋樂堂刻本　一册　存一卷(下)

320000－4645－0000717　26－4－2－11
燕子春秋一卷　(清)郝懿行著　清光緒五年

(1879)東路廳署刻本　一册

320000－4645－0000718　26－4－2－12
談天十八卷首一卷附表一卷　(英國)侯失勒原本　(英國)偉烈亞力口譯　(清)李善蘭刪述　(清)徐建寅續述　清光緒七年(1881)上海江南製造局刻本　四册

320000－4645－0000719　26－4－3－02
金石索十二卷附卷首一卷　(清)馮雲鵬　(清)馮雲鵷輯　清道光元年(1821)滋陽縣署刻本　十八册

320000－4645－0000720　27－1－2－03
繪圖上海雜記十卷　題(清)藜牀臥讀生編輯　清光緒石印本　一册　存三卷(四至六)

320000－4645－0000721　27－1－2－04
河防志十二卷　(清)張希良輯　清雍正三年(1725)刻本　十二册

320000－4645－0000722　27－1－2－06
河防一覽十四卷　(明)潘季馴撰　清乾隆十三年(1748)刻本　十册

320000－4645－0000723　27－1－3－01
欽定日下舊聞考一百六十卷　(清)于敏中等纂修　清乾隆刻本　四十册

320000－4645－0000724　27－2－1－01
海國圖志一百卷　(清)魏源撰　清光緒十三年(1887)巴蜀善成堂刻本　三十二册

320000－4645－0000725　27－2－1－02
水經注四十卷　(北魏)酈道元撰　清乾隆十八年(1753)黄晟槐蔭草堂刻本　十二册

320000－4645－0000726　27－2－2－01
歐美各國憲法不分卷　(日本)衆議院譯　(清)薛瑩中校　清光緒二十八年(1902)刻本　一册

320000－4645－0000727　27－2－2－02
海國圖志一百卷首一卷　(清)魏源撰　清光緒二年(1876)刻本　三十二册

320000－4645－0000728　27－2－3－01
外交報　清光緒上海商務印書館鉛印本　二册　存七十期(二至四十九、二百五十七至二百七十八)

320000－4645－0000729　27－2－3－02
江西全省輿圖十四卷首一卷　(清)曾國藩等編　清同治七年(1868)刻朱墨套印本　十册　缺三卷(六至七、九)

320000－4645－0000730　27－2－3－03
瀋陽紀程一卷　(清)何汝霖撰　清光緒元年(1875)武林刻本　一册

320000－4645－0000731　27－2－3－04
中俄界約斠注七卷首一卷　(清)洪鈞撰　清光緒二十年(1894)上海醉六堂刻本　二册

320000－4645－0000732　27－2－3－05
淮北三場池圩圖不分卷　(清)毓昌編　清末石印本　二册

320000－4645－0000733　27－2－4－01
輿地紀勝二百卷　(宋)王象之編　清咸豐五年(1855)南海伍氏刻本　三十二册

320000－4645－0000734　27－3－1－01
大清直省全圖不分卷　清刻本　二十六幅册

320000－4645－0000735　27－3－2－02
月令粹編二十四卷　(清)秦味芸編　清嘉慶十七年(1812)刻本　六册

320000－4645－0000736　27－3－2－03
分湖小識六卷　(清)柳樹芳輯　清道光二十七年(1847)勝谿草堂刻本　一册　存一卷(四)

320000－4645－0000737　27－4－1－01
海道圖説十五卷　(英國)金約翰輯　清光緒江南制造總局刻本　十册

320000－4645－0000738　27－4－1－02
海道圖説十五卷　(英國)金約翰輯　清光緒江南制造總局刻本　十册

320000－4645－0000739　27－4－1－03
海道圖説十五卷　(英國)金約翰輯　清光緒江南制造總局刻本　十册

320000－4645－0000740　27－4－3－01
天下郡國利病書一百二十卷　（清）顧炎武撰　清光緒二十七年（1901）上海圖書集成局鉛印本　二十八册

320000－4645－0000741　27－4－3－02
遊記十卷附外編一卷補編一卷　（明）徐霞客撰　清嘉慶十三年（1808）江陰葉氏刻本　十册

320000－4645－0000742　27－4－4－01
遊記十卷附外編一卷補編一卷　（明）徐霞客撰　清末上海圖書集成局鉛印本　八册

320000－4645－0000743　27－4－4－03
灕江雜記不分卷　金武祥著　清光緒二十三年（1897）廣州粟香室刻本　一册

320000－4645－0000744　27－4－4－04
水師操練十八卷首一卷附一卷　（英國）傅蘭雅口譯　（清）徐建寅筆述　清光緒江南製造總局刻本　三册

320000－4645－0000745　27－4－4－05
克虜伯礮操法四卷附克虜伯礮表八卷　（德國）軍政局原書　清光緒江南製造總局刻本　二册

320000－4645－0000746　27－5－1－01
洋防輯要二十四卷　（清）嚴如熤編　清道光十八年（1838）來鹿堂刻本　十二册

320000－4645－0000747　27－5－1－02
瀛環志畧十卷　（清）徐繼畬撰　清同治五年（1866）總理衙門刻本　六册

320000－4645－0000748　27－5－2－01
續瀛環志略初編不分卷　（清）薛福成鑑定　清光緒二十八年（1902）無錫傳經樓石印本　四册

320000－4645－0000749　27－5－2－02
續瀛環志略初編不分卷　（清）薛福成鑑定　清光緒二十八年（1902）無錫傳經樓石印本　四册

320000－4645－0000750　27－5－2－03
東西洋考十二卷　（明）張燮撰　清光緒二十二年（1896）刻本　四册

320000－4645－0000751　27－5－2－04
帕米爾圖説一卷　（清）許景澄撰　清光緒十八年（1892）石印本　一册

320000－4645－0000752　27－5－2－05
漢西域圖考七卷　（清）李光廷撰　清光緒八年（1882）陽湖趙氏木活字印本　四册

320000－4645－0000753　27－5－2－06
中山傳信録六卷　（清）徐葆光撰　清康熙六十年（1721）刻本　四册

320000－4645－0000754　27－5－2－07
覆瓿叢談二卷　（清）吳曾英撰　清光緒十二年（1886）刻本　一册

320000－4645－0000755　27－5－2－08
魯歸紀程一卷　（清）沈嘉澍撰　清光緒十七年（1891）刻本　一册

320000－4645－0000756　27－5－2－09
遊歷芻言一卷　（清）黄楙材撰　清光緒十二年（1886）新陽趙氏刻得一齋雜著四種本　一册

320000－4645－0000757　27－5－2－10
地理全志一卷　（英國）慕維廉撰　清光緒九年（1883）上海美華書館鉛印本　一册

320000－4645－0000758　27－5－2－11
皇朝中外一統輿圖三十卷首一卷　（清）嚴樹森輯　清同治二年（1863）湖北撫署景桓樓刻本　十二册

320000－4645－0000759　28－2－1－01
群書拾補　（清）盧文弨撰　清光緒十三年（1887）上海蜚英館石印本　八册

320000－4645－0000760　28－2－1－02
讀書雜志八十二卷讀書雜志餘編二卷　（清）王念孫撰　清光緒二十年（1894）上海醉六堂石印本　八册

320000－4645－0000761　28－2－1－03
揚子法言十三卷附音義一卷　（漢）揚雄撰

(唐)李軌注　清光緒二年(1876)浙江書局刻本　一册

320000－4645－0000762　28－2－1－04
困學紀聞二十卷　(宋)王應麟撰　(清)閻若璩箋　(清)何焯評　清汪垕桐華書塾刻本　四册

320000－4645－0000763　28－2－2－01
日知録三十二卷　(清)顧炎武撰　清道光十二年(1832)刻本　十七册

320000－4645－0000764　28－2－2－02
潛書上篇二卷下篇二卷　(清)唐甄撰　清康熙四十二年(1703)王聞遠刻本　三册

320000－4645－0000765　28－2－2－03
漢魏叢書　(明)程榮編　明萬曆二十年(1592)程榮刻本　四册　存四種三十二卷(潛夫論十卷、劉子新論十卷、中論二卷、風俗通義十卷)

320000－4645－0000766　28－2－2－07
漢魏叢書　(明)程榮編　明萬曆二十年(1592)程榮刻本　三册　存三種十七卷(申鑑五卷、穆天子傳六卷、西京雜記六卷)

320000－4645－0000767　28－2－3－01
新序十卷説苑二十卷　(漢)劉向撰　明刻清重修本　四册

320000－4645－0000768　28－2－3－02
新序十卷説苑二十卷　(漢)劉向撰　明刻清重修本　六册

320000－4645－0000769　28－2－3－03
呂氏春秋二十六卷　(漢)高誘注　(清)畢沅輯　**附攷一卷**　(清)畢沅撰　清乾隆五十四年(1789)畢沅靈巖山館刻經訓堂叢書本　六册

320000－4645－0000770　28－2－3－04
三遷志十二卷　(清)王特選增撰　(清)孟衍泰等補輯　清康熙六十一年(1722)刻本　四册

320000－4645－0000771　28－2－3－05
十駕齋養新録二十卷餘録三卷　(清)錢大昕撰　清嘉慶十六年(1811)刻本　六册

320000－4645－0000772　28－2－4－01
十駕齋養新録二十卷餘録三卷　(清)錢大昕撰　清嘉慶十六年(1811)刻本　五册

320000－4645－0000773　28－2－4－02
讀書脞録七卷　(清)孫志祖撰　清光緒十三年(1887)醉六堂刻本　二册

320000－4645－0000774　28－2－4－03
人譜一卷附人譜類記二卷　(明)劉宗周撰　清光緒三十二年(1906)石印本　三册

320000－4645－0000775　28－2－4－04
新書十卷　(漢)賈誼撰　(清)盧文弨校　清光緒元年(1875)浙江書局刻本　二册

320000－4645－0000776　28－2－4－05
尸子二卷存疑一卷　(清)汪繼培輯　清光緒三年(1877)浙江書局刻本　一册

320000－4645－0000777　28－2－4－06
尸子二卷存疑一卷　(清)汪繼培輯　清光緒三年(1877)浙江書局刻本　一册

320000－4645－0000778　28－2－4－07
弟子職集解一卷呂子校補一卷　(清)莊述祖撰　清光緒六年(1880)會稽章氏刻式訓堂叢書本　一册

320000－4645－0000779　28－2－4－08
文子纘義十二卷　(宋)杜道堅撰　清光緒三年(1877)浙江書局刻二十二子本　二册

320000－4645－0000780　28－2－4－09
關尹子二卷　(宋)陳顯微注　清光緒二十二年(1896)學庫山房刻本　二册

320000－4645－0000781　28－2－4－10
呂氏春秋二十六卷　(漢)高誘注　(清)畢沅輯　**附攷一卷**　(清)畢沅撰　清光緒元年(1875)浙江書局刻本　六册

320000－4645－0000782　28－2－4－11
人譜一卷附人譜類記二卷　(明)劉宗周撰　清末木活字印本　二册

320000－4645－0000783　28－2－4－12
韓非子二十卷　清嘉慶九年(1804)寶慶經綸堂刻本　四册

320000－4645－0000784　28－3－1－01
鶡冠子三卷　(宋)陸佃解　(明)王宇評　清嘉慶九年(1804)寶慶經綸堂刻本　一册

320000－4645－0000785　28－3－1－02
鬼谷子三卷　(南朝梁)陶弘景注　**篇目考一卷附錄一卷**　(清)秦恩復撰　清嘉慶十年(1805)石研齋刻本　二册

320000－4645－0000786　28－3－1－04
商君書五卷附考一卷　(清)嚴可均校　清光緒二年(1876)浙江書局刻本　一册

320000－4645－0000787　28－3－1－05
尸子二卷存疑一卷　(清)汪繼培輯　清光緒三年(1877)浙江書局刻本　一册

320000－4645－0000788　28－3－4－01
學案小識十四卷首一卷末一卷　(清)唐鑑撰　清光緒十年(1884)刻本　十二册

320000－4645－0000789　28－3－4－02
讀書雜志八十二卷　(清)王念孫撰　清嘉慶十七年至道光十二年(1812－1832)王氏家刻本　十二册　缺七卷(淮南内篇雜志十八至二十二、補遺一卷,漢隸拾遺一卷)

320000－4645－0000790　28－4－1－01
墨子十六卷　(清)畢沅校注　清光緒二十七年(1901)新化三味書室刻本　四册

320000－4645－0000791　28－4－1－03
荀子二十卷　(唐)楊倞注　(清)謝墉輯補　**校勘補遺一卷**　(清)謝墉撰　清乾隆五十一年(1786)謝墉刻本　四册

320000－4645－0000792　28－4－1－04
管子學八十五篇　(清)張佩綸撰　清宣統影印本　十册

320000－4645－0000793　28－4－1－05
六藝綱目二卷附錄二卷札記一卷　(元)舒天民撰　(元)舒恭注　(明)趙宜中附注　清光緒七年(1881)刻本　二册

320000－4645－0000794　28－4－1－06
孫子十家注十三卷　(宋)吉天保輯　(清)孫星衍校　清光緒三年(1877)浙江書局刻本　六册

320000－4645－0000795　28－4－2－01
莊子解三卷　(清)吳世尚評註　清康熙五十四年(1715)光裕堂刻本　四册

320000－4645－0000796　28－4－2－02
子書百家(百子全書)　(清)崇文書局編　清光緒元年(1875)湖北崇文書局刻本　十册
存八種五十一卷(荀子三卷、尸子二卷、鄧析子一卷、拾遺記十卷、搜神記二十卷、搜神後記十卷、道德經二卷、莊子三卷)

320000－4645－0000797　28－4－2－03
朱子家禮八卷首一卷　(明)丘濬輯　(明)楊廷筠補　清康熙四十年(1701)汪鑑刻本　五册

320000－4645－0000798　28－4－2－05
墨子閒詁十五卷　(清)孫詒讓撰　清光緒二十一年(1895)刻本　四册　缺五卷(十一至十五)

320000－4645－0000799　28－4－3－01
諸子平議三十五卷　(清)俞樾撰　清同治十年(1871)刻本　八册

320000－4645－0000800　28－4－3－02
諸子平議三十五卷　(清)俞樾撰　清同治十年(1871)刻本　八册

320000－4645－0000801　28－4－3－03
南華真經解六卷　(清)宣穎著　清康熙六十年(1721)海清樓刻本　四册

320000－4645－0000802　28－4－3－04
諸子平議三十五卷　(清)俞樾撰　清同治八年(1869)刻本　四册

320000－4645－0000803　28－4－4－01
列子八卷　(晉)張湛注　清光緒二年(1876)浙江書局刻本　一册

320000－4645－0000804　28－4－4－03
莊子内篇二卷　王闓運注　清同治八年(1869)刻本　二册

320000－4645－0000805　28－4－4－04
傅子一卷　(晉)傅玄撰　清福建刻武英殿聚珍版書本　一册

320000－4645－0000806　28－4－4－05
老子翼八卷　(明)焦竑輯　清光緒二十一年(1895)金陵刻經處刻本　四册

320000－4645－0000807　28－4－4－06
困學紀聞注二十卷　(宋)王應麟撰　(清)翁元圻注　清道光五年(1825)餘姚翁氏守福堂刻本　十二册

320000－4645－0000808　28－4－4－08
朱子家禮五卷　(宋)朱熹撰　(清)郭嵩燾校訂　清光緒十七年(1891)思賢講舍刻本　一册

320000－4645－0000809　28－4－4－09
意林五卷　(唐)馬總輯　清光緒三年(1877)湖北崇文書局刻本　二册

320000－4645－0000810　28－4－4－10
老學庵筆記十卷　(宋)陸游撰　清光緒三年(1877)湖北崇文書局刻本　一册

320000－4645－0000811　28－4－4－11
酉陽雜俎二十卷續酉陽雜俎十卷　(唐)段成式撰　清光緒三年(1877)湖北崇文書局刻本　六册

320000－4645－0000812　28－4－4－12
人譜一卷人譜類記增訂六卷　(明)劉宗周撰　清光緒三年(1877)湖北崇文書局刻本　三册

320000－4645－0000813　28－4－4－13
人譜一卷人譜類記增訂六卷　(明)劉宗周撰　清光緒三年(1877)湖北崇文書局刻本　一册　存一卷(人譜一卷)

320000－4645－0000814　28－5－1－02
學的二卷　(明)丘濬輯　(清)汪鼒校　清高興郡署刻本　二册

320000－4645－0000815　28－5－1－03
道德南華二經評註合刻十二卷　(明)歸有光輯　(明)文震孟訂　明天啓四年(1624)文氏竺塢刻本　四册

320000－4645－0000816　28－5－1－06
管子二十四卷　(唐)房玄齡注　(明)劉績補　清光緒五年(1879)刻本　四册

320000－4645－0000817　28－5－1－07
家禮五卷　題(宋)朱熹撰　**附録一卷**　(宋)楊復撰　明刻本　三册

320000－4645－0000818　28－5－1－09
至書一卷　(宋)蔡沈撰　清刻本　一册

320000－4645－0000819　28－5－1－10
潛書二卷　(清)唐甄撰　(清)王聞遠編　清光緒九年(1883)中江李氏刻本　三册

320000－4645－0000820　28－5－2－01
呻吟語六卷黄帝陰符經一卷救命書一卷　(明)呂坤撰　清乾隆五十九年(1794)呂燕昭刻本　六册

320000－4645－0000821　28－5－2－03
陸清獻公日記十卷　(清)陸隴其撰　清道光二十一年(1841)勝溪草堂刻本　四册

320000－4645－0000822　28－5－2－04
陸清獻公日記十卷　(清)陸隴其撰　清道光二十一年(1841)勝溪草堂刻本　四册

320000－4645－0000823　28－5－3－03
莊子因六卷　(清)林雲銘撰　清康熙二十七年(1688)挹奎樓刻本　三册

320000－4645－0000824　28－5－3－05
孔子集語十七卷　(清)孫星衍輯　清光緒三年(1877)浙江書局刻本　四册

320000－4645－0000825　28－5－3－06
孔子家語十卷　(三國魏)王肅注　清南京李光明莊刻本　四册

320000－4645－0000826　28－5－3－07

孔子家語十卷　(三國魏)王肅注　清南京李光明莊刻本　四冊

320000－4645－0000827　28－5－3－09
家語十卷　(清)姜兆錫正義　清雍正十一年(1733)寅清樓刻本　三冊

320000－4645－0000828　29－1－1－01
張氏醫書七種　(清)張璐　(清)張登撰　清三元堂刻本　二十六冊　缺三種四卷(本經逢原三至四、診宗三昧一卷、傷寒兼證析義一卷)

320000－4645－0000829　29－1－1－03
癸巳存稿十五卷　(清)俞正燮撰　清光緒十年(1884)李氏刻本　八冊

320000－4645－0000830　29－1－2－01
格致書院課藝不分卷　(清)王韜編　清光緒十六年(1890)弢園鉛印本　四冊

320000－4645－0000831　29－1－2－02
格致總學啟蒙三卷　(英國)艾約瑟譯　清光緒二十二年(1896)上海著易堂石印西學啟蒙十六種本　一冊

320000－4645－0000832　29－1－2－03
西學列表二卷　(比利時)赫師慎爾瞻撰　清光緒二十九年(1903)上海鴻寶齋石印本　一冊　存一卷(上)

320000－4645－0000833　29－1－2－04
西學啟蒙十六種　(英國)艾約瑟譯　清光緒二十二年(1896)上海著易堂鉛印本　十四冊　缺三種三十卷(西學畧述十卷、天文啟蒙七卷、歐洲史畧十三卷)

320000－4645－0000834　29－1－2－05
西學啟蒙十六種　(英國)艾約瑟譯　清光緒二十四年(1898)上海圖書集成印書局鉛印本　八冊　存九種五十一卷(西學畧述十卷、辨學啟蒙一卷、羅馬志畧十三卷、歐洲史畧十三卷、地志啟蒙四卷、格致質學啟蒙一卷、身理啟蒙一卷、植物學啟蒙一卷、天文啟蒙七卷)

320000－4645－0000835　29－1－3－01
唐荆川先生纂輯武編前編六卷後編六卷　(明)唐順之撰　清木活字印本　二十三冊　缺二卷(唐荆川先生纂輯武編前編六、後編二)

320000－4645－0000836　29－1－3－02
萬世玉衡錄四卷　(清)蔣伊輯　清康熙蔣陳錫刻本　四冊

320000－4645－0000837　29－1－3－03
榕村語錄續集摘抄十六卷　(清)李光地撰　(清)黃家鼎摘抄　清光緒二十九年(1903)黃家鼎抄本　一冊

320000－4645－0000838　29－1－3－04
家範十卷　(宋)司馬光撰　(清)朱軾評點　清康熙五十八年(1719)刻本　四冊

320000－4645－0000839　29－1－4－01
重刊補注洗冤錄集證五卷　(清)王又槐增輯　(清)李觀瀾補輯　(清)阮其新補注　**附刊洗冤錄解一卷**　(清)姚德豫著　清道光二十四年(1844)刻三色套印本　四冊

320000－4645－0000840　29－1－4－02
近思錄集解十四卷　(宋)朱熹撰　(宋)葉采集解　清康熙邵仁泓刻本　三冊

320000－4645－0000841　29－1－4－03
思辨錄輯要前集二十二卷後集十三卷　(清)陸世儀撰　清光緒三年(1877)江蘇書局刻本　八冊

320000－4645－0000842　29－1－4－04
慈溪黃氏日鈔分類九十七卷　(宋)黃震編輯　清抄本　十四冊　缺五十五卷(四十三至九十七)

320000－4645－0000843　29－2－1－01
重學圖説一卷　(英國)傅蘭雅撰　清光緒十一年(1885)刻本　一冊

320000－4645－0000844　29－2－1－02
重學二十卷　(英國)胡威立撰　(英國)艾約瑟口譯　(清)李善蘭筆述　清同治五年(1866)刻本　五冊

320000－4645－0000845　29－2－1－03
本草綱目五十二卷附圖三卷奇經攷一卷脈訣一卷　(明)李時珍撰　**本草萬方鍼線八卷**　(清)蔡烈先撰　**本草綱目拾遺十卷**　(清)趙學敏撰　清光緒十一年(1885)合肥張氏味古齋刻本　三十六册　缺八卷(十二、三十一至三十五上,圖二至三)

320000－4645－0000846　29－2－3－01
小學集解六卷爲學大指一卷　(明)陳選集注　清同治四年(1865)楊重刻本　二册

320000－4645－0000847　29－2－3－02
性理字訓一卷　(宋)程端蒙撰　(宋)程若庸補輯　清末刻本　一册

320000－4645－0000848　29－2－3－03
集説詮眞不分卷集説詮眞提要不分卷集説詮眞續編不分卷歷代永統紀年表圖不分卷　(清)黄伯祿輯　(清)蔣超凡校　清光緒五年至六年(1879－1880)上海慈母堂刻本　六册

320000－4645－0000849　29－2－3－04
聖祖仁皇帝庭訓格言一卷　(清)聖祖玄燁述　(清)陳昌紳錄　清江蘇書局刻本　一册

320000－4645－0000850　29－2－3－08
鐵琴銅劍樓藏書目錄二十四卷　(清)瞿鏞撰　清光緒二十四年(1898)常熟瞿氏刻本　九册

320000－4645－0000851　29－2－3－09
鐵琴銅劍樓藏書目錄二十四卷　(清)瞿鏞撰　清光緒二十四年(1898)常熟瞿氏刻本　八册　缺五卷(一至五)

320000－4645－0000852　29－2－3－10
鐵琴銅劍樓藏書目錄二十四卷　(清)瞿鏞撰　清光緒二十四年(1898)常熟瞿氏刻本　九册

320000－4645－0000853　29－2－4－01
内經知要二卷　(清)李中梓輯　清宣統二年(1910)上海普新書局石印本　二册

320000－4645－0000854　29－2－4－02
十家語錄摘要二卷附咏梅軒搭記一卷增訂一卷　(清)謝蘭生輯　清同治四年(1865)刻本　一册

320000－4645－0000855　29－2－4－04
儒門法語一卷　(清)彭定求編　**示兒長語一卷**　(清)潘四農編　清光緒十八年(1892)揚州府學刻四語彙編本　一册

320000－4645－0000856　29－2－4－05
四語彙編四種　(清)彭定求等編　清光緒十八年(1892)揚州府學刻本　四册

320000－4645－0000857　29－2－4－06
世補齋醫書六種三十三卷　(清)陸懋修撰　清光緒十年(1884)刻本　八册

320000－4645－0000858　29－2－4－07
傷寒論注四卷傷寒附翼二卷　(漢)張機撰　(清)柯琴編注　清乾隆二十年(1755)馬中驊刻本　六册

320000－4645－0000859　29－2－4－09
黃帝内經靈樞十二卷　(唐)王冰注　清刻本　二册

320000－4645－0000860　29－2－4－10
内經知要二卷　(清)李中梓輯　清光緒十六年(1890)文興堂刻本　二册

320000－4645－0000861　29－2－4－12
冰言十卷補錄十卷　(清)李惺撰　清光緒三十三年(1907)刻本　二册

320000－4645－0000862　29－2－4－14
正學編八卷　(清)潘世恩輯　(清)潘曾瑋疏解　清同治六年(1867)刻本　四册

320000－4645－0000863　29－3－1－01
義門讀書記五十八卷　(清)何焯撰　(清)蔣維鈞編　清乾隆三十四年(1769)蔣維鈞刻石香齋印本　十二册

320000－4645－0000864　29－3－1－02
近思錄十四卷　(宋)朱熹　(宋)呂祖謙撰　(宋)葉采集解　清蓮花書院刻本　六册

320000－4645－0000865　29－3－1－03

近思錄補注十四卷　(清)陳沆補注　清刻本　四冊

320000－4645－0000866　29－3－1－04
法言疏證十三卷附校補一卷　(漢)揚雄撰　汪榮寶疏證　清宣統三年(1911)鉛印本　四冊

320000－4645－0000867　29－3－1－05
鏡鏡詅癡五卷　(清)鄭複光撰　(清)楊尚文繪圖　(清)張穆編校　清道光二十七年(1847)靈石楊尚文刻連筠簃叢書本　二冊

320000－4645－0000868　29－3－2－01
儒術真論一卷　章炳麟撰　清光緒二十八年(1902)横濱新成社鉛印清議報全編本　一冊

320000－4645－0000869　29－3－2－02
本草從新十八卷首一卷　(清)吳儀洛撰　清光緒六年(1880)紫文閣刻本　六冊

320000－4645－0000870　29－3－2－03
蛾述集十六卷　(清)陳庭學纂輯　清嘉慶二十年(1815)六君子齋刻本　四冊

320000－4645－0000871　29－3－2－04
程氏家塾讀書分年日程三卷綱領一卷　(元)程端禮撰　清同治七年(1868)湖北崇文書局刻本　二冊

320000－4645－0000872　29－3－2－05
讀史兵略四十六卷　(清)胡林翼撰　清咸豐十一年(1861)刻本　十六冊

320000－4645－0000873　29－3－3－01
公是弟子記四卷　(宋)劉敞撰　清同治十三年(1874)江西刻武英殿聚珍版書本　一冊

320000－4645－0000874　29－3－3－02
西銘講義一卷　(清)羅澤南撰　清咸豐七年(1857)長沙刻本　一冊

320000－4645－0000875　29－3－3－04
陸子學譜二十卷　(清)李紱編　清抄本　九冊　缺二卷(三至四)

320000－4645－0000876　29－3－3－05
癸巳存稿十五卷　(清)俞正燮撰　清光緒十年(1884)刻本　六冊

320000－4645－0000877　29－3－4－01
秘傳花鏡六卷圖一卷　(清)陳淏子輯　清刻本　五冊

320000－4645－0000878　29－3－4－02
新刻增集紀驗田家五行三卷　(明)婁元禮撰　明萬曆四十年(1612)茅檮刻本　一冊

320000－4645－0000879　29－3－4－03
續富國策四卷　(清)陳熾撰　清光緒十六年(1890)槐蔭山房刻本　四冊

320000－4645－0000880　29－3－4－04
蘭言述略四卷　(清)袁世俊輯　清光緒二年(1876)刻本　一冊

320000－4645－0000881　29－3－4－05
光學圖説二卷　(英國)傅蘭雅譯　清光緒十六年(1890)益智書會刻本　一冊

320000－4645－0000882　29－3－4－06
蠶桑須知一卷　(清)黄壽昌撰　清光緒九年(1883)刻本　一冊

320000－4645－0000883　29－3－4－08
斠補隅錄十四種　(清)蔣光煦輯校　清光緒九年(1883)海寧蔣光煦别下齋刻本　四冊

320000－4645－0000884　29－3－4－09
格術補一卷　(清)鄒伯奇撰　清光緒三年(1877)刻本　一冊

320000－4645－0000885　29－3－4－10
植物圖説四卷　(英國)傅蘭雅撰　清光緒二十一年(1895)益智書會刻本　一冊

320000－4645－0000886　29－3－4－11
寶訓八卷　(清)郝懿行輯　清光緒五年(1879)東路廳署刻郝氏遺書本　三冊

320000－4645－0000887　29－3－4－12
農桑輯要七卷　(元)司農司撰　清光緒二十一年(1895)桐廬袁氏漸西村舍刻本　一冊　缺三卷(五至七)

320000－4645－0000888　29－3－4－13

測地繪圖十一卷附一卷　(英國)富路瑪撰　(英國)傅蘭雅口譯　(清)徐壽筆述　清光緒江南製造局刻本　二册　缺五卷(八至十一、附一卷)

320000－4645－0000889　29－3－4－14
御風要術三卷　(英國)白爾特撰　(美國)金楷理口譯　(清)華衡芳筆述　清末江南製造總局刻本　二册

320000－4645－0000890　29－3－4－15
臨陣管見九卷　(布國)斯拉弗司撰　(清)趙元益筆述　清同治十二年(1873)江南製造總局刻本　四册

320000－4645－0000891　29－3－4－16
克虜伯礮準心法一卷　(美國)金楷理口譯　(清)李鳳苞筆述　清末江南製造總局刻本　一册

320000－4645－0000892　29－3－4－17
格致古微六卷　(清)王仁俊撰　清光緒二十二年(1896)吳縣王氏刻本　四册

320000－4645－0000893　29－3－4－18
御風要術三卷　(英國)白爾特撰　(美國)金楷理口譯　(清)華衡芳筆述　清末江南製造總局刻本　二册

320000－4645－0000894　29－3－4－19
東塾讀書記十五卷　(清)陳澧撰　清光緒刻本　五册

320000－4645－0000895　29－4－1－01
養正遺規二卷補編一卷　(清)陳宏謀輯　清道光二年(1822)退思堂刻本　二册

320000－4645－0000896　29－4－1－02
五種遺規二十五卷　(清)陳宏謀輯　清刻本　五册　存二種十卷(訓俗遺規四卷、補二卷,從政遺規四卷)

320000－4645－0000897　29－4－1－04
教女遺規三卷　(清)陳宏謀輯　清刻本　一册

320000－4645－0000898　29－4－1－05
五種遺規摘鈔五種十二卷　(清)陳宏謀原編　(清)劉肇紳摘鈔　清同治七年(1868)崇文書局刻本　六册　存四種八卷(養正遺規摘抄一、從政遺規摘抄二卷、訓俗遺規摘抄四卷、教女遺規摘抄一)

320000－4645－0000899　29－4－1－09
開益編四卷　(清)顧濂輯　清嘉慶四年(1799)兆經堂刻本　四册

320000－4645－0000900　29－4－1－10
身世金箴一卷　題(清)桑崖老人輯　清光緒十二年(1886)刻本　一册

320000－4645－0000901　29－4－1－11
身世金箴一卷　題(清)桑崖老人輯　清光緒十二年(1886)刻本　一册

320000－4645－0000902　29－4－1－12
理學辨似一卷　(清)潘子昭撰　清刻虞山潘氏叢書本　一册

320000－4645－0000903　29－4－1－14
慎餘錄二卷　(清)鄭言紹編　清光緒十五年(1889)刻本　二册

320000－4645－0000904　29－4－1－15
慎餘錄八卷　(清)王應鯨撰　清刻本　三册

320000－4645－0000905　29－4－1－16
存立編一卷　(清)紀大奎撰　清光緒十八年(1892)刻本　一册

320000－4645－0000906　29－4－1－17
温氏母訓一卷　(明)溫璜述　清同治二年(1863)錢塘丁氏刻本　一册

320000－4645－0000907　29－4－2－01
圖民錄四卷　(清)袁守定撰　清光緒五年(1879)江蘇書局刻本　二册

320000－4645－0000908　29－4－2－02
陸清獻公治嘉格言一卷　(清)陸隴其撰　**陸清獻公莅嘉遺蹟三卷**　(清)黃維玉輯　清同治六年至七年(1867－1868)刻本　一册

320000－4645－0000909　29－4－2－03
東塾讀書記二十五卷　(清)陳澧撰　清光緒

刻本　六册　存二十一卷(一至二十一)

320000－4645－0000910　29－4－2－04
龍文鞭影四卷　(明)蕭良有輯　清光緒十三年(1887)掃葉山房刻本　二册

320000－4645－0000911　29－4－2－05
龍文鞭影二集二卷　(清)李暉吉輯　清光緒三年(1877)掃葉山房刻本　二册

320000－4645－0000912　29－4－2－06
懺摩錄一卷　(清)彭兆蓀撰　清光緒二十四年(1898)東倉書庫刻本　一册

320000－4645－0000913　29－4－2－07
慎言集訓二卷　(明)敖英纂　清同治四年(1865)錢塘丁氏刻本　一册

320000－4645－0000914　29－4－2－08
牧民忠告一卷　(元)張養浩撰　清味菜廬木活字印本　一册

320000－4645－0000915　29－4－2－10
朱止泉先生朱子聖學考略十卷附聖學考略辨僞一卷宗朱要法一卷　(清)朱澤澐撰　清末民國間刻本　一册　存二卷(聖學考略辨僞一卷、宗朱要法一卷)

320000－4645－0000916　29－4－2－11
朱子白鹿洞規條目二十卷附集朱子讀書法一卷集程朱格物法一卷　(清)王澍編　清刻本　二册

320000－4645－0000917　29－4－3－01
本草從新十八卷首一卷　(清)吳儀洛撰　清光緒二十二年(1896)上海圖書集成印書局鉛印本　四册

320000－4645－0000918　29－4－3－03
孝弟圖說二卷　(清)李文耕撰　(清)倭仁輯　清光緒五年(1879)刻本　二册

320000－4645－0000919　29－4－3－04
孝弟圖說二卷　(清)李文耕撰　(清)倭仁輯　清光緒五年(1879)刻本　二册

320000－4645－0000920　29－4－3－05
鄉黨圖考便讀一卷　(清)陳琢撰　清咸豐元年(1851)刻本　一册

320000－4645－0000921　29－4－3－07
爾雅蒙求二卷　(清)李拔式撰　清同治十二年(1873)味經書院刻本　二册

320000－4645－0000922　29－4－3－08
澄衷蒙學堂字課圖説四卷附檢字一卷類字一卷刊誤四卷　(清)劉樹屏撰　(清)吳子城繪圖　清光緒二十七年(1901)上海順成書局石印本　八册

320000－4645－0000923　29－4－4－02
淮南許注異同詁四卷補遺一卷續補遺一卷　(清)陶方琦撰　清光緒七年至十年(1881－1884)湘南使院刻本　三册

320000－4645－0000924　29－4－4－04
十駕齋養新錄二十卷餘錄三卷　(清)錢大昕撰　清嘉慶十一年(1806)錢東塾刻本　八册

320000－4645－0000925　29－4－4－05
御纂性理精義十二卷　(清)李光地等輯　清康熙五十六年(1717)刻本　四册

320000－4645－0000926　29－4－4－06
日知薈説四卷　(清)高宗弘曆撰　清乾隆元年(1736)刻本　二册

320000－4645－0000927　29－5－1－01
養蒙初基不分卷　(清)胡惕齋輯　清光緒二十八年(1902)石印本　一册

320000－4645－0000928　29－5－1－02
淮南子二十一卷　(漢)劉安撰　(漢)高誘注　清光緒二年(1876)刻本　六册

320000－4645－0000929　29－5－1－04
補注黃帝内經素問二十四卷　(唐)王冰注　(宋)林億等校正　(宋)孫兆改誤　**黃帝内經素問遺篇一卷**　(宋)劉温舒注　清光緒三年(1877)刻本　八册

320000－4645－0000930　29－5－1－05
先儒趙子言行錄二卷　(元)趙復撰　(清)陳廷鈞纂述　清同治九年(1870)楚北崇文書局刻本　二册

320000－4645－0000931　29－5－1－06
衛公兵法輯本三卷附舊唐書李靖傳考證一卷　（唐）李靖撰　（清）汪宗沂輯　清光緒二十年（1894）桐廬袁氏漸西村舍刻本　一册

320000－4645－0000932　29－5－2－01
紀效新書十八卷首一卷　（明）戚繼光撰　清光緒二十一年（1895）上海醉經廔石印本　四册

320000－4645－0000933　29－5－2－02
性天真境一卷　（清）黄正元輯　清同治公善堂刻本　一册

320000－4645－0000934　29－5－2－03
座右銘贅語八卷　（清）彭世昌輯　清光緒十二年（1886）信好軒刻本　二册

320000－4645－0000935　29－5－2－05
誥贈資政大夫問苑唐公遺訓一卷　（清）唐錫晉編　清宣統三年（1911）石印本　一册

320000－4645－0000936　29－5－2－06
童蒙訓三卷　（宋）吕本中撰　清同治二年（1863）錢塘丁氏刻本　一册

320000－4645－0000937　29－5－2－07
雙節堂庸訓六卷　（清）汪輝祖撰　清刻本　一册

320000－4645－0000938　29－5－2－08
性理真詮四卷　（清）孫璋撰　清光緒十五年（1889）上海慈母堂鉛印本　四册

320000－4645－0000939　29－5－2－09
課子隨筆節鈔六卷續編一卷　（清）張師載輯　（清）徐桐節鈔　清同治十年（1871）刻本　四册

320000－4645－0000940　29－5－2－10
榕村語録續集二十卷　（清）李光地撰　清光緒二十年（1894）刻本　六册

320000－4645－0000941　29－5－2－11
萬善先資集四卷　（清）周思仁述　清末刻本　一册

320000－4645－0000942　29－5－2－15
聖諭廣訓一卷　（清）聖祖玄燁撰　清刻本　一册

320000－4645－0000943　29－5－2－16
經試録一卷　（清）華天祚撰　清光緒三十三年（1907）刻本　一册

320000－4645－0000944　29－5－3－01
孫子十家注十三卷敘録一卷遺説一卷　（宋）吉天保輯　（清）孫星衍校　清刻本　五册　缺三卷（十一至十三）

320000－4645－0000945　29－5－3－02
東塾讀書記十五卷　（清）陳澧撰　清光緒刻本　五册

320000－4645－0000946　29－5－4－01
先正遺規四卷　（清）汪正集録　清光緒十九年（1893）浙江書局刻本　二册

320000－4645－0000947　29－5－4－02
化學鑑原六卷　（英國）韋而司撰　（清）徐壽筆述　清光緒江南製造局刻本　二册　存三卷（一至三）

320000－4645－0000948　29－5－4－03
器象顯真四卷附圖一卷　（英國）白力蓋輯　（清）徐建寅筆述　清光緒江南製造局刻本　三册

320000－4645－0000949　29－5－4－04
器象顯真四卷附圖一卷　（英國）白力蓋輯　（清）徐建寅筆述　清光緒江南製造局刻本　二册　缺一卷（附圖一卷）

320000－4645－0000950　29－5－4－05
化學材料中西名目表一卷　（清）江南製造總局編　清光緒十年（1884）江南製造總局鉛印本　一册

320000－4645－0000951　29－5－4－06
電學綱目一卷　（英國）田大里輯　（英國）傅蘭雅口譯　（清）周郇筆述　清光緒江南製造局刻本　一册

320000－4645－0000952　29－5－4－07
電氣鍍鎳一卷　（英國）傅蘭雅口譯　（清）徐

華封筆述　清光緒江南製造局刻本　一冊

320000－4645－0000953　29－5－4－08
汽機必以十二卷首一卷附一卷　(英國)蒲而捺撰　(英國)傅蘭雅口譯　(清)徐建寅筆述　清光緒江南製造局刻本　六冊

320000－4645－0000954　29－5－4－09
汽機新制八卷　(英國)白爾格撰　(英國)傅蘭雅口譯　(清)徐建寅筆述　清光緒江南製造局刻本　二冊

320000－4645－0000955　29－5－4－10
重刊補注洗冤錄集證六卷　(宋)宋慈撰　(清)王又槐增輯　清道光二十四年(1844)刻四色套印本　五冊

320000－4645－0000956　30－1－1－02
新刻楊救貧秘傳陰陽二宅便用統宗(開門放水經)二卷　(明)邵礌溪輯　清初立言堂胡珊刻本　二冊

320000－4645－0000957　30－1－1－03
入地眼全書十卷　(宋)釋靜道撰　清道光元年(1821)四本堂刻本　六冊

320000－4645－0000958　30－1－1－04
心眼指要四卷附元空秘旨一卷　(清)章仲山纂　清道光刻同治十二年(1873)章品咸重修本　二冊

320000－4645－0000959　30－1－1－05
選時造命四卷　(清)魏青江輯　清乾隆刻本　四冊

320000－4645－0000960　30－1－1－06
山法全書二卷　(清)葉泰輯　(清)高其倬批注　**山水忠肝集摘要一卷救貧消納水法圖一卷**　(明)蕭客撰　清京都隆福寺寶書堂刻本　四冊

320000－4645－0000961　30－1－1－07
地理孝思集十五卷首一卷　(清)舒鳳儀著　清翠筒山房刻本　六冊

320000－4645－0000962　30－1－1－08
玉管照神局三卷　(五代)宋齊邱撰　清光緒十八年(1892)歸安陸氏刻十萬卷樓叢書本　一冊

320000－4645－0000963　30－1－1－09
陽宅總訣一卷　題(清)黄海山人撰　清光緒十八年(1892)刻本　一冊

320000－4645－0000964　30－1－1－10
釋命一卷　(清)馬先登輯　清同治十一年(1872)刻本　一冊

320000－4645－0000965　30－1－1－11
文甲集二卷附蘭石詞一卷　(清)董祐誠撰　清同治八年(1869)刻董立方遺書本　一冊

320000－4645－0000966　30－1－2－01
古吴童氏重校醫宗必讀十卷　(明)李中梓撰　清鴻文堂書局石印本　一冊

320000－4645－0000967　30－1－2－02
奇經八脉考一卷瀕湖脉學一卷　(明)李時珍撰　清末民國間石印本　一冊

320000－4645－0000968　30－1－2－03
白芙堂算學叢書　(清)丁取忠編　清同治十三年(1874)長沙古荷花池精舍刻本　十七冊　缺三種六卷(綴術釋戴一卷,格術補一卷,四元玉鑑三卷、附四象假令細草一卷)

320000－4645－0000969　30－1－2－04
新編算學啟蒙三卷　(元)朱世傑撰　清刻本　三冊

320000－4645－0000970　30－1－2－05
菊逸山房地理正書三種　(清)寇宗輯　清道光寶慶務本山房刻本　六冊

320000－4645－0000971　30－1－3－01
脈訣刊誤集解二卷　(元)戴起宗撰　**脈訣刊誤附錄一卷**　(明)汪機輯　清光緒十七年(1891)池陽周氏刻周氏醫學叢書本　二冊

320000－4645－0000972　30－1－3－02
脈因證治四卷　(元)朱震亨撰　清光緒十七年(1891)池陽周氏刻周氏醫學叢書本　二冊

320000－4645－0000973　30－1－3－04
難經經釋二卷　(清)徐大椿撰　清半松齋刻

徐氏醫書六種本　一冊

320000－4645－0000974　30－1－3－05
醫學源流論二卷　（清）徐大椿撰　清刻本　二冊

320000－4645－0000975　30－1－3－06
醫貫砭二卷　（清）徐大椿撰　清刻本　一冊

320000－4645－0000976　30－1－3－07
醫宗必讀十卷　（明）李中梓撰　清善成堂刻本　五冊

320000－4645－0000977　30－1－3－08
長歷鈎元一卷　（明）董銀峰撰　清同治十一年（1872）刻本　一冊

320000－4645－0000978　30－1－3－09
淮南子萬畢術輯一卷　王仁俊撰　清光緒三十三年（1907）存古學堂鉛印本　一冊

320000－4645－0000979　30－1－3－10
幼科鐵鏡六卷　（清）夏鼎撰　清光緒二十一年（1895）刻本　二冊

320000－4645－0000980　30－1－3－11
遁甲通變録一卷　（清）董士錫撰　清抄本　一冊

320000－4645－0000981　30－1－3－12
奇門遁甲統宗十二卷　（三國蜀）諸葛亮撰　清抄本　十一冊　缺一卷（一）

320000－4645－0000982　30－1－3－13
焦氏易林四卷　（漢）焦贛撰　（明）鍾惺評　明刻本　二冊

320000－4645－0000983　30－1－3－14
通占大象曆星經二卷　題（漢）甘公撰　**趙飛燕外傳一卷**　（漢）伶玄撰　**古今刀劍録一卷**　（南朝梁）陶弘景撰　明萬曆二十年（1592）新安程榮刻漢魏叢書本　一冊

320000－4645－0000984　30－1－3－15
重刻蓂元奇門遁甲句解煙波釣叟歌不分卷　題（宋）趙普撰　（明）羅通遁法　（明）池紀解　明刻本　三冊

320000－4645－0000985　30－1－4－01
梅氏叢書輯要六十二卷　（清）梅文鼎撰　清同治十三年（1874）刻本　二十三冊　缺二卷（四十六至四十七）

320000－4645－0000986　30－2－1－01
欽定協紀辨方書三十六卷　（清）允禄等纂　清刻本　二十三冊　缺一卷（三十六）

320000－4645－0000987　30－2－1－02
欽定協紀辨方書三十六卷　（清）允禄等纂　清光緒二十五年（1899）上海書局石印本　八冊

320000－4645－0000988　30－2－2－01至30－2－3－01
佩文齋書畫譜一百卷　（清）孫岳頒等輯　清康熙四十七年（1708）刻本　四十六冊　缺四卷（八十一至八十二、八十七至八十八）

320000－4645－0000989　30－2－4－02
醫宗必讀十卷　（明）李中梓撰　清光緒二十四年（1898）常州宛委山莊刻本　四冊　缺二卷（五至六）

320000－4645－0000990　30－2－4－03
里堂學算記五種十六卷　（清）焦循撰　清嘉慶四年（1799）刻本　六冊

320000－4645－0000991　30－2－4－05
卜法詳考四卷　（清）胡煦撰　清乾隆葆璞堂刻本　四冊

320000－4645－0000992　30－2－4－06
洪範皇極内篇九疇數解三卷筮法一卷外篇九卷　（宋）蔡沈撰　（清）熊宗立解　清雍正刻本　二冊

320000－4645－0000993　30－2－5－01
三命通會十二卷　（明）萬民英撰　清初刻雍正十三年（1735）蔣國祥重修本　十二冊

320000－4645－0000994　30－2－5－02
皇極經世書傳八卷　（宋）邵雍撰　（明）黃畿傳　清康熙二十一年（1682）黃逵卿刻本　八冊

320000－4645－0000995　30－3－1－01
胎産集要三卷　(清)黄惕齋撰　清道光十九年(1839)刻本　一册

320000－4645－0000996　30－3－1－02
産孕集二卷　(清)張曜孫撰　清同治七年(1868)三松堂刻本　一册

320000－4645－0000997　30－3－1－03
景岳新方歌一卷　(清)高秉鈞等撰　清嘉慶十四年(1809)刻本　一册

320000－4645－0000998　30－3－1－04
致曲術一卷致曲圖解一卷　(清)夏鸞翔撰　清同治十三年(1874)南海鄒氏廣州刻鄒徵君遺書本　一册

320000－4645－0000999　30－3－1－05
堆垛術一卷　(清)張爔撰　清光緒二十九年(1903)刻本　一册

320000－4645－0001000　30－3－1－06
管窺輯要八十卷　(清)黄鼎輯　清順治刻本　五十七册　缺五卷(三十三至三十四、五十一、六十四至六十五)

320000－4645－0001001　30－3－2－01
寓意草不分卷　(清)喻昌撰　(清)胡周鼒評　清竹秀山房刻本　二册

320000－4645－0001002　30－3－2－02
慈恩玉曆彙録四卷續補一卷　(清)俞大文輯　清光緒四年(1878)琴東葉壽松刻本　二册

320000－4645－0001003　30－3－2－03
冷廬醫話五卷　(清)陸以湉撰　清光緒二十三年(1897)烏程龐氏刻本　四册

320000－4645－0001004　30－3－3－03
白芙堂算學叢書　(清)丁取忠編　清同治、光緒間長沙古荷池精舍刻本　二十九册　缺十種十二卷(筆算一卷,今有術一卷,分法一卷,開方一卷,平方各形術一卷,平圓各形圖一卷,立方立圓術一卷,圓率考真圖解一卷,算法圓理括囊一卷,粟布演草二卷、補一卷)

320000－4645－0001005　30－3－4－01
白芙堂算學叢書　(清)丁取忠編　清同治、光緒間長沙古荷池精舍刻本　十八册　缺五種九卷(益古演段三卷、綴術釋戴一卷、格術補一卷、緝古算經細草三卷、少廣縋鑿一卷)

320000－4645－0001006　30－4－1－01
沈氏尊生書五種　(清)沈金鰲撰　清光緒二十一年(1895)上海圖書集成局鉛印本　二十四册

320000－4645－0001007　30－4－1－03
躔離引蒙不分卷　(清)賈步緯撰　清光緒十八年(1892)江南製造局鉛印本　二册

320000－4645－0001008　30－4－1－04
九數外録一卷　(清)顧觀光撰　清刻算學本　一册

320000－4645－0001009　30－4－1－05
九數外録一卷　(清)顧觀光撰　**神農本草經四卷**　(清)顧觀光輯　清光緒九年(1883)獨山莫氏刻武陵山人遺書本　一册

320000－4645－0001010　30－4－1－06
運規約指三卷　(英國)白起德輯　清末上海江南製造總局刻本　一册

320000－4645－0001011　30－4－1－07
九章算術細草圖説九卷　(清)李潢撰　清嘉慶二十五年(1820)語鴻堂刻本　七册　缺二卷(二至三)

320000－4645－0001012　30－4－1－10
遁甲演義精粹二卷　(明)程道生撰　清擷華書屋抄本　二册

320000－4645－0001013　30－4－2－03
薑露庵雜記六卷　(清)施山撰　清光緒申報館鉛印本　一册　存三卷(四至六)

320000－4645－0001014　30－4－2－06
人海記二卷　(清)查慎行撰　清宣統二年(1910)上海掃葉山房石印本　一册　存一卷(上)

320000－4645－0001015　30－4－2－07
菰中隨筆一卷　(清)顧炎武撰　清宣統三年

(1911)上海文瑞樓石印本　一册

320000－4645－0001016　30－4－2－09
時疫白喉治法忌表經驗書一卷　清光緒二十七年(1901)上海商務印書館鉛印本　一册

320000－4645－0001017　30－4－2－10
洞主仙師白喉治法忌表抉微不分卷　題(清)耐修子編注　清末民初石印本　一册

320000－4645－0001018　30－4－2－11
時病論八卷　(清)雷豐撰　清光緒三十四年(1908)石印本　二册　存六卷(一至六)

320000－4645－0001019　30－4－2－12
男科二卷女科二卷產後編二卷　(清)傅山撰　清光緒三十三年(1907)上海書局石印本　二册

320000－4645－0001020　30－4－2－13
時疫白喉捷要合編一卷　(清)張紹修撰　清光緒十三年(1887)湘南臬署刻本　一册

320000－4645－0001021　30－4－2－15
醫林改錯二卷　(清)王清任撰　清末上海校經山房石印本　一册

320000－4645－0001022　30－4－2－16
湯頭歌訣一卷經絡歌訣一卷藥性歌括一卷　(清)汪昂撰　清末民初鉛印本　一册

320000－4645－0001023　30－4－2－17
金匱心典三卷　(漢)張仲景撰　清末民初上海文瑞樓石印本　一册

320000－4645－0001024　30－4－2－18
達生編三卷　(清)亟齋居士撰　清末民初凌雲閣書局石印本　一册

320000－4645－0001025　30－4－2－20
陳修園七十種醫書(南雅堂醫書全集)　(清)陳念祖撰　清末民國間石印本　十二册　存三十種五十八卷[神農本草經讀四卷,醫學三字經四卷,時方妙用四卷,時方歌括(一名時方妙用歌括)二卷,景岳新方砭(一名新方八陣砭)四卷,醫學實在易一至四,長沙方歌括六卷、首一卷,靈樞素問集注一至四,春三字訣一卷,痢症三字訣一卷,濕熱條辨一卷,熱贅言一卷,瘧疾論三卷,霍亂轉筋二卷,眼科捷徑一卷,十藥神書註解一卷,急救奇痧方(一名急救經驗良方)一卷,局方發揮一卷,醫法心傳一卷,古今醫論一卷,考正穴法一卷,刺疔捷法一卷,增廣大生要旨一卷,增廣保嬰要旨一卷,易氏醫案一卷,最近經驗良方一卷,海藏瘢論萃英一卷,醫案一卷,脉訣一卷,醫壘元戎一卷]

320000－4645－0001026　30－4－2－21
温熱經緯五卷　(清)王士雄撰　清光緒三十年(1904)石印本　四册

320000－4645－0001027　30－4－2－22
温熱經緯五卷　(清)王士雄撰　清末民初鉛印本　四册

320000－4645－0001028　30－4－2－24
三家醫案合刻三卷　(清)葉桂等撰　(清)吳金壽輯　清末民初石印本　一册

320000－4645－0001029　30－4－2－25
達生編二卷附錄一卷補遺一卷種子良方一卷　(清)亟齋居士撰　清末平湖文治齋刻本　一册

320000－4645－0001030　30－4－2－27
臨證指南醫案八卷　(清)葉桂撰　清光緒三十二年(1906)龍文書局石印本　一册

320000－4645－0001031　30－4－2－28
增廣大生要旨一卷增廣保嬰要旨一卷易氏醫案一卷最近經驗良方一卷海藏瘢論萃英一卷醫案一卷脉訣一卷醫壘元戎一卷　(清)唐千頃輯　清末民初石印本　一册

320000－4645－0001032　30－4－3－01
醫方集解本草備要合刻三十一卷　(清)汪昂撰　清光緒十三年(1887)鴻文書局石印本　二册

320000－4645－0001033　30－4－3－06
理虛元鑑二卷　(明)汪綺石撰　清光緒二十二年(1896)刻本　一册

320000－4645－0001034　30－4－3－07
御製曆象考成上編十六卷下編十卷後編十卷表十六卷　(清)允祿等纂修　清雍正二年(1724)內府刻乾隆二十一年(1756)武英殿補刻本　十五册　存十二卷(後編十卷、表十五至十六)

320000－4645－0001035　30－4－4－01
兼濟堂纂刻梅勿菴先生曆算全書(梅氏叢書)　(清)梅文鼎撰　清咸豐九年(1859)聞妙香室刻本　二十四册

320000－4645－0001036　30－4－4－02
素問病機氣宜保命集三卷　(金)劉完素撰　明萬曆吳勉學刻本　二册

320000－4645－0001037　30－4－4－03
傷寒論條辨八卷　(明)方有執撰　清康熙五十八年(1719)陳廷柱浩然樓刻本　三册

320000－4645－0001038　30－4－5－01
西青散記四卷　(清)史震林撰　清光緒三十三年(1907)上海廣智書局鉛印本　一册　存二卷(一至二)

320000－4645－0001039　30－4－5－03
新測中星圖表一卷　(清)張作楠撰　清刻本　一册

320000－4645－0001040　30－4－5－04
三家醫案合刻　(清)吳金壽輯　清道光刻本　二册

320000－4645－0001041　30－4－5－05
簡便良方備用藥物二種合刻　清末民初鉛印本　一册

320000－4645－0001042　30－4－5－06
劉涓子鬼遺方五卷　(南朝宋)劉涓子傳　(南朝齊)龔慶宣編　清嘉慶五年(1800)掃葉山房刻本　一册

320000－4645－0001043　30－4－5－07
串雅内編四卷　(清)趙學敏輯　清光緒十四年(1888)榆園刻本　二册

320000－4645－0001044　30－4－5－08
串雅内編四卷　(清)趙學敏輯　清光緒十七年(1891)木活字印本　一册

320000－4645－0001045　30－4－5－10
御製律呂正義上編二卷下編二卷續編一卷　(清)允祉等撰　清雍正二年(1724)武英殿刻本　五册

320000－4645－0001046　30－4－6－01
本草綱目五十二卷圖三卷　(明)李時珍撰　**本草萬方鍼線八卷**　(清)蔡烈先撰　**本草綱目拾遺十卷**　(清)趙學敏輯　清宣統上海鴻寶齋石印本　二十四册

320000－4645－0001047　30－4－7－01
欽定儀象考成三十卷首二卷　(清)允祿等修　清乾隆二十一年(1756)武英殿刻本　十三册

320000－4645－0001048　30－4－7－02
欽定儀象考成續編三十二卷　(清)敬徵等修　清道光二十五年(1845)內府刻本　十三册

320000－4645－0001049　31－1－1－01
藤陰雜記十二卷　(清)戴璐撰　清嘉慶五年(1800)石鼓齋刻本　二册

320000－4645－0001050　31－1－1－02
賫存四卷　(清)胡式鈺撰　清道光二十一年(1841)刻本　四册

320000－4645－0001051　31－1－1－03
閱微草堂筆記二十四卷　(清)紀昀撰　清北平盛氏刻本　十册

320000－4645－0001052　31－1－1－04
閱微草堂筆記二十四卷　(清)紀昀撰　清北平盛氏刻本　十册　存十九卷(三至十八、二十二至二十四)

320000－4645－0001053　31－1－1－05
閱微草堂筆記二十四卷　(清)紀昀撰　清嘉慶五年(1800)北平盛氏望益書屋刻本　十册

320000－4645－0001054　31－1－2－01
酒令叢鈔四卷　(清)俞敦培輯　清光緒四年(1878)藝雲軒刻本　一册　存二卷(一至二)

320000－4645－0001055　31－1－2－02
桐陰論畫二卷首一卷附錄一卷續桐陰論畫一卷桐陰畫訣一卷桐陰論畫二編二卷桐陰論畫三編二卷　(清)秦祖永著　清同治三年至光緒八年(1864－1882)刻朱墨套印本　五册　缺一卷(桐陰論畫三編下)

320000－4645－0001056　31－1－2－05
池北偶談二十六卷　(清)王士禛撰　清光緒二十二年(1896)上海慎記書莊石印本　八册

320000－4645－0001057　31－1－2－06
國朝畫識十七卷墨香居畫識十卷　(清)馮金伯纂輯　清道光十一年(1831)雲間文萃堂刻本　八册

320000－4645－0001058　31－1－3－10
國朝畫徵錄三卷明人附錄一卷續錄二卷　(清)張庚撰　清乾隆四年(1739)睢州蔣泰、湯之昱刻本　二册

320000－4645－0001059　31－1－3－11
湧幢小品三十二卷　(明)朱國禎輯　明天啓二年(1622)刻本　十六册

320000－4645－0001060　31－1－4－01
札樸十卷　(清)桂馥撰　清光緒九年(1883)長洲蔣氏心矩齋刻本　十册

320000－4645－0001061　31－1－4－02
陔餘叢考四十三卷　(清)趙翼撰　清刻本　八册

320000－4645－0001062　31－1－5－01
萬國政治藝學全書三百八十卷　(清)朱大文　(清)淩賡颺輯　清光緒二十八年(1902)上海鴻文書局石印本　四十四册　缺三種三十八卷(政治叢考七十九至八十五、一百六十七至一百六十九,藝學叢考八十一至八十六、一百至一百四,藝學最新文編二十四至四十)

320000－4645－0001063　31－1－5－03
寶訓八卷蜂衙小記一卷燕子春秋一卷記海錯一卷　(清)郝懿行輯　清光緒五年(1879)東路廳署刻郝氏遺書本　六册

320000－4645－0001064　31－2－1－01
郎潛紀聞十四卷　(清)陳康祺著　清光緒六年(1880)刻本　四册

320000－4645－0001065　31－2－1－02
燕下鄉脞錄十六卷　(清)陳康祺著　清光緒七年(1881)刻本　四册

320000－4645－0001066　31－2－1－03
壬癸藏劄記十二卷　(清)陳康祺著　清光緒十一年(1885)刻本　四册

320000－4645－0001067　31－2－2－01
廣治平略四十四卷　(清)蔡方炳撰　清康熙刻本　八册

320000－4645－0001068　31－2－2－04
小滄浪筆談四卷　(清)阮元撰　清嘉慶七年(1802)浙江節院刻本　二册

320000－4645－0001069　31－2－3－01
韋菴經説一卷　(清)周象明著　清同治十三年(1874)虞山顧氏刻小石山房叢書本　一册

320000－4645－0001070　31－2－3－02
補籬遺稿八卷　(清)姚福均撰　(清)王伊編　清光緒三十一年(1905)木活字印本　四册

320000－4645－0001071　31－2－3－05
快雪堂法書不分卷　(晉)王羲之書　(清)馮銓編　清末民國間影印本　一册

320000－4645－0001072　31－2－3－07
學仕遺規補四卷　(清)陳宏謀輯　清光緒五年(1879)江蘇書局刻本　一册

320000－4645－0001073　31－2－3－08
塔影樓試帖不分卷　(清)吳廷鈖著　清光緒十年(1884)刻本　一册

320000－4645－0001074　31－2－3－09
塔影樓試帖不分卷　(清)吳廷鈖著　清光緒十年(1884)刻本　一册

320000－4645－0001075　31－2－3－10
學治臆説二卷學治續説一卷學治説贅一卷　(清)汪輝祖纂　清同治五年(1866)刻本　一册

320000－4645－0001076　31－2－4－01
御製勸善要言不分卷　(清)世祖福臨輯　清刻滿漢文本　一冊

320000－4645－0001077　31－3－1－02
點石齋畫報十集　(清)點石齋輯　清光緒十年(1884)點石齋石印本　十冊

320000－4645－0001078　31－3－1－03
對策六卷　(清)陳鱣撰　清光緒五年(1879)刻本　一冊

320000－4645－0001079　31－3－1－05
羣學肄言十六卷　(英國)斯賓塞爾撰　嚴复譯　清光緒二十九年(1903)上海文明編譯書局鉛印本　三冊　存十二卷(五至十六)

320000－4645－0001080　31－3－1－06
對策六卷　(清)陳鱣撰　清光緒五年(1879)刻本　一冊

320000－4645－0001081　31－3－1－07
丹泉海島録四卷　(清)徐景福撰　清光緒四年(1878)刻本　一冊　存二卷(三至四)

320000－4645－0001082　31－3－1－08
簷曝雜記六卷　(清)趙翼撰　清刻本　一冊

320000－4645－0001083　31－3－1－09
簷曝雜記六卷　(清)趙翼撰　清嘉慶湛貽堂刻甌北全集本　一冊

320000－4645－0001084　31－3－1－10
直隸通州志二十二卷　(清)王繼祖修　清刻本　一冊　存一卷(六)

320000－4645－0001085　31－3－1－11
對策六卷　(清)陳鱣撰　清光緒五年(1879)刻本　一冊

320000－4645－0001086　31－3－1－12
增訂二三場羣書備考四卷　(明)袁黄撰　(明)袁儼注　(明)沈昌世增　明崇禎刻本　三冊　存三卷(一至三)

320000－4645－0001087　31－3－1－13
丞相魏公譚訓十卷　(宋)蘇頌撰　(宋)蘇象先輯　清道光十年(1830)刻本　二冊

320000－4645－0001088　31－3－2－01
芥子園畫傳初集六卷　(清)王概摹繪　清光緒十三年(1887)上海鴻文書局石印本　四冊

320000－4645－0001089　31－3－2－04
國朝名人手跡　有正書局輯　清末民國間上海有正書局影印本　一冊　存一集(四)

320000－4645－0001090　31－3－2－08
欽定三希堂法帖三十二卷　清末民國間影印本　二十八冊　缺四卷(二、四、七至八)

320000－4645－0001091　31－3－3－01
豈有此理四卷　清嘉慶五午(1800)繡雪艸廬刻本　四冊

320000－4645－0001092　31－3－3－02
豈有此理四卷　清嘉慶五年(1800)繡雪艸廬刻本　四冊

320000－4645－0001093　31－3－3－03
宋稗類鈔八卷　(清)潘永因輯　清末民國間上海有正書局鉛印本　八冊

320000－4645－0001094　31－3－3－04
香祖筆記十二卷　(清)王士禛撰　清康熙刻本　二冊　存八卷(一至八)

320000－4645－0001095　31－3－3－05
讀書叢録二十四卷　(清)洪頤煊撰　清道光元年(1821)刻本　七冊　缺三卷(十四至十六)

320000－4645－0001096　31－3－3－06
履園叢話二十四卷　(清)錢泳撰　清道光十八年(1838)刻同治九年(1870)錢曰壽重修本　八冊

320000－4645－0001097　31－3－3－07
履園叢話二十四卷　(清)錢泳撰　清道光十八年(1838)刻本　七冊

320000－4645－0001098　31－3－4－01
西學富强叢書　(清)張蔭桓輯　清光緒二十二年(1896)上海鴻文書局石印本　五十八冊　缺七冊(三、五至八、二十七、六十五)

320000－4645－0001099　31－3－4－02

清河書畫舫十二卷　(明)張丑撰　清乾隆二十八年(1763)吴長元池北草堂刻本　十一册　缺一卷(七)

320000－4645－0001100　31－4－1－03
春鸝詞二卷　(清)葛湘撰　清光緒五年(1879)刻本　一册

320000－4645－0001101　31－4－1－05
江村消夏錄三卷　(清)高士奇撰　清末民國間有正書局石印本　一册　存一卷(三)

320000－4645－0001102　31－4－1－07
電學綱目一卷　(英國)田大里輯　(英國)傅蘭雅口譯　(清)周郇筆述　**電學三卷首一卷**　(英國)瑙挨德著　(英國)傅蘭雅口譯　(清)徐建寅筆述　清光緒二十二年(1896)小倉山房石印本　一册

320000－4645－0001103　31－4－1－09
諭摺彙存不分卷　清光緒木活字印本　一册

320000－4645－0001104　31－4－1－11
任氏述記四卷　(清)任兆麟輯　清光緒十年(1884)蜀西廖氏閒雲精舍刻本　四册

320000－4645－0001105　31－4－1－12
文房遊戲圖不分卷　清光緒十三年(1887)補關齋刻本　二册

320000－4645－0001106　31－4－1－14
述記不分卷　(清)任兆麟輯　清忠敏家塾刻本　三册

320000－4645－0001107　31－4－1－15
援鶉堂筆記五十卷　(清)姚範撰　清道光十五年(1835)刻本　十二册

320000－4645－0001108　31－4－1－16
七修類藁五十一卷七修續藁七卷　(明)郎瑛撰　清乾隆四十年(1775)周棨耕煙草堂刻本　十六册

320000－4645－0001109　31－4－2－04
信摭一卷　(清)章學誠撰　清宣統二年(1910)順德鄧氏鉛印風雨樓叢書本本　一册

320000－4645－0001110　31－4－2－05
無欺錄二卷　(清)朱用純撰　清光緒二十六年(1900)玉山書院刻本　二册

320000－4645－0001111　31－4－2－06
無欺錄二卷　(清)朱用純撰　清光緒二十六年(1900)玉山書院刻本　二册

320000－4645－0001112　31－4－2－07
浣香園筆記一卷　(清)李天根著　清道光二十五年(1845)刻本　一册

320000－4645－0001113　31－4－2－08
猗覺寮雜記二卷　(宋)朱翌撰　清刻本　二册

320000－4645－0001114　31－4－2－09
無邪堂答問五卷　(清)朱一新撰　清光緒二十一年(1895)葆真堂刻本　四册　存四卷(一至四)

320000－4645－0001115　31－4－2－10
殘局類選二卷　(清)錢長澤選　清乾隆三十五年(1770)暗香書屋刻本　二册

320000－4645－0001116　31－4－3－01
大唐開元占經一百二十卷　(唐)釋瞿曇悉達等撰　清恒德堂刻本　二十四册

320000－4645－0001117　31－4－4－01
快雪堂法書不分卷　(晉)王羲之書　(清)馮銓編　清末民國間影印本　四册

320000－4645－0001118　31－5－1－02
廣藝舟雙楫六卷　康有為撰　清光緒十九年(1893)南海康氏萬木草堂刻本　二册

320000－4645－0001119　31－5－1－03
書學南鍼六卷　(清)錢湘編　清道光元年(1821)刻本　四册

320000－4645－0001120　31－5－1－04
香祖筆記十二卷　(清)王士禛撰　清康熙刻本　六册

320000－4645－0001121　31－5－1－05
池北偶談二十六卷　(清)王士禛撰　清康熙三十九年(1700)臨汀郡署刻本　八册

320000－4645－0001122　31－5－3－01
餘冬錄六十一卷　(明)何孟春撰　清同治三年(1864)恭壽堂刻本　十二册

320000－4645－0001123　31－5－3－02
天聞閣琴譜十六卷　(清)唐彝銘纂集　清光緒二年(1876)刻本　九册

320000－4645－0001124　31－5－4－02
志學續錄三卷　(清)方宗誠撰　清光緒十九年(1893)刻本　一册

320000－4645－0001125　31－5－4－03
長行經一卷　(清)孔繼涵輯　清刻本　一册

320000－4645－0001126　31－5－4－06
楹聯錄存三卷　(清)俞樾撰　清光緒二十一年(1895)刻本　四册

320000－4645－0001127　31－5－4－07
楹聯叢話十二卷楹聯續話四卷　(清)梁章鉅輯　清道光二十六年(1846)刻宜稼堂叢書本　二册　缺六卷(楹聯叢話九至十二、楹聯續話三至四)

320000－4645－0001128　31－5－4－08
楹聯錄存五卷楹聯附錄一卷　(清)俞樾撰　清光緒二十一年(1895)刻二十五年(1899)補刻本　三册

320000－4645－0001129　32－1－2－02
宗鏡錄一百卷　(宋)釋延壽撰　明萬曆三十二年(1604)屠繩德蘭暉堂刻本　十二册　存四十四卷(一至四十四)

320000－4645－0001130　32－2－1－01
高僧傳初集十五卷　(南朝梁)釋慧皎撰　清光緒十年(1884)金陵刻經處刻本　四册

320000－4645－0001131　32－2－1－02
高僧傳二集四十卷　(唐)釋道宣撰　清光緒十六年(1890)江北刻經處刻本　八册

320000－4645－0001132　32－2－1－03
高僧傳三集三十卷　(宋)釋贊寧撰　清光緒十三年(1887)江北刻經處刻本　八册

320000－4645－0001133　32－2－1－04
高僧傳四集六卷　(明)釋如惺撰　清光緒十八年(1892)江北刻經處刻本　二册

320000－4645－0001134　32－2－1－05
山海經十八卷　(晉)郭璞傳　清光緒二十三年(1897)新化三味書局刻本　三册

320000－4645－0001135　32－2－2－01
藥師琉璃光如來本願功德經直解二卷　(清)釋靈耀撰　清宣統二年(1910)常州天寧寺刻本　一册

320000－4645－0001136　32－2－2－03
雲棲法彙四種九卷　(明)釋袾宏輯　清光緒二十五年(1899)金陵刻經處刻本　四册

320000－4645－0001137　32－2－2－04
拾遺記十卷　(晉)王嘉撰　(南朝梁)蕭綺錄　明刻本　一册

320000－4645－0001138　32－2－2－05
王子年拾遺記十卷　(晉)王嘉撰　(南朝梁)蕭綺錄　明萬曆二十年(1592)程榮刻漢魏叢書本　二册

320000－4645－0001139　32－2－2－07
妙法蓮華經科註七卷首一卷　(後秦)鳩摩羅什譯　(明)釋一如集註　明末刻本　五册　存五卷(一至四、首一卷)

320000－4645－0001140　32－2－2－08
野記四卷　(明)祝允明纂　清同治十三年(1874)刻本　二册

320000－4645－0001141　32－2－2－09
悟真篇正義三卷　(清)董德寧注　清抄本　一册

320000－4645－0001142　32－2－2－10
蓮宗輯要二卷　(清)釋達淨輯　清光緒二十八年(1902)刻本　一册

320000－4645－0001143　32－2－2－11
麗濾薈錄十四卷　(清)蔣超伯撰　清同治五年(1866)江都蔣氏刻本　六册

320000－4645－0001144　32－2－3－02
古今説部叢書十集　國學扶輪社輯　清宣統

至民國國學扶輪社鉛印本　二十六册　缺四集(二、四至五、十)

320000－4645－0001145　32－2－3－03
增補地理直指原真大全三卷首卷二卷　(清)釋如玉徹瑩著　清康熙三十五年(1696)刻本　四册

320000－4645－0001146　32－2－3－04
棘闈勸戒錄四卷　題(清)春溪居士輯錄　清同治五年(1866)刻本　一册

320000－4645－0001147　32－2－3－05
馮閣學靈飛經一卷　清光緒石印本　一册

320000－4645－0001148　32－2－3－07
南朝佛寺志二卷　(清)孫文川輯　陳作霖編纂　清刻本　二册

320000－4645－0001149　32－2－4－03
[唐人小說]　明刻匯訂本　七册　存三十五種三十六卷[松窻雜記一卷、金鑾密記一卷、龍城錄一卷、小説舊聞記一卷、卓異記一卷、楊太真外傳二卷、長恨歌傳一卷、梅妃傳一卷、李林甫外傳一卷、東城老父傳一卷、高力士傳一卷、龍女傳(柳毅傳)一卷、揚州夢記一卷、稽神錄一卷、妙女傳一卷、劉無雙傳一卷、神女傳一卷、見鬼傳一卷、靈怪錄一卷、東陽夜怪錄一卷、物怪錄一卷、妖妄傳一卷、夜叉傳一卷、雷民傳一卷、幻影傳一卷、幻戲志一卷、幻異志一卷、冥音錄一卷、再生記一卷、冤債志一卷、尸媚傳一卷、奇鬼傳一卷、才鬼記一卷、靈鬼志一卷、紫花梨記一卷]

320000－4645－0001150　32－2－5－01
虞初新志二十卷　(清)張潮輯　清詒清堂刻本　八册

320000－4645－0001151　32－2－5－02
增像全圖三國演義六十卷　(明)羅貫中撰　清光緒十八年(1892)上海書局石印本　十册　缺十卷(四十至四十九)

320000－4645－0001152　32－2－5－03
重訂西青散記八卷　(清)史震林撰　清光緒四年(1878)鉛印本　四册

320000－4645－0001153　32－3－1－02
大唐内典錄十卷續錄一卷　(唐)釋道宣撰　清順治十八年(1661)楞嚴寺刻嘉興藏本　四册

320000－4645－0001154　32－3－1－03
閱藏知津四十四卷總目四卷　(明)釋智旭彙輯　清康熙三年(1664)夏之鼎刻四十八年(1709)朱蹈勇重修本　八册

320000－4645－0001155　32－3－3－01
新譯大方廣佛華嚴經音義二卷　(唐)釋慧苑撰　**叙錄一卷**　(清)臧鏞堂輯　清嘉慶四年(1799)武進臧氏拜經堂刻本　一册

320000－4645－0001156　32－3－3－02
釋摩訶衍論十卷　(天竺)龍樹菩薩注釋　(後秦)釋筏提摩多譯　清末民國間金陵刻經處刻本　四册

320000－4645－0001157　32－3－3－03
一切經音義二十五卷　(唐)釋玄應撰　清同治八年(1869)刻本　四册

320000－4645－0001158　32－3－3－04
翻譯名義集二十卷　(宋)釋法雲撰　清光緒四年(1878)金陵刻經處刻本　六册

320000－4645－0001159　32－3－3－05
弘明集十四卷　(南朝梁)釋僧佑集　清光緒二十二年(1896)金陵刻經處刻本　四册

320000－4645－0001160　32－3－3－06
太上感應篇引經箋註一卷　(清)惠棟箋註　清同治六年(1867)刻本　一册

320000－4645－0001161　32－3－4－08
靈徵錄不分卷　(清)劉毓奇　(清)趙蔭萱編輯　清光緒二十年(1894)刻本　一册

320000－4645－0001162　32－3－4－15
佛説四十二章經一卷佛入涅槃略説教誡經一卷　(漢)釋迦葉摩騰　(漢)釋竺法蘭譯　清乾隆四十六年(1781)刻本　一册

320000－4645－0001163　32－3－4－19
靈徵錄不分卷　(清)劉毓奇　(清)趙蔭萱編

輯　清光緒二十年(1894)刻本　一冊

320000－4645－0001164　32－3－4－21
佛説阿彌陀經直解正行一卷　(清)釋了根纂註　清同治八年(1869)刻本　一冊

320000－4645－0001165　32－4－1－01
香豔叢書二十集八十卷　題(清)蟲天子輯　清宣統元年至民國三年(1909－1914)上海國學扶輪社鉛印本　十冊　存九卷(第一集一、第二集一至四、第三集一至四)

320000－4645－0001166　32－4－2－02
薈蕞編二十卷　(清)俞樾撰　清光緒七年(1881)上海申報館鉛印本　六冊

320000－4645－0001167　32－4－2－03
繪圖希奇古怪四卷　(清)李慶辰著　清光緒上海理文軒書莊石印本　一冊　存一卷(一)

320000－4645－0001168　32－4－3－03
祕書二十一種　(清)汪士漢輯　明吳琯刻古今逸史清康熙七年(1668)新安汪氏重編重印本　一冊　存四種八卷(風俗通義四卷、列仙傳二卷、集異記一卷、續齊諧記一卷)

320000－4645－0001169　32－4－3－04
寄園寄所寄十二卷　(清)趙吉士輯　清康熙三十五年(1696)寄園刻本　清趙卓跋　十冊

320000－4645－0001170　32－4－3－06
雲棲法彙　(明)釋袾宏輯　清光緒二十四年(1898)金陵刻經處刻本　六冊

320000－4645－0001171　32－5－1－02
世説新語補二十卷　(南朝宋)劉義慶撰　(南朝梁)劉孝標注　(明)何良俊補注　清乾隆二十七年(1762)茂清書屋刻本　八冊

320000－4645－0001172　32－5－1－03
世説新語六卷　(南朝宋)劉義慶撰　(南朝梁)劉孝標注　清光緒十七年(1891)刻本　四冊

320000－4645－0001173　32－5－1－04
雲棲法彙　(明)釋袾宏輯　清同治十二年(1873)刻本　十冊

320000－4645－0001174　32－5－2－03
關帝心日編十卷　(清)陸初望編　清同治十二年(1873)刻本　二冊

320000－4645－0001175　32－5－2－06
好生救劫編五卷　題(清)常存敬畏齋主人編　清同治五年(1866)刻本　一冊

320000－4645－0001176　32－5－2－07
觀心論一卷　(隋)釋智顗述　(隋)釋灌頂記　**釋籖緣起序畧解一卷**　(隋)釋靈江解　(隋)黃曜記　明天啓六年(1626)刻本　一冊

320000－4645－0001177　32－5－2－08
御製揀魔辨異錄八卷　(清)世宗胤禛撰　清雍正十一年(1733)内府刻本　四冊

320000－4645－0001178　32－5－3－01
龍舒淨土文十卷首一卷末一卷　(宋)王日休撰　清光緒九年(1883)金陵刻經處刻本　一冊

320000－4645－0001179　32－5－3－03
妙法蓮華經觀世音菩薩普門品一卷　清光緒三十一年(1905)石印本　一冊

320000－4645－0001180　32－5－3－05
龍舒淨土文十卷　(宋)王日休撰　清光緒十二年(1886)刻本　一冊

320000－4645－0001181　32－5－3－06
彌陀經易解一卷心經句解一卷　清光緒十一年(1885)石印本　一冊

320000－4645－0001182　32－5－3－13
維摩詰所説經注十卷　(後秦)釋鳩摩羅什譯　(後秦)釋僧肇注　明萬曆二十七年至二十九年(1599－1601)徑山寂照庵刻徑山藏本　二冊

320000－4645－0001183　32－5－4－01
原富十卷　(英國)斯密亞丹原著　嚴復譯　清光緒二十七年(1901)上海南洋公學譯書院鉛印本　八冊

320000－4645－0001184　32－5－4－04
**大佛頂如來密因修證了義諸菩薩萬行首楞嚴

經十卷 （唐）釋般剌密帝譯　清同治八年(1869)金陵刻經處刻本　二冊

320000－4645－0001185　32－5－4－05
大佛頂如來密因修證了義諸菩薩萬行首楞嚴經十卷 （唐）釋般剌密帝譯　清光緒三十四年(1908)影印本　二冊

320000－4645－0001186　32－5－4－07
隨園八十壽言六卷 （清）袁枚輯　清刻本　一冊

320000－4645－0001187　32－5－4－08
學堂日記故事圖説一卷 （清）余治編　清同治七年(1868)刻本　一冊

320000－4645－0001188　33－1－1－01
經濟類編一百卷 （明）馮琦輯　明萬曆三十二年(1604)刻本　十六冊　存五十卷(一至五十)

320000－4645－0001189　33－1－1－02
山海經存九卷 （清）汪紱釋　清光緒二十一年(1895)石印本　四冊

320000－4645－0001190　33－1－2－02
佛教初學課本一卷注一卷 （清）楊文會撰　清光緒三十二年(1906)金陵刻經處刻本　一冊

320000－4645－0001191　33－1－2－05
八宅明鏡二卷 題(唐)楊益撰　清乾隆五十五年(1790)顧鶴庭樂真堂刻陰陽五要奇書本　四冊

320000－4645－0001192　33－1－2－07
濬性窮淵一卷 （清）涵谷子撰　清道光四年(1824)洪道春刻本　一冊

320000－4645－0001193　33－1－2－09
關聖帝君覺世格言一卷 清同治七年(1868)蘇城瑪瑙經房善書坊刻本　一冊

320000－4645－0001194　33－1－2－10
性命圭旨四集 （明）尹真人授　清刻本　四冊

320000－4645－0001195　33－1－2－11
關聖帝君明聖經註釋三卷 清光緒十七年(1891)刻本　一冊

320000－4645－0001196　33－1－2－12
徑中徑又徑徵義三卷首一卷 （清）張師誠輯　（清）徐槐廷徵義　清光緒二十五年(1899)刻本　一冊

320000－4645－0001197　33－1－2－14
釋迦如來應化事跡不分卷 （清）永珊輯　清光緒二十三年(1897)揚州藏經院石印本　四冊

320000－4645－0001198　33－1－2－15
佛國記一卷 （晉）釋法顯撰　明崇禎虞山毛氏汲古閣刻津逮秘書本　一冊

320000－4645－0001199　33－1－2－16
居士傳五十六卷 （清）彭紹升撰　清乾隆四十一年(1776)刻本　三冊

320000－4645－0001200　33－1－2－18
三才彙編六卷 （清）龔在升輯　（清）顧理美補輯　清康熙六年(1667)刻本　二冊

320000－4645－0001201　33－1－2－19
淵鑑類函四百五十卷目錄四卷 （清）張英等纂　清刻本　一冊　存四卷(五十三至五十六)

320000－4645－0001202　33－1－3－01
五燈會元二十卷 （宋）釋普濟撰　（宋）釋慧明輯　清光緒三十二年(1906)貴池劉氏玉海堂刻本　十二冊

320000－4645－0001203　33－3－2－01
子史精華一百六十卷 （清）吴襄等輯　清刻本　四十冊

320000－4645－0001204　33－3－3－03
地藏菩薩本願經三卷 （唐）釋實叉難陀譯　清光緒三十年(1904)重慶華嚴寺佛學院刻經處刻本　一冊

320000－4645－0001205　33－3－4－01
垂語大體一卷 （清）釋虛雲輯　清抄本　一冊

320000－4645－0001206　33－3－4－02
引禮集要一卷　清抄本　一冊

320000－4645－0001207　33－3－4－03
傳戒演儀一卷　清抄本　一冊

320000－4645－0001208　33－3－4－05
傳戒廣儀一卷　清抄本　一冊

320000－4645－0001209　33－3－4－06
傳戒演儀一卷　清抄本　一冊

320000－4645－0001210　33－3－4－07
三壇戒範全集一卷　清抄本　一冊

320000－4645－0001211　33－3－4－09
太上寶筏圖説不分卷　（清）黄正元撰　清光緒十八年（1892）鴻文書局石印本　八冊

320000－4645－0001212　33－3－4－10
醒悟録一卷　清光緒二十六年（1900）刻本　一冊

320000－4645－0001213　33－3－4－12
忠經一卷　（漢）馬融撰　（漢）鄭玄注　明萬曆二十年（1592）程榮刻漢魏叢書本　一冊

320000－4645－0001214　33－3－4－16
三峰藏禪師開發工夫語録二卷　（明）釋法藏撰　（清）釋弘璧等録　明末刻本　一冊

320000－4645－0001215　33－3－4－17
陰符經一卷　（漢）張良注　**關尹子一卷**　清光緒元年（1875）湖北崇文書局刻百子全書本　一冊

320000－4645－0001216　33－3－4－18
禪門日誦不分卷　清光緒二十六年（1900）江蘇常州天寧寺刻本　一冊

320000－4645－0001217　33－3－4－19
大方廣圓覺修多羅了義經直解二卷　（唐）釋佛陀多羅譯　清光緒十年（1884）杭州昭慶寺慧空經房刻本　一冊

320000－4645－0001218　33－4－1－01
宋濂溪周子太極圖説集解一卷　（清）秦賡彤編　清光緒六年（1880）刻本　一冊

320000－4645－0001219　33－4－1－02
陰騭果報圖注一卷　（清）黄正元圖注　清光緒十七年（1891）點石齋石印本　一冊

320000－4645－0001220　33－4－1－04
養真集二卷　題（□）養真子撰　（清）王士端注　清同治六年（1867）刻本　一冊

320000－4645－0001221　33－4－1－05
心眼指要四卷　（清）章仲山纂　清可久堂刻本　二冊

320000－4645－0001222　33－4－1－06
天元五歌闡義五卷　（清）蔣大鴻撰　清可久堂刻本　一冊

320000－4645－0001223　33－4－1－07
增補萬寶全書三十一卷　（明）陳繼儒纂輯　清乾隆二十二年（1757）刻本　六冊

320000－4645－0001224　33－4－1－08
經餘必讀八卷經餘必讀續編八卷經餘必讀三編四卷　（清）雷琳等輯　清光緒二年（1876）退補齋刻本　十四冊

320000－4645－0001225　33－4－1－11
麗句集六卷　（明）許之吉選輯　明天啓刻本　五冊　存四卷（一至二仕進、四叙自至五聲罪）

320000－4645－0001226　33－4－2－01
圓津禪院小志六卷　（清）釋覺銘輯　清光緒二十二年（1896）蘇州刻本　一冊　存三卷（一至三）

320000－4645－0001227　33－4－2－03
中西教會報　（清）中西教會報編　清光緒二十九年（1903）上海美華書館鉛印本　十一冊

320000－4645－0001228　33－4－2－04
原體集二卷附達生編藥方五卷　（清）李仲麟輯　清光緒二年（1876）刻本　五冊

320000－4645－0001229　33－4－2－06
東萊先生詩律武庫十五卷　題（宋）吕祖謙輯　清康熙五十四年（1715）鄭氏桃源山莊刻本　四冊

320000－4645－0001230　33－4－2－07
暗室燈二卷　題(清)深山居士輯　清光緒六年(1880)江左書林刻本　一冊

320000－4645－0001231　33－4－2－08
理窟九卷　(清)李杕撰　清光緒十二年(1886)上海慈母堂鉛印本　四冊

320000－4645－0001232　33－4－3－01
覺世經果報圖證二卷　(清)鄒福保等編繪　清光緒二十六年(1900)上海點石齋石印本　一冊　存一卷(上)

320000－4645－0001233　33－4－3－02
子史精華一百六十卷　(清)吳襄等輯　清光緒二十二年(1896)滙海書局石印本　八冊

320000－4645－0001234　33－4－3－04
百年一覺不分卷　(美國)畢拉宓撰　(英國)李提摩太譯　清光緒二十四年(1898)上海廣學會鉛印本　一冊

320000－4645－0001235　33－4－3－06
子史精華三十卷　(清)允祿等編　清光緒九年(1883)上海點石齋石印本　二冊

320000－4645－0001236　33－4－4－01
慈恩玉歷鈔傳不分卷經驗良方一卷　清光緒七年(1881)虞山學福堂書坊刻本　一冊

320000－4645－0001237　33－4－4－03
太上感應篇圖説四卷　清同治七年(1868)刻本　四冊

320000－4645－0001238　33－4－5－02
人生必讀書十二卷　(清)鄒祖堂輯　清同治十年(1871)刻本　八冊

320000－4645－0001239　33－4－5－03
暗室燈二卷　題(清)深山居士輯　清光緒六年(1880)江左書林刻本　一冊

320000－4645－0001240　33－4－5－04
潘公免災救難寶卷三卷　清咸豐八年(1858)刻本　一冊

320000－4645－0001241　33－4－5－05
純陽呂祖師訓世文一卷　清乾隆五十五年(1790)採芝堂刻本　一冊

320000－4645－0001242　33－5－1－01
子史精華一百六十卷　(清)吳襄等纂　清刻本　四十八冊

320000－4645－0001243　35－2－1－01
佩文韻府一百六卷韻府拾遺一百六卷　(清)蔡升元等輯　(清)張廷玉等拾遺　清嶺南潘氏海山僊館刻本　一百十五冊

320000－4645－0001244　37－2－1－01
淵鑑類函四百五十卷目錄四卷　(清)張英　(清)王士禛等輯　清康熙四十九年(1710)内府刻清吟堂印刻本　一百三十九冊　缺四卷(五十三至五十六)

320000－4645－0001245　37－4－1－01
文選六十卷　(南朝梁)蕭統輯　(唐)李善注　**文選考異十卷**　(清)胡克家校　清嘉慶十四年(1809)鄱陽胡氏刻本　二十四冊

320000－4645－0001246　37－4－2－01
文選六十卷　(南朝梁)蕭統輯　(唐)李善注　清同治八年(1869)金陵書局刻本　十冊

320000－4645－0001247　37－4－3－01
國朝文錄八十二卷　(清)姚椿輯　清咸豐元年(1851)終南山館刻本　二十四冊

320000－4645－0001248　37－5－1－01
國朝文錄八十二卷　(清)姚椿輯　清咸豐元年(1851)終南山館刻本　二十四冊

320000－4645－0001249　37－5－2－01
國朝文錄續編六十七卷　(清)李祖陶輯　清道光十九年(1839)瑞州府鳳儀書院刻本　三十六冊

320000－4645－0001250　38－1－1－01
欽定全唐文一千卷總目三卷韻編一卷　(清)董誥等輯　清嘉慶刻本　二百三十九冊　缺四卷(九百九十七至一千)

320000－4645－0001251　38－2－1－02
古文辭類纂七十五卷　(清)姚鼐纂集　清光緒二十七年(1901)滁州李氏求要堂刻本　十

二册

320000－4645－0001252　38－2－1－03
古文辭類纂正編十三卷古文辭類纂續編十卷　（清）姚鼐著　清光緒二十四年（1898）上海祥記書莊石印本　八册

320000－4645－0001253　38－2－1－05
續古文辭類纂二十八卷　（清）黎庶昌纂　清光緒二十一年（1895）金陵狀元閣刻本　十二册

320000－4645－0001254　38－3－1－01
全唐詩九百卷目錄十二卷　（清）曹寅等輯　清康熙四十四年至四十六年（1705－1707）揚州詩局刻本　一百二十册

320000－4645－0001255　38－3－2－01
古文苑二十一卷　（宋）章樵注　清光緒十二年（1886）江蘇書局刻本　四册

320000－4645－0001256　38－3－2－02
國朝文錄續編六十七卷　（清）李祖陶輯　清同治七年（1868）敖陽李氏刻本　二十六册

320000－4645－0001257　38－4－1－01
國朝文錄續編六十七卷　（清）李祖陶輯　清同治七年（1868）敖陽李氏刻本　三十二册

320000－4645－0001258　38－4－2－01
國朝三家文鈔三十二卷　（清）宋犖　（清）許汝霖編　清康熙三十三年（1694）刻本　十九册　缺二卷（魏叔子文鈔九至十）

320000－4645－0001259　38－4－3－01
續古文苑二十卷　（清）孫星衍編　清嘉慶十七年（1812）冶城山館刻本　六册

320000－4645－0001260　38－4－3－02
國朝六家詩鈔八卷　（清）劉執玉選　清乾隆三十二年（1767）刻本　六册

320000－4645－0001261　38－4－4－01
續古文苑二十卷　（清）孫星衍編　清光緒九年（1883）江蘇書局刻本　六册

320000－4645－0001262　38－4－4－02
續古文苑二十卷　（清）孫星衍編　清光緒九年（1883）江蘇書局刻本　六册

320000－4645－0001263　38－5－1－01
新刊陳眉公先生精選古論大觀四十卷　（明）陳繼儒輯　明刻本　八十二册

320000－4645－0001264　38－5－2－01
古文辭類纂七十五卷　（清）姚鼐纂集　清光緒二十七年（1901）滁州李氏求要堂刻本　十二册

320000－4645－0001265　38－5－2－02
雙白詞八卷山中白雲詞續補一卷　（清）王鵬運輯　**詞旨一卷**　（元）陸輔之述　清光緒四印齋刻本　一册

320000－4645－0001266　39－1－1－01
校正重刊官板宋朝文鑑一百五十卷目錄三卷　（宋）呂祖謙輯　明金陵唐錦池刻本　二十四册

320000－4645－0001267　39－1－1－02
漢魏六朝百三名家集　（明）張溥編　清光緒三年（1877）滇南唐氏壽考堂刻本（司馬文園集、董膠西集、陶彭澤集配抄本）　一百册

320000－4645－0001268　39－2－1－01
七十二家集三百四十六卷附錄七十二卷　（明）張燮編　明天啓、崇禎間刻本　六十册　缺七種三十四卷（賈長沙集三、附錄一卷，司馬文園集二卷、附錄一卷，諸葛丞相二卷、附錄一卷，陳思王集十卷、附錄一卷，梁簡文帝集十六、附錄一卷，江醴陵集八至十四、附錄一卷，陶隱居集四卷、附錄一卷）

320000－4645－0001269　39－2－1－01
陳思王集二卷　（三國魏）曹植撰　**南齊孔詹事集一卷**　（南朝齊）孔稚珪撰　明婁東張氏刻漢魏六朝百三名家集本　與320000－4645－0001268合册　缺一卷（陳思王集二）

320000－4645－0001270　39－2－3－01
文林綺綉九十六卷　（清）鴻寶齋書局輯　清光緒二十二年（1896）上海鴻寶齋石印本　十一册

320000－4645－0001271　39－2－3－02
文林綺綉九十六卷　(清)鴻寶齋書局輯　清光緒二十二年(1896)上海鴻寶齋石印本　二冊　存一卷(文選錦字二十一)

320000－4645－0001272　39－2－3－03
國朝駢體正宗十二卷　(清)曾燠輯　清光緒十三年(1887)上海蜚英館刻本　四冊

320000－4645－0001273　39－2－3－07
陸陳二先生文鈔十二卷桴亭先生續鈔一卷　(清)葉裕仁輯　清同治九年(1870)合肥蒯德模安道書院刻本　四冊

320000－4645－0001274　39－3－1－01
唐宋十大家全集錄五十二卷　(清)儲欣輯　清光緒八年(1882)江蘇書局刻本　三十二冊

320000－4645－0001275　39－3－2－01
國朝金陵文鈔十六卷首一卷末一卷　(清)秦際唐等輯　清光緒二十三年(1897)刻本　十六冊

320000－4645－0001276　39－3－2－02
小窗自紀四卷　(明)吴從先撰　(明)張榜選　**小窗别紀四卷**　(明)吴從先評選　明萬曆刻本　六冊　存七卷(小窗自紀一至三、小窗别紀四卷)

320000－4645－0001277　39－3－3－01
湖海詩傳四十六卷　(清)王昶輯　清刻本　十二冊

320000－4645－0001278　39－3－3－02
湖海文傳七十五卷　(清)王昶輯　清道光十七年(1837)經訓堂刻本　十六冊

320000－4645－0001279　39－3－4－02
漢魏六朝名家集初刻四十種　丁福保輯　清宣統三年(1911)上海文明書局鉛印本　二十九冊　缺一種(陶淵明集)

320000－4645－0001280　39－4－1－01
爲可堂初集十卷　(清)朱一是撰　清順治十一年(1654)刻本　四冊

320000－4645－0001281　39－4－1－02
賴古堂名賢尺牘新鈔十二卷　(清)周亮工輯　(清)周在浚等鈔　清康熙元年(1662)周氏賴古堂刻本　六冊

320000－4645－0001282　39－4－1－03
明文在一百卷　(清)薛熙輯　清康熙三十二年(1693)錢大鏞等刻本　十冊

320000－4645－0001283　39－4－1－04
補學軒批選時文讀本二卷　(清)鄭獻甫撰　清同治八年(1869)刻本　二冊

320000－4645－0001284　39－4－1－05
陸陳二先生文鈔十二卷桴亭先生續鈔一卷　(清)葉裕仁輯　清同治九年(1870)合肥蒯德模安道書院刻本　四冊

320000－4645－0001285　39－4－2－01
古文翼八卷　(清)唐德宜編　清同治十二年(1873)常熟黄氏藝文堂刻本　八冊

320000－4645－0001286　39－4－2－02
楚辭十七卷　(戰國)屈原撰　(漢)王逸章句　(宋)洪興祖補注　清吴郡寶翰樓刻本　六冊

320000－4645－0001287　39－4－2－03
同岑詩鈔十四卷　(清)曾燠輯　清道光九年(1829)刻本　三冊

320000－4645－0001288　39－4－2－04
館閣試律説註釋二卷　(清)孫奎審定　(清)何汾　(清)何湘輯釋　清嘉慶六年(1801)鐫耕道堂刻本　四冊

320000－4645－0001289　39－4－2－05
天崇合鈔　(清)祝松雲輯　清光緒十七年(1891)湖南船山書局刻本　六冊

320000－4645－0001290　39－4－4－01
歐陽文忠公全集一百五十三卷首一卷附錄五卷　(宋)歐陽修撰　清嘉慶二十四年(1819)歐陽衡刻本　二十四冊

320000－4645－0001291　39－4－4－02
五言詩十七卷　(清)王士禛編　清刻本　四冊

320000－4645－0001292　39－5－1－01
國朝常州駢體文錄三十一卷　屠寄輯　清光緒十六年(1890)刻本　八册

320000－4645－0001293　39－5－1－02
國朝常州駢體文錄三十一卷　屠寄輯　清光緒十六年(1890)刻本　八册

320000－4645－0001294　39－5－2－01
六朝文絜四卷　(清)許槤評選　清光緒三年(1877)讀有用書齋刻朱墨套印本　二册

320000－4645－0001295　39－5－2－02
六朝文絜四卷　(清)許槤評選　清光緒三年(1877)讀有用書齋刻朱墨套印本　二册

320000－4645－0001296　39－5－2－03
六朝文絜四卷　(清)許槤評選　清光緒三年(1877)讀有用書齋刻朱墨套印本　二册

320000－4645－0001297　39－5－2－05
唐文拾遺七十二卷　(清)陸心源輯　清光緒刻本　二十册　缺五卷(一至五)

320000－4645－0001298　39－5－3－01
唐詩歸三十六卷　(明)鍾惺　(明)譚元春輯　明刻本　二十三册　缺三卷(五至六、三十六)

320000－4645－0001299　39－5－3－02
元詩選六卷元詩選補遺一卷　(清)顧奎光選輯　清乾隆十六年(1751)刻本　四册

320000－4645－0001300　39－5－4－01
明詩別裁集十二卷　(清)沈德潛　(清)周準輯　清乾隆四年(1739)刻本　四册

320000－4645－0001301　39－5－4－02
唐詩歸三十六卷　(明)鍾惺　(明)譚元春輯　(明)劉斅重訂　明刻本　十一册

320000－4645－0001302　40－1－1－01
古詩源十四卷　(清)沈德潛選　清竹嘯軒刻本　四册

320000－4645－0001303　40－1－1－02
極玄集二卷　(唐)姚合輯　明崇禎元年(1628)毛氏汲古閣刻唐人選唐詩本　一册

320000－4645－0001304　40－1－1－02－01
唐人選唐詩　(明)毛晉編　明崇禎元年(1628)毛氏汲古閣刻本　一册　存二種五卷(極玄集二卷、河嶽英靈集一至三)

320000－4645－0001305　40－1－1－03
衆妙集一卷　(宋)趙師秀輯　**剪綃集二卷**　(宋)李龏撰　明天啓、崇禎間毛氏汲古閣刻詩詞雜俎本　一册

320000－4645－0001306　40－1－1－04
范文正公褒賢集五卷補編五卷　(宋)范仲淹撰　清康熙四十六年(1707)歲寒堂刻范文正公忠宣公全集本　四册

320000－4645－0001307　40－1－1－06
河汾諸老詩集八卷　(元)房祺輯　明末毛氏汲古閣刻本　一册

320000－4645－0001308　40－1－1－07
河汾諸老詩集八卷　(元)房祺輯　明末毛氏汲古閣刻本　一册

320000－4645－0001309　40－1－1－08
唐賢三昧集三卷　(清)王士禛輯　清康熙二十七年(1688)刻本　一册

320000－4645－0001310　40－1－1－09
搜玉小集一卷　(唐)□□輯　明崇禎元年(1628)毛氏汲古閣刻唐人選唐詩本　一册

320000－4645－0001311　40－1－2－01
移華館駢體文二卷　(清)董基誠撰　**移華館駢體文二卷**　(清)董祐誠撰　清光緒十四年(1888)木活字印本　二册

320000－4645－0001312　40－1－2－02
才調集補註十卷　(五代)韋縠輯　(清)殷元勲箋注　(清)宋邦綏補注　清乾隆五十八年(1793)思補堂刻本　八册

320000－4645－0001313　40－1－2－03
唐音戊籤二百一卷餘諸國主詩一卷餘六十三卷　(明)胡震亨輯　清康熙二十六年(1687)海鹽胡氏南益堂刻唐音統籤本　四十册

320000－4645－0001314　40－1－3－01

賴古堂尺牘新鈔二選藏弆集十六卷賴古堂尺牘新鈔三選結隣集十六卷 (清)周亮工輯 (清)周在浚等鈔 清康熙周氏賴古堂刻本 十册

320000-4645-0001315 40-1-3-02
唐文呂選十三卷 (清)呂留良輯 (清)董采評點 清康熙四十三年(1704)困學闇刻本 四册

320000-4645-0001316 40-1-3-03
淮海英靈集二十二卷 (清)阮元輯録 清嘉慶三年(1798)儀徵阮氏小琅嬛仙館刻本 六册

320000-4645-0001317 40-2-1-01
感舊集十六卷 (清)王士禛選 (清)盧見曾補傳 清乾隆十七年(1752)德州盧氏雅雨堂刻本 十册 存十五卷(一至十五)

320000-4645-0001318 40-2-1-02
欽定國朝詩别裁集三十二卷 (清)沈德潛纂評 清乾隆刻本 十二册

320000-4645-0001319 40-2-2-01
重訂唐詩别裁集二十卷 (清)沈德潛選 清乾隆二十八年(1763)教忠堂刻本 六册

320000-4645-0001320 40-2-2-02+40-2-2-03
金詩選四卷元詩選六卷元詩選補遺一卷 (清)顧奎光選輯 清乾隆十六年(1751)刻本 六册

320000-4645-0001321 40-2-2-04
國朝六家詩鈔八卷 (清)劉執玉選 清乾隆三十二年(1767)刻本 六册

320000-4645-0001322 40-2-2-05
明詩别裁集十二卷 (清)沈德潛 (清)周準輯 清乾隆四年(1739)刻本 四册

320000-4645-0001323 40-2-3-01
宋楊文靖公集四十卷 (宋)楊時撰 清康熙楊慶徵等刻本 八册

320000-4645-0001324 40-2-3-02
東坡先生編年詩五十卷 (宋)蘇軾撰 (清)查慎行補注 清乾隆二十六年(1761)查開香雨齋刻本 七册 缺三卷(一至三)

320000-4645-0001325 40-2-3-03
宋邵康節先生伊川擊壤集十卷 (宋)邵雍撰 (明)吳瀚摘註 (明)吳泰增註 清康熙八年(1669)邵養定、邵養貞刻本 二册 存四卷(一至四)

320000-4645-0001326 40-2-3-04
許魯齋先生集六卷 (元)許衡撰 (清)張伯行輯訂 清康熙四十七年(1708)正誼堂刻本 一册

320000-4645-0001327 40-2-3-05
宋濂溪周元公先生集十卷 (宋)周敦頤撰 (明)周與爵輯 明萬曆四十二年(1614)周與爵刻本 二册

320000-4645-0001328 40-2-3-06
羅鄂州小集六卷 (宋)羅願撰 **羅郢州遺文一卷** (宋)羅頌撰 清光緒十九年(1893)刻本 一册

320000-4645-0001329 40-3-1-01
陸陳二先生詩鈔二種 (清)葉裕仁編 清光緒二年(1876)蒯德模安道書院刻本 四册

320000-4645-0001330 40-3-1-12
[唐宋文選]不分卷 (明)潘之恒輯 明刻本 六册

320000-4645-0001331 40-3-1-13
[考槃餘事]十七卷 (明)屠隆撰 **山齋志一卷** (明)高濂輯 **泊宅編一卷** (宋)方勺撰 **暇日記一卷** (宋)劉跂撰 (明)陶宗儀輯 **隱窟雜志一卷** (宋)温革撰 (明)陶宗儀輯 **韋居聽輿一卷** (宋)陳直撰 (明)陶宗儀輯 **桃源手聽一卷** (宋)陳寘撰 (明)陶宗儀輯 **坦齋通編一卷** (宋)邢凱撰 (明)陶宗儀輯 **臆乘一卷** (宋)楊伯嵒撰 (明)陶宗儀輯 明刻匯訂本 三册

320000-4645-0001332 40-3-1-14
江上山志不分卷 (明)潘之恒選 明刻本

一册

320000－4645－0001333　40－3－2－19
沽上題襟集八卷　（清）查爲仁　（清）查學禮輯　清乾隆六年（1741）刻本　二册

320000－4645－0001334　40－3－3－01
湖海詩傳四十六卷　（清）王昶輯　清嘉慶八年（1803）王氏三泖漁莊刻增修同治四年（1865）緑蔭堂遞修本　十六册

320000－4645－0001335　40－3－3－02
晚邨先生八家古文精選八卷　（清）呂留良輯　（清）呂葆中批點　清康熙四十三年（1704）呂氏家塾刻本　八册

320000－4645－0001336　40－3－3－03
彙刻謫僊樓楹聯一卷　（清）方卧雲輯　清光緒七年（1881）退藏道院刻本　一册

320000－4645－0001337　40－3－3－04
桴亭先生詩鈔八卷　（清）陸世儀撰　（清）葉裕仁輯　清光緒二年（1876）蒯德模安道書院刻陸陳二先生詩鈔本　二册

320000－4645－0001338　40－3－3－05
西泠酬倡集五卷二集五卷三集五卷　（清）秦緗業等撰　清光緒五年至九年（1879－1883）刻本　六册

320000－4645－0001339　40－3－3－06
共賞集二編一卷續一卷附一卷　（清）錢辰輯　清光緒三十三年（1907）刻本　一册

320000－4645－0001340　40－4－1－01
列朝詩集六集八十一卷　（清）錢謙益輯　清宣統二年（1910）上海神州國光社鉛印本　五十六册

320000－4645－0001341　40－4－2－01
黎氏三家詩詞　（清）黎庶昌輯　清光緒十四年至十五年（1888－1889）黎庶昌日本使署刻本　二册

320000－4645－0001342　40－4－3－01
唐人選唐詩　（明）毛晉編　明崇禎元年（1628）毛氏汲古閣刻本　六册　存三種七卷（篋中集一卷，國秀集三卷，中興間氣集二卷、補遺一卷）

320000－4645－0001343　40－4－3－02
月泉吟社一卷　（宋）吳渭輯　明末海虞毛氏汲古閣刻本　一册

320000－4645－0001344　40－4－3－03
續金陵詩徵六卷首一卷　（清）朱紹亭　陳作霖編　清光緒二十年（1894）刻本　六册

320000－4645－0001345　40－4－3－04
錫麓歸耕圖唱和詩一卷續一卷附一卷　（清）趙起鵬輯　清光緒十六年（1890）羊城刻本　一册

320000－4645－0001346　40－4－3－05
百老吟一卷　錢溯耆輯　清宣統二年（1910）太倉錢氏聽邠館刻本　一册

320000－4645－0001347　40－4－3－06
重刻勁節樓圖記三卷首一卷末一卷　（清）徐德原輯　清光緒十年（1884）楓江徐氏刻本　一册

320000－4645－0001348　40－4－3－07
西泠酬倡二集五卷　（清）秦緗業等撰　清光緒刻本　二册

320000－4645－0001349　40－4－4－01
江蘇詩徵一百八十三卷　（清）王豫輯　清道光元年（1821）焦山海西庵詩徵閣刻本　四十册

320000－4645－0001350　40－5－1－01
宋詩鈔初集　（清）吳之振等編　清康熙十年（1671）吳氏鑑古堂刻本　一册　存十二種十二卷（清雋集鈔一卷、晞髪近藁鈔一卷、文山詩鈔一卷、先天集鈔一卷、白石樵唱鈔一卷、山民詩鈔一卷、水雲詩鈔一卷、隆吉詩鈔一卷、潛齋詩鈔一卷、參寥詩鈔一卷、石門詩鈔一卷、花蕊詩鈔一卷）

320000－4645－0001351　40－5－1－02
白下愚園集八卷首一卷　胡光國輯　清光緒二十一年（1895）刻本　六册

320000－4645－0001352　40－5－1－03
詩比興箋四卷簡學齋詩存一卷　(清)陳沆撰　清咸豐五年(1855)刻本　二冊

320000－4645－0001353　40－5－2－01
清真集二卷集外詞一卷　(宋)周邦彦撰　清光緒二十二年(1896)臨桂王氏家塾石印四印齋所刻詞本　一冊

320000－4645－0001354　40－5－2－02
詩韻含英十八卷　(清)劉文蔚輯　清桐石山房刻本　四冊

320000－4645－0001355　40－5－2－03
隨園女弟子詩選六卷　(清)袁枚輯　清刻本　二冊

320000－4645－0001356　40－5－2－04
海虞文徵三十卷目錄二卷　邵松年輯　清光緒三十一年(1905)鴻文書局石印本　十六冊

320000－4645－0001357　41－1－1－02
繡鐙問字圖題詞一卷附行狀一卷　(清)陳方瀛輯　清同治十三年(1874)刻本　一冊

320000－4645－0001358　41－1－1－03
檉華館全集　(清)路德撰　清光緒七年(1881)刻本　十冊

320000－4645－0001359　41－1－1－04
玉通詩選二卷拾遺一卷　(清)劉心珤撰　(清)史久鑫輯　**蘋香遺詩一卷**　(清)劉岳壽撰　清光緒二十七年(1901)木活字印本　一冊

320000－4645－0001360　41－1－1－05
南菁講舍文集六卷　(清)黄以周輯　清光緒十五年(1889)刻本　四冊

320000－4645－0001361　41－1－1－06
宋金仁山先生選輯濂洛風雅六卷　(宋)金履祥輯　清雍正十年(1732)婺郡東藕塘賢祠義學刻本　二冊

320000－4645－0001362　41－1－1－07
七家試帖輯註彙鈔　(清)張熙宇輯評　(清)王植桂輯註　清同治刻本　七冊

320000－4645－0001363　41－1－1－08
唐人萬首絕句選七卷　(清)王士禛選　清同治九年(1870)金陵書局刻本　二冊

320000－4645－0001364　41－1－2－01
唐詩三百首注疏六卷　(清)孫洙輯　(清)章燮注　**續選一卷**　(清)于慶元編　清粵東集益堂刻本　八冊

320000－4645－0001365　41－1－2－03
麗澤課藝選二卷　(清)姚瑩俊選評　清光緒二十一年(1895)蕭山陳氏木活字印本　二冊

320000－4645－0001366　41－1－2－07
詅癡小草三卷　(清)張焜揚撰　清道光十八年(1838)刻本　一冊

320000－4645－0001367　41－1－2－08
國魂叢編　(清)國魂報社編　清末鉛印本　一冊　存二卷(麗則吟社詩輯八、湖海題襟集二)

320000－4645－0001368　41－1－2－12
墨花吟館輯志四圖　(清)嚴辰輯　清光緒刻本　二冊

320000－4645－0001369　41－1－2－13
增補重訂千家詩註解二卷　(宋)謝枋得選　(清)王相註　**新鐫五言千家詩箋註二卷**　(清)王相選註　**諸名家百壽詩一卷諸名家百花詩一卷**　(清)王相選輯　清末金陵狀元閣書坊刻本　二冊

320000－4645－0001370　41－1－3－02
國朝史論萃編甲集四卷　昭文桂村蒙學堂輯　清光緒鉛印本　一冊　存一卷(二)

320000－4645－0001371　41－1－3－03
古文詞略二十四卷　(清)梅曾亮輯　清光緒三十四年(1908)學部圖書局鉛印本　二冊　存八卷(一至四、二十一至二十四)

320000－4645－0001372　41－1－3－07
梁元帝集一卷　(南朝梁)蕭繹撰　(明)張溥輯　明刻漢魏六朝百三名家集本　一冊

320000－4645－0001373　41－1－3－10

庚星文稿錄存一卷庚星詩稿錄存一卷 （清）陸咸清撰　清光緒三十年(1904)刻本　一冊

320000－4645－0001374　41－2－1－01
夢筆生花初編八卷二編八卷三編八卷四編八卷 （清）繆艮輯　清末石印本　一冊　存四卷(三編一至四)

320000－4645－0001375　41－2－1－02
表忠錄一卷 金武祥輯　清光緒二十八年(1902)江陰金氏粟香室刻本　一冊

320000－4645－0001376　41－2－1－03
思忠錄不分卷 金武祥輯　清光緒三十二年(1906)江陰金氏粟香室刻本　一冊

320000－4645－0001377　41－2－1－05
陽湖錢氏家集十六卷乩詩錄一卷求拙齋遺詩一卷 錢振鍠撰並輯　清末民國間木活字印本　三冊

320000－4645－0001378　41－2－1－09
國朝試賦彙海續編前集六卷後集二卷補編一卷 （清）黃爵滋輯　清咸豐元年(1851)仙屏吟榭刻本　五冊　存六卷(國朝試賦彙海續編前集六卷)

320000－4645－0001379　41－2－1－12
蘊時山莊駢散芟存一卷 （清）吳修祜撰　清光緒嘉善吳氏木活字印本　一冊

320000－4645－0001380　41－2－1－18
青浦續詩傳八卷 （清）何其超輯　清光緒三十一年(1905)青浦熊氏木活字印本　八冊

320000－4645－0001381　41－2－1－20
黃氏三世詩三卷 （清）黃炳垕輯　清光緒十五年(1889)留書種閣刻本　一冊

320000－4645－0001382　41－2－1－21
南園賡社詩一卷 錢溯耆輯　清宣統元年(1909)聽豳館刻本　一冊

320000－4645－0001383　41－2－1－22
百老吟一卷 錢溯耆輯　清宣統二年(1910)太倉錢氏聽邠館刻本　一冊

320000－4645－0001384　41－2－1－24
錫山秦氏詩鈔前集八卷首一卷今集十卷 （清）秦彬輯　清道光十九年(1839)刻本　二冊　存九卷(錫山秦氏詩鈔前集八卷、首一卷)

320000－4645－0001385　41－2－1－25
吳氏千文賡彙存詩鈔一卷 （清）吳佐璜集　清同治木活字印本　一冊

320000－4645－0001386　41－2－2－01
隨園續同人集不分卷 （清）袁枚輯　清隨園刻本　二冊　存過訪類、投贈類、和韻類、告存類、生挽類、題圖類、送行留

320000－4645－0001387　41－2－2－05
浙西六家詩鈔六卷 （清）吳應和　（清）馬洵輯　清道光七年(1827)紫微山館刻本　二冊

320000－4645－0001388　41－2－2－06
國朝金陵詩徵四十八卷 （清）朱緒曾輯　清光緒十一年(1885)刻本　十六冊

320000－4645－0001389　41－2－3－01
笠翁十種 （清）李漁撰　清藻文堂刻本　七冊　存六種七卷(憐香伴傳奇上、風箏誤傳奇上、意中緣傳奇下、蜃中樓傳奇二卷、鳳求凰傳奇上、慎鸞交上)

320000－4645－0001390　41－2－3－02
笠翁傳奇十種 （清）李漁撰　清刻本　八冊　存四種八卷(風箏誤傳奇二卷、蜃中樓傳奇二卷、玉搔頭傳奇二卷、慎鸞交傳奇二卷)

320000－4645－0001391　41－2－3－03
半篋秋詞不分卷 （清）張祥齡撰　清末石印本　二冊

320000－4645－0001392　41－2－3－04
皇朝經世文新編二十一卷 麥仲華輯　清光緒二十四年(1898)上海大同譯書局石印本　二十四冊

320000－4645－0001393　41－3－1－03
四印齋所刻詞 （清）王鵬運輯　清光緒十四年(1888)臨桂王氏家塾四印齋刻本　十冊

320000－4645－0001394　41－3－2－01

六也曲譜初集　(清)張芬編輯　清光緒三十四年(1908)蘇州振新書社石印本　三册　存三册(一至二、四)

320000－4645－0001395　41－3－2－03
皇朝經世文編一百二十卷　(清)賀長齡輯　清同治十二年(1873)上海江左書林刻本　二十四册

320000－4645－0001396　41－3－3－02
皇朝經世文新編二十一卷　麥仲華輯　清光緒二十四年(1898)上海大同譯書局石印本　二十四册

320000－4645－0001397　41－3－4－01
宋名家詞　(明)毛晉編　明崇禎毛氏汲古閣刻本　九册　存十八種二十五卷(第一集:樂章集一卷、淮海詞一卷、小山詞一卷、放翁詞一卷,第二集:溪堂詞一卷、樵隱詞一卷、坦菴詞一卷,第四集:蘆川詞一卷、于湖詞三卷、洺水詞一卷,第六集:壽域詞一卷、審齋詞一卷、東浦詞一卷、知稼翁詞一卷、無住詞一卷、後山詞一卷、蒲江詞一卷、琴趣外篇六卷)

320000－4645－0001398　41－4－1－01
皇朝經世文編一百二十卷　(清)賀長齡輯　清道光七年(1827)刻本　八十册

320000－4645－0001399　41－4－1－04
薖園文鈔不分卷　(清)楊金監撰　清光緒十六年(1890)毗陵楊氏世承堂木活字印本　一册

320000－4645－0001400　41－4－2－01
絶妙好詞箋七卷　(宋)周密輯　(清)查爲仁　(清)厲鶚箋　**續鈔二卷**　(清)余集等續補　清道光八年(1828)刻本　六册

320000－4645－0001401　41－4－2－02
四六叢話三十三卷選詩叢話一卷　(清)孫梅輯　清嘉慶三年(1798)吳興舊言堂刻本　十二册

320000－4645－0001402　41－4－3－02
景刊宋金元明本詞四十種　吳昌綬輯　陶湘續輯　清宣統三年至民國六年(1911－1917)吳氏雙照樓刻民國六年至十二年(1917－1923)陶氏涉園續刻本　三十册

320000－4645－0001403　42－1－1－01
繪圖綴白裘十二集四十八卷　題(清)玩花主人輯　清末石印本　五册　存五集二十卷(七集四卷、八集四卷、九集四卷、十集四卷、十二集四卷)

320000－4645－0001404　42－1－1－04
水雲樓詞二卷續一卷　(清)蔣春霖撰　清光緒三十四年(1908)鉛印本　一册

320000－4645－0001405　42－1－1－05
飛丸記二卷　(明)佚名撰　明末毛氏汲古閣刻本　二册

320000－4645－0001406　42－1－1－07
以恬養智齋詞錄一卷　(清)程庭鷺撰　清刻本　一册

320000－4645－0001407　42－1－1－10
妙蓮花室詩餘一卷　(清)王增年撰　清同治刻本　一册

320000－4645－0001408　42－1－1－11
夢窗甲稿一卷乙稿一卷丙稿一卷丁稿一卷補遺一卷　(宋)吳文英撰　**校勘夢窗詞劄記一卷**　(清)王鵬運撰　清光緒二十五年(1899)臨桂王氏四印齋刻本　一册　存四卷(丙稿一卷、丁稿一卷、補遺一卷、校勘夢窗詞劄記一卷)

320000－4645－0001409　42－1－1－12
宋七家詞選七卷　(清)戈載輯　(清)杜文瀾注　清光緒十一年(1885)曼陀羅華閣刻本　一册

320000－4645－0001410　42－1－1－13
閨秀詞鈔補遺一卷　徐乃昌撰　清南陵徐乃昌小檀欒室刻本　一册

320000－4645－0001411　42－1－1－14
靈芬館詞四種七卷　(清)郭麐撰　清光緒五年(1879)仁和許增娱園刻榆園叢刻本　二册

320000－4645－0001412　42－1－1－15

鬘雲軒詞二卷　(清)汪士進撰　清同治十年(1871)刻本　一冊

320000－4645－0001413　42－1－1－16
西泠詞萃　(清)丁丙輯　清光緒十一年至十三年(1885－1887)錢塘丁氏刻本　一冊　存二種四卷(片玉詞二卷、補遺一卷,蕭臺公餘詞一卷)

320000－4645－0001414　42－1－1－17
金冠記□□卷　清抄本　三冊　存三卷(三至四、八)

320000－4645－0001415　42－1－3－01
名家詞集十種　(清)侯文燦輯　清光緒十三年(1887)江陰金氏粟香室刻本　三冊　存七種七卷(二主詞一卷、陽春集一卷、子野詞一卷、東山詞一卷、松雪齋詞一卷、天錫詞一卷、古山樂府一卷)

320000－4645－0001416　42－1－3－02
江南春詞集一卷附錄一卷　(明)朱之蕃輯考　**附考一卷**　(清)梁廷枏撰　清光緒十七年(1891)江陰金氏粟香室刻粟香室叢書本　一冊

320000－4645－0001417　42－1－3－03
皇朝經世文編一百二十卷　(清)賀長齡輯　清光緒二十八年(1902)上海商務印書局鉛印本　二十四冊

320000－4645－0001418　42－1－4－01
重訂綴白裘新集合編十二集四十八卷　題(□)玩花主人輯　(清)錢德蒼增輯　清道光三年(1823)共賞齋刻本　八冊　存八卷(一集一、四,三集一至三,九集四,十一集二,十二集一)

320000－4645－0001419　42－1－4－05
薇省詞鈔十卷附錄一卷　況周儀輯錄　清光緒二十四年(1898)廣陵刻本　四冊

320000－4645－0001420　42－2－1－01
有正味齋駢體文二十四卷首一卷　(清)吳錫麒撰　(清)王廣業箋　清咸豐九年(1859)青箱塾刻本　八冊

320000－4645－0001421　42－2－2－01
漢魏六朝二十一名家集　(明)汪士賢編　明萬曆、天啓間新安汪氏刻本　十四冊　缺四種十三卷(董仲舒集一卷、司馬長卿集一卷、東方先生集一卷、陶靖節集十卷)

320000－4645－0001422　42－2－3－01
仁和吳氏雙照樓景刊宋元本詞　吳昌綬輯　清末至民國仁和吳氏雙照樓影刻本　二十冊

320000－4645－0001423　42－3－1－01
蔡中郎集十卷外紀一卷外集四卷　(漢)蔡邕撰　清光緒十六年(1890)番禺陶氏刻本　五冊

320000－4645－0001424　42－3－2－02
歐陽省堂點勘記二卷省堂筆記一卷　(清)歐陽泉撰　清同治九年(1870)皖城刻本　二冊

320000－4645－0001425　42－3－2－03
歐陽省堂點勘記二卷省堂筆記一卷　(清)歐陽泉撰　清同治九年(1870)皖城刻本　二冊

320000－4645－0001426　42－3－2－04
歐陽省堂點勘記二卷省堂筆記一卷　(清)歐陽泉撰　清光緒四年(1878)江蘇書局刻本　二冊

320000－4645－0001427　42－3－2－05
過庭錄十六卷　(清)宋翔鳳撰　清咸豐三年(1853)長洲宋氏刻本　二冊

320000－4645－0001428　42－3－2－06
過庭錄十六卷　(清)宋翔鳳撰　清光緒七年(1881)會稽章氏刻式訓堂叢書本　四冊

320000－4645－0001429　42－3－2－08
韻語陽秋二十卷　(宋)葛立方撰　**存餘堂詩話一卷**　(明)朱承爵撰　**朱子儋墓志銘一卷**　(明)文徵明撰　清光緒二十一年至二十四年(1895－1898)武進盛氏思惠齋刻常州先哲遺書本　一冊

320000－4645－0001430　42－3－2－09
冷齋夜話十卷　(宋)釋惠洪撰　清嘉慶十年(1805)虞山張氏照曠閣刻本　二冊

320000－4645－0001431　42－3－3－01
詩法入門四卷首一卷　(清)游藝輯　清金閶巽記刻本　二册

320000－4645－0001432　42－3－3－02
錢牧齋明朝詩集小傳□□卷　(清)錢謙益纂輯　清抄本　三册　存四卷(四至五、七至八)

320000－4645－0001433　42－3－3－04
梅村詩話一卷　(清)吳偉業撰　清末民國間上海掃葉山房石印本　一册

320000－4645－0001434　42－3－4－01
隨園詩話十六卷補遺十卷　(清)袁枚撰　清光緒三十四年(1908)上海集成圖書公司鉛印本　六册

320000－4645－0001435　42－3－4－04
桃花扇傳奇二卷　(清)孔尚任撰　清末石印本　一册　存一卷(二)

320000－4645－0001436　42－3－4－05
玉獅堂傳奇十種　(清)陳烺撰　清光緒十七年(1891)刻本　十一册　缺三種六卷(蜀錦袍傳奇二卷、同亭宴傳奇二卷、負薪記傳奇二卷)

320000－4645－0001437　42－3－4－09
南曲譜二十二卷　(明)沈璟撰　清末民國間石印本　一册　存九卷(十四至二十二)

320000－4645－0001438　42－4－1－02
賦彙錄要箋略二十八卷賦彙補遺錄要一卷賦彙錄要外集一卷　(清)吳光昭箋略　(清)陳書輯　**賦彙錄要補題注一卷**　清乾隆二十三年(1758)汲古齋刻本　十二册

320000－4645－0001439　42－4－1－03
陶靖節集八卷　(晉)陶潛撰　明萬曆四十七年(1619)楊時偉刻合刻忠武靖節二編本　二册

320000－4645－0001440　42－4－1－04
杜工部集二十卷　(唐)杜甫撰　(清)錢謙益箋注　**年譜一卷諸家詩話一卷唱酬題詠附錄一卷附錄一卷**　(清)錢謙益輯　清康熙六年(1667)季氏静思堂刻本　八册

320000－4645－0001441　42－4－2－04
徐孝穆全集六卷　(南朝陳)徐陵撰　(清)吳兆宜箋注　**本傳一卷**　(唐)姚察　(唐)姚思廉撰　清善化經濟書堂刻本　四册

320000－4645－0001442　42－4－2－05
徐僕射集一卷　(南朝陳)徐陵撰　(明)張溥輯　清壽考堂刻漢魏六朝百三名家集本　二册

320000－4645－0001443　42－4－2－06
徐孝穆全集六卷　(南朝陳)徐陵撰　(清)吳兆宜箋注　清揚州藝古堂刻本　二册

320000－4645－0001444　42－4－2－07
屈辭精義六卷　(清)陳本禮箋訂　清嘉慶裛露軒刻本　二册　存二卷(一、四)

320000－4645－0001445　42－4－2－08
楚辭十七卷　(戰國)屈原撰　(漢)王逸章句　(宋)洪興祖補注　清同治十一年(1872)金陵書局刻本　四册

320000－4645－0001446　42－4－2－09
蔡中郎集十卷外紀一卷外集四卷　(漢)蔡邕撰　清光緒十六年(1890)番禺陶氏刻本　四册

320000－4645－0001447　42－4－2－10
詞學叢書　(清)秦恩復輯　清嘉慶、道光間江都秦氏享帚精舍刻本　十册

320000－4645－0001448　42－4－3－02
繪圖綴白裘全傳十二集四十八卷　題(清)玩花主人輯　清光緒二十一年(1895)石印本　十册　缺二集(一、四)

320000－4645－0001449　42－4－3－03
繪圖綴白裘全傳十二集四十八卷　題(清)玩花主人輯　清光緒二十一年(1895)石印本　一册　存一集(六)

320000－4645－0001450　42－4－3－04
賦鈔箋略十五卷　(清)雷琳　(清)張杏濱箋　清乾隆三十一年(1766)刻本　六册

320000－4645－0001451　43－1－1－01
蘇文忠公詩合注五十卷首一卷　（宋）蘇軾撰　（清）馮應榴輯注　清同治九年（1870）刻本　二十册

320000－4645－0001452　43－1－1－02
東坡集十六卷　（宋）蘇軾撰　明刻本　六册　存十四卷（一至十四）

320000－4645－0001453　43－1－2－01
韓文百篇編年三卷　（唐）韓愈撰　（清）劉成忠選評　清光緒二十六年（1900）食舊堂石印本　三册

320000－4645－0001454　43－1－2－02
靖節先生集十卷　（晉）陶潛撰　（清）陶澍集注　清光緒九年（1883）江蘇書局刻本　三册

320000－4645－0001455　43－1－2－03
劍南詩鈔不分卷　（宋）陸游撰　（清）楊大鶴輯　清光緒八年（1882）文苑山房刻本　十册

320000－4645－0001456　43－1－2－04
昌黎先生集四十卷外集十卷遺文一卷　（唐）韓愈撰　（宋）廖瑩中輯注　清同治八年（1869）江蘇書局刻本　十册

320000－4645－0001457　43－1－2－05
韓集點勘四卷　（清）陳景雲撰　清同治九年（1870）江蘇書局刻本　一册

320000－4645－0001458　43－1－3－01
黃詩全集五十八卷　（宋）黃庭堅撰　清乾隆五十四年（1789）謝氏樹經堂刻本　二十册　缺一種一卷（別集補一卷）

320000－4645－0001459　43－1－3－02
飛卿詩集七卷別集一卷集外詩一卷　（唐）庭筠撰　（明）曾益注　（清）顧予咸補注　（清）顧嗣立續校　清康熙三十六年（1697）蘇州顧氏秀野草堂刻本　二册

320000－4645－0001460　43－1－3－02－01
飛卿詩集七卷別集一卷集外詩一卷　（唐）庭筠撰　（明）曾益注　（清）顧予咸補注　（清）顧嗣立續校　清康熙三十六年（1697）蘇州顧氏秀野草堂刻本　二册

320000－4645－0001461　43－1－3－02－02
飛卿詩集七卷別集一卷集外詩一卷　（唐）庭筠撰　（明）曾益注　（清）顧予咸補注　（清）顧嗣立續校　清康熙三十六年（1697）蘇州顧氏秀野草堂刻本　二册

320000－4645－0001462　43－1－3－03
廣事類賦四十卷　（清）華希閔著　（清）華希閎重訂　清乾隆二十九年（1764）無錫華氏劍光閣刻本　五册

320000－4645－0001463　43－1－4－02
昌黎先生集考異十卷　（宋）朱熹撰　清光緒十一年（1885）新陽趙氏刻本　二册

320000－4645－0001464　43－2－1－01
韋齋集十二卷　（宋）朱松撰　清道光元年（1821）刻本　四册

320000－4645－0001465　43－2－1－02
飛卿詩集七卷別集一卷集外詩一卷　（唐）庭筠撰　（明）曾益注　（清）顧予咸補注　（清）顧嗣立重校　清光緒八年（1882）錢塘汪氏刻本　二册

320000－4645－0001466　43－2－1－03
樊川詩集四卷別集一卷外集一卷補遺一卷　（唐）杜牧撰　（清）馮集梧注　清嘉慶六年（1801）德裕堂刻本　三册

320000－4645－0001467　43－2－2－01
唐陸宣公集二十二卷　（唐）陸贄撰　清光緒二十年（1894）上海書局石印本　四册

320000－4645－0001468　43－2－2－04
瀛奎律髓刊誤四十九卷　（元）方回選　（清）紀昀批點　清嘉慶五年（1800）侯官李光垣刻本　十二册

320000－4645－0001469　43－2－2－05
巽齋文集二十七卷　（宋）歐陽守道撰　清咸豐十一年（1861）廬陵書局刻本　六册

320000－4645－0001470　43－2－3－01
宋范文正忠宣二公全集　（宋）范仲淹　（宋）

范純仁撰　清宣統二年(1910)歲寒堂刻本　十冊

320000－4645－0001471　43－2－3－02
道鄉公文集四十卷補遺一卷附録一卷　(宋)鄒浩撰　清光緒六年(1880)蘇州寶華山房刻本　八冊

320000－4645－0001472　43－2－3－03
道鄉先生鄒忠公文集四十卷　(宋)鄒浩撰　明刻本　六冊　缺二卷(三十九至四十)

320000－4645－0001473　43－2－3－04
樊川文集二十卷　(唐)杜牧撰　清光緒二十二年(1896)景蘇園影印本　二冊　存十卷(一至十)

320000－4645－0001474　43－2－3－06
昌黎先生詩集注十一卷　(唐)韓愈撰　(清)朱彝尊　(清)何焯評　(清)顧嗣立刪補　**昌黎先生年譜一卷**　清道光十六年(1836)膺德堂刻朱墨套印本　四冊

320000－4645－0001475　43－2－4－02
東坡樂府三卷　(宋)蘇軾撰　清末石印本　二冊

320000－4645－0001476　43－2－4－03
飛卿詩集七卷別集一卷集外詩一卷　(唐)庭筠撰　(明)曾益注　(清)顧予咸補注　(清)顧嗣立重校　清宣統二年(1910)上海廣益書局石印本　四冊

320000－4645－0001477　43－2－4－05
平齋文集三十二卷拾遺一卷附録一卷　(宋)洪諮夔撰　清同治十一年(1872)杉直樑清之館刻本　四冊

320000－4645－0001478　43－2－4－06
蒙齋集二十卷　(宋)袁甫撰　清光緒福建刻武英殿聚珍版書本　八冊

320000－4645－0001479　43－2－4－07
昌黎先生詩集注十一卷年譜一卷　(唐)韓愈撰　(清)顧嗣立刪補　(清)朱彝尊　(清)何焯評　清道光十六年(1836)膺德堂刻三色套印本　四冊

320000－4645－0001480　43－2－4－08
鄱陽集四卷首一卷末一卷拾遺一卷附録一卷　(宋)洪皓撰　清同治九年(1870)金陵三瑞堂刻本　一冊

320000－4645－0001481　43－2－4－09
宛丘先生文粹二十二卷　(宋)張耒撰　明崇禎六年(1633)胡濳刻蘇門六君子文粹本　三冊

320000－4645－0001482　43－3－1－02
東坡集四十卷後集二十卷續集十二卷內制集十卷外制集三卷校記二卷應詔集十卷奏議十五卷　(宋)蘇軾撰　清光緒三十四年至宣統元年(1908－1909)寶華盦刻本　三十冊

320000－4645－0001483　43－3－2－03
薩天錫詩集三卷集外詩一卷　(元)薩都剌撰　明崇禎十一年(1638)海虞毛氏汲古閣刻元人十種詩本　三冊　缺一卷(集外詩一卷)

320000－4645－0001484　43－3－2－04
歸田類稿二十卷附録一卷　(元)張養浩撰　清抄本　五冊　缺二卷(一至二)

320000－4645－0001485　43－3－3－01
劍南詩鈔不分卷　(宋)陸游撰　(清)楊大鶴輯　清光緒八年(1882)文苑山房刻本　八冊

320000－4645－0001486　43－3－3－02
南邨詩集四卷　(明)陶宗儀撰　明崇禎十一年(1638)海虞毛氏汲古閣刻元人十種詩本　三冊　缺一卷(四)

320000－4645－0001487　43－3－3－04
陽明先生集要理學編四卷經濟編七卷文章編四卷附年譜一卷　(明)王守仁撰　(明)施邦曜評輯　清乾隆五十二年(1787)濟美堂刻本　十二冊

320000－4645－0001488　43－3－3－05
海瓊玉蟾先生文集六卷續集二卷　(宋)葛長庚撰　(明)朱權編　明刻本　四冊

320000－4645－0001489　43－3－4－01

絕妙好詞箋七卷 （宋）周密輯 （清）查爲仁 （清）厲鶚箋 **續鈔一卷** （清）余集鈔撮 **續鈔補錄一卷** （清）徐楙輯 清道光刻本 四册

320000－4645－0001490 43－3－4－03
藍澗詩集六卷 （明）藍智撰 清咸豐七年(1857)刻本 三册

320000－4645－0001491 43－3－4－06
元遺山詩集箋注十四卷附錄一卷補載一卷 （金）元好問撰 （清）施國祁箋注 清道光七年(1827)吴氏醉六堂刻本 六册

320000－4645－0001492 43－4－1－01
是程堂集十四卷 （清）屠倬撰 清嘉慶十九年(1814)真州官舍刻本 四册

320000－4645－0001493 43－4－1－02
是程堂二集四卷 （清）屠倬撰 清道光元年(1821)潛園刻本 一册

320000－4645－0001494 43－4－1－05
山谷詩集注二十卷 （宋）黄庭堅撰 （宋）任淵注 **外集十七卷** （宋）史容注 **别集二卷** （宋）史季注 清光緒二十六年(1900)義寧陳氏刻本 十九册

320000－4645－0001495 43－4－2－01
龔安節公野古集三卷 （明）龔詡撰 清光緒二十八年(1902)新陽趙氏刻本 二册

320000－4645－0001496 43－4－2－02
龍洲集十卷 （宋）劉過撰 （清）李調元校 清乾隆綿州李氏萬卷樓刻函海本 一册

320000－4645－0001497 43－4－2－03
志道集一卷 （宋）顧禧撰 清光緒三十三年(1907)刻本 一册

320000－4645－0001498 43－4－2－04
欒城集四十八卷後集二十四卷三集十卷 （宋）蘇轍撰 清道光十二年(1832)眉州三蘇祠刻本 二十四册

320000－4645－0001499 43－4－2－05
宋黄文節公文集正集三十二卷首四卷外集二十四卷首一卷别集十九卷 （宋）黄庭堅撰 清乾隆三十年(1765)寧州緝香堂刻本 十一册 存三十六卷(宋黄文節公文集正集一至十一,外集二十四卷、首一卷)

320000－4645－0001500 43－4－3－01
聽秋聲館詞話二十卷 （清）丁紹儀撰 清同治八年(1869)刻本 四册

320000－4645－0001501 43－4－3－02
甌北詩話十卷 （清）趙翼撰 清嘉慶七年(1802)陽湖趙氏湛貽堂刻十家詩話本 二册

320000－4645－0001502 43 4－3－03
樗寮詩話三卷 （清）姚椿撰 （清）沈日富編 清同里韓應陛刻本 一册

320000－4645－0001503 43－4－3－04
四六叢話三十三卷選詩叢話一卷 （清）孫梅輯 清光緒七年(1881)吴下許應鑅刻本 十册

320000－4645－0001504 43－4－3－05
滄溟先生集十四卷附錄一卷 （明）李攀龍撰 清光緒二十一年(1895)長沙張氏湘雨樓刻本 四册

320000－4645－0001505 43－4－3－06
唐荆川集六卷 （明）唐順之撰 （清）張汝瑚選 清康熙刻明八大家集本 六册

320000－4645－0001506 43－4－3－08
玉谿生詩詳注三卷 （唐）李商隱撰 （清）馮浩箋注 **首一卷** 清乾隆四十五年(1780)德聚堂刻嘉慶元年(1796)增刻重校本 四册

320000－4645－0001507 43－4－4－03
疑雨集四卷 （明）王彦泓撰 清宣統元年(1909)石印本 二册

320000－4645－0001508 43－4－4－04
梅道人遺墨一卷 （元）吴鎮撰 （清）葛元煦校訂 清光緒二年(1876)仁和葛氏刻本 一册

320000－4645－0001509 43－4－4－06
誌銘廣例二卷金石例補二卷 （清）梁玉繩著

清光緒四年(1878)會稽章氏刻本　一册

320000－4645－0001510　43－4－4－07
瞿忠宣公集十卷　(明)瞿式耜撰　清道光十五年(1835)刻本　四册

320000－4645－0001511　43－4－4－08
重刻天傭子全集十卷首一卷末一卷　(明)艾南英撰　(清)張良御等評點　清道光十六年(1836)艾舟刻本　八册

320000－4645－0001512　43－5－1－01
文恭集四十卷　(宋)胡宿撰　清刻武英殿聚珍版書本　九册

320000－4645－0001513　43－5－1－02
玉谿生詩箋註三卷樊南文集箋註八卷首一卷　(唐)李商隱撰　(清)馮浩箋註　清乾隆德聚堂刻本　十二册

320000－4645－0001514　43－5－1－04
孟東野集十卷聯句一卷　(唐)孟郊撰　明末毛氏汲古閣刻五唐人集本　四册

320000－4645－0001515　43－5－1－05
飛卿詩集七卷别集一卷集外詩一卷　(唐)庭筠撰　(明)曾益注　(清)顧予咸補注　清末影印康熙三十六年(1697)長洲顧氏秀野草堂本　二册

320000－4645－0001516　43－5－2－01
唐陸宣公集二十二卷　(唐)陸贄撰　明吴繼武光裕堂刻本　三册

320000－4645－0001517　43－5－2－02
陶靖節先生詩四卷　(晉)陶潛撰　**吴禮部别集一卷**　(元)吴師道撰　清乾隆五十一年(1786)吴氏拜經樓刻本　一册

320000－4645－0001518　43－5－2－03
詞律二十卷　(清)萬樹撰　清康熙二十六年(1687)宜興萬氏堆絮園刻本　八册

320000－4645－0001519　43－5－2－04
焦氏澹園集四十九卷　(明)焦竑撰　明萬曆三十四年(1606)黄吉士刻本　五册　存四十二卷(一至三十、三十七至四十八)

320000－4645－0001520　43－5－2－05
冷齋夜話十卷　(宋)釋惠洪撰　明崇禎虞山毛氏汲古閣刻津逮秘書本　一册

320000－4645－0001521　43－5－2－06
浩然齋雅談三卷　(宋)周密撰　清刻武英殿聚珍版書本　一册

320000－4645－0001522　43－5－3－01
王荆公文集注八卷　(清)沈欽韓注　清刻本　八册

320000－4645－0001523　43－5－3－02
亦有生齋集詩三十二卷文二十卷詞五卷樂府二卷　(清)趙懷玉撰　清嘉慶二十年(1815)武進趙氏刻本　二十册

320000－4645－0001524　43－5－4－01
駱賓王文集十卷考異一卷　(唐)駱賓王撰　清宣統三年(1911)上海文瑞樓石印本　二册

320000－4645－0001525　43－5－4－03
駱丞集四卷　(唐)駱賓王撰　**辨譌考異二卷**　(清)胡鳳丹撰　清同治八年(1869)永康胡氏退補齋刻金華叢書本　二册

320000－4645－0001526　43－5－4－04
楊忠愍公集四卷　(明)楊繼盛撰　清光緒九年(1883)甘肅藩署刻本　四册

320000－4645－0001527　43－5－4－05
楊忠愍公集五卷首一卷末一卷　(明)楊繼盛撰　清同治七年(1868)楚醴景萊書室刻本　三册

320000－4645－0001528　43－5－4－06
羅昭諫集八卷　(唐)羅隱撰　清同治六年(1867)方氏餐秀書屋刻本　一册

320000－4645－0001529　43－5－4－07
飛卿詩集七卷别集一卷集外詩一卷　(唐)庭筠撰　(明)曾益注　(清)顧予咸補注　(清)顧嗣立續校　清康熙三十六年(1697)長洲顧氏秀野草堂刻本　四册

320000－4645－0001530　43－5－4－08
魏文貞故事拾遺三卷年譜一卷　(清)王先恭

編　清光緒九年(1883)長沙王氏刻本　二册

320000－4645－0001531　43－5－4－10
欒城後集二十四卷　(宋)蘇轍撰　清道光十二年(1832)眉州三蘇祠刻本　四册

320000－4645－0001532　43－5－4－11
唐宋大家全集錄　(清)儲欣編　清光緒八年(1882)江蘇書局刻本　五册　存三種十三卷(欒城先生全集錄六卷、老泉先生全集錄五卷、可之先生全集錄二卷)

320000－4645－0001533　43－5－4－13
李衛公會昌一品集二十卷别集十卷外集四卷補遺一卷　(唐)李德裕撰　清光緒十六年(1890)刻本　六册

320000－4645－0001534　44－1－1－01
篤素堂文集四卷　(清)張英撰　清光緒六年(1880)刻本　一册

320000－4645－0001535　44－1－1－03
積石文稾十八卷　(清)張履撰　清光緒二十年(1894)刻本　六册

320000－4645－0001536　44－1－2－01
帶經堂集九十二卷　(清)王士禛撰　清康熙四十九年至五十一年(1710－1712)程哲七略書堂刻本　三十二册

320000－4645－0001537　44－1－2－02
漁洋山人精華錄箋注十二卷補注一卷　(清)王士禛撰　(清)金榮箋注　(清)徐淮纂輯
漁洋山人年譜一卷　清乾隆金氏鳳翽堂刻重修本　六册

320000－4645－0001538　44－1－2－03
漁洋山人精華錄箋注十二卷補注一卷　(清)王士禛撰　(清)金榮箋注　(清)徐淮纂輯
漁洋山人年譜一卷　清刻本　十六册

320000－4645－0001539　44－1－2－04
金忠潔公文集二卷　(明)金鉉撰　清光緒二十二年(1896)武進盛氏思惠齋刻常州先哲遺書本　一册

320000－4645－0001540　44－1－2－05
南畇文稾十二卷南畇詩稾十卷續稾十七卷南畇老人自訂年譜一卷　(清)彭定求撰　清光緒五年至七年(1879－1881)刻本　十二册

320000－4645－0001541　44－1－3－02
顧亭林先生詩箋注十七卷校補一卷　(清)顧炎武撰　(清)徐嘉注　清光緒二十三年至二十七年(1897－1901)山陽徐氏味靜齋刻本　六册

320000－4645－0001542　44－1－3－03
茶磨山人詩鈔八卷　(清)汪芑撰　清光緒十年(1884)刻本　四册

320000－4645－0001543　44－1－3－04
板橋集六編　(清)鄭燮撰　清清暉書屋刻本　四册

320000－4645－0001544　44－1－3－05
知足齋文集六卷進呈文稾二卷詩續集四卷　(清)朱珪撰　清嘉慶刻本　五册　缺二卷(詩續集一至二)

320000－4645－0001545　44－1－3－06
古泉雜詠四卷　葉德輝撰　清光緒二十七年(1901)刻本　二册

320000－4645－0001546　44－1－3－07
日邊續唱集二卷　(清)徐琪輯著　清光緒三十一年(1905)刻本　一册

320000－4645－0001547　44－1－3－08
日邊續唱集二卷　(清)徐琪輯著　清光緒三十一年(1905)刻本　一册

320000－4645－0001548　44－1－3－09
類林新咏三十六卷　(清)姚之駰撰　清康熙四十七年(1708)刻本　十二册

320000－4645－0001549　44－1－4－05
藍山詩集六卷　(明)藍仁撰　清刻本　三册

320000－4645－0001550　44－2－1－01
范伯子詩集十九卷　(清)范當世撰　清光緒三十四年(1908)刻本　四册

320000－4645－0001551　44－2－1－02
後緹縈南曲十齣　(清)汪宗沂填曲　(清)夏

嘉穀評點　清光緒十一年(1885)刻本　一冊

320000－4645－0001552　44－2－1－04
九水山房文存二卷　(清)畢亨撰　清咸豐二年(1852)聊城楊氏海源閣刻本　二冊

320000－4645－0001553　44－2－2－01
陳檢討詩鈔十卷陳檢討詞鈔十二卷　(清)陳維崧撰　清康熙二十三年(1684)刻本　四冊

320000－4645－0001554　44－2－2－03
劉蕺山文粹二卷　(明)劉宗周撰　清光緒二十一年(1895)海天旭日研齋刻本　二冊

320000－4645－0001555　44－2－2－04
臥月軒稿三卷附錄一卷　(清)顧若璞著　清光緒二十三年(1897)錢塘丁氏嘉惠堂刻本　一冊

320000－4645－0001556　44－2－2－06
范伯子詩集十九卷附蘊素軒詩四卷　(清)范當世撰　清末民國間鉛印本　四冊　存六卷(范伯子詩集一至六)

320000－4645－0001557　44－2－2－07
于湖小集四卷　(清)袁昶撰　清光緒二十年(1894)袁氏水明樓刻本　二冊

320000－4645－0001558　44－2－2－08
陳檢討集二十卷　(清)陳維崧撰　(清)程師恭注　清康熙刻本　四冊

320000－4645－0001559　44－2－2－09
觀復堂稿略不分卷　(明)朱集璜撰　清光緒二十六年(1900)玉山書院刻本　一冊

320000－4645－0001560　44－2－2－11
絜齋集二十四卷　(宋)袁燮撰　清同治十三年(1874)江西書局刻本　八冊

320000－4645－0001561　44－2－3－01
萬物炊累室類稿甲編二種四卷乙編一種三卷外編一種十卷　沈同芳撰　清宣統三年(1911)上海中國圖書公司鉛印本　五冊

320000－4645－0001562　44－2－3－02
九水山房文存二卷　(清)畢亨撰　清咸豐二年(1852)聊城楊氏海源閣刻本　四冊

320000－4645－0001563　44－2－3－04
漁洋山人精華錄會心偶筆六卷　(清)王士禛撰　(清)伊應鼎編述　清乾隆二十四年(1759)新城伊氏刻本　四冊

320000－4645－0001564　44－2－3－05
通義堂集十六卷　(清)劉毓崧撰　清光緒十四年(1888)青谿舊屋刻本　四冊　存七卷(一至七)

320000－4645－0001565　44－2－3－07
顧亭林先生詩箋注十七卷校補一卷　(清)顧炎武撰　(清)徐嘉注　清光緒二十三年至二十七年(1897－1901)山陽徐氏味靜齋刻本　六冊

320000－4645－0001566　44－2－4－01
曝書亭集八十卷　(清)朱彝尊撰　清刻本　十冊

320000－4645－0001567　44－2－4－02
二林居集二十四卷　(清)彭紹升撰　清光緒七年(1881)長洲彭氏刻本　六冊

320000－4645－0001568　44－2－4－03
二林居集二十四卷　(清)彭紹升撰　清光緒七年(1881)長洲彭氏刻本　六冊

320000－4645－0001569　44－2－4－04
笥河文集十六卷首一卷　(清)朱筠撰　清嘉慶二十年(1815)刻本　六冊

320000－4645－0001570　44－3－1－01
小謨觴館詩集注八卷文集注四卷文續集注二卷詩續集注二卷詩餘附錄一卷　(清)彭兆蓀撰　(清)孫元培　(清)孫長熙注　清光緒二十年(1894)泉堂汪氏刻本　八冊

320000－4645－0001571　44－3－1－02
小謨觴館詩集注八卷文集注四卷文續集注二卷詩續集注二卷詩餘附錄一卷　(清)彭兆蓀撰　(清)孫元培　(清)孫長熙注　清刻本　四冊　存九卷(小謨觴館詩集注八卷、詩餘附錄一卷)

320000－4645－0001572　44－3－1－03

午亭文編五十卷 (清)陳廷敬撰 (清)林佶輯錄 清康熙四十七年(1708)林佶寫刻本 十六冊

320000－4645－0001573 44－3－2－01
方望溪先生文集十八卷 (清)方苞撰 (清)戴鈞衡編 清刻本 五冊

320000－4645－0001574 44－3－2－03
柏堂集續編二十二卷後編二十二卷 (清)方宗誠撰 清光緒七年(1881)刻本 十五冊

320000－4645－0001575 44－3－3－01
望溪集不分卷 (清)方苞撰 (清)王兆符 (清)程崟輯 清乾隆十一年(1746)程崟刻本 十二冊

320000－4645－0001576 44－3－3－02
礬文書屋集畧八卷 (清)潘相撰 清刻本 四冊

320000－4645－0001577 44－3－3－04
李義山詩集三卷 (唐)李商隱撰 (清)朱鶴齡箋注 (清)沈厚塽輯評 清同治九年(1870)廣州倅署刻三色套印本 四冊

320000－4645－0001578 44－3－4－01
樊榭山房集十卷續集十卷文集八卷 (清)厲鶚撰 清乾隆刻本 二冊 缺十卷(續集十卷)

320000－4645－0001579 44－3－4－03
方望溪文鈔六卷 (清)方苞撰 清宣統二年(1910)上海國學扶輪社鉛印本 五冊

320000－4645－0001580 44－3－4－04
方望溪先生文集十八卷集外文十卷集外文補遺二卷 (清)方苞撰 (清)戴鈞衡編 **年譜一卷附録一卷** (清)蘇惇元輯 清刻本 十六冊

320000－4645－0001581 44－3－4－05
汪梅村先生文集十二卷外集一卷 (清)汪士鐸撰 清光緒七年(1881)刻本 四冊

320000－4645－0001582 44－3－5－01
吳詩集覽二十卷吳詩補註二十卷 (清)吳偉業撰 (清)靳榮藩注 **吳詩談藪二卷談藪拾遺一卷** (清)靳榮藩輯 清乾隆刻本 十冊

320000－4645－0001583 44－3－5－02
曝書亭集箋注二十三卷 (清)朱彝尊撰 (清)孫銀槎輯注 清嘉慶五年(1800)刻本 八冊

320000－4645－0001584 44－4－1－01
壯悔堂文集十卷四憶堂詩集六卷 (清)侯方域撰 (清)賈開宗等評點 清同治十二年(1873)紅杏山房刻本 八冊

320000－4645－0001585 44－4－1－02
壯悔堂文集十卷 (清)侯方域撰 (清)賈開宗等評點 清光緒十年(1884)森寶齋刻本 六冊

320000－4645－0001586 44－4－1－03
歸震川先生尺牘二卷 (明)歸有光撰 清康熙三十八年(1699)顧械如月樓刻歸錢尺牘本 一冊

320000－4645－0001587 44－4－1－04
定盦文集補編四卷 (清)龔自珍撰 清光緒十二年(1886)平湖朱氏刻本 二冊

320000－4645－0001588 44－4－1－05
歸震川先生全集三十卷別集十卷 (明)歸有光撰 清光緒元年(1875)常熟歸氏刻本 十二冊

320000－4645－0001589 44－4－2－07
松石齋詩集六卷 (明)趙用賢撰 清光緒二十二年(1896)刻本 一冊

320000－4645－0001590 44－4－2－09
初月樓文鈔十卷詩鈔四卷 (清)吳德旋著 清光緒十年(1884)刻本 四冊

320000－4645－0001591 44－4－2－10
二林居集二十四卷 (清)彭紹升撰 清光緒七年(1881)長洲彭氏刻本 六冊

320000－4645－0001592 44－4－3－01
吳詩集覽二十卷吳詩補注二十卷 (清)吳偉業撰 (清)靳榮藩注 **吳詩談藪二卷談藪拾**

遺一卷　(清)靳榮藩輯　清乾隆刻本　二十冊

320000－4645－0001593　44－4－3－04
梅村詩集十八卷　(清)吳偉業撰　清光緒十年(1884)湖北官書處刻本　十二冊

320000－4645－0001594　44－4－4－02
賴古堂詩集四卷　(清)周亮工撰　清康熙刻本　二冊

320000－4645－0001595　44－4－4－03
雕菰集二十四卷　(清)焦循撰　**蜜梅花館文錄一卷詩錄一卷**　(清)焦廷琥撰　清道光四年(1824)阮福校刻本　八冊

320000－4645－0001596　44－4－4－04
小謨觴館詩集八卷詩續集二卷文集四卷文續集二卷　(清)彭兆蓀撰　清同治十三年(1874)吳縣潘祖蔭刻本　八冊　缺二卷(詩續集二卷)

320000－4645－0001597　44－4－4－06
太師誠意伯劉文成公集二十卷首一卷　(明)劉基撰　清康熙四十六年(1707)劉標、劉元奇温州刻雍正八年(1730)萬里補刻本　十冊

320000－4645－0001598　44－4－5－01
陳檢討集十二卷　(清)陳維崧撰　(清)蔣景祁　(清)曹亮武選　清康熙二十三年(1684)天藜閣刻本　三冊

320000－4645－0001599　44－4－5－02
考功集選四卷附一卷　(清)王士祿撰　(清)王士禛批點　**抱山集選一卷**　(清)王士禧撰　(清)王士禛批點　**古鉢集選一卷**　(清)王士祜撰　(清)王士禛批點　清康熙刻本　一冊

320000－4645－0001600　44－4－5－03
劉文清公遺集十七卷應制詩集三卷　(清)劉墉撰　清道光六年(1826)東武劉氏味經書屋刻本　三冊

320000－4645－0001601　44－5－1－01
漁洋山人精華錄十卷　(清)王士禛撰　清刻本　四冊

320000－4645－0001602　44－5－1－02
潛菴先生全集五卷　(清)湯斌撰　清同治十二年(1873)紅杏山房刻本　十二冊

320000－4645－0001603　44－5－1－03
船山詩草二十卷補遺六卷　(清)張問陶撰　清道光五年(1825)刻本　八冊

320000－4645－0001604　44－5－2－01
兩當軒全集二十二卷附錄四卷　(清)黃景仁撰　清宣統二年(1910)上海掃葉山房石印本　五冊

320000－4645－0001605　44－5－2－02
青溪書屋文集十一卷　(清)劉文淇撰　清光緒九年(1883)刻本　二冊

320000－4645－0001606　44－5－2－03
汪梅村先生集十二卷外集一卷　(清)汪士鐸撰　清光緒七年(1881)刻本　四冊

320000－4645－0001607　44－5－2－04
煙嶼樓文集四十卷　(清)徐時棟撰　清光緒三年(1877)葛氏松竹居刻本　八冊

320000－4645－0001608　44－5－2－05
切問齋集十二卷首一卷　(清)陸燿撰　清光緒十八年(1892)江蘇書局刻本　四冊

320000－4645－0001609　44－5－2－06
巢經巢遺文五卷　(清)鄭珍撰　清光緒十九年(1893)貴築高氏刻本　四冊

320000－4645－0001610　44－5－2－08
巢經巢遺稿一卷　(清)鄭珍著　□大榮輯　清末民國間寶文齋抄本　一冊

320000－4645－0001611　44－5－3－01
虹橋老屋遺稿文四卷詩五卷　(清)秦緗業撰　清光緒十五年(1889)刻本　三冊

320000－4645－0001612　44－5－3－02
養一齋文集二十卷　(清)李兆洛撰　清光緒四年(1878)刻本　八冊

320000－4645－0001613　44－5－3－03

板橋詩鈔三卷詞鈔一卷板橋題畫一卷板橋家書一卷 (清)鄭燮撰 清末民國間影印本 三冊

320000－4645－0001614 44－5－3－04
孟和詩草二卷 (清)范鈞撰 清光緒十六年(1890)梁溪華氏文苑閣刻本 一冊

320000－4645－0001615 44－5－3－06
積石詩存四卷南池唱和詩存一卷鱠餘編一卷 (清)張履撰 清光緒二十年(1894)刻本 二冊

320000－4645－0001616 44－5－3－07
積石詩存四卷南池唱和詩存一卷鱠餘編一卷 (清)張履撰 清光緒二十年(1894)刻本 二冊

320000－4645－0001617 44－5－3－08
切問齋文鈔三十卷 (清)陸燿輯 清光緒刻本 八冊

320000－4645－0001618 44－5－4－01
柏堂集餘編八卷補存三卷外編十二卷 (清)方宗誠撰 清光緒十二年(1886)刻本 七冊

320000－4645－0001619 44－5－4－02
板橋詩鈔三卷詞鈔一卷板橋題畫一卷板橋家書一卷 (清)鄭燮撰 清末民國間影印本 四冊

320000－4645－0001620 44－5－4－04
戴東原集十二卷 (清)戴震撰 **年譜一卷札記一卷** (清)段玉裁撰 清宣統二年(1910)刻本 六冊

320000－4645－0001621 44－5－4－05
切問齋集十六卷 (清)陸燿撰 清乾隆五十七年(1792)暉吉堂刻本 八冊

320000－4645－0001622 44－5－4－06
文山別集指南錄四卷指南後錄三卷附一卷詩史集杜四卷紀年錄一卷附一卷 (宋)文天祥撰 清宣統二年(1910)東雅社鉛印本 四冊

320000－4645－0001623 45－1－1－01
陶廬後憶一卷 金武祥撰 清宣統元年(1909)刻本 一冊

320000－4645－0001624 45－1－1－03
新羅山人離垢集五卷 (清)華嵒撰 清光緒鉛印本 四冊

320000－4645－0001625 45－1－1－04
冬心先生集四卷 (清)金農撰 清宣統二年(1910)京師書業公司石印本 四冊

320000－4645－0001626 45－1－1－05
詳注七家詩七卷 (清)張熙宇評 (清)石暉甲注 清光緒十八年(1892)上海廣百宋齋鉛印本 四冊

320000－4645－0001627 45－1－1－06
柳河東文集六卷 (唐)柳宗元撰 清宣統二年(1910)上海會文堂書局石印本 六冊

320000－4645－0001628 45－1－1－08
鑑止水齋集二十卷 (清)許宗彦撰 清咸豐八年(1858)德清許延穀刻本 六冊

320000－4645－0001629 45－1－2－01
劉禮部集十二卷 (清)劉逢祿撰 清光緒十八年(1892)延暉承慶堂刻本 六冊

320000－4645－0001630 45－1－2－03
儀顧堂集十六卷 (清)陸心源撰 清同治十三年(1874)福州刻本 四冊

320000－4645－0001631 45－1－2－04
東塾集六卷 (清)陳澧撰 清光緒十八年(1892)菊坡精舍刻本 三冊

320000－4645－0001632 45－1－2－05
經德堂文集内集四卷外集二卷 (清)龍啟瑞撰 清光緒四年(1878)京師刻本 三冊

320000－4645－0001633 45－1－3－01
甌北詩鈔二十卷 (清)趙翼撰 清乾隆湛貽堂刻本 六冊

320000－4645－0001634 45－1－3－02
甌香館集十二卷補遺一卷附錄一卷 (清)惲格撰 清光緒七年(1881)刻本 四冊

320000－4645－0001635 45－1－3－03

船山詩草選六卷　(清)張問陶撰　清嘉慶二十二年(1817)吴門學耕堂刻本　一册

320000－4645－0001636　45－1－3－04
城西草堂詩集四卷　(清)秦緗武撰　清咸豐錫山秦氏刻本　一册

320000－4645－0001637　45－1－3－05
知非齋駢文録一卷　(清)沈湛鈞撰　(清)劉明祺輯　清光緒三十二年(1906)木活字印本　一册

320000－4645－0001638　45－1－3－06
崇百藥齋文集二十卷續集四卷三集十二卷　(清)陸繼輅著　清光緒四年(1878)興國州署刻本　十二册

320000－4645－0001639　45－1－3－07
藴真居詩集六卷詩餘一卷　(清)陸學欽撰　清光緒十三年(1887)陸寶忠刻本　一册

320000－4645－0001640　45－1－3－08
藴真居詩集六卷詩餘一卷　(清)陸學欽撰　清光緒十三年(1887)陸寶忠刻本　一册

320000－4645－0001641　45－1－3－09
結鐵網齋詩集十卷結鐵網齋詩集補鈔一卷　(清)汪元治撰　清光緒二十一年(1895)刻本　二册

320000－4645－0001642　45－1－3－10
賜書堂詩稿不分卷　(清)翁照撰　清光緒二十六年(1900)龍砂王氏重思齋刻本　一册

320000－4645－0001643　45－1－4－01
墨壽閣詩集二卷　(清)汪承慶撰　清光緒二十七年(1901)刻本　一册

320000－4645－0001644　45－1－4－02
墨壽閣詩集二卷　(清)汪承慶撰　清光緒二十七年(1901)刻本　一册

320000－4645－0001645　45－1－4－04
仙心閣詩鈔四卷續鈔二卷　(清)彭慰高撰　清光緒三年(1877)羊城刻本　二册

320000－4645－0001646　45－1－4－05
大雲山房文稿初集四卷　(清)惲敬撰　清光緒十四年(1888)刻本　四册

320000－4645－0001647　45－1－4－06
可廬著述十種敘例一卷　(清)錢大昭撰　**既勤著述七種敘例一卷**　(清)錢東垣撰　清得自怡齋刻本　一册

320000－4645－0001648　45－1－4－08
蔚子詩集二卷　(清)趙森撰　清光緒九年(1883)木活字印本　一册

320000－4645－0001649　45－1－4－10
安般簃集詩續十卷春闈雜詠一卷　(清)袁昶撰　清光緒十六年(1890)刻本　三册

320000－4645－0001650　45－1－4－11
東塾集六卷　(清)陳澧撰　清光緒十八年(1892)菊坡精舍刻本　三册

320000－4645－0001651　45－1－4－12
積石文稿十八卷　(清)張履撰　清光緒二十年(1894)刻本　六册

320000－4645－0001652　45－1－4－13
積石文稿十八卷　(清)張履撰　清光緒二十年(1894)刻本　六册

320000－4645－0001653　45－1－5－01
説鈴抄八卷　(清)華繼輯　清乾隆保元堂刻本　四册

320000－4645－0001654　45－1－5－03
愛吾廬詩鈔六卷　(清)張洵佳撰　清宣統二年(1910)鉛印本　四册

320000－4645－0001655　45－1－5－04
愛吾廬詩鈔六卷　(清)張洵佳撰　清宣統二年(1910)鉛印本　四册

320000－4645－0001656　45－1－5－05
宋浣花詩詞合刻　(清)宋志沂撰　(清)劉履芬輯　清同治十二年(1873)刻本　一册

320000－4645－0001657　45－1－5－06
受恒受漸齋集十二卷　(清)沈曰富撰　清光緒十三年(1887)吴江沈氏刻本　四册

320000－4645－0001658　45－1－5－07

于湖小集六卷附錄一卷 （清）袁昶撰 清光緒二十年（1894）袁氏水明樓刻本 二册 存四卷（三至六）

320000－4645－0001659 45－1－5－08
嘉樹山房集二十卷外集二卷續集二卷 （清）張士元著 清嘉慶二十四年（1819）震澤張氏刻本 六册

320000－4645－0001660 45－1－5－09
響泉集詩十七卷文一卷詞二卷 （清）顧光旭撰 清宣統二年（1910）無錫顧氏木活字印本 四册

320000－4645－0001661 45－1－5－10
陶晚聞先生集十卷首一卷補錄一卷自序一卷 （清）陶正靖撰 清光緒七年（1881）刻本 二册

320000－4645－0001662 45－1－5－11
醉薌仙館詩鈔二卷外編一卷 （清）黄金臺撰 （清）曹文瀾輯 清道光四年（1824）刻本 一册

320000－4645－0001663 45－1－5－12
御製圓明園詩二卷 （清）高宗弘曆撰 （清）鄂爾泰等注 清光緒十三年（1887）天津石印書屋石印本 二册

320000－4645－0001664 45－1－5－13
玉峰寄隱圖詩文錄三卷首一卷 （清）管柏輯 清光緒四年（1878）白雲居刻本 一册

320000－4645－0001665 45－1－5－14
憶山書屋遺稿二卷 （清）葉自莊撰 清道光二十三年（1843）刻本 一册

320000－4645－0001666 45－1－5－16
小酉腴山館詩鈔二卷補錄一卷 （清）吴大廷撰 清同治元年（1862）京都刻本 一册

320000－4645－0001667 45－1－5－17
古杼秋館遺稿文二卷補遺一卷詩一卷古杼穐館詩草一卷 （清）侯楨撰 清光緒二十三年（1897）無錫吴氏禮讓堂刻本 二册

320000－4645－0001668 45－1－5－18
圭盦詩錄一卷 （清）吳觀禮撰 清光緒五年（1879）賁齋刻本 一册

320000－4645－0001669 45－2－1－01
容安齋詩集八卷 （清）汪應銓撰 清乾隆二十年（1755）刻民國海虞瞿氏鐵琴銅劍樓重修本 二册

320000－4645－0001670 45－2－1－02
揅經室集六十二卷 （清）阮元撰 清道光三年（1823）刻本 二十四册

320000－4645－0001671 45－2－1－03
道古堂文集四十六卷 （清）杭世駿撰 清乾隆五十五年（1790）杭賓仁刻本（卷六至十一配清抄本） 八册

320000－4645－0001672 45－2－1－05
嚴太僕先生集十二卷 （清）嚴虞惇撰 清光緒十年（1884）常熟嚴氏刻本 四册

320000－4645－0001673 45－2－1－06
缶廬詩四卷缶廬别存一卷 吳俊卿（昌碩）撰 清光緒十九年（1893）刻本 一册

320000－4645－0001674 45－2－1－07
缶廬詩四卷缶廬别存一卷 吳俊卿（昌碩）撰 清光緒十九年（1893）蘇城謝文翰刻本 一册

320000－4645－0001675 45－2－2－01
續甬上耆舊詩集一百四十卷 （清）全祖望選 清光緒至宣統國學保存會鉛印本 三册 缺九十四卷（二十八至一百二十一）

320000－4645－0001676 45－2－2－02
遜學齋詩鈔十卷 （清）孫衣言著 清同治三年（1864）刻本 三册

320000－4645－0001677 45－2－2－03
試帖存稿二種四卷 （清）丁午著 清光緒七年（1881）刻本 二册 存一種二卷（詞賦一至二）

320000－4645－0001678 45－2－2－04
七家試帖輯注彙鈔 （清）張熙宇輯評 （清）王植桂輯注 清同治刻本 一册

320000－4645－0001679　45－2－2－05
讀秋水齋詩十六卷　(清)陸黻恩撰　清同治七年(1868)刻本　四册

320000－4645－0001680　45－2－2－06
安般簃集詩續十卷春闈雜詠一卷附錄一卷　(清)袁昶撰　清光緒十六年(1890)刻本　三册

320000－4645－0001681　45－2－2－07
安般簃集詩續十卷附春闈雜詠一卷附錄一卷　(清)袁昶撰　清光緒十六年(1890)刻本　三册

320000－4645－0001682　45－2－2－08
安般簃集詩續十卷　(清)袁昶撰　清光緒十六年(1890)刻本　二册　缺六卷(一至六)

320000－4645－0001683　45－2－2－09
蘭馨堂詩存二卷　(清)楊希鈺撰　清同治、光緒間楊沂孫校刻本　一册

320000－4645－0001684　45－2－2－10
仲實詩存二卷　(清)魯蕡撰　清刻本　二册

320000－4645－0001685　45－2－2－13
讁麐堂遺集　(清)戴望撰　清宣統三年(1911)上海神州國光社鉛印本　一册

320000－4645－0001686　45－2－2－15
心太平居詩鈔六卷　(清)汪彦國撰　清道光五年(1825)刻本　四册

320000－4645－0001687　45－2－2－16
心太平居詩鈔六卷　(清)汪彦國撰　清道光五年(1825)刻本　一册

320000－4645－0001688　45－2－2－17
慧文閣詩集二卷　(清)畢熙曾撰　清宣統三年(1911)畢氏木活字印本　一册

320000－4645－0001689　45－2－2－19
寶雲山館詩稿一卷　(清)畢長豫撰　清宣統三年(1911)刻本　一册

320000－4645－0001690　45－2－2－20
菽原堂初集十卷　(清)查初揆撰　清嘉慶八年(1803)海寧查氏刻本　三册

320000－4645－0001691　45－2－2－21
歸盦文稿八卷　(清)葉裕仁撰　清光緒八年(1882)刻本　四册

320000－4645－0001692　45－2－3－01
樂善堂全集四十卷目錄四卷　(清)高宗弘曆撰　清乾隆二年(1737)内府刻本　二十三册　缺二卷(三十三至三十四)

320000－4645－0001693　45－2－3－02
思補齋文集四卷　(清)劉星煒撰　清光緒二十年(1894)刻本　四册

320000－4645－0001694　45－2－3－03
思補齋文集四卷　(清)劉星煒撰　清光緒二十年(1894)刻本　四册

320000－4645－0001695　45－2－3－05
羅忠節公遺集八卷附讀孟子劄記二卷周易附説一卷年譜二卷　(清)羅澤南著　清咸豐九年(1859)刻本　八册

320000－4645－0001696　45－2－3－06
楓南山館遺集七卷末一卷　(清)莊受祺撰　清光緒元年(1875)刻本　一册　缺四卷(一至四)

320000－4645－0001697　45－2－4－01
小桐廬詩草十卷　(清)袁景輅撰　清乾隆三十二年(1767)愛吟齋刻本　二册

320000－4645－0001698　45－2－4－03
尊道堂詩鈔八卷别集六卷　(清)王材任撰　(清)陳師晉輯　清乾隆四年(1739)刻本　四册

320000－4645－0001699　45－2－4－04
銅鼓書堂遺稾三十二卷　(清)查禮撰　清乾隆查淳刻本　六册

320000－4645－0001700　45－2－4－05
道古堂文集四十八卷　(清)杭世駿撰　清光緒十四年(1888)錢塘汪氏振綺堂刻本　十册

320000－4645－0001701　45－2－4－06
明夷待訪錄一卷　(明)黃宗羲撰　清同治十三年(1874)虞山顧氏刻小石山房叢書本

一册

320000－4645－0001702　45－2－4－07
明夷待訪錄一卷　（明）黄宗羲撰　清同治十三年（1874）虞山顧氏刻小石山房叢書本　一册

320000－4645－0001703　45－2－4－08
明夷待訪錄一卷　（明）黄宗羲撰　清同治十三年（1874）虞山顧氏刻小石山房叢書本　一册

320000－4645－0001704　45－2－4－09
勸學篇内篇一卷外篇一卷　（清）張之洞撰　清光緒二十四年（1898）兩湖書院刻本　二册

320000－4645－0001705　45－2－4－10
勸學篇内篇一卷外篇一卷　（清）張之洞撰　清光緒二十四年（1898）海道署鉛印本　二册

320000－4645－0001706　45－2－4－11
勸學篇内篇一卷外篇一卷　（清）張之洞撰　清光緒二十四年（1898）兩湖書院刻本　二册

320000－4645－0001707　45－2－4－12
勸學篇内篇一卷外篇一卷　（清）張之洞撰　清光緒二十四年（1898）江蘇書局刻本　二册

320000－4645－0001708　45－2－5－02
歸宫詹集四卷　（清）歸允肅撰　清光緒十三年（1887）刻本　四册

320000－4645－0001709　45－2－5－03
柳洲遺稾二卷　（清）魏之琇撰　清同治十一年（1872）錢塘丁氏刻本　一册

320000－4645－0001710　45－2－5－04
鐵莊文集八卷疏快軒詩二卷詩餘一卷　（清）陸楣撰　清光緒二十一年（1895）曹氏樂善堂木活字印本　四册

320000－4645－0001711　45－2－5－05
紫藤蘿吟館遺集不分卷附悼亡詩一卷　（清）章婉儀撰　清光緒二十一年（1895）刻本　一册

320000－4645－0001712　45－2－5－06
菘耘文鈔四卷　（清）季錫疇撰　清光緒五年（1879）裒弁閣刻本　一册

320000－4645－0001713　45－2－5－07
古杼秋館文集三卷　（清）侯楨撰　清同治十二年（1873）古杼秋館木活字印本　一册

320000－4645－0001714　45－2－5－08
古杼秋館遺稾文二卷詩一卷　（清）侯楨著　清光緒二十三年（1897）無錫吴氏禮讓堂刻本　三册

320000－4645－0001715　45－2－5－09
赤霞吟草二卷　（清）王鉅撰　清同治九年（1870）刻本　二册

320000－4645－0001716　45－2－5－10
愛月軒遺稿一卷試帖一卷雜體一卷續集一卷　（清）胡凱姒撰　清光緒十四年（1888）刻本　一册

320000－4645－0001717　45－2－5－1－01
天眞閣集五十四卷駢體文六卷　（清）孫原湘撰　**長眞閣詩集七卷**　（清）席佩蘭撰　清嘉慶刻本　十二册

320000－4645－0001718　45－2－5－11
滄江紅雨樓詩集一卷　（清）陶宗亮撰　清光緒十二年（1886）刻本　一册

320000－4645－0001719　45－2－5－12
古春軒詩鈔二卷　（清）梁德繩撰　清咸豐二年（1852）鳳城刻本　一册

320000－4645－0001720　45－2－5－13
庚星文稿錄存一卷庚星詩稿錄存一卷　（清）陸咸清撰　清光緒刻本　一册

320000－4645－0001721　45－2－5－16
也儂詩草十卷　（清）王慶善撰　清光緒二十七年（1901）金陵宜春閣木活字印本　四册

320000－4645－0001722　45－2－5－17
聽雨小樓詞稿二卷　（清）楊芳燦撰　清光緒十七年（1891）西溪草堂木活字印本　一册

320000－4645－0001723　45－2－5－18
楓南山館遺集七卷末一卷　（清）莊受祺撰　清光緒元年（1875）刻本　二册

320000－4645－0001724　45－3－1－01
寶顔堂訂正丹鉛續錄經説八卷　(明)楊慎撰　明萬曆刻陳眉公家藏廣祕笈本　三冊

320000－4645－0001725　45－3－1－05
攷古質疑六卷　(宋)葉大慶撰　清乾隆武英殿木活字印武英殿聚珍版書本　二冊

320000－4645－0001726　45－3－1－06
掌錄二卷　(清)陳祖范撰　清乾隆二十九年(1764)刻本　二冊

320000－4645－0001727　45－3－2－01
漸西村人初集十三卷　(清)袁昶撰　清光緒刻本　三冊

320000－4645－0001728　45－3－2－02
漸西村人初集十三卷　(清)袁昶撰　清光緒刻本　三冊

320000－4645－0001729　45－3－2－03
漸西村人初集十三卷　(清)袁昶撰　清光緒刻本　一冊　存五卷(一至五)

320000－4645－0001730　45－3－2－06
筠綠山房詩草四卷末一卷　(清)湯建中撰　清光緒十九年(1893)刻本　二冊

320000－4645－0001731　45－3－2－07
筠綠山房詩草四卷末一卷　(清)湯建中撰　清光緒十九年(1893)刻本　二冊

320000－4645－0001732　45－3－2－10
晚晴軒儷體文存二卷詩存五卷　(清)陳文田撰　清光緒七年(1881)刻本　四冊

320000－4645－0001733　45－3－2－12
日知錄之餘四卷　(清)顧炎武撰　清宣統二年(1910)刻本　二冊

320000－4645－0001734　45－3－2－13
傳樸堂詩稿四卷補遺一卷　(清)葛金烺撰　**弢華館詩稿一卷**　(清)葛嗣濚撰　清光緒二十一年(1895)刻本　二冊

320000－4645－0001735　45－3－2－14
歸盦詩稿三卷　(清)葉裕仁撰　清光緒八年(1882)刻本　一冊

320000－4645－0001736　45－3－2－15
緩雅堂駢體文八卷　(清)王詒壽撰　清光緒六年(1880)娱園刻本　二冊

320000－4645－0001737　45－3－2－16
緩雅堂駢體文八卷　(清)王詒壽撰　清光緒六年(1880)娱園刻本　一冊　存四卷(一至四)

320000－4645－0001738　45－3－3－01
水澄劉氏遺詩不分卷　(清)劉瀚輯　清光緒二十六年(1900)刻本　一冊

320000－4645－0001739　45－3－3－02
青藜閣詩鈔不分卷　(清)劉鴻庚撰　清光緒二十四年(1898)刻本　一冊

320000－4645－0001740　45－3－3－03
海天旭日硯記一卷　(清)劉瀚輯　清光緒十六年(1890)刻本　一冊

320000－4645－0001741　45－3－3－05
煙村集一卷附詩餘一卷　(清)汪元浩撰　清光緒二十七年(1901)刻本　一冊

320000－4645－0001742　45－3－3－06
微雲樓詩集五卷　(清)秦昌焯撰　清光緒刻本　一冊

320000－4645－0001743　45－3－3－07
微雲樓詩集五卷　(清)秦昌焯撰　清光緒刻本　一冊

320000－4645－0001744　45－3－3－08
秋水軒尺牘二卷續一卷附燕遊草一卷　(清)許思湄撰　清道光十一年(1831)刻本　三冊

320000－4645－0001745　45－3－3－09
尚絅堂詩集五十二卷詞集(筝船詞)二卷駢體文二卷　(清)劉嗣綰撰　清同治八年(1869)刻本　十冊

320000－4645－0001746　45－3－3－10
寶鐵齋詩錄一卷續錄一卷　(清)韓崇撰　清道光二十九年(1849)顧氏潯江郡舍刻光緒七年(1881)汪鳴鑾重修本　二冊

320000－4645－0001747　45－3－3－12

悔初廬詩稿十一卷别集一卷　（清）柴文杰撰　清光緒二十一年（1895）刻本　三册

320000－4645－0001748　45－3－3－13
悔初廬詩稿二卷　（清）柴文杰撰　清光緒三年（1877）刻本　一册

320000－4645－0001749　45－3－3－14
悔初廬詩稿十一卷别集一卷　（清）柴文杰撰　清光緒二十一年（1895）刻本　三册

320000－4645－0001750　45－3－3－15
悔初廬詩稿二卷　（清）柴文杰撰　清光緒三年（1877）刻本　一册

320000－4645－0001751　45－3－3－18
吳梅村詞不分卷　（清）吳偉業撰　清光緒十六年（1890）湖北官書處刻本　一册

320000－4645－0001752　45－3－4－01
貞居先生詩集七卷補遺二卷附錄二卷　（元）張雨著　清光緒二十三年（1897）丁氏八千卷樓刻本　三册

320000－4645－0001753　45－3－4－08
微雲樓詩集五卷　（清）秦昌焯撰　清光緒刻本　一册

320000－4645－0001754　45－3－4－10
寶笏樓詩集二卷　（清）徐敦穆撰　清宣統三年（1911）刻本　一册

320000－4645－0001755　45－3－4－11
寶笏樓詩集二卷　（清）徐敦穆撰　清宣統三年（1911）刻本　一册

320000－4645－0001756　45－3－4－12
寶笏樓詩集二卷　（清）徐敦穆撰　清宣統三年（1911）刻本　一册

320000－4645－0001757　45－3－4－13
寶笏樓詩集二卷　（清）徐敦穆撰　清宣統三年（1911）刻本　一册

320000－4645－0001758　45－3－4－14
龔定盦别集不分卷　（清）龔自珍撰　清宣統二年（1910）順德鄧氏鉛印風雨樓叢書本　一册

320000－4645－0001759　45－3－4－15
數峯詩鈔六卷　（清）錢之青撰　（清）邱謇輯　清嘉慶刻本　一册

320000－4645－0001760　45－3－4－16
太倉孫子福先生遺草二卷雜文附存一卷　（清）孫壽祺撰　清光緒十九年（1893）海陽刻本　二册

320000－4645－0001761　45－3－4－18
仰蕭樓文集不分卷附國朝經學名儒記一卷　（清）張星鑑著　清光緒六年（1880）刻本　一册

320000－4645－0001762　45－3－4－20
寶綸堂詩鈔六卷　（清）齊召南撰　清光緒十三年（1887）金峨山館刻本　二册

320000－4645－0001763　45－3－4－23
杏香廬詩稿二卷　（清）繆兆禧撰　清光緒六年（1880）刻本　一册

320000－4645－0001764　45－3－4－24
寄閒小草三卷　（清）周煜撰　清道光刻本　一册

320000－4645－0001765　45－4－1－01
柏梘山房文集十六卷文續集一卷駢體文二卷詩集十卷詩續集二卷　（清）梅曾亮撰　清光緒二十七年（1901）鉛印本　六册

320000－4645－0001766　45－4－1－02
定峰樂府十卷首一卷附定峰軼詩一卷　（清）沙張白撰　清光緒二十四年（1898）刻本　二册

320000－4645－0001767　45－4－1－03
瓊樓吟稿一卷後錄一卷　（清）陶善撰　清道光元年（1821）刻本　一册

320000－4645－0001768　45－4－1－04
紉餘小草不分卷　（清）鄒佩蘭撰　清光緒元年（1875）刻本　一册

320000－4645－0001769　45－4－1－05
藝雲詞三卷　（清）俞敦培撰　清同治五年（1866）汪寶樹黃蘗刻本　一册

320000－4645－0001770　45－4－1－06
蘭臺遺稾一卷附錄一卷續編一卷芸暉閣吟草一卷　（清）彭希涑撰　清光緒二年（1876）刻本　一册

320000－4645－0001771　45－4－1－09
亦青山館詩鈔二卷續詩鈔一卷　（清）龔煒撰　清道光十九年（1839）刻本　一册

320000－4645－0001772　45－4－1－10
夢鷗閣題詞一卷詩鈔一卷　（清）許銓撰　清道光二十六年（1846）刻民國九年（1920）補刻本　一册

320000－4645－0001773　45－4－1－11
夢鷗閣題詞一卷詩鈔一卷　（清）許銓撰　清道光二十六年（1846）刻民國九年（1920）補刻本　一册

320000－4645－0001774　45－4－1－13
介石山房遺文二卷詩一卷　（清）朱培源著　清宣統二年（1910）朱氏刻本　一册

320000－4645－0001775　45－4－1－14
經雅堂遺稿三卷補遺一卷　（清）孫慧良撰　清光緒六年（1880）刻本　一册

320000－4645－0001776　45－4－1－15
秋士先生遺集六卷　（清）彭績著　清光緒七年（1881）刻本　二册

320000－4645－0001777　45－4－1－17
古香樓遺稾十卷　（清）沈長春撰　清嘉慶二十五年（1820）刻本　四册

320000－4645－0001778　45－4－1－18
經雅堂遺稿三卷補遺一卷　（清）孫慧良撰　清光緒六年（1880）刻本　一册

320000－4645－0001779　45－4－1－19
經雅堂遺稿三卷補遺一卷　（清）孫慧良撰　清光緒六年（1880）刻本　一册

320000－4645－0001780　45－4－1－20
鬻字齋詩畧四卷　（清）曹允源撰　清光緒二十二年（1896）刻本　一册

320000－4645－0001781　45－4－1－21
鬻字齋詩畧四卷　（清）曹允源撰　清光緒二十二年（1896）刻本　一册

320000－4645－0001782　45－4－1－23
夢衲盦詩偶存不分卷　（清）汪昉撰　清光緒十年（1884）刻本　一册

320000－4645－0001783　45－4－2－01
漁洋詩話三卷　（清）王士禛撰　清康熙四十九年（1710）黄叔琳刻雍正三年（1725）印本　一册

320000－4645－0001784　45－4－2－02
袁文箋正十六卷補注一卷　（清）袁枚撰　（清）石韞玉箋　清嘉慶十七年（1812）鶴壽山堂刻本　六册

320000－4645－0001785　45－4－2－03
缶廬詩四卷缶廬别存一卷　吳俊卿（昌碩）撰　清光緒十九年（1893）蘇城謝文翰刻本　一册

320000－4645－0001786　45－4－2－04
辟疆園遺集十卷　（清）顧敏恒等撰　（清）楊芳燦編　清光緒十八年（1892）木活字印本　四册

320000－4645－0001787　45－4－2－05
道古堂詩集二十六卷集外文一卷集外詩一卷軼事一卷　（清）杭世駿撰　清光緒十四年（1888）錢塘汪氏刻本　六册

320000－4645－0001788　45－4－2－06
道古堂詩集二十六卷　（清）杭世駿撰　清乾隆刻本　四册

320000－4645－0001789　45－4－2－07
樂道堂文鈔五卷文續鈔一卷詩鈔十卷　（清）奕訢撰　清同治六年（1867）刻本　十六册

320000－4645－0001790　45－4－3－01
西堂小草一卷論語詩一卷右北平集一卷　（清）尤侗撰　清康熙刻西堂全集本　一册

320000－4645－0001791　45－4－3－02
留雲借月盦詞六卷　（清）劉炳照撰　清光緒十九年（1893）刻本　二册

320000－4645－0001792　45－4－3－03
留雲借月盦詞六卷　（清）劉炳照撰　清光緒十九年(1893)刻本　一册

320000－4645－0001793　45－4－3－04
誦芬詩畧三卷附自述百韻詩一卷　（清）黄炳垕撰　清同治九年(1870)刻本　一册

320000－4645－0001794　45－4－3－05
五是堂詩集八卷附行狀一卷　（清）顧王霖撰　清光緒八年(1882)刻本　二册

320000－4645－0001795　45－4－3－06
靜觀書屋詩集七卷首一卷末一卷　（清）章鶴齡撰　清同治十三年(1874)皖城刻本　二册

320000－4645－0001796　45－4－3－07
稼軒長短句十二卷　（宋）辛棄疾撰　清光緒十四年(1888)臨桂王鵬運四印齋刻四印齋所刻詞本　二册

320000－4645－0001797　45－4－3－10
寄曠廬詩集八卷　（清）陳大謨撰　清嘉慶十四年(1809)刻本　四册

320000－4645－0001798　45－4－3－11
餐芍華館詩集八卷蕉心詞一卷　（清）周騰虎撰　清光緒十九年(1893)木活字印本　二册

320000－4645－0001799　45－4－3－12
一家詩詞鈔五卷　（清）滕檍賡輯　清光緒二十六年(1900)刻本　一册

320000－4645－0001800　45－4－3－13
潛莊文鈔六卷　（清）卜起元撰　清光緒五年(1879)刻本　二册

320000－4645－0001801　45－4－3－14
潛莊文鈔六卷　（清）卜起元撰　清光緒五年(1879)刻本　二册

320000－4645－0001802　45－4－3－15
眞松閣詞六卷　（清）楊夔生撰　清光緒元年(1875)心禪室刻本　二册

320000－4645－0001803　45－4－3－16
頤壽老人年譜二卷　（清）錢寶琛撰　（清）錢鼎銘　（清）錢肅銘補注　清同治八年(1869)刻本　一册

320000－4645－0001804　45－4－3－17
簡緣詩草一卷　（清）彭希洛撰　**瓊樓吟稿一卷**　（清）陶善著　清道光元年(1821)刻本　一册

320000－4645－0001805　45－4－3－18
簡緣詩草一卷　（清）彭希洛撰　**瓊樓吟稿一卷**　（清）陶善著　清道光元年(1821)刻本　一册

320000－4645－0001806　45－4－3－19
青萍軒詩錄一卷　（清）薛福保編　清光緒刻本　一册

320000－4645－0001807　45－4－3－20
邱氏家集一卷文獻私記一卷　（清）邱憲輯　清光緒二十二年(1896)刻本　一册

320000－4645－0001808　45－4－4－01
蘇門山人詩鈔三卷　（清）張符升撰　清乾隆五十六年(1791)刻本　二册

320000－4645－0001809　45－4－4－02
日本紀遊詩二卷　（清）莊介禕撰　清光緒九年(1883)刻本　二册

320000－4645－0001810　45－4－4－03
靜菴遺集　（清）左眉撰　清同治十三年(1874)鉛印本　四册

320000－4645－0001811　45－4－4－05
新綴白裘第一集　題(清)玩花主人編　清刻本　一册

320000－4645－0001812　45－4－4－06
陶廬續憶補詠不分卷　金武祥撰　清光緒三十一年(1905)刻本　一册

320000－4645－0001813　45－4－4－07
春草堂集三十六卷　（清）謝堃撰　清道光二十五年(1845)刻本　十四册　缺十三卷(八至十九、二十八)

320000－4645－0001814　45－5－1－01
三魚堂文集十二卷附錄一卷外集六卷附錄一卷　（清）陸隴其撰　清康熙刻老掃葉山房後

印本　八册

320000－4645－0001815　45－5－1－02
鮚埼亭集三十八卷附全謝山先生經史問答十卷　(清)全祖望撰　清嘉慶九年(1804)姚江借樹山房刻本　十六册

320000－4645－0001816　45－5－1－03
三魚堂文集十二卷附録一卷外集六卷附録一卷　(清)陸隴其撰　清康熙刻老掃葉山房後印本　六册

320000－4645－0001817　45－5－2－04
眉緑樓詞八種　(清)顧文彬撰　清光緒十年(1884)吳下刻本　五册　缺一種一卷(跨鶴吹笙譜一)

320000－4645－0001818　45－5－2－05
眉緑樓詞八種　(清)顧文彬撰　清光緒十年(1884)吳下刻本　一册　存一種一卷(跨鶴吹笙譜一)

320000－4645－0001819　45－5－2－07
眉緑樓詞八種　(清)顧文彬撰　清光緒十年(1884)吳下刻本　一册　存二種二卷(靈岩樵唱一、今雨吟一)

320000－4645－0001820　45－5－2－08
鮚埼亭集三十八卷附全謝山先生經史問答十卷　(清)全祖望撰　清嘉慶九年(1804)姚江借樹山房刻本　十二册

320000－4645－0001821　45－5－2－12
邵子湘全集(青門簏稾十六卷旅稾六卷賸稾八卷)　(清)邵長蘅撰　清康熙刻四十四年(1705)青門草堂彙印本　十一册　缺五卷(青門賸稾六至八、邵氏家録二卷)

320000－4645－0001822　45－5－2－13
璞齋集詩四卷詞一卷　(清)諸可寶撰　清光緒十四年(1888)長洲黄氏木活字印本　二册

320000－4645－0001823　45－5－2－14
坐花書屋詩録二卷　(清)諸鎮撰　**行狀一卷**　清光緒十六年(1890)諸氏刻本　一册

320000－4645－0001824　46－1－1－02
虹橋老屋遺集□□卷　(清)秦緗業撰　清光緒刻本　二册　存二卷(詩一至二)

320000－4645－0001825　46－1－1－03
藝風堂文續集八卷外集一卷　繆荃孫撰　清宣統二年至民國二年(1910－1913)刻本　四册

320000－4645－0001826　46－1－1－04
青門賸稿八卷邵氏家録二卷　(清)邵長蘅撰　清光緒刻本　一册

320000－4645－0001827　46－1－1－07
澹庵詩草一卷浪游草一卷續草一卷清芬小稿一卷　(清)陸澹庵撰　稿本　三册

320000－4645－0001828　46－1－1－08
易畫軒詩録八卷　(清)王學浩撰　清抄本　一册　存四卷(五至八)

320000－4645－0001829　46－1－1－09
邃懷堂全集　(清)袁翼撰　清光緒十三年至十四年(1887－1888)刻本　十六册

320000－4645－0001830　46－1－1－10
邃懷堂全集　(清)袁翼撰　清光緒十三年至十四年(1887－1888)刻本　二册　存四卷(詩集後編一至四)

320000－4645－0001831　46－1－2－01
辯餘集詩鈔一卷詞鈔一卷　(清)周佩蓀撰　清同治刻本　一册

320000－4645－0001832　46－1－2－02
衎石齋記事稿十卷續稿十卷刻楮集四卷旅逸小稿二卷　(清)錢儀吉撰　清光緒六年(1880)嘉興錢氏刻本　十二册

320000－4645－0001833　46－1－2－04
芙蓉山館全集　(清)楊芳燦撰　清光緒十七年(1891)劉繼增木活字印本　八册

320000－4645－0001834　46－1－3－01
蝸隱廬詩鈔二卷　(清)汪貢撰　清光緒三十四年(1908)鉛印本　一册

320000－4645－0001835　46－1－3－02
蝸隱廬詩鈔二卷　(清)汪貢撰　清光緒三十

四年(1908)鉛印本　一冊

320000－4645－0001836　46－1－3－05
三省樓賸稿一卷　(清)張婉撰　清光緒三十三年(1907)鉛印本　一冊

320000－4645－0001837　46－1－3－06
滄江紅雨樓詩集一卷　(清)陶宗亮撰　清光緒十二年(1886)刻本　一冊

320000－4645－0001838　46－1－3－07
杏香廬詩稿二卷　(清)繆兆禧撰　清光緒六年(1880)刻本　一冊

320000－4645－0001839　46－1－3－08
柳村圖題詠一卷雲溪停櫂圖一卷山涇觀釣圖一卷思樂重賡一卷　繆岐編　清末民國間常熟開文社鉛印本　一冊

320000－4645－0001840　46－1－3－09
寶雲山館詩稿一卷　(清)畢長豫撰　清宣統三年(1911)刻本　一冊

320000－4645－0001841　46－1－3－10
寶雲山館詩稿一卷　(清)畢長豫撰　清宣統三年(1911)刻本　一冊

320000－4645－0001842　46－1－3－12
存素堂詩稿四卷　(清)錢寶琛撰　清刻本　一冊

320000－4645－0001843　46－1－3－13
古春軒詩鈔二卷　(清)梁德繩撰　清咸豐二年(1852)鳳城刻本　一冊

320000－4645－0001844　46－1－3－14
存素堂詩稿十三卷文稿四卷補遺一卷　(清)錢寶琛撰　清同治七年(1868)刻本　四冊

320000－4645－0001845　46－1－3－15
存素堂詩稿十三卷文稿四卷補遺一卷　(清)錢寶琛撰　清同治七年(1868)刻本　二冊　存四卷(文稿四卷)

320000－4645－0001846　46－1－3－16
存素堂詩稿十三卷文稿四卷補遺一卷年譜一卷　(清)錢寶琛撰　清同治七年(1868)刻本　五冊

320000－4645－0001847　46－1－3－17
存素堂詩稿十四卷文稿四卷補遺一卷　(清)錢寶琛撰　清同治七年(1868)刻增修本　四冊

320000－4645－0001848　46－1－3－18
阮盦筆記五種　況周儀撰　清光緒三十三年(1907)金陵刻本　六冊

320000－4645－0001849　46－1－4－01
嚴侯官先生全集十二卷首一卷　嚴復撰　清光緒二十九年(1903)石印本　十二冊

320000－4645－0001850　46－1－4－02
選樓集句二卷首一卷　(清)許祥光撰　清道光二十年(1840)刻本　一冊

320000－4645－0001851　46－1－4－06
荃石居類鈔九卷　(清)吳頡鴻撰　清光緒十六年(1890)浙江赤來山莊刻本　二冊

320000－4645－0001852　46－1－4－07
虛一齋集五卷　(清)莊培因撰　清光緒九年(1883)刻本　二冊

320000－4645－0001853　46－1－4－08
虛一齋集五卷　(清)莊培因撰　清光緒九年(1883)刻本　二冊

320000－4645－0001854　46－1－4－10
劍霜龕吟稿四卷鴻影樓詩記一卷補遺一卷　(清)秦寶鑑撰　清宣統元年(1909)鉛印本　一冊

320000－4645－0001855　46－1－4－11
學詁齋文集二卷　(清)薛壽撰　清光緒六年(1880)治城山館刻本　一冊

320000－4645－0001856　46－1－4－12
梅花山館詩鈔一卷　(清)徐光發撰　清光緒三十一年(1905)鐵沙徐氏怡安堂石印本　一冊

320000－4645－0001857　46－1－4－16
妙蓮花室詩草三卷　(清)王增年撰　清同治二年(1863)刻本　一冊

320000－4645－0001858　46－1－4－17

小鷗波館詩鈔十卷詞鈔一卷 (清)潘曾瑩撰 清道光二十五年(1845)刻本 一册

320000－4645－0001859 46－1－4－18
津門徵獻詩八卷 (清)華鼎元撰 清光緒十二年(1886)俞樾刻本 四册

320000－4645－0001860 46－1－4－19
芸香館遺詩二卷 (清)那遜蘭保撰 清同治十三年(1874)刻本 一册

320000－4645－0001861 46－1－4－20
欝華閣遺集四卷 (清)盛昱撰 清光緒三十四年(1908)武昌留垣刻本 一册

320000－4645－0001862 46－2－1－01
酌雅堂駢體文集不分卷 (清)徐壽基撰 清光緒五年(1879)桓臺官舍刻本 二册

320000－4645－0001863 46－2－1－05
孫宗伯集尺牘一卷 (明)孫繼皋撰 清光緒二十八年(1902)無錫孫氏木活字印本 一册

320000－4645－0001864 46－2－1－06
稻香樓試帖二卷 (清)程琰撰 清乾隆三十三年(1768)刻本 一册

320000－4645－0001865 46－2－1－07
留讀齋詩集六卷末一卷 (清)宣昌緒撰 清宣統元年(1909)木活字印本 二册

320000－4645－0001866 46－2－1－11
壽閒齋吟草八卷 (清)朱葵之撰 清光緒十年(1884)刻本 二册

320000－4645－0001867 46－2－1－12
歸樸龕叢稿十二卷續編四卷 (清)彭蘊章撰 清道光二十八年(1848)刻本 四册

320000－4645－0001868 46－2－1－13
芝庭先生集十八卷附録一卷 (清)彭啟豐撰 (清)汪元亮等編 清光緒二年(1876)刻本 六册

320000－4645－0001869 46－2－1－14
師矩齋詩録三卷 (清)彭翰孫撰 **寫韻樓詩草一卷詞草一卷** (清)吳清蕙撰 **意蘭吟賸一卷** (清)吳毓蓀撰 清光緒十七年(1891)刻本 二册

320000－4645－0001870 46－2－1－15
存素堂集續編奏疏四卷 (清)錢寶琛撰 清光緒六年(1880)刻本 四册

320000－4645－0001871 46－2－1－16
存素堂集續編奏疏四卷 (清)錢寶琛撰 清光緒六年(1880)刻本 四册

320000－4645－0001872 46－2－1－17
存素堂集詩稿十四卷文稿四卷補遺一卷 (清)錢寶琛撰 清同治七年(1868)刻本 四册

320000－4645－0001873 46－2－2－01
蘭藻堂詩集三卷 (清)周僖撰 清抄本 一册

320000－4645－0001874 46－2－2－02
浣玉軒集四卷 (清)夏敬渠撰 清光緒十六年(1890)刻本 二册

320000－4645－0001875 46－2－2－04
清暉閣贈貽尺牘二卷 (清)王翬撰 清宣統三年(1911)順德鄧氏鉛印本 一册

320000－4645－0001876 46－2－2－05
雲逗樓集不分卷 (清)楊度汪撰 清乾隆刻光緒六年(1880)增刻本 二册

320000－4645－0001877 46－2－2－06
虞東先生文録八卷 (清)顧鎮撰 (清)趙允懷編 清道光十九年(1839)刻本 二册

320000－4645－0001878 46－2－2－07
約園詞稿十卷 (清)趙起撰 清光緒二十六年(1900)春靄堂刻本 一册 存五卷(一至五)

320000－4645－0001879 46－2－2－08
蜨喜齋試律一卷 (清)宜振撰 清光緒十年(1884)刻本 一册

320000－4645－0001880 46－2－2－09
思誤齋詩鈔二卷詩餘一卷 (清)章簡撰 清光緒二十六年(1900)刻本 一册

320000－4645－0001881　46－2－2－10
虚白舫詩續刻一卷文鈔續刻一卷　(清)滕橦膚撰　清光緒三十三年(1907)刻本　一册

320000－4645－0001882　46－2－2－11
綠梅影樓圖詩存一卷詞存一卷填詞圖題詞一卷　(清)顧翎撰　清光緒十四年(1888)刻本　二册

320000－4645－0001883　46－2－2－12
綠梅影樓圖詩存一卷詞存一卷填詞圖題詞一卷　(清)顧翎撰　清光緒十四年(1888)刻本　一册

320000－4645－0001884　46－2－2－13
桴亭詩集□□卷詩餘一卷　(清)陸世儀撰　清廿五匱書齋抄本　二册　存六卷(桴亭詩集七、九至十二,詩餘一卷)

320000－4645－0001885　46－2－2－14
炳燭齋文集初刻一卷　(清)顧大韶撰　清宣統元年(1909)上海國學扶輪社鉛印本　一册

320000－4645－0001886　46－2－2－15
城西草堂詩集四卷　(清)秦緗武撰　清咸豐八年(1858)錫山秦氏刻本　一册

320000－4645－0001887　46－2－2－16
鐵網珊瑚二十卷　(明)都穆撰　清乾隆二十三年(1758)都肇斌刻本　四册

320000－4645－0001888　46－2－2－17
竢實齋文稿二卷　(清)秦寶璣撰　清光緒十四年(1888)合肥張雲霖刻本　一册

320000－4645－0001889　46－2－2－18
善卷堂四六十卷　(清)陸繁弨撰　(清)吳自高注　清乾隆三十五年(1770)陳明善刻本　四册

320000－4645－0001890　46－2－2－19
檉華館試帖彙鈔輯注十卷　(清)路德撰　清末京都琉璃廠刻本　四册

320000－4645－0001891　46－2－2－20
樂志堂文集十八卷　(清)譚瑩撰　清咸豐九年(1859)吏隱園刻本　六册

320000－4645－0001892　46－2－3－01
擇言尤雅錄不分卷　(清)袁祖志撰　清光緒二年(1876)刻本　一册

320000－4645－0001893　46－2－3－02
凝香室鴻雪因緣圖記三集　(清)麟慶撰　清光緒十二年(1886)上海同文書局石印本　三册

320000－4645－0001894　46－2－3－03
古今詩話探奇二卷　(清)蔣鳴珂輯　清乾隆刻本　二册

320000－4645－0001895　46－2－3－06
閑吟處詩鈔六卷　(清)華文桂撰　清道光十五年(1835)刻本　二册

320000－4645－0001896　46－2－3－07
松風閣詩鈔十二卷　(清)彭蘊章撰　清道光二十六年(1846)刻本　四册

320000－4645－0001897　46－2－3－08
題蕉館集八卷　(清)周賡盛撰　清道光二十九年(1849)崇儉堂刻本　二册

320000－4645－0001898　46－2－3－09
趙恭毅公剩藁八卷　(清)趙申喬撰　(清)趙侗斆編　**趙裘萼公剩藁四卷**　(清)趙熊詔撰　(清)趙侗斆編　清乾隆二年(1737)趙侗斆刻五十七年(1792)趙懷玉重修本　四册

320000－4645－0001899　46－2－3－10
青門旅藁六卷　(清)邵長蘅撰　清刻本　一册

320000－4645－0001900　46－2－3－11
測海集六卷　(清)彭紹升輯　清同治四年(1865)刻本　二册

320000－4645－0001901　46－2－3－12
俟後編六卷末一卷　(明)王敬臣撰　清光緒元年(1875)刻本　一册

320000－4645－0001902　46－2－4－03
綠秋吟館詩集二卷　(清)沈景賢撰　清宣統二年(1910)中國圖書公司鉛印本　一册

320000－4645－0001903　46－2－4－04

拙存居詩稿一卷 （清）金聞鶴撰 清同治十年（1871）金氏刻本 一冊

320000－4645－0001904 46－2－4－05
夢萱室詩存一卷 （清）汪志韶撰 （清）汪子偉輯 清宣統元年（1909）鉛印本 一冊

320000－4645－0001905 46－2－4－06
霜傑齋詩二卷 （清）秦寶璣撰 清光緒十二年（1886）刻本 一冊

320000－4645－0001906 46－2－4－07
青萍軒文錄二卷詩錄一卷 （清）薛福保撰 清光緒八年（1882）刻本 一冊

320000－4645－0001907 46－2－4－08
嘯霞漫稿三卷 （清）華嶽撰 清光緒九年（1883）張蔭枚刻本 一冊

320000－4645－0001908 46－2－4－09
蔚子詩集二卷 （清）趙森撰 清光緒九年（1883）木活字印本 一冊

320000－4645－0001909 46－2－4－10
齊莊中正堂集試帖八卷 （清）殷兆鏞撰 清光緒二年（1876）吳江殷氏刻本 一冊

320000－4645－0001910 46－2－4－12
集益齋稿三卷首一卷末一卷 （清）王廣蔭撰 清咸豐刻本 二冊

320000－4645－0001911 46－2－4－13
退耕吴越集一卷 （清）釋濟祚撰 清康熙退耕草堂刻本 一冊

320000－4645－0001912 46－2－4－14
大雲山房文稿二集四卷 （清）惲敬撰 清光緒十四年（1888）官書處刻本 四冊

320000－4645－0001913 46－2－4－16
百末詞五卷詞餘一卷 （清）尤侗撰 清末刻本 二冊

320000－4645－0001914 46－2－4－18
測海集六卷 （清）彭紹升輯 清光緒二年（1876）成都刻本 二冊

320000－4645－0001915 46－2－4－19
欝華閣遺集四卷 （清）盛昱撰 清末石印本 一冊

320000－4645－0001916 46－2－4－25
大小雅堂詩集四卷附冰蠶詞一卷 （清）承齡撰 清光緒十八年（1892）刻本 二冊

320000－4645－0001917 46－2－5－04
觀河集四卷 （清）彭紹升撰 清光緒四年（1878）刻本 一冊

320000－4645－0001918 46－2－5－05
窺豹集二卷 （清）蔣超伯撰 清同治三年至六年（1864－1867）高涼郡齋刻本 一冊

320000－4645－0001919 46－2－5－14
寒松堂全集十二卷 （清）魏象樞撰 清康熙四十七年（1708）刻本 十二冊

320000－4645－0001920 46－3－1－03
梅花簪一卷 （清）張漱石撰 **桃花聖解盦樂府二種二卷** （清）李慈銘撰 清刻本 一冊

320000－4645－0001921 46－3－1－16
咄咄吟二卷 （清）貝青喬撰 清光緒元年（1875）不懼無悶齋刻本 一冊

320000－4645－0001922 46－3－1－17
高等學堂國文講義二卷 唐文治編纂 清宣統元年（1909）上海文明書局鉛印本 二冊

320000－4645－0001923 46－3－1－18
文心雕龍十卷 （南朝梁）劉勰撰 （明）楊慎批點 （清）張松孫輯注 清道光二十二年（1842）讀味齋刻本 四冊

320000－4645－0001924 46－3－1－19
唐音癸籤三十三卷 （明）胡震亨撰 清順治十五年（1658）雙與樓刻本 六冊

320000－4645－0001925 46－3－2－01
靈芝仙館詩鈔十二卷附捲秋亭詞二卷 （清）胡念修撰 清光緒二十七年（1901）刻鵠齋刻本 四冊

320000－4645－0001926 46－3－2－03
蘇鄰遺詩續集一卷 （清）李鴻裔撰 清光緒十七年（1891）中江李氏石印本 一冊

320000－4645－0001927　46－3－2－05
蘊真居詩集六卷詩餘一卷　（清）陸學欽撰　清光緒十三年（1887）刻本　一册

320000－4645－0001928　46－3－2－06
孫宗伯集尺牘一卷　（明）孫繼皐撰　清光緒二十八年（1902）無錫孫氏木活字印本　一册

320000－4645－0001929　46－3－2－11
夢湘樓梓餘草一卷桐葉吟一卷蔗根詞一卷　（清）宗婉撰　清光緒九年（1883）刻本　一册

320000－4645－0001930　46－3－2－13
東頭竹篠齋詩鈔二卷　（清）陸壽朋撰　清光緒二十四年（1898）刻本　一册

320000－4645－0001931　46－3－2－14
篤素堂集鈔三卷　（清）張英撰　清光緒十四年（1888）蔣氏求實齋刻本　一册

320000－4645－0001932　46－3－2－15
制藝叢話二十四卷　（清）梁章鉅撰　清咸豐知足知不足齋刻本　八册

320000－4645－0001933　46－3－2－16
翁松禪手札不分卷　（清）翁同龢撰　清宣統石印本　九册

320000－4645－0001934　46－3－3－02
雙雲堂文稿六卷　（清）范光陽撰　清康熙四十六年（1707）刻鄭雲堂集本　二册

320000－4645－0001935　46－3－3－03
霜傑齋詩二卷霜傑齋詩補遺一卷　（清）秦寶璣撰　清光緒十二年（1886）刻本　一册

320000－4645－0001936　46－3－3－04
勤餘文牘續編二卷　（清）陳錦撰　清光緒十年（1884）山陰陳氏橘蔭軒刻本　二册

320000－4645－0001937　46－3－3－05
紅韻閣遺稿一卷　（清）闞壽坤撰　清光緒五年（1879）金閶刻本　一册

320000－4645－0001938　46－3－3－10
方氏遺書目錄一卷　（清）方賓殷等輯　清刻本　一册

320000－4645－0001939　46－3－3－11
滄粟庵詩鈔二卷　（清）葉圭書撰　清同治二年（1863）刻本　一册

320000－4645－0001940　46－3－3－12
精刊定盦全集樣本　（清）龔自珍撰　清末鉛印本　一册　存一卷（文集上）

320000－4645－0001941　46－3－3－13
卷施閣詩二十卷　（清）洪亮吉撰　清乾隆五十九年（1794）刻本　一册　存三卷（一至三）

320000－4645－0001942　46－3－3－14
廉泉詩鈔四卷　（清）范仕義撰　清道光二十二年（1842）陳氏友石居刻本　二册

320000－4645－0001943　46－3－3－17
拜石山房詞鈔四卷　（清）顧翰撰　清光緒二年（1876）刻本　一册

320000－4645－0001944　46－3－4－01
湘綺樓文集八卷詩集十四卷箋啓八卷　王闓運撰　清宣統二年（1910）上海國學扶輪社石印本　十二册

320000－4645－0001945　46－3－4－02
儀鄭堂駢儷文三卷　（清）孔廣森撰　**卷施閣文乙集八卷續編一卷更生齋文乙集四卷**　（清）洪亮吉撰　清光緒二十二年（1896）善化章氏經濟堂刻本　十册

320000－4645－0001946　46－3－4－04
回中集一卷　（清）宋犖撰　（清）王士禛評　**聯句詩一卷**　（清）宋犖輯　清康熙刻本　一册

320000－4645－0001947　46－3－5－15
石梁詩鈔八卷　（清）胡寯年撰　清曙戒書屋刻本　二册

320000－4645－0001948　46－3－5－16
浚儀世集六卷外集一卷　（清）趙希文輯　清光緒二十四年（1898）常熟趙氏承啟堂刻本　四册

320000－4645－0001949　46－3－5－17
凝翠樓集四卷　（清）王慧撰　清康熙四十七

年(1708)常熟朱氏銀槎閣刻光緒二十三年(1897)朱壽慈印本　一册

320000－4645－0001950　46－3－5－18
諸華香處詩集十三卷　(清)邱璋撰　清嘉慶二十年(1815)刻本　一册　存二卷(一至二)

320000－4645－0001951　46－3－5－19
文心雕龍十卷　(南朝梁)劉勰撰　(清)黄叔琳注　(清)紀昀評　清道光十三年(1833)两廣節署刻朱墨套印本　二册

320000－4645－0001952　46－4－2－01
讀書作文譜十二卷父師善誘法二卷　(清)唐彪輯撰　清康熙刻本　三册

320000－4645－0001953　46－4－2－03
時敏堂詩鈔一卷　(清)朱儀訓撰　清光緒刻本　一册

320000－4645－0001954　46－4－2－04
甌北詩鈔二十卷　(清)趙翼撰　清乾隆湛貽堂刻本　八册

320000－4645－0001955　46－4－2－05
吴會英才集二十四卷　(清)畢沅輯　清刻本　四册

320000－4645－0001956　46－4－2－06
眉山詩案廣證六卷　(清)張鑑撰　清光緒十年(1884)江蘇書局刻本　二册

320000－4645－0001957　46－4－2－08
高陶堂遺集　(清)高心夔撰　清光緒八年(1882)平湖朱氏經注經齋刻本　四册

320000－4645－0001958　46－4－3－05
補學軒制藝四卷制藝雜話一卷　(清)鄭獻甫撰　清同治十年(1871)黔南臬署刻本　六册

320000－4645－0001959　46－4－3－06
漪香山館文集一卷　吴曾祺撰　清宣統二年(1910)上海商務印書館鉛印本　一册

320000－4645－0001960　46－4－3－07
畿輔河道水利叢書八種附一種　(清)吴邦慶輯　清道光四年(1824)益津吴邦慶刻本　四册　存六種六卷(直隸河渠志一卷、陳學士文鈔一卷、水利營田圖説一卷、畿輔水利輯覽一卷、直隸水道管見一卷、直隸水利私議一卷)

320000－4645－0001961　46－4－3－08
閣學公詩稿拾遺一卷雪鴻吟社詩鍾二卷聯語錄存一卷　(清)袁保齡撰　清宣統三年(1911)項城袁氏清芬閣鉛印本　一册

320000－4645－0001962　46－4－3－09
寒松晚翠堂詩三卷外集一卷　(清)張元度撰　清光緒十七年(1891)刻本　一册

320000－4645－0001963　46－4－3－10
静遠堂集三卷首一卷　(清)陳壽熊撰　清光緒十八年(1892)蘇州五畝園刻本　二册

320000－4645－0001964　46－4－3－11
騰嘯軒詩鈔三十八卷首一卷　(清)陳熙撰　清嘉慶刻道光二年(1822)騰嘯軒增修本　八册

320000－4645－0001965　46－4－3－12
瑞芍軒詩鈔四卷詞稿一卷　(清)許乃穀撰　清同治七年(1868)仁和許氏刻本　二册

320000－4645－0001966　46－4－3－13
尊小學齋詩餘一卷　(清)余治撰　**年譜一卷**　(清)吴師澄編　清光緒刻本　一册

320000－4645－0001967　46－4－3－14
學圃詩稿一卷詞賸一卷　(清)鄭德璜撰　清光緒二十六年(1900)遺經樓刻本　一册

320000－4645－0001968　46－4－3－15
附鮚軒詩八卷　(清)洪亮吉撰　清乾隆六十年(1795)刻本　二册

320000－4645－0001969　46－4－4－01
定盦文集補編四卷　(清)龔自珍撰　清光緒十二年(1886)刻本　二册

320000－4645－0001970　46－4－4－02
春秋詠事詩三卷首一卷　(清)楊錞撰　清慶譽堂刻本　一册

320000－4645－0001971　46－4－4－03
靈素堂集駢體文一卷詩鈔四卷　(清)徐錦撰　清光緒十一年(1885)刻本　一册

320000 -4645 -0001972　46 -4 -4 -04
養泉齋試體詩二卷　(清)汪彥博撰　清刻本　一册

320000 -4645 -0001973　46 -4 -4 -05
常州賦不分卷　(清)褚邦慶輯注　清光緒四年(1878)刻本　一册

320000 -4645 -0001974　46 -4 -4 -06
古靈先生文集二十五卷　(宋)陳襄撰　清抄本　三册　存二十一卷(五至二十五)

320000 -4645 -0001975　46 -4 -4 -07
定盦文集三卷續集四卷　(清)龔自珍撰　清同治七年(1868)刻本　四册

320000 -4645 -0001976　46 -4 -4 -08
徹香堂經史論一卷　(清)鄒福保撰　清宣統元年(1909)江蘇存古學堂鉛印本　一册

320000 -4645 -0001977　46 -4 -4 -11
翠巖詩文集一卷　(清)傅鈺撰　清光緒二十二年(1896)嘉定高漱芳齋刻本　一册

320000 -4645 -0001978　46 -4 -4 -12
犢山詩稿四卷　(清)周鎬撰　清光緒十年(1884)木活字印本　二册

320000 -4645 -0001979　46 -4 -4 -13
石船居古今體詩賸稾十二卷　(清)李超瓊撰　清光緒刻本　二册　存三卷(鴻城集一至三)

320000 -4645 -0001980　46 -4 -4 -14
俞曲園尺牘不分卷　(清)俞樾撰　清末上海錦文堂石印本　一册

320000 -4645 -0001981　46 -4 -4 -16
志寧堂稿一卷　(清)徐文靖撰　清乾隆二年(1737)志寧堂刻光緒二年(1876)鍾良駿等補刻徐位山六種本　一册

320000 -4645 -0001982　46 -4 -4 -17
陳定生先生遺書三種　(清)陳貞慧撰　清光緒陳氏清芬草堂刻本　一册

320000 -4645 -0001983　46 -5 -1 -01
衲蘇集二卷　(清)何栻撰　清同治元年(1862)章門刻本　二册

320000 -4645 -0001984　46 -5 -1 -04
校經齋試帖二卷　(清)丁培耘撰　清同治十年(1871)刻本　二册

320000 -4645 -0001985　46 -5 -1 -05
東園詩鈔十二卷　(清)淩泰封撰　清光緒十六年(1890)刻本　二册

320000 -4645 -0001986　46 -5 -1 -06
遣愁山房遺稿一卷　(清)顧匡籌撰　清同治刻本　一册

320000 -4645 -0001987　46 -5 -1 -08
濂亭文集八卷　(清)張裕釗撰　清光緒八年(1882)海寧查氏木漸齋刻本　二册

320000 -4645 -0001988　46 -5 -1 -09
受恒受漸齋集十二卷　(清)沈曰富撰　清光緒十三年(1887)刻本　四册

320000 -4645 -0001989　46 -5 -2 -03
芬蘭書屋試律一卷芬蘭書屋律賦一卷　(清)吴慶增撰　清光緒七年(1881)常熟朱氏刻本　一册

320000 -4645 -0001990　46 -5 -2 -04
悔翁詩鈔十五卷補遺一卷詩餘五卷筆記六卷　(清)汪士鐸撰　清光緒九年至十年(1883 -1884)合肥張氏味古齋刻本　七册

320000 -4645 -0001991　46 -5 -2 -05
學聚堂初稿六卷　(清)姚祖泰等撰　清光緒二十四年(1898)木活字印本　二册

320000 -4645 -0001992　46 -5 -2 -09
淳則齋駢體文一卷　(清)洪德方撰　清光緒五年(1879)授經堂刻本　一册

320000 -4645 -0001993　46 -5 -2 -11
榆園雜興詩一卷　(清)袁振業撰　清光緒春藻堂刻本　一册

320000 -4645 -0001994　46 -5 -2 -13
時敏堂詩鈔一卷　(清)朱儀訓撰　清光緒刻本　一册

320000－4645－0001995　46－5－2－14
潢緑山房試帖駢題□□卷　(清)李廷鉽撰　清咸豐刻本　一册　存二卷(一至二)

320000－4645－0001996　46－5－2－19
協律鉤元四卷外集一卷　(唐)李賀撰　(清)陳本禮箋注　清嘉慶十三年(1808)刻本　一册　存三卷(協律鉤元三至四、外集一卷)

320000－4645－0001997　46－5－3－10
梅村文集二十卷　(清)吳偉業撰　清宣統二年(1910)上海國光印刷所鉛印風雨樓叢書本　四册

320000－4645－0001998　46－5－3－11
養默室寶瓠集前編二卷後編二卷附編一卷續編一卷　(清)葉長齡撰　清光緒十五年(1889)刻本　二册

320000－4645－0001999　46－5－3－14
趙恭毅公剩藁八卷　(清)趙申喬撰　(清)趙侗斆編　**趙裘萼公剩稿四卷**　(清)趙熊詔撰　(清)趙侗斆編　清乾隆二年(1737)趙侗斆刻五十七年(1792)趙懷玉重修本　四册

320000－4645－0002000　46－5－3－15
寄春吟一卷　(清)劉汝謩撰　清光緒三年(1877)刻本　一册

320000－4645－0002001　46－5－3－16
南歸日記一卷　(清)劉瀚撰　清光緒二十八年(1902)刻本　一册

320000－4645－0002002　46－5－4－01
一鐙精舍甲部稿五卷　(清)何秋濤撰　清光緒五年(1879)淮南書局刻本　二册

320000－4645－0002003　46－5－4－02
蘇詩查注補正四卷　(清)沈欽韓撰　清抄本　二册

320000－4645－0002004　46－5－4－03
带經堂詩話三十卷首一卷　(清)王士禛撰　(清)張宗柟輯　清乾隆二十七年(1762)刻五十四年(1789)增刻本　六册

320000－4645－0002005　46－5－4－04
藝風堂文集七卷外篇一卷　繆荃孫撰　清光緒二十七年(1901)刻本　四册

320000－4645－0002006　46－5－4－06
句溪雜箸二卷　(清)陳立撰　清道光二十三年(1843)刻本　二册

320000－4645－0002007　46－5－5－01
天方詩經不分卷　(清)馬安禮撰　清光緒十六年(1890)馬如龍刻本　三册

320000－4645－0002008　46－5－5－05
還山卧月軒詞一卷　(清)許巨楫撰　清光緒三十一年(1905)鉛印本　一册

320000－4645－0002009　46－5－5－10
陶子師先生集四卷首一卷　(清)陶元淳撰　清光緒七年(1881)貴池縣署刻本　一册

320000－4645－0002010　46－5－5－13
也儂遺稿四卷　(清)王慶善撰　清光緒二十八年(1902)木活字印本　四册

320000－4645－0002011　46－5－5－14
徐石渠文鈔四卷　(清)徐校撰　清道光十二年(1832)刻本　二册

320000－4645－0002012　46－5－5－16
學文堂詩集五卷詩餘三卷　(清)陳玉璂撰　清光緒二十三年(1897)刻常州先哲遺書本　三册

320000－4645－0002013　46－5－5－17
三墳金玉三卷墳易一貫表集説一卷　(清)錢鉞撰　清乾隆六十年(1795)刻本　一册

320000－4645－0002014　47－1－1－28
正誼堂全書六十三種續刻五種　(清)張伯行輯　清同治五年(1866)福州正誼書院刻本　一百十三册　缺二十卷(一、二十一至二十六、三十、三十三、三十八至三十九、五十四、一百三、一百九至一百十二、一百十八、一百二十四至一百二十五)

320000－4645－0002015　47－2－1－01
津逮秘書　(明)毛晉編　明崇禎虞山毛氏汲古閣刻本　六十七册　存三十五種一百五十

五卷(第一集:詩序辨説一卷、詩傳孔氏傳一卷、詩説一卷、詩外傳十卷、毛詩草木鳥獸蟲魚疏廣要四卷、詩攷一卷、詩地理攷六卷、爾雅三卷;第二集:京氏易傳三卷、關氏易傳一卷、焦氏易林四卷、元包數總義二卷;第三集:通鑑問疑一卷、漢制攷四卷;第四集:古文參同契集解三卷、箋註集解三卷、三相類集解二卷,五木經一卷,女孝經一卷,黄帝宅經二卷,墨經一卷,黄帝授三子玄女經一卷;第六集:法書要錄十卷、廣川書跋十卷;第八集:芥隱筆記一卷、西溪叢語二卷、益部方物畧記一卷、桯史十五卷;第九集:酉陽雜俎二十卷、續集十卷;第十集:洛陽名園記一卷、靈寶真靈位業圖一卷、唐國史補三卷;第十四集:樂府古題要解二卷,癸辛雜識前集一卷、後集一卷、續集二卷、别集二卷,揮麈前錄四卷、後錄十一卷、三錄三卷;第十五集:避暑錄話二卷、錦帶書一卷)

320000－4645－0002016　47－2－3－02
毛詩草木鳥獸蟲魚疏廣要四卷　(唐)陸璣撰　**詩地理攷六卷**　(宋)王應麟撰　明崇禎虞山毛氏汲古閣刻津逮祕書本　清趙烈文題　六冊

320000－4645－0002017　47－2－4－01
增訂漢魏叢書　(清)王謨輯　(清)黄元壽增輯　清光緒二十一年(1895)石印本　十六冊

320000－4645－0002018　47－2－4－03
昭代叢書　(清)張潮　(清)張漸輯　(清)楊復吉　(清)沈楙德續輯　清道光吴江沈氏世楷堂刻本　七冊　存二十二卷(甲集補一至三、九至十二;戊集九至十三、十七至十九、三十四至三十五,戊集補一至五)

320000－4645－0002019　47－3－1－01
雅雨堂叢書　(清)盧見曾編　清乾隆二十一年(1756)德州盧氏雅雨堂刻本　二十四冊

320000－4645－0002020　47－3－2－01
雅雨堂叢書　(清)盧見曾編　清乾隆二十一年(1756)德州盧氏雅雨堂刻本　三十二冊　缺三種五十六卷(易傳一至十、大戴禮記十三卷、戰國策三十三卷)

320000－4645－0002021　47－3－3－01
微波榭叢書　(清)孔繼涵編　清乾隆曲阜孔氏刻匯印本　十三冊　存十一種三十九卷(戴氏遺書:東原文集十卷,聲韻攷四卷,聲類表九卷、首一卷,原善三卷,原象一卷,春秋地名一卷,春秋長歷一卷,春秋金鎖匙一卷,國語補音三卷,五經文字三卷、附五經文字疑一卷,新加九經字樣一卷)

320000－4645－0002022　47－3－3－02
檀几叢書五十卷　(清)王晫　(清)張潮編　清康熙三十四年(1695)新安張氏霞舉堂刻本　八冊

320000－4645－0002023　47－4－1－01
古香齋袖珍十種　清同治、光緒間南海孔氏刻本　三百三十冊

320000－4645－0002024　47－5－3－01
説鈴　(清)吳震方輯　清道光五年(1825)聚秀堂刻本　三十二冊

320000－4645－0002025　47－5－4－02
樂記一卷　(清)任兆麟章句　清嘉慶十五年(1810)遂古堂刻本　一冊

320000－4645－0002026　48－1－1－01
讀畫齋叢書　(清)顧修輯　清嘉慶四年(1799)桐川顧氏刻本　六十四冊

320000－4645－0002027　48－1－2－01
經訓堂叢書　(清)畢沅輯　清乾隆畢氏刻本　二十二冊　存十種九十五卷[晏子春秋七卷、附音義二卷,吕氏春秋二十六卷,釋名疏證八卷、補遺一卷、續釋名一卷(正字本),釋名疏證八卷、補遺一卷、續釋名一卷(篆字本),晉太康三年地記一卷,王隱晉書地道記一卷,晉書地理志新補正五卷,長安志二十卷,關中金石記八卷,中州金石記五卷]

320000－4645－0002028　48－1－2－02
學津討原　(清)張海鵬輯　清嘉慶十年(1805)虞山張氏照曠閣刻本　三十四冊　存十六種一百三十卷(第四集:爾雅鄭註三卷,

急就篇四卷、正文一卷,九經補韻一卷;第六集:大唐創業起居註三卷,西使記一卷,燕翼貽謀錄五卷,綏寇紀畧十二卷、補遺三卷;第十集:紀效新書十八卷、首一卷;第十二集:忠經一卷、鶡冠子三卷;第十六集:搜神記二十卷、搜神後記十卷;第十八集:揮麈前錄四卷、後錄十一卷、三錄三卷、餘話二卷,玉照新志五卷;第十九集:桯史十五卷、附錄一卷,蒙求正文一卷、集註二卷)

320000－4645－0002029　48－1－2－02－01
學津討原　(清)張海鵬輯　清嘉慶十年(1805)虞山張氏照曠閣刻本　三冊　存二種八卷(第六集:燕翼貽謀錄五卷,第十九集:蒙求正文一卷、集註二卷)

320000－4645－0002030　48－2－1－01
澤古齋重鈔　(清)陳璜輯　清道光四年(1824)上海陳氏刻本　九十六冊

320000－4645－0002031　48－2－3－01
湖海樓叢書　(清)陳春輯　清嘉慶蕭山陳氏湖海樓刻本　二十一冊　存十種五十八卷(論語類考十六至二十;孟子雜記一至二;列子五至八、附列子冲虛至德真經釋文二卷;尸子尹文子合刻:尸子二卷、存疑一卷,尹文子一卷;潛夫論十卷;學林三至十;卮林十卷、補遺一卷;訂譌雜錄十卷;龍筋鳳髓判一;會稽三賦一卷)

320000－4645－0002032　48－2－3－02
湖海樓叢書　(清)陳春輯　清嘉慶蕭山陳氏湖海樓刻本　十九冊　存六種五十九卷(論語類考二十卷,潛夫論七至十,學林十卷,卮林十卷、補遺一卷,永嘉先生八面鋒十三卷,會稽三賦一卷)

320000－4645－0002033　48－2－3－02－01
龍筋鳳髓判四卷　(唐)張鷟撰　(明)劉允鵬注　(清)陳春補正　清嘉慶十六年(1811)陳春湖海樓刻本　四冊

320000－4645－0002034　48－2－4－01
平津館叢書　(清)孫星衍輯　清光緒十年至十五年(1884－1889)吳縣朱氏槐廬家塾刻本　五十冊　存三十八種二百六十五卷(六韜六卷、附逸文一卷,魏武帝註孫子三卷,吴子二卷,司馬灋三卷,尸子二卷,燕丹子三卷,牟子一卷,黄帝五書:黄帝龍首經二卷、黄帝金匱玉衡經一卷、黄帝授三子玄女經一卷、廣黄帝本行記一卷、軒轅黄帝傳一卷,漢禮器制度一卷,漢官一卷,漢官解詁一卷,漢書儀二卷、附補遺二卷,漢官儀二卷,漢官典職儀式選用一卷,漢儀一卷,魏三體石經遺字考一卷,琴操二卷、附補遺一卷,穆天子傳六卷、附錄一卷,竹書紀年二卷,物理論一卷,譙周古史考一卷,建立伏傳士始末二卷,華氏中藏經三卷,素女方一卷,祕授清寧丸方一卷,千金寶要六卷,寰宇訪碑錄十二卷、附刊謬一卷,說文解字十五卷,渚宮舊事五卷、附補遺一卷,三輔黄圖一卷,孔子集語十七卷,尚書考異六卷,古刻叢鈔一卷,續古文苑二十卷,抱朴子内篇二十卷、外篇五十卷、附篇十卷,尚書今古文注疏三十卷,芳茂山人詩錄九卷,長離閣詩集一卷)

320000－4645－0002035　48－3－1－01
知不足齋叢書　(清)鮑廷博編　清乾隆、道光間長塘鮑氏刻本　十八冊　存十四種五十九卷(第一集:涉史隨筆一卷、客杭日記一卷,第二集:榕城詩話三卷,第五集:補漢兵志一卷,第六集:愧郯錄卷十五卷,第十六集:皇宋書錄三卷,第二十集:蘆浦筆記十卷、五代史記纂誤補四卷、山静居畫論二卷、茗香詩論一卷,第二十四集:吹劍錄外集一卷,第二十六集:五行大義五卷、負暄野錄二卷,第二十七集:道命錄十卷)

320000－4645－0002036　48－3－1－01－01
知不足齋叢書　(清)鮑廷博編　清乾隆、道光間長塘鮑氏刻本　二冊　存二種二卷(第二十一集:滇黔土司婚禮記一卷、第二十二集:北軒筆記一卷)

320000－4645－0002037　48－3－1－02
知不足齋叢書　(清)鮑廷博編　清乾隆、道光間長塘鮑氏刻本　五十四冊　存四十二種一百七十六卷(第九集:鐵圍山叢談六卷,湛淵靜語二卷,責備餘談二卷、附錄一卷;第十集:麟角集一卷、附錄一卷,江西詩社宗派圖錄一卷、附江西詩派小序一卷,萬柳溪邊舊話一卷;第十二集:離騷集傳一卷,江淮異人錄一卷,山居新話一卷,鬼董五卷,墨史三卷,龔安節先生畫訣一卷,畫筌一卷,佐志藥言一卷、續一卷;第十三集:碧血錄二卷、附周端孝先生血疏貼黄册一卷,逍遙集一卷,百正集三卷,張子野詞二卷、附補遺二卷,貞居詞一卷、附補遺一卷;第十四集:籟紀一卷,潛虚一卷,袁氏世範三卷、附集事詩鑑一卷,天水冰山錄一卷、附錄一卷,鈐山堂書畫記一卷;第十五集:聱隅子歔欷瑣微論二卷,世緯二卷、附錄一卷;第十六集:皇宋書錄三卷,宣和奉使高麗圖經四十卷、附錄一卷;第二十五集:履齊示兒編二十三卷、附校補一卷,齊山先生集五卷首卷一、拾遺一卷;第二十六集:斜川集六卷、附錄二卷、訂誤一卷,古刻叢鈔一卷;第二十八集:雲林石譜三卷、附綯雲石記一卷,靜春堂詩集四卷、附錄三卷,紅蕙山房吟稾一卷、附錄一卷;第二十九集:梧溪集七卷、補遺一卷,困學齊雜錄一卷;第三十集:克庵先生尊德性小集三、補遺一卷,廛史三卷,全堂詩逸三卷,廣釋名二卷,書梅題記一卷)

320000 - 4645 - 0002038　48 - 3 - 3 - 01
藝海珠塵　(清)吳省蘭輯　清嘉慶南滙吳氏聽彝堂刻本　六册　存十九種三十五卷(丙集:鄭敷文書説一卷,舜典補亡一卷,論語筆解二卷,論語絕句一卷,孟子外書四篇四卷,駮五經異義一卷、附補遺一卷,駢字分箋二卷,武宗外紀一卷,勝朝彤史拾遺記六卷,蜀檮杌二卷,東南防守利便三卷,炳燭偶鈔一卷,讀史論略一卷,異魚圖贊一卷,龜經一卷,古算器考一卷,歷學疑問補二卷,半村野人閒談一卷,一椶居詩稿二卷)

320000 - 4645 - 0002039　48 - 3 - 3 - 01 - 01
藝海珠塵　(清)吳省蘭輯　清刻本　三册　存二種三卷(戊集:呵凍漫筆二卷、辛集:紀聽松菴竹鑪始末一卷)

320000 - 4645 - 0002040　48 - 3 - 3 - 02
貸園叢書初集　(清)周永年輯　清乾隆五十四年(1789)歷城周氏竹西書屋據益都李文藻刊版重編印本　八册　存五種二十六卷(九經古義十六卷、易例二卷、春秋左傳補註四至六、聲韻攷四卷、四聲切韻表一卷)

320000 - 4645 - 0002041　48 - 3 - 3 - 03
受經堂彙稾　(清)楊紹文輯　清道光三年(1823)刻本　四册

320000 - 4645 - 0002042　48 - 4 - 1 - 01
知不足齋叢書　(清)鮑廷博編　清乾隆、光緒間長塘鮑氏刻同治十一年(1872)嶺南蘇氏補刻本　二百四十册

320000 - 4645 - 0002043　49 - 1 - 1 - 01
惜陰軒叢書　(清)李錫齡輯　清道光二十六年(1846)宏道書院刻本　十八册　存六種四十七卷(第四函:會稽三賦註四卷、授經圖二十卷、京畿金石考二卷;第五函:北溪字義二卷、補遺一卷、嚴陵講義一卷;正蒙會稿四卷;第九函:新增格古要論十三卷)

320000 - 4645 - 0002044　49 - 1 - 2 - 02
練兵實紀九卷雜集六卷　(明)戚繼光撰　**荒政輯要九卷首一卷**　(清)汪志伊撰　清道光錢塘許乃釗刻敏果齋七種本　三册　存十卷(練兵實紀一至三、雜集一至四、荒政輯要七至九)

320000 - 4645 - 0002045　49 - 1 - 3 - 01
春暉堂叢書　(清)徐渭仁編　清道光、咸豐間上海徐氏刻同治補刻本　十五册　存九種三十三卷(來齋金石刻考略三卷、寓意錄四卷、煙霞萬古樓詩選二卷、仲瞿詩錄一卷、秋紅丈室遺詩一卷、陔南池館遺集二卷、雙樹生詩草一卷、紀半樵詩一卷、思適齋集十八卷)

320000 - 4645 - 0002046　49 - 1 - 3 - 01 - 01
思適齋集十八卷　(清)顧廣圻撰　清道光二十九年(1849)上海徐氏刻本　二册　存九卷(一至九)

320000 - 4645 - 0002047　49 - 1 - 4 - 01
涉聞梓舊　(清)蔣光煦輯　清咸豐元年

(1851)海昌蔣氏宜年堂刻六年(1856)重編本 二十四册

320000－4645－0002048 49－3－1－01
海山仙館叢書 (清)潘仕成編 清道光、咸豐間番禺潘氏刻光緒補刻本 一百二十册

320000－4645－0002049 49－4－1－01
海山仙館叢書 (清)潘仕成編 清道光、咸豐間番禺潘氏刻光緒補刻本 十五册 存六種四十二卷(讀書敏求記四卷,酌中志二十四卷;菰中隨筆一卷;宋四六話一至六;顏氏家藏尺牘四卷、姓氏考一卷;傳青主女科二卷)

320000－4645－0002050 49－4－2－01
粵雅堂叢書 (清)伍崇曜編 清道光至光緒南海伍氏刻本 二百四册

320000－4645－0002051 50－1－1－01
木犀軒叢書 李盛鐸編 清光緒德化李氏木犀軒刻本 十六册 存六種六十三卷(京氏易八卷、卦气解一卷、毛詩禮徵十卷、詩攷異字箋餘十四卷、爾雅一切註音十卷、易餘籥錄二十卷)

320000－4645－0002052 50－1－1－02
邵武徐氏叢書 (清)徐幹編 清光緒邵武徐氏刻本 十六册 存十二種七十八卷(春秋世族譜一卷,小爾雅疏八卷,韻補五卷,韻補正一卷,東南紀事十二卷,西南紀事十二卷,海東逸史十八卷,李忠定公别集:靖康傳信錄三卷、建炎進退志四卷、建炎時政記三卷,東觀餘論二卷、附錄一卷,琴操二卷、補一卷,支盾集二卷、補一卷,西崑酬唱集二卷)

320000－4645－0002053 50－1－2－01
功順堂叢書 (清)潘祖蔭輯 清光緒吴縣潘氏刻本 二十四册 缺二種九卷(春秋左氏傳五至七、周人經説三至八)

320000－4645－0002054 50－1－2－02
徐雨峰中丞勘語四卷 (清)徐士林撰 清光緒三十二年(1906)武進李氏刻聖譯樓叢書本 四册

320000－4645－0002055 50－1－3－01
雲自在龕叢書 繆荃孫輯 清光緒江陰繆氏刻本 二十六册

320000－4645－0002056 50－1－3－02
大亭山館叢書 (清)楊葆彝編 清光緒陽湖楊氏刻本 六册 缺二種二卷(春雨樓詩鈔一卷、華庭詩鈔一卷)

320000－4645－0002057 50－1－3－03
古逸叢書 (清)黎庶昌輯 清光緒遵義黎氏日本東京使署影刻本 二百九册

320000－4645－0002058 50－2－2－01
南菁札記 (清)溥良輯 清光緒二十年(1894)江陰使署刻本 六册

320000－4645－0002059 50－2－2－02
振綺堂叢書 (清)汪康年輯 清光緒二十年(1894)刻本 一册 存二種二卷(二集:轉徙餘生記一卷、奉使英伦記一卷)

320000－4645－0002060 50－2－2－04
知聖篇二卷 (清)廖平撰 清宣統三年(1911)上海國學扶輪社鉛印張氏適園叢書本 一册

320000－4645－0002061 50－2－2－05
渌水亭雜識四卷 (清)性德撰 清宣統三年(1911)上海國學扶輪社鉛印張氏適園叢書本 一册

320000－4645－0002062 50－2－3－01
懷豳雜俎 徐乃昌編 清光緒、宣統間南陵徐氏刻本 十册

320000－4645－0002063 50－2－3－02
咫進齋叢書 (清)姚覲元輯 清光緒九年(1883)歸安姚氏刻本 六册 存五種六卷(公羊問答二卷、孝經疑問一卷、姚氏藥言一卷、咽喉脈證通論一卷、前徽錄一卷)

320000－4645－0002064 50－2－3－03
咫進齋叢書 (清)姚覲元輯 清光緒九年(1883)歸安姚氏刻本 八册 存十五種四十八卷(孝經疑問一卷,公羊問答二卷,藥言一卷,前徽錄一卷,説文答問疏證六卷,務民義

齋算學七種十一卷,銷毀抽毀書目一卷,大雲山房十二章圖説二卷,大雲山房雜記二卷,説文引經考二卷、補遺一卷,説文檢字二卷、補遺一卷,古今韵攷四卷、附記一卷,棠湖詩稿一卷,春草堂遺稿一卷,鳳墅殘帖釋文八卷)

320000－4645－0002065　50－2－4－01
玲瓏山館叢書　(清)□□輯　清光緒十五年(1889)文選樓刻本　三十六冊

320000－4645－0002066　50－2－4－02
春融堂雜記　(清)王昶撰　清光緒申報館鉛印申报館叢書本　一冊　存三種三卷(滇行日錄一卷、征緬紀聞一卷、征緬紀略一卷)

320000－4645－0002067　50－2－4－03
廣雅書局叢書　(清)廣雅書局輯　清光緒廣雅書局刻民國九年(1920)番禺徐紹棨彙編重印本　九冊　存八種二十一卷(釋穀四卷、急就章攷異一卷、漢碑徵經一卷、劉氏遺書八卷、學詁齊文集二卷、廣經室文鈔一卷、史表功比説一卷、范石湖詩集注三卷)

320000－4645－0002068　50－3－1－01
天壤閣叢書　(清)王懿榮輯　清同治、光緒間福山王氏刻本　四冊　存五種十九卷(夏小正正義一卷;説文聲讀表一至二;古今韻考四卷;切韻一卷;聲調三譜:然鐙記聞一卷,律詩定體一卷,小石帆亭箸錄五卷,聲調前譜一卷後譜一卷、續譜一卷,談龍錄一卷)

320000－4645－0002069　50－3－1－02
滂喜齋叢書　(清)潘祖蔭輯　清同治、光緒間吳縣潘氏京師刻本　二十二冊　缺十八種二十五卷(虞氏易消息圖説初稿一卷,大誓答問一卷,求古錄禮説補遺一卷、續一卷,公羊逸禮攷徵一卷,喪禮經傳約一卷,卦本圖攷一卷,尚書序錄一卷,春秋左氏古義六卷,鑑法議略一卷,鈕非石遺文一卷,吳郡金石目一卷,百塼攷一卷,藍齋傳古別錄一卷,陳藍齋丈筆記一卷、手札一卷,鮑臆園丈手札一卷,幽夢續影一卷,小草庵詩鈔一卷,日本金石年表一卷)

320000－4645－0002070　50－3－2－01
小石山房叢書　(清)顧湘輯　清同治十三年(1874)虞山顧氏刻本　十四冊　存三十六種五十二卷(四書講義一卷,淮雲問答一卷、續編一卷,韋菴經説一卷,毋欺錄一卷,潘瀾筆記二卷,懺摩錄一卷,東觀奏記三卷,承華事略一卷,明夷待訪錄一卷,岳陽風土記一卷,校正朝邑志一卷,吳門耆舊記一卷,松窗快筆一卷,海虞畫苑略一卷、補遺一卷,疑年錄四卷,續疑年錄四卷,稼書先生[陸隴其]年譜一卷,汲古閣校刻書目一卷、補遺一卷、刻板存亡考一卷,隱綠軒題識一卷,砥齋題跋一卷,湛園題跋一卷,義門題跋一卷,山家清供一卷,勿藥須知一卷,尋花日記二卷,看花雜詠一卷,冬心先生畫竹題記一卷,冬心先生三體詩一卷,詞評一卷,墨井詩鈔二卷,三巴集一卷,墨井題跋一卷,海珊詩鈔一卷,蓺庵遺詩一卷,明人詩品二卷,夢曉樓隨筆一卷)

320000－4645－0002071　50－3－2－02
十萬卷樓叢書　(清)陸心源輯　清光緒歸安陸氏刻本　七十五冊　缺十三種八十九卷(書經注十二卷,資治通鑑釋文三十卷,註陸宣公奏議十五卷,史載之方二卷,海藏老人陰證略例一卷,本草衍義二十卷,東萊呂紫微師友雜志一卷,東萊呂紫微雜説一卷,可書一卷,東原錄一卷,地理葬書集註一卷、附葬書文問對一卷,醫經正本書一卷,人倫大統賦二卷)

320000－4645－0002072　50－4－1－01
十萬卷樓叢書　(清)陸心源輯　清光緒歸安陸氏刻本　十一冊　存二種五十四卷(夷堅志甲集一至六、乙集七至二十、丁集七至二十,新編分門古今類事二十卷)

320000－4645－0002073　50－4－1－02
漸學廬叢書第一集　(清)胡祥鑅輯　清光緒元和胡氏石印本　九冊

320000－4645－0002074　50－4－1－03
槐廬叢書　(清)朱記榮輯　清光緒吳縣朱氏槐廬家塾刻本　二十六冊　存十八種七十五卷(初編:李氏易解賸義三卷,饗禮補亡一卷,公羊逸禮攷徵一卷,弟子職集解一卷,斁經筆記一卷,世本二卷、攷証一卷,楚漢春秋一卷、附疑義一卷、考證一卷,楚漢諸侯疆域志三卷,括地志八卷、補遺一卷,金石三例續編:漢石例六卷、金石例補二卷、誌銘廣例二卷;二編:九經古義一至五,十三經詁答問六卷,古易音訓二卷,京畿金石考二卷,平津讀碑記八卷、續記一卷,九數外錄一卷,吕子校補二卷、校續補一卷,芳茂山人文集十二卷)

320000－4645－0002075　50－4－3－01
靈鶼閣叢書　(清)江標輯　清光緒元和江氏湖南使院刻本　十四册　存二十六種四十卷(第一集:韓詩遺説二卷、訂譌一卷,尚書大傳七卷,皇象本急就章一卷,説文解字索隱一卷、補例一卷,漢事會最人物志三卷,蕘友肊説一卷、附錄一卷,教童子法一卷,洨民遺文一卷,欽定四庫全書總目提要四部類敘一卷,先正讀書訣一卷;第二集:朔方備乘札記一卷、使德日記一卷、積古齋藏器目一卷、平安館藏器目一卷、清儀閣藏器目一卷、懷米山房藏器目一卷、两罍軒藏器目一卷、木庵藏器目一卷、梅花草盦藏器目一卷、簠齋藏器目一卷、愙齋藏器目一卷、天壤閣雜記一卷、董華亭書畫錄一卷、畫友詩一卷、士禮居藏書題跋記續二卷;第四集:文史通義補編一卷、附刊本所有鈔本所無目一卷)

320000－4645－0002076　50－4－3－02
藏書紀事詩七卷　葉昌熾撰　清宣統二年(1910)刻朱印本　六册

320000－4645－0002077　50－4－4－01
李氏焚書六卷　(明)李贄撰　清光緒三十四年(1908)上海國學保存會鉛印國粹叢書本　二册

320000－4645－0002078　50－4－5－01
花雨樓叢鈔　(清)張壽榮輯　清光緒蛟川張氏花雨樓刻本　十七册　存六種二十四卷(鄭氏詩譜考正一卷,各經承師立學考四編:經典釋文敘錄一卷、傳經表二卷、通經表二卷、兩漢五經博士考三卷,詩攷補注二卷補遺二卷,禮記釋注四卷,考工記圖二卷,苕岑經義鈔一至五)

320000－4645－0002079　50－4－5－02
粟香室叢書　金武祥輯　清光緒至民國間江陰金氏刻本　十七册　存二十七種五十四卷(宜齋野乘一卷,陽羡茗壺系一卷,洞山岕茶系一卷,江陰李氏得月樓書目摘錄一卷,北郭集六卷、補遺一卷,滄螺集六卷,守一齋筆記四卷、客牕二筆一卷,讀書瑣記一卷,鷃亭詩話一卷、附錄一卷,筠巖詩鈔一卷,玉塵集二卷,讀雪山房唐詩序例一卷,讀雪山房雜著一卷,雲溪樂府二卷,冰蠶詞一卷,存齋古文一卷,傳忠堂學古文一卷,篤慎堂燼餘詩稿二卷、文稿一卷,松筠閣貞孝錄一卷、附錄一卷,鷗堂賸稾一卷、補遺一卷,東鷗草堂詞二卷、附錄一卷,水雲樓賸稾一卷,玉紀一卷,玉紀補一卷,江陰藝文志二卷,赤溪雜志二卷,陶廬雜憶一卷、續咏一卷)

320000－4645－0002080　50－5－1－01
學海堂集　(清)阮元等輯　清道光五年(1825)啓秀山房刻本　四十册

320000－4645－0002081　50－5－3－01
靈鶼閣叢書　(清)江標編　清光緒元和江氏湖南使院刻本　二十四册　缺十七種三十七卷(文史通義補編一卷、附鈔本目一卷、刻本所有鈔本所無目一卷,和林金石錄一卷、詩一卷、附和林考一卷,前塵寐影錄二卷,西遊錄注一卷,澳大利亞洲新志一卷,張憶娘簪華圖卷題詠一卷,國語校文一卷,嘉蔭簃藏器目一卷,愛吾鼎齋藏器目一卷,石泉書屋藏器目一卷,雙虞壺齋藏器目一卷,簠齋藏器目第二本一卷,選青閣藏器目一卷,藏書紀事詩六卷,沅湘通藝錄八卷、四書文二卷,日本華族女學校規則一卷,黄蕘圃先生年譜二卷)

320000－4645－0002082　50－5－3－02
月河精舍叢鈔　(清)丁寶書輯　清光緒六年(1880)苕溪丁氏刻本　八册

320000－4645－0002083　50－5－4－02
廣雅書局叢書　(清)廣雅書局輯　清光緒廣雅書局刻民國九年(1920)番禺徐紹棨彙編重印本　十二册　存八種三十八卷(劉氏遺書八卷,愈愚錄六卷,學詁齋文集二卷,廣經室文鈔一卷，吳氏遺著五卷附錄一卷，東塾遺書：水經注西南諸水考三卷、弧三角平視法一卷、摹印述一卷、三統術詳説四卷，朱子語類日鈔五卷，申範一）

320000－4645－0002084　51－3－1－01
策學備纂三十二卷首一卷　（清）蔡啟盛（清）吳頴炎輯　清光緒十四年（1888）上海點石齋石印本　二十一冊　存二十一卷（十二至三十二）

320000－4645－0002085　51－3－1－02
策學備纂三十二卷首一卷　（清）蔡啟盛（清）吳頴炎輯　清光緒十四年（1888）上海點石齋石印本　十九冊　存二十二卷（七至二十八）

320000－4645－0002086　51－5－3－01
宜稼堂叢書　（清）郁松年編　清道光上海郁氏刻本　三十四冊　存四種一百三十五卷（續後漢書十七至四十二；又續後漢書五十至九十、札記四卷；剡源集九至三十、札記一卷；清容居士集一至二十九、三十五至四十四，目錄二卷）

320000－4645－0002087　52－1－1－01
武林往哲遺著　（清）丁丙輯　清光緒錢塘丁氏嘉惠堂刻本　七十五冊

320000－4645－0002088　52－1－3－01
漢學堂叢書　（清）黄奭輯　清道光甘泉黄氏刻光緒十九年（1893）黄澧彙印本　八十冊

320000－4645－0002089　52－2－4－02
觀古堂所刻書　葉德輝輯　清光緒長沙葉氏刻本　六冊

320000－4645－0002090　52－2－4－03
疑雨集四卷　（明）王彥泓撰　清光緒三十一年（1905）郋園葉氏刻本　二冊

320000－4645－0002091　52－2－4－04
趙氏叢書　（清）趙舒翹輯　清光緒刻本　五冊　存三種七卷（誡子書一卷、提牢備考四卷、衍元筆算今式二卷）

320000－4645－0002092　52－2－5－02
項城袁氏家集　丁振鐸編　清宣統三年（1911）清芬閣鉛印本　八冊　存三種十二卷（閣學公書札二至四、書札錄遺一卷、文稿拾遺一卷，袁氏家書六卷，母德錄一卷）

320000－4645－0002093　52－3－1－04
龍川文集三十卷首一卷附錄一卷　（宋）陳亮撰　**辨譌考異二卷**　（清）胡鳳丹撰　清同治、光緒間永康胡氏退補齋刻金華叢書本　十冊

320000－4645－0002094　52－3－2－01
畿輔叢書　（清）王灝輯　清光緒五年（1879）定州王氏謙德堂刻本　十六冊　存十五種七十二卷（典故紀聞十八卷，存學編四卷，存治編一卷，存人編四卷，存性編二卷，聖經學規纂二卷，論學二卷，小學稽業五卷，大學辨業四卷，學禮五卷，學射錄二卷，閱史郄視四卷、續一卷，擬太平策七卷，評乙古文一卷，尹少宰奏議十卷）

320000－4645－0002095　52－3－2－02
常州先哲遺書　（清）盛宣懷編　清光緒武進盛氏思惠齋刻本　九冊　存十二種八十八卷（子類：景仰撮書一卷、宜齋野乘一卷、梁谿漫志十卷、萬柳溪邊舊話一卷、陽羨茗壺系一卷、洞山岕茶系一卷；集類：丹陽集二十四卷，梁谿遺稾二卷、補遺一卷、附錄一卷，侍郎葛公歸愚集十卷、補遺一卷，信齋詞一卷，定齋集二十卷，牆東類稾一至十三）

320000－4645－0002096　52－3－4－01
玉函山房輯佚書　（清）馬國翰輯　清光緒十八年（1892）湖南思賢書局刻本　一百二十冊　存易類、尚書類、詩類、周官禮類、儀禮類、通禮類、樂類、春秋類、孝經類、附目耕帖三十一卷

320000－4645－0002097　52－4－3－01
國學叢刊　國學叢刊社編　清宣統三年（1911）石印本　三冊

320000－4645－0002098　52－4－4－01
玉函山房輯佚書　（清）馬國翰輯　清光緒九

年(1883)嫏嬛館刻本　一百九册　存經編:易類、尚書類、詩類、周官禮類、儀禮類、通禮類、樂類、春秋類、孝經類、爾雅類、五經總類、緯書類、小學類、論語類、孟子類,史編:雜史類年歷一卷、汲塚書鈔一卷、史編雜傳類、史編目錄類,附目耕帖三十一卷

320000－4645－0002099　53－1－4－02
楊園先生全集五十四卷年譜一卷　(清)張履祥撰　清同治十年(1871)江蘇書局刻本　十六册

320000－4645－0002100　53－2－2－01
亭林文集六卷亭林餘集一卷　(清)顧炎武撰　清山隱居刻本　四册

320000－4645－0002101　53－2－2－02
亭林文集六卷亭林餘集一卷　(清)顧炎武撰　清山隱居刻本　一册　存一卷(亭林餘集一卷)

320000－4645－0002102　53－2－2－03
隨園隨筆二十八卷　(清)袁枚撰　清嘉慶十三年(1808)小倉山房刻本　四册

320000－4645－0002103　53－2－2－04
項城袁氏家集　丁振鐸編　清宣統三年(1911)清芬閣鉛印本　四十册

320000－4645－0002104　53－2－3－01
船山遺書　(清)王夫之撰　清同治四年(1865)曾國荃金陵刻本　五十一册　存三十九種一百六十二卷(周易内傳二至三、六,周易内傳發例一卷,周易外傳七卷,周易大象解一卷,周易稗疏四卷,周易考異一卷,書經稗疏二卷,詩廣傳四至五,禮記章句一至二十四、三十一至四十九,永歷實錄一至十五,春秋稗疏二卷,蓮峰志五卷,宋論十五卷,張子正蒙注五至九,思問錄内篇一卷、外篇一卷,俟解一卷,噩夢一卷,黄書一卷,識小錄一卷,老子衍一卷,莊子解一至十八、二十四至三十二,莊子通一卷,愚鼓詞一卷,薑齋詩集四卷,五十自定稿一卷,六十自定稿一卷,七十自定稿一卷,柳岸吟一卷,落花詩一卷,遣興詩一卷,和梅花百詠詩一卷,洞庭秋詩一卷,鴈字詩一卷,倣體詩一卷,嶽餘集一卷,薑齋詩賸稿一卷,鼓棹初集一卷、二集一卷,瀟湘怨詞一卷,詩譯一卷)

320000－4645－0002105　53－2－4－01
日知錄三十二卷　(清)顧炎武撰　清康熙三十四年(1695)潘耒遂初堂刻本　十八册

320000－4645－0002106　53－2－5－01
陸子遺書　(清)陸世儀撰　清光緒二十五年(1899)京師唐受祺刻本　二十册

320000－4645－0002107　53－2－5－02
愛蓮堂雜抄不分卷　清末民國間抄本　十一册

320000－4645－0002108　53－2－5－03
高安朱文端公藏書十三種　(清)朱軾撰　清光緒二十三年(1897)刻本　五十册　存十種一百十二卷(周易傳義合訂一至三,春秋鈔十卷,孝經一卷、附三本管窺一卷,儀禮節畧二十卷,大戴禮記十三卷,禮記纂言三十六卷,呂氏四禮翼一,張子全書十五卷,顔氏家訓二卷,温公家範十卷)

320000－4645－0002109　53－3－1－05
述記不分卷　(清)任兆麟輯　清乾隆五十二年(1787)任氏忠敏家塾刻映雪草堂印本　四册

320000－4645－0002110　53－3－1－06
容齋隨筆十六卷續筆十六卷三筆十六卷四筆十六卷五筆十卷　(宋)洪邁撰　清皖南洪氏見山草堂刻本　十六册

320000－4645－0002111　53－3－2－01
崑山顧氏全集　(清)席威　(清)朱記榮輯　清遂初堂刻光緒十一年至三十二年(1885－1906)朱氏槐盧家塾增刻彙印本　二十册　存二十四種六十四卷(左傳杜解補正三卷、韻補正一卷、五經同異三卷、聖安紀事二卷、顧氏譜系考一卷、明季實録一卷、歷代帝王宅京記二十卷、營平二州地名記二卷、昌平山水記二卷、京東攷古錄一卷、譎觚十事一卷、求古録一卷、金石文字記六卷、石經考一卷、菰中

隨筆一卷、救文格論一卷、亭林雜錄一卷、亭林文集六卷、亭林詩集五卷、亭林餘集一卷、亭林軼詩一卷、顧亭林先生年譜一卷、亭林先生神道表一卷、同志贈言一卷）

320000－4645－0002112　53－3－2－03
浙刻雙池遺書十二種　（清）汪紱撰　清光緒二年至二十二年（1876－1896）刻本　十八册

320000－4645－0002113　53－3－3－01
顧端文公遺書　（明）顧憲成撰　清光緒三年（1877）涇里宗祠刻本　十三册　缺七卷（小心齋劄記十二至十八）

320000－4645－0002114　53－3－3－02
小心齋劄記十八卷　（明）顧憲成撰　清光緒三年（1877）涇里宗祠刻本　四册

320000－4645－0002115　53－4－1－02
事物原會四十卷　（清）汪汲輯　清嘉慶二年（1797）二銘草堂刻古愚叢書本　五册

320000－4645－0002116　53－4－1－03
陶菴集二十二卷首一卷末一卷　（明）黄淳耀撰　清光緒五年（1879）刻本　六册　存十七卷（一至十六、首一卷）

320000－4645－0002117　53－4－1－04
船山遺書　（清）王夫之撰　清同治四年（1865）金陵湘鄉曾國荃刻本　十六册　存二種三十三卷（讀通鑑論三十卷、春秋世論一至三）

320000－4645－0002118　53－4－1－05
古愚老人消夏錄十七種　（清）汪汲撰　清盛德堂刻本　二十册

320000－4645－0002119　53－5－1－01
崑山顧氏全集　（清）席威　（清）朱記榮輯　清遂初堂刻光緒十一年至三十二年（1885－1906）朱氏槐盧家塾增刻彙印本　二十一册　存二十四種六十二卷（左傳杜解補正三卷、韻補正一卷、聖安紀事二卷、顧氏譜系考一卷、明季實録一卷、歷代帝王宅京記二十卷、營平二州地名記二卷、昌平山水記二卷、京東攷古錄一卷、山東考古録一卷、譎觚十事一卷、求古録一卷、金石文字記六卷、石經考一卷、菰中隨筆一卷、救文格論一卷、亭林雜錄一卷、亭林文集六卷、亭林詩集五卷、亭林餘集一卷、亭林軼詩一卷、顧亭林先生年譜一卷、亭林先生神道表一卷、同志贈言一卷）

320000－4645－0002120　53－5－1－02
崑山顧氏全集　（清）席威　（清）朱記榮輯　清遂初堂刻光緒十一年至三十二年（1885－1906）朱氏槐盧家塾增刻彙印本　五册　存七種十卷（聖安紀事二卷、亭林先生神道表一卷、同志贈言一卷、亭林餘集一卷、亭林軼詩一卷、亭林雜錄一卷、五經同異三卷）

320000－4645－0002121　53－5－1－03
崑山顧氏全集　（清）席威　（清）朱記榮輯　清遂初堂刻光緒十一年至三十二年（1885－1906）朱氏槐盧家塾增刻彙印本　四册　存三種六卷（聖安紀事二卷、韻補正一卷、五經同異三卷）

320000－4645－0002122　53－5－3－01
河南程氏全書　（宋）程顥　（宋）程頤撰　（宋）朱熹輯　清同治十年（1871）六安涂氏求我齋刻本　十六册

320000－4645－0002123　53－5－4－01
哭盦叢書　易順鼎撰　清光緒慕皋盧刻本　一册　存四種四卷（易音補顧一、孔門詩集一、大學私訂本一、國朝學案目錄一）

320000－4645－0002124　53－5－4－02
五藏山經傳五卷海内經附傳一卷　（清）吕調陽撰　清光緒彭和吕氏刻本　四册

320000－4645－0002125　53－5－4－03
黄忠端公［道周］明誠堂十四札疏證一卷　（清）黄彭年編　清光緒十五年（1889）陶樓刻本　一册

320000－4645－0002126　53－5－4－04
郘亭遺文八卷　（清）莫友芝撰　清光緒元年（1875）刻本　一册

320000－4645－0002127　54－2－2－01
鄒徵君遺書六種附刻二種　（清）鄒伯奇撰

清同治十二年(1873)鄒達泉拾芥園刻本 五冊

320000-4645-0002128 54-2-2-04
宗月鋤先生遺著八種 (清)宗廷輔撰 清光緒刻民國六年(1917)徐兆瑋重印本 一冊 存四種五卷(辨字通俗編一卷,三橋春遊曲唱和集一卷,丹陽集一卷,寓崇雜記一卷附古今論詩絕句一卷)

320000-4645-0002129 54-2-2-05
許松濱先生全集四十五卷 (清)許錫祺撰 清光緒刻本 八冊

320000-4645-0002130 54-2-2-06
春在堂全書 (清)俞樾撰 清光緒十五年(1889)刻本 五十八冊

320000-4645-0002131 54-3-1-01
觀古堂所著書 葉德輝撰 清光緒二十八年(1902)湘潭葉氏刻本 十六冊

320000-4645-0002132 54-3-1-02
安吴四種 (清)包世臣撰 清道光二十六年(1846)白門倦遊閣木活字印本 十六冊

320000-4645-0002133 54-3-2-01
番禺陳氏東塾叢書初函四種附一種 (清)陳澧撰 清咸豐至光緒間刻本 九冊

320000-4645-0002134 54-3-2-03
中復堂全集 (清)姚瑩撰 清同治六年(1867)姚濬昌安福縣署刻本 三十二冊

320000-4645-0002135 54-3-3-02
汪龍莊先生遺書十五卷 (清)汪輝祖撰 清光緒山東書局刻本 九冊

320000-4645-0002136 54-4-1-01
訥盦叢稿 顧鳴鳳撰 清宣統三年(1911)木活字印本 五冊

320000-4645-0002137 54-4-1-02
汪子文錄十卷 (清)汪縉撰 清刻本 二冊

320000-4645-0002138 54-4-1-03
病榻夢痕錄二卷錄餘一卷 (清)汪輝祖撰 清光緒八年至十二年(1882-1886)山東書局刻汪龍莊先生遺書本 三冊

320000-4645-0002139 54-4-1-07
劉端臨先生遺書八卷 (清)劉臺拱撰 清道光刻本 四冊

320000-4645-0002140 54-4-2-01
惜抱軒全集十四種 (清)姚鼐撰 清光緒三十三年(1907)上海校經山房刻本 十六冊

320000-4645-0002141 54-4-3-02
宗月鋤先生遺著 (清)宗廷輔撰 清光緒刻民國六年(1917)徐兆瑋重印本 二冊 存五種五卷(壬子秋試行記一卷、趙園觀梅記一卷、辨字通俗篇一卷、三橋春遊曲一卷、丹陽集一卷)

320000-4645-0002142 54-4-3-04
顨軒孔氏所著書七種六十卷 (清)孔廣森撰 清嘉慶二十二年(1817)曲阜孔氏儀鄭堂刻本 八冊

320000-4645-0002143 54-5-1-02
槐軒全書 (清)劉沅撰 清咸豐至民國間刻本 五十五冊 存十四種一百十五卷(春秋恒解八卷,周官恒解六卷,儀禮恒解十六卷,槐軒雜著四卷,正譌八卷,槐軒蒙訓一卷,拾餘四種四卷,子問二卷、又問一卷,槐軒俗言一卷,尋常語一卷,下學梯航一卷,周易恒解五卷、首一卷,禮記恒解四十九卷,書經恒解六卷、凡例一卷)

320000-4645-0002144 54-5-2-01
頤志齋叢書 (清)丁晏撰 清同治元年(1862)丁氏六藝堂刻本 二十三冊

320000-4645-0002145 54-5-2-02
春融堂集六十八卷年譜二卷 (清)王昶撰 清嘉慶十二年(1807)塾南書舍刻光緒十八年(1892)重修本 十八冊

320000-4645-0002146 66-1-1-01
[光緒]溧水縣志二十二卷首一卷 (清)傅觀光等修 (清)丁維誠纂 清光緒八年(1882)刻本 二冊 缺十八卷(二、六至二十二)

320000－4645－0002147　66－1－1－03
[嘉慶]重刊荆溪縣志四卷首一卷　(清)唐仲冕等修　清光緒八年(1882)刻本　二册

320000－4645－0002148　66－1－1－04
[道光]重刊續纂宜荆縣志十卷首一卷　(清)龔潤森等修　(清)吴德旋纂　清光緒八年(1882)刻本　四册

320000－4645－0002149　66－1－1－05
[同治]蘇州府志一百五十卷首三卷序圖一卷　(清)李銘皖等修　(清)馮桂芬纂　清光緒八年(1882)江蘇書局刻本　八十册

320000－4645－0002150　66－1－2－01
[光緒]武進陽湖縣志三十卷首一卷　(清)王其淦等修　(清)湯成烈纂　清光緒五年(1879)刻本　十四册　缺六卷(十八、二十一至二十五)

320000－4645－0002151　66－1－2－02
[光緒]武進陽湖縣志三十卷首一卷　(清)王其淦等修　(清)湯成烈纂　清光緒五年(1879)刻本　八册　缺十五卷(十六至三十)

320000－4645－0002152　66－1－2－03
[光緒]武進陽湖縣志三十卷首一卷　(清)王其淦等修　(清)湯成烈纂　清光緒五年(1879)刻本　一册　存二卷(七至八)

320000－4645－0002153　66－1－2－04
[光緒]武進陽湖縣志三十卷首一卷　(清)王其淦等修　(清)湯成烈纂　清光緒五年(1879)刻本　二十册

320000－4645－0002154　66－1－3－01
焦山續志八卷　(清)陳任暘纂　清光緒三十年(1904)刻京口三山志本　二册

320000－4645－0002155　66－1－3－02
焦山續志八卷　(清)陳任暘纂　清光緒三十年(1904)刻京口三山志本　一册　缺三卷(六至八)

320000－4645－0002156　66－1－3－03
京口三山志三種七十二卷　(清)□□輯　清同治、光緒間刻本　九册　存三種二十卷(金山志十二至二十,北固山志八至九、十一至十四,焦山續志一至五)

320000－4645－0002157　66－1－4－01
續金山志二卷　(清)釋密藏撰　清光緒二十六年(1900)刻本　二册

320000－4645－0002158　66－1－4－02
[同治]同治上江兩縣志二十九卷首一卷　(清)莫祥芝等纂　(清)甘紹盤等修　清同治十三年(1874)刻本　十四册

320000－4645－0002159　66－2－1－01
[道光]武進陽湖縣合志三十六卷首一卷　(清)孫琬等修　(清)李兆洛等纂　清光緒十二年(1886)木活字印本　三十册　缺十八卷(一至十八)

320000－4645－0002160　66－2－1－02
[光緒]武進陽湖縣志三十卷首一卷　(清)王其淦等修　(清)湯成烈纂　清光緒五年(1879)刻本　十八册　缺二卷(二十三至二十四)

320000－4645－0002161　66－2－2－01
常郡八邑藝文志十二卷　(清)盧文弨纂　清光緒十六年(1890)刻本　十六册

320000－4645－0002162　66－2－2－02
[乾隆]句容縣志十卷首一卷末一卷附校勘記略一卷　(清)曹襲先纂修　清光緒二十六年(1900)刻本　八册

320000－4645－0002163　66－2－2－03
[光緒]武陽志餘十二卷首一卷　(清)莊毓鋐　(清)陸鼎翰纂修　清光緒十四年(1888)木活字印本　八册　缺二卷(八至九)

320000－4645－0002164　66－2－3－01
[康熙]常州府志三十八卷首一卷　(清)于琨修　(清)陳玉璂纂　清光緒十二年(1886)木活字印本　十九册　缺三卷(四至六)

320000－4645－0002165　66－2－3－02
[光緒]常郡八邑藝文志十二卷　(清)盧文弨

纂　清光緒十六年(1890)刻本　十六冊

320000－4645－0002166　66－2－4－01
[光緒]丹徒縣志六十卷首四卷　(清)何紹章等修　(清)呂耀斗等纂　清光緒五年(1879)刻本　二十八冊

320000－4645－0002167　66－2－4－02
[光緒]丹陽縣志三十六卷　(清)淩焯修　清光緒十一年(1885)刻民國十六年(1927)印本　十六冊

320000－4645－0002168　66－3－1－01
焦山志二十卷首一卷　(清)王豫纂輯　清道光三年(1823)焦山海西庵刻本　四冊　存十二卷(一至八、十至十二,首一卷)

320000－4645－0002169　66－3－1－02
[嘉慶]重刊宜興縣舊志十卷首一卷末一卷　(清)李先榮原本　(清)阮升基等增修　(清)甯楷增纂　清光緒八年(1882)刻本　九冊

320000－4645－0002170　66－3－1－03
金山志十卷宸翰一卷金山志圖一卷　(清)盧見曾纂　清乾隆二十七年(1762)雅雨堂刻重修本　四冊

320000－4645－0002171　66－3－1－04
金山志十卷首一卷　(清)盧見曾纂　**續二卷**　(清)釋秋崖輯　清光緒二十六年(1900)刻本　六冊

320000－4645－0002172　66－3－2－01
[道光]武進陽湖縣合志三十六卷首一卷　(清)孫琬等修　(清)李兆洛等纂　清光緒十二年(1886)木活字印本　四冊　存七卷(五至六、十二至十四、三十二至三十三)

320000－4645－0002173　66－3－2－02
[光緒]丹徒縣志六十卷首四卷　(清)何紹章等修　(清)呂耀斗等纂　清光緒五年(1879)刻本　二十六冊　存五十六卷(一至十五、十八至二十一、二十四至六十)

320000－4645－0002174　66－3－2－05
[光緒]宜興荆溪縣新志十卷首一卷末一卷　(清)施惠等修　(清)吴景牆纂　清光緒八年(1882)刻本　八冊

320000－4645－0002175　66－3－2－06
[光緒]武進陽湖縣志三十卷首一卷　(清)王其淦等修　(清)湯成烈纂　清光緒五年(1879)刻本　五冊　存十一卷(三至六、九至十五)

320000－4645－0002176　66－3－3－02
[光緒]高淳縣志二十八卷　(清)楊福鼎修　(清)陳嘉謀纂　清光緒七年(1881)高淳縣學山書院刻本　十冊

320000－4645－0002177　66－3－4－01
焦山志二十六卷首一卷　(清)吴雲纂輯　清刻本　一冊　存四卷(十五至十八)

320000－4645－0002178　66－3－4－02
焦山志二十卷首一卷　(清)王豫纂輯　清刻本　四冊　存十二卷(二至六、十二至十八)

320000－4645－0002179　66－3－4－03
[嘉慶]重刊宜興縣舊志十卷首一卷末一卷　(清)李先榮原本　(清)阮升基等增修　(清)甯楷增纂　清光緒八年(1882)刻本　七冊　缺三卷(二至三、末一卷)

320000－4645－0002180　66－3－4－04
[嘉慶]重刊宜興縣舊志十卷首一卷末一卷　(清)李先榮原本　(清)阮升基等增修　(清)甯楷增纂　清光緒八年(1882)刻本　十冊

320000－4645－0002181　66－4－1－01
[光緒]高淳縣志二十八卷首一卷　(清)楊福鼎修　(清)陳嘉謀纂　清光緒七年(1881)高淳縣學山書院刻本　八冊　存二十一卷(八至二十八)

320000－4645－0002182　66－4－1－03
[光緒]續纂江寧府志十五卷首一卷　(清)蔣啟勛修　清光緒六年(1880)刻本　一冊　存七卷(一至六、首一卷)

320000－4645－0002183　66－4－1－04
嘉定鎮江志二十二卷首一卷附録一卷　(宋)盧憲纂　**校勘記二卷**　(清)劉文淇　(清)劉毓崧撰　清宣統二年(1910)陳慶年金陵刻横山草堂叢書本　七册　缺五卷(一至四、首一卷)

320000－4645－0002184　66－4－2－01
[光緒]丹徒縣志六十卷首四卷　(清)何紹章等修　(清)吕耀斗等纂　清光緒五年(1879)刻本　十六册　存三十三卷(一至十七、四十九至六十,首四卷)

320000－4645－0002185　66－4－2－02
[嘉慶]溧陽縣志十六卷圖一卷　(清)陳鴻壽等修　(清)史炳等纂　清光緒二十二年(1896)木活字印本　四册　缺十卷(七至十六)

320000－4645－0002186　66－4－3－02
上元江寧鄉土合志六卷　陳作霖編　清宣統二年(1910)江楚編譯書局刻本　一册

320000－4645－0002187　66－4－3－05
[同治]同治上江兩縣志二十九卷首一卷　(清)甘紹盤等修　(清)汪士鐸等纂　清同治十三年(1874)刻本　五册　缺十八卷(四至六、十五至二十九)

320000－4645－0002188　66－4－3－06
[同治]同治上江兩縣志二十九卷首一卷　(清)甘紹盤等修　(清)汪士鐸等纂　清同治十三年(1874)刻本　六册　存十三卷(一至四、十至十二、十五至十九中,首一卷)

320000－4645－0002189　66－5－1－01
[嘉慶]重刊江寧府志五十六卷附校勘記一卷　(清)吕燕昭修　(清)姚鼐纂　清光緒六年(1880)刻本　十一册　缺四卷(四十九至五十二)

320000－4645－0002190　66－5－1－02
[嘉慶]重刊江寧府志五十六卷　(清)吕燕昭修　(清)姚鼐纂　清光緒六年(1880)刻本　二册　存十一卷(十至二十)

320000－4645－0002191　66－5－1－03
續纂江寧府志十五卷首一卷　(清)蔣啟勛修　(清)汪士鐸纂　清光緒六年(1880)刻本　七册　存十一卷(一至九、十四之九下至十四之十四下,首一卷)

320000－4645－0002192　66－5－1－04
續纂江寧府志十五卷首一卷　(清)蔣啟勛修　(清)汪士鐸纂　清光緒六年(1880)刻本　十二册

320000－4645－0002193　66－5－1－05
[乾隆]鎮江府志五十五卷首一卷　(清)高龍光修　(清)张九徵等纂　(清)冯夔飏重修　(清)朱霖增纂　清乾隆十五年(1750)刻增修本　二十六册　存三十六卷(六至三十九、四十四至四十五)

320000－4645－0002194　67－1－1－01
錫金識小録十二卷　(清)黄印輯　清光緒二十二年(1896)木活字印本　十二册

320000－4645－0002195　67－1－1－02
[光緒]常昭合志稿四十八卷附校勘記一卷　(清)鄭鍾祥等修　(清)龐鴻文纂　清光緒三十四年(1908)上海時中書局鉛印本　一册　存一卷(校勘記一卷)

320000－4645－0002196　67－1－1－09
[光緒]無錫金匱縣志四十卷首一卷附編六卷　(清)裴大中　(清)倪咸生修　(清)秦緗業纂　清光緒七年(1881)刻本　十册　存二十卷(二十七至四十、附編六卷)

320000－4645－0002197　67－1－2－01
江陰藝文志二卷　(清)金武祥編　清光緒十七年(1891)江陰粟香室刻本　一册

320000－4645－0002198　67－1－2－04
[同治]蘇州府志一百五十卷首三卷　(清)李銘皖　(清)譚鈞培修　(清)馮桂芬纂　清光緒八年(1882)江蘇書局刻本　七册　存十四卷(七至十二、十五至十六、二十至二十一、二十三至二十四、二十六至二十七)

320000－4645－0002199　67－1－3－01

[光緒]常昭合志稿四十八卷首一卷末一卷 (清)鄭鍾祥等修 (清)龐鴻文等纂 清光緒三十年(1904)木活字印本 十七冊

320000－4645－0002200 67－1－3－02
[乾隆]常昭合志十二卷首一卷 (清)王錦 (清)楊繼熊修 (清)言如泗纂 **校勘記一卷** 丁祖蔭撰 清光緒二十四年(1898)丁祖蔭木活字印本 十四冊

320000－4645－0002201 67－1－3－03
[光緒]重修常昭合志稿四十八卷首一卷末一卷 (清)鄭鍾祥等修 (清)龐鴻文等纂 清光緒三十年(1904)木活字印本 十九冊 缺一卷(三十八)

320000－4645－0002202 67－1－4－02
[嘉慶]重刊江寧府志五十六卷 (清)吕燕昭修 (清)姚鼐纂 清光緒六年(1880)刻本 十二冊

320000－4645－0002203 67－1－5－02
[光緒]常昭合志稿四十八卷首一卷末一卷 (清)鄭鍾祥等修 (清)龐鴻文纂修 清光緒三十年(1904)木活字印本 十六冊

320000－4645－0002204 67－2－1－01
[同治]重修蘇州府志一百五十卷首三卷 (清)李銘皖 (清)譚鈞培修 (清)馮桂芬纂 清光緒八年(1882)江蘇書局刻本 七十九冊

320000－4645－0002205 67－2－4－01
錫山游庠録二卷首一卷 (清)邵涵初撰 趙夔編 清咸豐五年(1855)刻民國十九年(1930)鉛印修補本 二冊

320000－4645－0002206 67－2－4－02
錫山游庠録二卷首一卷 (清)邵涵初撰 清咸豐五年(1855)刻光緒四年(1878)重修本 二冊

320000－4645－0002207 67－2－4－03
無錫游庠録二卷首一卷 (清)邵涵初撰 趙夔編 清咸豐五年(1855)刻民國十九年(1930)鉛印修補本 二冊

320000－4645－0002208 67－2－4－06
滄浪小志二卷 (清)宋犖編 清光緒十年(1884)江蘇書局刻本 一冊

320000－4645－0002209 67－2－4－07
滄浪小志二卷 (清)宋犖編 清光緒十年(1884)江蘇書局刻本 一冊

320000－4645－0002210 67－2－4－08
莫愁湖志六卷首一卷 (清)馬士圖撰 清光緒八年(1882)刻本 二冊

320000－4645－0002211 67－2－4－10
[乾隆]蘇州府志八十卷首一卷 (清)傅椿等修 (清)習寯等纂 清乾隆十三年(1748)刻本 十六冊 缺三十二卷(四至五、十二至十五、二十一至二十六、四十七至五十、五十八至六十、六十四至七十四、七十九至八十)

320000－4645－0002212 67－2－5－01
[乾隆]蘇州府志八十卷首一卷 (清)傅椿等修 (清)習寯等纂 清乾隆十三年(1748)刻本 二十一冊 存四十八卷(一至十六、二十五至二十六、三十至三十九、四十三至四十七、六十五至七十四、七十七至八十,首一卷)

320000－4645－0002213 67－2－5－02
[同治]同治上江兩縣志二十九卷首一卷 (清)甘紹盤等修 (清)汪士鐸等纂 清同治十三年(1874)刻本 十一冊 缺四卷(二十至二十三)

320000－4645－0002214 67－3－1－02
[光緒]江陰縣志三十卷首一卷 (清)盧思誠修 (清)季念詒等纂 清光緒四年(1878)刻本 十冊 存十六卷(十五至三十)

320000－4645－0002215 67－3－3－01
錫山泮芹録不分卷 (清)劉□□輯 清道光二十九年(1849)華學烔抄本 一冊

320000－4645－0002216 67－3－3－02
[光緒]無錫金匱縣志四十卷首一卷附殉難紳民表二卷列女姓氏録四卷 (清)裴大中等修 (清)秦緗業纂 清光緒七年(1881)刻本 二十冊

320000－4645－0002217　67－3－4－01
[乾隆]常昭合志十二卷首一卷　(清)王錦等修　(清)言如泗纂　**重印常昭合志校勘記一卷**　丁祖蔭撰　清光緒二十四年(1898)木活字印本　七册　缺二卷(一、首一卷)

320000－4645－0002218　67－3－4－02
[乾隆]常昭合志十二卷首一卷　(清)王錦等修　(清)言如泗纂　**重印常昭合志校勘記一卷**　丁祖蔭撰　清光緒二十四年(1898)木活字印本　十三册

320000－4645－0002219　67－4－1－01
秣陵集六卷附金陵歷代紀年表一卷　(清)陳文述撰　清光緒十年(1884)淮南書局刻本　三册

320000－4645－0002220　67－4－1－02
秣陵集六卷附金陵歷代紀年表一卷　(清)陳文述撰　清光緒十年(1884)淮南書局刻本　三册

320000－4645－0002221　67－4－1－03
金陵通紀十卷附國朝通紀四卷　(清)陳作霖編　清光緒三十三年(1907)瑞華館刻本　六册

320000－4645－0002222　67－4－1－07
清涼山志輯要二卷　(清)汪本直輯　清乾隆刻本　一册　存一卷(下)

320000－4645－0002223　67－4－2－01
莫愁湖志六卷首一卷　(清)馬士圖撰　清光緒八年(1882)刻本　二册

320000－4645－0002224　67－4－2－02
運瀆橋道小志　(清)陳作霖編　清光緒十一年(1885)金陵冶麓山房刻本　一册

320000－4645－0002225　67－4－2－03
金陵通傳四十五卷附補遺四卷姓名韵編一卷　(清)陳作霖編　清光緒三十年(1904)瑞華館刻本　十册

320000－4645－0002226　67－4－2－04
添修莫愁湖志二卷　題(清)醉吟館主人續纂　題(清)三山二水吟客添修　清光緒十四年(1888)刻本　二册

320000－4645－0002227　67－4－2－05
[光緒]無錫金匱縣志四十卷首一卷附殉難紳民表二卷烈女姓氏錄四卷　(清)裴大中　(清)倪咸生修　(清)秦緗業纂　清光緒七年(1881)刻本　十二册　缺十五卷(八至十一、二十四至三十一,首一卷,殉難紳民表二卷)

320000－4645－0002228　67－4－3－01
[嘉慶]無錫金匱縣志四十卷首一卷　(清)秦瀛纂修　清嘉慶十八年(1813)刻本　九册　存十八卷(二十一至二十五、二十八至四十)

320000－4645－0002229　67－4－3－03
慧山記四卷　(明)邵寶撰　(明)釋圓顯輯　清同治七年(1868)二泉書院刻本　一册　缺二卷(三至四)

320000－4645－0002230　67－4－3－06
梅里志四卷附一卷　(清)吴存禮編　清道光四年(1824)華乾刻本　三册　缺一卷(一)

320000－4645－0002231　67－4－3－07
梅里志四卷附一卷　(清)吴存禮編　清道光四年(1824)華乾刻本　二册　缺二卷(一至二)

320000－4645－0002232　67－4－3－08
忍草庵志四卷　(清)劉繼增輯　清光緒十三年(1887)錫山遂初堂木活字印本　一册

320000－4645－0002233　67－4－3－09
忍草庵志四卷　(清)劉繼增輯　清光緒十三年(1887)錫山遂初堂木活字印本　一册

320000－4645－0002234　67－4－3－10
忍草庵志四卷　(清)劉繼增輯　清光緒十三年(1887)錫山遂初堂木活字印本　一册

320000－4645－0002235　67－4－4－01
金匱縣輿地全圖附金匱縣門則簡册　(清)華湛恩編　清光緒三十四年(1908)鵝湖華存裕堂義莊石印本　六册

320000－4645－0002236　67－4－4－02

金匱縣輿地全圖附金匱縣鬥則簡冊 （清）華湛恩編　清光緒三十四年（1908）鵝湖華存裕堂義莊石印本　六冊

320000－4645－0002237　67－4－4－07
盋山志八卷 （清）顧雲編　清光緒九年（1883）金陵盋山精舍刻本　三冊

320000－4645－0002238　67－4－4－08
盋山志八卷 （清）顧雲編　清光緒九年（1883）金陵盋山精舍刻本　二冊　缺一卷（八）

320000－4645－0002239　67－4－5－01
［同治］蘇州府志一百五十卷首三卷 （清）李銘皖等修　（清）馮桂芬纂　清光緒八年（1882）江蘇書局刻本　五十三冊　存一百九卷（一至四、十七至十九、二十二、二十九、三十三至四十六、四十九至七十一、七十四至九十九、一百四至一百三十三、一百三十六至一百三十九、一百四十八至一百五十）

320000－4645－0002240　68－1－1－01
［光緒］崑新兩縣續修合志五十二卷首一卷末一卷 （清）金吳瀾等監修　（清）汪堃等纂修　（清）徐家疇等協纂　清光緒六年（1880）刻本　二十四冊

320000－4645－0002241　68－1－2－01
［道光］崑新兩縣志四十卷首一卷末一卷 （清）石韞玉總裁　（清）張鴻修　清道光六年（1826）刻本　十二冊

320000－4645－0002242　68－1－2－02
［光緒］松江府續志四十卷首一卷 （清）博潤修　（清）姚光發等纂　清光緒十年（1884）刻本　二十四冊

320000－4645－0002243　68－1－3－01
［光緒］崑新兩縣續修合志五十二卷首一卷末一卷 （清）金吳瀾等監修　（清）汪堃等纂修　（清）徐家疇等協纂　清光緒六年（1880）敦善堂刻本　二十四冊

320000－4645－0002244　68－1－4－01
［光緒］崑新兩縣續修合志五十二卷首一卷末一卷 （清）金吳瀾等監修　（清）汪堃等纂修　（清）徐家疇等協纂　清光緒六年（1880）敦善堂刻本　二十二冊　缺四卷（二十九至三十、三十三至三十四）

320000－4645－0002245　68－1－5－01
［光緒］崑新兩縣續修合志五十二卷首一卷末一卷 （清）金吳瀾等監修　（清）汪堃等纂修　（清）徐家疇等協纂　清光緒六年（1880）刻本　十八冊　缺十二卷（二十一至二十六、二十九至三十、四十五至四十六、四十九至五十）

320000－4645－0002246　68－1－5－02
［光緒］崑新兩縣續修合志五十二卷首一卷末一卷 （清）金吳瀾等監修　（清）汪堃等纂修　（清）徐家疇等協纂　清光緒六年（1880）刻本　八冊　存二十卷（三至五、七至九、十二至十七、三十三至三十六、三十九至四十二）

320000－4645－0002247　68－2－1－01
［嘉慶］松江府志八十四卷首二卷圖一卷 （清）宋如林修　（清）莫晉等纂　清嘉慶二十二年（1817）松江府學明倫堂刻本　三十八冊　缺三卷（七十九至八十一）

320000－4645－0002248　68－2－2－01
［嘉慶］松江府志八十四卷首二卷圖一卷 （清）宋如林修　（清）莫晉等纂　清嘉慶二十二年（1817）松江府學明倫堂刻本　二十五冊　存五十四卷（一至八、十一至十二、二十二至二十三、二十六至三十二、三十五至四十三、四十八至五十五、六十六至六十九、七十二至七十四、七十七至八十四，首二卷，圖一卷）

320000－4645－0002249　68－2－5－01
［光緒］常昭合志稿四十八卷首一卷末一卷 （清）鄭鍾祥等修　（清）龐鴻文纂修　清光緒三十年（1904）木活字印本　十四冊　缺三卷（六至八）

320000－4645－0002250　68－3－3－01
［光緒］松江府續志四十卷首一卷 （清）博潤修　（清）姚光發等纂　清光緒十年（1884）刻

本　十一册　存二十卷(一至二、五至二十一、三十八)

320000－4645－0002251　68－3－3－02
[嘉慶]松江府志八十四卷首二卷圖經一卷　(清)宋如林修　(清)莫晉等纂　清嘉慶二十二年(1817)松江府學明倫堂刻本　十二册　存二十五卷(十六至十七、二十四至二十七、三十三至三十五、四十六至四十七、四十九至五十九、六十二至六十四)

320000－4645－0002252　68－3－4－01
[嘉慶]直隸太倉州志六十五卷　(清)汪廷昉等修　(清)王昶等纂　清嘉慶七年(1802)刻本　二十一册　存五十九卷(六至六十四)

320000－4645－0002253　68－3－4－02
[嘉慶]直隸太倉州志六十五卷　(清)汪廷昉等修　(清)王昶等纂　清嘉慶七年(1802)刻本　八册　存十七卷(三至九、三十至三十四、四十至四十二、四十五至四十六)

320000－4645－0002254　68－3－4－03
[嘉慶]直隸太倉州志六十五卷　(清)汪廷昉等修　(清)王昶等纂　清嘉慶七年(1802)刻本　六册　存十九卷(二十八至二十九、四十至四十二、四十七、五十一至五十七、六十至六十五)

320000－4645－0002255　68－3－5－01
[嘉慶]直隸太倉州志六十五卷　(清)汪廷昉等修　(清)王昶等纂　清嘉慶七年(1802)刻本　三十五册

320000－4645－0002256　68－3－5－02
[光緒]靖江縣志十六卷首一卷　(清)葉滋森修　(清)褚翔纂　清光緒五年(1879)刻本　三册　存六卷(三至四、七至九、十四)

320000－4645－0002257　68－3－5－03
彙刻太倉舊志五種二十六卷　(清)繆朝荃等輯　清宣統元年(1909)刻本　八册

320000－4645－0002258　68－3－5－04
[淳祐]玉峰志三卷　(宋)淩萬頃撰　清宣統元年(1909)刻彙刻太倉舊志五種本　一册　存二卷(上、中)

320000－4645－0002259　68－4－4－01
[雍正]昭文縣志十卷首一卷　(清)勞必達修　(清)陳祖范等纂　清雍正九年(1731)刻本(卷三至七爲抄配)　四册

320000－4645－0002260　68－4－4－02
[康熙]常熟縣志二十六卷首一卷末一卷　(清)楊振藻修　(清)錢陸燦纂　清康熙二十六年(1687)刻重修本(卷十二至十三配清抄本)　七册　存十二卷(十一至十四、十八至二十二、二十四至二十六)

320000－4645－0002261　68－5－1－01
琴川三志補記十卷附琴川志補記續八卷　(清)黄廷鑑撰　清光緒二十四年(1898)木活字印本　四册

320000－4645－0002262　68－5－1－02
琴川三志補記十卷附琴川志補記續八卷　(清)黄廷鑑撰　清光緒二十四年(1898)木活字印本　三册　缺二卷(琴川志補記續三至四)

320000－4645－0002263　68－5－1－03
琴川三志補記十卷附琴川志補記續八卷　(清)黄廷鑑撰　清光緒二十四年(1898)木活字印本　二册　缺六卷(琴川志補記續三至八)

320000－4645－0002264　68－5－1－04
[嘉慶]松江府志名宦傳目錄一卷松江府續志名宦傳目錄一卷　清末民國間上海孫氏瓜瑞堂抄本　一册

320000－4645－0002265　68－5－1－05
海虞藝文志六卷　(清)姚福均輯　清光緒二十三年(1897)常熟姚氏慕程齋刻本　一册　存三卷(一至三)

320000－4645－0002266　68－5－1－06
國朝蘇州府長元吴三邑科第譜四卷　(清)陸懋修輯　(清)陸潤庠補編　清光緒三十二年(1906)刻本　二册

320000－4645－0002267　68－5－2－01
虎邱山志十卷首一卷　（清）顧湄撰　清宣統三年（1911）集群圖書館鉛印本　二冊

320000－4645－0002268　68－5－2－03
虎丘山志十卷首一卷　（清）顧湄撰　清康熙刻後印本　一冊　存三卷（二至四）

320000－4645－0002269　68－5－2－06
［乾隆］鎮洋縣志十四卷首一卷末一卷　（清）金鴻修　（清）李鏻等纂　清乾隆十年（1745）刻本　二冊　存三卷（二至四）

320000－4645－0002270　68－5－2－09
吳郡圖經續記三卷　（宋）朱長文撰　清同治十二年（1873）江蘇書局刻本　一冊

320000－4645－0002271　69－1－1－01
［光緒］寶山縣志十四卷首一卷　（清）梁蒲貴等修　（清）朱延射等纂　清光緒八年（1882）學海書院刻本　八冊

320000－4645－0002272　69－1－1－02
［同治］續纂揚州府志二十四卷　（清）方濬頤修　（清）晏端書等纂　清同治十三年（1874）刻本　八冊

320000－4645－0002273　69－1－1－04
［乾隆］婁縣志三十卷首二卷　（清）謝庭薰修　（清）陸錫熊纂　清乾隆五十三年（1788）刻本　六冊

320000－4645－0002274　69－1－1－05
［光緒］重修華亭縣志二十四卷首一卷末一卷　（清）楊開第修　（清）姚光發等纂　清光緒五年（1879）刻本　二冊　存七卷（一至六、首一卷）

320000－4645－0002275　69－1－1－06
［光緒］重修華亭縣志二十四卷首一卷末一卷　（清）楊開第修　（清）姚光發等纂　清光緒五年（1879）刻本　六冊　存十七卷（一至十三、二十三至二十四，首一卷，末一卷）

320000－4645－0002276　69－1－1－07
重輯楓涇小志十卷首一卷　（清）許光墉等撰　清光緒十七年（1891）鉛印本　四冊

320000－4645－0002277　69－1－2－02
［光緒］寶山縣志十四卷首一卷　（清）梁蒲貴等修　（清）朱延射等纂　清光緒八年（1882）學海書院刻本　六冊　存十卷（一、七至十四，首一卷）

320000－4645－0002278　69－1－2－03
［光緒］嘉定縣志三十二卷首一卷刊誤一卷補遺一卷　（清）程其珏等修　（清）楊震福等纂　清光緒七年（1881）刻民國十六年（1927）保泰祥重印本　十六冊

320000－4645－0002279　69－1－3－02
江蘇海塘新志八卷首一卷　（清）李慶雲修　（清）蔣師轍纂　清光緒十六年（1890）平江黃步雲刻本　四冊

320000－4645－0002280　69－1－3－03
江蘇海塘新志八卷首一卷　（清）李慶雲修　（清）蔣師轍纂　清光緒十六年（1890）平江黃步雲刻本　四冊

320000－4645－0002281　69－1－3－04
續海塘新志四卷　清道光刻本　四冊

320000－4645－0002282　69－1－3－05
續纂江蘇水利全案附編十二卷　（清）李慶雲纂修　清光緒十五年（1889）水利工程局木活字印本　六冊

320000－4645－0002283　69－1－3－06
［光緒］松江府續志四十卷首一卷　（清）博潤修　（清）姚光發等纂　清光緒十年（1884）刻本　二十四冊　存二十七卷（一至二、五至六、十一、十八至二十三、二十五至四十）

320000－4645－0002284　69－1－4－03
［乾隆］南滙縣新志十五卷首一卷　（清）胡志熊修　（清）吳省欽等纂　清刻本　二冊　存八卷（一至五、十四至十五，首一卷）

320000－4645－0002285　69－1－4－04
［光緒］婁縣續志二十卷　（清）汪坤厚等修　（清）張雲望纂　清光緒五年（1879）刻本

六冊

320000－4645－0002286　69－1－4－05
光緒南滙縣志二十二卷首一卷末一卷　（清）金福曾等修　清光緒五年（1879）刻民國十六年（1927）印本　一冊　存一卷（十六）

320000－4645－0002287　69－1－5－01
［光緒］崇明縣志十八卷　（清）林達泉等修（清）李聯琇等纂　清光緒七年（1881）刻本　十二冊

320000－4645－0002288　69－2－1－01
［康熙］常熟縣志二十六卷　（清）楊振藻修（清）錢陸燦纂　清抄本　一冊　存一卷（十一）

320000－4645－0002289　69－2－1－02
黎里志十六卷首一卷　（清）徐達源纂輯　清嘉慶十年（1805）徐達源孚遠堂刻本　四冊

320000－4645－0002290　69－2－1－05
［道光］分湖小識六卷　（清）柳樹芳輯錄　清道光二十七年（1847）勝谿草堂刻本　二冊

320000－4645－0002291　69－2－2－01
［光緒］寶山縣志十四卷首一卷　（清）梁蒲貴等修　（清）朱延射等纂　清光緒八年（1882）學海書院刻本　八冊

320000－4645－0002292　69－2－2－03
［光緒］周莊鎮志六卷首一卷　（清）陶煦輯　清光緒八年（1882）刻本　一冊　存一卷（四）

320000－4645－0002293　69－2－2－06
光緒南滙縣志二十二卷首一卷末一卷　（清）金福曾等修　清光緒五年（1879）刻民國十六年（1927）印本　十二冊

320000－4645－0002294　69－2－3－01
［光緒］嘉定縣志三十二卷首一卷刊誤一卷補遺一卷　（清）程其珏等修　（清）楊震福等纂　清光緒七年（1881）刻本　十六冊

320000－4645－0002295　69－2－4－02
［光緒］吳江縣續志四十卷首一卷　（清）金吳瀾　（清）金福曾修　（清）熊其英等纂　清光緒五年（1879）刻李國琮重印本　七冊　缺三卷（三十八至四十）

320000－4645－0002296　69－3－1－04
［光緒］川沙廳志十四卷首一卷補遺一卷　（清）陳方瀛修　（清）俞樾等纂　清光緒五年（1879）刻本　六冊

320000－4645－0002297　69－3－1－05
［光緒］川沙廳志十四卷首一卷補遺一卷　（清）陳方瀛修　（清）俞樾等纂　清光緒五年（1879）刻本　一冊　存二卷（三至四）

320000－4645－0002298　69－3－2－01
［嘉慶］松江府志八十四卷首二卷圖經一卷　（清）宋如林修　（清）莫晉等纂　清嘉慶二十二年（1817）松江府學明倫堂刻本　二十九冊　存三十卷（五十五至八十四）

320000－4645－0002299　69－3－3－04
［嘉慶］松江府志八十四卷首二卷圖經一卷　（清）宋如林修　（清）莫晉等纂　清嘉慶二十二年（1817）松江府學明倫堂刻本　八冊　存十六卷（二十九至三十二、三十五至四十三、七十九至八十一）

320000－4645－0002300　69－3－3－05
［嘉慶］松江府志八十四卷首二卷圖經一卷　（清）宋如林修　（清）莫晉等纂　清嘉慶二十二年（1817）松江府學明倫堂刻本　十冊　存二十四卷（一至二十一、首二卷，圖經一卷）

320000－4645－0002301　69－3－4－01
［光緒］重修奉賢縣志二十卷首一卷末一卷　（清）韓佩金修　（清）張文虎等纂　清光緒四年（1878）刻本　六冊

320000－4645－0002302　69－3－4－02
［光緒］重修奉賢縣志二十卷首一卷末一卷　（清）韓佩金修　（清）張文虎等纂　清光緒四年（1878）刻本　五冊　缺三卷（十一至十三）

320000－4645－0002303　69－3－4－03
［光緒］金山縣志三十卷首一卷　（清）崔廷鏞等修　（清）黃厚本等纂　清光緒四年（1878）刻本　八冊

320000－4645－0002304　69－3－4－04
[光緒]重修華亭縣志二十四卷首一卷末一卷　(清)楊開第修　(清)姚光發等纂　清光緒五年(1879)刻本　十册

320000－4645－0002305　69－4－1－01
[同治]續纂揚州府志二十四卷　(清)方濬頤修　(清)晏端書等纂　清同治十三年(1874)刻本　四册　存八卷(三至九、二十一)

320000－4645－0002306　69－4－1－02
揚州畫舫録十八卷　(清)李斗撰　清同治十一年(1872)刻本　四册

320000－4645－0002307　69－4－1－03
太湖備考續編四卷　(清)鄭言紹輯　清光緒二十九年(1903)憇園刻本　四册

320000－4645－0002308　69－4－1－04
太湖備考續編四卷　(清)鄭言紹輯　清光緒二十九年(1903)憇園刻本　四册

320000－4645－0002309　69－4－1－05
[光緒]青浦縣志三十卷首二卷末一卷　(清)汪祖綬修　(清)熊其英纂　清光緒五年(1879)尊經閣刻本　十二册

320000－4645－0002310　69－4－1－06
[光緒]青浦縣志三十卷首二卷末一卷　(清)汪祖綬修　(清)熊其英纂　清光緒五年(1879)尊經閣刻本　十二册　存二十三卷(九至三十、末一卷)

320000－4645－0002311　69－4－1－07
[光緒]蒸里志略十二卷　(清)葉世熊撰　程兼善增補　清宣統二年(1910)葉桐叔鉛印本　二册

320000－4645－0002312　69－4－2－01
江蘇省例不分卷江蘇省例續編不分卷江蘇省例三編不分卷江蘇省例四編不分卷　清同治、光緒間江蘇書局刻本　十册　存同治六年至光緒二十年

320000－4645－0002313　69－4－3－01
[光緒]青浦縣志三十卷首二卷末一卷　(清)汪祖綬修　(清)熊其英纂　清光緒五年(1879)尊經閣刻本　四册　存十卷(七至十二、二十至二十一、二十七至二十八)

320000－4645－0002314　69－4－3－02
[光緒]川沙廳志十四卷首一卷補遺一卷　(清)陳方瀛修　(清)俞樾等纂　清光緒五年(1879)刻本　五册　缺三卷(一至二、首一卷)

320000－4645－0002315　69－4－3－06
[光緒]嘉定縣志三十二卷首一卷刊誤一卷補遺一卷　(清)程其珏等修　(清)楊震福等纂　清光緒七年(1881)刻本　一册　存二卷(九至十)

320000－4645－0002316　69－4－4－01
同治上海縣志三十二卷首一卷末一卷補遺一卷　(清)應寳時修　(清)俞樾等纂　清同治十年(1871)刻十一年(1872)增修本　十三册　存二十七卷(一至二十六、首一卷)

320000－4645－0002317　69－4－4－02
同治上海縣志三十二卷首一卷末一卷補遺一卷　(清)應寳時修　(清)俞樾等纂　清同治十年(1871)刻十一年(1872)增修本　十五册　缺三卷(一至二、首一卷)

320000－4645－0002318　69－5－1－01
同治上海縣志三十二卷首一卷末一卷補遺一卷　(清)應寳時修　(清)俞樾等纂　清同治十年(1871)刻十一年(1872)增修本　十五册　缺五卷(十八至十九、三十二,末一卷,補遺一卷)

320000－4645－0002319　69－5－1－02
[乾隆]江南通志二百卷首四卷　(清)尹繼善等修　(清)黄之雋等纂　清乾隆二年(1737)刻本　六十二册　缺四十二卷(一至三、八至十二、六十三至六十六、一百二至一百二十六、一百七十八至一百八十一,首一)

320000－4645－0002320　70－1－1－01
[乾隆]直隸通州志二十二卷　(清)王繼祖修　(清)夏之蓉纂　清乾隆二十年(1755)刻本

六冊　存八卷(六至九、十一至十四)

320000－4645－0002321　70－1－1－03

[道光]重修寶應縣志二十八卷首一卷　(清)孟毓蘭修　(清)喬載繇纂　清道光二十年(1840)湯氏沐華堂刻本　十冊

320000－4645－0002322　70－1－1－04

[道光]續增高郵州志六卷　(清)左輝春修　(清)宋茂初等纂　清道光二十三年(1843)刻本　六冊

320000－4645－0002323　70－1－1－05

[道光]續增高郵州志六卷　(清)左輝春修　(清)宋茂初等纂　清道光二十三年(1843)刻本　五冊　缺一卷(一)

320000－4645－0002324　70－1－1－06

[道光]續增高郵州志六卷　(清)左輝春修　(清)宋茂初等纂　清道光二十三年(1843)刻本　二冊　存二卷(五至六)

320000－4645－0002325　70－1－1－07

[道光]寶應圖經六卷首二卷　(清)劉寶楠纂修　清光緒九年(1883)江蘇淮南書局刻本　四冊

320000－4645－0002326　70－2－1－03

[光緒]六合縣志八卷圖説一卷附録一卷　(清)謝延庚等修　(清)賀廷壽等纂　清光緒十年(1884)刻本　七冊　存七卷(一至七)

320000－4645－0002327　70－2－1－04

太湖備考十六卷首一卷　(清)金友理纂　**湖程紀略一卷**　(清)吳曾撰　清乾隆十五年(1750)藝蘭圃刻本　六冊　存十二卷(二至十三)

320000－4645－0002328　70－2－1－05

[同治]山陽縣志二十一卷　(清)張兆棟修　清同治十二年(1873)刻本　八冊

320000－4645－0002329　70－2－1－06

[乾隆]震澤縣志三十八卷首一卷　(清)陳和志修　清光緒十九年(1893)刻本　八冊

320000－4645－0002330　70－2－2－01

[嘉慶]黎里志十六卷首一卷黎里續志十六卷首一卷　(清)徐達源纂　清嘉慶十年(1805)吴江徐氏孚遠堂刻光緒二十五年(1899)重印黎里合志本　十冊

320000－4645－0002331　70－2－2－02

[光緒]嘉定縣志三十二卷首一卷補遺一卷　(清)程其珏等修　(清)楊震福等纂　清光緒八年(1882)刻本　七冊　存十五卷(四至十、十四至十五、十七至十八、二十七至二十八、三十一至三十二)

320000－4645－0002332　70－2－2－03

[光緒]嘉定縣志三十二卷首一卷末一卷勘誤一卷　(清)程其珏等修　(清)楊震福等纂　清光緒七年(1881)刻本　七冊　存十五卷(六至十、十四至十五、二十一至二十八)

320000－4645－0002333　70－2－2－04

[光緒]嘉定縣志三十二卷首一卷刊誤一卷補遺一卷　(清)程其珏等修　(清)楊震福等纂　清光緒七年(1881)刻本　二冊　存四卷(十七至十八、二十二至二十三)

320000－4645－0002334　70－2－3－02

[嘉慶]重修揚州府志七十二卷首一卷　(清)阿克當阿修　(清)姚文田等纂　清嘉慶十五年(1810)刻本　二十七冊　缺三十四卷(五至十、十三至十四、十八至十九、二十一至四十、六十六、七十至七十二)

320000－4645－0002335　70－2－3－03

[光緒]平山堂圖志十卷附名勝全圖一卷　(清)趙之壁著　清光緒九年(1883)刻本　四冊

320000－4645－0002336　70－2－3－04

[光緒]增修甘泉縣志二十四卷首一卷　(清)徐成敟等修　(清)陳浩恩等纂　清光緒七年(1881)木活字印本　二十冊

320000－4645－0002337　70－2－4－01

太湖備考十六卷首一卷　(清)金友理纂　**湖程紀略一卷**　(清)吳曾撰　清乾隆十五年(1750)藝蘭圃刻本　八冊

320000－4645－0002338　70－2－4－02
太湖備考十六卷首一卷　(清)金友理纂　**湖程紀略一卷**　(清)吳曾撰　清乾隆十五年(1750)藝蘭圃刻本　六冊　存十二卷(一至十一、首一卷)

320000－4645－0002339　70－3－1－01
[乾隆]江都縣志三十二卷　(清)五格　(清)黃湘纂修　清光緒七年(1881)刻本　四冊　存十二卷(十三至十四、二十至二十九)

320000－4645－0002340　70－3－1－02
[光緒]增修甘泉縣志二十四卷首一卷　(清)徐成敟等修　(清)陳浩恩等纂　(清)桂正華等增修　(清)范用賓增纂　清光緒十一年(1885)刻本　十二冊　存十四卷(三、六、八至十、十四至十五、十八至二十四)

320000－4645－0002341　70－3－1－03
[光緒]通州直隸州志十六卷首一卷末一卷　(清)梁悅馨　(清)莫祥芝修　(清)沈鍠　(清)季念詒纂　清光緒二年(1876)刻本　十六冊

320000－4645－0002342　70－3－2－01
[嘉慶]重修揚州府志七十二卷首一卷　(清)阿克當阿修　(清)姚文田等纂　清嘉慶十五年(1810)刻本　四十八冊

320000－4645－0002343　70－3－3－02
[光緒]泰興縣志二十六卷圖一卷志餘一卷　(清)顧曾烜等纂　清光緒十二年(1886)刻本　十冊

320000－4645－0002344　70－3－3－03
[光緒]盱眙縣志稿十七卷　(清)王錫元等修　清光緒十七年(1891)刻本　八冊

320000－4645－0002345　70－3－3－04
廣陵通典十卷　(清)汪中撰　清同治八年(1869)刻本　二冊

320000－4645－0002346　70－3－3－05
[光緒]再續高郵州志八卷首一卷　(清)龔定瀛修　(清)夏子錫纂　清光緒九年(1883)刻本　六冊　存七卷(一至六、首一卷)

320000－4645－0002347　70－3－4－01
[咸豐]邳州志二十卷首一卷　(清)董用威　(清)馬軼群修　(清)魯一同纂　清咸豐元年(1851)刻光緒二十一年(1895)重修本　四冊

320000－4645－0002348　70－3－4－02
[嘉慶]江都縣續志十二卷首一卷　(清)王逢源　(清)李保泰纂修　清光緒七年(1881)刻本　四冊

320000－4645－0002349　70－3－4－03
[嘉慶]江都縣續志十二卷首一卷　(清)王逢源　(清)李保泰纂修　清光緒七年(1881)刻本　二冊　存六卷(七至十二)

320000－4645－0002350　70－3－4－04
[乾隆]江都縣志三十二卷圖一卷　(清)五格　(清)黃湘纂修　清光緒七年(1881)刻本　一冊　存二卷(三十至三十一)

320000－4645－0002351　70－3－4－05
[乾隆]江都縣志三十二卷圖一卷　(清)五格　(清)黃湘纂修　清光緒七年(1881)刻本　一冊　存二卷(三十至三十一)

320000－4645－0002352　70－4－1－01
[光緒]增修甘泉縣志二十四卷首一卷　(清)徐成敟等修　(清)陳浩恩等纂　(清)桂正華等增修　(清)范用賓增纂　清光緒十一年(1885)刻本　二十冊

320000－4645－0002353　70－4－2－04
[咸豐]重修興化縣志十卷　(清)梁園棣修　(清)鄭之僑纂　清咸豐二年(1852)刻本　二冊

320000－4645－0002354　70－4－3－01
[嘉慶]重修揚州府志七十二卷首一卷　(清)阿克當阿修　(清)姚文田等纂　清嘉慶十五年(1810)刻本　四十六冊　缺三卷(一至二、首一卷)

320000－4645－0002355　70－4－4－01
[光緒]泰興縣志二十六卷圖一卷志餘一卷　(清)楊激雲修　(清)顧曾烜纂　清光緒十二年(1886)刻本　十冊

320000－4645－0002356　70－4－4－02
[嘉慶]如臯縣志二十四卷　(清)楊受廷等修　(清)馬汝舟等纂　清嘉慶十五年(1810)刻本　二册　存六卷(三至八)

320000－4645－0002357　70－4－4－03
[光緒]海門廳圖志二十卷　(清)劉文澂　(清)周家禄修　清光緒二十五年(1899)刻本　三册

320000－4645－0002358　70－4－4－04
南通州五山全志二十卷　(清)劉名芳編　清乾隆十六年(1751)刻光緒三年(1877)重修本　五册

320000－4645－0002359　70－5－1－02
[同治]徐州府志二十五卷　(清)吴世熊修　清同治十三年(1874)刻本　十六册

320000－4645－0002360　71－1－1－03
[光緒]增修甘泉縣志二十四卷首一卷　(清)徐成敟等修　(清)陳浩恩等纂　清光緒七年(1881)木活字印本　十九册　缺一卷(首一卷)

320000－4645－0002361　71－1－2－01
[光緒]增修甘泉縣志二十四卷首一卷　(清)徐成敟等修　(清)陳浩恩等纂　清光緒七年(1881)木活字印本　十四册　存十八卷(三至五、七至二十一)

320000－4645－0002362　71－2－1－01
[光緒]贛榆縣志十八卷　(清)王豫熙修　張謇纂　清光緒十四年(1888)刻本　四册

320000－4645－0002363　71－2－1－03
[同治]揚州水道記四卷圖一卷　(清)劉文淇撰　清同治十一年(1872)淮南書局刻本　二册

320000－4645－0002364　71－2－2－03
[光緒]豐縣志十六卷首一卷　(清)姚鴻傑纂修　清光緒二十年(1894)刻本　三册　存十卷(二至七、十三至十六)

320000－4645－0002365　71－2－2－04
[同治]宿遷縣志十九卷　(清)李德溥等修　(清)方駿謨纂　清同治十三年(1874)刻本　二册　存五卷(四至五、十七至十九)

320000－4645－0002366　71－2－3－01
[道光]江蘇海運全案十二卷　(清)賀長齡輯　清道光六年(1826)刻本　三册　缺二卷(十一至十二)

320000－4645－0002367　71－2－3－02
[道光]泰州志三十六卷首一卷　(清)王有慶　(清)陳道坦修　(清)梁桂　(清)陳世鎔纂　清道光七年(1827)刻本　十册

320000－4645－0002368　71－4－1－02
嘉慶海州直隸州志三十二卷首一卷　(清)唐仲冕等修　(清)汪梅鼎等纂　清嘉慶十年(1805)刻十六年(1811)重修本　十册

320000－4645－0002369　71－4－1－03
吴中水利全書二十八卷　(明)張國維撰　明崇禎九年(1636)刻本　四册　存九卷(六、八至十三、二十三至二十四)

320000－4645－0002370　71－4－2－01
[道光]廣東通志三百三十四卷首一卷　(清)阮元修　(清)陳昌齊纂　清同治三年(1864)刻本　九十册　存二百五十二卷(一至二百五十一、首一卷)

320000－4645－0002371　71－4－4－01
[嘉慶]龍川縣志四十卷　(清)胡瑃修　(清)勒殷山纂　清嘉慶二十三年(1818)刻道光元年(1821)增修本　六册　存三十九卷(一至三十九)

320000－4645－0002372　71－4－4－02
[乾隆]淮安府志三十二卷　(清)衛哲治修　(清)葉長揚　(清)顧棟高纂　清咸豐二年(1852)刻本　三册　存四卷(二十九至三十二)

320000－4645－0002373　71－4－4－03
元和郡縣圖志四十卷　(唐)李吉甫撰　清光緒八年(1882)金陵書局刻本　十册

320000－4645－0002374　71－4－5－01
［光緒］阜寧縣志二十四卷首一卷　（清）阮本焱修　（清）陳肇礽纂　清光緒十二年（1886）刻本　一册　存二卷（一、首一卷）

320000－4645－0002375　71－4－5－02
光緒丙子清河縣志二十六卷　（清）胡裕燕等修　（清）吴昆田等纂　清光緒五年（1879）刻本　二册　缺十八卷（九至二十六）

320000－4645－0002376　71－4－5－03
［同治］清河縣志再續編二卷　（清）劉咸修（清）吴昆田纂　清同治十二年（1873）刻本　二册

320000－4645－0002377　71－4－5－04
［光緒］鹽城縣志十七卷首一卷　（清）劉崇照修　（清）陳玉樹纂　清光緒二十一年（1895）刻本　八册

320000－4645－0002378　71－5－1－01
［乾隆］震澤縣志三十八卷首一卷　（清）陳和志修　（清）倪師孟　（清）沈彤纂　清光緒十九年（1893）吴郡徐元圃刻本　八册

320000－4645－0002379　71－5－2－01
［光緒］兩淮鹽法誌一百六十卷首一卷　（清）王定安纂　（清）曾國荃修　清光緒三十一年（1905）金陵刻本　六十四册

320000－4645－0002380　71－5－2－02
［光緒］廣州府志一百六十三卷　（清）戴肇辰修　（清）史澄　（清）李光延纂　清光緒五年（1879）廣州粤秀書院刻本　一册　存一卷（六十六）

320000－4645－0002381　71－5－2－05
［光緒］再續高郵州誌八卷首一卷　（清）金元烺　（清）龔定瀛修　清光緒九年（1883）刻本　一册　存一卷（三）

320000－4645－0002382　72－2－1－01
［乾隆］羅山縣志八卷　（清）葛荃修　（清）李之杜等纂　清乾隆十一年（1746）刻本　一册　存一卷（六）

320000－4645－0002383　72－2－1－03
滇繫四十卷　（清）師範纂修　清光緒十三年（1887）雲南通志局刻本　十册　存七卷（一至七）

320000－4645－0002384　72－2－1－04
［同治］長樂縣志二十卷首一卷　（清）彭光藻等修　（清）楊希閔等纂　清同治九年（1870）刻本　九册　存十九卷（二至二十）

320000－4645－0002385　72－2－1－08
［同治］長沙縣志三十六卷首一卷　（清）劉采邦等修　（清）張延珂等纂　清同治十年（1871）刻本　一册　存二卷（九至十）

320000－4645－0002386　72－2－1－09
湖南輿圖説不分卷　（清）左學呂等撰　清光緒二十三年（1897）刻本　二册

320000－4645－0002387　72－2－2－02
元和郡縣圖志四十卷　（唐）李吉甫撰　清光緒六年（1880）金陵書局刻本（原缺卷十八、二十五、三十五至三十六）　十册

320000－4645－0002388　72－2－2－03
［嘉慶］東臺縣志四十卷　（清）周右修（清）蔡復午等纂　清嘉慶二十二年（1817）刻本　二十四册

320000－4645－0002389　72－2－3－03
廣東新語二十八卷　（清）屈大均撰　清木天閣刻本　十册

320000－4645－0002390　72－2－4－01
［道光］厦門志十六卷　（清）周凱等纂修　清道光十九年（1839）刻本　十一册　缺一卷（十三）

320000－4645－0002391　72－2－4－02
南嶽志八卷　（清）高自位修　（清）曠敏本輯　清乾隆十八年（1753）開雲樓刻本　四册

320000－4645－0002392　72－2－4－03
［光緒］湖南通志二百八十八卷首八卷末十九卷　（清）李瀚章等修　（清）曾國荃等纂　清光緒十一年（1885）刻紫印本　一册　存一卷

（一）

320000－4645－0002393　72－2－4－03－01
［光緒］湖南通志二百八十八卷首八卷末十九卷　（清）李瀚章等修　（清）曾國荃等纂　清光緒十一年（1885）刻本　一册　存一卷（二百七十七）

320000－4645－0002394　72－2－4－05
［嘉慶］開州志八卷首一卷　（清）李符清修（清）沈樂善纂　清嘉慶十一年（1806）刻本一册　存二卷（七至八）

320000－4645－0002395　72－2－4－07
［光緒］重修電白縣志三十卷首一卷　（清）孫鑄修　（清）邵祥齡纂　清光緒十八年（1892）刻本　三册　存十一卷（十二至十六、二十一至二十六）

320000－4645－0002396　72－2－4－08
［乾隆］歸善縣志十八卷首一卷　（清）章壽彭修　（清）陸飛纂　清乾隆四十八年（1783）刻本　二册　存七卷（一至二、八、十五至十八）

320000－4645－0002397　72－3－1－01
咸淳臨安志一百卷　（元）潛説友纂修　**札記三卷**　（清）黄士珣撰　清道光十一年（1831）汪遠孫振綺堂刻同治六年（1867）重修本（原缺九十、九十八至一百）　二十四册

320000－4645－0002398　72－3－2－01
欽定重修兩浙鹽法志三十卷首二卷　（清）阮元等修　**兩浙鹽法續纂備考十二卷**　（清）楊昌濬等修　清同治十三年（1874）刻本　三十六册

320000－4645－0002399　72－3－2－02
浙西水利備考不分卷　（清）王鳳生撰　清光緒四年（1878）浙江書局刻朱墨套印本　一册　存一册（一）

320000－4645－0002400　72－3－3－01
乾隆府廳州縣圖志五十卷　（清）洪亮吉撰清光緒二十三年（1897）新化三味書室刻本二十四册

320000－4645－0002401　72－3－3－02
［同治］贛縣志五十四卷首一卷　（清）黄德溥修　（清）褚景昕纂　清同治十一年（1872）刻本　九册　存二十卷（二十七至三十一、三十八至三十九、四十二至五十四）

320000－4645－0002402　72－3－4－01
西湖志四十八卷　（清）李衛等修　（清）傅王露等纂　清光緒四年（1878）浙江書局刻本十册　存二十三卷（一至二十三）

320000－4645－0002403　72－3－4－02
［同治］崇仁縣志十卷首一卷附編一卷　（清）盛銓修　（清）黄炳奎等纂　清同治十二年（1873）刻本　四册　存二卷（一、首一卷）

320000－4645－0002404　72－3－4－03
［道光］泰和縣志四十八卷首一卷　（清）楊訒纂修　（清）徐迪惠增纂修　清道光四年（1824）刻六年（1826）增修本　一册　存二卷（十七至十八）

320000－4645－0002405　72－3－5－01
武夷山志二十四卷首一卷　（清）董天工撰清乾隆十六年（1751）刻本　六册　存十五卷（一至七、十一至十六、二十，首一卷）

320000－4645－0002406　72－3－5－02
［乾隆］襄陽府志四十卷首一卷　（清）陳鍔纂修　清乾隆二十五年（1760）刻本　十一册存三十二卷（一至十七、二十二至三十二、三十四至三十六，首一卷）

320000－4645－0002407　72－4－1－01
禺峽山志四卷　（清）孫繩祖撰　清光緒十年（1884）刻本　三册　存三卷（一、三至四）

320000－4645－0002408　72－4－1－02
禺峽山志四卷　（清）孫繩祖撰　清光緒十年（1884）刻本　三册　存三卷（一至二、四）

320000－4645－0002409　72－4－1－03
光緒杭州府志藝文志（杭州藝文志）十卷　吴慶坻編　清光緒三十四年（1908）長沙刻本二册　存三卷（八至十）

320000－4645－0002410　72－4－1－04
壽辦淮沂義賑徵信錄二卷　（清）唐洪培　（清）唐錫晉輯　清光緒二十六年（1900）木活字印本　二册

320000－4645－0002411　72－4－1－05
勅修兩浙海塘通志二十卷首一卷　（清）方觀承等修　（清）杭世駿等纂　清乾隆十六年（1751）刻本　二册　存七卷（十一至十七）

320000－4645－0002412　72－4－1－06
武夷山志二十四卷首一卷　（清）董天工撰　清道光二十七年（1847）五夫尺木軒刻本　一册　存三卷（三至五）

320000－4645－0002413　72－4－2－01
康熙四年黟縣丈量魚鱗經册（玉字壹號至壹千壹百陸拾號止）不分卷　稿本　三册

320000－4645－0002414　72－4－2－02
康熙年江南徽州府祁門縣清丈魚鱗册（日字肆百叁拾叁至壹千貳百玖拾陸號）不分卷　稿本　二册

320000－4645－0002415　72－5－1－01
廣雁蕩山誌二十八卷首一卷末一卷書後一卷　（清）曾唯撰　清乾隆五十五年（1790）依綠園刻嘉慶十三年（1808）增修本　六册　存二十三卷（一至二十一、首一卷、書後一卷）

320000－4645－0002416　72－5－1－02
湖山便覽十二卷圖一卷　（清）翟灝　（清）翟瀚撰　清光緒元年（1875）王維翰槐蔭堂刻本　六册

320000－4645－0002417　72－5－1－03
湖山便覽十二卷圖一卷　（清）翟灝　（清）翟瀚撰　清光緒元年（1875）王維翰槐蔭堂刻本　六册

320000－4645－0002418　72－5－1－04
湖山便覽十二卷圖一卷　（清）翟灝　（清）翟瀚撰　清光緒元年（1875）王維翰槐蔭堂刻本　六册

320000－4645－0002419　72－5－2－01
［道光］彰化縣志十二卷首一卷　（清）李廷璧修　（清）周璽纂　清道光十六年（1836）刻本　十二册

320000－4645－0002420　72－5－2－02
福建票鹽志略一卷　（清）吳大廷輯　清同治五年（1866）福建鹽局刻本　二册

320000－4645－0002421　72－5－2－03
［光緒］利川縣志十四卷首一卷　（清）黄世崇纂修　清光緒二十年（1894）鍾靈書院刻本　三册　存十卷（五至十四）

320000－4645－0002422　72－5－2－04
［道光］陽山縣志十五卷首一卷圖一卷　（清）陸向榮修　（清）劉彬華纂　清道光三年（1823）刻本　三册　缺三卷（三至五）

320000－4645－0002423　72－5－3－01
［乾隆］福州府志七十六卷首一卷　（清）徐景熹修　（清）魯曾煜等纂　清乾隆十九年（1754）刻二十一年（1756）重修本　一册　存一卷（五）

320000－4645－0002424　72－5－3－02
［乾隆］寧德縣志十卷首一卷　（清）盧建其修　（清）張君賓等纂　清乾隆四十八年（1783）刻本　十一册　存十卷（一下至十）

320000－4645－0002425　72－5－3－03
［光緒］黄巖縣志四十卷首一卷　（清）鄭錫滜等修　（清）王棻等纂　清光緒三年（1877）刻本　二册　存四卷（十五至十六、三十四至三十五）

320000－4645－0002426　72－5－3－04
［乾隆］平湖縣志十卷首一卷末一卷　（清）王恒修　（清）張誠纂　清乾隆五十五年（1790）刻本　三册　存六卷（一、六至九，首一卷）

320000－4645－0002427　72－5－4－01
［光緒］樂清縣志十六卷首一卷　（清）李登雲修　（清）陳坤纂　清光緒二十七年（1901）刻本　一册　存二卷（十二至十三）

320000－4645－0002428　72－5－4－02

玉華洞志六卷　(清)廖鶴齡輯　清康熙六十一年(1722)刻本　一册　存一卷(二)

320000－4645－0002429　72－5－4－03
烏程長興二邑溇港説一卷　(清)梁恭辰校　清光緒四年(1878)刻本　一册

320000－4645－0002430　72－5－4－04
咸淳臨安志一百卷　(元)潛説友纂修　**札記三卷**　(清)黄士珣撰　清道光十一年(1831)汪遠孫振綺堂刻本(原缺卷九十、九十八至一百)　八册　存三十一卷(十至十五、三十至三十六、六十四、七十四至八十三、九十四至九十七,札記三卷)

320000－4645－0002431　72－5－4－05
[宣統]臨安縣志八卷首一卷末一卷　(清)彭循堯修　(清)董運昌等纂　清宣統二年(1910)木活字印本　六册

320000－4645－0002432　73－1－1－01
兩江忠義録不分卷　清光緒刻本　五十六册

320000－4645－0002433　73－1－2－01
[光緒]重修安徽通志三百五十卷補遺十卷　(清)吴坤修等修　(清)何紹基等纂　清光緒四年(1878)刻本　一百二十册

320000－4645－0002434　73－1－5－01
[光緒]滁州志十卷首一卷末一卷　(清)熊祖詒纂修　清光緒二十三年(1897)金陵木活字印本　十册

320000－4645－0002435　73－1－5－02
[嘉慶]鳳臺縣志十二卷　(清)李兆洛纂修　清嘉慶十九年(1814)刻本　五册　存十卷(一至十)

320000－4645－0002436　73－1－5－03
九華山志十卷首一卷　(清)謝維喈修　(清)周贇纂　清光緒二十六年(1900)刻本　八册

320000－4645－0002437　73－2－1－01
西湖遊覽志二十四卷　(明)田汝成撰　清光緒二十二年(1896)錢塘丁氏嘉惠堂刻本　三册　存十六卷(八至十、十二至二十四)

320000－4645－0002438　73－2－1－02
西湖遊覽志餘二十六卷　(明)田汝成撰　清光緒二十二年(1896)錢塘丁氏嘉惠堂刻本　六册

320000－4645－0002439　73－2－1－03
西湖遊覽志餘二十六卷　(明)田汝成撰　清光緒二十二年(1896)錢塘丁氏嘉惠堂刻本　七册　存十九卷(一至二、十至二十六)

320000－4645－0002440　73－2－1－04
[光緒]永嘉縣志三十八卷首一卷　(清)張寶琳修　(清)王棻等纂　清光緒八年(1882)刻本　十五册　存三十五卷(一至三十四、首一卷)

320000－4645－0002441　73－2－2－01
浙江忠義録十卷續編二卷表八卷續表八卷　(清)張景祁等纂修　清同治、光緒間刻本　二十六册　缺四卷(浙江忠義録一至二上、九至十)

320000－4645－0002442　73－2－3－01
[嘉慶]東流縣志三十卷　(清)吴篪修　(清)李兆洛等纂　清嘉慶二十三年(1818)刻本　七册　存二十七卷(一至二十七)

320000－4645－0002443　73－2－3－02
[淳熙]新安志十卷　(宋)趙不悔修　(宋)羅願纂　清光緒十四年(1888)黟邑李氏刻本　三册　存八卷(一至八)

320000－4645－0002444　73－2－3－03
黄山志定本七卷首一卷　(清)閔麟嗣撰　清康熙刻本　清□寶鈞跋　一册　存一卷(五)

320000－4645－0002445　73－2－3－05
[乾隆]温州府志三十卷首一卷　(清)李琬修　(清)齊召南等纂　清乾隆二十七年(1762)刻本　十四册

320000－4645－0002446　73－2－3－06
[嘉慶]蕭縣志十八卷首一卷　(清)潘鎔修　(清)沈學淵等纂　清嘉慶二十年(1815)刻本　九册　存十七卷(一至十二、十五至十八,首一卷)

320000－4645－0002447　73－2－4－01
［光緒］嘉興府志八十八卷首二卷　（清）許瑶光修　（清）吳仰賢纂　清光緒四年（1878）刻五年（1879）印本　四十一册　存七十八卷（一至九、十二至二十二、二十五至五十六、五十八至六十、六十三至七十四、七十七至八十、八十二至八十六，首二卷）

320000－4645－0002448　73－2－5－01
客越志略一卷　（明）王穉登撰　**清波小志二卷**　（清）徐逢吉撰　**清波小志補一卷**　（清）陳景鐘輯　清光緒七年（1881）錢唐丁氏八千卷樓越中刻本　一册

320000－4645－0002449　73－2－5－02
西湖志纂十五卷　（清）沈德潛輯　清乾隆刻本　四册　存十三卷（一至十三）

320000－4645－0002450　73－3－1－01
湖州府屬水道總圖一卷附太湖水道圖説一卷　清刻朱墨套印本　一册

320000－4645－0002451　73－3－1－02
嘉興府水道全圖一卷　清刻朱墨套印本　一册

320000－4645－0002452　73－3－1－03
［道光］安徽通志二百六十卷首六卷　（清）陶澍修　清道光十年（1830）刻本　八十册　存二百十三卷（十至二十七、三十一至四十七、五十至五十七、六十至一百六十一、一百六十八至一百六十九、一百七十三至一百九十七、二百一至二百三十八，首一至三）

320000－4645－0002453　73－3－4－01
［同治］湖州府志九十六卷首一卷　（清）宗源瀚修　（清）陸心源等纂　清同治十三年（1874）愛山書院刻本　三十四册　缺十二卷（十二至十五、四十六至四十七、六十一至六十四、七十七至七十八）

320000－4645－0002454　73－4－3－01
［同治］孝豐縣志九卷首一卷末一卷　（清）劉濬纂修　清光緒三年至五年（1877－1879）刻本　六册　存九卷（一至三、五至九，首一卷）

320000－4645－0002455　73－4－3－04
［乾隆］乍浦志六卷首一卷末一卷　（清）宋景關纂修　清乾隆二十二年（1757）刻本　四册　存六卷（一至五、首一卷）

320000－4645－0002456　73－4－3－05
［乾隆］鎮海縣志八卷首一卷　（清）王夢弼　（清）邵向榮纂修　清乾隆十七年（1752）刻本　四册　存四卷（四、六至八）

320000－4645－0002457　73－4－3－06
［嘉慶］羅江縣志十卷　（清）李調元纂修　清嘉慶七年（1802）刻本　一册　存五卷（六至十）

320000－4645－0002458　73－4－3－07
浦陽人物記二卷　（明）宋濂撰　清同治八年（1869）永康胡氏退補齋刻金華叢書本　一册

320000－4645－0002459　73－4－3－08
［同治］麗水縣志十五卷　（清）彭潤章纂修　清同治十三年（1874）刻本　三册　存五卷（十一至十五）

320000－4645－0002460　73－4－3－10
光緒桐鄉縣志二十四卷首四卷　（清）嚴辰輯　清光緒十三年（1887）蘇州陶漱藝齋刻本　十二册　存十六卷（一至十五、首一）

320000－4645－0002461　73－4－4－01
［嘉慶］嘉興府志八十卷首三卷　（清）伊湯安修　（清）馮應榴纂　清嘉慶六年（1801）刻本　二十一册　缺三十七卷（四十四至八十）

320000－4645－0002462　73－4－5－01
［光緒］餘姚縣志二十七卷首一卷末一卷　（清）周炳麟修　（清）邵友濂纂　清光緒二十五年（1899）刻本　十六册

320000－4645－0002463　73－5－1－01
孤嶼志八卷首一卷　（清）陳舜咨訂修　清嘉慶十四年（1809）刻本　三册　存三卷（三至五）

320000－4645－0002464　73－5－1－03
［寶慶］四明志二十一卷　（宋）羅濬纂　清咸

豐四年(1854)徐時棟煙嶼樓刻宋元四明六志本　八册

320000－4645－0002465　73－5－1－04
西湖遊覽志二十四卷　(明)田汝成輯撰　明嘉靖二十六年(1547)嚴寬刻本　一册　存五卷(二十至二十四)

320000－4645－0002466　73－5－2－01
西湖志四十八卷　(清)李衛等修　(清)傅王露等纂　清雍正十三年(1735)兩浙鹽驛道庫刻乾隆重修本　十九册　存四十六卷(一至十一、十四至四十八)

320000－4645－0002467　74－3－1－01
同治上海縣志札記六卷　(清)秦榮光撰　清光緒二十八年(1902)松江振華德記印書館鉛印本　六册

320000－4645－0002468　74－3－1－02
輿地八種　清末民國間上海著易堂鉛印本　一册　存五種(各國統系考、各國交涉源流考、五洲帝王總統姓氏即位年歲表、列國歲計表地名考、萬國貨殖論)

320000－4645－0002469　74－3－1－03
萬國史記二十卷　(日本)岡本監輔撰　清末石印本　四册

320000－4645－0002470　74－3－1－04
西政叢書　梁啟超輯　清光緒二十三年(1897)慎記書莊石印本　十二册　存十九種三十九卷(德國合盟紀事本末一卷,德國議院章程一卷,肄業要覽一卷,公法總論一卷,中國古世公法論略一卷,陸地戰例新選一卷,農學新法一卷,農事略論一卷,中國蠶務亟宜講求整頓以保利源説略一卷,紡織機器圖説一卷,日本雜事詩二卷,日本新政考二卷,適可齋記言四卷,四上書記四卷,庸書內篇四卷、外篇四卷,續富國策四卷,中外交涉表一卷,光緒通商綜覈表一卷,羅馬志略一至三)

320000－4645－0002471　74－3－1－08
朝鮮近世史二卷　(日本)北總林泰輔編　(清)劉世珩譯　清光緒二十九年(1903)鴻寶書局石印本　二册

320000－4645－0002472　74－3－1－09
美國憲法纂釋二十一卷　(美國)海麗生撰　(清)舒高第口譯　(清)鄭昌棪筆述　清光緒三十三年(1907)上海江南製造局刻本　一册　存十一卷(一至十一)

320000－4645－0002473　74－3－1－10
重訂幼學須知句解四卷　(清)程允升撰　清光緒十六年(1890)李光明莊刻本　二册　存二卷(一、三)

320000－4645－0002474　74－3－1－11
楚辭辯證二卷　(宋)朱熹撰　清光緒黎庶昌刻古逸叢書後印本　一册

320000－4645－0002475　74－3－2－01
代數備旨下卷不分卷十一章總答一卷十章　(美國)狄考文譯　范振亞校錄　清光緒二十八年(1902)上海會文編譯社石印本　一册

320000－4645－0002476　74－3－2－02
代數備旨下卷不分卷十一章總答一卷十章　(美國)狄考文譯　范振亞校錄　清光緒二十八年(1902)上海會文編譯社石印本　一册

320000－4645－0002477　74－3－2－03
代數備旨下卷不分卷十一章總答一卷十章　(美國)狄考文譯　范振亞校錄　清光緒二十八年(1902)上海會文編譯社石印本　一册

320000－4645－0002478　74－3－2－04
代數備旨下卷不分卷十一章總答一卷十章　(美國)狄考文譯　范振亞校錄　清光緒二十八年(1902)上海會文編譯社石印本　一册

320000－4645－0002479　74－3－2－05
代數備旨下卷不分卷十一章總答一卷十章　(美國)狄考文譯　范振亞校錄　清光緒二十八年(1902)上海會文編譯社石印本　一册

320000－4645－0002480　74－3－2－06
東南諸山記一卷　(清)查奕慶撰　清咸豐七年(1857)金陵柏藹庭刻本　一册

320000－4645－0002481　74－3－4－01

增訂二論詳解四卷 (清)劉忠輯 清光緒南京李光明莊刻本 二册 存二卷(一至二)

320000－4645－0002482 74－3－4－02
德國合盟紀事本末一卷 (清)徐建寅譯述 清末刻本 一册

320000－4645－0002483 74－3－4－03
校栞咸淳臨安志札記三卷 (清)黄士珣撰 清道光十年(1830)錢塘汪氏振綺堂刻本 一册

320000－4645－0002484 74－3－4－04
日知錄集釋三十二卷附刊誤二卷 (清)顧炎武撰 (清)黄汝成集釋 清道光十四年(1834)嘉定黄氏西谿草廬刻本 三册 存六卷(一至六)

320000－4645－0002485 74－3－4－05
[康熙]開封府志四十卷 (清)管竭忠編修 清康熙三十四年(1695)刻同治二年(1863)重修本 六册 存二十卷(四至九、二十七至四十)

320000－4645－0002486 74－4－1－02
[乾隆]正定府志五十卷首一卷 (清)鄭大進纂修 清乾隆二十七年(1762)刻本 二十三册 缺十八卷(九至二十六)

320000－4645－0002487 74－4－2－01
[同治]續蕭縣志十八卷首一卷 (清)顧景濂修 (清)段廣瀛等纂 清光緒元年(1875)刻本 六册

320000－4645－0002488 74－4－2－04
萬國公法四卷 (美國)惠頓撰 (美國)丁韙良譯 (清)陳欽等删校 清同治三年(1864)京都崇實館刻本 四册

320000－4645－0002489 74－4－2－05
列國陸軍制不分卷 (美國)歐潑登撰 (美國)林樂知 (清)瞿昂來譯 清末江南製造總局刻本 三册

320000－4645－0002490 74－4－2－06
萬國通史前編十卷 (英國)李思倫白輯譯 蔡爾康譯 清光緒二十六年(1900)上海廣學會鉛印本 九册 缺一卷(八)

320000－4645－0002491 74－4－2－07
萬國通史續編十卷 (英國)李思倫白輯譯 (清)曹曾涵纂述 清光緒三十年(1904)上海廣學會鉛印本 十册

320000－4645－0002492 74－4－3－01
日本國志四十卷首一卷 (清)黄遵憲撰 清光緒二十七年(1901)上海書局石印本 十册

320000－4645－0002493 74－4－3－04
廬山志十五卷 (清)毛德琦撰 清康熙五十九年(1720)順德堂刻同治十年(1871)遞修本 十六册

320000－4645－0002494 74－4－3－05
廬山志十五卷 (清)毛德琦撰 清康熙五十九年(1720)順德堂刻同治十年(1871)遞修本 九册 缺七卷(一、三至五、十二上、十三至十四)

320000－4645－0002495 74－4－4－01
庸盦筆記六卷 (清)薛福成撰 清光緒二十三年(1897)蕭山陳氏遺經樓刻本 二册 存二卷(二、五)

320000－4645－0002496 74－4－4－03
[乾隆]永平府志二十四卷首一卷末一卷 (清)李奉翰修 (清)王金英纂 清乾隆三十九年(1774)刻本 一册 存二卷(七至八)

320000－4645－0002497 74－4－4－04
永定河志三十二卷諭旨一卷宸章一卷治河摘要一卷 (清)李逢亨編 清嘉慶刻本 十三册 存二十六卷(一至二、十至十五、十八至三十二,諭旨一卷,宸章一卷,治河摘要一卷)

320000－4645－0002498 74－4－4－05
永定河續志十六卷首一卷 (清)朱其詔編 清光緒刻本 七册 存八卷(一至三、六、九至十一,首一卷)

320000－4645－0002499 74－5－1－01
[乾隆]鞏縣志二十卷 (清)李述武纂修 清

刻本　五册　存十三卷(八至二十)

320000－4645－0002500　74－5－1－02
[乾隆]汲縣志十四卷首一卷末一卷　(清)徐汝瓚纂修　清乾隆二十年(1755)刻本　四册　缺六卷(三至八)

320000－4645－0002501　74－5－1－04
山西疆域沿革圖譜五卷　(清)曾國荃　(清)張之洞等修　(清)楊篤　(清)王軒纂　清光緒十三年(1887)刻十八年(1892)重修朱墨套印本　四册

320000－4645－0002502　75－3－1－01
[乾隆]山西志輯要十卷首一卷清凉山志輯要二卷　(清)雅德修　(清)汪本直纂　清乾隆四十五年(1780)刻本　十二册

320000－4645－0002503　75－3－1－02
[光緒]江西通志一百八十卷首五卷　(清)劉坤一等修　(清)劉繹等纂　清光緒七年(1881)刻本　一百十八册　缺二卷(六十至六十一)

320000－4645－0002504　75－3－4－02
[嘉慶]安陽縣志二十八卷首一卷　(清)貴泰修　(清)武穆淳纂　清嘉慶二十四年(1819)刻本　六册　存十八卷(五至十五、二十二至二十八)

320000－4645－0002505　75－3－4－03
[嘉慶]安陽縣志二十八卷首一卷　(清)貴泰修　(清)武穆淳纂　清嘉慶二十四年(1819)刻本　九册　存二十五卷(四至二十八)

320000－4645－0002506　75－3－4－04
龍虎山志十六卷　(清)婁近垣輯　清乾隆五年(1740)棲碧堂刻增修本　四册

320000－4645－0002507　75－3－5－01
[道光]濟南府志七十二卷首一卷　(清)王鎮等修　(清)成瓘等纂　清道光二十一年(1841)刻本　二十册　存四十一卷(一至四十、首一卷)

320000－4645－0002508　75－4－1－01
俄史輯譯四卷　(英國)闞斐迪譯　清光緒十四年(1888)益智書會刻本　四册

320000－4645－0002509　75－4－1－02
大英國志八卷　(英國)慕維廉譯　清咸豐六年(1856)上海墨海書院刻本　二册

320000－4645－0002510　75－4－1－03
大英國志八卷　(英國)慕維廉譯　清光緒七年(1881)上海益智書會刻本　二册

320000－4645－0002511　75－4－1－04
中牟縣志十二卷首一卷末一卷　(清)吴若烺修　清同治十年(1871)刻本　五册　存十一卷(一、五至十二,首一卷,末一卷)

320000－4645－0002512　75－4－1－05
[道光]泰安縣志十二卷首一卷末一卷　(清)徐宗幹　(清)蔣大慶纂修　清乾隆刻道光、同治遞修本　十二册　缺一卷(末一卷)

320000－4645－0002513　75－4－2－01
[道光]許州志十六卷首一卷　(清)蕭元吉纂修　清道光十八年(1838)刻本　十册

320000－4645－0002514　75－4－2－02
[乾隆]諸城縣志四十六卷　(清)宫懋讓修　清乾隆二十九年(1764)刻本　七册　存三十八卷(一至三十二、四十一至四十六)

320000－4645－0002515　75－4－2－03
[乾隆]淄川縣志八卷首一卷　(清)王康修　清乾隆八年(1743)刻本　五册　存六卷(一至六)

320000－4645－0002516　75－4－2－04
[康熙]甯化縣志七卷　(清)祝文郁等修　清刻本　一册　存一卷(五)

320000－4645－0002517　75－4－3－01
列國政要一百三十三卷首一卷附譯名對照表　(清)戴鴻慈　(清)端方輯　清光緒三十四年(1908)上海商務印書館石印本　三十二册

320000－4645－0002518　75－4－3－02
[光緒]嶧縣志二十五卷首一卷圖一卷　(清)周鳳鳴等修　(清)王寶田纂　清光緒刻本

一冊　存一卷(二十三)

320000－4645－0002519　75－4－3－03
[宣統]撫順縣志略二十二卷　(清)趙宇航　(清)程廷恒修　(清)黎鏡蓉等纂　清宣統三年(1911)石印本　一冊　存九卷(一至九)

320000－4645－0002520　75－4－4－01
新譯日本法規大全　劉崇傑等譯　清光緒三十三年(1907)上海商務印書館鉛印本　七十三冊　缺八冊(六十五至七十二)

320000－4645－0002521　75－5－1－01
新譯日本法規大全二十五類不分卷　劉崇傑等譯　清宣統二年(1910)上海商務印書館鉛印本　七十八冊　存六十一冊(十至四十六、五十六至七十九)

320000－4645－0002522　75－5－2－01
[乾隆]偃師縣志三十卷首一卷　(清)湯毓倬修　(清)孫星衍等纂　清乾隆五十四年(1789)刻本　十四冊　存二十七卷(四至三十)

320000－4645－0002523　75－5－3－01
日本源流考二十二卷　王先謙撰　清光緒二十八年(1902)思賢書局刻本　三十冊　缺二卷(二十一至二十二)

320000－4645－0002524　75－5－4－03
[乾隆]濟寧直隸州志三十四卷首一卷圖一卷　(清)胡德琳等修　(清)周永年等纂　(清)王道亨增修　(清)盛百二增纂　清乾隆四十三年(1778)刻五十年(1785)增修本　十冊　存二十卷(一至十八、首一卷、圖一卷)

320000－4645－0002525　75－5－4－04
日本國志四十卷首一卷　(清)黃遵憲撰　清光緒二十四年(1898)浙江書局刻本　十冊

320000－4645－0002526　75－5－5－01
[嘉定]赤城志四十卷圖一卷　(宋)齊碩等修　(宋)陳耆卿纂　清嘉慶二十三年(1818)宋世犖刻台州叢書乙集本　一冊　存七卷(三十四至四十)

320000－4645－0002527　75－5－5－02
[乾隆]邯鄲縣志十二卷首一卷　(清)李時發修　(清)王炯纂　清乾隆二十一年(1756)刻本　一冊　存一卷(十)

320000－4645－0002528　75－5－5－04
[光緒]畿輔通志三百卷首一卷　(清)李鴻章等修　(清)黃彭年等纂　清光緒十二年(1886)刻本　二十一冊　存二十三卷(五十七至六十八、一百三十一至一百四十一)

320000－4645－0002529　81－5－1－01
度支部清理財政處檔案不分卷　清末鉛印本　二冊

320000－4645－0002530　81－5－1－02
十六國春秋一百卷　(北魏)崔鴻撰　清乾隆四十六年(1781)仁和汪氏刻本　二十四冊

320000－4645－0002531　81－5－1－03
劍虹居遺墨不分卷　(清)秦煥撰　稿本　二冊

320000－4645－0002532　81－5－1－03－01
劍虹居集不分卷　(清)秦煥撰　稿本　七冊

320000－4645－0002533　81－5－2－02
歷代輿地沿革險要圖不分卷　楊守敬編　清光緒至宣統三年(1911)楊氏觀海堂刻朱墨印本　六冊　存六幅(東晉疆域圖、前漢地理圖、春秋列國圖、前趙疆域圖、嬴秦郡縣圖、四燕疆域圖)

320000－4645－0002534　81－5－3－05
宋大家王文公文抄十六卷　(宋)王安石撰　(明)茅坤批評　明崇禎四年(1631)茅著刻唐宋八大家文鈔本　一冊　存四卷(九至十二)

320000－4645－0002535　81－5－3－06
雲逗樓集不分卷　(清)楊度汪撰　清光緒六年(1880)刻本　二冊

320000－4645－0002536　81－5－3－07
雙鉤豐樂亭殘本一卷　清末民國間雙鈎抄本　一冊

320000－4645－0002537　83－1－1－02

三才略不分卷　(清)蔣德鈞輯　清末刻本　一册

320000－4645－0002538　83－1－1－03
齊雲山人文集一卷　(清)洪符孫撰　清光緒九年(1883)刻雲自在龕叢書本　一册

320000－4645－0002539　83－1－1－06
龍城書院課藝不分卷　繆荃孫　(清)華若谿鑑定　清光緒二十七年(1901)木活字印本　九册　存丙申經史、丁酉經史、丙申輿地、丁酉輿地、戊戌輿地、己亥輿地、庚子輿地、辛丑輿地、丁酉算學、戊戌算學、己亥算學、庚子算學、辛丑算學、戊戌詞章、己亥詞章

320000－4645－0002540　83－1－1－07
出使日記續刻十卷　(清)薛福成撰　清光緒二十四年(1898)刻本　十册

320000－4645－0002541　83－1－2－01
吾學編六十九卷　(明)鄭曉撰　明隆慶元年(1567)鄭履淳刻本　八册　存三十一卷(皇明大政紀五至十,皇明異姓諸侯傳上、表一卷,皇明名臣記三至十二、十七至二十四,建文遜國臣記一至四,皇明百官述下)

320000－4645－0002542　83－1－2－02
書集傳六卷　(宋)蔡沈集傳　清光緒十九年(1893)無錫周氏擷秀堂刻本　五册　存五卷(一至五)

320000－4645－0002543　83－1－2－04
淮南子二十一卷　(漢)劉安撰　(漢)高誘注　清光緒二年(1876)浙江書局刻本　六册

320000－4645－0002544　83－1－2－05
庸盦筆記六卷　(清)薛福成撰　清末民國間石印本　三册　存三卷(二至四)

320000－4645－0002545　83－1－2－06
籌洋芻議一卷　(清)薛福成撰　清光緒十一年(1885)刻本　一册

320000－4645－0002546　83－1－2－08
農學叢書　上海農學會譯　清末石印本　二册　存四種四卷(圃鑑一卷、學校造林法一卷、制茶篇一卷、日本制紙論一卷)

320000－4645－0002547　83－1－2－10
調查粵路公司歷年賬目情形及由開辦日起至已酉年三月二十日止進出銀數簡明清册　粵路查賬委員編　清宣統元年(1909)十八甫維新印務局鉛印本　一册

320000－4645－0002548　83－1－2－11
調查粵路公司歷年賬目情形及由開辦日起至已酉年三月二十日止進出銀數簡明清册　粵路查賬委員編　清宣統元年(1909)十八甫維新印務局鉛印本　一册

320000－4645－0002549　83－1－2－12
調查粵路公司歷年賬目情形及由開辦日起至已酉年三月二十日止進出銀數簡明清册　粵路查賬委員編　清宣統元年(1909)十八甫維新印務局鉛印本　一册

320000－4645－0002550　83－1－2－17
選報分類彙訂本　(清)選報館編　清光緒二十七年至二十九年(1901－1903)鉛印本　五册

320000－4645－0002551　83－1－3－02
[江蘇無錫]錫山秦氏宗譜十二卷首一卷　(清)秦蘭枝等纂修　清同治十二年(1873)無錫秦氏木活字印本　十一册　存八卷(五、七下、八中至下、九至十二,首一卷)

320000－4645－0002552　83－1－3－05
荀子二十卷校勘補遺一卷　(唐)楊倞注　(清)謝墉等輯補　**校勘補遺一卷**　(清)謝墉撰　清光緒二年(1876)浙江書局刻本　六册

320000－4645－0002553　83－1－3－06
輪船布陣十二卷圖一卷　(英國)裴路撰　(英國)傅蘭雅口譯　(清)徐建寅筆述　**首一卷**　(英國)賈密倫撰　(英國)傅蘭雅口譯　(清)徐建寅筆述　清末江南製造總局刻本　一册　存一卷(圖一卷)

320000－4645－0002554　83－1－3－09
近科鄉試策題(戊子至甲午)□□卷　清雲左山房抄本　一册　存一卷(上)

320000－4645－0002555　83－1－3－12
行素軒算學五種　(清)華蘅芳撰　清光緒刻行素軒算稿本　二册　存一種六卷(學算筆談一至六)

320000－4645－0002556　83－1－3－17
無雙譜不分卷　(清)金史繪　清刻賞奇軒四種本　二册

320000－4645－0002557　83－1－4－01
有正味齋尺牘二卷　(清)吳錫祺撰　清光緒三十四年(1908)上海埽葉山房石印本　二册

320000－4645－0002558　83－1－4－02
［曆象考成後編］不分卷　清抄本　一册

320000－4645－0002559　83－1－4－03
命相奇談一卷　清刻本　一册

320000－4645－0002560　83－1－4－05
強國要語一卷　馮懋勛撰　清末民初石印本　一册

320000－4645－0002561　83－1－4－07
天象圖説不分卷　清朱墨手繪本　一册

320000－4645－0002562　83－1－4－08
廣東調查局統計學講義不分卷　(日本)松山豐造述　清光緒廣東調查局鉛印本　一册

320000－4645－0002563　83－1－4－10
□氏宗譜不分卷　清抄本　一册

320000－4645－0002564　83－1－4－11
曾文正公奏議十卷首一卷末一卷　(清)曾國藩撰　(清)薛福成編　清光緒二十二年(1896)上海圖書集成印書局鉛印本　三册

320000－4645－0002565　83－1－4－12
襍錦□□卷　清董自鵬摘抄本　一册　存一卷(一)

320000－4645－0002566　83－1－4－13
雜著不分卷　清抄本　一册

320000－4645－0002567　83－1－4－14
圍爐詩話六卷　(清)吳喬撰　清抄本　一册　存二卷(三至四)

320000－4645－0002568　83－1－4－16
歷朝名媛尺牘二卷　題(清)水静山房輯　清末民國間石印本　一册　存一卷(下)

320000－4645－0002569　83－1－4－17
音註小倉山房尺牘八卷補遺一卷　(清)袁枚撰　(清)胡光斗箋釋　清光緒三十一年(1905)上海書局石印本　一册

320000－4645－0002570　83－1－4－20
康熙字典十二集　(清)張玉書等編　清光緒上海商務印書館石印本　一册　存三集(寅、卯、辰)

320000－4645－0002571　83－1－4－23
竹書紀年統箋十二卷　(清)徐文靖撰　清光緒二十三年(1897)上海圖書集成局鉛印本　一册　存六卷(七至十二)

320000－4645－0002572　83－1－4－24
毛筆畫教授本一卷　吳廷珍撰　清光緒二十九年(1903)育材學堂編輯所鉛印本　一册

320000－4645－0002573　83－1－4－25
［乾隆朝］東華續錄一百二十卷　王先謙編　清光緒二十五年(1899)石印本　一册　存二卷(十九至二十)

320000－4645－0002574　83－1－4－26
五次問答節略不分卷　(清)李鴻章等撰　清末石印本　二册

320000－4645－0002575　83－2－1－01
中等教育日本歷史二卷七編　(日本)荻野由之撰　劉大猷譯　清光緒二十七年(1901)教育世界社石印本　四册　存四編(卷上之上，卷下之上、中、下)

320000－4645－0002576　83－2－1－02
三字經註解備要一卷　(宋)王應麟撰　(清)賀興思註　清光緒三十一年(1905)日新書莊石印本　一册

320000－4645－0002577　83－2－1－03
韓非子二十卷　清光緒十九年(1893)鴻文書局石印本　一册

320000－4645－0002578　83－2－1－04
新刻酒詩二卷　清刻本　一冊

320000－4645－0002579　83－2－1－05
格致精華錄四卷　(清)王仁俊撰　(清)江標編　清光緒二十二年(1896)石印本　一冊　存二卷(二至三)

320000－4645－0002580　83－2－1－06
格致課藝全編十三卷　(清)王韜撰　清光緒石印本　一冊　存一卷(十一)

320000－4645－0002581　83－2－1－07
管子二十四卷　(唐)房玄齡注　(明)劉績補　清光緒二十九年(1903)鴻寶書局石印本　三冊

320000－4645－0002582　83－2－1－09
大英治理印度新政考三十三章不分卷　(英國)亨德偉良撰　任保羅譯　清光緒三十年(1904)上海廣學會鉛印本　一冊　存十章(一至十)

320000－4645－0002583　83－2－1－15
論文集要四卷　(清)薛福成撰　(清)陳光松校錄　清光緒二十八年(1902)愚一齋石印本　二冊

320000－4645－0002584　83－2－1－17
普通體操學教科書　日本師範學校編　清光緒二十九年(1903)文寶書局石印本　一冊

320000－4645－0002585　83－2－1－19
東洋歷史三卷　(日本)幸田成友編　(清)東華譯書社編譯　清光緒上海會文學社石印本　一冊　存二卷(上、中)

320000－4645－0002586　83－2－1－20
繪圖游戲奇觀□□卷　逍遙子編　清光緒三十四年(1908)上海書局石印本　一冊　存一卷(上)

320000－4645－0002587　83－2－2－02
莊子內篇註四卷　(明)釋德清撰　清光緒十四年(1888)金陵刻經處刻本　一冊　存二卷(一至二)

320000－4645－0002588　83－2－2－03
農桑輯要不分卷　(元)司農司撰　清抄本　一冊

320000－4645－0002589　83－2－2－07
農學全書　上海農學會譯　清光緒石印本　三冊　存七種二十七卷(農學報一百八十七至二百四,農務土質論三卷、農務土質圖説一卷,大阪府立農學校章程一卷,第五回內國勸業博覽會規則一卷,湖北興農文牘一卷,農業綱要不分卷二章,日本特許農具圖説一)

320000－4645－0002590　83－2－2－10
齊雲山人文集一卷　(清)洪符孫撰　清光緒九年(1883)江陰繆氏刻雲自在龕叢書本　一冊

320000－4645－0002591　83－2－2－12
鹽鐵論四卷　(漢)桓寬撰　清刻本　一冊

320000－4645－0002592　83－2－2－16
策軒文編六卷　蔣寶誠撰　清宣統元年(1909)木活字印本　三冊

320000－4645－0002593　83－2－2－17
[條陳]不分卷　徐東梧撰　清宣統鉛印本　一冊

320000－4645－0002594　83－2－2－18
華盛頓傳七十六章八卷　(清)黎汝謙　(清)蔡國昭譯　清光緒十一年(1885)石印本　一冊

320000－4645－0002595　83－2－2－19
太倉新安懷梓堂徵信錄一卷　清宣統元年(1909)刻本　一冊

320000－4645－0002596　83－2－2－20
太倉新安懷梓堂徵信錄一卷　清宣統元年(1909)刻本　一冊

320000－4645－0002597　83－2－2－21
太倉新安懷梓堂徵信錄一卷　清宣統元年(1909)刻本　一冊

320000－4645－0002598　83－2－3－01
天演論二卷　(英國)赫胥黎造論　嚴復譯

清光緒二十四年(1898)侯官嗜奇精舍石印本　二册　存一卷(下)

320000－4645－0002599　83－2－3－02
述學内篇三卷外篇一卷補遺一卷别録一卷校勘記一卷　(清)汪中撰　清同治八年(1869)揚州書局刻本　二册

320000－4645－0002600　83－2－3－04
新甯縣自治研究所講義不分卷　清宣統新甯圖書印務局鉛印本　九册　存十種(中國現行法制大意、行政法大要、地方財政、諮議局章程、諮議局議員選舉章程、户籍法、調查户口章程、廣東地方自治籌辦處、法學通論、監獄學)

320000－4645－0002601　83－2－3－12
[潁川]陳氏家乘十二卷附録一卷　(清)陳書修　清康熙四十八年(1709)昭遠堂刻雍正增修本　三册　缺一卷(一)

320000－4645－0002602　83－2－3－13
兵船礮法六卷　(美國)水師書院編　(美國)金楷理口譯　(清)朱恩錫筆述　(清)李鳳苞删潤　清刻本　一册　存二卷(五至六)

320000－4645－0002603　83－2－3－14
孔氏大宗譜不分卷　(清)孔昭薪録　清道光三年(1823)刻本　一册

320000－4645－0002604　83－2－3－16
有正味齋駢體文二十四卷首一卷　(清)吴錫麒撰　(清)王廣業箋　清咸豐九年(1859)青箱塾刻本　八册

320000－4645－0002605　83－2－4－01
御纂性理精義十二卷　(清)李光地等撰　清末石印本　一册　存七卷(六至十二)

320000－4645－0002606　83－2－4－03
普天忠憤全集十四卷　(清)孔廣德編　清光緒二十一年(1895)石印本　十三册

320000－4645－0002607　83－2－4－06
明史藁三百十卷目録三卷　(清)王鴻緒撰　清雍正敬慎堂刻本　一册　存五卷(列傳五十六至六十)

320000－4645－0002608　83－2－4－07
親屬記二卷　(清)鄭珍撰　清光緒十八年(1892)廣雅書局刻本　一册

320000－4645－0002609　83－3－1－05
惜抱軒全集　(清)姚鼐撰　清同治五年(1866)省心閣刻本　十六册　缺五卷(詩外集一卷、惜抱軒筆記一至四)

320000－4645－0002610　83－3－1－10
國朝名人書札二卷　吴曾祺輯　清宣統商務印書館鉛印本　四册

320000－4645－0002611　83－3－1－11
英吉利志譯略一卷　(清)吴宗濂譯　(清)趙元益述　(清)薛福成鑑定　清光緒二十五年(1899)上海石印本　一册

320000－4645－0002612　83－3－1－12
銀價駁議一卷　劉世珩撰　清光緒三十年(1904)南洋官報總局鉛印本　一册

320000－4645－0002613　83－3－1－13
上海求志書院課藝四卷　(清)上海求志書院輯　清刻本　一册　存一卷(丁丑春季)

320000－4645－0002614　83－3－1－14
上海求志書院課藝四卷　(清)上海求志書院輯　清刻本　一册　存一卷(丁丑春季)

320000－4645－0002615　83－3－1－15
千字文一卷　清末民國間刻本　一册

320000－4645－0002616　83－3－1－16
墨子十六卷目録一卷　(清)畢沅撰　清光緒二年(1876)浙江書局刻本　四册

320000－4645－0002617　83－3－1－19
各國地方自治制度一卷　陳伯周講述　清末民國間新甯圖書印務局鉛印本　一册

320000－4645－0002618　83－3－1－20
小學集註六卷　(宋)朱熹撰　清同治八年(1869)順德黎氏教忠堂刻本　二册

320000－4645－0002619　83－3－2－04

小石山房叢書　(清)顧湘輯　清同治十三年(1874)虞山顧氏刻本　五册　存九種十八卷(第五册:明夷待訪録一卷,第六册:吳門耆舊記一卷,第十二册:看花雜詠一卷、冬心先生三體詩一卷、尋花日記二卷,第十三册:墨井詩鈔二卷、三巴集一卷、蘋庵遺詩一卷,第十四册:虞東先生文録八卷)

320000－4645－0002620　83－3－2－07
讀新學書法一卷　(日本)矢野文雄撰　張枏譯　清光緒三十二年(1906)金陵江楚編譯官書局石印本　一册

320000－4645－0002621　83－3－2－08
壯悔堂文集十卷遺稿一卷　(清)侯方域撰　(清)賈開宗等評點　清光緒四年(1878)舊學山房刻本　六册

320000－4645－0002622　83－3－2－09
初唐四傑文集二十一卷　(清)項家達輯　清光緒五年(1879)淮南書局刻本　三册

320000－4645－0002623　83－3－2－10
校邠廬抗議二卷　(清)馮桂芬撰　清光緒十八年(1892)吳縣潘氏敏德堂刻本　二册

320000－4645－0002624　83－3－2－11
龍城書院課藝不分卷　繆荃孫　(清)華若谿鑑定　清光緒二十七年(1901)木活字印本　十四册

320000－4645－0002625　83－3－2－11－01
龍城書院課藝不分卷　繆荃孫　(清)華若谿鑑定　清光緒二十七年(1901)木活字印本　一册　存一篇(戊戌輿地)

320000－4645－0002626　83－3－2－12
顔氏家訓二卷　(北齊)顔之推撰　清光緒元年(1875)湖北崇文書局刻本　一册

320000－4645－0002627　83－3－2－13
國語二十一卷　(三國吳)韋昭注　**札記一卷**　(清)黃丕烈撰　**攷異四卷**　(清)汪遠孫撰　清同治八年(1869)崇文書局刻本　五册

320000－4645－0002628　83－3－2－14
爾雅三卷　(晉)郭璞注　清嘉慶十一年(1806)吳門顧氏思适齋刻本　一册

320000－4645－0002629　83－3－2－15
寒夜叢談三卷　(清)沈赤然撰　清光緒十一年(1885)新陽趙氏刻本　一册

320000－4645－0002630　83－3－3－01
庸盦文編四卷　(清)薛福成撰　清光緒十三年(1887)刻本　四册

320000－4645－0002631　83－3－3－03
勸學篇二卷　(清)張之洞撰　清光緒二十四年(1898)江西書局刻本　二册

320000－4645－0002632　83－3－3－06
儒門語要六卷　(清)倪元坦輯　清光緒二十五年(1899)刻本　四册

320000－4645－0002633　83－3－3－08
商辦蘇省鐵路股份有限公司自丙午開辦至己酉年底止報告總册不分卷　(清)商辦蘇省鐵路股份有限公司編　清光緒鉛印本　一册

320000－4645－0002634　83－3－3－09
蘇屬省預算説明書戊編□□帙　江蘇省蘇屬清理財政局編　清宣統鉛印本　一册　存十四帙(二十一至三十四)

320000－4645－0002635　83－3－3－12
正學編一卷　(清)潘芝軒輯　清咸豐十一年(1861)刻本　一册

320000－4645－0002636　83－3－3－14
無欺録二卷　(清)朱用純撰　清光緒二十六年(1900)玉山書院刻本　二册

320000－4645－0002637　83－3－3－18
有正味齋詩集十六卷續集八卷文集二十四卷續集八卷詞集八卷續集二卷外集七卷　(清)吳錫麒撰　清嘉慶十三年(1808)刻本　六册　存二十卷(有正味齋詩集一至六、詩續集七至八、詞集八卷、詞續集二卷、外集一至二)

320000－4645－0002638　83－3－4－01
便蒙叢編　蘇州中西小學堂編　清光緒刻本　一册　存三種(中西小學堂簡章、教育一

得、本學堂分設蒙學堂章程）

320000－4645－0002639　83－3－4－02
新語二卷　（漢）陸賈撰　（明）鍾惺評　明刻本　一冊

320000－4645－0002640　83－3－4－03
讀書隨録不分卷　清抄本　二冊

320000－4645－0002641　83－3－4－05
[光緒癸卯恩科試卷]一卷　楊壽標撰　清光緒二十九年（1903）錫山藝文齋刻本　一冊

320000－4645－0002642　83－3－4－06
輪船招商局第二年賬畧一卷　清光緒刻本　一冊

320000－4645－0002643　83－3－4－09
[江蘇常熟]臨海屈氏世譜十九卷　（清）屈軼等修　（清）屈允福重修　清道光十年（1830）刻光緒增修本　三冊　存八卷（十二至十九）

320000－4645－0002644　83－3－4－10
[江蘇常熟]臨海屈氏世譜十九卷　（清）屈軼等修　（清）屈允福重修　屈采麟增修　清道光十年（1830）刻光緒增修民國遞修本　一冊　存四卷（八至十一）

320000－4645－0002645　83－3－4－20
知新報不分卷　（清）知新報館編　清光緒二十三年至二十五年（1897－1899）澳門鉛印本　七冊　存十冊（一至七、十、四十八、一百十一）

320000－4645－0002646　83－3－4－21
知新報不分卷　（清）知新報館編　清光緒二十三年至二十五年（1897－1899）澳門鉛印本　一冊　存八冊（一、四至五、十四至十五、十八至二十）

320000－4645－0002647　83－3－4－22
知新報不分卷　（清）知新報館編　清光緒二十三年至二十五年（1897－1899）澳門鉛印本　一冊　存三冊（一至三）

320000－4645－0002648　83－3－4－27
劬勞詩一卷　清同治八年（1869）成都守經書林刻本　一冊

320000－4645－0002649　83－3－4－28
安樂銘一卷附應驗藥方一卷　清光緒十一年（1885）蘇州瑪瑙經房刻本　一冊

320000－4645－0002650　83－4－1－16
莊子十卷　（晉）郭象注　（唐）陸德明音義　清光緒二十三年（1897）圖書集成局鉛印本　二冊

320000－4645－0002651　83－4－3－01
繡像十五貫十六卷　（清）鴛湖逸史刪改　清刻本　一冊　存五卷（十二至十六）

320000－4645－0002652　83－4－3－03
皇朝經世文編一百二十卷　（清）賀長齡輯　清末民國間石印本　一冊　存十卷（七十一至八十）

320000－4645－0002653　83－4－3－06
尺牘一卷　清抄本　一冊

320000－4645－0002654　83－4－3－07
[明清詩鈔]不分卷　清抄本　一冊

320000－4645－0002655　83－4－3－11
[江蘇吴縣]彭氏宗譜十二卷首一卷　（清）彭文傑纂修　清光緒九年（1883）吴縣衣言莊刻本　二冊　存二卷（一、三）

320000－4645－0002656　83－4－3－13
亞東時報目録不分卷　清光緒二十四年至二十六年（1898－1900）商務印書館鉛印本　一冊

320000－4645－0002657　83－4－3－18
歐洲列國變法史二十一卷　（法國）賽那布原著　（美國）麥克范原譯　清末民國間鉛印本　一冊　存三卷（十三至十五）

320000－4645－0002658　83－4－4－06
[雜鈔]不分卷　清抄本　一冊

320000－4645－0002659　83－4－4－07
[江蘇太倉]婁東錢氏世譜二十卷　清末錢廷椿抄本　二冊　存譜系、世系圖、詠南自訂年譜

320000－4645－0002660　83－4－4－08
［曾國藩撰墓誌稿］一卷　(清)曾國藩撰　**北游日記一卷**　清抄本　一冊

320000－4645－0002661　83－4－4－09
孔氏家語十卷　題(三國魏)王肅注　明崇禎十二年(1639)毛氏汲古閣刻本　六冊

320000－4645－0002662　83－4－4－10
欽賢張氏分支世譜□□卷　清光裕堂木活字印本　一冊　存一卷(一下)

320000－4645－0002663　83－4－4－12
［江蘇無錫］堠山錢氏宗譜□□卷　(清)錢日煦等纂修　清木活字印本　一冊　存一卷(傳記一)

320000－4645－0002664　83－4－4－13
温飛卿詩集九卷　(唐)温庭筠撰　清康熙三十六年(1697)長洲顧氏秀野草堂刻本　二冊

320000－4645－0002665　83－4－4－16
［江蘇無錫］陳氏宗譜首編三卷前編七卷今編二十三卷續編一卷　(清)陳雲標編　清光緒報本堂木活字印本　二冊　存三卷(陳氏宗譜首編三、今編十一至十二)

320000－4645－0002666　83－4－5－01
韻府鈎沈五卷　(清)雷浚撰　清刻本　二冊　存二卷(三至四)

320000－4645－0002667　83－4－5－02
千字文一卷　清刻本　一冊

320000－4645－0002668　83－4－5－03
國朝漢學師承記八卷　(清)江藩撰　清刻本　一冊　存三卷(六至八)

320000－4645－0002669　83－4－5－05
三才略一卷　清末李光明莊刻本　一冊

320000－4645－0002670　83－4－5－06
禮記十卷　(元)陳澔集説　清同治五年(1866)金陵書局刻本　十冊

320000－4645－0002671　83－5－1－02
三字經不分卷　(宋)王伯厚撰　清末太倉益有堂刻本　一冊

320000－4645－0002672　83－5－1－03
新刻神童詩一卷　清末太倉益有堂刻本　一冊

320000－4645－0002673　83－5－1－04
新刻神童詩一卷　清末太倉益有堂刻本　一冊

320000－4645－0002674　83－5－1－05
重訂達生編一卷附胎產小兒驗方一卷　清末凌雲閣書局石印本　一冊

320000－4645－0002675　83－5－1－06
［安徽欣叁拾壹號叁場試卷］一卷　清抄本　一冊

320000－4645－0002676　83－5－1－08
［無錫］膠山安氏家乘二卷　清咸豐六年(1856)天全堂刻本　一冊

320000－4645－0002677　83－5－1－11
王氏族譜□□卷　(清)張曉春編　清光緒二十四年(1898)三槐堂木活字印本　一冊　存一卷(一)

320000－4645－0002678　83－5－1－12
四川實業交通第一次統計報告　清末鉛印本　一冊

320000－4645－0002679　83－5－1－13
四川實業交通第三次統計報告　清末鉛印本　一冊

320000－4645－0002680　83－5－1－14
楊園先生全集□□卷　(清)張履祥撰　(清)陳敬璋輯　稿本　一冊　存一卷(二十一)

320000－4645－0002681　83－5－1－15
［溧陽］狄氏宗譜□□卷　清木活字印本　一冊　存一卷(一上)

320000－4645－0002682　83－5－1－17
陳氏族譜□□卷　清道光木活字印本　一冊　存一卷(三)

320000－4645－0002683　83－5－1－18
［江蘇常熟］范氏支譜(支使房鈞渚支)五卷　(清)范章承等纂修　(清)范顯科續纂修　清

道光二十四年(1844)後樂堂刻本　二册

320000－4645－0002684　83－5－2－01
新政全書十二編　(清)何啟編　清光緒石印本　九册　存六編(五下、六至八、十、十二)

320000－4645－0002685　83－5－2－03
隨園食單四卷　(清)袁枚撰　清嘉慶元年(1796)經綸堂刻本　二册

320000－4645－0002686　83－5－2－05
經史百家雜鈔二十六卷　(清)曾國藩編　清光緒三十二年(1906)上海商務印書館鉛印本　十二册

320000－4645－0002687　83－5－2－06
痛史不分卷　樂天居士編　清宣統三年至民國元年(1911－1912)商務印書館上海鉛印本　六册　存哭廟記略、思文大紀一至六、丁酉北闈大獄記略、崇禎長編一

320000－4645－0002688　83－5－2－07
痛史不分卷　樂天居士編　清宣統三年至民國元年(1911－1912)商務印書館上海鉛印本　四册　存哭廟記略、思文大紀三至四、崇禎長編一、蜀記

320000－4645－0002689　83－5－2－08
御批歷代通鑑輯覽一百二十卷　(清)傅恒等編　清光緒二十九年(1903)上海官書局石印本　二十册

320000－4645－0002690　83－5－2－09
香祖筆記十二卷　(清)王士禛撰　清宣統二年(1910)上海掃葉山房石印本　三册　存九卷(一至九)

320000－4645－0002691　83－5－3－01
[薛氏傳經樓文稿]不分卷　(清)薛福成撰　稿本　一册

320000－4645－0002692　83－5－3－03
繡像推背圖一卷　(唐)李淳風　(唐)袁天罡撰　清抄繪本　二册

320000－4645－0002693　83－5－3－04
曾祖綠卿公遺墨一卷　(清)謝其璋輯　稿本　一册

320000－4645－0002694　83－5－3－05
千字文一卷　清刻本　一册

320000－4645－0002695　83－5－3－06
狀元三字經一卷　清末民國間刻本　一册

320000－4645－0002696　83－5－3－08
書集傳六卷　(宋)蔡沈集傳　明末金陵奎壁齋刻本　一册　存一卷(六)

320000－4645－0002697　83－5－3－09
[乾隆]臨清直隸州志十一卷首一卷　(清)張度纂修　清乾隆五十年(1785)刻本　十一册

320000－4645－0002698　83－5－3－11
[熙寧]長安志二十卷　(宋)宋敏求撰　(清)畢沅校　**長安志圖三卷**　(元)李好文繪　清乾隆四十九年(1784)刻經訓堂叢書本　六册

320000－4645－0002699　83－5－4－01
衛藏通志十六卷首一卷　(清)松筠纂修　**校字記一卷**　(清)袁昶撰　清光緒二十二年(1896)袁昶刻漸西村舍彙刻本　七册　缺一卷(十四下)

320000－4645－0002700　83－5－4－02
衛藏通志十六卷首一卷　(清)松筠纂修　**校字記一卷**　(清)袁昶撰　清光緒二十二年(1896)袁昶刻漸西村舍彙刻本　一册　存三卷(一至三)

320000－4645－0002701　83－5－4－03
欽定大清會典一百卷　(清)允陶等纂修　清光緒十九年(1893)上海圖書集成印書局鉛印本　八册

320000－4645－0002702　83－5－4－04
二十四史九通政典類要合編三百二十卷　(清)黄書霖輯　清光緒二十八年(1902)約雅堂石印本　四册　存十八卷(一百八十二至一百九十九)

320000－4645－0002703　83－5－4－06
佛郎西志譯略一卷意大里志譯略一卷比利時

志譯略一卷　(清)世增譯　(清)顧錫爵述　(清)薛福成鑑定　清光緒二十五年(1899)石印無錫薛氏遺稾本　一册

320000－4645－0002704　83－5－4－07
欽定滿洲源流考二十卷首一卷　(清)阿桂等撰　清光緒十九年(1893)杭州便益書局石印本　四册

320000－4645－0002705　83－5－4－08
欽定滿洲源流考二十卷首一卷　(清)阿桂等撰　清光緒十九年(1893)杭州便益書局石印本　四册

320000－4645－0002706　83－5－4－09
新政應試必讀六卷　(清)顧厚焜鑑定　清光緒石印本　一册　存二卷(五至六)

320000－4645－0002707　83－5－4－12
文學興國策二卷　(美國)林樂知譯　清光緒二十二年(1896)廣學會鉛印本　一册

320000－4645－0002708　83－5－4－19
[正德]武功縣志三卷　(明)康海撰　**勘證一卷**　(清)方楷撰　**[正德]朝邑縣志二卷**　(明)王道修　(明)韓邦靖纂　**勘證一卷**　(清)方楷撰　清同治十三年(1874)彭城刻本　一册

320000－4645－0002709　84－1－1－01
北京新聞彙報不分卷(光緒辛丑年)　清光緒二十七年(1901)木活字印本　一册　存八月二十一至八月二十五

320000－4645－0002710　84－1－1－02
農學報三百十五卷　(清)農學報館編　清光緒二十三年(1897)江南總農會石印本　一册　存十八卷(一百六十九至一百八十六)

320000－4645－0002711　84－1－1－03
南洋官報　南洋官報局編　清光緒鉛印本　六册　存六册(旬報一、二十二、二十四、六十三、六十九、七十二)

320000－4645－0002712　84－1－1－04
新安懷梓堂徵信錄一卷　清光緒十一年(1885)刻本　一册

320000－4645－0002713　84－1－1－05
出使奏疏二卷　(清)薛福成撰　清光緒二十年(1894)刻本　二册

320000－4645－0002714　84－1－1－16
江蘇自治公報不分卷　清末民國間鉛印本　一册　存五十一期(三至五十三)

320000－4645－0002715　84－1－1－17
編譯印花税章程一卷續編一卷　(清)陸樹藩編輯　(清)沈鑑譯　清光緒二十五年(1899)鉛印本　二册

320000－4645－0002716　84－1－1－18
廣東警務雜誌不分卷　清宣統文茂印局鉛印本　一册　存一期(宣統三年第一期)

320000－4645－0002717　84－1－2－10
新安懷梓堂徵信錄一卷　清光緒二十一年(1895)刻本　一册

320000－4645－0002718　84－1－2－11
新安懷梓堂徵信錄一卷　清宣統元年(1909)刻本　一册

320000－4645－0002719　84－1－2－12
新安懷梓堂徵信錄一卷　清宣統元年(1909)刻本　一册

320000－4645－0002720　84－1－2－13
虛齋名畫錄十六卷　龐元濟輯　清宣統元年(1909)烏程龐氏申江刻本　十五册　缺一卷(四)

320000－4645－0002721　84－1－2－16
新塘鎮育嬰堂徵信錄一卷　清光緒十七年(1891)刻本　一册

320000－4645－0002722　84－1－2－17
詩集傳八卷　(宋)朱熹撰　清光緒七年(1881)金陵書局刻本　四册

320000－4645－0002723　84－1－3－01
政藝通報(光緒三十四年第二號)　清光緒三十四年(1908)政藝通報發行所鉛印本　一册

320000－4645－0002724　84－1－3－02
政藝通報(光緒二十八年第二期)　清光緒二十八年(1902)政藝通報發行所鉛印本　一册

320000－4645－0002725　84－1－3－03
欽加布政使銜分巡甯紹台道薛核定養正義塾章程不分卷　清刻本　一册

320000－4645－0002726　84－1－3－04
欽加布政使銜分巡甯紹台道薛核定養正義塾章程不分卷　清刻本　一册

320000－4645－0002727　84－1－3－05
欽加布政使銜分巡甯紹台道薛核定養正義塾章程不分卷　清刻本　一册

320000－4645－0002728　84－1－3－11
調查粵路公司歷年賬目情形及由開辦日起至已酉年三月二十日止進出銀數簡明清册不分卷　粵路查賬委員編　清宣統元年(1909)十八甫維新印務局鉛印本　一册

320000－4645－0002729　84－1－3－13
廣東諮議局第一期會議速紀錄不分卷　清宣統二年(1910)廣東法政學堂印刷所鉛印本　一册

320000－4645－0002730　84－1－3－14
廣東地方自治籌辦處第二次報告書不分卷　清宣統二年(1910)鉛印本　一册

320000－4645－0002731　84－1－3－18
義門讀書記五十八卷　(清)何焯撰　清乾隆三十四年(1769)蔣維鈞刻重修本　十二册

320000－4645－0002732　84－1－3－22
出使疏稾二卷　(清)薛福成撰　清末影印本　一册　存一卷(上)

320000－4645－0002733　84－1－3－23
十九世紀外交史十七章　(日本)平田久撰　張相譯　清光緒二十八年(1902)杭州史學齋刻本　四册

320000－4645－0002734　84－1－4－03
庸閒齋筆記十二卷自敘一卷　(清)陳其元撰　清末民國間石印本　三册　存七卷(庸閒齋筆記四至九、自敘一卷)

320000－4645－0002735　84－1－4－04
古今人物論三十六卷　(明)鄭賢輯　清光緒二十八年(1902)上海掃葉山房石印本　八册

320000－4645－0002736　84－1－4－15
大有機器榨油有限公司戊申年賬略不分卷　大有機器榨油有限公司編　清光緒三十四年(1908)鉛印本　一册

320000－4645－0002737　84－1－4－16
洋務成案章程類編八卷　(清)張開運編　清抄本　二册　存二卷(一至二)

320000－4645－0002738　84－1－4－17
長江通商總共章程一卷　清刻本　一册

320000－4645－0002739　84－1－4－18
江漢關各國商船進出起下貨物完納稅鈔簡明章程一卷　清刻本　一册

320000－4645－0002740　84－1－4－20
各國交涉公法論十六卷附校勘記　(英國)費利摩羅巴德著　清光緒二十年(1894)江南製造局繙譯館鉛印本　三册　存三卷(一至二、十五)

320000－4645－0002741　84－2－1－04
崑新敦善普育清節堂四季報告册不分卷　清末民國間鉛印本　一册

320000－4645－0002742　84－2－1－05
崑山縣敦善普育清節堂報告册不分卷　清末民國間鉛印本　一册

320000－4645－0002743　84－2－1－08
博古齋書目第十期　上海博古齋書店編　清末民國間石印本　一册

320000－4645－0002744　84－2－1－16
浙江官報(宣統元年第十六期)　清宣統元年(1909)鉛印本　一册

320000－4645－0002745　84－2－2－06
增訂二論詳解四卷　(清)劉忠輯　清末民國間上海鑄記書莊石印本　四册

320000－4645－0002746　84－2－2－07
旅浙江蘇鐵路協會章程一卷　清宣統元年(1909)鉛印本　一冊

320000－4645－0002747　84－2－2－14
預備立憲公會報第九期不分卷　清宣統元年(1909)預備立憲公會編輯所鉛印本　一冊

320000－4645－0002748　84－2－2－18
商辦蘇省鐵路股份有限公司詳章第九章不分卷　(清)商辦蘇省鐵路股份有限公司編　清末鉛印本　一冊

320000－4645－0002749　84－2－2－19
商辦蘇省鐵路股份有限公司自丙午開辦至己酉年底止報告總冊不分卷　(清)商辦蘇省鐵路股份有限公司編　清末鉛印本　一冊

320000－4645－0002750　84－2－2－27
商辦浙江全省鐵路有限公司暫定章程不分卷　湯壽潛編　清光緒三十四年(1908)鉛印本　一冊

320000－4645－0002751　84－2－2－29
浙江財政説明書不分卷　清末浙江清理財政局石印本　一冊　存一編(上)

320000－4645－0002752　84－2－2－30
困學紀聞二十卷　(宋)王應麟撰　(清)閻若璩箋　(清)何焯評　清汪垕桐華書塾刻本　八冊

320000－4645－0002753　84－2－3－02
欽加布政使銜分巡甯紹台道薛核定養正義塾章程不分卷　清刻本　一冊

320000－4645－0002754　84－2－3－03
欽加布政使銜分巡甯紹台道薛核定養正義塾章程不分卷　清刻本　一冊

320000－4645－0002755　84－2－3－05
兩淮鹽章不分卷　(清)孫傭之輯　稿本　一冊

320000－4645－0002756　84－2－3－07
上海求志書院課藝四卷　(清)上海求志書院輯　清刻本　四冊

320000－4645－0002757　84－2－3－08
上海求志書院課藝四卷　(清)上海求志書院輯　清刻本　三冊　存三卷(丙子春季、夏季、秋季)

320000－4645－0002758　84－2－3－09
上海求志書院課藝四卷　(清)上海求志書院輯　清刻本　一冊　存一卷(丁丑春季)

320000－4645－0002759　84－2－3－10
上海求志書院課藝四卷　(清)上海求志書院輯　清刻本　一冊　存一卷(丁丑春季)

320000－4645－0002760　84－2－3－11
江南鄉試硃卷同治癸酉科不分卷　(清)倪觀瀾等撰　清同治刻本　十冊　存倪觀瀾、竇士鏞、相璪、許鳴盛、賀則循、晏振恪、張鶴章、朱遵逵、歸爔、殷樹森、殷李堯

320000－4645－0002761　84－3－1－01
明季稗史彙編二十七卷　題(清)留雲居士輯　清光緒十三年(1887)上海圖書集成印書局鉛印本　三冊　存十四卷(一至四、九至十二、十八至二十三)

320000－4645－0002762　84－3－1－02
譯林第六期　(清)譯林編輯部編　清光緒上海商務印書館鉛印本　一冊

320000－4645－0002763　84－3－1－03
譯林第六期　(清)譯林編輯部編　清光緒上海商務印書館鉛印本　一冊

320000－4645－0002764　84－3－1－04
譯林第六期　(清)譯林編輯部編　清光緒上海商務印書館鉛印本　一冊

320000－4645－0002765　84－3－1－05
譯林第七期　(清)譯林編輯部編　清光緒上海商務印書館鉛印本　一冊

320000－4645－0002766　84－3－1－06
譯林第七期　(清)譯林編輯部編　清光緒上海商務印書館鉛印本　一冊

320000－4645－0002767　84－3－1－07
譯林第十期　(清)譯林編輯部編　清光緒上

海商務印書館鉛印本　一冊

320000－4645－0002768　84－3－1－08
東游日記一卷　清末民初鉛印本　一冊

320000－4645－0002769　84－3－1－16
太鎮徵信錄不分卷　顧聘璜　陸長清編　清光緒三十二年(1906)會文齋刻本　一冊

320000－4645－0002770　84－3－1－18
魏伯子文集十卷　(清)魏際瑞撰　清抄本　一冊　存一卷(四六雜體)

320000－4645－0002771　84－3－1－19
誠善局徵信錄不分卷　清道光刻本　一冊

320000－4645－0002772　84－3－1－20
[通州電報局稿簿光緒九年十二月]　清光緒九年(1883)抄本　一冊

320000－4645－0002773　84－3－1－21
[通州電報局稿簿光緒十年三月]　清光緒十年(1884)抄本　一冊

320000－4645－0002774　84－3－1－22
[道光滿清宮室祭奠文]不分卷　(清)吕佺孫等擬　清抄本　一冊

320000－4645－0002775　84－3－2－02
繪圖粵東繁華夢三卷四十回　(清)黄小配撰　清光緒石印本　一冊　存一卷十四回(卷中:十四至二十七回)

320000－4645－0002776　84－3－2－04
[江蘇]陸氏重修世譜不分卷三十二冊　清刻本　一冊　存一冊(一)

320000－4645－0002777　84－3－2－06
季漢書六十卷正論一卷答問一卷　(明)謝陛撰　明末鍾人傑刻本　六冊　存四十一卷(本紀三卷,内傳十七卷,外傳一至十二、十八至二十四,正論一卷,答問一卷)

320000－4645－0002778　84－3－3－01
駢字分箋一卷　(清)程際盛撰　清抄藝海珠塵本　一冊

320000－4645－0002779　84－3－3－02
列子八卷　(晉)張湛注　清光緒二十三年(1897)新化三味書局刻本　二冊

320000－4645－0002780　84－3－3－03
揚子法言十三卷音義一卷　(晉)李軌注　清光緒二十三年(1897)新化三味書局刻本　一冊

320000－4645－0002781　84－3－3－04
淮南子二十一卷　(漢)高誘注　清光緒二年(1876)浙江書局刻本　一冊　存三卷(一至三)

320000－4645－0002782　84－3－3－05
唐陸宣公集二十二卷陸宣公集增輯一卷陸宣公集附錄一卷陸宣公集世系一卷　(唐)陸贄撰　清光緒二年(1876)江蘇書局刻本　五冊

320000－4645－0002783　84－3－3－07
廣藝舟雙楫六卷首一卷　康有為撰　清光緒十九年(1893)南海康有為萬木草堂刻本　二冊

320000－4645－0002784　84－4－2－01
歷代史事論海三十二卷　清光緒二十八年(1902)石印本　三十二冊

320000－4645－0002785　84－4－3－02
大清光緒新法令樣本不分卷　商務印書館編輯所編　清宣統商務印書館鉛印本　一冊

320000－4645－0002786　84－4－3－03
玉函山房輯佚書　(清)馬國翰輯　清光緒九年(1883)長沙嫏嬛館刻本　四冊　存二十六種三十五卷(古論語六卷,齊論語一卷,論語孔氏訓解一至三,孟子章指二卷、篇敘一卷,孟子程氏章句一卷,孟子高氏章句一卷,孟子劉氏注一卷,孟子鄭氏注一卷,李克書一卷,公孫尼子一卷,内業一卷,讕言一卷,甯子一卷,王孫子一卷,李氏春秋一卷,董子一卷,俟子一卷,徐子一卷,魯連子一卷,虞氏春秋一卷,凡將篇一卷,訓纂篇一卷,蒼頡訓詁一卷,三蒼一卷,古文官書一卷,雜字指一卷)

320000－4645－0002787　84－5－1－01
貞烈編一卷盧烈婦詩一卷　(清)潘鍾瑞輯

清光緒十年(1884)長洲潘氏香禪精舍刻本　一册

320000－4645－0002788　84－5－1－02
擕天集□□卷　(清)曹襄選　稿本　一册　存二卷(一至二)

320000－4645－0002789　84－5－1－03
[淩州公手稿]一卷　淩州公撰　稿本　一册

320000－4645－0002790　84－5－1－04
[分田截積法]一卷　清末民國間抄本　一册

320000－4645－0002791　84－5－1－05
[同文書局石印古今圖書集成樣本]不分卷　清光緒九年(1883)上海同文書局石印本　一册

320000－4645－0002792　84－5－1－06
周禮正義八十六卷　(清)孫詒讓撰　清光緒三十一年(1905)鉛印本　二册　存十四卷(一至七、六十五至七十一)

320000－4645－0002793　84－5－1－07
[嘉慶]新修江寧府志五十六卷　(清)吕燕昭修　(清)姚鼐纂　清嘉慶十六年(1811)刻本(卷十八至十九數頁抄配)　九册　存三十三卷(一至十九、二十一至二十七、二十九至三十、五十二至五十六)

320000－4645－0002794　84－5－1－11
商州司馬事蹟考畧一卷　(清)顧師軾編　(清)錢溯耆校　清光緒十年(1884)錢溯耆聽邠館抄本　一册

320000－4645－0002795　84－5－1－12
江陰縣開浚運河八釐地方公債單行章程一卷　清末石印本　一册

320000－4645－0002796　84－5－1－16
四川實業交通第二次統計報告不分卷　(清)四川勸業道編訂　清末鉛印本　一册

320000－4645－0002797　84－5－1－18
精刊龔定盦全集　(清)龔自珍撰　清宣統元年(1909)上海國學扶輪社鉛印本　六册　存十九卷(定盦文集三卷,定盦續集四卷,定盦文集補編四卷,定盦文集補:續録一卷、古今體詩二卷、已亥雜詩一卷、詞選一卷、詞録一卷、附龔孝珙手抄詞一卷,定盦文拾遺一卷)

320000－4645－0002798　85－1－1－02
江蘇學務文牘不分卷　江蘇學務公所編　清宣統江蘇學務公所鉛印本　一册

320000－4645－0002799　85－1－1－03
山東高等學堂倫理教科書一卷　胡元吉撰　清末山東高等學堂石印本　一册

320000－4645－0002800　85－1－1－04
昭代名人尺牘續集小傳二十四卷　陶湘輯　清宣統三年(1911)天寶石印局石印本　六册　存十二卷(五至六、十五至二十四)

320000－4645－0002801　85－1－1－05
陸文慎公墨蹟一卷　唐文治編　清宣統元年(1909)婁東唐氏石印本　一册

320000－4645－0002802　85－1－1－08
籌辦淮沂義賑徵信錄□□卷　清末唐洪培唐錫晉刻本　一册　存一卷(上)

320000－4645－0002803　85－1－1－09
嘉定清節堂徵信錄一卷　清光緒刻本　一册

320000－4645－0002804　85－1－1－12
同治癸酉科江南鄉試硃卷一卷　(清)黄宗起撰　清刻本　一册

320000－4645－0002805　85－1－1－14
[國史館奏疏]一卷　清末刻本　一册

320000－4645－0002806　85－1－1－15
新安懷梓堂徵信錄一卷　清光緒十一年(1885)刻本　一册

320000－4645－0002807　85－1－1－16
錫金育嬰堂徵信錄不分卷　清刻本　一册

320000－4645－0002808　85－1－1－17
光緒貳拾伍年電報總局學堂刻貳拾肆年各局電生年考册一卷　清光緒二十五年(1899)電報總局學堂鉛印本　一册

320000－4645－0002809　85－1－1－18

清風明月□□卷[滩簧雅集]　清光緒二十年至二十五年(1894－1899)顧錫麟抄本　一冊　存三種三卷(賞荷一卷、勸農一卷、問探一卷)

320000－4645－0002810　85－1－1－26
[嘉慶]重刊荊谿縣志四卷首一卷　(清)唐仲冕等修　清光緒八年(1882)刻本　一冊　存二卷(三至四)

320000－4645－0002811　85－1－1－28
機器織綢有限公司章程一卷　清光緒二十年(1894)石印本　一冊

320000－4645－0002812　85－1－1－31
知新報　(清)知新報館編　清光緒鉛印本　一冊　存三卷(十八至二十)

320000－4645－0002813　85－1－2－01
奏定学堂章程不分卷　(清)張之洞　(清)端方撰　清光緒刻本　一冊

320000－4645－0002814　85－1－2－02
珠溪同仁堂徵信錄一卷　清同治七年(1868)刻光緒九年(1883)遞修本　一冊

320000－4645－0002815　85－1－2－03
珠溪同仁堂徵信錄一卷　清同治七年(1868)刻光緒九年(1883)遞修本　一冊

320000－4645－0002816　85－1－2－04
珠溪保嬰會徵信錄一卷　清光緒刻本　一冊

320000－4645－0002817　85－1－2－05
珠溪同仁堂徵信錄一卷　清同治七年(1868)刻光緒九年(1883)遞修本　一冊

320000－4645－0002818　85－1－2－06
珠溪同仁堂徵信錄一卷　清道光刻本　一冊

320000－4645－0002819　85－1－2－09
[葉涵谿文鈔]一卷　(清)葉裕仁撰　稿本　一冊

320000－4645－0002820　85－1－2－09－01
確庵先生詩鈔八卷文稿四十卷　(清)陳瑚撰　(清)葉裕仁輯　清抄本　七冊　存七卷(確庵先生詩鈔四至八、文稿二至三)

320000－4645－0002821　85－1－2－09－02
桴亭先生詩鈔六卷　(清)陸世儀撰　(清)葉裕仁輯　清抄本　一冊　存一卷(六)

320000－4645－0002822　85－1－2－10
沙頭里志六卷　(清)曹煒撰　**沙溪兵荒紀略一卷**　(清)呂楠撰　清初抄本　三冊

320000－4645－0002823　85－1－2－11
赤鳳公子日記辛丑年不分卷(清光緒二十七年三月至十二月)　翁之廉撰　稿本　二冊

320000－4645－0002824　85－1－2－13
續修楓涇小志十卷　(清)程兼善纂　清宣統鉛印本　二冊　存四卷(一至二、六至七)

320000－4645－0002825　85－1－2－14
履園叢話二十四卷　(清)錢泳輯　清道光十八年(1838)刻同治九年(1870)錢曰壽重修本　六冊　存十八卷(四至二十一)

320000－4645－0002826　85－1－2－17
珠溪同仁堂徵信錄一卷　清同治九年(1870)刻本　一冊

320000－4645－0002827　85－1－2－18
養正義塾章程不分卷　清刻本　一冊

320000－4645－0002828　85－1－2－19
拙修齋詩稿□□卷　(清)趙金燦撰　清抄本　一冊　存四卷(一至四)

320000－4645－0002829　85－1－2－20
[友三友齋詩鈔]□□卷　題(清)紫莼氏撰　(清)周仲簡選　清抄本　六冊　存八卷(七言近體詩鈔二至三、五至六,試律詩鈔七,咏物詩草八,删存詩草八,詩品摘句試帖署鈔一)

320000－4645－0002830　85－1－2－21
容齋四筆十六卷　(宋)洪邁撰　清抄本　一冊　存三卷(一至三)

320000－4645－0002831　85－1－2－22
太華山紫金岭两世修行劉香寶卷二卷附醫方一卷　清同治十年至光緒十八年(1871－1892)錢瑞卿抄本　一冊　存二卷(太華山紫

金岭两世修行劉香寶卷下、醫方一卷）

320000－4645－0002832　85－1－3－01
資治通鑑二百九十四卷　（宋）司馬光撰　（元）胡三省音注　清嘉慶二十一年（1816）鄱陽胡克家刻本　一册　存九卷（四至十二）

320000－4645－0002833　85－1－3－02
景定建康志五十卷　（宋）馬光祖修　（宋）周應合纂　清嘉慶刻本　一册　存四卷（四十四至四十七）

320000－4645－0002834　85－1－3－05
李太白文集三十卷　（唐）李白撰　清康熙五十六年（1717）繆曰芑雙泉草堂刻木瀆周氏重印本　四册

320000－4645－0002835　85－1－3－06
陶庵集二十二卷首一卷末一卷　（明）黄淳耀撰　清光緒五年（1879）刻本　八册

320000－4645－0002836　85－1－3－13
格言聯璧不分卷　（清）金纓輯　清光緒十六年（1890）上海仁濟善堂刻本　二册

320000－4645－0002837　85－1－3－16
選擇當知三卷　（清）倪榮桂輯　清安康張鵬飛刻本　一册

320000－4645－0002838　85－1－3－22
四燕疆域圖不分卷　（清）楊守敬編　清宣統三年（1911）鄂城刻本　一册

320000－4645－0002839　85－1－4－02
五種遺規　（清）陳宏謀輯　清愛日堂刻本　十册

320000－4645－0002840　85－1－4－06
六朝文絜四卷　（清）許槤評選　清光緒三年（1877）讀有用書齋刻朱墨套印本　一册

320000－4645－0002841　85－1－4－07
唐詩三百首註疏六卷　（清）蘅塘退士（孫洙）編　清文會堂刻本　六册

320000－4645－0002842　85－1－4－08
老子道德經二卷　（晉）王弼撰　**老子道德經音義一卷**　（唐）陸德明撰　清光緒二十三年（1897）新化三味書室刻二十二子本　一册

320000－4645－0002843　85－1－4－09
聞見偶録□□卷　題（清）梅林狂者輯　稿本　一册

320000－4645－0002844　85－1－4－10
［語詞類抄不分卷］　（清）佚名撰　清抄本　二册

320000－4645－0002845　85－1－4－11
同祖稿一卷　（清）佚名撰　稿本　一册

320000－4645－0002846　85－1－4－12
各國土産風俗考一卷　清清河望月軒抄本　一册

320000－4645－0002847　85－1－4－13
新增繪圖幼學故事瓊林四卷首一卷　（清）程登吉撰　（清）鄒聖脉增補　**附考正字彙一卷　應酬彙選三卷補遺一卷**　清光緒三十三年（1907）上海章福記石印本　四册　缺一卷（新增繪圖幼學故事瓊林一）

320000－4645－0002848　85－1－4－15
不昧居吟草□□卷　（清）□既庭撰　稿本　一册　存四卷（戊子年至辛卯年）

320000－4645－0002849　85－1－4－16
東萊先生左氏博議二十五卷　（宋）呂祖謙撰　清光緒十四年（1888）雲陽義秀書屋刻本　六册

320000－4645－0002850　85－2－1－01
養正義塾章程不分卷　清刻本　一册

320000－4645－0002851　85－2－1－05
珠溪同仁堂收支清數一卷　清末鉛印本　一册

320000－4645－0002852　85－2－1－06
養正義塾章程不分卷　清刻本　一册

320000－4645－0002853　85－2－1－07
佩文韻府一百六卷　（清）張玉書等編　清末石印本　一册　存一卷（六十六）

320000－4645－0002854　85－2－1－10

唐宋八大家類選十四卷 （清）儲欣評 清尺木堂刻本 六冊

320000－4645－0002855 85－2－1－11
［明季遺民詩不分卷］ 清初抄本 一冊

320000－4645－0002856 85－2－1－12
彤奩續些二卷 （明）葉紹袁撰 （清）□□輯 清抄本 一冊 存一卷（上）

320000－4645－0002857 85－2－1－13
華氏傳芳集十三卷 （清）華孳亨輯 清乾隆刻本 十一冊 存十一卷（一至四、六至十一、十三）

320000－4645－0002858 85－2－2－03
奇情小説左右敵不分卷 知新主人譯 清宣統二年（1910）群學社鉛印本 一冊

320000－4645－0002859 85－2－2－04
金花寶卷□□卷 清抄本 一冊 存一卷（上）

320000－4645－0002860 85－2－2－06
蘇藩政要不分卷 （清）華琳撰 清抄本 一冊

320000－4645－0002861 85－2－2－07
洗硯錄□□卷 清抄本 一冊 存二卷（十一至十二）

320000－4645－0002862 85－2－2－08
論語古訓十卷 （清）陳鱣撰 清光緒九年（1883）浙江書局刻本 一冊 存五卷（一至五）

320000－4645－0002863 85－2－2－11
惜抱軒今體詩鈔十八卷 （清）姚鼐撰 清同治五年（1866）金陵書局刻本 一冊 存九卷（七言一至九）

320000－4645－0002864 85－2－2－14
春秋左傳節要二卷 （□）紉蕖居纂 清抄本 二冊

320000－4645－0002865 85－2－2－16
軒轅碑記醫學祝由十三科二卷 清西蜀青城山空青洞天刻朱墨套印本 二冊

320000－4645－0002866 85－2－2－17
太鎮徵信錄不分卷 顧聘璜 陸長清編 清光緒三十二年（1906）會文齋刻本 一冊 存一冊（八）

320000－4645－0002867 85－2－3－01
緯書補首二卷 （明）孫瑴編 清刻本 一冊

320000－4645－0002868 85－2－3－10
印文詳解不分卷 （清）劉維坊篆鐫 清道光文石閣刻鈐印本 四冊

320000－4645－0002869 85－2－3－11
求闕齋經史百家雜抄简本不分卷 清光緒二十二年（1896）抄本 二冊

320000－4645－0002870 85－2－3－12
廿一史摘要會纂不分卷 清太倉談理抄本 五冊 存五集（子、巳、酉、戌、亥）

320000－4645－0002871 85－2－3－13
六朝詩歸不分卷 （明）鍾惺 （明）譚元春輯 清抄本 一冊 存二種（梁、陳）

320000－4645－0002872 85－2－3－14
翰林志一卷金陵圖考一卷遊鍾山記一卷遊牛首山記一卷飛龍亭記一卷閱江樓記一卷遊蛾眉亭記一卷掖庭二記一卷醉石齋記一卷長板橋記一卷南柯記一卷記事珠一卷 明刻本 二冊

320000－4645－0002873 85－2－3－17
曾文正文稿二卷 （清）曾國藩撰 清抄本 一冊 存一卷（上）

320000－4645－0002874 85－2－3－18
國朝館選爵里謚法考六卷 （清）吳鼎雯撰 清刻本 二冊 存二卷（三至四）

320000－4645－0002875 85－2－4－03
翠琅玕館叢書 （清）馮兆年輯 清光緒羊城馮氏刻本 七冊 存十二種十三卷（第一集：錢譜一卷、漫堂墨品一卷、水坑石記一卷、觀石錄一卷、琴學八則一卷、紫泥法一卷、陽羨茗壺系一卷、洞山岕茶系一卷、南村觴政一卷、桐階副墨一卷、幽夢影上，第三集：憚南田

畫跋一至二）

320000－4645－0002876　85－2－4－05
尺木堂綱鑑易知錄九十卷明鑑易知錄十五卷　（清）吳乘權等撰　清光緒三十年（1904）鉛印本　十六册

320000－4645－0002877　85－2－4－08
玉臺書史一卷　（清）厲鶚撰　清末刻本　一册

320000－4645－0002878　85－2－4－13
［王祖畬］年譜底稿一卷（清光緒二十四年至三十四年）　王祖畬撰　稿本　一册

320000－4645－0002879　85－2－4－15
譯林　（清）譯林編輯部編　清光緒二十七年（1901）上海商務印書館鉛印本　四册　存四期（六至八、十）

320000－4645－0002880　85－2－4－16
譯林　（清）譯林編輯部編　清光緒二十七年（1901）上海商務印書館鉛印本　三册　存三期（六至七、十）

320000－4645－0002881　85－2－4－17
沙賑徵信錄一卷　清光緒刻本　一册

320000－4645－0002882　85－2－4－18
新安懷梓堂徵信錄一卷　清光緒十一年（1885）刻本　一册

320000－4645－0002883　85－2－4－19
光緒七年分三局彙總清册一卷　清光緒刻本　一册

320000－4645－0002884　85－2－4－20
光緒四年分三局彙總清册一卷　清光緒刻本　一册

320000－4645－0002885　85－2－4－21
珠溪同仁堂徵信錄一卷續刻一卷　清同治九年（1870）刻本　一册

320000－4645－0002886　85－2－4－22
珠溪同仁堂徵信錄一卷　清道光刻本　一册

320000－4645－0002887　85－3－1－01
光緒四年捌月［沙溪鎮］接嬰局稿底存查一卷　稿本　一册

320000－4645－0002888　85－3－1－02
宣統辛亥秋錄元和版圖備誌一卷　稿本　一册

320000－4645－0002889　85－3－1－04
［汪荣棠信稿］一卷　（清）汪榮棠撰　稿本　一册

320000－4645－0002890　85－3－1－06
南遊記一卷　（清）孫嘉淦撰　清末抄本　一册

320000－4645－0002891　85－3－1－09
同治癸酉科江南選拔貢鄉試硃卷一卷　（清）華鴻模撰　清刻本　一册

320000－4645－0002892　85－3－1－10
光緒戊子科江南鄉試同懷硃卷一卷　（清）劉富曾　（清）劉顯曾撰　清光緒淮南書局景堂刻本　二册

320000－4645－0002893　85－3－1－11
光緒壬午科江南鄉試硃卷己卯科江南優行貢卷一卷　（清）龔良舉撰　清光緒金陵黄起東家刻字老店刻本　一册

320000－4645－0002894　85－3－1－13
直隸法政學堂校外自修班講義不分卷　清末法政學堂鉛印本　一册

320000－4645－0002895　85－3－1－14
常熟縣水災賑捐徵信錄一卷　清末民國間開文社鉛印本　一册

320000－4645－0002896　85－3－1－15
湖北農業試驗成蹟表不分卷　清宣統元年（1909）廣東學務公所鉛印本　一册

320000－4645－0002897　85－3－1－16
湘學新報第十七期　（清）江標編　清光緒二十三年（1897）長沙刻本　一册

320000－4645－0002898　85－3－1－22
光緒戊子科江南鄉試硃卷一卷　（清）顧賜儒撰　清刻本　一册

320000－4645－0002899　85－3－1－23
樸學齋筆記八卷　(清)盛大士撰　清末民國間聽幽館抄本　徐豐燾校　一册　存四卷(五至八)

320000－4645－0002900　85－3－1－24
危言二卷　(清)邵作舟撰　清光緒聽幽館抄本　二册

320000－4645－0002901　85－3－1－25
淮南鴻烈解二十一卷　(漢)劉安撰　(漢)高誘注　(明)茅坤等評　明張烒如刻本　四册

320000－4645－0002902　85－3－2－02
使琉球記六卷　(清)李鼎元撰　清光緒上海申報館鉛印本　一册　存三卷(四至六)

320000－4645－0002903　85－3－2－03
元朝秘史十五卷　(清)李文田注　清光緒石印本　二册　存九卷(四至十二)

320000－4645－0002904　85－3－2－06
[風水堪輿圖]一卷　清末民國間抄本　一册

320000－4645－0002905　85－3－2－07
啓事類信稿不分卷　(清)嚴□□撰　稿本　二册

320000－4645－0002906　85－3－2－16
同治癸酉科江南鄉試硃卷一卷　(清)李佩洵撰　**履歷一卷**　清同治維揚徐文德齋刻本　一册

320000－4645－0002907　85－3－2－17
同治癸酉科江南鄉試硃卷一卷　(清)李佩洵撰　**履歷一卷**　清同治維揚徐文德齋刻本　一册

320000－4645－0002908　85－3－2－18
同治癸酉科江南鄉試硃卷一卷　(清)夏先楫撰　**履歷一卷**　清同治刻本　一册

320000－4645－0002909　85－3－2－19
同治癸酉科江南鄉試硃卷一卷　(清)翟伯恒撰　**履歷一卷**　清同治刻本　一册

320000－4645－0002910　85－3－2－20
同治癸酉科江南鄉試硃卷一卷　(清)朱崇慶撰　**履歷一卷**　清同治刻本　一册

320000－4645－0002911　85－3－2－21
同治癸酉科江南鄉試硃卷一卷　(清)曹慶恩撰　**履歷一卷**　清同治南沙翟雲山刻本　一册

320000－4645－0002912　85－3－2－22
同治癸酉科江南鄉試硃卷一卷　(清)黄玉振撰　**履歷一卷**　清同治刻本　一册

320000－4645－0002913　85－3－2－23
同治癸酉科江南鄉試硃卷一卷　(清)殷殿揚撰　**履歷一卷**　清同治刻本　一册

320000－4645－0002914　85－3－2－24
同治癸酉科江南鄉試硃卷一卷　(清)王肇臨撰　**履歷一卷**　清同治維揚张有耀齋刻本　一册

320000－4645－0002915　85－3－2－25
同治癸酉科江南鄉試硃卷一卷附試草一卷　(清)于齊慶撰　**履歷一卷**　清同治刻本　一册

320000－4645－0002916　85－3－2－26
同治癸酉科江南鄉試硃卷一卷　(清)汪曾蔭撰　**履歷一卷**　清同治太倉文霞齋刻本　一册

320000－4645－0002917　85－3－2－30
[康熙]常州府志三十八卷首一卷　(清)于琨修　(清)陳玉璂纂　清康熙三十四年(1695)刻本　一册　存一卷(二十三)

320000－4645－0002918　85－3－2－32
濟陽近譜□□卷　(清)□兆寬輯　(清)□保安修　稿本　一册　存二卷(八至九)

320000－4645－0002919　85－3－2－35
[光緒]蒸里志略十二卷　(清)葉世熊撰　程兼善增補　清宣統二年(1910)葉桐叔鉛印本　一册　存六卷(二至七)

320000－4645－0002920　85－3－2－36
[雍正]揚州府志四十卷　(清)尹會一修　(清)程夢星等纂　清雍正十一年(1733)刻本

一冊　存二卷(三十三至三十四)

320000－4645－0002921　85－3－2－40
[葉氏明代先賢傳記雜抄]一卷　清抄本　一冊

320000－4645－0002922　85－3－2－41
淩磬生府君[泗]行述一卷　(清)沈廷鏞述　清末石印本　一冊

320000－4645－0002923　85－3－2－42
先姊事略一卷　(清)過絜均　(清)過開成述　清末木活字印本　一冊

320000－4645－0002924　85－3－2－44
皇清誥授榮禄大夫按察使銜加三級禮學館纂脩官浙江候補道翰林院庶吉士先考赤盉府君[孫鼎烈]事狀一卷　孫錫圻　孙藩圻撰　清末民初石印本　一冊

320000－4645－0002925　85－3－3－02
代數備旨下卷不分卷附總答　(美國)狄考文譯　范震亞校錄　清光緒二十八年(1902)上海會文編譯社石印本　一冊

320000－4645－0002926　85－3－3－03
代數備旨下卷不分卷附總答　(美國)狄考文譯　范震亞校錄　清光緒二十八年(1902)上海會文編譯社石印本　一冊

320000－4645－0002927　85－3－3－04
代數備旨下卷不分卷附總答　(美國)狄考文譯　范震亞校錄　清光緒二十八年(1902)上海會文編譯社石印本　一冊

320000－4645－0002928　85－3－3－05
代數備旨下卷不分卷附總答　(美國)狄考文譯　范震亞校錄　清光緒二十八年(1902)上海會文編譯社石印本　一冊

320000－4645－0002929　85－3－3－06
代數備旨下卷不分卷附總答　(美國)狄考文譯　范震亞校錄　清光緒二十八年(1902)上海會文編譯社石印本　一冊

320000－4645－0002930　85－3－3－06－1
代數備旨下卷不分卷附總答　(美國)狄考文譯　范震亞校錄　清光緒二十八年(1902)上海會文編譯社石印本　一冊

320000－4645－0002931　85－3－3－06－2
代數備旨下卷不分卷附總答　(美國)狄考文譯　范震亞校錄　清光緒二十八年(1902)上海會文編譯社石印本　一冊

320000－4645－0002932　85－3－3－06－3
代數備旨下卷不分卷附總答　(美國)狄考文譯　范震亞校錄　清光緒二十八年(1902)上海會文編譯社石印本　一冊

320000－4645－0002933　85－3－4－03
新鐫笑林廣記十二卷　題(清)遊戲主人纂輯　清連元閣刻本　一冊　存一卷(四)

320000－4645－0002934　85－3－4－10
小心齋劄記十八卷　(明)顧憲成撰　清光緒三年(1877)涇里宗祠刻顧端文公遺書本　一冊　存四卷(一至四)

320000－4645－0002935　85－3－4－11
禮記十卷　(元)陳澔集説　清刻本　二冊　存二卷(四、八)

320000－4645－0002936　85－3－4－12
説郛　(元)陶宗儀輯　清順治三年(1646)李際期宛委山堂刻本　一冊　存三種五卷(雞肋一卷、釋常談三卷、續釋常談一卷)

320000－4645－0002937　85－4－2－02
歷代史論十二卷　(明)張溥撰　清光緒五年(1879)潘氏敏德堂刻本　六冊　存四卷(一至四)

320000－4645－0002938　85－4－2－03
出使公牘十卷　(清)薛福成撰　清光緒二十三年(1897)薛氏傳經樓刻本　六冊

320000－4645－0002939　85－4－2－05
[光緒]江陵縣志六十五卷首一卷　(清)吳耀斗等修　(清)胡九皋等纂　清光緒二年至三年(1876－1877)江陵縣署刻本　六冊　存十六卷(十六至二十七、四十九至五十二)

320000－4645－0002940　85－4－2－06

古文翼八卷 (清)唐德宜輯 清光緒十九年(1893)湖南經國書局刻本 八冊

320000－4645－0002941 85－4－2－08
文子纘義十二卷 (宋)杜道堅撰 清光緒三年(1877)浙江書局刻二十二子本 二冊

320000－4645－0002942 85－4－2－09
出使英法義比四國日記六卷(清光緒十六年正月十一至二十年五月二十八日) (清)薛福成撰 清光緒十八年(1892)刻本 六冊

320000－4645－0002943 85－4－2－10
唐陸宣公奏議讀本四卷 (清)汪銘謙輯 馬傳庚訂點 清宣統元年(1909)會稽馬氏石印本 二冊

320000－4645－0002944 85－4－2－11
平津館叢書 (清)孫星衍編 清光緒十年至十五年(1884－1889)吳縣朱氏槐廬家塾刻本 一冊 存六種十四卷(魏武帝註孫子三卷、吳子二卷、司馬灋三卷、尸子二卷、燕丹子三卷、牟子一卷)

320000－4645－0002945 85－4－2－15
樊山政書二十卷 樊增祥撰 清宣統二年(1910)金陵鉛印本 八冊 存十六卷(一至十六)

320000－4645－0002946 85－4－2－16
錫金城廂平糶徵信錄一卷 清末鉛印本 一冊

320000－4645－0002947 85－4－2－18
武陽忠義墓誌一卷 清刻本 一冊

320000－4645－0002948 85－4－2－20
王奉常集詩十五卷 (明)王世懋撰 清抄本 一冊 存五卷(十一至十五)

320000－4645－0002949 85－4－2－21
湘學新報第三期 (清)江標編 清光緒二十三年(1897)長沙刻本 一冊

320000－4645－0002950 85－4－2－24
挹秀集□□卷 (清)孫際泰撰 稿本 一冊 存五卷(六至十)

320000－4645－0002951 85－4－2－25
老學庵筆記十卷 (宋)陸游撰 明崇禎毛氏汲古閣刻本 二冊

320000－4645－0002952 85－4－3－04
增補泰西名人傳六卷 (清)滙報館編譯 (清)徐心鏡增訂 清光緒二十九年(1903)鴻寶齋石印本 四冊

320000－4645－0002953 85－4－3－07
晏子春秋七卷 清光緒十八年(1892)思賢講舍刻本 二冊

320000－4645－0002954 85－4－3－11
江蘇學務文牘不分卷 (清)江蘇學務公所編 清宣統江蘇學務公所鉛印本 五冊

320000－4645－0002955 86－1－1－01
隋書八十五卷 (唐)魏徵等撰 清同治十年(1871)淮南書局刻本 十二冊

320000－4645－0002956 86－1－1－02
遼史一百十五卷目錄一卷 (元)脱脱等撰 清同治十二年(1873)江蘇書局刻本 十二冊

320000－4645－0002957 86－1－2－01
晉書一百三十卷 (唐)房玄齡等撰 **音義三卷** (唐)何超撰 清同治十年(1871)金陵書局刻本 十九冊

320000－4645－0002958 86－1－3－01
後漢書九十卷 (南朝宋)范曄撰 (唐)李賢注 **續漢書八志三十卷** (晉)司馬彪撰 (南朝梁)劉昭注 清同治八年(1869)金陵書局刻本 十六冊

320000－4645－0002959 86－1－4－01
金史一百三十五卷欽定金國語解一卷 (元)脱脱等撰 清同治十三年(1874)江蘇書局刻本 二十冊

320000－4645－0002960 86－2－1－01
三國志六十五卷 (晉)陳壽撰 (南朝宋)裴松之注 清同治九年(1870)金陵書局刻本 八冊

320000－4645－0002961 86－2－1－02

南史八十卷　(唐)李延壽撰　清同治十一年(1872)金陵書局刻本　十二册

320000－4645－0002962　86－2－2－01
漢書一百卷　(漢)班固撰　(漢)顔師古注　清同治八年(1869)金陵書局刻本　十六册

320000－4645－0002963　86－2－3－01
史記一百三十卷　(漢)司馬遷撰　(南朝宋)裴駰集解　(唐)司馬貞索隱　(唐)張守節正義　清同治五年至九年(1866－1870)金陵書局刻本　二十册

320000－4645－0002964　86－2－4－01
梁書六十五卷　(唐)姚思廉撰　清同治十三年(1874)金陵書局刻本　六册

320000－4645－0002965　86－2－4－02
宋書一百卷　(南朝宋)沈約撰　清同治十一年(1872)金陵書局刻本　十六册

320000－4645－0002966　86－3－1－01
魏書一百十四卷　(北齊)魏收撰　清同治十一年(1872)金陵書局刻本　二十册

320000－4645－0002967　86－3－2－01
五代史七十四卷　(宋)歐陽修撰　(宋)徐無黨注　清同治十一年(1872)崇文書局刻本　八册

320000－4645－0002968　86－3－2－02
舊五代史一百五十卷　(宋)薛居正等撰　清同治十一年(1872)湖北崇文書局刻本　十六册

320000－4645－0002969　86－3－3－01
舊唐書二百卷　(五代)劉昫等撰　清同治十一年(1872)浙江書局刻本　四十册

320000－4645－0002970　86－4－1－01
唐書二百二十五卷　(宋)歐陽修　(宋)宋祁撰　清同治十二年(1873)浙江書局刻本　四十册

320000－4645－0002971　86－4－3－01
陳書三十六卷　(唐)姚思廉撰　清同治十一年(1872)金陵書局刻本　四册

320000－4645－0002972　86－4－3－02
校刊史記集解索隱正義札記五卷　(清)張文虎撰　清同治十一年(1872)金陵書局刻本　二册

320000－4645－0002973　86－4－3－03
遼史拾遺二十四卷遼史紀年表一卷　(清)厲鶚撰　清光緒元年(1875)江蘇書局刻本　八册

320000－4645－0002974　86－4－3－04
遼史拾遺補五卷　(清)楊復吉輯　清光緒三年(1877)江蘇書局刻本　二册

320000－4645－0002975　86－4－4－01
北史一百卷　(唐)李延壽撰　清同治十一年(1872)金陵書局刻本　二十册

320000－4645－0002976　86－5－1－01
元史二百十卷目錄二卷　(明)宋濂等撰　清同治十三年(1874)江蘇書局刻本　四十册

320000－4645－0002977　86－5－3－01
明史三百三十二卷目錄四卷　(清)張廷玉撰　清光緒三年(1877)湖北崇文書局刻本　八十册

320000－4645－0002978　87－1－2－01
宋史四百九十六卷目錄三卷　(元)脱脱等撰　清光緒元年(1875)浙江書局刻本　一百册

320000－4645－0002979　87－2－3－01
北齊書五十卷　(唐)李百藥撰　清同治十三年(1874)金陵書局刻本　四册

320000－4645－0002980　87－2－3－02
南齊書五十九卷　(南朝梁)蕭子顯撰　清同治十三年(1874)金陵書局刻本　六册

320000－4645－0002981　87－2－3－03
元史氏族表三卷元史藝文志四卷　(清)錢大昕撰　清江蘇書局刻本　三册

320000－4645－0002982　87－2－3－04
周書五十卷　(唐)令狐德棻撰　清同治十三年(1874)金陵書局刻本　四册

中共南京市委黨校圖書館古籍普查登記目録

全國古籍普查登記目録

國家圖書館出版社
National Library of China Publishing House

《中共南京市委黨校圖書館古籍普查登記目録》

編委會

《中共南京市委黨校圖書館古籍普查登記目録》

前　言

中共南京市委黨校圖書館始建於1950年2月。目前坐落在南京市仙林大學城内風景秀麗的靈山脚下。文獻資源建設以哲學社會科學文獻爲館藏核心,以馬克思主義經典著作爲主導,以反映當代馬克思主義最新理論成果、現代人類文明成果以及本地區改革開放和現代化建設成就爲目的,具有鮮明的黨校特色。

1949年南京解放之初,黨校尚爲中共南京市委黨訓班期間,即得天時地利人和之便利,接管了中國國民黨中央政治學校等教育培訓機構的一批圖書資料,其中就有部分古籍文獻。長期以來,雖有散軼,竟有所存。所存者一直深藏書庫,沉眠樟櫃,没有得到很好整理。

爲貫徹國家"中華古籍保護計劃",明確這批館藏古籍文獻的級别等次和文獻價值,江蘇省古籍保護中心主任、南京圖書館全勤副館長選派南圖古籍編目專家陸音老師深入我館館庫,反復甄别。在專家的指導下,我館完成了古籍普查,現藏古籍綫裝書16部165册。

館藏古籍雖然不具有特别貴重的版本價值,但其諸多特殊意義却不可不察,是我館獨有的特色財富。

中共南京市委黨校圖書館

2020年11月

320000－4649－0000001　1
尺木堂綱鑑易知録九十二卷尺木堂明鑑易知録十五卷　(清)吴乘權等輯　清同治五年(1866)佛山連元閣刻本　三十六册

320000－4649－0000002　2
史略八十七卷　(清)朱堃輯　清同治五年(1866)皖南朱氏峴麓山房刻本　二十册

320000－4649－0000003　3
前漢書一百二十卷　(漢)班固撰　(唐)顔師古注　清光緒十四年(1888)上海鴻文書局石印本　十四册

320000－4649－0000004　4
後漢書一百二十卷　(南朝宋)范曄撰　(唐)李賢注　清光緒十四年(1888)上海鴻文書局石印本　十册

320000－4649－0000005　5
莊子集釋十卷　(清)郭慶藩輯　清光緒思賢講舍刻本　八册

320000－4649－0000006　6
荀子集解二十卷首一卷　(唐)楊倞注　王先謙集釋　清光緒十七年(1891)思賢講舍刻本　五册　存十七卷(一至二、六至二十)

320000－4649－0000007　7
文心雕龍十卷　(南朝梁)劉勰撰　(清)黄叔琳注　(清)紀昀評　清光緒二十一年(1895)學庫山房刻本　四册

320000－4649－0000008　8
老子翼八卷　(明)焦竑輯　清光緒二十一年(1895)金陵刻經處刻本　四册

320000－4649－0000009　9
韓非子二十卷識誤三卷　(清)顧廣圻撰　清光緒二十三年(1897)新化三味書局刻本　六册

320000－4649－0000010　10
管子二十四卷　(唐)房玄齡注　清光緒二十三年(1897)新化三味書局刻本　六册

320000－4649－0000011　11
天演論二卷　(英國)赫胥黎撰　嚴復譯　清光緒二十七年(1901)富文書局石印本　一册

320000－4649－0000012　12
日本議會史　(日本)工藤武重撰　汪有齡等譯　清光緒三十二年(1906)江蘇通州翰墨林編譯印書局鉛印本　六册　存六册(七至十二)

320000－4649－0000013　13
歷代名臣言行録二十四卷　(清)朱桓輯　清光緒二十六年(1900)湖南書局刻本　二十四册

320000－4649－0000014　14
新註二度梅奇説全集四卷四十回　題(清)惜陰主人編輯　題(清)繡虎堂主人評閲　清慶雲堂刻本　四册

320000－4649－0000015　15
文選六十卷　(南朝宋)蕭統撰　(唐)李善注　清宣統三年(1911)上海會文堂書局影印本　十六册

320000－4649－0000016　16
歷代名將事略附演淺説一卷　(□)□□撰　清光緒三十三年(1907)鉛印本　一册

江蘇省南京市秦淮區圖書館古籍普查登記目録

全國古籍普查登記目録

國家圖書館出版社
National Library of China Publishing House

《江蘇省南京市秦淮區圖書館古籍普查登記目録》

編委會

主　編：黄　豐

編　委：笪　箐　徐　芹　王　瀟　劉　俊　伏　龍

樂紅曦　王松山

《江蘇省南京市秦淮區圖書館古籍普查登記目録》

前　言

南京市秦淮區圖書館始建於1961年,後幾經波折,於1987年正式開放,2013年與原白下區圖書館合并,成爲今秦淮區圖書館。2017年7月1日秦淮區圖書館新館搬至位於鈔庫街21號,坐落於夫子廟景區南側、老門東景區西北側,毗鄰秦狀元府。新館受天下文樞福蔭,粉牆黛瓦,鬧中取静。

秦淮區圖書館古籍文獻主要來源於捐贈,後又通過陸續購買而得。20世紀80年代,在時任秦淮區圖書館館長樂紅曦領導下,聘請王松山老師對古籍文獻進行了三次整理、分類、編目、入庫工作。

據統計,我館現有古籍18000餘册,其中元刻明清遞修本《晉書》一百三十卷和明萬曆三十八年(1610)雙峰堂余氏刻本《鼎鍥趙田了凡袁先生編纂古本歷史大方綱鑒補》三十九卷首一卷兩部古籍入選了第二批《江蘇省珍貴古籍名録》。另有80部古籍收入《南京市公共圖書館藏古籍善本題録》。2017年,我館被省文化廳命名爲“江蘇省古籍保護單位”。

我館十分重視古籍文獻保護工作,按照古籍文獻保護要求,專門設立了古籍室,并按照“全國古籍普查登記目録格式整理”的新規範,對古籍文獻進行了逐條規範登録,在此過程中負責編目的黄豐、笪箐、王瀟、劉俊、伏龍等同志,在江蘇省古籍保護中心和金陵圖書館有關專家大力指導和熱心幫助下,一絲不苟、認真嚴謹地圓滿完成了任務,特此向他們致以衷心的感謝。

本目録收入古籍2551部8802册。

江蘇省南京市秦淮區圖書館

2020年11月

320000－1638－0000001　經部 1
孟子註疏解經十四卷　(漢)趙岐註　(宋)孫奭疏　明崇禎六年(1633)毛氏汲古閣刻本　六冊

320000－1638－0000002　經部 2
禮記注疏六十三卷　(漢)鄭玄注　(唐)孔穎達疏　明崇禎十二年(1639)毛氏汲古閣刻本　二十一冊

320000－1638－0000003　經部 3
春秋穀梁註疏二十卷　(晉)范甯集解　(唐)楊士勛疏　(唐)陸德明音義　明崇禎八年(1635)毛氏汲古閣刻本　六冊

320000－1638－0000004　經部 4
周易兼義九卷　(三國魏)王弼註　(唐)孔穎達正義　明崇禎四年(1631)古虞毛氏汲古閣刻本　四冊

320000－1638－0000005　經部 5
儀禮鄭註句讀十七卷監本正誤一卷唐石經正誤字一卷　(清)張爾岐句讀　清光緒李光明莊刻本　二冊　存八卷(一至四、十二至十五)

320000－1638－0000006　經部 6
東萊博議四卷　(宋)呂祖謙撰　(清)張文炳評點　清光緒刻本　一冊

320000－1638－0000007　經部 7
尚書注疏二十卷　(漢)孔安國傳　(唐)孔穎達疏　明崇禎五年(1632)毛氏汲古閣刻本　七冊

320000－1638－0000008　經部 8
春秋公羊註疏二十八卷　(漢)何休註　(唐)徐彥疏　(唐)陸德明音義　明崇禎七年(1634)毛氏汲古閣刻本　九冊

320000－1638－0000009　經部 9
周禮註疏四十二卷　(漢)鄭玄註　(唐)陸德明釋文　(唐)賈公彥疏　明崇禎元年(1628)毛氏汲古閣刻本　十二冊

320000－1638－0000010　經部 10
禮記十卷　(元)陳澔集說　清同治五年(1866)金陵書局刻本　十冊

320000－1638－0000011　經部 11
孝經注疏九卷　(唐)玄宗李隆基注　(宋)邢昺疏　明崇禎二年(1629)毛氏汲古閣刻本　二冊

320000－1638－0000012　經部 12
春秋左傳註疏六十卷　(晉)杜預註　(唐)陸德明音義　(唐)孔穎達疏　明崇禎十一年(1638)古虞毛氏汲古閣刻本　二十二冊

320000－1638－0000013　經部 13
四書改錯二十二卷　(清)毛奇齡撰　清嘉慶十六年(1811)刻本　五冊　存十八卷(一至十八)

320000－1638－0000014　經部 15
周官禮注六卷　(漢)鄭玄注　清一得齋刻本　三冊　存五卷(一至四、六)

320000－1638－0000015　經部 16
儀禮十七卷　(漢)鄭玄注　清道光十四年(1834)刻本　四冊

320000－1638－0000016　經部 17
古文約選不分卷　(清)允禮選　(清)方苞訂　清同治刻本　二冊

320000－1638－0000017　經部 18
春秋左傳杜注三十卷首一卷　(清)姚培謙撰　清同治五年(1866)金陵書局刻本　十冊

320000－1638－0000018　經部 19
春秋公羊經傳解詁十二卷　(漢)何休撰　(唐)陸德明音義　**重刊宋紹熙公羊傳注附音本校記一卷**　清光緒二十一年(1895)金陵書局刻本　二冊

320000－1638－0000019　經部 20
春秋左傳杜注三十卷首一卷　(清)姚培謙撰　清同治五年(1866)金陵書局刻本　十冊

320000－1638－0000020　經部 21
禮記十卷　(元)陳澔集說　清光緒十九年(1893)江南書局刻本　十冊

320000－1638－0000021　經部 22
禮記十卷　(元)陳澔集說　清同治五年(1866)金陵書局刻本　九冊　存九卷(一至八、十)

320000－1638－0000022　經部 23
爾雅註疏十一卷　(晉)郭璞註　(宋)邢昺疏　明崇禎元年(1628)毛氏汲古閣刻本　三冊

320000－1638－0000023　經部 24
春秋穀梁傳十二卷　(晉)范甯集解　(唐)陸德明音義　清李光明莊刻本　四冊

320000－1638－0000024　經部 25
爾雅註疏十一卷　(晉)郭璞註　(宋)邢昺疏　清光緒經綸堂刻本　四冊

320000－1638－0000025　經部 26
孟子三卷　(漢)趙岐註　清光緒元年(1875)崇文書局刻本　三冊

320000－1638－0000026　經部 27
春秋左傳杜注三十卷首一卷　(清)姚培謙撰　清乾隆十一年(1746)刻本　十冊

320000－1638－0000027　經部 28
寄傲山房塾課纂輯書經備旨蔡註捷錄七卷　(清)鄒聖脈輯　(清)鄒廷猷編　清刻本　四冊

320000－1638－0000028　經部 29
龍文鞭影四卷　(明)蕭良有撰　(明)楊臣諍增訂　(清)李恩綬校補　清光緒十一年(1885)李光明莊刻本　四冊

320000－1638－0000029　經部 30
思樂書屋截搭課存二卷　(清)李應詔撰　清道光二十五年(1845)淩雲書局刻本　二冊

320000－1638－0000030　經部 31
讀書雜釋十四卷　(清)徐鼒撰　清光緒鉛印本　四冊

320000－1638－0000031　經部 33
古文觀止十二卷　(清)吳乘權　(清)吳大職評選　清李光明莊刻本　六冊

320000－1638－0000032　經部 34
周禮六卷　(漢)鄭玄注　(唐)陸德明音義　清李光明莊刻本　四冊　存四卷(一、三至五)

320000－1638－0000033　經部 35
周易闡真四卷首一卷孔易闡真二卷　(清)劉一明述注　清嘉慶刻本　三冊

320000－1638－0000034　經部 36
周易内傳六卷發例一卷　(清)王夫之撰　清同治四年(1865)湘鄉曾氏金陵節署刻船山遺書本　六冊

320000－1638－0000035　經部 37
周易外傳七卷　(清)王夫之撰　清同治四年(1865)湘鄉曾氏金陵節署刻船山遺書本　四冊

320000－1638－0000036　經部 38
東萊博議四卷　(宋)呂祖謙撰　清光緒八年(1882)李光明莊刻本　四冊

320000－1638－0000037　經部 39
周易四卷　(宋)朱熹本義　清李光明莊刻本　二冊

320000－1638－0000038　經部 41
春秋左傳五十卷　(晉)杜預　(宋)林堯叟注　清光緒李光明莊刻本　十六冊

320000－1638－0000039　經部 42
尚書十三卷附考證　(漢)孔安國傳　(唐)陸德明音義　清刻本　三冊

320000－1638－0000040　經部 43
春秋穀梁傳十二卷　(晉)范甯集解　清同治七年(1868)金陵書局刻光緒二十一年(1895)印本　二冊

320000－1638－0000041　經部 44
爾雅三卷　(晉)郭璞注　(唐)陸德明音義　清光緒二十一年(1895)金陵書局刻本　三冊

320000－1638－0000042　經部 45
周易十卷附考證　(三國魏)王弼　(晉)韓康伯注　清刻本　二冊　存七卷(一至三、七至十)

320000－1638－0000043　經部46
禮記二十卷附考證　(漢)鄭玄注　清刻本　八册

320000－1638－0000044　經部47
周書五十卷　(唐)令狐德棻等撰　清同治十三年(1874)金陵書局刻本　四册

320000－1638－0000045　經部48
書經六卷　(宋)蔡沈集傳　清道光八年(1828)立本齋刻本　四册

320000－1638－0000046　經部49
春秋左傳杜注三十卷首一卷　(清)姚培謙撰　清光緒九年(1883)江南書局刻本　十册

320000－1638－0000047　經部50
皇朝經世文編一百二十卷　(清)賀長齡輯　清道光至光緒刻本　五十二册　存七十八卷(三至十四、三十四、五十五至九十一、九十三至一百二十)

320000－1638－0000048　經部51
經義模範一卷　(明)□□輯　**作義要訣一卷**　(元)倪士毅撰　清光緒江陰繆氏刻雲自在龕叢書本　一册

320000－1638－0000049　經部52
孟子七卷　(宋)朱熹集注　清光緒李光明莊刻本　七册

320000－1638－0000050　經部53
重校十三經集字不分卷　清光緒十六年(1890)刻本　一册

320000－1638－0000051　經部55
典故列女全傳四卷　(明)解縉等撰　清光緒李光明刻本　四册

320000－1638－0000052　經部56
書敘指南二十卷　(宋)任廣編　(清)李錫齡校　清刻本　八册　存十三卷(一至十三)

320000－1638－0000053　經部58
孝經衍義一百卷首二卷　(清)葉方藹等纂　清刻本　十四册　存三十八卷(五十六至六十二、七十至一百)

320000－1638－0000054　經部61
述記二卷　(清)任兆麟輯　清刻本　一册　存一卷(上之上)

320000－1638－0000055　經部62
增訂廣日記故事詳注二卷　(清)王相增注　清光緒李光明莊刻本　二册

320000－1638－0000056　經部63
龍文鞭影四卷　(明)蕭良有撰　(明)楊臣諍增訂　(清)李恩綬校補　清光緒十一年(1885)李光明莊刻本　四册

320000－1638－0000057　經部64
周易外傳七卷　(清)王夫之撰　清光緒湖南書局刻本　四册

320000－1638－0000058　經部65
養蒙針度五卷　(清)潘子聲撰　清光緒李光明刻本　二册　存四卷(一至四)

320000－1638－0000059　經部66
養蒙針度五卷　(清)潘子聲撰　清光緒李光明刻本　二册　存四卷(一至四)

320000－1638－0000060　經部68
爾雅三卷　(晉)郭璞注　(唐)陸德明音義　清李光明莊刻本　三册

320000－1638－0000061　經部69
夏小正箋疏四卷　(清)馬徵麟撰　清思古書堂刻本　二册

320000－1638－0000062　經部70－1
四書體註合講十九卷　(清)翁復編　清學源堂刻本　一册　存二卷(大學一卷、中庸一卷)

320000－1638－0000063　經部70－2
新訂四書補註備旨十卷　(明)鄧林著　(清)鄧煜編　(清)杜定基增訂　清李光明莊刻本　四册　存七卷(論語四卷,孟子一至二、四)

320000－1638－0000064　經部71
女四書二卷　(清)王相箋注　清光緒六年(1880)李光明莊刻本　二册

320000－1638－0000065　經部72

周易四卷　(宋)朱熹本義　清李光明莊刻本　二册

320000－1638－0000066　經部73
養蒙針度五卷　(清)潘子聲撰　清光緒李光明莊刻本　二册　存四卷(一至四)

320000－1638－0000067　經部75－1
大學章句一卷　(宋)朱熹章句　清李光明莊刻本　一册

320000－1638－0000068　經部75－2
中庸章句一卷　(宋)朱熹撰　清李光明莊刻本　一册

320000－1638－0000069　經部76
爾雅註疏十一卷　(晉)郭璞註　(宋)邢昺疏　明崇禎元年(1628)毛氏汲古閣刻本　四册

320000－1638－0000070　經部78
百家姓考略一卷　(清)王相撰　清刻本　一册

320000－1638－0000071　經部79
御註孝經一卷　(清)世祖福臨撰　清敦仁堂刻本　一册

320000－1638－0000072　經部80
孝經一卷　(清)世祖福臨注　清李光明莊刻本　一册

320000－1638－0000073　經部81
益幼雜字一卷　清李光明莊刻本　一册

320000－1638－0000074　經部82
益幼雜字一卷　清李光明莊刻本　一册

320000－1638－0000075　經部85
四書五經義一卷　(清)徐郙選定　清光緒二十四年(1898)刻本　一册

320000－1638－0000076　經部86
勸學篇二卷　(清)張之洞撰　清光緒二十四年(1898)湯明林聚珍書局木活字印本　一册　存一卷(內篇一卷)

320000－1638－0000077　經部87
周易四卷　(宋)朱熹本義　清同治十一年(1872)山東書局刻本　二册

320000－1638－0000078　經部88
勸學篇二卷　(清)張之洞撰　清光緒二十四年(1898)江南書局刻本　一册

320000－1638－0000079　經部89
字學舉隅一卷　(清)龍啟瑞撰　清李光明莊刻本　一册

320000－1638－0000080　經部90
字學七種二卷　(清)李祕園撰　清光緒十二年(1886)京師松竹齋刻本　一册

320000－1638－0000081　經部91
鄭氏周易注三卷補遺一卷　(元)王應麟輯　(清)惠棟增補　**陸氏周易述一卷**　(三國吳)陸績撰　(明)姚士麟輯　(清)孫堂增補　清同治十二年(1873)粵東書局刻本　一册

320000－1638－0000082　經部92
春秋繁露十七卷　(漢)董仲舒撰　(清)淩曙注　清同治十二年(1873)粵東書局刻本　二册

320000－1638－0000083　經部93－1
古文觀止十二卷　(清)吳乘權　(清)吳大職評選　清光緒鎮江五洲書局刻本　三册　存六卷(一至二、五至八)

320000－1638－0000084　經部93－2
古文觀止十二卷　(清)吳乘權　(清)吳大職評選　清李光明莊刻本　三册　存六卷(三至四、九至十二)

320000－1638－0000085　經部94
隸辨八卷　(清)顧藹吉撰　清乾隆刻本　八册

320000－1638－0000086　經部95
禮記十卷　(元)陳澔集說　清李光明莊刻本　九册　存九卷(一至七、九至十)

320000－1638－0000087　經部96
周易四卷　(宋)朱熹本義　清李光明莊刻本　二册

320000－1638－0000088　經部97

增訂二論詳解四卷　(清)劉忠輯　清光緒李光明莊刻本　四册

320000－1638－0000089　經部 98
增訂二論詳解四卷　(清)劉忠輯　清光緒李光明莊刻本　四册

320000－1638－0000090　經部 99
春秋左傳五十卷　(晉)杜預　(宋)林堯叟注　清李光明莊刻本　十三册　存四十二卷(一至二十九、三十五至四十、四十四至五十)

320000－1638－0000091　經部 101
述學内篇三卷補遺一卷外篇一卷别錄一卷　(清)汪中撰　清同治八年(1869)揚州書局刻本　二册

320000－1638－0000092　經部 104
論語十卷　(宋)朱熹集注　清李光明刻本　三册

320000－1638－0000093　經部 105
經餘必讀八卷續編八卷　(清)雷琳等輯　**三集四卷**　(清)趙在翰輯　清光緒二年(1876)汲綆齋刻本　十册

320000－1638－0000094　經部 106
四書人物類典串珠四十卷　(清)臧志仁輯　清嘉慶四年(1799)經綸堂刻本　十册

320000－1638－0000095　經部 107
五經備旨四十五卷　(清)鄒聖脈輯　清光緒十五年(1889)上海書局石印本　十一册　存四十二卷(易經四至七、書經七卷、詩經八卷、春秋十二卷、禮記十一卷)

320000－1638－0000096　經部 108
四書味根錄三十七卷　(清)金澂編　清光緒二十年(1894)袖海山房石印本　八册

320000－1638－0000097　經部 109
經籍籑詁五卷首一卷　(清)阮元編　清光緒九年(1883)上海點石齋石印本　五册

320000－1638－0000098　經部 112
參星祕要諏吉便覽一卷　(清)俞榮寬撰　清光緒九年(1883)上海紫文閣刻本　二册

320000－1638－0000099　經部 113
書經六卷首一卷末一卷　(宋)蔡沈集傳　清光緒李光明莊刻本　四册

320000－1638－0000100　經部 114
孟子本義官話七篇　(德國)安保羅撰　清光緒三十四年(1908)上海美華書館鉛印本　一册

320000－1638－0000101　經部 120
增訂二論詳解四卷　(清)劉忠輯　清李光明莊刻本　四册

320000－1638－0000102　經部 121
文章指南五集　(明)歸有光選　(清)許佐重輯　清光緒刻本　二册

320000－1638－0000103　經部 123
點評春秋綱目左傳句解彙雋六卷　(清)韓菼訂　清李光明莊刻本　五册　存五卷(一至四、六)

320000－1638－0000104　經部 124
書經六卷　(宋)蔡沈集傳　清金陵存古堂刻本　四册

320000－1638－0000105　經部 125
書經六卷首一卷末一卷　(宋)蔡沈集傳　清李光明莊刻本　四册

320000－1638－0000106　經部 126
增訂二論詳解四卷　(清)劉忠輯　清李光明莊刻本　四册

320000－1638－0000107　經部 127
點評春秋綱目左傳句解彙雋六卷　(清)韓菼訂　清李光明莊刻本　六册

320000－1638－0000108　經部 129
周禮六卷　(漢)鄭玄注　(唐)陸德明音義　清嘉慶十一年(1806)清芬閣刻本　六册

320000－1638－0000109　經部 133
禮記約編十卷　(清)汪基撰　清光緒三十三年(1907)上海文瑞樓石印本　二册

320000－1638－0000110　經部 134
讀禮條攷二十卷　(清)王曜南撰　清光緒二

十三年(1897)武林尚友齋石印本　六册

320000－1638－0000111　經部 138

夏小正戴氏傳四卷　(宋)傅崧卿輯並注　**袁本傅崧卿本夏小正校錄一卷**　(清)黄丕烈撰　**夏小正經傳集解四卷**　(清)顧鳳藻撰　清道光元年(1821)吳縣黄氏士禮居刻士禮居黄氏叢書本　一册

320000－1638－0000112　經部 142

策府統宗六十五卷目錄一卷　(清)劉昌齡等編　清光緒十五年(1889)上海蜚英館石印本　二十册

320000－1638－0000113　經部 143

全本禮記體註十卷　(清)徐旦參訂　(清)徐瑄補輯　**禮記十卷**　(元)陳澔集說　清光緒九年(1883)四明珍經閣石印本　五册

320000－1638－0000114　經部 144

春秋全傳備旨十二卷　(清)鄒聖脈輯　清光緒九年(1883)四明珍經閣石印本　三册

320000－1638－0000115　經部 145

欽定五經彙纂　(清)王頊齡等撰　清光緒十七年(1891)鴻寶齋石印本　十七册　缺二十一卷(欽定禮記義疏四十九至五十六、七十至八十二)

320000－1638－0000116　經部 151

蒙學讀本全書七卷　(清)無錫三等公學堂編　清光緒二十八年(1902)上海文明書局石印本　一册

320000－1638－0000117　經部 154－1

策學備纂三十二卷目錄三十二卷首一卷　(清)吳熲炎等纂　清光緒十三年(1887)上海點石齋石印本　二十二册

320000－1638－0000118　經部 154－2

策學備纂續集四卷目錄四卷首一卷　(清)宋徵獻等纂　清光緒二十年(1894)上海點石齋石印本　六册

320000－1638－0000119　經部 156

古文觀止十二卷　(清)吳乘權　(清)吳大職評選　清末李光明莊刻本　六册

320000－1638－0000120　經部 157

古文觀止十二卷　(清)吳乘權　(清)吳大職評選　清末李光明莊刻本　六册

320000－1638－0000121　經部 158

古文觀止十二卷　(清)吳乘權　(清)吳大職評選　清末鎮江五洲書局刻本　六册

320000－1638－0000122　經部 159

毛詩注疏二十卷　(漢)毛亨傳　(漢)鄭玄箋　(唐)孔穎達疏　(唐)陸德明音義　明崇禎三年(1630)毛氏汲古閣刻本　十五册

320000－1638－0000123　經部 160

論語注疏解經二十卷　(三國魏)何晏集解　(宋)邢昺疏　明崇禎十年(1637)毛氏汲古閣刻本　三册

320000－1638－0000124　經部 161－1

重訂幼學須知句解四卷　(清)程登吉撰　(清)黄汪若注　清光緒十六年(1890)京口善化堂刻本　二册　存二卷(一至二)

320000－1638－0000125　經部 161－2

重訂幼學須知句解四卷　(清)程登吉撰　(清)黄汪若注　清末李光明莊刻本　二册　存二卷(三至四)

320000－1638－0000126　經部 162

小題正鵠全集三卷　(清)李元度編　清光緒八年(1882)文昌書局刻本　六册

320000－1638－0000127　經部 163

寄傲山房塾課纂輯春秋全傳備旨十二卷　(清)鄒聖脈輯　(清)鄒廷猷編　清道光兩儀堂刻本　六册

320000－1638－0000128　經部 164

欽定詩經傳說彙纂二十一卷首二卷詩序二卷　(清)王鴻緒等編　清同治七年(1868)浙江書局刻本　十六册

320000－1638－0000129　經部 165

周易本義四卷筮儀一卷圖說一卷卦歌一卷　(宋)朱熹撰　清末李光明莊刻本　二册

320000－1638－0000130　經部 166
東萊博議四卷　(宋)吕祖謙撰　清末李光明莊刻本　四册

320000－1638－0000131　經部 167
古文析義二編八卷　(清)林雲銘評注　清光緒令德堂刻本　六册

320000－1638－0000132　經部 168
古文格式不分卷　清末刻本　五册

320000－1638－0000133　經部 169
書業堂重訂古文釋義新編八卷　(清)余誠編選　清光緒十五年(1889)上海掃葉山房刻本　八册

320000－1638－0000134　經部 170
龍文鞭影四卷　(明)蕭良有撰　(明)楊臣諍增訂　(清)李恩綬校補　清光緒十一年(1885)李光明莊刻本　四册

320000－1638－0000135　經部 171－1
詩經八卷　(宋)朱熹集傳　清末李光明莊刻本　三册　存四卷(一至四)

320000－1638－0000136　經部 171－2
詩經八卷　(宋)朱熹集傳　清末沙村草堂刻本　一册　存二卷(四至五)

320000－1638－0000137　經部 171－3
詩經八卷　(宋)朱熹集傳　清末李光明莊刻本　二册　存三卷(六至八)

320000－1638－0000138　經部 172
詩經八卷　(宋)朱熹集傳　清末李光明莊刻本　六册

320000－1638－0000139　經部 173
詩經八卷　(宋)朱熹集傳　清末李光明莊刻本　五册

320000－1638－0000140　經部 174
詩經八卷　(宋)朱熹集傳　清末李光明莊刻本　五册

320000－1638－0000141　經部 175－1
重訂幼學須知句解四卷　(清)程登吉撰　(清)黄汪若注　清末李光明莊刻本　三册　存三卷(一至三)

320000－1638－0000142　經部 175－2
重訂幼學須知句解四卷　(清)程登吉撰　(清)黄汪若注　清光緒十六年(1890)京口善化堂刻本　一册　存一卷(四)

320000－1638－0000143　經部 176
龍文鞭影四卷　(明)蕭良有撰　(明)楊臣諍增訂　(清)李恩綬校補　清光緒二十二年(1896)李光明莊刻本　四册

320000－1638－0000144　經部 177
二論引端四卷　(清)劉忠輯　清末李光明莊刻本　四册

320000－1638－0000145　經部 178
易經八卷　(宋)程頤傳　清光緒九年(1883)江南書局刻本　三册

320000－1638－0000146　經部 179
詩經八卷　(宋)朱熹集傳　清光緒三十一年(1905)掃葉山房刻本　四册

320000－1638－0000147　經部 180
孟子七卷　(宋)朱熹集注　清末李光明莊刻本　七册

320000－1638－0000148　經部 181
孟子七卷　(宋)朱熹集注　清末李光明莊刻本　七册

320000－1638－0000149　經部 182
孟子七卷　(宋)朱熹集注　清末李光明莊刻本　三册

320000－1638－0000150　經部 183
周易參同契集韻六卷　(清)紀大奎撰　清嘉慶刻本　六册

320000－1638－0000151　經部 184
易經補注附考備旨六卷　(清)鄒聖脈輯　清光緒善成堂刻本　一册

320000－1638－0000152　經部 185
左傳杜林五十卷　(晉)杜預　(宋)林堯叟注釋　(唐)陸德明音義　(明)孫鑛等評點　清光緒李光明莊刻本　十六册

320000－1638－0000153　經部 188
監本附釋音春秋穀梁注疏二十卷　（晉）范甯集解　（唐）陸德明音義　（唐）楊士勛疏　**校勘記二十卷**　清光緒十三年（1887）上海點石齋石印本　一册

320000－1638－0000154　經部 191
星平集腋統宗四卷　（清）廖冀亨撰　清道光十二年（1832）經德堂刻本　四册

320000－1638－0000155　經部 207
薛文清公讀書録鈔四卷　（明）薛瑄撰　（清）陸緯輯　清光緒七年（1881）葛元煦刻本　一册

320000－1638－0000156　經部 213
儀禮十七卷　（漢）鄭玄注　**嚴本儀禮鄭氏注校録一卷續校一卷**　（清）黄丕烈撰　清嘉慶黄丕烈讀未見書齋刻士禮居黄氏叢書本　二册

320000－1638－0000157　經部 220
周禮十二卷　（漢）鄭玄注　**重雕嘉靖本校宋周禮札記一卷**　（清）黄丕烈撰　清嘉慶二十三年（1818）士禮居刻士禮居黄氏叢書本　二册　缺四卷（一至四）

320000－1638－0000158　經部 232
禮記十卷　（元）陳澔集說　清刻本　十册

320000－1638－0000159　經部 233－1
古文觀止十二卷　（清）吳乘權　（清）吳大職評選　清李光明莊刻本　五册　存十卷（三至十二）

320000－1638－0000160　經部 233－2
古文觀止十二卷　（清）吳乘權　（清）吳大職評選　清李光明莊刻本　一册　存二卷（五至六）

320000－1638－0000161　經部 234
古文觀止十二卷　（清）吳乘權　（清）吳大職評選　清李光明莊刻本　六册

320000－1638－0000162　經部 238
儀禮注疏十七卷　（漢）鄭玄注　（唐）賈公彦疏　明崇禎九年（1636）毛氏汲古閣刻本　十一册

320000－1638－0000163　經部 239
孝經注疏九卷　（唐）玄宗李隆基注　（宋）邢昺疏　明崇禎二年（1629）毛氏汲古閣刻本　一册

320000－1638－0000164　經部 240
古文觀止十二卷　（清）吳乘權　（清）吳大職評選　清李光明莊刻本　六册

320000－1638－0000165　經部 241
古文觀止十二卷　（清）吳乘權　（清）吳大職評選　清李光明莊刻本　六册

320000－1638－0000166　經部 242
養蒙針度五卷　（清）潘子聲撰　清李光明莊刻本　二册

320000－1638－0000167　經部 243
古唐詩合解十二卷　（清）王堯衢註　清李光明莊刻本　四册　缺三卷（五至七）

320000－1638－0000168　經部 247
書經六卷末一卷　（宋）蔡沈集傳　清末李光明莊刻本　四册

320000－1638－0000169　經部 248
禮記十卷　（元）陳澔集說　清光緒十八年（1892）湖北官書處刻本　十册

320000－1638－0000170　經部 249
論語二十卷　（宋）朱熹注　清末李光明莊刻本　二册

320000－1638－0000171　經部 250
龍文鞭影四卷　（明）蕭良有撰　（明）楊臣諍增訂　（清）李恩綬校補　清光緒十一年（1885）李光明莊刻本　四册

320000－1638－0000172　經部 251
重訂幼學須知句解四卷　（清）程登吉撰　（清）黄汪若注　清光緒十六年（1890）李光明莊刻本　四册

320000－1638－0000173　經部 252
禹貢指南四卷　（宋）毛晃撰　清刻本　一册

320000－1638－0000174　經部 253
天方典禮擇要解不分卷　(清)劉智撰　清宣統三年(1911)上海著易堂鉛印本　四冊

320000－1638－0000175　經部 254
說文引經考證八卷　(清)陳瑑撰　清同治十三年(1874)湖北崇文書局刻本　二冊

320000－1638－0000176　經部 255
說文提要不分卷　(清)陳建侯撰　清光緒十年(1884)湖南經濟書局刻本　一冊

320000－1638－0000177　經部 256
說文佚字攷四卷　(清)張鳴珂撰　清光緒十三年(1887)刻本　一冊

320000－1638－0000178　經部 257
六書通十卷　(明)閔齊伋撰　(清)畢弘述篆訂　清乾隆六十年(1795)刻本　六冊

320000－1638－0000179　經部 258
隸辨八卷　(清)顧藹吉撰　清乾隆二十八年(1763)刻本　八冊

320000－1638－0000180　經部 262
附釋音禮記注疏六十三卷　(漢)鄭玄注　(唐)陸德明音義　(唐)孔穎達疏　**校勘記六十三卷**　清光緒十三年(1887)上海點石齋石印本　二冊　存二十八卷(附釋音禮記注疏一至二十八)

320000－1638－0000181　經部 264
四書纂言不分卷　(清)王士陵撰　清道光二十六年(1846)宋氏刻本　十五冊

320000－1638－0000182　經部 268
二論引端四卷　(清)劉忠輯　(清)劉懋　(清)劉鐸校　清同治十三年(1874)金陵存古堂刻本　四冊

320000－1638－0000183　經部 269
廣釋名二卷　(清)張金吾撰　**兩孝子尋親記一卷**　(清)翁廣平撰　**畫梅題記不分卷**　(清)朱方藹撰　清道光二十五年(1845)刻本　一冊

320000－1638－0000184　經部 270
詩經八卷　(宋)朱熹集傳　清宣統三年(1911)上海章福記石印本　四冊

320000－1638－0000185　經部 273
寄傲山房塾課新增幼學故事瓊林四卷首一卷　(清)程登吉撰　(清)鄒聖脈增補　清末李光明莊刻本　四冊

320000－1638－0000186　經部 274－1
皇朝經世文編一百二十卷　(清)賀長齡輯　清光緒二十八年(1902)寶善書局石印本　十冊　存五十七卷(一至五十七)

320000－1638－0000187　經部 274－2
皇朝經世文續編一百二十卷　(清)葛士濬輯　清光緒二十八年(1902)天章書局石印本　十八冊　存一百十二卷(一至八、十七至一百二十)

320000－1638－0000188　經部 274－3
皇朝經世文新編三十二卷　(清)麥仲華輯　清光緒二十七年(1901)上海書局石印本　八冊　存十六卷(一至十三、二十一至二十三)

320000－1638－0000189　經部 275
廣韻五卷　(宋)陳彭年等修　清光緒八年至十年(1882－1884)黎庶昌日本東京使署刻古逸叢書本　二冊

320000－1638－0000190　經部 276
老子道德經二卷　(三國魏)王弼注　清光緒黎庶昌日本東京影刻古逸叢書本　一冊

320000－1638－0000191　經部 277
漢書食貨志一卷　(漢)班固撰　(唐)顏師古注　清光緒八年至十年(1882－1884)黎庶昌日本東京使署刻古逸叢書本　一冊

320000－1638－0000192　經部 278
澄衷蒙學堂字課圖說四卷　劉樹屏輯　清光緒三十一年(1905)澄衷蒙學堂石印本　八冊

320000－1638－0000193　經部 279
澄衷蒙學堂字課圖說四卷　劉樹屏輯　清石印本　六冊

320000－1638－0000194　經部 280

重刊李扶九原選古文筆法百篇二十卷　(清)李扶九輯　清光緒八年(1882)黃氏刻本　六冊

320000－1638－0000195　經部282
藝文備覽十二集一百二十卷　(清)沙木集注　清嘉慶刻本　七冊　存二十四卷(申集三至十、酉集五至七、戌集五至七、亥集十卷)

320000－1638－0000196　經部283
倫圖便覽五卷　(清)徐清惠輯　(清)李復齋繪　清光緒十二年(1886)培英書屋刻本　六冊

320000－1638－0000197　經部284
爾雅三卷　(晉)郭璞注　清光緒九年(1883)黎庶昌日本東京使署刻古逸叢書本　一冊

320000－1638－0000198　經部285
孝經一卷　(唐)玄宗李隆基注　清光緒八年至十年(1882－1884)黎庶昌日本東京使署刻古逸叢書本　一冊

320000－1638－0000199　經部286
論語闡微二卷　題(清)勷上野人述　清末民國間石印本　二冊

320000－1638－0000200　經部287
論語闡微二卷　題(清)勷上野人述　清末民國間石印本　二冊

320000－1638－0000201　經部289
欽定古今圖書集成一萬卷目錄三十二卷　(清)陳夢雷編　清光緒十四年(1888)上海圖書集成局鉛印本　八冊　存五十一卷(閨媛典一至二十二、三百四十八至三百七十六)

320000－1638－0000202　經部296
皇清經解編目十六卷　(清)淩忠照輯　清光緒十八年(1892)古香閣刻本　四冊

320000－1638－0000203　經部297
皇朝經世文編一百二十卷　(清)賀長齡輯　清光緒二十八年(1902)石印本　二十冊

320000－1638－0000204　經部299
周易大象解一卷　(清)王夫之撰　清同治四年(1865)湘鄉曾氏金陵節署刻船山遺書本　一冊

320000－1638－0000205　經部303－1
澄衷蒙學堂字課圖說四卷　劉樹屏輯　清末刻本　一冊　存一卷(二)

320000－1638－0000206　經部303－2
澄衷蒙學堂字課圖說四卷　劉樹屏輯　清末刻本　一冊　存一卷(二)

320000－1638－0000207　經部304
角山樓增補類腋不分卷　(清)姚培謙輯　(清)趙克宜增輯　**韻偶不分卷韻府精華五卷**　清光緒文瑞樓刻本　六冊

320000－1638－0000208　經部306
詳訂古文評注全集十卷　(清)過珙　(清)黃越評選　清宣統二年(1910)刻本　十冊

320000－1638－0000209　經部309
焦氏易林十六卷　(漢)焦贛撰　清末石印本　一冊　存八卷(一至八)

320000－1638－0000210　經部310
初級古文選本六卷　(清)陸基編　清宣統元年(1909)中國圖書公司鉛印本　六冊

320000－1638－0000211　經部311
天演論二卷　(英國)赫胥黎撰　嚴復譯　清光緒二十七年(1901)富文書局石印本　二冊

320000－1638－0000212　經部318
弟子規講義一卷　(清)李毓秀撰　清李光明莊刻本　一冊

320000－1638－0000213　經部319
崇正學齋讀本八卷首一卷　崇正學齋輯　清光緒二十四年(1898)刻本　一冊　存三卷(一至二、首一卷)

320000－1638－0000214　經部324
四書集注十九卷　(宋)朱熹撰　清李光明莊刻本　一冊　存二卷(大學一卷、中庸一卷)

320000－1638－0000215　經部325
初學玉玲瓏四卷　(清)徐瑄編　清光緒十一年(1885)聚文堂刻本　一冊　存二卷(一至

二）

320000－1638－0000216　經部 326
易緯乾元序制記一卷易緯坤靈圖一卷易緯乾坤鑿度一卷　（漢）鄭玄注　清刻本　一册

320000－1638－0000217　經部 327
輶軒語不分卷　（清）張之洞撰　清光緒六年（1880）刻本　一册

320000－1638－0000218　經部 328
人譜正篇一卷續篇一卷三篇一卷　（明）劉宗周撰　清光緒三年（1877）崇文書局刻本　一册

320000－1638－0000219　經部 330
四禮翼八卷　（明）吕坤撰　清光緒二十一年（1895）湖北官書處刻本　一册

320000－1638－0000220　經部 331
四書通疑似一卷　（清）胡垣撰　清光緒刻本　一册

320000－1638－0000221　經部 333
爾雅補注殘本一卷　（清）劉玉麟撰　清光緒刻本　一册

320000－1638－0000222　經部 334
筠州黃蘗山斷際禪師傳心法要二卷　（唐）裴休集　清光緒刻本　一册

320000－1638－0000223　經部 336
教女遺規三卷　（清）陳宏謀輯　清乾隆七年（1742）刻本　一册

320000－1638－0000224　經部 337
儒釋道平心論二卷　（元）劉謐撰　清嘉慶刻本　一册

320000－1638－0000225　經部 338
中學國文讀本初集不分卷　唐伯馴　胡嘯雲編　清宣統三年（1911）徐匯公學石印本　一册

320000－1638－0000226　經部 339
增廣玉匣記通書六卷末一卷　（晉）許遜撰　清李光明莊刻本　一册　存二卷（一至二）

320000－1638－0000227　經部 342－1
康熙字典十二集三十六卷總目一卷檢字一卷辨似一卷等韻一卷備考一卷補遺一卷　（清）張玉書等編　清光緒十三年（1887）同文書局石印本　五册　缺五卷（亥集三卷、備考一卷、補遺一卷）

320000－1638－0000228　經部 342－2
康熙字典十二集三十六卷總目一卷檢字一卷辨似一卷等韻一卷備考一卷補遺一卷　（清）張玉書等編　清光緒文瀾書局石印本　一册　存五卷（亥集三卷、備考一卷、補遺一卷）

320000－1638－0000229　經部 344
康熙字典十二集三十六卷總目一卷檢字一卷辨似一卷等韻一卷備考一卷補遺一卷　（清）張玉書等編　清光緒二十年（1894）點石齋石印本　六册

320000－1638－0000230　經部 345
康熙字典十二集三十六卷總目一卷檢字一卷辨似一卷等韻一卷備考一卷補遺一卷　（清）張玉書等編　清光緒九年（1883）同文書局石印本　六册

320000－1638－0000231　經部 347
康熙字典十二集三十六卷總目一卷等韻一卷備考一卷補遺一卷　（清）張玉書等編　清光緒十五年（1889）點石齋石印本　四册

320000－1638－0000232　經部 350
康熙字典十二集三十六卷總目一卷檢字一卷辨似一卷等韻一卷備考一卷補遺一卷　（清）張玉書等編　清光緒三十二年（1906）商務印書館石印本　六册

320000－1638－0000233　經部 351
康熙字典十二集三十六卷總目一卷檢字一卷辨似一卷等韻一卷備考一卷補遺一卷　（清）張玉書等編　清光緒石印本　六册

320000－1638－0000234　經部 352
康熙字典十二集三十六卷總目一卷檢字一卷辨似一卷等韻一卷備考一卷補遺一卷　（清）張玉書等編　清光緒十三年（1887）積山書局

石印本　六册

320000－1638－0000235　經部353

康熙字典十二集檢字一卷辨似一卷總目一卷等韻一卷備考一卷補遺一卷　(清)張玉書等編　清光緒石印本　六册

320000－1638－0000236　經部354－1

佩文韻府一百六卷　(清)張玉書等輯　清光緒十三年(1887)點石齋石印本　十册　存十八卷(一至十八)

320000－1638－0000237　經部354－2

佩文韻府一百六卷　(清)張玉書等輯　清末刻本　五十册　存八十九卷(十八至一百六)

320000－1638－0000238　經部355

佩文韻府一百六卷　(清)張玉書等輯　清刻本　一百六十册

320000－1638－0000239　經部2396

淵鑑類函四百五十卷　(清)張英等輯　清末石印本　二册　存九十七卷(人部一至四十二、果部六卷、花部六卷、草部四卷、木部六卷、鳥部十一卷、獸部八卷、鱗部八卷、蟲部六卷)

320000－1638－0000240　經部2397

味閒堂賦鈔三刻二卷　(清)陶然撰　清光緒刻本　一册　存一卷(上)

320000－1638－0000241　經部2398

客山堂稿不分卷　(清)毛藻撰　清末刻本　一册　存一册(下)

320000－1638－0000242　經部2399

項太史全稿三卷　(清)項煜撰　清光緒十四年(1888)文昌書局石印本　一册　存一卷(論語一卷)

320000－1638－0000243　經部2400

湖北試牘六卷　(清)趙尚輔輯　清光緒十七年(1891)刻本　一册　存一卷(一)

320000－1638－0000244　經部2401

奎光書院賦鈔五卷　(清)秦際唐編　清光緒十九年(1893)李光明莊刻本　二册　存二卷(一、五)

320000－1638－0000245　經部2402

金陵校士館新政課選四卷　清末刻本　二册　存二卷(三至四)

320000－1638－0000246　經部2404

惜陰書院東齋課藝八卷　(清)孫鏘鳴輯　清末刻本　七册　存七卷(二至八)

320000－1638－0000247　經部2417

益幼雜字一卷　清末李光明莊刻本　一册

320000－1638－0000248　經部2418

附釋音毛詩注疏二十卷　(漢)毛亨傳　(漢)鄭玄箋　(唐)孔穎達疏　(唐)陸德明音義　**校勘記二十卷**　清光緒十三年(1887)脈望仙館石印本　三册　缺六卷(附釋音毛詩注疏十五至二十)

320000－1638－0000249　經部2420

高等小學國文讀本四卷　顧倬編　清光緒三十三年(1907)上海文明編譯書局石印本　一册　存一卷(四)

320000－1638－0000250　經部2421

增注三千字文不分卷　題補拙居士編輯　姜岳注釋　清光緒三十年(1904)上海廣益書局石印本　一册

320000－1638－0000251　經部2429

御纂詩義折中二十卷　(清)傅恒等撰　清末石印本　四册

320000－1638－0000252　經部2439

演算法大全新刻較準演算法大全不分卷　清光緒二十一年(1895)李光明莊刻本　一册

320000－1638－0000253　經部2441

書經四卷　(宋)蔡沈集傳　明崇禎十三年(1640)秦氏求古齋刻本　一册　存一卷(四)

320000－1638－0000254　經部2443

新鐫眉公先生四言便讀群珠雜字二卷　(明)陳繼儒撰　清末李光明莊刻本　一册

320000－1638－0000255　經部2445

廣和文漢讀法不分卷　清光緒二十八年

(1902)石印本　一册

320000－1638－0000256　經部 2450
角山樓增補類腋六十七卷　(清)姚培謙輯　(清)趙克宜增輯　清咸豐刻本　一册　存四卷(十四至十七)

320000－1638－0000257　經部 2452
賦學正鵠集釋十卷　(清)李元度編　清末石印本　一册　存一卷(四)

320000－1638－0000258　經部 2464
益幼雜字一卷　清李光明莊刻本　一册

320000－1638－0000259　經部 2466
音釋坐花志果八卷　(清)汪道鼎撰　題(清)鷲峰樵者音釋　清光緒二年(1876)刻本　一册　存二卷(一至二)

320000－1638－0000260　經部 2472
古文辭類纂七十四卷　(清)姚鼐纂　清光緒三十三年(1907)上海商務印書館石印本　八册

320000－1638－0000261　經部 2478
天演論二卷　(英國)赫胥黎撰　嚴復譯　清末石印本　二册

320000－1638－0000262　經部 2487
商業應用尺牘教本二卷　清宣統元年(1909)上海文明書局石印本　二册

320000－1638－0000263　經部 2487
最新商業尺牘教科書續集二卷　清光緒三十四年(1908)上海文明書局石印本　二册

320000－1638－0000264　經部 2494
增廣尺牘句解四卷　清末上海廣益書局石印本　一册

320000－1638－0000265　經部 2496
尺牘初桄二卷　清末刻本　一册　存一卷(上)

320000－1638－0000266　經部 2498
尺牘新編二卷　林萬里編輯　清宣統二年(1910)石印本　一册　存一卷(下)

320000－1638－0000267　經部 2502
普通應用白話尺牘初編二卷　朱斗南編　清宣統二年(1910)杭州聚元堂書局石印本　一册

320000－1638－0000268　經部 2504
江湖尺牘四卷　(清)虞世英編　**分韻撮要字彙四集**　(清)溫儀鳳編　清末李光明莊刻本　一册

320000－1638－0000269　經部 2515
春秋左傳五十卷　(晉)杜預　(宋)林堯叟注　(唐)陸德明音義　(明)孫鑛等評點　清末李光明莊刻本　四册　存十三卷(七至十、三十至三十四、四十四至四十七)

320000－1638－0000270　經部 2516
十三經集字摹本不分卷　(清)彭玉雯輯　清道光二十九年(1849)刻本　二册

320000－1638－0000271　經部 2517
春秋左傳五十卷　(晉)杜預　(宋)林堯叟注　(唐)陸德明音義　(明)孫鑛等評點　清末李光明莊刻本　二册　存八卷(七至十、四十四至四十七)

320000－1638－0000272　經部 2518
論語十卷　(宋)朱熹集注　清末李光明莊刻本　二册　存四卷(一至二、四至五)

320000－1638－0000273　經部 2519
古文觀止十二卷　(清)吴乘權　(清)吴大職評選　清末李光明莊刻本　四册　存八卷(三至十)

320000－1638－0000274　經部 2520
寄傲山房塾課新增幼學故事瓊林四卷首一卷　(清)程登吉撰　(清)鄒聖脈增補　清同治元年(1862)文林堂刻本　三册

320000－1638－0000275　經部 2521
龍文鞭影四卷　(明)蕭良有撰　(明)楊臣諍增訂　(清)李恩綬校補　清末李光明莊刻本　三册　存三卷(二至四)

320000－1638－0000276　經部 2522

禮記增訂旁訓六卷 （清）徐立綱撰 （清）竺麐祥 （清）竺大庚增訂 清末李光明莊刻本 四冊 存四卷（一、三、五至六）

320000－1638－0000277 經部 2523－1
增訂二論詳解四卷 （清）劉忠輯 清末李光明莊刻本 二冊 存二卷（二、四）

320000－1638－0000278 經部 2523－2
增訂二論詳解四卷 （清）劉忠輯 清末李光明莊刻本 二冊 存二卷（二、四）

320000－1638－0000279 經部 2524
古今類傳四卷 （清）董穀士 （清）董炳文輯 清康熙末學齋刻本 三冊 存三卷（一至三）

320000－1638－0000280 經部 2525
古文析義六卷二編八卷 （清）林雲銘評注 清同治令德堂刻本 三冊 存三卷（古文析義四至六）

320000－1638－0000281 經部 2526
書經六卷首一卷末一卷 （宋）蔡沈集傳 清末李光明莊刻本 四冊 存四卷（一、三至四、六）

320000－1638－0000282 經部 2527
孟子七卷 （宋）朱熹集注 清末李光明莊刻本 六冊 存六卷（二至七）

320000－1638－0000283 經部 2529
古文觀止十二卷 （清）吳乘權 （清）吳大職評選 清末李光明莊刻本 四冊 存八卷（三至八、十一至十二）

320000－1638－0000284 經部 2530
孟子七卷 （宋）朱熹集注 清刻本 一冊 存一卷（四）

320000－1638－0000285 經部 2532
四書定本辨正五卷附讀書枕中方一卷 （清）胡正心輯 清道光刻本 一冊

320000－1638－0000286 經部 2533－1
孟子七卷 （宋）朱熹集注 清刻本 三冊 存三卷（二、四至五）

320000－1638－0000287 經部 2533－2
孟子七卷 （宋）朱熹集注 清刻本 一冊 存一卷（三）

320000－1638－0000288 經部 2535
顔氏家訓七卷 （北齊）顔之推撰 **考證一卷** 清咸豐成都志古堂刻本 一冊

320000－1638－0000289 經部 2536
崇正學齋精選讀本四卷 崇正學齋輯 清刻本 一冊 存二卷（三至四）

320000－1638－0000290 經部 2537
味閑堂課鈔不分卷 （清）陶然撰 清刻本 一冊

320000－1638－0000291 經部 2538
五經樓小題拆字四卷 （清）山仲甫等輯 清文奎堂刻本 一冊

320000－1638－0000292 經部 2539
近科制藝春霆集不分卷 （清）李鳴謙 （清）吳承緒選 清寶善堂刻本 一冊

320000－1638－0000293 經部 2540
光緒甲午會試硃卷不分卷 清刻本 一冊

320000－1638－0000294 經部 2541
直省闈藝大全不分卷 清光緒十三年（1887）久敬齋石印本 一冊

320000－1638－0000295 經部 2542
重訂幼學須知句解四卷 （清）程登吉撰 （清）黄汪若注 清光緒十六年（1890）李光明莊刻本 四冊

320000－1638－0000296 經部 2543
春秋杜林左傳匯叅三十卷 （清）周正思合纂 清嵩山書屋刻本 五冊 存十二卷（十四至二十三、二十九至三十）

320000－1638－0000297 經部 2545
周禮精華六卷 （清）陳龍標輯 清嘉慶二十三年（1818）經國堂刻本 五冊 存五卷（一至三、五至六）

320000－1638－0000298 經部 2546
春秋左傳五十卷 （晉）杜預 （宋）林堯叟注

（唐）陸德明音義　（明）孫鑛等評點　清文淵堂刻本　六册　存六卷（十至十二、十四至十六）

320000－1638－0000299　經部 2547
奎光書院賦鈔四卷　（清）秦際唐編　清末李光明莊刻本　二册　存二卷（三至四）

320000－1638－0000300　經部 2548
周易十卷末一卷　（宋）朱熹本義　清寧遠堂刻本　一册　存一卷（末一卷）

320000－1638－0000301　經部 2549
朱子語類輯略八卷　（清）張伯行輯　清同治五年（1866）福州正誼書院刻正誼堂全書本　一册　存一卷（一）

320000－1638－0000302　經部 2550
字學匯海不分卷　清光緒十二年（1886）秀文齋刻本　一册

320000－1638－0000303　經部 2551
幼學雜字不分卷　清末李光明莊刻本　一册

320000－1638－0000304　經部 2552
對類指掌一卷　（清）趙實秋　（清）王曉亭輯　清末李光明莊刻本　一册

320000－1638－0000305　經部 2554
周易四卷　（宋）朱熹本義　清末李光明莊刻本　二册　存三卷（二至四）

320000－1638－0000306　經部 2555
十三經不二字不分卷　清同治六年（1867）藻文堂刻本　一册

320000－1638－0000307　經部 2556
周易四卷　（宋）朱熹本義　清末李光明莊刻本　一册　存三卷（二至四）

320000－1638－0000308　經部 2557
幼學雜字不分卷　清末李光明莊刻本　一册

320000－1638－0000309　經部 2558
羣珠雜字不分卷　（元）龍喚章校　清末李光明莊刻本　二册

320000－1638－0000310　經部 2559
孟子三卷　（宋）朱熹集注　清末李光明莊刻本　一册　存一卷（中）

320000－1638－0000311　經部 2560
詩經八卷　（宋）朱熹集傳　清末李光明莊刻本　二册　存二卷（一至二）

320000－1638－0000312　經部 2561
寄傲山房塾課新增幼學故事瓊林四卷首一卷　（清）程登吉撰　（清）鄒聖脈增補　清末李光明莊刻本　四册　存一卷（二）

320000－1638－0000313　經部 2563
養蒙針度五卷　（清）潘子聲撰　清光緒六年（1880）聚經堂刻本　二册

320000－1638－0000314　經部 2564
養蒙針度五卷　（清）潘子聲撰　清末李光明莊刻本　一册　存二卷（一至二）

320000－1638－0000315　經部 2565
論語二十卷　（宋）朱熹注　清末李光明莊刻本　二册　存十卷（一至四、十五至二十）

320000－1638－0000316　經部 2566
周禮節釋十二卷　（清）鮑梁纂輯　清刻本　一册　存六卷（七至十二）

320000－1638－0000317　經部 2567
小學集解六卷　（清）張伯行輯註　清刻本　一册　存一卷（六）

320000－1638－0000318　經部 2568
新鋟希夷陳先生紫微斗數全書四卷　（宋）陳摶撰　清刻本　一册　存一卷（一）

320000－1638－0000319　經部 2569
增訂釋義經書便用通考雜字二卷外卷一卷（清）徐三省輯　（清）戴啟達增訂　清末李光明莊刻本　一册　存一卷（增訂釋義經書便用通考雜字上）

320000－1638－0000320　經部 2570
二程語錄十八卷　（宋）程顥　（宋）程頤撰（宋）朱熹輯　清同治五年（1866）福州正誼書院刻正誼堂全書本　二册　存五卷（十二至十四、十七至十八）

320000－1638－0000321　經部 2573
古文輯註八卷　(清)朱良玉輯註　清兩儀堂刻本　一册　存二卷(三至四)

320000－1638－0000322　經部 2574
詩經八卷　(宋)朱熹集傳　清末李光明莊刻本　二册　存二卷(三至四)

320000－1638－0000323　經部 2575
大學不分卷　(宋)朱熹集注　清末李光明莊刻本　一册

320000－1638－0000324　經部 2577
孟子七卷　(宋)朱熹集注　清刻本　一册　存一卷(六)

320000－1638－0000325　經部 2578
三字經不分卷　清末李光明莊刻本　一册

320000－1638－0000326　經部 2578
三字經不分卷　清末李光明莊刻本　一册

320000－1638－0000327　經部 2579
婦女新牘七卷　蒙學書塾編　清光緒二十九年(1903)刻本　一册　存一卷(七)

320000－1638－0000328　經部 2581
增補四書備旨靈捷解十卷　(清)張素存撰　(清)鄒蒼崖增補　清愛日堂刻本　一册　存二卷(大學一卷、中庸一卷)

320000－1638－0000329　經部 2582
朱子語類輯略八卷　(清)張伯行輯　清同治五年(1866)福州正誼書院刻正誼堂全書本　一册　存一卷(三)

320000－1638－0000330　經部 2583－1
東萊博議四卷　(宋)呂祖謙撰　(清)張文炳評點　清末李光明莊刻本　一册　存一卷(三)

320000－1638－0000331　經部 2583－2
東萊博議四卷　(宋)呂祖謙撰　清刻本　一册　存一卷(四)

320000－1638－0000332　經部 2584
益幼雜字一卷　清末李光明莊刻本　一册

320000－1638－0000333　經部 2589
地球韻言四卷　張士瀛編　清末刻本　一册

320000－1638－0000334　經部 2590
孟子不分卷　(宋)朱熹集注　清刻本　一册

320000－1638－0000335　經部 2591
爾雅三卷　(晉)郭璞注　(唐)陸德明音義　清刻本　一册　存一卷(下)

320000－1638－0000336　經部 2592
書經精華六卷　(清)薛嘉穎撰　清刻本　一册　存一卷(二)

320000－1638－0000337　經部 2593
易經體注大全合參不分卷　(清)李兆賢輯　清刻本　二册

320000－1638－0000338　經部 2594
新訂四書補注備旨十卷　(明)鄧林撰　(清)杜定基增訂　清刻本　一册　存一卷(下論一)

320000－1638－0000339　經部 2595
新訂四書補注備旨十卷　(明)鄧林撰　(清)杜定基增訂　清善成堂刻本　一册　存一卷(上孟一)

320000－1638－0000340　經部 2596
四書朱子本義匯參四十三卷首四卷　(清)王步青輯　清敦復堂刻本　九册　存十一卷(中庸一至二、首一卷,論語一至二、首一卷,孟子五至七;首一至二)

320000－1638－0000341　經部 2597
四書體註不分卷　(清)范翔參訂　清刻本　一册　存大學、中庸

320000－1638－0000342　經部 2598
龍文鞭影四卷　(明)蕭良有撰　(明)楊臣諍增訂　(清)李恩綬校補　清末李光明莊刻本　四册

320000－1638－0000343　經部 2599
重訂幼學須知句解四卷　(清)程登吉撰　(清)黄汪若注　清光緒十六年(1890)李光明莊刻本　三册　卷三卷(一至二、四)

320000－1638－0000344　經部 2600－1
重訂幼學須知句解四卷　(清)程登吉撰　清聚盛堂刻本　一冊　存一卷(一)

320000－1638－0000345　經部 2600－2
重訂幼學須知句解四卷　(清)程登吉撰　清存古堂刻本　一冊　存一卷(二)

320000－1638－0000346　經部 2601－1
四書三十六卷　(宋)朱熹集注　清末李光明莊刻本　十冊　存二十一卷(大學一卷、中庸一卷、論語一至十四、孟子一至五)

320000－1638－0000347　經部 2601－2
四書三十六卷　(宋)朱熹集注　清末李光明莊刻本　一冊　存九卷(論語六至十四)

320000－1638－0000348　經部 2602
古文觀止十二卷　(清)吳乘權　(清)吳大職評選　清末李光明莊刻本　二冊　存四卷(一至二、十一至十二)

320000－1638－0000349　經部 2603－1
古文觀止十二卷　(清)吳乘權　(清)吳大職評選　清刻本　二冊　存六卷(七至十二)

320000－1638－0000350　經部 2603－2
寄傲山房塾課纂輯書經備旨蔡註捷錄七卷　(清)鄒聖脈輯　(清)鄒廷猷編　清刻本　一冊　存二卷(四至五)

320000－1638－0000351　經部 2604
三字經訓詁不分卷　(元)王應麟纂　(清)王相注　清光緒元年(1875)刻本　一冊

320000－1638－0000352　經部 2605
五經鴻裁　清刻本　五冊　存四種五卷(詩二,書三,禮二、四,易二)

320000－1638－0000353　經部 2606
策府統宗六十五卷目錄一卷　(清)劉昌齡等編　清光緒石印本　十三冊　存五十卷(二至十六、二十一至五十五)

320000－1638－0000354　經部 2607
文腋類編十卷　(清)劉燕　(清)劉慎樞訂　清刻本　五冊　存五卷(二至三、八至十)

320000－1638－0000355　經部 2608
制藝鎔裁上論八卷下論八卷　清刻本　五冊

320000－1638－0000356　經部 2609
御案詩經備旨八卷　(清)鄒聖脈輯　(清)鄒廷猷編　清光緒十五年(1889)上海書局石印本　一冊　存一卷(三)

320000－1638－0000357　經部 2610
中庸文椒不分卷　清刻本　五冊　殘

320000－1638－0000358　經部 2611
增補詩句題解彙編四編三十二卷　清刻本　一冊　存一卷(三)

320000－1638－0000359　經部 2612
增廣詩句題解彙編四編三十二卷　(清)陳劍之等編　清刻本　一冊　存一卷(四)

320000－1638－0000360　經部 2613
鄉會墨真風不分卷　(清)夏同善鑒定　(清)陳康祺評選　清同治十二年(1873)躬行書屋刻本　三冊

320000－1638－0000361　經部 2614
試帖青雲集四卷　(清)楊逢春輯　清光緒四年(1878)銅版印本　二冊　存二卷(一、三)

320000－1638－0000362　經部 2615
四書改錯二十二卷　(清)毛奇齡撰　清末石印本　一冊　存八卷(一至八)

320000－1638－0000363　經部 2616
經學輯要二十四卷　(清)吳潁炎等輯　清光緒十三年(1887)石印本　一冊　存一卷(二十四)

320000－1638－0000364　經部 2618
增注分類飲香尺牘四卷首一卷　題(清)飲香居士編　題(清)白下慵隱子箋釋　清刻本　三冊　存三卷(二至四)

320000－1638－0000365　經部 2619
大清搢紳全書不分卷　清光緒三十三年(1907)榮寶齋刻本　二冊

320000－1638－0000366　經部 2620
四書味根錄三十七卷　(清)金澂編　清光緒

寶光閣刻本　一冊　存一卷(一)

320000－1638－0000367　經部2621
廣治平畧三十六卷　(清)蔡方炳撰　清刻本　二冊　存十卷(十八至二十二、三十二至三十六)

320000－1638－0000368　經部2623
詩經八卷　(宋)朱熹集傳　清愼詒堂刻本　一冊　存二卷(一至二)

320000－1638－0000369　經部2624
春秋經傳集解三十卷　(晉)杜預撰　(唐)陸德明音釋　清光緒九年(1883)華川書屋刻本　六冊　存十一卷(一至四、七至八、十六至十八、二十七至二十八)

320000－1638－0000370　經部2625
孟子七卷　(宋)朱熹集注　清末李光明莊刻本　六冊　存六卷(二至七)

320000－1638－0000371　經部2626－1
增訂詳注廣日記故事二卷　(清)王相增注　清刻本　一冊　存一卷(上)

320000－1638－0000372　經部2626－2
廣日記故事二卷　(清)王相增注　清刻本　一冊　存一卷(下)

320000－1638－0000373　經部2627－1
增訂廣日記故事詳注二卷　(清)王相增注　清末李光明莊刻本　一冊　存一卷(上)

320000－1638－0000374　經部2627－2
增訂廣日記故事詳注二卷　(清)王相增注　清末李光明莊刻本　一冊　存一卷(上)

320000－1638－0000375　經部2628
孟子七卷　(宋)朱熹集注　清刻本　二冊　存五卷(一至五)

320000－1638－0000376　經部2629－1
評點春秋左傳綱目句解彙雋六卷　(清)韓菼重訂　清李光明莊刻本　四冊　存四卷(二至五)

320000－1638－0000377　經部2629－2
評點春秋左傳綱目句解彙雋六卷　(清)韓菼重訂　清刻本　一冊　存一卷(六)

320000－1638－0000378　經部2630
詩經八卷　(宋)朱熹集傳　清末李光明莊刻本　二冊　存三卷(一至三)

320000－1638－0000379　經部2632－1
詩經八卷　(宋)朱熹集傳　清末李光明莊刻本　三冊　存三卷(一至三)

320000－1638－0000380　經部2632－2
詩經八卷　(宋)朱熹集傳　清末李光明莊刻本　一冊　存一卷(一)

320000－1638－0000381　經部2633－1
孟子七卷　(宋)朱熹集注　清末李光明莊刻本　二冊　存二卷(四至五)

320000－1638－0000382　經部2633－2
孟子七卷　(宋)朱熹集注　清聚盛堂刻本　二冊　存二卷(二、七)

320000－1638－0000383　經部2633－3
孟子七卷　(宋)朱熹集注　清刻本　一冊　存一卷(三)

320000－1638－0000384　經部2634
孟子七卷　(宋)朱熹集注　清末李光明莊刻本　四冊　存四卷(二至三、五、七)

320000－1638－0000385　經部2636
大學不分卷　(宋)朱熹集注　清刻本　一冊

320000－1638－0000386　經部2637
御纂七經綱領不分卷　(宋)朱熹集注　清刻本　一冊　存八十七頁(一百十一至一百九十七)

320000－1638－0000387　經部2638
篆文孟子不分卷　清刻本　一冊　存六十五頁(一百三十至一百九十四)

320000－1638－0000388　經部2639
孔子家語十卷　(三國魏)王肅注　清末李光明莊刻本　三冊　存七卷(一至二、六至十)

320000－1638－0000389　經部2640－1
圖畫四書白話解二十卷　彪蒙編譯所編輯

清光緒三十四年(1908)上海彪蒙書屋石印本　五册　存五卷(三至七)

320000－1638－0000390　經部 2640－2
圖畫四書白話解二十卷　彪蒙編譯所編輯　清光緒三十四年(1908)上海彪蒙書屋石印本　一册　存一卷(四)

320000－1638－0000391　經部 2641
詩經體注圖考八卷　(清)高朝瓔撰　清槐蔭堂刻本　四册

320000－1638－0000392　經部 2642－1
御案詩經備旨八卷　(清)鄒聖脈輯　(清)鄒廷猷編　清兩儀堂刻本　三册　存五卷(一至五)

320000－1638－0000393　經部 2642－2
御案詩經備旨八卷　(清)鄒聖脈輯　(清)鄒廷猷編　清刻本　一册　存一卷(八)

320000－1638－0000394　經部 2643
古文釋義新編八卷　(清)余誠評注　清刻本　四册　存四卷(三至五、八)

320000－1638－0000395　經部 2644
雲林别墅新輯酧世錦囊書啟合編初集八卷二集七卷三集二卷四集二卷　(清)鄒景揚輯　清乾隆刻本　一册　存二卷(四集二卷)

320000－1638－0000396　經部 2645
古文輯註八卷　(清)朱良玉輯註　清刻本　一册　存二卷(七至八)

320000－1638－0000397　經部 2646
評點春秋綱目左傳句解彙雋六卷　(清)韓菼重訂　清末刻本　二册　存一卷(三)

320000－1638－0000398　經部 2647
曲園課孫草不分卷　清光緒六年(1880)李光明莊刻本　二册

320000－1638－0000399　經部 2650
通雅集會試經文不分卷　清刻本　一册

320000－1638－0000400　經部 2651
天文地理歌略不分卷　葉瀾　葉瀚撰　清光緒二十七年(1901)李光明莊刻本　一册

320000－1638－0000401　經部 2652
易傳三卷　(漢)京房撰　清刻本　一册

320000－1638－0000402　經部 2653
來瞿唐先生易注十五卷首一卷末一卷　(明)來知德注　清嘉慶寧遠堂刻本　二册　存二卷(一、首一卷)

320000－1638－0000403　經部 2654
讀論孟筆記三卷補記二卷　(清)方宗誠撰　清刻本　一册　存三卷(讀論孟筆記三、補記二卷)

320000－1638－0000404　經部 2655
孟子七卷　(宋)朱熹集注　清末李光明莊刻本　三册　存三卷(三、五至六)

320000－1638－0000405　經部 2656－1
詩經八卷　(宋)朱熹集傳　清文苑山房刻本　四册　存四卷(五至八)

320000－1638－0000406　經部 2656－2
詩經八卷　(宋)朱熹集傳　清掃葉山房刻本　一册　存一卷(三)

320000－1638－0000407　經部 2656－3
詩經八卷序辨一卷　(宋)朱熹集傳　清刻本　一册　存一卷(序辨一卷)

320000－1638－0000408　經部 2657
詩經八卷　(宋)朱熹集傳　清末李光明莊刻本　二册　存二卷(一至二)

320000－1638－0000409　經部 2658
詩經八卷　(宋)朱熹集傳　清慎詒堂刻本　三册　存五卷(四至八)

320000－1638－0000410　經部 2659－1
詩經八卷　(宋)朱熹集傳　清末李光明莊刻本　一册　存二卷(四至五)

320000－1638－0000411　經部 2659－2
詩經八卷　(宋)朱熹集傳　清末李光明莊刻本　一册　存二卷(四至五)

320000－1638－0000412　經部 2659－3
詩經八卷　(宋)朱熹集傳　清末李光明莊刻本　一册　存一卷(五)

320000－1638－0000413　經部 2659－4
詩經八卷　(宋)朱熹集傳　清末李光明莊刻本　一册　存一卷(五)

320000－1638－0000414　經部 2659－5
詩經八卷　(宋)朱熹集傳　清末李光明莊刻本　二册　存三卷(三至五)

320000－1638－0000415　經部 2659－6
詩經八卷　(宋)朱熹集傳　清文苑閣刻本　一册　存一卷(一)

320000－1638－0000416　經部 2660－1
禮記十卷　(元)陳澔集說　清末李光明莊刻本　二册　存二卷(四、十)

320000－1638－0000417　經部 2660－2
禮記十卷　(元)陳澔集說　清刻本　一册　存一卷(九)

320000－1638－0000418　經部 2660－3
禮記十卷　(元)陳澔集說　清刻本　一册　存一卷(九)

320000－1638－0000419　經部 2661
續古文辭類纂二十八卷　(清)黎庶昌纂　清刻本　二册　存四卷(二十五至二十八)

320000－1638－0000420　經部 2662－1
漱芳軒合纂四書體註十九卷　(清)范翔参訂　清刻本　一册　存五卷(論語六至十)

320000－1638－0000421　經部 2662－2
新訂四書補註備旨十卷　(明)鄧林著　(清)鄧煜編　(清)杜定基增訂　清同治四年(1865)連元閣刻本　一册　存二卷(大學一卷、中庸一卷)

320000－1638－0000422　經部 2662－3
新訂四書補註備旨十卷　(明)鄧林著　(清)鄧煜編　(清)杜定基增訂　清末李光明莊刻本　三册　存五卷(論語一至二、孟子一至三)

320000－1638－0000423　經部 2663
學源堂四書體注合講十九卷附漁古山房四書圖考一卷　清雍正八年(1730)漁古山房刻本　三册　存十一卷(大學一卷、中庸一卷、論語一至五、孟子一至三,附漁古山房四書圖考一卷)

320000－1638－0000424　經部 2664
羣珠雜字不分卷　(元)龍喚章校　清末李光明莊刻本　一册

320000－1638－0000425　經部 2665
五言千家詩二卷　清末李光明莊刻本　一册　存一卷(上)

320000－1638－0000426　經部 2666
增補重訂千家詩註解二卷　(宋)謝枋得撰　(清)王相註　清末李光明莊刻本　一册　存一卷(上)

320000－1638－0000427　經部 2668
寄傲山房塾課新增幼學故事瓊林四卷　(清)程登吉撰　(清)鄒聖脈增補　清末李光明莊刻本　一册　存一卷(一)

320000－1638－0000428　經部 2669
寄傲山房塾課新增幼學故事瓊林四卷　(清)程登吉撰　(清)鄒聖脈增補　清末文瑞樓刻本　三册　存三卷(一至三)

320000－1638－0000429　經部 2670
藼園課蒙草初編一卷二編一卷　(清)童琮編訂　(清)童鎔評註　清光緒二十九年(1903)刻本　二册

320000－1638－0000430　經部 2671
桐城吴氏古文讀本十三卷　(清)吴汝綸評選　清光緒三十二年(1906)鉛印本　一册

320000－1638－0000431　經部 2672
狀元閣十三經集字不分卷　(清)彭玉雯輯　清末李光明莊刻朱墨套印本　一册

320000－1638－0000432　經部 2673
三字經不分卷　清末李光明莊刻本　一册

320000－1638－0000433　經部 2675－1
書經六卷首一卷末一卷　(宋)蔡沈集傳　清道光十九年(1839)文會堂刻本　一册

320000－1638－0000434　經部 2675－2

書經六卷首一卷末一卷 （宋）蔡沈集傳 清敬業堂刻本 一冊

320000－1638－0000435 經部2675－3
書經六卷首一卷末一卷 （宋）蔡沈集傳 清刻本 三冊

320000－1638－0000436 經部2676－1
古文觀止十二卷 （清）吳乘權 （清）吳大職評選 清末李光明莊刻本 三冊 存六卷（一至二、七至十）

320000－1638－0000437 經部2676－2
古文觀止十二卷 （清）吳乘權 （清）吳大職評選 清善化堂刻本 一冊 存二卷（三至四）

320000－1638－0000438 經部2676－3
古文觀止十二卷 （清）吳乘權 （清）吳大職評選 清刻本 一冊 存二卷（十一至十二）

320000－1638－0000439 經部2677－1
新鐫許真君玉匣記增補諸家選擇日用通書六卷 （晉）許遜撰 清書業堂刻本 一冊 存二卷（一至二）

320000－1638－0000440 經部2677－2
增廣玉匣記通書六卷末一卷 （晉）許遜撰 清末李光明莊刻本 一冊 存五卷（三至六、末一卷）

320000－1638－0000441 經部2678
重訂幼學須知句解四卷 （清）程登吉撰 （清）黃汪若注 清光緒十六年（1890）李光明莊刻本 四冊

320000－1638－0000442 經部2679－1
寄傲山房塾課新增幼學故事瓊林四卷首一卷 （清）程登吉撰 （清）鄒聖脈增補 清末李光明莊刻本 一冊 存二卷（一、首一卷）

320000－1638－0000443 經部2679－2
新增繪圖幼學故事瓊林四卷 （清）程登吉撰 （清）鄒聖脈增補 清末石印本 二冊 存二卷（一至二）

320000－1638－0000444 經部2680
四書七卷 （宋）朱熹撰 清末李光明莊刻本 二冊 存二卷（論語二卷）

320000－1638－0000445 經部2681
寄傲山房塾課纂輯書經備旨蔡註捷錄七卷 （清）鄒聖脈輯 （清）鄒廷猷編 清光緒九年（1883）天祿閣刻本 二冊 存三卷（一、六至七）

320000－1638－0000446 經部2682
論語十卷 （宋）朱熹集注 清末李光明莊刻本 二冊 存二卷（一、六）

320000－1638－0000447 經部2683
論語十卷 （宋）朱熹集注 清末李光明莊刻本 三冊 存三卷（一、六、八）

320000－1638－0000448 經部2684
論語十卷 （宋）朱熹集注 清末李光明莊刻本 三冊 存三卷（一、七至八）

320000－1638－0000449 經部2685
論語十卷 （宋）朱熹集注 清末李光明莊刻本 三冊 存三卷（一、七至八）

320000－1638－0000450 經部2686
論語十卷 （宋）朱熹集注 清末刻本 一冊 存五卷（一至五）

320000－1638－0000451 經部2687－1
評點春秋左傳綱目句解彙雋六卷 （清）韓菼重訂 清末李光明莊刻本 二冊 存二卷（二至三）

320000－1638－0000452 經部2687－2
評點春秋左傳綱目句解彙雋六卷 （清）韓菼重訂 清末刻本 一冊 存一卷（四）

320000－1638－0000453 經部2688－1
新增四書備旨靈捷解十卷 （清）張素存撰 清末刻本 一冊 存一卷（上論三）

320000－1638－0000454 經部2688－2
新訂四書補注備旨十卷 （明）鄧林撰 （清）杜定基增訂 清末刻本 一冊 存一卷（下孟四）

320000－1638－0000455 經部2688－3

新訂四書補注備旨十卷 (明)鄧林撰 (清)杜定基增訂 清善成堂刻本 一册 存一卷(下論三)

320000－1638－0000456 經部 2688－4
新訂四書補注備旨十卷 (明)鄧林撰 (清)杜定基增訂 清末李光明莊刻本 一册 存二卷(大學一卷、中庸一卷)

320000－1638－0000457 經部 2689
五經味根錄四十二卷 (清)劉昌齡撰 清光緒二十六年(1900)上海中西書局石印本 十六册 缺四卷(詩經五至八)

320000－1638－0000458 經部 2690
重校五經體註四十卷 (清)高朝瓔注 清光緒十年(1884)上海申報館申昌書畫室石印本 六册 存十五卷(詩經四至八、書經五至六、禮記三至六、春秋五至八)

320000－1638－0000459 經部 2691
近科館課分韻詩初集不分卷二集不分卷 王先謙編 清光緒十三年(1887)鉛印本 一册 存初集不分卷

320000－1638－0000460 經部 2692
詩句題解韻編四集十二卷 (清)倪承瓚纂輯 清光緒鉛印本 一册 存一卷(六)

320000－1638－0000461 經部 2693
詩經集句類聯四卷 (清)羅蘿村輯 清光緒十五年(1889)上海鴻寶齋石印本 二册 存三卷(二至四)

320000－1638－0000462 經部 2694
分類賦學續刻十二卷 (清)張維城輯 清末石印本 一册 存五卷(八至十二)

320000－1638－0000463 經部 2695－1
經餘必讀二卷續編二卷 (清)雷琳等輯 三編二卷 (清)趙在翰輯 清末石印本 一册 存二卷(續編二卷)

320000－1638－0000464 經部 2695－2
經餘必讀二卷續編二卷 (清)雷琳等輯 三編二卷 (清)趙在翰輯 清末石印本 一册 存二卷(續編二卷)

320000－1638－0000465 經部 2698
黄山谷尺牘十卷山谷題跋四卷 (宋)黄庭堅撰 清道光浦江紛欣閣刻本 六册

320000－1638－0000466 經部 2699
蘇東坡尺牘八卷 (宋)蘇軾撰 清道光二十八年(1848)群玉山房刻本 四册

320000－1638－0000467 經部 2700
古香齋新刻袖珍御選古文淵鑒六十四卷 (清)徐乾學等編 清光緒古香閣刻五色套印本 四册 存四卷(五十一至五十二、五十四、五十六)

320000－1638－0000468 經部 2703
近科鄉會墨僅見二卷 清同治六年(1867)舊雨草堂刻本 二册 缺鄉試部分内容

320000－1638－0000469 經部 2704
張謇批選續四書義六卷 張謇輯 清光緒二十九年(1903)上海書局石印本 一册 存三卷(一至三)

320000－1638－0000470 經部 2705
經籍籑詁一百六卷 (清)阮元編 清末石印本 九册 存九十八卷(一至九十八)

320000－1638－0000471 經部 2706
欽定周官義疏四十八卷首一卷 (清)鄂爾泰等著 清光緒十七年(1891)上海鴻寶齋石印本 二册 存二十三卷(一至二十三)

320000－1638－0000472 經部 2707
欽定禮記義疏八十二卷 (清)鄂爾泰等著 清光緒十七年(1891)上海鴻寶齋石印本 五册 存六十九卷(一至五十六、七十至八十二)

320000－1638－0000473 經部 2709
曾文正公家書十卷 (清)曾國藩撰 清光緒鴻寶書局鉛印本 二册 存四卷(三至六)

320000－1638－0000474 經部 2711
禮記全文備旨十一卷 (清)鄒聖脈輯 清末上海大成書局石印本 一册 存五卷(一至

五）

320000－1638－0000475　經部 2712－1
禮記節本十卷　（清）汪基撰　清末石印本　一冊　存一卷（三）

320000－1638－0000476　經部 2712－2
繪圖禮記節本十卷　（清）汪基撰　清末石印本　一冊　存二卷（四至五）

320000－1638－0000477　經部 2713
皇朝經世文新編二十一卷　（清）麥仲華輯　清末石印本　一冊　存二卷（三至四）

320000－1638－0000478　經部 2714
皇朝經世文續編一百二十卷　（清）葛士濬輯　清末石印本　二冊　存九卷（四十至四十三、五十二至五十六）

320000－1638－0000479　經部 2715
對山書屋墨餘錄十六卷　（清）毛祥麟撰　清同治九年（1870）湖州醉六堂吳氏刻本　一冊　存二卷（一至二）

320000－1638－0000480　經部 2718
秋水軒尺牘二卷　（清）許思湄撰　清末上海鴻寶齋石印本　一冊

320000－1638－0000481　經部 2721
書經簡明白話解六卷首一卷　陳善編　清宣統三年（1911）中國圖書公司鉛印本　三冊

320000－1638－0000482　經部 2732
寄傲山房塾課纂輯禮記全文備旨十一卷（清）鄒聖脈輯　（清）鄒廷猷編　清末石印本　二冊　存六卷（六至十一）

320000－1638－0000483　經部 2733
孟子三卷　（宋）朱熹集注　清刻本　二冊　存二卷（上至中）

320000－1638－0000484　經部 2734
附釋音周禮注疏四十二卷　（漢）鄭玄注（唐）賈公彥疏　（唐）陸德明音義　清末石印本　一冊　存八卷（二十九至三十六）

320000－1638－0000485　經部 2735－1
寄傲山房塾課纂輯御案詩經備旨八卷　（清）鄒聖脈輯　（清）鄒廷猷編　清末上海大成書局石印本　四冊　存六卷（二至五、七至八）

320000－1638－0000486　經部 2735－2
寄傲山房塾課纂輯書經備旨蔡注捷錄三卷（清）鄒聖脈輯　（清）鄒廷猷編　清末上海大成書局石印本　二冊

320000－1638－0000487　經部 2735－3
寄傲山房塾課纂輯御案詩經備旨十二卷（清）鄒聖脈輯　（清）鄒廷猷編　清末上海大成書局石印本　五冊　存十卷（一至八、十一至十二）

320000－1638－0000488　經部 2736
精選大題掄元不分卷　清光緒十一年（1885）粵東鑑古書局石印本　一冊

320000－1638－0000489　經部 2745
焦氏易林十六卷　（漢）焦贛撰　清末石印本　一冊　存八卷（九至十六）

320000－1638－0000490　經部 2746
文法初基不分卷　天眉撰　清光緒二十八年（1902）刻寒杉館叢書本　一冊

320000－1638－0000491　經部 2747
益幼雜字一卷　清末李光明莊刻本　一冊

320000－1638－0000492　經部 2748
繪圖四千字文不分卷　清光緒浙紹奎照樓石印本　一冊

320000－1638－0000493　經部 2749－1
廣日記故事二卷　清刻本　一冊　存一卷（下）

320000－1638－0000494　經部 2749－2
廣日記故事二卷　清刻本　一冊　存一卷（下）

320000－1638－0000495　經部 2750
崇儉編不分卷　（清）□□編　清光緒四年（1878）刻本　一冊

320000－1638－0000496　經部 2751
增補萬寶全書三十卷　（明）陳繼儒輯　（清）毛煥文補輯　清乾隆刻本　二冊　存十一卷

（十至二十）

320000－1638－0000497　經部2752
三字經註解備要二卷　（元）王應麟著　（清）賀興思註解　清同治十年（1871）善成堂刻本　一册　存一卷（上）

320000－1638－0000498　經部2753－1
周易四卷　（宋）朱熹本義　清末李光明莊刻本　一册　存三卷（二至四）

320000－1638－0000499　經部2753－2
周易四卷　（宋）朱熹本義　清末李光明莊刻本　一册　存三卷（二至四）

320000－1638－0000500　經部2754
易説醒四卷首一卷　（明）洪守美撰　清同治十一年（1872）刻本　一册　存二卷（一、首一卷）

320000－1638－0000501　經部2755
薑園課蒙草初編一卷二編一卷　（清）童琮編訂　（清）童鎔評註　清宣統二年（1910）鑄證書局石印本　一册

320000－1638－0000502　經部2756
三字經註解備要一卷　（元）王應麟著　（清）賀興思註解　清末李光明莊刻本　一册

320000－1638－0000503　經部2757
謝委署朝城縣並呈應辦事宜八條不分卷　清刻本　一册

320000－1638－0000504　經部2762－1
春秋左傳五十卷　（晉）杜預　（宋）林堯叟注　（唐）陸德明音義　（明）孫鑛等評點　清文淵堂刻本　一册　存三卷（八至十）

320000－1638－0000505　經部2762－2
詩經融注大全體要八卷　（清）高朝瓔撰　（清）沈世楷輯　清敦化堂刻本　二册　存三卷（三至五）

320000－1638－0000506　史部356
鐘鼎字源五卷附錄一卷　（清）汪立名輯　清光緒掃葉山房石印本　四册

320000－1638－0000507　史部360
孔氏家語十卷　（三國魏）王肅注　清上海同文書局石印本　四册

320000－1638－0000508　史部365
請纓日記十卷（清光緒八年七月初九至十二年九月）　（清）唐景崧撰　清光緒十九年（1893）刻本　一册　存三卷（一至三）

320000－1638－0000509　史部367
太上寶筏圖説八卷　（清）黄正元輯　清光緒三十年（1904）刻本　八册

320000－1638－0000510　史部370
淵鑑類函四百五十卷　（清）張英等輯　清光緒二十一年（1895）點石齋石印本　九册　缺三十八卷（禮儀部三十卷、樂部八卷）

320000－1638－0000511　史部371
綱鑑正史約三十六卷　（明）顧錫疇撰　（清）陳宏謀增訂　**甲子紀元一卷**　（清）陳宏謀輯　清同治八年（1869）浙江書局刻本　十五册　缺八卷（綱鑑正史約十一至十二、二十三至二十七、三十六）

320000－1638－0000512　史部372
明進士題名碑錄不分卷　明刻本　一册

320000－1638－0000513　史部373
重修宣和博古圖錄三十卷　（清）黄晟撰　明萬曆二十八年（1600）亦政堂刻本　四册　存八卷（一至八）

320000－1638－0000514　史部374
歷代通鑑纂要九十二卷　（明）李東陽等撰　明嘉靖刻本　五册　存十二卷（九至十、四十七至四十八、五十七至六十二、八十九至九十）

320000－1638－0000515　史部375
唐摭言十五卷　（五代）王定保撰　清乾隆二十一年（1756）德州盧氏刻雅雨堂叢書本　三册　存十二卷（四至十五）

320000－1638－0000516　史部376
王船山先生［夫之］年譜二卷　（清）劉毓崧編　清光緒十二年（1886）江南官書局刻本

二册

320000－1638－0000517　史部 377
曾子家語六卷　(清)曾國荃輯　(清)王定安參訂　清光緒十六年(1890)刻本　二册

320000－1638－0000518　史部 378
樊山政書二十卷　樊增祥撰　清宣統二年(1910)金陵鉛印本　十册

320000－1638－0000519　史部 379
樊山政書二十卷　樊增祥撰　清宣統二年(1910)金陵鉛印本　十册

320000－1638－0000520　史部 380
樊山政書二十卷　樊增祥撰　清宣統二年(1910)金陵鉛印本　十册

320000－1638－0000521　史部 382－1
蠡園文鈔二卷　(清)范啓璋撰　清光緒三十三年(1907)刻本　二册

320000－1638－0000522　史部 382－2
蠡園詩存二卷　(清)范啓璋撰　清光緒三十三年(1907)刻本　二册

320000－1638－0000523　史部 382－3
蠡園詩話二卷　(清)范啓璋撰　清宣統刻本　二册

320000－1638－0000524　史部 384
皇朝詞林典故六十四卷　(清)朱珪等編　清嘉慶十年(1805)武英殿刻本　十六册

320000－1638－0000525　史部 387
泉布統志九卷首一卷附錄一卷　(清)孟麟輯　清刻本　三册　存三卷(三上、五下,首一卷)

320000－1638－0000526　史部 388
古今錢略三十二卷首一卷末一卷　(清)倪模輯　清光緒刻本　九册　存二十一卷(十一至十四、十七至三十二,末一卷)

320000－1638－0000527　史部 390
金石錄三十卷　(宋)趙明誠撰　清乾隆二十七年(1762)盧見曾雅雨堂刻本　五册　存二十五卷(一至二十五)

320000－1638－0000528　史部 391
[宣統庚戌科]拔貢授職官職錄不分卷　清宣統刻本　四册

320000－1638－0000529　史部 392
小腆紀年附考二十卷　(清)徐鼒撰　清光緒十二年(1886)鉛印本　十二册

320000－1638－0000530　史部 393＋子部 2995
古誌石華三十卷　(清)黄本驥輯　清道光二十七年(1847)刻三長物齋叢書本　八册

320000－1638－0000531　史部 394－1
古泉匯六十四卷首四卷　(清)李佐賢輯　清同治刻本　十二册　存五十二卷(元集一、五至十四,亨集十四卷,利集十八卷,貞集一至四、十二至十四;首三至四)

320000－1638－0000532　史部 394－2
古泉匯六十四卷首四卷　(清)李佐賢輯　清同治刻本　一册　存三卷(貞集十二至十四)

320000－1638－0000533　史部 395
匋齋藏石記四十四卷首一卷藏甎記二卷　(清)端方撰　清宣統元年(1909)商務印書館石印本　十一册　存四十三卷(一至二十三、二十八至四十四,首一卷,藏甎記二卷)

320000－1638－0000534　史部 396
銀洋精論三卷　(清)梁思澤撰　清光緒七年(1881)是亦軒刻本　二册　存二卷(一至二)

320000－1638－0000535　史部 402
古泉叢話三卷　(清)戴熙撰　清同治十一年(1872)吳縣潘祖蔭滂喜齋刻本　一册

320000－1638－0000536　史部 405
清宣統乙酉科各行省優貢全錄一卷　清宣統二年(1910)石印本　一册

320000－1638－0000537　史部 406
清順治進士題名碑錄一卷　清乾隆刻本　一册

320000－1638－0000538　史部 407
宣統元年考試拔優各官銜名一卷　清宣統石

印本　一冊

320000－1638－0000539　史部409
順天鄉試硃卷光緒壬午科不分卷　清光緒刻本　三冊

320000－1638－0000540　史部410
順天鄉試硃卷不分卷　清光緒刻本　二冊

320000－1638－0000541　史部413
劉中丞奏稿八卷　(清)劉峴撰　清光緒二十二年(1896)刻本　三冊　存四卷(一至四)

320000－1638－0000542　史部417
金石萃編一百六十卷目錄一卷　(清)王昶編　清嘉慶十年(1805)經訓堂刻本　十六冊　存四十六卷(一至四十五、目錄一卷)

320000－1638－0000543　史部418
金石學錄補四卷　(清)陸心源編　清光緒十二年(1886)刻本　一冊

320000－1638－0000544　史部419
九邊圖論不分卷　(明)許論撰　清刻本　一冊

320000－1638－0000545　史部420
州縣提綱四卷　(宋)陳襄撰　清刻本　一冊

320000－1638－0000546　史部421
江蘇海塘新志八卷首一卷　(清)李慶雲等纂　清刻本　三冊　存七卷(二至八)

320000－1638－0000547　史部424
[嘉慶]重刊江寧府志五十六卷　(清)呂燕昭修　(清)姚鼐纂　清光緒六年(1880)刻本　十二冊

320000－1638－0000548　史部425
[光緒]續纂江甯府志十五卷首一卷　(清)趙佑宸等修　(清)汪士鐸纂　清光緒七年(1881)刻本　五冊　存七卷(一至二、九至十、十四至十五,首一卷)

320000－1638－0000549　史部426
[嘉慶]重刊江甯府志五十六卷校勘記一卷　(清)呂燕昭修　(清)姚鼐纂　清光緒六年(1880)刻本　五冊　存二十卷(十五至三十四)

320000－1638－0000550　史部429
京畿金石考二卷　(清)孫星衍撰　**喪禮經傳約一卷**　(清)吳卓信撰　清同治十一年(1872)吳縣潘氏刻滂喜齋叢書本　一冊

320000－1638－0000551　史部430
歷代職官表六卷　(清)黃本驥撰　清刻本　二冊

320000－1638－0000552　史部432
史記一百三十卷　(漢)司馬遷撰　(南朝宋)裴駰集解　(唐)司馬貞索隱　(唐)張守節正義　清同治五年(1866)金陵書局刻本　二十冊

320000－1638－0000553　史部433
江蘇水利圖說不分卷　(清)李慶雲等纂　清宣統二年(1910)刻本　一冊

320000－1638－0000554　史部435
[光緒]溧水縣志二十二卷首一卷　(清)傅觀光等修　(清)丁維誠纂　清光緒八年(1882)刻本　十一冊　存二十卷(一至七、十一至二十二,首一卷)

320000－1638－0000555　史部436－1
寰宇訪碑錄十二卷　(清)孫星衍　(清)邢澍撰　清光緒三十二年(1906)刻本　七冊　存十一卷(一至四、六至十二)

320000－1638－0000556　史部436－2
補寰宇訪碑錄五卷失編一卷　(清)趙之謙撰　清光緒三十二年(1906)刻本　二冊

320000－1638－0000557　史部437－1
史記一百三十卷　(漢)司馬遷撰　(南朝宋)裴駰集解　(唐)司馬貞索隱　(唐)張守節正義　清同治五年(1866)金陵書局刻本　一冊　存六卷(二十三至二十八)

320000－1638－0000558　史部437－2
史記一百三十卷　(漢)司馬遷撰　(南朝宋)裴駰集解　(唐)司馬貞索隱　(唐)張守節正義　清刻本　十九冊　缺五卷(二十三至二

十七）

320000－1638－0000559　史部 445
江甯金石記八卷　（清）嚴觀輯　清刻本　一冊　存六卷（一至六）

320000－1638－0000560　史部 447
秣陵集六卷　（清）陳文述撰　清光緒十年（1884）淮南書局刻本　三冊

320000－1638－0000561　史部 449
茅山志十四卷　（元）劉大彬撰　（清）笪蟾光輯　清康熙八年（1669）刻本　八冊

320000－1638－0000562　史部 450
攝山志八卷首一卷　（清）陳毅纂　清乾隆五十五年（1790）蘇州府署刻本　四冊

320000－1638－0000563　史部 451
寶華山志十五卷首一卷　（清）劉名芳纂修　清乾隆刻本　三冊　存十三卷（一至五、九至十五，首一卷）

320000－1638－0000564　史部 454
三國志證聞三卷　（清）錢儀吉撰　清光緒十一年（1885）江蘇書局刻本　二冊

320000－1638－0000565　史部 455
史記一百三十卷　（漢）司馬遷撰　（南朝宋）裴駰集解　（唐）司馬貞索隱　（唐）張守節正義　清光緒四年（1878）金陵書局刻本　十六冊

320000－1638－0000566　史部 456
三國志六十五卷　（晉）陳壽撰　（南朝宋）裴松之注　清光緒十三年（1887）江南書局刻本　八冊

320000－1638－0000567　史部 457
南朝佛寺志二卷　（清）孫文川　陳作霖輯　清末刻本　一冊

320000－1638－0000568　史部 458
金陵瑣志五種九卷　陳作霖編　清光緒陳氏可園刻增刻本　一冊　存二種三卷（運瀆橋道小志一卷、鳳麓小志一至二）

320000－1638－0000569　史部 459
三國志六十五卷　（晉）陳壽撰　（南朝宋）裴松之注　清光緒十三年（1887）江南書局刻本　八冊

320000－1638－0000570　史部 460－1
三國志六十五卷　（晉）陳壽撰　（南朝宋）裴松之注　清光緒文雅齋刻本　十冊　缺十一卷（二十二至二十六、四十至四十五）

320000－1638－0000571　史部 460－2
三國志六十五卷　（晉）陳壽撰　（南朝宋）裴松之注　清末刻本　三冊　存二十三卷（二十二至二十七、三十三至四十九）

320000－1638－0000572　史部 461
白下瑣言十卷　（清）甘熙撰　清同治五年（1866）刻本　四冊

320000－1638－0000573　史部 465
古玉圖攷一卷　（清）吳大澂編　清光緒十五年（1889）上海同文書局石印本　四冊

320000－1638－0000574　史部 466
史記一百三十卷　（漢）司馬遷撰　（南朝宋）裴駰集解　（唐）司馬貞索隱　（唐）張守節正義　清刻本　三十一冊　缺三卷（四十一至四十三）

320000－1638－0000575　史部 467－1
漢書一百卷　（漢）班固撰　（唐）顏師古注　清同治八年（1869）金陵書局刻本　十五冊　缺十卷（四十至四十九）

320000－1638－0000576　史部 467－2
漢書一百卷　（漢）班固撰　（唐）顏師古注　清同治八年（1869）金陵書局刻本　一冊　存十卷（四十三至五十二）

320000－1638－0000577　史部 473
隸釋刊誤一卷　（清）黄丕烈撰　清嘉慶二十一年（1816）刻本　一冊

320000－1638－0000578　史部 475
後漢書九十卷　（南朝宋）范曄撰　（唐）李賢注　**續漢志三十卷**　（晉）司馬彪撰　（南朝梁）劉昭注　清光緒三十年（1904）點石齋石

印本　四冊

320000－1638－0000579　史部476
漢書一百卷　（漢）班固撰　（唐）顔師古注　清光緒三十年（1904）點石齋石印本　六冊

320000－1638－0000580　史部478
舊五代史一百五十卷目錄二卷　（宋）薛居正等撰　清光緒二十八年（1902）竢實齋石印本　六冊

320000－1638－0000581　史部479
北齊書五十卷　（唐）李百藥撰　清光緒二十八年（1902）竢實齋石印本　二冊

320000－1638－0000582　史部480
金史一百三十五卷　（元）脱脱等撰　清光緒二十八年（1902）竢實齋石印本　六冊　存一百三卷（二十至四十九、六十三至一百三十五）

320000－1638－0000583　史部481
周書五十卷　（唐）令狐德棻等撰　清光緒二十八年（1902）竢實齋石印本　二冊

320000－1638－0000584　史部482
南史八十卷　（唐）李延壽撰　清光緒二十八年（1902）竢實齋石印本　六冊

320000－1638－0000585　史部483
北史一百卷　（唐）李延壽撰　清光緒二十八年（1902）竢實齋石印本　八冊

320000－1638－0000586　史部484
南齊書五十九卷　（南朝梁）蕭子顯撰　清光緒二十八年（1902）竢實齋石印本　二冊

320000－1638－0000587　史部485
唐書二百二十五卷　（宋）歐陽修等撰　清光緒二十八年（1902）竢實齋石印本　十五冊　缺十卷（一至十）

320000－1638－0000588　史部486
舊唐書二百卷　（五代）劉昫等撰　清光緒二十八年（1902）竢實齋石印本　十五冊　缺十二卷（一至十二）

320000－1638－0000589　史部487
史記一百三十卷　（漢）司馬遷撰　（南朝宋）裴駰集解　（唐）司馬貞索隱　（唐）張守節正義　清光緒二十八年（1902）竢實齋石印本　八冊　缺一卷（三十一）

320000－1638－0000590　史部488
三國志六十五卷　（晉）陳壽撰　（南朝宋）裴松之注　清光緒二十八年（1902）竢實齋石印本　四冊

320000－1638－0000591　史部489
後漢書九十卷　（南朝宋）范曄撰　（唐）李賢注　清光緒二十四年（1898）上海點石齋石印本　五冊

320000－1638－0000592　史部490
漢書一百卷　（漢）班固撰　（唐）顔師古注　清光緒二十四年（1898）上海點石齋石印本　八冊

320000－1638－0000593　史部491
宋書一百卷　（南朝梁）沈約撰　清光緒二十八年（1902）竢實齋石印本　六冊

320000－1638－0000594　史部492
梁書五十六卷　（唐）姚思廉撰　清光緒二十八年（1902）竢實齋石印本　二冊

320000－1638－0000595　史部493
魏書一百十四卷　（北齊）魏收撰　清光緒二十八年（1902）竢實齋石印本　七冊　缺十二卷（一至十二）

320000－1638－0000596　史部494
晉書一百三十卷　（唐）房玄齡等撰　清光緒二十八年（1902）竢實齋石印本　八冊

320000－1638－0000597　史部495
五代史七十四卷　（宋）歐陽修等撰　（宋）徐無黨注　清光緒二十八年（1902）竢實齋石印本　二冊

320000－1638－0000598　史部496
三國志六十五卷　（晉）陳壽撰　（南朝宋）裴松之注　清光緒二十八年（1902）竢實齋石印本　二冊

320000－1638－0000599　史部497
史記一百三十卷　（漢）司馬遷撰　（南朝宋）裴駰集解　（唐）司馬貞索隱　（唐）張守節正義　清光緒二十八年（1902）文瀾書局石印本　四册

320000－1638－0000600　史部498－1
前漢書一百卷　（漢）班固撰　（唐）顔師古注　清末石印本　六册

320000－1638－0000601　史部498－2
後漢書一百二十卷　（南朝宋）范曄撰　（唐）李賢等注　（晉）司馬彪續　（南朝梁）劉昭注補　清末石印本　四册

320000－1638－0000602　史部500
建康實錄二十卷　（唐）許嵩撰　清光緒二十八年（1902）刻本　六册

320000－1638－0000603　史部501－1
金陵通傳四十五卷補遺四卷　陳作霖撰　清末刻本　三册　存二十三卷（十二至十九、三十一至四十五）

320000－1638－0000604　史部501－2
金陵通傳四十五卷補遺四卷　陳作霖撰　清末刻本　五册　存二十四卷（金陵通傳二十六至四十五、補遺四卷）

320000－1638－0000605　史部503
續資治通鑑二百二十卷　（清）畢沅撰　清光緒十六年（1890）積山書局石印本　二十册　缺二十卷（二十一至四十）

320000－1638－0000606　史部505
三國志六十五卷　（晉）陳壽撰　（南朝宋）裴松之注　清光緒三十一年（1905）竹簡齋石印本　四册

320000－1638－0000607　史部506
史記一百三十卷　（漢）司馬遷撰　（南朝宋）裴駰集解　（唐）司馬貞索隱　（唐）張守節正義　清光緒三十一年（1905）竹簡齋石印本　八册

320000－1638－0000608　史部507－1
前漢書一百卷　（漢）班固撰　（唐）顔師古注　清光緒三十一年（1905）竹簡齋石印本　十册

320000－1638－0000609　史部507－2
後漢書一百二十卷　（南朝宋）范曄撰　（唐）李賢等注　（晉）司馬彪續　（南朝梁）劉昭注補　清光緒三十一年（1905）竹簡齋石印本　十册

320000－1638－0000610　史部512
集古録五卷　（宋）歐陽棐撰　清刻本　六册

320000－1638－0000611　史部513
積古齋鐘鼎彝器款識十卷　（清）阮元撰　清刻本　一册

320000－1638－0000612　史部514－1
寰宇訪碑録十二卷　（清）孫星衍　（清）邢澍撰　清光緒九年（1883）江蘇書局刻本　四册

320000－1638－0000613　史部514－2
補寰宇訪碑録五卷失編一卷　（清）趙之謙撰　清光緒二十年（1894）刻本　二册

320000－1638－0000614　史部515
寰宇訪碑録十二卷　（清）孫星衍　（清）邢澍撰　清光緒十七年（1891）吳縣朱氏刻行素草堂金石叢書本　六册

320000－1638－0000615　史部517
北史一百卷　（唐）李延壽撰　清刻本　二十四册　存七十九卷（一至十八、二十二至八十二）

320000－1638－0000616　史部519
同治上江兩縣志二十九卷首一卷　（清）甘紹盤等修　（清）汪士鐸等纂　清同治十三年（1874）刻本　十二册

320000－1638－0000617　史部520
晉書一百三十卷　（唐）房玄齡等撰　**音義三卷**　（唐）何超纂　**考證一卷**　元刻明清遞修本　三十三册　缺十九卷（一至二、二十二至二十五、三十一至三十四、七十二至七十七、九十五至九十七）

320000－1638－0000618　史部 521－1
唐書二百二十五卷　(宋)歐陽修等撰　**釋音二十五卷**　(宋)董沖撰　清刻本　十三册　存八十九卷(唐書七十三下至一百十九、二百七至二百二十三上,釋音二十五卷)

320000－1638－0000619　史部 521－2
唐書二百二十五卷　(宋)歐陽修等撰　**釋音二十五卷**　(宋)董沖撰　清末刻本　八册　存三十一卷(唐書三十八至四十、四十四至七十一下)

320000－1638－0000620　史部 521－3
唐書二百二十五卷　(宋)歐陽修等撰　**釋音二十五卷**　(宋)董沖撰　清末刻本　一册　存十卷(唐書一百五十五至一百六十四)

320000－1638－0000621　史部 522
史記一百三十卷　(漢)司馬遷撰　(南朝宋)裴駰集解　(唐)司馬貞索隱　(唐)張守節正義　明萬曆刻本　三册　存二十三卷(一至十二、一百二十至一百三十)

320000－1638－0000622　史部 523
三國志六十五卷　(晉)陳壽撰　(南朝宋)裴松之注　清同治九年(1870)金陵書局刻本　六册　存三十九卷(一至三十、四十六至五十四)

320000－1638－0000623　史部 524
御批資治通鑑綱目五十九卷首一卷　(宋)朱熹撰　清刻本　三十三册　缺二十二卷(一、五、十九、三十、三十四、三十七、四十四至五十九)

320000－1638－0000624　史部 525
魏書一百十四卷　(北齊)魏收撰　明刻本　十四册　存七十九卷(一至十二、二十一下至八十七)

320000－1638－0000625　史部 526
隋書八十五卷　(唐)魏徵等撰　明萬曆刻本　十册　存三十五卷(一至三十五)

320000－1638－0000626　史部 527
北史一百卷　(唐)李延壽撰　明萬曆刻本　五册　存十八卷(八十三至一百)

320000－1638－0000627　史部 531
中興名臣事略八卷　朱孔彰撰　清光緒二十四年(1898)上海書局石印本　四册

320000－1638－0000628　史部 532
鑑撮四卷　(清)曠敏本撰　**讀史論略一卷**　(清)杜詔撰　清光緒刻本　四册

320000－1638－0000629　史部 541－1
綱鑑易知錄九十二卷　(清)周之炯等編　清光緒二十七年(1901)上海文瑞樓石印本　十四册

320000－1638－0000630　史部 541－2
明鑑易知錄十五卷　(清)吳乘權等輯　清光緒十七年(1891)廣百宋齋鉛印本　二册

320000－1638－0000631　史部 543
史記菁華錄六卷　(清)姚祖恩輯　清光緒二十二年(1896)上海書局石印本　五册

320000－1638－0000632　史部 544
熙朝紀政六卷　(清)王慶雲撰　清光緒二十四年(1898)石印本　六册

320000－1638－0000633　史部 545
熙朝紀政六卷　(清)王慶雲撰　清光緒二十四年(1898)石印本　六册

320000－1638－0000634　史部 547
讀史論略二卷　(清)杜詔撰　清光緒十年(1884)刻本　二册

320000－1638－0000635　史部 548
困學紀聞注二十卷首一卷　(元)王應麟撰　(清)翁元圻輯注　清光緒六年(1880)同文書局石印本　六册

320000－1638－0000636　史部 559－1
御批增補了凡綱鑑四十卷首一卷　(明)袁黃編　清光緒二十五年(1899)著易堂石印本　十册

320000－1638－0000637　史部 559－2
御撰資治通鑑綱目三編六卷　(清)張廷玉等撰　清光緒二十五年(1899)著易堂石印本

二册

320000－1638－0000638　史部562
尺木堂綱鑑易知録二十卷　(清)周之炯等編　清光緒十年(1884)點石齋石印本　九册　存十八卷(一至十二、十五至二十)

320000－1638－0000639　史部567
元朝秘史十五卷　(清)李文田注　清光緒漸西村舍刻本　一册　存三卷(五至七)

320000－1638－0000640　史部568
元史譯文證補三十卷　(清)洪鈞撰　清光緒二十九年(1903)史學齋石印本　二册　存五卷(一、二十二至二十四、二十六)

320000－1638－0000641　史部569
元史譯文證補三十卷　(清)洪鈞撰　清石印本　二册　缺九卷(七至八、十六至十七、十九至二十一、二十五、二十八)

320000－1638－0000642　史部574
彭剛直公奏稿八卷　(清)彭玉麟撰　清光緒十七年(1891)石印本　四册

320000－1638－0000643　史部575
廿一史約編八卷首一卷　(清)鄭元慶纂　清末刻本　四册　存三卷(四至五、八)

320000－1638－0000644　史部576
支那教學史略三卷　(日本)狩野良知撰　清光緒二十八年(1902)上海商務印書館鉛印本　一册

320000－1638－0000645　史部577
文史通義八卷校讎通義三卷　(清)章學誠撰　清末鴻章書局石印本　三册

320000－1638－0000646　史部579
三才略三卷　蔣德鈞輯　清末李光明莊刻本　一册

320000－1638－0000647　史部580
南巡盛典一百二十卷　(清)高晉等纂　清光緒八年(1882)點石齋石印本　四册　存六十五卷(一至六十五)

320000－1638－0000648　史部581
聖武記十四卷　(清)魏源撰　清道光二十年(1840)湖南刻本　十册

320000－1638－0000649　史部585
新譯庚子中外戰紀二卷　(法國)佛甫愛加來　(法國)施米儂撰　(清)劉翹翰　(清)程瞻洛譯　清光緒二十八年(1902)著易堂鉛印本　二册

320000－1638－0000650　史部586
考工記要十七卷附圖一卷　(英國)瑪體生撰　(英國)傅蘭雅　(清)鍾天緯譯　清光緒石印富強叢書本　四册

320000－1638－0000651　史部587
方壺外史八卷　(明)陸西星撰　清光緒五年(1879)鉛印本　五册

320000－1638－0000652　史部590
閑處光陰二卷　(清)彭邦鼎撰　清光緒二十四年(1898)石印本　二册

320000－1638－0000653　史部592
礦物五種　清光緒石印本　一册　缺十卷(開煤要法一至十)

320000－1638－0000654　史部593
國語二十一卷　(三國吴)韋昭解　**校刊明道本韋氏解國語札記一卷**　(清)黄丕烈撰　清嘉慶五年(1800)吴縣黄氏讀未見書齋刻士禮居黄氏叢書本　三册

320000－1638－0000655　史部594
戰國策三十三卷　(漢)高誘注　**重刻剡川姚氏本戰國策札記三卷**　(清)黄丕烈撰　清嘉慶八年(1803)吴縣黄氏讀未見書齋刻士禮居黄氏叢書本　四册

320000－1638－0000656　史部595
輿地廣記三十八卷　(宋)歐陽忞撰　**校勘輿地廣記札記二卷**　(清)黄丕烈撰　清嘉慶十七年(1812)黄丕烈刻士禮居黄氏叢書本　四册

320000－1638－0000657　史部596
新刊宣和遺事前集一卷後集一卷　清嘉慶、

道光間黄丕烈士禮居刻士禮居黄氏叢書本　一册

320000－1638－0000658　史部597
博物誌十卷　(晉)張華撰　(宋)周日用等注　清嘉慶八年(1803)黄丕烈刻士禮居黄氏叢書本　一册

320000－1638－0000659　史部598
明季三朝野史四卷　(清)顧炎武撰　清光緒三十四年(1908)上海石印本　一册

320000－1638－0000660　史部599
歷代名臣言行録二十四卷　(清)朱桓編　清光緒十二年(1886)刻本　七册　存二十一卷(一至十二、十六至二十四)

320000－1638－0000661　史部600
角山樓增補類腋六十七卷　(清)姚培謙輯　(清)趙克宜增輯　清咸豐十年(1860)刻本　十六册　缺七卷(物部十四至二十)

320000－1638－0000662　史部601
廿二史劄記三十六卷補遺一卷　(清)趙翼撰　清光緒二十六年(1900)上海書局石印本　一册

320000－1638－0000663　史部602－1
重訂事類賦三十卷　(宋)吳淑撰　清道光十八年(1838)刻本　六册

320000－1638－0000664　史部602－2
重訂廣事類賦四十卷　(清)華希閔撰　(清)華希閔重訂　清道光十九年(1839)刻本　十册

320000－1638－0000665　史部605
嘯亭雜録八卷續録二卷　(清)昭槤撰　清光緒六年(1880)刻本　八册　存八卷(嘯亭雜録八卷)

320000－1638－0000666　史部606
大清高宗法天隆運至誠先覺體元立極敷文奮武孝慈神聖純皇帝聖訓三百卷　(清)高宗弘曆撰　清末石印本　六册　存二十七卷(二百七十四至三百)

320000－1638－0000667　史部609
觀妙齋藏金石文字考略十六卷　(清)李光暎撰　清雍正七年(1729)寫刻本　四册

320000－1638－0000668　史部610
御批歷代通鑑輯覽一百二十卷　(清)傅恒等纂　清光緒二十七年(1901)經香閣石印本　十六册

320000－1638－0000669　史部611
國聞報彙編二卷　歐化社編　清光緒二十九年(1903)鉛印本　一册　存一卷(上)

320000－1638－0000670　史部612
京報不分卷　清光緒鉛印本　四册

320000－1638－0000671　史部614
[江蘇]金陵朱氏新譜稿二卷　(清)朱朝柱等纂　清光緒二十年(1894)鉛印本　二册

320000－1638－0000672　史部617
[湖北襄陽]堰坡趙氏家乘二十卷　(清)趙茂盛等續修　清光緒二十六年(1900)琴鶴堂木活字印本　二册　存二卷(十五、十七)

320000－1638－0000673　史部619
增補事類統編九十三卷　(清)黄葆真輯　清光緒十一年(1885)文本堂刻本　四十册

320000－1638－0000674　史部620－1
御批資治通鑑綱目五十九卷首一卷　(宋)朱熹撰　清石印本　十册　缺十六卷(一至二、十四至二十三、四十七至五十)

320000－1638－0000675　史部620－2
御批續資治通鑑綱目二十七卷　(明)商輅撰　清末石印本　六册

320000－1638－0000676　史部620－3
御批資治通鑑綱目五十九卷首一卷　(宋)朱熹撰　清石印本　四册　存四卷(三十三至三十六)

320000－1638－0000677　史部622
史畧八十七卷　(清)朱堃輯　清末李光明莊刻本　十七册　缺十卷(十三至十九、二十四至二十六)

320000－1638－0000678　史部 623－1
鼎鍥趙田了凡袁先生編纂古本歷史大方綱鑑補三十九卷首一卷　(明)袁黄編纂　明萬曆三十八年(1610)雙峰堂余氏刻本　十四册　存三十卷(一至二十六、三十三、三十八至三十九,首一卷)

320000－1638－0000679　史部 623－2
鼎鍥趙田了凡袁先生編纂古本歷史大方綱鑑補三十九卷首一卷　(明)袁黄編纂　明刻本　一册　存一卷(二十六)

320000－1638－0000680　史部 623－3
鼎鍥趙田了凡袁先生編纂古本歷史大方綱鑑補三十九卷首一卷　(明)袁黄編纂　明刻本　一册　存一卷(二十七)

320000－1638－0000681　史部 624
古事比五十二卷　(清)方中德輯　清光緒二十九年(1903)點石齋石印本　六册

320000－1638－0000682　史部 625
曾文正公四種十九卷　(清)曾國藩撰　清光緒三十一年(1905)上海商務印書館鉛印本　八册

320000－1638－0000683　史部 626
劉中丞奏稿八卷　(清)劉崐撰　清光緒二十二年(1896)刻本　二册　存三卷(一至三)

320000－1638－0000684　史部 629
古事比五十二卷　(清)方中德輯　清光緒十三年(1887)文盛堂石印本　六册

320000－1638－0000685　史部 630
史記菁華錄六卷　(清)姚祖恩輯　清末刻本　三册　存三卷(二至四)

320000－1638－0000686　史部 631
讀史綱十五卷　清末刻本　三册　存三卷(五、七、十五)

320000－1638－0000687　史部 632
地球韻言四卷　張士瀛編　清光緒二十七年(1901)李光明莊刻本　二册

320000－1638－0000688　史部 634
博物志十卷　(晉)張華撰　清刻本　一册

320000－1638－0000689　史部 635
周髀算經二卷音義一卷　(漢)趙君卿注　(北周)甄鸞重述　(唐)李淳風釋　清光緒十九年(1893)刻本　二册

320000－1638－0000690　史部 638
樂善錄二卷　(宋)李昌齡撰　清刻本　一册

320000－1638－0000691　史部 639－1
天下郡國利病書一百二十卷　(清)顧炎武撰　清末慎記書莊石印本　二十四册

320000－1638－0000692　史部 639－2
天下郡國利病書一百二十卷　(清)顧炎武撰　清末石印本　二十册　缺二十一卷(一至九、五十至五十七、八十七至九十)

320000－1638－0000693　史部 640
北史一百卷　(唐)李延壽撰　明崇禎十二年(1639)毛氏汲古閣刻本　十二册　存四十七卷(五十四至一百)

320000－1638－0000694　史部 641－1
三國志六十五卷　(晉)陳壽撰　(南朝宋)裴松之注　清同治九年(1870)金陵書局刻本　二册　存十一卷(一至十一)

320000－1638－0000695　史部 641－2
三國志六十五卷　(晉)陳壽撰　(南朝宋)裴松之注　清光緒十三年(1887)江南書局刻本　一册　存五卷(一至五)

320000－1638－0000696　史部 641－3
三國志六十五卷　(晉)陳壽撰　(南朝宋)裴松之注　清末刻本　二册　存八卷(四至十一)

320000－1638－0000697　史部 641－4
三國志六十五卷　(晉)陳壽撰　(南朝宋)裴松之注　清末刻本　六册　存三十四卷(一至二十一、二十八至三十二、五十至五十七)

320000－1638－0000698　史部 641－5
後漢書九十卷　(南朝宋)范曄撰　(唐)李賢注　**志三十卷**　(晉)司馬彪撰　(南朝梁)劉

昭注　明崇禎十六年(1643)毛氏汲古閣刻本　一册　存七卷(後漢書十一至十七)

320000－1638－0000699　史部641－6
漢書一百卷　(漢)班固撰　(唐)顔師古注　清金陵書局刻本　五册　存二十七卷(十五、十九至二十、二十八至三十二、四十五至五十四、八十三至九十一)

320000－1638－0000700　史部641－7
續漢志三十卷　(晉)司馬彪撰　(南朝梁)劉昭注補　清同治金陵書局刻本　一册　存十八卷(十三至三十)

320000－1638－0000701　史部646
派出各國大使奏稿不分卷　清光緒十五年(1889)刻本　一册

320000－1638－0000702　史部647
問經堂印譜不分卷　題(清)臥雪山人校訂　清同治十三年(1874)鈐印本　一册

320000－1638－0000703　史部648
繪圖中國白話史不分卷　(清)戴克敦　(清)錢宗翰編　清光緒三十一年(1905)石印本　一册

320000－1638－0000704　史部650
觀太陽占不分卷　清手繪本　一册

320000－1638－0000705　史部653
上大官賀信稿不分卷　清抄本　一册

320000－1638－0000706　史部654
地震别解不分卷　清抄本　一册

320000－1638－0000707　史部658
金陵歷代建置表不分卷　傅春官撰　清光緒二十三年(1897)刻本　一册

320000－1638－0000708　史部663
盋山志八卷　(清)顧雲編　清光緒九年(1883)金陵盋山精舍刻本　二册　存二卷(七至八)

320000－1638－0000709　史部664
金陵瑣志五種九卷　陳作霖編　清光緒陳氏可園刻增刻本　一册　存三種三卷(東城志略一卷、金陵物產風土志一卷、南朝佛寺志上)

320000－1638－0000710　史部665
白下瑣言十卷　(清)甘熙撰　清光緒十六年(1890)刻本　一册　存三卷(一至三)

320000－1638－0000711　史部668
江南善政前後匯錄不分卷　清光緒刻本　一册

320000－1638－0000712　史部672
閱讀雜抄不分卷　清抄本　一册

320000－1638－0000713　史部676
金陵賦一卷　程先甲撰　清光緒二十五年(1899)千一齋刻本　一册

320000－1638－0000714　史部677
金陵賦一卷　程先甲撰　清光緒二十五年(1899)千一齋刻本　一册

320000－1638－0000715　史部679
增修鷲湖書田志四卷首一卷　(清)吳嵩梁撰　清刻香蘇山館全集本　一册

320000－1638－0000716　史部680
聽香館叢錄六卷　(清)吳嵩梁撰　清道光香蘇山館刻本　一册

320000－1638－0000717　史部681
表忠錄一卷東鄉風土記一卷粵遊日記一卷　(清)吳嵩梁撰　清道光刻香蘇山館全集本　一册

320000－1638－0000718　史部682
銀價駁議不分卷　劉世珩撰　清光緒二十七年(1901)刻本　一册

320000－1638－0000719　史部683
竹書紀年二卷　(南朝梁)沈約註　清刻本　一册

320000－1638－0000720　史部684
版權考三篇　(英國)斯克羅敦等撰　(清)周儀君譯　清光緒二十九年(1903)商務印書館石印本　一册

320000－1638－0000721　史部 685
蒙齋[田雯]年譜一卷續年譜一卷　(清)田雯撰　清刻本　一冊

320000－1638－0000722　史部 686
寶鐵齋金石文跋尾三卷　(清)韓崇撰　清光緒刻本　一冊

320000－1638－0000723　史部 687
印典八卷　(清)朱象賢撰　清刻本　二冊　存二卷(一至二)

320000－1638－0000724　史部 690
百磚考一卷　(清)吕佺孫撰　**簠齋傳古别録一卷**　(清)陳介祺撰　**鮑臆園丈手劄一卷**　(清)鮑康撰　**幽夢續影一卷**　(清)朱錫綬撰　清光緒四年(1878)吴縣潘氏京師刻滂喜齋叢書本　一冊

320000－1638－0000725　史部 693
甕芳録一卷　(清)高德泰輯　清同治十三年(1874)刻本　一冊

320000－1638－0000726　史部 694
養兵秘訣前編不分卷　(日本)倉辻明俊撰　清光緒鉛印本　一冊

320000－1638－0000727　史部 695
歷代年號記畧附刻一卷　清末刻本　一冊

320000－1638－0000728　史部 697
京師日記錄要一卷　(清)宋廷模撰　清光緒二十六年(1900)刻本　一冊

320000－1638－0000729　史部 698
春秋世族譜一卷　(清)孔廣栻撰　清光緒十二年(1886)刻本　一冊

320000－1638－0000730　史部 699
金石小箋一卷　(清)葉奕苞撰　清抄本　一冊

320000－1638－0000731　史部 700
讀史及幼編一卷　(清)鄭德暉編　清同治十三年(1874)刻本　一冊

320000－1638－0000732　史部 701
貴池縣沿革表一卷　劉世珩撰　清光緒二十三年(1897)刻本　一冊

320000－1638－0000733　史部 705
金石文字記六卷　(清)顧炎武撰　清刻本　一冊　存二卷(一至二)

320000－1638－0000734　史部 706
心書一卷　(三國蜀)諸葛亮撰　清末刻本　一冊

320000－1638－0000735　史部 707
中州課吏録一卷　清末刻本　一冊

320000－1638－0000736　史部 709
節本泰西新史攬要八卷　(英國)李提摩太譯　周慶雲節録　清光緒二十七年(1901)刻本　一冊　存四卷(一至四)

320000－1638－0000737　史部 711
蒙齋[田雯]年譜一卷續年譜一卷　(清)田雯撰　清刻本　一冊

320000－1638－0000738　史部 712
欽定武英殿聚珍版程式一卷　(清)金簡撰　清刻本　一冊

320000－1638－0000739　史部 713
丁二仲印譜不分卷　丁二仲刻　清末鈐印本　一冊

320000－1638－0000740　史部 714
[出使英俄謝恩]奏稿不分卷　(清)劉瑞芬撰　清抄本　一冊

320000－1638－0000741　史部 718
西江抄案稿不分卷　清抄本　一冊

320000－1638－0000742　史部 719
歷代帝王能書繪畫不分卷　清抄本　一冊

320000－1638－0000743　史部 720
修身科集史課蒙本不分卷　清抄本　一冊

320000－1638－0000744　史部 721
武經大全不分卷　清抄本　一冊

320000－1638－0000745　史部 724
旌表烈婦録四卷　清同治七年(1868)刻本　一冊

320000－1638－0000746　史部 725
禹貢註節讀一卷　(清)馬俊良撰　清刻本　一册

320000－1638－0000747　史部 727
京師通各省會城道里記一卷　清光緒江楚書局刻本　一册

320000－1638－0000748　史部 728
蘇潁濱[轍]年表一卷　(宋)孫汝聽編　清宣統元年(1909)江陰繆氏刻藕香零拾本　一册

320000－1638－0000749　史部 729
王深甯先生[應麟]年譜一卷　(清)張大昌編　清光緒十三年(1887)刻本　一册

320000－1638－0000750　史部 2764
清儀閣題跋不分卷　(清)張廷濟撰　清末石印本　三册

320000－1638－0000751　史部 2768
前漢書一百卷　(漢)班固撰　(唐)顔師古注　清光緒十八年(1892)武林竹簡齋石印本　六册　存四十卷(一至三十、五十七至六十六)

320000－1638－0000752　史部 2769
前漢書一百卷　(漢)班固撰　(唐)顔師古注　清光緒二十八年(1902)史學會社石印本　七册　缺五卷(二十七至三十一)

320000－1638－0000753　史部 2770
後漢書一百二十卷　(南朝宋)范曄撰　(唐)李賢等注　(晉)司馬彪續　(南朝梁)劉昭注補　清光緒二十八年(1902)史學會社石印本　七册　存一百一卷(一至三十八、五十六至一百十八)

320000－1638－0000754　史部 2773
歷代名臣言行錄二十四卷　(清)朱桓編　清光緒二十八年(1902)上海書局石印本　五册　存十九卷(一至十九)

320000－1638－0000755　史部 2774
二十四史九通政典類要合編三百二十卷　(清)黄書霖輯　清光緒二十八年(1902)刻本　十五册　存八十五卷(一至八、十六至二十二、三十九至四十五、五十二至六十六、一百八至一百十四、一百二十九至一百三十二、一百五十三至一百五十七、一百六十九至一百七十一、二百四十六至二百五十、二百六十一至二百六十九、二百八十九至三百三)

320000－1638－0000756　史部 2776
通志二百卷　(宋)鄭樵撰　清末石印本　七册　存四十七卷(十三至十六、四十二至八十一、一百九至一百十一)

320000－1638－0000757　史部 2778
清異錄二卷　(宋)陶穀撰　清同治十二年(1873)刻本　二册

320000－1638－0000758　史部 2779
金石續編二十一卷首一卷　(清)陸耀遹撰　清光緒十九年(1893)寶善堂石印本　六册

320000－1638－0000759　史部 2781
文史通義九卷　(清)章學誠撰　清末石印本　一册　存二卷(三至四)

320000－1638－0000760　史部 2787
讀通鑑論三十卷末一卷　(清)王夫之撰　清末石印本　四册　存五卷(六至十)

320000－1638－0000761　史部 2788－1
尺木堂明鑑易知錄十五卷　(清)周之炯等編　清末石印本　二册

320000－1638－0000762　史部 2788－2
尺木堂綱鑑易知錄九十二卷　(清)周之炯等編　清末石印本　三册　存十九卷(六十至六十六、八十一至九十二)

320000－1638－0000763　史部 2789－1
玉山樓明鑑易知錄十五卷　(清)吳乘權等輯　清末文奎堂刻本　一册　存二卷(一至二)

320000－1638－0000764　史部 2789－2
尺木堂綱鑑易知錄九十二卷　(清)周之炯等編　清末石印本　四册　存九卷(二十一至二十二、三十至三十六)

320000－1638－0000765　史部 2792

三朝名臣言行錄十四卷 （宋）朱熹纂 清末石印本 二册 存四卷（十一至十四）

320000－1638－0000766 史部 2793
海國圖志一百卷 （清）魏源撰 清末石印本 一册 存九卷（三十七至四十五）

320000－1638－0000767 史部 2797
史記評林一百三十卷 （明）淩稚隆輯校 清刻本 十三册 存七十卷（二十一至二十二、五十五至六十、六十九至一百三十）

320000－1638－0000768 史部 2798
求是於古齋印存六卷 （清）祝堯齡輯 清光緒鈐印本 五册 存五卷（二至六）

320000－1638－0000769 史部 2800
宋史四百九十六卷目錄三卷 （元）脱脱等撰 清末五洲同文書局石印本 五册 存二十二卷（六至十三、十九至二十九，目錄三卷）

320000－1638－0000770 史部 2801
多福通書不分卷 清光緒二十二年（1896）崇道堂刻本 一册

320000－1638－0000771 史部 2804
請纓日記十卷（清光緒八年七月初九至十二年九月） （清）唐景崧撰 清光緒十九年（1893）刻本 一册 存二卷（九至十）

320000－1638－0000772 史部 2805
江皖旅東同鄉齒錄不分卷 清光緒二十一年（1895）石印本 一册

320000－1638－0000773 史部 2806
律例便覽八卷 （清）蔡逢年編 清末刻本 一册 存一卷（六）

320000－1638－0000774 史部 2808
尺木堂綱鑑易知錄九十二卷 （清）周之炯等編 清刻本 二册 存五卷（一至三、九至十）

320000－1638－0000775 史部 2809
文獻通考詳節二十四卷 （元）馬端臨撰 （清）嚴虞惇節錄 清光緒二十五年（1899）著易堂書局石印本 一册 存九卷（一至九）

320000－1638－0000776 史部 2810
欽定續通典一百五十卷 （清）嵇璜等撰 清光緒二十八年（1902）石印本 二册 存三十七卷（一至十八、一百九至一百二十七）

320000－1638－0000777 史部 2813
曾文正公家書十卷 （清）曾國藩撰 清光緒五年（1879）湖南刻本 三册 存三卷（五、八至九）

320000－1638－0000778 史部 2814
新增格古要論十三卷 （明）曹昭撰 （明）王佐增補 清刻本 一册 存二卷（三至四）

320000－1638－0000779 史部 2815
雍州金石記十卷記餘一卷 （清）朱楓撰 清刻本 一册 存六卷（雍州金石記六至十、記餘一卷）

320000－1638－0000780 史部 2816
德國議院章程一卷 （清）徐建寅譯 清光緒二十一年（1895）刻本 一册

320000－1638－0000781 史部 2818
山海經十八卷篇目考一卷 （晉）郭璞傳 （清）畢沅校 清末刻本 一册 存八卷（山海經十一至十八）

320000－1638－0000782 史部 2820
王先生十七史蒙求十六卷 （宋）王令撰 清光緒十五年（1889）文昌書局刻本 一册 存六卷（一至六）

320000－1638－0000783 史部 2821
測地志要四卷 （清）黄炳垕撰 清同治六年（1867）陶雲升等刻留書種閣集本 一册

320000－1638－0000784 史部 2822
紀元編三卷末一卷 （清）李兆洛撰 清同治六年（1867）石印本 一册 存一卷（二）

320000－1638－0000785 史部 2823－1
江南實業學堂普通畢業同學錄一卷 清光緒三十二年（1906）江南實業學堂石印本 一册

320000－1638－0000786 史部 2823－2
江南實業學堂普通畢業同學錄一卷 清光緒

三十二年(1906)江南實業學堂石印本　一冊

320000－1638－0000787　史部2823－3
江南實業學堂普通畢業同學録一卷　清光緒三十二年(1906)江南實業學堂石印本　一冊

320000－1638－0000788　史部2823－4
江南實業學堂普通畢業同學録一卷　清光緒三十二年(1906)江南實業學堂石印本　一冊

320000－1638－0000789　史部2823－5
江南實業學堂普通畢業同學録一卷　清光緒三十二年(1906)江南實業學堂石印本　一冊

320000－1638－0000790　史部2825
悔翁先生[汪士鐸]行狀一卷　(清)甘元焕撰　清末刻本　一冊

320000－1638－0000791　史部2826
今文房四譜一卷　(清)謝崧梁撰　清光緒十六年(1890)刻本　一冊

320000－1638－0000792　史部2827
劉中丞奏稿八卷　(清)劉崐撰　清光緒二十一年(1895)鉛印本　一冊

320000－1638－0000793　史部2829
左文襄公[宗棠]年譜十卷　羅正鈞編　清光緒刻本　一冊　存一卷(九)

320000－1638－0000794　史部2831
綱鑑會纂三十九卷首一卷　(明)王世貞纂　清刻本　五冊　存五卷(二十七至三十一)

320000－1638－0000795　史部2832
廿一史約編八卷首一卷　(清)鄭元慶纂　清刻本　四冊　存二卷(一、首一卷)

320000－1638－0000796　史部2833－1
鼎鍥趙田了凡袁先生編纂古本歷史大方綱鑑補三十九卷首一卷　(明)袁黄編纂　清刻本　七冊　存八卷(三至五、七至十、二十二)

320000－1638－0000797　史部2833－2
鼎鍥趙田了凡袁先生編纂古本歷史大方綱鑑補三十九卷首一卷　(明)袁黄編纂　清刻本　五冊　存五卷(六、十四至十五、二十六、二十八)

320000－1638－0000798　史部2833－3
鼎鍥趙田了凡袁先生編纂古本歷史大方綱鑑補三十九卷首一卷　(明)袁黄編纂　清刻本　一冊　存二卷(二十五至二十六)

320000－1638－0000799　史部2834
東周列國全志二十三卷一百八回　(清)蔡元放評點　清刻本　六冊　存六卷(一至二、四、十、二十至二十一)

320000－1638－0000800　史部2835
涑水記聞十六卷　(宋)司馬光撰　清光緒湖北崇文書局刻本　二冊　存八卷(一至八)

320000－1638－0000801　史部2838
史記一百三十卷　(漢)司馬遷撰　(南朝宋)裴駰集解　(唐)司馬貞索隱　(唐)張守節正義　清末金陵書局刻本　二冊　存二十卷(二十九至三十八、一百二至一百十一)

320000－1638－0000802　史部2841
資治通鑑外紀十卷　(宋)劉恕撰　(清)胡克家補注　清刻本　三冊　存五卷(二至三、八至十)

320000－1638－0000803　史部2842
鄂國金佗稡編二十八卷續編三十卷　(宋)岳珂編　清光緒七年(1881)刻本　四冊　存十八卷(鄂國金佗稡編九至十二、十九至二十八,續編二十七至三十)

320000－1638－0000804　史部2843
宋文鑑一百五十卷目録三卷　(宋)吕祖謙輯　清刻本　六冊　存四十二卷(四十一至五十七、六十三至七十一、八十五至一百)

320000－1638－0000805　史部2844－1
四大奇書第一種十九卷一百二十回　(明)羅貫中撰　(清)毛宗崗評　清刻本　三冊　存三卷(八、十七至十八)

320000－1638－0000806　史部2844－2
四大奇書第一種十九卷一百二十回　(明)羅貫中撰　(清)毛宗崗評　清刻本　二冊　存二卷(十四、十八)

320000－1638－0000807　史部 2847
廿二史劄記三十六卷補遺一卷　（清）趙翼撰　清刻本　一册　存四卷（廿二史劄記三十一至三十四）

320000－1638－0000808　史部 2848
御批資治通鑑綱目五十九卷首一卷　（宋）朱熹撰　清光緒二十八年（1902）石印本　八册　存四十八卷（一至八、十四至十九、二十七至五十九，首一卷）

320000－1638－0000809　史部 2849
御批續資治通鑑綱目二十七卷　（明）商輅撰　清末石印本　二册　存十八卷（一至十八）

320000－1638－0000810　史部 2851
御批歷代通鑑輯覽一百二十卷　（清）傅恒等纂　清末石印本　二册　存十四卷（九十九至一百十二）

320000－1638－0000811　史部 2852
進士題名碑録不分卷　清乾隆刻本　一册

320000－1638－0000812　史部 2853
進士題名碑録不分卷　清刻本　一册

320000－1638－0000813　史部 2857
鼎鍥趙田了凡袁先生編纂古本歷史大方綱鑑補三十九卷首一卷　（明）袁黄編纂　明刻本　一册　存一卷（七）

320000－1638－0000814　史部 2859
福建選拔簡易明經通譜不分卷　清宣統刻本　一册

320000－1638－0000815　史部 2860
歷代通鑑纂要九十二卷　（明）李東陽等撰　清刻本　一册　存二卷（五十三至五十四）

320000－1638－0000816　史部 2861
法書要録十卷　（唐）張彦遠輯　明刻本　一册　存一卷（二）

320000－1638－0000817　史部 2862
詩話類編三十二卷　（明）王昌會輯　明刻本　六册　存六卷（三至四、六至九）

320000－1638－0000818　史部 2863
古文品外録二十四卷　（明）陳繼儒選評　明刻本　二册　存二卷（十五至十六）

320000－1638－0000819　史部 2864
後漢書九十卷　（南朝宋）范曄撰　（唐）李賢注　**志三十卷**　（晉）司馬彪撰　（南朝梁）劉昭注　清末金陵書局刻本　一册　存十七卷（後漢書四十四至六十）

320000－1638－0000820　史部 2865
畢法賦二卷　（清）郭載騋輯　明崇禎刻本　一册

320000－1638－0000821　史部 2866
江南鄉試硃卷不分卷　（清）魏家驊撰　清光緒刻本　一册

320000－1638－0000822　史部 2867
江南鄉試中卷不分卷　（清）王光燮撰　清光緒刻本　一册

320000－1638－0000823　史部 2868
會試硃卷不分卷　（清）賴鶴年撰　清光緒刻本　一册

320000－1638－0000824　史部 2869
自元榜眼殿試策不分卷　（清）黄自元撰　清同治刻本　一册

320000－1638－0000825　史部 2871
炳燭里談三卷　陳作霖撰　清宣統三年（1911）刻本　一册

320000－1638－0000826　史部 2872
金陵瑣志五種九卷　陳作霖編　清光緒陳氏可園刻增刻本　一册　存三種四卷（鳳麓小志三至四、東城志略一卷、金陵物産風土志一卷）

320000－1638－0000827　史部 2873
金陵通紀十卷　陳作霖撰　清光緒三十三年（1907）瑞華館刻本　四册　缺二卷（三至四）

320000－1638－0000828　史部 2874
三國志六十五卷　（晉）陳壽撰　（南朝宋）裴松之注　清光緒二十四年（1898）上海點石齋石印本　二册　存三十一卷（一至十二、二十

七至四十五)

320000－1638－0000829　史部2882
白下瑣言十卷　(清)甘熙撰　清光緒十六年(1890)刻本　一册　存三卷(八至十)

320000－1638－0000830　史部2885
三國志六十五卷　(晉)陳壽撰　(南朝宋)裴松之注　明崇禎十七年(1644)毛氏汲古閣刻本　一册　存三卷(一至三)

320000－1638－0000831　史部2886
白下瑣言十卷　(清)甘熙撰　清同治五年(1866)刻本　四册

320000－1638－0000832　史部2887
白下瑣言十卷　(清)甘熙撰　清同治五年(1866)刻本　四册

320000－1638－0000833　史部2888
南史八十卷　(唐)李延壽撰　清同治十二年(1873)金陵書局刻本　一册　存十卷(一至十)

320000－1638－0000834　史部2890
御撰資治通鑑綱目三編四卷　(清)張廷玉等撰　清光緒十三年(1887)點石齋石印本　二册

320000－1638－0000835　史部2891
御撰資治通鑑綱目三編四卷　(清)張廷玉等撰　清光緒十三年(1887)點石齋石印本　一册　存二卷(一至二)

320000－1638－0000836　史部2893
通鑑論三卷　(宋)司馬光撰　清光緒二十七年(1901)石印本　二册　存二卷(一、三)

320000－1638－0000837　史部2894
古今史論統編十六卷　(清)徐永隆輯　清末石印本　一册　存一卷(四)

320000－1638－0000838　史部2895
廿二史劄記三十六卷補遺一卷　(清)趙翼撰　清末石印本　五册　缺六卷(廿二史劄記一至六)

320000－1638－0000839　史部2897
戢影述錄四卷　(清)袁自超撰　清光緒十一年(1885)刻本　一册　存二卷(三至四)

320000－1638－0000840　史部2902
[江蘇]金陵陳氏宗譜十卷　陳作儀等纂輯　清光緒十二年(1886)刻本　八册

320000－1638－0000841　子部731
齊東野語二十卷　(宋)周密撰　明刻本　三册　存八卷(一至二、十五至二十)

320000－1638－0000842　子部732
洗冤錄解不分卷　(清)姚德豫撰　清同治九年(1870)刻本　二册

320000－1638－0000843　子部733
曾文正公文集四卷　(清)曾國藩撰　(清)李瀚章編　清同治十三年(1874)傳忠書局刻本　四册

320000－1638－0000844　子部734
止觀輔行傳宏決一卷　(唐)釋湛然撰　(清)胡澍錄　**炳燭編四卷**　(清)李賡芸撰　清同治十一年(1872)刻滂喜齋叢書本　二册

320000－1638－0000845　子部735
海天琴思錄八卷　(清)林昌彝輯　清同治三年(1864)刻本　四册

320000－1638－0000846　子部736
古籌算考釋六卷　勞乃宣撰　清光緒二十三年(1897)刻朱墨套印本　六册

320000－1638－0000847　子部737
捧月樓綺語八卷　(清)袁通撰　清嘉慶刻本　二册

320000－1638－0000848　子部739
桃溪客語五卷陽羡名陶錄二卷國山碑考一卷補遺一卷　(清)吳騫撰　清乾隆刻本　一册

320000－1638－0000849　子部740
佩文齋書畫譜一百卷　(清)孫岳頒等輯　清康熙刻本　十四册　存十五卷(十九、二十二、四十四、六十一、六十三、六十五至六十八、七十二、七十七、八十四、八十八至八十九、九十四)

320000－1638－0000850　子部 748
讀書雜志八十二卷餘編二卷　(清)王念孫撰　清刻本　六冊　存四卷(讀書雜志五至八)

320000－1638－0000851　子部 750
尚友錄二十二卷　(明)廖用賢編纂　(清)張伯琮補輯　清康熙刻本　十二冊　存十三卷(一至七、十一至十六)

320000－1638－0000852　子部 752
容齋隨筆十六卷續筆十六卷三筆十六卷四筆十六卷五筆十卷　(宋)洪邁撰　清光緒刻本　十四冊　缺七卷(容齋隨筆一至三、續筆十三至十六)

320000－1638－0000853　子部 753
虛舟題跋十卷虛舟題跋原三卷　(清)王澍撰　清乾隆三十六年(1771)刻本　七冊　存十二卷(虛舟題跋一至七、九至十,虛舟題跋原三卷)

320000－1638－0000854　子部 755
大方廣佛華嚴經八十卷　(唐)釋實叉難陀譯　明刻本　十五冊　缺十五卷(三十一至三十五、五十六至六十、七十一至七十五)

320000－1638－0000855　子部 756
大乘起信論義記七卷別記一卷　(唐)釋法藏撰　清光緒二十四年(1898)金陵刻經處刻本　二冊

320000－1638－0000856　子部 757
一行居集八卷　(清)彭紹升撰　清道光五年(1825)刻本　二冊　存四卷(一至四)

320000－1638－0000857　子部 758
呻吟語六卷　(明)呂坤著　清同治十三年(1874)木樨山房刻本　四冊

320000－1638－0000858　子部 759
弦雪居重訂遵生八箋三卷　(明)高濂編　清抄本　三冊

320000－1638－0000859　子部 760
買愁集四集　(清)錢尚濠輯　清刻本　七冊

320000－1638－0000860　子部 761
更生齋文乙集四卷　(清)洪亮吉撰　清光緒十八年(1892)善化章氏經濟堂刻本　一冊　存二卷(一至二)

320000－1638－0000861　子部 762
卷施閣文乙集八卷　(清)洪亮吉撰　清光緒十八年(1892)善化章氏經濟堂刻本　三冊

320000－1638－0000862　子部 764
陽明先生集要經濟編六卷　(明)王守仁撰　(明)施邦曜輯　清末石印本　一冊　存一卷(四)

320000－1638－0000863　子部 769
雲仙雜記十卷　(唐)馮贄輯　清光緒四年(1878)葛元煦刻嘯園叢書本　二冊

320000－1638－0000864　子部 777
增訂漢魏叢書八十六種　(清)王謨重輯　清光緒石印本　一冊　存十一種四十二卷(淮南鴻烈解二十一卷、顏氏家訓二卷、心書二卷、參同契一卷、孫子二卷、陰符經一卷、列子八卷、風后握奇經一卷、傅子一卷、素書一卷、老子道德經評注二卷)

320000－1638－0000865　子部 780
新刻通用尺素見心集四卷　(清)汪文芳輯　清末李光明莊刻本　二冊

320000－1638－0000866　子部 785
太上感應篇一卷　(清)惠棟箋注　清光緒十九年(1893)點石齋石印本　一冊

320000－1638－0000867　子部 787
墨林今話十八卷　(清)蔣寶齡撰　**續編一卷**　(清)蔣茝生撰　清咸豐二年(1852)刻本　六冊

320000－1638－0000868　子部 788－1
白沙子全集十卷首一卷末一卷　(明)陳獻章撰　清乾隆三十六年(1771)碧玉樓刻本　九冊

320000－1638－0000869　子部 788－2
白沙子古詩教解二卷　(明)陳獻章撰　(明)湛若水注　清乾隆三十六年(1771)碧玉樓刻

本　一冊

320000－1638－0000870　子部794

子書二十八種三百十二卷　圖書集成公司編　清光緒三十四年(1908)石印本　四十六冊　缺六卷(黃帝內經七至十二)

320000－1638－0000871　子部800

佩文齋書畫譜一百卷　(清)孫岳頒等輯　清刻本　六十四冊

320000－1638－0000872　子部801－1

子書百家　(清)湖北崇文書局編　清光緒元年(1875)湖北崇文書局刻本　五十三冊　存五十種二百六十三卷

320000－1638－0000873　子部801－2

子書百家　(清)湖北崇文書局編　清光緒元年(1875)湖北崇文書局刻本　一冊　存二種二卷(陰符經一卷、關尹子一卷)

320000－1638－0000874　子部804

第一才子書六十卷首一卷一百二十回　(明)羅貫中撰　(清)金聖嘆　(清)毛宗崗評　清光緒七年(1881)刻朱墨套印本　十六冊

320000－1638－0000875　子部32－1

五車韻瑞一百六十卷　(明)淩稚隆輯　明刻本　八冊　存三十九卷(十一至二十三、二十九至三十四、一百十八至一百二十五、一百三十二至一百四十三)

320000－1638－0000876　子部32－2

地理啖蔗錄八卷　(清)袁守定撰　清刻本　二冊　存四卷(二至五)

320000－1638－0000877　子部807

增像全圖三國演義一百二十回　(明)羅貫中撰　清光緒十四年(1888)上海鴻文書局石印本　十二冊

320000－1638－0000878　子部814

諏吉便覽不分卷　(清)俞榮寬撰　清道光三年(1823)刻朱墨套印本　三冊

320000－1638－0000879　子部816

四秘全書十二種　(清)尹有本編　清末善成堂刻本　九冊

320000－1638－0000880　子部818

八面鋒十三卷　(宋)陳傅良撰　清道光十一年(1831)留香館刻本　三冊

320000－1638－0000881　子部819

格致課藝彙編十三卷總目一卷　(清)王韜編　清光緒十八年(1892)上海書局石印本　十三冊

320000－1638－0000882　子部823

雪韻堂批點燕子箋記二卷　(明)阮大鋮撰　清刻本　二冊　存二卷(上之下、下之上)

320000－1638－0000883　子部824

三多齋重訂注釋采眉故事十卷　(明)陳繼儒撰　清乾隆三十六年(1771)三多齋刻本　五冊　存八卷(一至三、六至十)

320000－1638－0000884　子部826

賴古堂藏書不分卷　(清)周亮工輯　清康熙賴古堂刻本　四冊

320000－1638－0000885　子部827

退庵隨筆二十卷　(清)梁章鉅撰　清刻本　五冊　存十七卷(一至十七)

320000－1638－0000886　子部828

翠微山房數學十六種三十八卷　(清)張作楠撰輯　清光緒刻本　九冊

320000－1638－0000887　子部829

莊子因六卷　(清)林雲銘評述　清光緒六年(1880)白雲精舍刻本　四冊

320000－1638－0000888　子部830

佩文詩韻釋要五卷　(清)周兆基撰　清光緒三年(1877)粵東使署刻本　二冊

320000－1638－0000889　子部832

增評補圖石頭記一百二十回　(清)曹雪芹撰　清末石印本　十三冊

320000－1638－0000890　子部833

紅樓夢六十卷一百二十回　(清)曹雪芹撰　清刻本　二十冊

320000－1638－0000891　子部 834
四大奇書第一種六十卷一百二十回　(明)羅貫中撰　(清)金聖嘆批　(清)毛宗崗評　清文華樓刻本　二十冊

320000－1638－0000892　子部 835
增評補圖石頭記一百二十回　(清)曹雪芹撰　清光緒十八年(1892)石印本　八冊

320000－1638－0000893　子部 836
增評補圖石頭記一百二十回　(清)曹雪芹撰　清光緒十八年(1892)石印本　十六冊

320000－1638－0000894　子部 837
增評補圖三國演義六十卷一百二十回　(明)羅貫中撰　(清)毛宗崗　(清)金聖嘆評　清光緒十四年(1888)上海鴻文書局本　十二冊

320000－1638－0000895　子部 838
四大奇書第一種六十卷一百二十回　(明)羅貫中撰　(清)金聖嘆批　(清)毛宗崗評　清三讓堂刻本　十九冊　缺三卷(三十八至四十)

320000－1638－0000896　子部 839
繪圖陰陽鬥異桃花女傳奇四卷十六回　題(清)夢花主人撰　清光緒二十年(1894)鑄記書局石印本　一冊

320000－1638－0000897　子部 843
兒女英雄傳評話四十回　(清)文康撰　題(清)還讀我書室主人評　清光緒十四年(1888)上海蜚英館石印本　六冊

320000－1638－0000898　子部 844
東周列國志一百八回　(清)蔡元放評　清光緒點石齋石印本　八冊

320000－1638－0000899　子部 845
東周列國志一百八回　(清)蔡元放評　清光緒九年(1883)樂墅書屋石印本　十二冊

320000－1638－0000900　子部 846
東周列國志一百八回　(清)蔡元放評　清聚盛堂刻本　二十四冊

320000－1638－0000901　子部 848
聊齋志異十六卷　(清)蒲松齡撰　清光緒十二年(1886)同文書局石印本　八冊

320000－1638－0000902　子部 849
聊齋志異十六卷　(清)蒲松齡撰　清光緒十四年(1888)鴻寶齋石印本　八冊

320000－1638－0000903　子部 850
聊齋志異十六卷　(清)蒲松齡撰　清光緒五年(1879)石印本　八冊

320000－1638－0000904　子部 851
聊齋志異十六卷　(清)蒲松齡撰　清光緒十年(1884)上海著易堂石印本　六冊

320000－1638－0000905　子部 856
聊齋志異十六卷　(清)蒲松齡撰　清光緒十五年(1889)蜚英書局石印本　八冊

320000－1638－0000906　子部 857
聊齋志異十六卷　(清)蒲松齡撰　清道光二十二年(1842)廣順但氏刻本　十六冊

320000－1638－0000907　子部 859
繪圖筆生花十六卷三十二回　(清)邱心如撰　清光緒石印本　四冊

320000－1638－0000908　子部 862
新刊繡像永慶昇平後傳十二卷一百回　題(清)貪夢道人撰　清光緒二十九年(1903)簡青書局石印本　四冊

320000－1638－0000909　子部 866
東周列國志二十七卷一百八回　(清)蔡元放評　清光緒十四年(1888)點石齋石印本　八冊

320000－1638－0000910　子部 869
新刻鍾伯敬先生批評封神演義二十卷一百回　(明)許仲琳撰　(明)鍾惺評　清康熙可經閣刻本　十冊

320000－1638－0000911　子部 870
繡像封神演義不分卷一百回　(明)許仲琳撰　清光緒十六年(1890)珍苑書局石印本　十冊

320000－1638－0000912　子部 872

新鐫分類評注文武合編百子金丹十卷 (明)郭偉選注 (明)郭中吉編次 (明)王星聚校訂 清光緒二十一年(1895)益元堂刻本 十冊

320000－1638－0000913 子部873
東周列國全志二十三卷一百八回 (明)余邵魚撰 (清)蔡元放評點 清文富堂刻本 十一冊

320000－1638－0000914 子部876
繪圖鏡花緣一百回 (清)李汝珍撰 清光緒二十一年(1895)積山書局石印本 六冊

320000－1638－0000915 子部877
繪圖鏡花緣六卷一百回 (清)李汝珍撰 清光緒三十三年(1907)上海普新端記書局石印本 六冊

320000－1638－0000916 子部879
何典十回 (清)張南莊撰 清光緒二十年(1894)上海集成書局鉛印本 一冊

320000－1638－0000917 子部881
陶庵夢憶八卷 (清)張岱撰 清咸豐二年(1852)刻粵雅堂叢書本 一冊

320000－1638－0000918 子部893
增補齊省堂儒林外史不分卷六十回 (清)吳敬梓撰 題(清)惺園退士評 清光緒三十二年(1906)上海海左書局石印本 六冊

320000－1638－0000919 子部894
石點頭六卷十四回 題(明)天然癡叟撰 題(明)墨憨主人評 清道光四年(1824)竹春堂刻本 二冊

320000－1638－0000920 子部895
新鐫全像武穆精忠傳八卷 (明)余應鼇編 清蔚文堂刻本 四冊

320000－1638－0000921 子部897
唐人說薈 (清)陳世熙編 清宣統三年(1911)掃葉山房石印本 十六冊

320000－1638－0000922 子部904
右台仙館筆記十六卷 (清)俞樾撰 清末上海朝記書莊石印本 七冊 存十四卷(一至十四)

320000－1638－0000923 子部914
新鐫校正詳注分類百子金丹全書十卷 (明)郭偉選注 清光緒二十年(1894)袖海山房石印本 六冊

320000－1638－0000924 子部915
新刻繪圖粉粧樓全傳十二卷八十回 題(清)竹溪山人撰 清光緒二十六年(1900)福記書局石印本 一冊 存三卷(一至三)

320000－1638－0000925 子部916
繪像第七才子書六卷首一卷 (元)高明撰 清光緒十九年(1893)古香閣石印本 六冊

320000－1638－0000926 子部917
海上遊戲圖說四卷 (清)滬上遊戲主人編 清光緒二十四年(1898)石印本 一冊

320000－1638－0000927 子部919
增像第六才子書五卷首一卷 (元)王實甫撰 (清)金聖嘆評 清光緒二十五年(1899)石印本 六冊

320000－1638－0000928 子部920
增像第六才子書五卷首一卷 (元)王實甫撰 (清)金聖嘆評 清光緒十六年(1890)檢古齋石印本 六冊

320000－1638－0000929 子部921
繪圖增像後列國志十卷六十回 清光緒二十九年(1903)通文書局石印本 十冊

320000－1638－0000930 子部922
牡丹亭還魂記二卷 (明)湯顯祖撰 (明)沈際飛評點 清光緒十二年(1886)同文書局石印本 五冊

320000－1638－0000931 子部923
夢筆生花初編八卷二編八卷三編八卷四編八卷 (清)繆艮輯 清末石印本 一冊 存八卷(夢筆生花初編八卷)

320000－1638－0000932 子部924
新刻天花藏批評玉嬌梨四卷二十回 題(清)

狄岸散人撰　清光緒二十九年(1903)上海書局石印本　一冊

320000－1638－0000933　子部 925
常談叢錄八卷　(清)李元復撰　清道光二十年(1840)刻本　二冊　存三卷(一至三)

320000－1638－0000934　子部 926
青龍偃月刀四卷　清道光十四年(1834)刻本　三冊

320000－1638－0000935　子部 928
抱朴子内篇二十卷外篇五十卷　(晉)葛洪撰　清光緒十一年(1885)朱氏槐廬家塾刻本　三冊　存三十九卷(抱朴子内篇二十卷、外篇三十二至五十)

320000－1638－0000936　子部 929
述記三十四種　(清)任兆麟編　清刻本　二冊　存十七種十九卷(書序一卷、詩序一卷、孫子一卷、司馬法一卷、周易乾鑿度一卷、尸子一卷、荀卿子一卷、賈子新書一卷、春秋繁露一卷、韓詩外傳三卷、新序一卷、說苑一卷、烈女傳一卷、揚子法言一卷、白虎通德論一卷、說文一卷、漢紀一卷)

320000－1638－0000937　子部 930
孫子十家注十三卷　(宋)吉天保輯　**孫子叙錄一卷**　(清)畢以珣撰　清咸豐五年(1855)淡香齋刻本　五冊

320000－1638－0000938　子部 931
理數合解四卷　(清)王覺一撰　清光緒二十一年(1895)刻本　二冊

320000－1638－0000939　子部 933
莊子十卷　(晉)郭象注　(唐)陸德明音義　清宣統元年(1909)石印本　二冊

320000－1638－0000940　子部 934
老學庵筆記十卷　(宋)陸遊撰　清光緒三年(1877)湖北崇文書局刻本　二冊

320000－1638－0000941　子部 936
重訂外科正宗十二卷　(明)陳實功撰　(清)張鷟翼重訂　清乾隆五十二年(1787)金閶綠蔭堂刻本　六冊

320000－1638－0000942　子部 937
易簡方便醫書六卷　(清)周茂五輯　清光緒刻本　五冊　缺一卷(一)

320000－1638－0000943　子部 938
素問靈樞類纂約注三卷　(清)汪昂輯　清光緒六年(1880)紫文閣刻本　三冊

320000－1638－0000944　子部 939
素問靈樞類纂約註三卷　(清)汪昂輯　清同治十年(1871)掃葉山房刻本　一冊

320000－1638－0000945　子部 942
本草綱目五十二卷圖三卷首一卷　(明)李時珍撰　清光緒十一年(1885)合肥張氏味古齋刻本　三冊　存五卷(三至四、十四,圖一,首一卷)

320000－1638－0000946　子部 943
韓非子二十卷　清嘉慶九年(1804)宏道堂刻本　四冊

320000－1638－0000947　子部 945
傷寒論翼二卷　(清)柯琴撰　清咸豐四年(1854)湖南書局刻本　二冊

320000－1638－0000948　子部 947
靈樞經九卷　(清)張志聰集注　清光緒十六年(1890)浙江書局刻本　八冊

320000－1638－0000949　子部 948
黃帝内經素問九卷　(清)張志聰集注　清光緒十六年(1890)浙江書局刻本　五冊　存七卷(三至九)

320000－1638－0000950　子部 949
珍珠囊指掌補遺藥性賦四卷　(金)李杲輯　清末李光明莊刻本　二冊

320000－1638－0000951　子部 950
增訂醫門初學萬金一統要決分類八卷首一卷末一卷　(清)羅必煒參訂　清末李光明莊刻本　四冊

320000－1638－0000952　子部 951
雷公炮製藥性解六卷　(明)李中梓輯　清光

緒二十三年(1897)李光明莊刻本　二册

320000－1638－0000953　子部 952
醫方叢話八卷　(清)徐士鑾輯　清光緒十五年(1889)津門徐氏蜨園刻本　二册　存二卷(一至二)

320000－1638－0000954　子部 953
婦嬰至寶八卷　題(清)亟齋居士等輯　題(清)拜松居士增訂　清光緒二十九年(1903)刻本　二册

320000－1638－0000955　子部 955
溫熱贅言一卷　題(清)寄瓢子述　清抄本　一册

320000－1638－0000956　子部 956
傷寒論翼二卷　(清)柯琴撰　清抄本　一册

320000－1638－0000957　子部 957
中藥單方一卷　清抄本　一册

320000－1638－0000958　子部 958
同壽錄四卷續集一卷　(清)項天瑞輯　清抄本　一册　存一卷(四)

320000－1638－0000959　子部 961
萬氏婦人科不分卷　清抄本　一册

320000－1638－0000960　子部 964
葉氏醫案存真三卷　(清)葉桂撰　(清)葉萬青輯　**馬氏醫案並附祁案王案一卷**　(清)馬元儀等撰　(清)葉萬青輯　清光緒九年(1883)刻本　四册

320000－1638－0000961　子部 980
傅青主男科二卷　(清)傅山撰　清光緒二十五年(1899)上海圖書集成印書局鉛印本　一册

320000－1638－0000962　子部 981
驗方新編十八卷　(清)鮑相璈等輯　清光緒二十六年(1900)石印本　六册

320000－1638－0000963　子部 985
傷寒總病論六卷　(宋)龐安時撰　**重雕宋刻傷寒總病論札記一卷**　(清)黄丕烈撰　清道光三年(1823)黄丕烈士禮居刻本　二册

320000－1638－0000964　子部 987
小知錄十二卷　(清)陸鳳藻輯　清同治十二年(1873)淮南書局刻本　四册

320000－1638－0000965　子部 991
繡像西漢演義八卷一百回　(明)甄偉撰　清光緒十八年(1892)廣百宋齋石印本　四册

320000－1638－0000966　子部 996
官場現形記五編六十卷　(清)李寶嘉撰　清光緒二十九年(1903)廣益書局石印本　六册

320000－1638－0000967　子部 997
繪圖今古奇觀六卷四十回　題(明)抱甕老人輯　清光緒三十二年(1906)上海石印書局石印本　二册

320000－1638－0000968　子部 998
女才子十二卷首一卷　題(清)煙水散人撰　清光緒三年(1877)申報館石印本　三册

320000－1638－0000969　子部 999
凝香室鴻雪因緣圖記一集二卷二集二卷三集二卷　(清)麟慶撰　清光緒六年(1880)點石齋石印本　七册

320000－1638－0000970　子部 1000
長生殿傳奇四卷　(清)洪昇撰　清光緒十六年(1890)文瑞樓鉛印本　二册

320000－1638－0000971　子部 1006
歸田瑣記八卷　(清)梁章鉅撰　清道光二十五年(1845)刻本　四册

320000－1638－0000972　子部 1013
還魂記二卷　(明)湯顯祖撰　清光緒十二年(1886)同文書局石印本　四册

320000－1638－0000973　子部 1015
香豔小品九種　沈宗畸輯　清末石印本　四册　存四種七卷(海鷗小譜一卷、欠愁集一卷、影梅庵憶語一卷、冒氏小品四種四卷)

320000－1638－0000974　子部 1017－1
重訂綴白裘新集合編初集四卷　題(清)玩花主人輯　清道光三年(1823)共賞齋刻本　二册

320000 - 1638 - 0000975　子部 1017 - 2
重訂綴白裘新集合編二集四卷　題(清)玩花主人輯　清道光三年(1823)共賞齋刻本　二冊

320000 - 1638 - 0000976　子部 1017 - 3
重訂綴白裘新集合編十集四卷　題(清)玩花主人輯　清道光三年(1823)共賞齋刻本　一冊　存二卷(三至四)

320000 - 1638 - 0000977　子部 1018
今世說八卷　(清)王晫撰　清光緒二十九年(1903)怡文閣刻本　四冊

320000 - 1638 - 0000978　子部 1019
桃花扇傳奇二卷　(清)孔尚任撰　清宣統元年(1909)傳奇小說社石印本　二冊

320000 - 1638 - 0000979　子部 1029
本草綱目五十二卷圖三卷　(明)李時珍撰　清刻本　二十七冊　存三十八卷(一上、三下、四下至七、九至十二、十四至十七、十八下至十九、二十八至三十四、三十六、三十九至五十上,圖中至下)

320000 - 1638 - 0000980　子部 1030
御纂醫宗金鑑九十卷首一卷　(清)吳謙等纂　清乾隆十四年(1749)刻本　十冊　存十一卷(一至十、首一卷)

320000 - 1638 - 0000981　子部 1031
驗方新編八卷　(清)鮑相璈輯　(清)張紹棠增輯　清光緒九年(1883)言道堂刻本　六冊　存六卷(一至三、五至六、八)

320000 - 1638 - 0000982　子部 1033
外證醫案彙編四卷　(清)余景和輯　清光緒二十年(1894)石印本　一冊

320000 - 1638 - 0000983　子部 1034
内經詮釋一卷難經經釋二卷　(清)徐大椿撰　清末石印本　一冊

320000 - 1638 - 0000984　子部 1037
御纂醫宗金鑑三十卷首一卷　(清)吳謙等纂　清刻本　二十一冊　存二十二卷(一、三至五、七至八、十至十四、十八至十九、二十一至二十二、二十五至三十,首一卷)

320000 - 1638 - 0000985　子部 1038
子書二十八種三百十二卷　(清)鴻文書局編　清光緒十九年(1893)鴻文書局石印本　一冊　存四種三十五卷(墨子十五卷、列子八卷、尸子二卷、莊子十卷)

320000 - 1638 - 0000986　子部 1040
荀子二十卷首一卷　(唐)楊倞注　王先謙集解　清光緒十七年(1891)掃葉山房石印本　八冊

320000 - 1638 - 0000987　子部 1042
莊子集釋十卷　(清)郭慶藩輯　清光緒二十年(1894)掃葉山房石印本　十冊

320000 - 1638 - 0000988　子部 1048
子書二十八種三百十二卷　上海文瑞樓編　清宣統三年(1911)上海圖書集成公司鉛印本　三十四冊　缺五種七十五卷(賈誼新書十卷、春秋繁露十七卷、文字纘義十二卷、黄帝内經素問二十四卷、竹書紀年統箋十二卷)

320000 - 1638 - 0000989　子部 1049
梅嶺百鳥畫譜三卷　(日本)幸野梅嶺編畫　清光緒十七年(1891)石印本　三冊

320000 - 1638 - 0000990　子部 1050
四子棋譜二卷　(清)過文年著　清宣統三年(1911)千頃堂石印本　二冊

320000 - 1638 - 0000991　子部 1052
芥子園畫傳二集四種九卷　(清)王槩等輯　清光緒十四年(1888)石印本　四冊

320000 - 1638 - 0000992　子部 1054
紉齋畫賸四卷　(清)陳允升繪　清光緒十二年(1886)點石齋石印本　二冊

320000 - 1638 - 0000993　子部 1055
芥子園畫譜三集十二卷　(清)王槩等輯　清光緒十三年(1887)世界書局石印本　三冊

320000 - 1638 - 0000994　子部 1058
新齊諧二十四卷　(清)袁枚編　清光緒三十

四年(1908)上海集成圖書公司鉛印本　一册　存四卷(一至四)

320000－1638－0000995　子部1061－1
電學須知一卷　(英國)傅蘭雅譯　清光緒十三年(1887)刻本　一册

320000－1638－0000996　子部1061－2
地理須知不分卷　(英國)傅蘭雅輯　清光緒九年(1883)刻本　一册

320000－1638－0000997　子部1061－3
地學須知一卷　(英國)傅蘭雅輯　清光緒九年(1883)刻本　一册

320000－1638－0000998　子部1061－4
地志須知不分卷　(英國)傅蘭雅撰　清光緒八年(1882)刻本　一册

320000－1638－0000999　子部1061－5
天文須知不分卷　(英國)傅蘭雅撰　清光緒十三年(1887)刻本　一册

320000－1638－0001000　子部1064
芥子園畫傳三集二十一卷　(清)王槩等輯　清光緒十九年(1893)點石齋石印本　十二册

320000－1638－0001001　子部1065
莊子集解八卷　王先謙撰　清宣統元年(1909)掃葉山房石印本　四册

320000－1638－0001002　子部1070
荀子二十卷首一卷　(唐)楊倞注　王先謙集解　清光緒十七年(1891)校經山房石印本　二册

320000－1638－0001003　子部1071
四子棋譜二卷　(清)過文年著　清宣統三年(1911)千頃堂石印本　二册

320000－1638－0001004　子部1074
芥子園畫傳三集六卷　(清)王槩等輯　清光緒十四年(1888)石印本　四册

320000－1638－0001005　子部1075
芥子園畫傳三集六卷　(清)王槩等輯　清光緒十四年(1888)石印本　四册

320000－1638－0001006　子部1076
校正尚友錄統編二十四卷　題(清)錢湖釣徒編　清光緒十四年(1888)文瑞樓石印本　十五册　缺二卷(十七至十八)

320000－1638－0001007　子部1077
習苦齋畫絮十卷　(清)戴熙撰　清光緒十九年(1893)刻本　三册　存七卷(一至七)

320000－1638－0001008　子部1079
禮記二十卷　(漢)鄭玄注　(唐)陸德明音義　清末李光明莊刻本　一册　存一卷(十)

320000－1638－0001009　子部1080
感應篇經史摘典養正集評注八卷首一卷　(清)朱溶輯　(清)朱國榮續編　清同治江南官書局刻本　九册

320000－1638－0001010　子部1089
漢碑範八卷　張祖翼書　清宣統三年(1911)上海文明書局石印本　四册

320000－1638－0001011　子部1090
冶梅石譜不分卷　(清)王寅繪　清光緒八年(1882)吴縣榮氏石印本　二册

320000－1638－0001012　子部1107
註釋雕蟲集三十卷　清抄本　一册　存十七卷(十四至三十)

320000－1638－0001013　子部1109＋子部3191
説文引經考證七卷　(清)陳瑑撰　清光緒二十年(1894)湖北崇文書局刻本　二册

320000－1638－0001014　子部1116
包安吴手書詩文稿不分卷　(清)包世臣撰　清宣統二年(1910)湖北官刷印局石印本　一册

320000－1638－0001015　子部1117
清故中憲大夫吏部文選司郎中記名繁缺知府涂君墓志一卷　(清)黄自元著　清拓本　一册

320000－1638－0001016　子部1129
新繪百美圖詠不分卷　清光緒二十七年

(1901)天津文美齋刻本　一册

320000－1638－0001017　子部 1132
金石圖不分卷　(清)褚峻摹　(清)牛運震說　清刻拓印本　四册

320000－1638－0001018　子部 1133
瘞鶴銘考補一卷校勘記一卷　(清)翁方綱撰　**山樵書外紀一卷**　(清)張開福撰　清末刻本　一册

320000－1638－0001019　子部 1141
古餘著書餘墨不分卷　李濱書　清宣統元年(1909)影印本　一册

320000－1638－0001020　子部 1142
蕭俊賢畫稿不分卷　蕭俊賢畫　清末影印本　一册

320000－1638－0001021　子部 1143
記中興事堂畫稿不分卷　李濱撰　清宣統元年(1909)影印本　一册

320000－1638－0001022　子部 1167
補注洗冤録集證四卷附刊檢骨圖格一卷　(清)王又槐輯　**作吏要言一卷**　(清)葉鎮撰　清光緒十五年(1889)刻三色套印本　一册　存二卷(附刊檢骨圖格一卷、作吏要言一卷)

320000－1638－0001023　子部 1168
自得軒算稿不分卷　清末刻本　一册

320000－1638－0001024　子部 1169
莊子解十二卷　(清)吳世尚撰　清宣統刻本　一册　存二卷(十一至十二)

320000－1638－0001025　子部 1170
老子翼八卷　(明)焦竑輯　清光緒漸西村舍刻本　一册　存二卷(一至二)

320000－1638－0001026　子部 1171
奏定度量權衡畫一制度圖說總表推行章程不分卷　(清)農工商部編　清光緒鉛印本　一册

320000－1638－0001027　子部 1172
星算補遺八種八卷　(清)董毓琦撰　清同治五年(1866)刻本　一册　存四種四卷(髀矩測晷一卷、南東籌備初梯一卷、九環西解一卷、視徑舉隅一卷)

320000－1638－0001028　子部 1173
緝古算經三卷　(唐)王孝通撰注　(清)張敦仁細草　清光緒二年(1876)荷池精舍刻本　一册

320000－1638－0001029　子部 1174
求一術通解二卷　(清)黄宗憲撰　清同治十三年(1874)刻本　一册

320000－1638－0001030　子部 1175
元和篇不分卷　題(清)因覺生編　清光緒二十六年(1900)鉛印本　一册

320000－1638－0001031　子部 1176
惲子一卷　惲福成撰　清宣統元年(1909)金陵明通印刷社鉛印本　一册

320000－1638－0001032　子部 1177
菜根譚一卷　(明)洪應明撰　**娑羅館清言二卷**　(明)屠隆撰　清光緒元年(1875)揚州藏經禪院刻本　一册

320000－1638－0001033　子部 1178
方壺外史二卷　(明)陸西星撰　清光緒七年(1881)集益堂刻本　一册

320000－1638－0001034　子部 1179
兒童矯弊論七章　(日本)大村仁太郎撰　(清)京師編書局譯　清光緒三十二年(1906)京師學務處官書局鉛印本　一册

320000－1638－0001035　子部 1180
兒童矯弊論七章　(日本)大村仁太郎撰　(清)京師編書局譯　清光緒三十二年(1906)京師學務處官書局鉛印本　一册

320000－1638－0001036　子部 1181
唐代叢書十二集一百六十三種　(清)陳世熙編　清刻本　三册　存三十種三十三卷(幽怪録一卷、續幽怪録一卷、耳目記一卷、瀟湘録一卷、前定録一卷、開元天寶遺事一卷、明皇十七事一卷、楊太真外傳二卷、長恨歌傳一卷、南楚新聞一卷、金華子雜編一卷、杜陽雜編三卷、幽閒鼓吹一卷、劉賓客嘉話錄一卷、隋唐嘉話一卷、會真記一卷、南柯記一卷、枕中記一卷、墨崑崙傳一卷、奇男子傳一卷、杜子春傳一卷、蔣子文傳一卷、柳毅傳一卷、龍女傳一卷、杜秋傳一卷、揚州夢記一卷、稽神錄一卷、妙女傳一卷、睦仁蒨傳一卷、神女傳一卷）

320000－1638－0001037　子部 1187
思補齋筆記八卷　（清）潘世恩撰　清刻本　一冊

320000－1638－0001038　子部 1188
寓意錄四卷　（清）繆曰藻撰　清道光八年（1828）刻本　一冊

320000－1638－0001039　子部 1190
養和軒隨筆一卷　陳作霖撰　清光緒二十四年（1898）刻本　一冊

320000－1638－0001040　子部 1191
墨緣小錄一卷　（清）潘曾瑩撰　清末刻本　一冊

320000－1638－0001041　子部 1193
短篇小說十八種　清末石印本　一冊

320000－1638－0001042　子部 1194
國朝畫徵錄三卷續錄二卷　（清）張庚撰　清刻本　一冊　存一卷（國朝畫徵錄上）

320000－1638－0001043　子部 1195
說文外編十六卷　（清）雷浚撰　清光緒二年（1876）刻本　二冊　存七卷（一至七）

320000－1638－0001044　子部 1197
學治臆說二卷　（清）汪輝祖撰　清光緒十六年（1890）刻本　一冊

320000－1638－0001045　子部 1199
方田通法補例六卷　（清）張作楠撰　清刻本　二冊

320000－1638－0001046　子部 1201
平津館叢書　（清）孫星衍編　清嘉慶蘭陵孫氏刻本　一冊　存三種八卷（孫子三卷、吳子二卷、司馬法三卷）

320000－1638－0001047　子部 1202
靈棋經二卷　（晉）顏幼明　（南朝宋）何承天注　清咸豐新昌莊肇麟刻本　一冊

320000－1638－0001048　子部 1205
海上名人畫稿不分卷　（清）張熊等繪　清光緒十一年（1885）上海同文書局石印本　一冊

320000－1638－0001049　子部 1211
芥子園畫傳四集四卷　（清）丁臯　（清）上官周撰　**芥子園圖章會纂一卷**　（清）李漁撰　清刻本　一冊　存二卷（芥子園畫傳四集四、芥子園圖章會纂一卷）

320000－1638－0001050　子部 1212
芥子園畫傳四集四卷　（清）丁臯　（清）上官周撰　**芥子園圖章會纂一卷**　（清）李漁撰　清刻本　三冊　存四卷（芥子園畫傳四集二至四、芥子園圖章會纂一卷）

320000－1638－0001051　子部 1213
百鳥圖說一卷　清光緒八年（1882）刻本　一冊

320000－1638－0001052　子部 1215
百獸圖說一卷　清光緒八年（1882）刻本　一冊

320000－1638－0001053　子部 1217
陰騭文印譜不分卷　清乾隆刻本　一冊

320000－1638－0001054　子部 1222
昭代名人尺牘小傳二十四卷　（清）吳修輯　清光緒三十四年（1908）上海集古齋石印本　一冊　存十卷（一至十）

320000－1638－0001055　子部 1223
真草隸篆四體千字文不分卷　清末上海文益書局石印本　一冊

320000－1638－0001056　子部 1230
趙松雪十劄進之帖合璧不分卷　（元）趙孟頫撰　清宣統二年（1910）石印本　一冊

320000－1638－0001057　子部 2901
［江蘇鎮江］紫陽朱氏支譜四卷　（清）朱□等

編　清光緒元年(1875)刻本　三冊　存三卷(一、三至四)

320000－1638－0001058　子部 2905
經學輯要二十四卷　(清)吳熲炎等輯　清光緒十三年(1887)石印本　三冊　存一卷(二十四)

320000－1638－0001059　子部 2907
康熙字典十二集三十六卷總目一卷等韻一卷備考一卷補遺一卷　(清)張玉書等編　清刻本　二十五冊　存二十五卷(寅集三卷、卯集三卷、午集三卷、未集三卷、申集三卷、酉集三卷、戌集三卷、亥集三卷,補遺一卷)

320000－1638－0001060　子部 2909
珍珠囊指掌補遺藥性賦四卷　(金)李杲輯　清刻本　二冊

320000－1638－0001061　子部 2910
撼龍經批註校補不分卷　(清)榮錫勳撰　清刻本　一冊

320000－1638－0001062　子部 2911
格言聯璧不分卷　(清)金纓輯　清光緒四年(1878)永盛齋刻本　一冊

320000－1638－0001063　子部 2912
新鐫神峰張先生通考辟謬命理正宗大全六卷　(明)張楠撰　清刻本　五冊　存五卷(一至四、六)

320000－1638－0001064　子部 2913
測圓海鏡細草十二卷　(元)李冶撰　清嘉慶二年(1797)刻本　一冊　存五卷(八至十二)

320000－1638－0001065　子部 2914
羅經解定七卷附錄一卷　(清)胡國楨撰　清同治元年(1862)刻本　二冊　缺三卷(一至三)

320000－1638－0001066　子部 2915＋4204
新刻東海王先生纂輯陽宅十書四卷　(明)王君榮輯　清刻本　四冊

320000－1638－0001067　子部 2917
相理衡真十卷首一卷　(清)陳釗撰　清刻本　二冊　存二卷(三、十)

320000－1638－0001068　子部 2918
地理辨正疏五卷首一卷末一卷　(清)張心言撰　清刻本　三冊　存五卷(二至五、末一卷)

320000－1638－0001069　子部 2919－1
驗方續編三卷　(清)海山仙館編　清光緒十五年(1889)刻本　二冊

320000－1638－0001070　子部 2919－2
驗方續編三卷　(清)海山仙館編　清光緒十五年(1889)刻本　一冊　存一卷(咽喉秘集一卷)

320000－1638－0001071　子部 2920
臨證指南醫案十卷　(清)葉桂撰　清刻本　一冊　存一卷(九)

320000－1638－0001072　子部 2921
圖註八十一難經二卷　(明)張世賢註　清聚盛堂刻本　二冊

320000－1638－0001073　子部 2922－1
校正圖註八十一難經四卷　(明)張世賢註　清末上海昌文書局石印本　一冊　存二卷(一至二)

320000－1638－0001074　子部 2922－2
校正圖註脈訣四卷　(晉)王叔和撰　(明)張世賢圖註　清末鴻寶齋書局石印本　二冊

320000－1638－0001075　子部 2922－3
校正圖註脈訣四卷　(晉)王叔和撰　(明)張世賢圖註　清末石印本　一冊　存一卷(三)

320000－1638－0001076　子部 2923
辨證奇聞十卷　(清)陳士鐸撰　(清)錢松編　清宣統元年(1909)上海廣益書局石印本　三冊　存六卷(三至八)

320000－1638－0001077　子部 2925
美術叢書十集　鄧實輯　黃賓虹續集　清宣統三年(1911)至民國神州國光社鉛印本　十二冊　存五集(六至十)

320000－1638－0001078　子部 2926

六書通十卷 （明）閔齊伋撰 （清）畢弘述篆訂 清光緒二十一年（1895）鴻寶齋石印本 四冊 存八卷（一至四、七至十）

320000－1638－0001079 子部 2932
說文古籀補十四卷補遺一卷附錄一卷 （清）吳大澂撰 清光緒十年（1884）石印本 四冊

320000－1638－0001080 子部 2935
續疑年錄四卷 （清）吳修編 清嘉慶十七年（1812）刻本 一冊

320000－1638－0001081 子部 2936
名賢手劄墨蹟不分卷 （清）郭慶藩輯 清光緒十一年（1885）點石齋石印本 三冊

320000－1638－0001082 子部 2939
和文漢讀法一卷 丁福保撰 清光緒二十七年（1901）疇隱廬刻本 一冊

320000－1638－0001083 子部 2945
嘯亭雜錄十卷 （清）昭槤撰 清刻本 五冊

320000－1638－0001084 子部 2948
論衡三十卷 （漢）王充撰 清末石印本 一冊 存三卷（四至六）

320000－1638－0001085 子部 2952
閒談消夏錄十二卷 （清）朱翊清撰 清翠筠山房刻本 四冊 存四卷（一、九、十一至十二）

320000－1638－0001086 子部 2953
羅經秘竅十卷附錄一卷 （明）甘霖撰 清刻本 一冊 存三卷（九至十、附錄一卷）

320000－1638－0001087 子部 2954
七巧式不分卷 清刻本 一冊

320000－1638－0001088 子部 2956
隨園隨筆二十八卷 （清）袁枚撰 清刻本 一冊 存一卷（七）

320000－1638－0001089 子部 2957
隨園食單一卷 （清）袁枚撰 清光緒十九年（1893）刻本 一冊

320000－1638－0001090 子部 2958
曲線須知一卷 （英國）傅蘭雅撰 清光緒十四年（1888）刻本 一冊

320000－1638－0001091 子部 2964
西遊真詮八卷一百回 （清）陳士斌詮解 清刻本 一冊 存一卷（四）

320000－1638－0001092 子部 2966
天心正運四卷 （清）華湛恩撰 清道光十五年（1835）刻本 一冊 存二卷（一至二）

320000－1638－0001093 子部 2975
壽世新編三卷 （清）萬潛齋編 清光緒十八年（1892）道合山房石印本 三冊

320000－1638－0001094 子部 2988
世說新語三卷 （南朝宋）劉義慶撰 （南朝梁）劉孝標注 清光緒十七年（1891）思賢講舍刻本 二冊 存一卷（上）

320000－1638－0001095 子部 2990
韓非子二十卷識誤三卷 清嘉慶二十四年（1819）刻本 五冊 缺四卷（韓非子一至四）

320000－1638－0001096 子部 2991
淮南子二十一卷 （漢）劉安撰 （漢）高誘注 （清）莊逵吉補訂 清刻本 一冊 存四卷（十八至二十一）

320000－1638－0001097 子部 2998
會心集内集二卷外集二卷 （清）劉一明撰 清嘉慶六年（1801）刻本 一冊

320000－1638－0001098 子部 2999
呻吟語六卷 （明）呂坤著 清華林書屋刻本 三冊 存三卷（二、五至六）

320000－1638－0001099 子部 3000
求己錄三卷 （清）陶葆廉輯 清光緒二十一年（1895）刻本 一冊 存一卷（下）

320000－1638－0001100 子部 3001
歷代名媛圖說二卷 （漢）劉向撰 （明）汪氏增輯 （明）仇英繪圖 清光緒五年（1879）點石齋石印本 二冊

320000－1638－0001101 子部 3002
點石齋畫報故事集乙集不分卷 題（清）尊聞

閣主人輯　清末點石齋石印本　一冊

320000－1638－0001102　子部3003
國朝畫徵錄三卷　（清）張庚撰　清刻本　一冊　存二卷（中至下）

320000－1638－0001103　子部3007
尚友錄二十二卷　（明）廖用賢編纂　（清）張伯琮補輯　清刻本　四冊　存五卷（八、十八至十九、二十一至二十二）

320000－1638－0001104　子部3008
寄食須知不分卷　（清）孫慶撰　清嘉慶刻本　一冊

320000－1638－0001105　子部3009
佩文齋書畫譜一百卷　（清）孫岳頒等輯　清乾隆刻本　三冊　存五卷（四十、五十三至五十四、七十五至七十六）

320000－1638－0001106　子部3011
段氏說文注訂八卷　（清）鈕樹玉撰　清道光三年（1823）鈕氏非石居刻同治五年（1866）碧螺山館重修本　二冊

320000－1638－0001107　子部3013
說文解字十五卷　（漢）許慎撰　（宋）徐鉉校定　清同治十二年（1873）刻本　二冊　存六卷（四至六、十三至十五）

320000－1638－0001108　子部3014
香祖筆記十二卷　（清）王士禛撰　清康熙刻本　二冊

320000－1638－0001109　子部3015
孫子十家注十三卷　（宋）吉天保輯　清刻本　二冊　存五卷（九至十三）

320000－1638－0001110　子部3016
韻歧五卷　（清）江昱撰　清光緒七年（1881）刻本　一冊　存一卷（一）

320000－1638－0001111　子部3017
蘭臺軌範八卷　（清）徐大椿撰　清刻本　二冊　存四卷（三至四、七至八）

320000－1638－0001112　子部3018
莊子十卷　（晉）郭象注　（唐）陸德明音義　清末鴻章書局石印本　四冊

320000－1638－0001113　子部3019
茶餘客話十二卷　（清）阮葵生撰　清刻本　一冊　存三卷（十至十二）

320000－1638－0001114　子部3020
遯窟讕言十二卷　（清）王韜撰　清末刻本　一冊　存三卷（四至六）

320000－1638－0001115　子部3023
薑園課蒙草二編一卷　（清）童琮編訂　（清）童鎔評註　清光緒二十九年（1903）石印本　一冊

320000－1638－0001116　子部3024
諏吉寶鏡不分卷　清道光二十一年（1841）刻雙色套印本　一冊

320000－1638－0001117　子部3025
分類詳註飲香尺牘四卷首一卷　題（清）飲香居士編　題（清）白下慵隱子箋釋　清末文德堂石印本　三冊　存三卷（二至四）

320000－1638－0001118　子部3026
竹書紀年統箋十二卷前編一卷雜述一卷　（清）徐文靖撰　清光緒二十三年（1897）上海圖書集成局鉛印本　二冊

320000－1638－0001119　子部3031
新刊繡像永慶昇平後傳十二卷一百回　題（清）貪夢道人撰　清光緒二十九年（1903）簡青書局石印本　三冊　存九卷（一至三、七至十二）

320000－1638－0001120　子部3036
欽定協紀辨方書三十六卷　（清）允祿等纂　清刻朱墨套印本　二十四冊

320000－1638－0001121　子部3037
類典囊括六十四卷目錄八卷　（清）周祜輯　清光緒五年（1879）汲古山房刻本　十八冊　存五十六卷（一至十、十七至三十、三十四至三十七、四十一至四十九、五十四至六十四，目錄八卷）

320000－1638－0001122　子部3038

增補事類統編九十三卷首一卷　(清)黄葆真輯　清光緒十四年(1888)積山書局石印本　五册　存三十八卷(一至八、二十三至三十四、五十一至五十八、八十五至九十三,首一卷)

320000－1638－0001123　子部3039
繪圖後三笑才子奇書四卷二十四回　清光緒二十七年(1901)上海書局石印本　二册　存二卷(一、四)

320000－1638－0001124　子部3040－1
增像第六才子書四卷　(元)王實甫撰　(清)金聖嘆評　清光緒石印本　二册　存二卷(一、三)

320000－1638－0001125　子部3040－2
增像第六才子書五卷　(元)王實甫撰　(清)金聖嘆評　清末石印本　三册　存三卷(三至五)

320000－1638－0001126　子部3041
制藝鎔裁上論八卷下論八卷　清同治九年(1870)青雲閣刻本　一册　存一卷(制藝鎔裁上論一)

320000－1638－0001127　子部3042
文選類腋十六卷　(清)吴承烜輯　清光緒二十一年(1895)鴻寶齋石印本　一册　存四卷(一至四)

320000－1638－0001128　子部3043
文選類雋十四卷　(清)何松編　清光緒二十一年(1895)鴻寶齋石印本　二册

320000－1638－0001129　子部3049
都市新談八卷六十回　(清)陳森撰　清光緒三十二年(1906)香港石印書局石印本　一册　存一卷(一)

320000－1638－0001130　子部3050
繡像綠牡丹全傳六卷六十四回　清光緒十八年(1892)上海書局石印本　一册　存一卷(一)

320000－1638－0001131　子部3051
天寶圖十卷　題(清)隨安散人撰　清刻本　三册　存二卷(四、十)

320000－1638－0001132　子部3057
增删卜易十二卷　題(清)野鶴老人撰　(清)李文輝增删　清刻本　一册　存二卷(二至三)

320000－1638－0001133　子部3060
增訂一夕話六卷　題(清)咄咄夫撰　清刻本　一册　存三卷(四至六)

320000－1638－0001134　子部3061
字類標韻六卷　(清)華綱輯　清光緒八年(1882)石印本　二册

320000－1638－0001135　子部3062
説文解字十五卷　(清)段玉裁注　清光緒十六年(1890)石印本　八册

320000－1638－0001136　子部3064
康熙字典十二集三十六卷總目一卷檢字一卷辨似一卷等韻一卷備考一卷補遺一卷　(清)張玉書等編　清光緒十九年(1893)點石齋石印本　六册

320000－1638－0001137　子部3065
康熙字典十二集三十六卷總目一卷檢字一卷辨似一卷等韻一卷備考一卷補遺一卷　(清)張玉書等編　清刻本　一册　存一卷(備考一卷)

320000－1638－0001138　子部3066
康熙字典十二集三十六卷總目一卷檢字一卷辨似一卷等韻一卷備考一卷補遺一卷　(清)張玉書等編　清道光七年(1827)刻本　三十册　存三十三卷(子集中至下,丑集中至下,寅集上至中,卯集中至下,辰集上、下,巳集上至中,午集三卷,未集三卷,申集三卷,酉集中,戌集三卷,亥集三卷;總目一卷;檢字一卷;辨似一卷;備考一卷;補遺一卷)

320000－1638－0001139　子部3068
康熙字典十二集三十六卷總目一卷檢字一卷辨似一卷等韻一卷備考一卷補遺一卷　(清)張玉書等編　清光緒二十年(1894)點石齋石

印本　六冊

320000－1638－0001140　子部3069
康熙字典十二集三十六卷總目一卷檢字一卷辨似一卷等韻一卷備考一卷補遺一卷　（清）張玉書等編　清光緒十三年（1887）積山書局石印本　六冊

320000－1638－0001141　子部3072
康熙字典十二集三十六卷總目一卷檢字一卷辨似一卷等韻一卷備考一卷補遺一卷　（清）張玉書等編　清光緒三十年（1904）錦章書局石印本　六冊

320000－1638－0001142　子部3073
康熙字典十二集三十六卷總目一卷檢字一卷辨似一卷等韻一卷備考一卷補遺一卷　（清）張玉書等編　清光緒錦章書局石印本　六冊

320000－1638－0001143　子部3074
康熙字典十二集三十六卷總目一卷檢字一卷辨似一卷等韻一卷備考一卷補遺一卷　（清）張玉書等編　清光緒十三年（1887）積山書局石印本　二冊

320000－1638－0001144　子部3075
康熙字典十二集三十六卷總目一卷等韻一卷備考一卷補遺一卷　（清）張玉書等編　清光緒十二年（1886）點石齋石印本　四冊

320000－1638－0001145　子部3076
康熙字典十二集三十六卷總目一卷等韻一卷備考一卷補遺一卷　（清）張玉書等編　清光緒十一年（1885）點石齋石印本　二冊

320000－1638－0001146　子部3079
康熙字典十二集三十六卷總目一卷檢字一卷辨似一卷等韻一卷備考一卷補遺一卷　（清）張玉書等編　清光緒二十年（1894）寶善書局刻本　六冊

320000－1638－0001147　子部3083
演算法須知一卷　（英國）傅蘭雅撰　清光緒十三年（1887）刻本　一冊

320000－1638－0001148　子部3085
航海簡法四卷　（英國）那麗撰　（美國）金楷理口譯　（清）王德均筆述　清光緒二十二年（1896）上海璣衡堂石印本　一冊

320000－1638－0001149　子部3086
量法須知不分卷　（英國）傅蘭雅撰　清光緒十三年（1887）刻本　一冊

320000－1638－0001150　子部3087
畫器須知不分卷　（英國）傅蘭雅撰　清光緒十四年（1888）刻本　一冊

320000－1638－0001151　子部3094
數學精詳十一卷首一卷末一卷　（清）屈曾發撰　清光緒二十二年（1896）格致書室石印本　三冊　存八卷（一、五至八、十一，首一卷，末一卷）

320000－1638－0001152　子部3096
康熙字典十二集三十六卷總目一卷檢字一卷辨似一卷等韻一卷備考一卷補遺一卷　（清）張玉書等編　清光緒三十一年（1905）上海久敬齋石印本　三冊

320000－1638－0001153　子部3097
康熙字典十二集三十六卷總目一卷檢字一卷辨似一卷等韻一卷備考一卷補遺一卷　（清）張玉書等編　清光緒十八年（1892）上海淩雲閣石印本　六冊

320000－1638－0001154　子部3098
康熙字典十二集三十六卷總目一卷檢字一卷辨似一卷等韻一卷備考一卷補遺一卷　（清）張玉書等編　清光緒二十年（1894）點石齋石印本　六冊

320000－1638－0001155　子部3099
字彙四卷　（明）梅膺祚撰　清康熙十五年（1676）梅誕生本文盛堂刻本　一冊

320000－1638－0001156　子部3100
字彙四卷　（明）梅膺祚撰　清咸豐三年（1853）文成堂刻本　四冊

320000－1638－0001157　子部3101－1
驗方新編八卷首一卷　（清）鮑相璈輯　清道

光二十六年(1846)刻本　三册　存三卷(一至二、六)

320000－1638－0001158　子部3101－2
驗方新編十六卷　(清)鮑相璈輯　(清)張紹棠增輯　清末刻本　三册　存六卷(五至九、十一)

320000－1638－0001159　子部3102
新鐫鬼谷子先生四字經前定數不分卷　清刻本　一册

320000－1638－0001160　子部3103
質直談耳八卷　(清)錢肇鼇撰　清刻本　一册

320000－1638－0001161　子部3105
經驗百方不分卷　清刻本　一册

320000－1638－0001162　子部3106
古今良方彙編不分卷　清刻本　一册

320000－1638－0001163　子部3107
經驗良方不分卷　清光緒四年(1878)刻本　一册

320000－1638－0001164　子部3108－1
本草萬方鍼線八卷　(清)蔡烈先輯　清刻本　一册　存二卷(四至五)

320000－1638－0001165　子部3108－2
本草萬方鍼線八卷　(清)蔡烈先輯　清刻本　一册　存三卷(五至七)

320000－1638－0001166　子部3109
驗方新編十六卷　(清)鮑相璈輯　(清)張紹棠增輯　清光緒七年(1881)合肥味古齋刻本　二册　存二卷(一、九)

320000－1638－0001167　子部3110
大生要旨五卷　(清)唐千頃纂　清同治九年(1870)刻本　一册

320000－1638－0001168　子部3111
六壬經緯六卷　(清)毛志道撰　清雍正三年(1725)經緯堂刻本　二册

320000－1638－0001169　子部3112
大六壬尋原四集　(明)張純照輯注　清刻本　二册　存二集(二、四)

320000－1638－0001170　子部3113
新訂崇正辟謬通書十四卷　(清)李奉來輯　清刻本　一册　存三卷(四至六)

320000－1638－0001171　子部3114
地理録要四卷　(清)蔣平階輯　清嘉慶二十一年(1816)兩儀堂刻本　四册

320000－1638－0001172　子部3115
地理啖蔗録八卷　(清)袁守定撰　清恒謙堂刻本　二册　存二卷(七至八)

320000－1638－0001173　子部3116
地理秘竅十卷　(明)甘霖撰　清崇讓堂刻本　一册　存一卷(一)

320000－1638－0001174　子部3117
四秘全書十二種　(清)尹有本編　清嘉慶九年(1804)文奎堂刻本　七册　存八種八卷

320000－1638－0001175　子部3118
六壬眎斯二卷　(清)葉悔亭輯　清乾隆四十年(1775)經綸堂刻本　二册

320000－1638－0001176　子部3119
重刊人子須知資孝地理心學統宗三十九卷　(明)徐善繼　(明)徐善述撰　清經綸書坊刻本　十六册

320000－1638－0001177　子部3120
醫學三字經四卷　(清)陳念祖撰　清光緒二十七年(1901)三味書局刻本　二册

320000－1638－0001178　子部3121
醫學三字經四卷　(清)陳念祖撰　清刻本　一册　存二卷(三至四)

320000－1638－0001179　子部3122
濟世良方六卷　清刻本　一册　存一卷(一)

320000－1638－0001180　子部3123
衛生寶鑑二十四卷補遺一卷　(元)羅天益撰　清光緒二十二年(1896)長沙刻惜陰軒叢書本　一册　存三卷(三至五)

320000－1638－0001181　子部 3124
素問靈樞類纂約註三卷　（清）汪昂輯　清同治十年（1871）掃葉山房刻本　二冊　存二卷（上至中）

320000－1638－0001182　子部 3125
醫方湯頭歌訣不分卷　（清）汪昂撰　清康熙三十三年（1694）刻本　一冊

320000－1638－0001183　子部 3126
黃帝内經靈樞註證發微十卷　（明）馬蒔撰　清刻本　一冊　存一卷（二）

320000－1638－0001184　子部 3127
醫方集解三卷　（清）汪昂撰　清刻本　一冊　存一卷（下）

320000－1638－0001185　子部 3128
增訂醫門初學萬金一統要訣分類八卷首一卷末一卷　（清）羅必煒參訂　清光緒李光明莊刻本　一冊　存一卷（首一卷）

320000－1638－0001186　子部 3129
溫熱經緯五卷　（清）王士雄撰　清末刻本　一冊　存一卷（四）

320000－1638－0001187　子部 3130
傷寒溫病條辨六卷　（清）楊璿撰　（清）楊鼎編　清刻本　一冊　存一卷（二）

320000－1638－0001188　子部 3131
增補萬寶全書二十卷　（明）陳繼儒輯　（清）毛煥文補輯　清乾隆四年（1739）刻本　一冊　存三卷（一至三）

320000－1638－0001189　子部 3132
量倉通法五卷　（清）張作楠撰　清光緒五年（1879）刻本　一冊　存二卷（一至二）

320000－1638－0001190　子部 3133
方程演元一卷　（清）何步瀛學　清光緒二十一年（1895）刻本　一冊

320000－1638－0001191　子部 3134
新編筭學啓蒙三卷　（元）朱世傑撰　清同治十年（1871）江南機器製造局刻本　一冊　存一卷（下）

320000－1638－0001192　子部 3135
新編筭學啓蒙三卷總括一卷識誤一卷後記一卷　（元）朱世傑撰　清同治十年（1871）江南機器製造局刻本　二冊

320000－1638－0001193　子部 3136
照像畧法不分卷　（英國）傅蘭雅譯　清光緒十三年（1887）格致書室鉛印本　一冊

320000－1638－0001194　子部 3137
補註洗冤録集證四卷檢骨圖格一卷　（清）王又槐輯　（清）阮其新註　清道光刻三色套印本　一冊　存二卷（一至二）

320000－1638－0001195　子部 3138
康熙字典十二集三十六卷總目一卷檢字一卷辨似一卷等韻一卷備考一卷補遺一卷　（清）張玉書等編　清康熙五十五年（1716）刻本　十五冊

320000－1638－0001196　子部 3139
哲學提綱七種　（清）李杕譯　清光緒三十三年至宣統三年（1907－1911）土山灣印書館鉛印本　一冊　存二種（生理學、天演論駁義附）

320000－1638－0001197　子部 3140
參星秘要諏吉便覽二卷　（清）俞榮寛撰　清同治四年（1865）文盛堂刻朱墨套印本　一冊

320000－1638－0001198　子部 3143
國朝名人小簡二卷　吳曾祺編　清宣統二年（1910）商務印書館鉛印本　一冊　存一卷（下）

320000－1638－0001199　子部 3145
四元玉鑑細艸三卷附一卷　（清）羅士琳撰　清石印本　四冊

320000－1638－0001200　子部 3154
湖山便覽不分卷　（清）翟灝　（清）翟瀚撰　清刻本　一冊

320000－1638－0001201　子部 3163
陳修園醫書五十種　（清）陳念祖撰　清光緒三十一年（1905）商務印書館石印本　一冊

存一種七卷(靈素集註節要六至十二)

320000－1638－0001202　子部3164
本草備要八卷　(清)汪昂輯　清末石印本　二冊

320000－1638－0001203　子部3165
八十一難經不分卷　(明)張世賢註　清光緒三十二年(1906)上海福記書局石印本　一冊

320000－1638－0001204　子部3166
洗冤錄解不分卷　(清)姚德豫撰　(清)李璋煜重訂　清光緒十八年(1892)上海圖書集成印書局鉛印本　一冊

320000－1638－0001205　子部3168
五十名家書劄不分卷　(清)陸心源輯　清光緒十九年(1893)復古齋石印本　三冊

320000－1638－0001206　子部3171
康熙字典十二集三十六卷總目一卷檢字一卷辨似一卷等韻一卷備考一卷補遺一卷　(清)張玉書等編　清光緒十年(1884)同文書局石印本　五冊

320000－1638－0001207　子部3176
書柬活套四卷　(清)汪文芳　(清)蔣守誠輯　清光緒十一年(1885)刻本　四冊

320000－1638－0001208　子部3178
天仙正理二卷　(明)伍守陽撰　清嘉慶二十年(1815)泰和堂刻本　一冊

320000－1638－0001209　子部3179
羅經解定七卷附錄一卷　(清)胡國楨撰　清刻本　一冊　存三卷(一至三)

320000－1638－0001210　子部3180
御纂性理精義十二卷　(清)李光地等編　清咸豐刻本　五冊　存十卷(三至十二)

320000－1638－0001211　子部3181
西堂雜組三集八卷　(清)尤侗撰　清刻本　一冊　存四卷(五至八)

320000－1638－0001212　子部3182
人譜類記二卷　(明)劉宗周撰　清刻本　一冊　存一卷(下)

320000－1638－0001213　子部3183
沅湘通藝錄八卷　(清)江標輯　清末刻本　一冊　存一卷(八)

320000－1638－0001214　子部3184－1
量倉通法五卷　(清)張作楠撰　清嘉慶二十一年(1816)刻本　一冊　存一卷(五)

320000－1638－0001215　子部3184－2
倉田通法續編三卷　(清)張作楠撰輯　清嘉慶二十一年(1816)刻本　一冊

320000－1638－0001216　子部3185
弧角設如三卷　(清)張作楠撰輯　清道光元年(1821)刻本　一冊

320000－1638－0001217　子部3186
弧三角舉隅一卷　(清)江臨泰撰　清末刻本　一冊

320000－1638－0001218　子部3187
揣籥小錄一卷　(清)張作楠撰輯　清嘉慶二十五年(1820)刻本　一冊

320000－1638－0001219　子部3188
更漏中星表三卷　(清)張作楠撰輯　清末刻本　一冊

320000－1638－0001220　子部3189
金華晷漏中星表一卷　(清)張作楠撰輯　清道光元年(1821)刻本　一冊

320000－1638－0001221　子部3193
先哲格言四卷　題(清)晦齋學人增輯　清末姑蘇得見齋刻本　一冊

320000－1638－0001222　子部3197
移華館駢體文二卷　(清)董基誠撰　**移華館駢體文二卷**　(清)董祐誠撰　清咸豐九年(1859)刻本　一冊

320000－1638－0001223　子部3198
經世通考二卷　(清)劉靜陽纂輯　清光緒六年(1880)刻本　一冊　存一卷(上)

320000－1638－0001224　子部3199
新編筭學啓蒙三卷總括一卷　(元)朱世傑撰　清光緒八年(1882)吳氏醉六堂刻本　二冊

缺一卷(中)

320000－1638－0001225　子部 3200

素書一卷　(漢)黄石公撰　清光緒六年(1880)毗陵道生堂書坊刻本　一册

320000－1638－0001226　子部 3201

天仙正理直論增註一卷　(明)伍守陽撰并註　(明)伍守虚註　清嘉慶七年(1802)善成堂刻本　一册

320000－1638－0001227　子部 3202

句讀補正三十卷　(清)王筠撰　清咸豐刻本　一册

320000－1638－0001228　子部 3203

神州日報畫本一卷　清宣統神州日報社石印本　一册

320000－1638－0001229　子部 3204

巴黎茶花女遺事一卷　(法國)小仲馬撰　清末石印本　一册

320000－1638－0001230　子部 3205

安吳四種三十六卷　(清)包世臣撰　清刻本　一册

320000－1638－0001231　子部 3206

菜根譚一卷　(明)洪應明撰　清光緒元年(1875)揚州藏經禪院刻本　一册

320000－1638－0001232　子部 3208

下學齋二十議一卷　(清)嚴黨撰　清光緒三十四年(1908)鉛印本　一册

320000－1638－0001233　子部 3209

字典考證十二集　(清)奕繪等輯　清刻本　一册　存三集(酉至亥)

320000－1638－0001234　子部 3210

地學指略三卷　(英國)文教治口譯　(清)李慶軒筆述　清宣統元年(1909)上海美華書館鉛印本　一册

320000－1638－0001235　子部 3211

五車韻瑞一百六十卷　(明)淩稚隆輯　明崇禎刻本　一册　存四卷(一至四)

320000－1638－0001236　子部 3212

東坡題跋二卷　(宋)蘇軾撰　(清)溫一貞錄　清同治十一年(1872)又賞齋刻本　一册　存一卷(上)

320000－1638－0001237　子部 3213

地理啖蔗錄八卷　(清)袁守定撰　清文奎堂刻本　一册　存一卷(一)

320000－1638－0001238　子部 3214

秋燈叢話十八卷　(清)王椷撰　清刻本　一册　存三卷(六至八)

320000－1638－0001239　子部 3216

圖繪寶鑑八卷　(元)夏文彥撰　清刻本　三册　存三卷(三至四、七)

320000－1638－0001240　子部 3218

泉志十五卷　(宋)洪遵撰　清刻本　二册

320000－1638－0001241　子部 3219

金石索十二卷首一卷　(清)馮雲鵬　(清)馮雲鵷輯　清光緒三十二年(1906)文新書局石印本　四册　存五卷(一至四、首一卷)

320000－1638－0001242　子部 3226

桐陰論畫二卷首一卷續桐陰論畫一卷桐陰畫訣一卷　(清)秦祖永撰　清同治五年(1866)刻朱墨套印本　四册

320000－1638－0001243　子部 3228

紉齋畫賸四卷　(清)陳允升繪　清光緒二年(1876)石印本　一册　存二卷(一至二)

320000－1638－0001244　子部 3230

桐陰論畫二卷首一卷桐陰畫訣一卷　(清)秦祖永撰　清同治三年(1864)刻朱墨套印本　二册

320000－1638－0001245　子部 3231

篆刻鍼度八卷　(清)陳克恕撰　清乾隆五十一年(1786)存幾希齋刻本　一册　存五卷(四至八)

320000－1638－0001246　子部 3234

蘭蕙同心錄二卷種蘭蕙四季口訣一卷　(清)許鼐龢撰　清光緒十七年(1891)許階蘭竞芳

仙館石印本　一册

320000－1638－0001247　子部 3235
佩文齋書畫譜一百卷　(清)孫岳頒等輯　清末石印本　一册　存七卷(六十八至七十四)

320000－1638－0001248　子部 3237
國朝書人輯略十一卷首一卷　震鈞(唐晏)輯　清末刻本　一册　存二卷(八至九)

320000－1638－0001249　子部 3239
清儀閣印存一卷　清光緒二十年(1894)鈐印本　一册

320000－1638－0001250　子部 3244
古高士傳印譜一卷　(清)趙穆篆刻　清光緒二十年(1894)刻鈐印本　一册

320000－1638－0001251　子部 3253
瓊林霏屑八卷　題(清)望海樓主人輯　清光緒三十二年(1906)灌文書局石印本　三册　存三卷(一至二、五)

320000－1638－0001252　子部 3258
太傅孫文正公手書遺摺稿不分卷　(清)孫家鼐撰　清宣統元年(1909)石印本　一册

320000－1638－0001253　子部 3262
百雞術衍二卷　(清)時曰醇撰　清同治十二年(1873)刻本　一册　存一卷(上)

320000－1638－0001254　子部 3263
說文解字十五卷　(漢)許慎撰　(宋)徐鉉校定　清同治十三年(1874)東吳浦氏刻本　三册

320000－1638－0001255　子部 3264－1
廣事類賦四十卷　(清)華希閔撰　清刻本　二册　存二十二卷(十九至四十)

320000－1638－0001256　子部 3264－2
事類賦三十卷　(宋)吳淑撰　清刻本　一册　存十六卷(十五至三十)

320000－1638－0001257　子部 3265
評論出像水滸傳二十卷　(明)施耐庵撰　清湖南刻本　一册　存一卷(一)

320000－1638－0001258　子部 3266－1
芥子園畫傳五卷　(清)王槩等輯　清刻彩色套印本　三册　缺一卷(四)

320000－1638－0001259　子部 3266－2
芥子園畫傳五卷　(清)王槩等輯　清刻彩色套印本　四册　缺一卷(一)

320000－1638－0001260　子部 3267
人物畫册一卷　清光緒十一年(1885)石印本　一册

320000－1638－0001261　子部 3268
芥子園畫傳二集四卷　(清)王槩等輯　清末石印本　一册　存二卷(三至四)

320000－1638－0001262　子部 3269
芥子園畫傳四集四卷　(清)丁臯　(清)上官周撰　清刻本　二册　存二卷(二、四)

320000－1638－0001263　子部 3270
說文解字韻譜十卷　(五代)徐鍇撰　清同治三年(1864)馮桂芬影刻本　一册　存五卷(一至五)

320000－1638－0001264　子部 3271
洗冤錄詳義四卷　(清)許槤撰　清刻本　一册　存一卷(一)

320000－1638－0001265　子部 3275
新刻黃石公秘傳陽宅必用四卷　清刻本　一册　存二卷(三至四)

320000－1638－0001266　子部 3276
山洋指迷四卷　(明)周景一撰　清乾隆五十二年(1787)文盛堂刻本　三册　缺一卷(二)

320000－1638－0001267　子部 3277－1
新鐫曆法便覽象吉備要通書大全二十九卷　(清)魏鑑輯　清刻本　八册　存十九卷(一至十、十二至十四、二十至二十二、二十七至二十九)

320000－1638－0001268　子部 3277－2
象吉備要通書二十九卷　(清)魏鑑輯　清刻本　四册　存十三卷(十一、十五至十七、二十一至二十九)

320000－1638－0001269　子部 3277－3

新鐫曆法便覽象吉備要通書大全二十九卷　(清)魏鑑輯　清刻本　一册　存三卷(一至三)

320000－1638－0001270　子部 3278

六壬粹言六卷首一卷　(清)劉赤江編　清刻本　二册　存二卷(二、五)

320000－1638－0001271　子部 3279

水法圖說二卷　(清)董德彰撰　清嘉慶十四年(1809)刻本　一册　存一卷(二)

320000－1638－0001272　子部 3280

大六壬大全十三卷　(清)郭載騋輯　清光緒十三年(1887)掃葉山房刻本　二册　存四卷(一至二、十至十一)

320000－1638－0001273　子部 3281

重鐫神峯張先生通考辟謬命理正宗大全六卷　(清)張楠撰　清刻本　一册　存一卷(五)

320000－1638－0001274　子部 3282

新刻袁柳莊先生秘傳相法二卷　(明)雲林子校正　清刻本　一册　存一卷(下)

320000－1638－0001275　子部 3283

地理辨正疏五卷首一卷末一卷　(清)張心言撰　清道光九年(1829)培杏書屋刻本　一册　存二卷(一、首一卷)

320000－1638－0001276　子部 3284

地理五訣八卷　(清)趙廷棟撰　清刻本　三册　缺二卷(五至六)

320000－1638－0001277　子部 3285

疑龍經批註校補不分卷　(清)楊益撰　清刻本　一册

320000－1638－0001278　子部 3286

陽宅三要四卷　(清)趙廷棟撰　清刻本　一册　存二卷(三至四)

320000－1638－0001279　子部 3287

嚴陵張九儀增釋地理琢玉斧巒頭歌括不分卷　(明)徐之鏌撰　(清)張鳳藻注　清康熙四十年(1701)刻本　一册

320000－1638－0001280　子部 3288

重鐫官板地理天機會元正篇體用括要三十五卷　(唐)卜則巍撰　(唐)顧乃德集註　(明)徐之鏌刪補　清光緒十六年(1890)學庫山房刻本　一册　存一卷(一)

320000－1638－0001281　子部 3289

道書十二種　(清)劉一明編撰　清末刻本　一册　存二種四卷(象言破疑二卷、通關文二卷)

320000－1638－0001282　子部 3290

相理衡真十卷首一卷　(清)陳釗撰　清道光十年(1830)樵雲居刻本　四册　存四卷(一、六至八)

320000－1638－0001283　子部 3292

卜筮正宗十四卷　(清)王維德輯　清光緒六年(1880)紫文閣刻本　五册　缺三卷(一至三)

320000－1638－0001284　子部 3294

軒轅碑記醫學祝由十三科二卷　清刻朱墨套印本　二册

320000－1638－0001285　子部 3295

河洛理數七卷　(宋)陳摶撰　明崇禎五年(1632)刻本　六册

320000－1638－0001286　子部 3300

增廣尚友錄統編二十二卷　(清)應祖錫編　清光緒二十八年(1902)鴻寶齋石印本　三册

320000－1638－0001287　子部 3301

氣學須知一卷　(英國)傅蘭雅撰　清光緒十二年(1886)刻本　一册

320000－1638－0001288　子部 3302

地學須知一卷　(英國)傅蘭雅輯　清光緒九年(1883)刻本　一册

320000－1638－0001289　子部 3303

力學須知一卷　(英國)傅蘭雅撰　清光緒十五年(1889)刻本　一册

320000－1638－0001290　子部 3304

重學須知一卷　(英國)傅蘭雅輯　清光緒十

五年(1889)刻本　一册

320000－1638－0001291　子部 3305
聲學須知一卷　(英國)傅蘭雅撰　清光緒十三年(1887)刻本　一册

320000－1638－0001292　子部 3306
演算法須知一卷　(英國)傅蘭雅撰　清光緒十三年(1887)刻本　一册

320000－1638－0001293　子部 3308
大清神鑒六卷　清光緒十年(1884)刻本　一册　存三卷(一至三)

320000－1638－0001294　子部 3314－1
桃花扇四卷　(清)孔尚任撰　清刻本　一册　存一卷(二)

320000－1638－0001295　子部 3314－2
桃花扇二卷　(清)孔尚任撰　清刻本　一册　存一卷(上)

320000－1638－0001296　子部 3315
詳注聊齋志異圖詠十六卷首一卷　(清)蒲松齡撰　(清)吕湛恩注　清光緒十四年(1888)鴻寶齋石印本　五册　存十卷(一至十)

320000－1638－0001297　子部 3319
增訂繪圖精忠説岳全傳二十卷八十回　清光緒二十七年(1901)石印本　一册　存一卷(一)

320000－1638－0001298　子部 3320
繪圖增像第五才子書水滸全傳十卷首一卷七十回　(元)施耐庵撰　(清)金聖嘆評釋　清宣統三年(1911)藴珏書局石印本　五册　存六卷(一至三、六至七,首一卷)

320000－1638－0001299　子部 3326
集驗良方拔萃二卷　題(清)恬素氏輯　清道光二十一年(1841)刻本　一册

320000－1638－0001300　子部 3329
乾坤法竅三卷　(清)范宜賓輯　清刻本　二册　缺一卷(下)

320000－1638－0001301　子部 3330
六壬眎斯二卷　(清)葉悔亭輯　清刻本　一册　存一卷(下)

320000－1638－0001302　子部 3331
測字秘牒一卷　(清)程省撰　清百二漢鏡齋刻本　一册

320000－1638－0001303　子部 3333
羅經發源起例十卷　(明)甘霖撰　清崇讓堂刻本　三册　存六卷(一至六)

320000－1638－0001304　子部 3341
新刻增定邵康節先生梅花觀梅拆字數全集五卷　(宋)邵雍撰　清德聚堂刻本　一册　存一卷(一)

320000－1638－0001305　子部 3344
羅經解定四卷附錄一卷　(清)胡國楨撰　清宣統元年(1909)掃葉山房石印本　一册　存二卷(一至二)

320000－1638－0001306　子部 3345
寶鏡圖一卷　題(三國蜀)諸葛亮撰　清嘉慶八年(1803)刻本　一册

320000－1638－0001307　子部 3349
新增續驗方新編十八卷　(清)鮑相璈編輯　清刻本　二册　存二卷(四、八)

320000－1638－0001308　子部 3355－1
增補醫方一盤珠全集十卷　(清)洪金鼎撰　清刻本　一册　存二卷(一至二)

320000－1638－0001309　子部 3355－2
增訂洪氏小兒一盤珠十卷　(清)洪金鼎撰　清刻本　一册　存一卷(八)

320000－1638－0001310　子部 3357
達生編三卷　題(清)亟齋居士撰　清光緒二十二年(1896)鐘山草堂石印本　一册

320000－1638－0001311　子部 3363
本草三家合註六卷　(清)郭汝驄集註　清刻本　一册　存一卷(三)

320000－1638－0001312　子部 3365
新刻楷書官板音義評註合併淵海子平五卷　(宋)徐升編　(明)楊淙增校　清咸豐三年(1853)會文堂刻本　二册

320000－1638－0001313　子部 3366

三才發秘九卷　(清)陳雯撰　清刻本　二冊　存四卷(一至四)

320000－1638－0001314　子部 3367

經漢注解赫聽一卷　清宣統元年(1909)刻本　一冊

320000－1638－0001315　子部 3370

西學大成十二編五十六種　(清)王西清編　清末石印本　五冊　存六編(寅至卯、巳、酉至亥)

320000－1638－0001316　子部 3371

新鐫神峰張先生通考辟謬命理正宗大全六卷　(明)張楠撰　清光緒三十二年(1906)上海書局石印本　六冊

320000－1638－0001317　子部 3372

精選中外時務文編四十四卷　題(清)養晦生編　清光緒石印本　十一冊　存二十二卷(二至五、十二至十七、三十至三十五、三十九至四十四)

320000－1638－0001318　子部 3373

兩般秋雨盦隨筆八卷　(清)梁紹壬撰　清道光十七年(1837)刻本　六冊　缺二卷(三、六)

320000－1638－0001319　子部 3374

星平集腋統宗四卷　(清)廖冀亨撰　清光緒四年(1878)兩儀堂刻本　二冊　存二卷(一、三)

320000－1638－0001320　子部 3375－1

定國誌安邦中集二十卷　清刻本　十一冊　存十一卷(二至四、十一、十三、十五至二十)

320000－1638－0001321　子部 3375－2

安邦誌二十卷　(□)□□撰　清刻本　一冊　存一卷(四)

320000－1638－0001322　子部 3376

新刻玉釧緣全傳三十二卷　清刻本　二十冊　存十六卷(一至三、七、九至十一、十三、十九、二十三至二十七、三十一至三十二)

320000－1638－0001323　子部 3379

羅經精一解三卷　(清)范宜賓輯　清刻本　一冊　存一卷(下)

320000－1638－0001324　子部 3380

水鏡集四卷　(清)范騋撰　清刻本　三冊　缺一卷(三)

320000－1638－0001325　子部 3381

增補事類統編九十三卷首一卷　(清)黃葆真輯　清咸豐十年(1860)丹陽黃氏刻本　二十七冊　缺三十卷(二十四、三十至三十一、三十四、三十八、四十五至六十九)

320000－1638－0001326　子部 3383

甘氏奇門一得二卷　(明)甘霖撰　明崇禎元年(1628)崇讓堂刻本　一冊　存一卷(上)

320000－1638－0001327　子部 3384

考驗通書法竅秘訣二卷　(明)甘霖撰　清刻本　二冊

320000－1638－0001328　子部 3385－1

西遊真詮四卷一百回　(清)陳士斌詮解　清末啟元堂刻本　二冊　存二卷(一、三)

320000－1638－0001329　子部 3385－2

西遊真詮六卷一百回　(清)陳士斌詮解　清末石印本　一冊　存一卷(六)

320000－1638－0001330　子部 3386

地理辨正再辨直解合編五卷　(清)蔣平階補傳　(清)姜垚辨正　(清)姚銘三再註　(清)章仲山增補直解　清文光堂刻本　二冊　存三卷(三至五)

320000－1638－0001331　子部 3394

玉歷鈔傳一卷　清光緒十九年(1893)金陵李光明莊刻本　一冊

320000－1638－0001332　子部 3397

增訂敬信錄二卷　(清)李天錫撰　清光緒二年(1876)金陵邵立陞刻字店刻本　一冊　存一卷(一)

320000－1638－0001333　子部 3399

敬竈全書一卷　清光緒四年(1878)高錦文刻

本　一冊

320000－1638－0001334　子部 3400
音釋坐花志果二卷　(清)汪道鼎撰　題(清)鷲峰樵者音釋　清光緒十五年(1889)上海科學編譯書局石印本　一冊

320000－1638－0001335　子部 3403
太上寶筏八卷　(清)黃正元輯　清光緒十八年(1892)石印本　四冊　存四卷(一、三、五、八)

320000－1638－0001336　子部 3405
康熙字典十二集總目一卷檢字一卷等韻一卷　(清)張玉書等編　清宣統元年(1909)同文書局石印本　一冊　存二集(子至丑)

320000－1638－0001337　子部 3412
地藏菩薩本願經三卷　(唐)釋實叉難陀譯　清光緒十八年(1892)刻本　一冊

320000－1638－0001338　子部 3413－1
註解鐵鋑鉛二卷　(明)屠垠註　清同治十三年(1874)刻本　一冊

320000－1638－0001339　子部 3413－2
註解鐵鋑鉛二卷　(明)屠垠註　清同治十三年(1874)刻本　一冊

320000－1638－0001340　子部 3414
金剛經纂要刊定記七卷　(宋)釋子璿錄　清刻本　一冊　存二卷(一至二)

320000－1638－0001341　子部 3416
太上混元道德真經一卷　清同治二年(1863)金陵狀元閣刻本　二冊

320000－1638－0001342　子部 3420
授三歸五戒八戒正範一卷　清光緒五年(1879)華山律院刻本　一冊

320000－1638－0001343　子部 3421
勸學篇二卷　(清)張之洞撰　清光緒二十四年(1898)兩湖書院刻本　一冊

320000－1638－0001344　子部 3425
大佛頂如來密因修證了義諸菩薩萬行首楞嚴經十卷　(唐)釋般剌密帝譯　清刻本　一冊　存五卷(一至五)

320000－1638－0001345　子部 3427
大方廣圓覺修多羅了義經直解二卷　(唐)釋佛陀多羅譯　(明)釋德清解　清光緒十年(1884)杭城昭慶寺慧空經房刻本　一冊

320000－1638－0001346　子部 3428
禪門日誦一卷　清刻本　一冊

320000－1638－0001347　子部 3429
大方便佛報恩經七卷　清光緒三年(1877)杭城瑪瑙寺經房刻本　一冊　存四卷(四至七)

320000－1638－0001348　子部 3430
佛頂光明摩訶薩怛多般怛囉無上神咒一卷　(清)釋續法集　清同治十年(1871)半畝園刻本　一冊

320000－1638－0001349　子部 3449－1
寶命真經一卷　清光緒三十一年(1905)石印本　一冊

320000－1638－0001350　子部 3449－2
寶命真經一卷　清光緒三十一年(1905)石印本　一冊

320000－1638－0001351　子部 3450
雜學輯要不分卷　清光緒三十一年(1905)石印本　二冊

320000－1638－0001352　子部 3451
新鐫三世化生寶卷二卷　(清)□□撰　清光緒十五年(1889)金陵一得齋書坊刻本　一冊

320000－1638－0001353　子部 3455
佛說阿彌陀經一卷　(後秦)釋鳩摩羅什譯　清末刻本　一冊

320000－1638－0001354　子部 3460
徑中徑又徑四卷　(清)張師誠纂　清同治七年(1868)刻本　一冊　存二卷(一至二)

320000－1638－0001355　子部 3464
翻譯名義集十四卷　(宋)釋法雲編　清刻本　二冊　存七卷(四至十)

320000－1638－0001356　子部 3465

翻譯名義集選一卷　(宋)釋法雲編　清同治十二年(1873)江北刻經處刻本　一冊

320000 – 1638 – 0001357　子部 3474
千手千眼觀世音菩薩大悲心陀羅尼一卷　(唐)釋不空譯　清刻本　一冊

320000 – 1638 – 0001358　子部 3475
永嘉真覺大師證道歌一卷　(宋)釋彥琪註　清光緒二十二年(1896)李培楨刻本　一冊

320000 – 1638 – 0001359　子部 3476
典故列女傳四卷　(明)解縉等撰　清刻本　一冊　存一卷(一)

320000 – 1638 – 0001360　子部 3478
授三歸五戒八戒正範一卷　清光緒五年(1879)刻本　一冊

320000 – 1638 – 0001361　子部 3482
靈谷禪師授了凡功過格一卷　清光緒二年(1876)金陵邵立陞刻字店刻本　一冊

320000 – 1638 – 0001362　子部 3488
養生保命錄一卷　清光緒十六年(1890)綠蔭堂書莊石印本　一冊

320000 – 1638 – 0001363　子部 3491 + 3994
老子道德經解二卷首一卷附一卷　(明)釋德清撰　清光緒十二年(1886)金陵刻經處刻本　二冊

320000 – 1638 – 0001364　子部 3493
大佛頂如來密因修證了義諸菩薩萬行首楞嚴經玄義二卷　(清)釋智旭撰　清光緒刻本　一冊

320000 – 1638 – 0001365　子部 3494
佛教初學課本註一卷　(清)楊文會撰　清光緒三十二年(1906)金陵刻經處刻本　一冊

320000 – 1638 – 0001366　子部 3495
雜學輯要不分卷　清光緒二十年(1894)皖省清真寺石印本　一冊

320000 – 1638 – 0001367　子部 3496
經漢註解赫廳一卷　清宣統元年(1909)明德書社石印本　一冊

320000 – 1638 – 0001368　子部 3499
千手千眼觀世音菩薩廣大圓滿無礙大悲心陀羅尼經一卷　(唐)釋伽梵達摩譯　清宣統三年(1911)石印本　一冊

320000 – 1638 – 0001369　子部 3500
佛說千手千眼觀世音菩薩廣大圓滿無礙大悲心陀羅尼經一卷　(唐)釋伽梵達摩譯　清道光八年(1828)長沙覺化堂刻本　一冊

320000 – 1638 – 0001370　子部 3502
釋迦如來應化事蹟不分卷　(清)釋永珊編繪　清光緒二十三年(1897)揚州藏經院石印本　三冊

320000 – 1638 – 0001371　子部 3505
大乘起信論直解二卷　(明)釋德清撰　清光緒十六年(1890)金陵刻經處刻本　一冊

320000 – 1638 – 0001372　子部 3509
金仙證論一卷　(清)柳華陽撰　清嘉慶四年(1799)刻本　一冊

320000 – 1638 – 0001373　子部 3510
諸經日誦集要二卷　(明)釋袾宏訂輯　清光緒二十四年(1898)金陵刻經處刻本　一冊

320000 – 1638 – 0001374　子部 3513
三經解三卷　(清)釋智旭著　清光緒十一年(1885)金陵刻經處刻本　一冊

320000 – 1638 – 0001375　子部 3514
蓮修必讀一卷　(清)釋觀如輯　清光緒十二年(1886)揚州藏經院刻本　一冊

320000 – 1638 – 0001376　子部 3516
太華山紫金鎮兩世修行劉香寶卷全集二卷　清刻本　一冊　存一卷(上)

320000 – 1638 – 0001377　子部 3518
佛說梵網經二卷　(後秦)釋鳩摩羅什譯　清華山律堂刻本　一冊

320000 – 1638 – 0001378　子部 3522
千手千眼大悲懺法一卷　清末刻本　一冊

320000 – 1638 – 0001379　子部 3525
徹悟禪師語錄二卷　(清)釋了亮等集　清光

緒十六年(1890)揚州藏經院刻本　一册

320000－1638－0001380　子部 3526
感應篇引經牋註一卷　(清)惠棟撰　清同治刻本　一册

320000－1638－0001381　子部 3530
大佛頂如來密因修證了義諸菩薩萬行首楞嚴經十卷　(唐)釋般刺密帝譯　清同治十三年(1874)金陵刻經處刻本　四册　存五卷(三至四、六、九至十)

320000－1638－0001382　子部 3532
授三歸五戒八戒正範一卷　清光緒五年(1879)華山律院刻本　一册

320000－1638－0001383　子部 3533
憨山大師夢遊摘要二卷　(清)釋福善錄　清光緒二十五年(1899)昭慶慧空經房刻本　一册

320000－1638－0001384　子部 3534－1
瑜伽焰口施食要集一卷　清末刻本　一册

320000－1638－0001385　子部 3534－2
瑜伽焰口施食要集一卷　清末刻本　一册

320000－1638－0001386　子部 3534－3
瑜伽焰口施食要集一卷　清末刻本　一册

320000－1638－0001387　子部 3539－1
禪門日誦一卷　清光緒二十六年(1900)刻本　一册

320000－1638－0001388　子部 3539－2
禪門日誦一卷　清光緒二十六年(1900)刻本　一册

320000－1638－0001389　子部 3539－3
禪門日誦一卷　清光緒二十六年(1900)刻本　一册

320000－1638－0001390　子部 3539－4
諸經日誦朝時功課集要不分卷　清光緒六年(1880)刻本　一册

320000－1638－0001391　子部 3539－5
禪門日誦一卷　清光緒二十六年(1900)刻本　一册

320000－1638－0001392　子部 3540
電氣鍍鎳一卷　(英國)傅蘭雅口譯　(清)徐華封筆述　清末江南製造總局刻本　一册

320000－1638－0001393　子部 3542
金剛般若波羅蜜經四卷　(後秦)釋鳩摩羅什譯　清道光二十六年(1846)寶華堂刻本　一册　存一卷(一)

320000－1638－0001394　子部 3543
陰隲文圖說四卷　(清)黄正元輯　清嘉慶五年(1800)墨稼山房刻本　一册　存一卷(一)

320000－1638－0001395　子部 3545
戒殺放生文一卷　(明)釋袾宏撰並注　清光緒刻本　一册

320000－1638－0001396　子部 3546
禪門日誦一卷　清刻本　一册

320000－1638－0001397　子部 3547
四分律藏六十卷　(後秦)釋佛陀耶舍　(後秦)釋竺佛念譯　清刻本　一册　存三卷(二十五至二十七)

320000－1638－0001398　子部 3548
禪林寶訓筆說三卷　(清)釋智祥述　清揚州藏經院刻本　二册　缺一卷(下)

320000－1638－0001399　子部 3551
佛說觀無量壽佛經一卷　(南朝宋)釋畺良耶舍譯　清光緒七年(1881)金陵刻經處刻本　一册

320000－1638－0001400　子部 3553
賢首五教儀六卷　(清)釋灌頂輯　清刻本　一册　存三卷(一至三)

320000－1638－0001401　子部 3558
金剛般若波羅蜜經一卷　(後秦)釋鳩摩羅什譯　清光緒十五年(1889)金陵刻經處刻本　一册

320000－1638－0001402　子部 3563－1
金剛般若波羅蜜經直解二卷　清同治四年(1865)一得齋刻書店刻本　一册

320000－1638－0001403　子部 3563－2
金剛般若波羅蜜經直解二卷　清同治四年(1865)一得齋刻書店刻本　一冊

320000－1638－0001404　子部 3563－3
金剛般若波羅蜜經直解二卷　清同治四年(1865)一得齋刻書店刻本　一冊

320000－1638－0001405　子部 3565
緇門警訓十卷　(明)釋如巹輯　清光緒十八年(1892)刻本　二冊

320000－1638－0001406　子部 3567
觀世音菩薩慈容圖像一卷　清光緒二十七年(1901)石印本　一冊

320000－1638－0001407　子部 3568
達摩度神光寶卷一卷　清光緒十三年(1887)抄本　一冊

320000－1638－0001408　子部 3569－1
千手千眼大悲懺法一卷　清末金陵刻經處刻本　一冊

320000－1638－0001409　子部 3569－2
千手千眼大悲懺法一卷　清末金陵刻經處刻本　一冊

320000－1638－0001410　子部 3573
萬善同歸集六卷　(宋)釋延壽述　清光緒二十一年(1895)揚州藏經院刻本　一冊

320000－1638－0001411　子部 3581
翻譯名義集選一卷　(宋)釋法雲編　清刻本　一冊

320000－1638－0001412　子部 3582
金剛般若波羅蜜經四卷　(後秦)釋鳩摩羅什譯　清同治十三年(1874)刻本　四冊

320000－1638－0001413　子部 3585
大方便佛報恩經七卷　清刻本　一冊　存三卷(一至三)

320000－1638－0001414　子部 3586
妙法蓮華經七卷　(後秦)釋鳩摩羅什譯　清抄本　二冊　存二卷(三至四)

320000－1638－0001415　子部 3587
佛說阿彌陀經疏鈔四卷　(明)釋袾宏撰　清刻本　一冊　存一卷(三)

320000－1638－0001416　子部 3594
授三歸五戒八戒正範一卷　清刻本　一冊

320000－1638－0001417　子部 3595－1
大方廣佛華嚴經八十一卷　(唐)釋實叉難陀譯　清刻本　三冊　存九卷(四十九至五十一、六十一至六十三、七十至七十二)

320000－1638－0001418　子部 3595－2
大方廣佛華嚴經離垢地章一卷普賢行願品一卷　(唐)釋實叉難陀譯　清刻本　一冊

320000－1638－0001419　子部 3597
妙法蓮華經七卷　(後秦)釋鳩摩羅什譯　清刻本　二冊　存四卷(三至六)

320000－1638－0001420　子部 3598
大佛頂首楞嚴經寶鏡疏十卷　(清)釋溥畹述　清刻本　一冊　存一卷(七)

320000－1638－0001421　子部 3599
大佛頂如來密因修證了義諸菩薩萬行首楞嚴經十卷　(唐)釋般剌密帝譯　清光緒三十三年(1907)刻本　一冊　存二卷(九至十)

320000－1638－0001422　子部 3600－1
禪門日誦一卷　清光緒二十六年(1900)刻本　一冊

320000－1638－0001423　子部 3600－2
禪門日誦一卷　清光緒二十六年(1900)刻本　一冊

320000－1638－0001424　子部 3600－3
禪門日誦一卷　清光緒二十六年(1900)刻本　一冊

320000－1638－0001425　子部 3968
地藏菩薩本願經三卷　(唐)釋實叉難陀譯　清光緒十四年(1888)揚州藏經院刻本　四冊

320000－1638－0001426　子部 3969－1
慈悲地藏懺法三卷　清光緒二十年(1894)揚州藏經院刻本　三冊

320000－1638－0001427　子部 3969－2
讚禮地藏菩薩懺願儀一卷　（清）釋智旭述　清末刻本　一册

320000－1638－0001428　子部 3970
讚禮地藏菩薩懺願儀一卷　（清）釋智旭述　清光緒揚州藏經院刻本　一册

320000－1638－0001429　子部 3971
地藏菩薩本願經三卷　（唐）釋實叉難陀譯　清光緒十四年（1888）揚州藏經院刻本　四册

320000－1638－0001430　子部 3972
地藏菩薩本願經三卷　（唐）釋實叉難陀譯　清光緒十四年（1888）揚州藏經院刻本　四册

320000－1638－0001431　子部 3976
地藏菩薩本願經三卷　（唐）釋實叉難陀譯　清光緒十二年（1886）刻本　三册

320000－1638－0001432　子部 3977－1
慈悲水懺法三卷　（唐）釋知玄述　清光緒十八年（1892）刻本　三册

320000－1638－0001433　子部 3977－2
慈悲水懺法三卷　（唐）釋知玄述　清光緒十八年（1892）刻本　三册

320000－1638－0001434　子部 3977－3
慈悲水懺法三卷　（唐）釋知玄述　清光緒十八年（1892）刻本　三册

320000－1638－0001435　子部 3977－4
慈悲水懺法三卷　（唐）釋知玄述　清光緒十八年（1892）刻本　一册　存一卷（下）

320000－1638－0001436　子部 3978
慈悲道場懺法十卷　（南朝梁）武帝蕭衍輯　清光緒十八年（1892）刻本　十册

320000－1638－0001437　子部 3980－1
金剛般若波羅蜜經一卷佛説阿彌陀經一卷　（後秦）釋鳩摩羅什譯　**般若波羅蜜多心經一卷**　（唐）釋玄奘譯　清光緒三年（1877）刻本　一册

320000－1638－0001438　子部 3980－2
金剛般若波羅蜜經一卷佛説阿彌陀經一卷　（後秦）釋鳩摩羅什譯　**般若波羅蜜多心經一卷**　（唐）釋玄奘譯　清光緒三年（1877）刻本　一册

320000－1638－0001439　子部 3980－3
金剛般若波羅蜜經一卷佛説阿彌陀經一卷　（後秦）釋鳩摩羅什譯　**般若波羅蜜多心經一卷**　（唐）釋玄奘譯　清光緒三年（1877）刻本　一册

320000－1638－0001440　子部 3981
地藏菩薩本願經三卷　（唐）釋實叉難陀譯　清光緒十四年（1888）金陵刻經處刻本　三册

320000－1638－0001441　子部 3982
地藏菩薩本願經三卷　（唐）釋實叉難陀譯　清光緒十四年（1888）金陵刻經處刻本　三册

320000－1638－0001442　子部 3983
慈悲道場懺法十卷　（南朝梁）武帝蕭衍輯　清光緒十八年（1892）金陵刻經處刻本　八册　缺二卷（二至三）

320000－1638－0001443　子部 3984
地藏菩薩本願經三卷　（唐）釋實叉難陀譯　清光緒十四年（1888）揚州藏經院刻本　三册

320000－1638－0001444　子部 3985
地藏菩薩本願經三卷　（唐）釋實叉難陀譯　清光緒十四年（1888）刻本　三册

320000－1638－0001445　子部 3986
地藏菩薩本願經三卷　（唐）釋實叉難陀譯　清光緒刻本　三册

320000－1638－0001446　子部 3987
地藏菩薩本願經三卷　（唐）釋實叉難陀譯　清光緒刻本　三册

320000－1638－0001447　子部 3988
地藏菩薩本願經三卷　（唐）釋實叉難陀譯　清光緒十四年（1888）金陵刻經處刻本　三册

320000－1638－0001448　子部 3992
大方廣佛華嚴經八十一卷附一卷　（唐）釋實叉難陀譯　清光緒二十年（1894）江北刻經處刻本　二十六册　存三十一卷（二十二至二

十三、三十二至三十三、四十、四十三至四十五、四十八、五十、五十五至五十七、五十九至六十二、六十四、七十、七十一至八十一,附一卷)

320000－1638－0001449　子部 3993
妙法蓮華經七卷　(後秦)釋鳩摩羅什譯　清刻本　五冊　存五卷(一至五)

320000－1638－0001450　子部 3994
大方廣佛華嚴經八十一卷　(唐)釋實叉難陀譯　明萬曆三十七年(1609)寫本　十一冊　存十一卷(七十一至八十一)

320000－1638－0001451　子部 3996
中峰國師三時繫念佛事一卷　(宋)釋延壽述　清同治十二年(1873)刻本　一冊

320000－1638－0001452　子部 3997
佛說阿彌陀經一卷　(後秦)釋鳩摩羅什譯　清抄本　一冊

320000－1638－0001453　子部 4000－1
慈悲道場懺法十卷　(南朝梁)武帝蕭衍輯　清光緒十八年(1892)金陵刻經處刻本　十冊

320000－1638－0001454　子部 4000－2
慈悲道場懺法十卷　(南朝梁)武帝蕭衍輯　清光緒十八年(1892)金陵刻經處刻本　九冊　缺一卷(十)

320000－1638－0001455　子部 4000－3
慈悲道場懺法十卷　(南朝梁)武帝蕭衍輯　清光緒十八年(1892)金陵刻經處刻本　二冊　存二卷(八至九)

320000－1638－0001456　子部 4001
慈悲道場懺法十卷　(南朝梁)武帝蕭衍輯　清光緒十八年(1892)金陵刻經處刻本　十冊

320000－1638－0001457　子部 4002
增廣玉匣記通書六卷末一卷　(晉)許遜撰　清光緒十三年(1887)金陵李光明家刻本　二冊

320000－1638－0001458　子部 4003
增廣玉匣記通書六卷末一卷　(晉)許遜撰　清光緒十三年(1887)金陵詞源閣刻本　一冊　存二卷(一至二)

320000－1638－0001459　子部 4005
慧命經不分卷　(清)柳華陽輯注　清刻本　一冊

320000－1638－0001460　子部 4006
毗尼日用切要一卷沙彌律儀要略一卷　(清)釋讀體彙集　清光緒華山律堂刻本　一冊

320000－1638－0001461　子部 4007－1
四分戒本一卷　(後秦)釋佛陀耶舍譯　清華山律堂刻本　一冊

320000－1638－0001462　子部 4007－2
四分戒本一卷　(後秦)釋佛陀耶舍譯　清刻本　一冊

320000－1638－0001463　子部 4009
釋禪波羅密次第法門十卷　(隋)釋智顗說　(隋)釋法慎記　(隋)釋灌頂再治　清光緒三十四年(1908)揚州藏經院刻本　四冊

320000－1638－0001464　子部 4010
釋禪波羅密次第法門十卷　(隋)釋智顗說　(隋)釋法慎記　(隋)釋灌頂再治　清光緒三十四年(1908)揚州藏經院刻本　一冊　存二卷(三至四)

320000－1638－0001465　子部 4012
仁王護國般若波羅蜜多經二卷　(唐)釋不空譯　清同治九年(1870)金陵刻經處刻本　一冊

320000－1638－0001466　子部 4013
維摩詰所說經三卷　(後秦)釋鳩摩羅什譯　清同治九年(1870)金陵刻經處刻本　一冊

320000－1638－0001467　子部 4014
維摩詰所說經註八卷　(後秦)釋鳩摩羅什譯　(後秦)釋僧肇註　清光緒十三年(1887)金陵刻經處刻本　二冊

320000－1638－0001468　子部 4016
佛教初學課本一卷註一卷　(清)楊文會撰　清光緒三十二年(1906)金陵刻經處刻本

一册

320000－1638－0001469　子部 4019
烏夜啼勸孝歌不分卷　(清)徐廷珍等撰　清光緒十五年(1889)金陵鼎誠法號刻本　一册

320000－1638－0001470　子部 4026
金剛般若波羅密經一卷　(後秦)釋鳩摩羅什譯　清抄本　一册

320000－1638－0001471　子部 4027
佛祖歷代通載三十六卷目錄一卷　(元)釋念常集　清抄本　一册　存一卷(目錄一卷)

320000－1638－0001472　子部 4028－1
慈悲十王妙懺法三卷　清抄本　三册

320000－1638－0001473　子部 4028－2
慈悲十王妙懺法三卷　清抄本　二册　存二卷(中至下)

320000－1638－0001474　子部 4029
慈悲十王寶懺法三卷　清抄本　一册　存一卷(上)

320000－1638－0001475　子部 4030
慈悲三昧水懺法三卷　(唐)釋知玄述　清光緒三十二年(1906)抄本　三册

320000－1638－0001476　子部 4031
消災延壽藥師寶懺法三卷　清宣統三年(1911)抄本　三册

320000－1638－0001477　子部 4032
禪關策進三集　(明)釋袾宏輯　清道光二十七年(1847)刻本　一册

320000－1638－0001478　子部 4034
剃度正範一卷　清光緒十六年(1890)刻本　一册

320000－1638－0001479　子部 4036
玉歷鈔傳一卷神像一卷經驗良方一卷　清末金陵湯明林聚珍書局刻本　一册

320000－1638－0001480　子部 4038－1
性相通說一卷　(明)釋德清撰　清同治十二年(1873)金陵刻經處刻本　一册

320000－1638－0001481　子部 4038－2
性相通說一卷　(明)釋德清撰　清同治十二年(1873)金陵刻經處刻本　一册

320000－1638－0001482　子部 4039
十宗略說一卷　(清)楊文會述　清末刻本　一册

320000－1638－0001483　子部 4043
金光明最勝王經十卷　(唐)釋義淨譯　清同治十年(1871)常熟刻經處刻本　二册

320000－1638－0001484　子部 4045
慈悲道場懺法十卷　(南朝梁)武帝蕭衍輯　清光緒十五年(1889)金陵刻經處刻本　三册

320000－1638－0001485　子部 4048
毗尼日用切要一卷沙彌律儀要略一卷　(清)釋讀體彙集　清光緒二十一年(1895)金陵刻經處刻本　一册

320000－1638－0001486　子部 4051
楞伽阿跋多羅寶經四卷　(宋)釋求那跋陀羅譯　清刻本　一册　存二卷(一至二)

320000－1638－0001487　子部 4055
玄妙鏡入道真詮三卷　李昌仁撰　清光緒十年(1884)刻本　一册

320000－1638－0001488　子部 4058－1
修習止觀坐禪法要二卷六妙法門一卷　(隋)釋智顗述　清光緒十八年(1892)金陵刻經處刻本　一册

320000－1638－0001489　子部 4058－2
修習止觀坐禪法要二卷六妙法門一卷　(隋)釋智顗述　清光緒十八年(1892)金陵刻經處刻本　一册

320000－1638－0001490　子部 4059
大乘起信論纂註二卷　(南朝陳)釋真諦譯　(明)釋真界纂註　清光緒十一年(1885)金陵刻經處刻本　一册

320000－1638－0001491　子部 4063
香雲蓋菩薩摩訶薩一卷　清抄本　一册

320000－1638－0001492　子部 4064

示懺悔過法一卷　清抄本　一冊

320000－1638－0001493　子部 4065
初見新戒一卷初壇懺摩一卷　清抄本　一冊

320000－1638－0001494　子部 4066
神訓便讀一卷　清末刻本　一冊

320000－1638－0001495　子部 4067
大乘大集地藏十輪經十卷　(唐)釋玄奘譯　清刻本　一冊　存三卷(一至三)

320000－1638－0001496　子部 4070
靈峰蕅益大師梵室偶談一卷　(清)釋智旭撰　**徹悟禪師語錄二卷**　(清)釋了亮等集　清同治十年(1871)金陵刻經處刻本　一冊

320000－1638－0001497　子部 4073
金剛經旁解一卷　清光緒三年(1877)瑪瑙經房善書局刻本　一冊

320000－1638－0001498　子部 4079
南無楞嚴會上佛菩薩一卷　清三峯寺刻本　一冊

320000－1638－0001499　子部 4080
陰符經玄解正義一卷　(清)閔一得箋注　清刻本　一冊

320000－1638－0001500　子部 4081
大乘止觀法門釋要四卷　(清)釋智旭述　清道光六年(1826)揚州藏經院刻本　一冊　存三卷(一至三)

320000－1638－0001501　子部 4088
大方廣佛華嚴經六十卷　(晉)釋佛陀跋陀羅等譯　清光緒七年(1881)常熟刻經處刻本　十六冊

320000－1638－0001502　子部 4090
大方廣佛華嚴經八十卷　(唐)釋實叉難陀譯　清刻本　二十冊

320000－1638－0001503　子部 4091
大方廣佛華嚴經八十卷　(唐)釋實叉難陀譯　清刻本　二十冊

320000－1638－0001504　子部 4093
大方廣佛華嚴經要解一卷　(宋)釋戒環集　清同治十一年(1872)金陵刻經處刻本　一冊

320000－1638－0001505　子部 4100
相宗八要直解八卷　(唐)釋玄奘譯　(清)釋智旭解　清同治九年(1870)金陵刻經處刻本　二冊

320000－1638－0001506　子部 4105
唯識問答一卷　劉玉子撰　清末刻本　一冊

320000－1638－0001507　子部 4107
仙佛合宗語錄一卷　(明)伍守陽撰　(明)伍守虛校注　清宣統二年(1910)善成堂刻本　一冊

320000－1638－0001508　子部 4113
般若波羅密多心經淺釋一卷　(唐)釋玄奘譯　(清)梅光羲淺釋　清宣統元年(1909)金陵祇桓精舍刻本　一冊

320000－1638－0001509　子部 4115
道祖呂師金剛經直解一卷　清光緒二十三年(1897)杭城瑪瑙經房刻本　一冊

320000－1638－0001510　子部 4117
金剛決疑一卷　清刻本　一冊

320000－1638－0001511　子部 4118
占察善惡業報經疏二卷　(清)釋智旭述　清同治七年(1868)刻本　二冊

320000－1638－0001512　子部 4119
占察善惡業報經疏二卷　(清)釋智旭述　清同治七年(1868)刻本　二冊

320000－1638－0001513　子部 4120
佛說阿彌陀經二卷　(三國吳)釋支謙譯　清同治十三年(1874)金陵刻經處刻本　一冊

320000－1638－0001514　子部 4131
音釋坐花志果八卷　(清)汪道鼎撰　題(清)鷲峰樵者音釋　清刻本　二冊　存四卷(五至八)

320000－1638－0001515　子部 4134
太上洞元靈寶梓潼本願真經一卷　清光緒二十九年(1903)至德堂刻本　一冊

320000－1638－0001516　子部 4136

四諦論四卷　(南朝陳)釋真諦譯　清刻本　一册

320000－1638－0001517　子部 4143

律門祖庭彙誌一卷　釋輔仁編　清光緒三十一年(1905)鉛印本　一册

320000－1638－0001518　子部 4144

萬善先資集四卷　(清)周思仁撰　清光緒五年(1879)藏經院刻本　一册　存二卷(一至二)

320000－1638－0001519　子部 4145

棆堂山居詩一卷　(元)釋益撰　清光緒十一年(1885)金陵刻經處刻本　一册

320000－1638－0001520　子部 4146

佛説大安般守意經二卷　(漢)釋安清譯　清末篆隱軒刻本　一册

320000－1638－0001521　子部 4147

阿唎多羅陀羅尼阿嚕力經一卷　(唐)釋不空譯　**佛説迴向輪經一卷**　(唐)釋屍羅達摩譯　**無垢淨光大陀羅尼經一卷**　(唐)釋彌陀山譯　**佛説救拔焰口餓鬼陀羅尼經一卷**　(唐)釋不空譯　清刻本　一册

320000－1638－0001522　子部 4148

真經俗解四卷　清末李光明莊刻本　一册

320000－1638－0001523　子部 4149

穿珠集二卷　(清)釋隆範輯　清光緒三十三年(1907)刻本　二册

320000－1638－0001524　子部 4152

萬善同歸集三卷　(宋)釋延壽述　清同治十一年(1872)金陵刻經處刻本　三册

320000－1638－0001525　子部 4155

竹窗隨筆一卷　(明)釋袾宏撰　清光緒二十四年(1898)金陵刻經處刻本　一册

320000－1638－0001526　子部 4157

金剛經直解一卷　清光緒十七年(1891)上海冀化堂刻本　一册

320000－1638－0001527　子部 4158

敬竈章一卷　清光緒十四年(1888)刻本　一册

320000－1638－0001528　子部 4160

大乘密嚴經三卷　(唐)釋不空譯　清同治十一年(1872)常熟刻經處刻本　一册

320000－1638－0001529　子部 4161

六祖大師法寶壇經一卷　(唐)釋慧能説　(唐)釋法海錄　清同治十一年(1872)如臯刻經處刻本　一册

320000－1638－0001530　子部 4162

三論宗略説一卷　劉玉子撰　清末刻本　一册

320000－1638－0001531　子部 4163

敕賜大寶華山護國慧居寺同戒錄一卷　清光緒七年(1881)刻本　一册

320000－1638－0001532　子部 4164

金剛經聯語一卷　(清)王定安輯　清光緒十二年(1886)江南書局刻本　一册

320000－1638－0001533　子部 4165

法海觀瀾五卷　(清)釋智旭輯　清光緒二十三年(1897)揚州藏經禪院刻本　二册

320000－1638－0001534　子部 4169

等不等觀雜錄八卷　(清)楊文會撰　清末刻本　一册　存二卷(三至四)

320000－1638－0001535　子部 4170

慈悲道場懺法十卷　(南朝梁)武帝蕭衍輯　清光緒十五年(1889)金陵刻經處刻本　二册　存六卷(一至六)

320000－1638－0001536　子部 4174

四書小參一卷問答一卷　(明)朱斯行撰　清光緒三年(1877)蘇州刻經處刻本　一册

320000－1638－0001537　子部 4175

鸚歌寶卷一卷　清同治十一年(1872)刻本　一册

320000－1638－0001538　子部 4178

大方廣佛華嚴經八十卷　(唐)釋實叉難陀譯　清刻本　一册　存四卷(二十九至三十二)

320000－1638－0001539　子部 4179
梁武帝問誌公禪師因果經一卷　清刻本　一冊

320000－1638－0001540　子部 4180
佛說梵網經菩薩心地品合註不分卷附一卷　(後秦)釋鳩摩羅什譯　(清)釋智旭註　(清)釋道昉訂　清刻本　一冊

320000－1638－0001541　子部 4182
太華山紫金鎮兩世修行劉香寶卷全集二卷　清光緒十六年(1890)金陵一得齋善書坊刻本　一冊　存一卷(上)

320000－1638－0001542　子部 4184
重訂西方公據二卷　(清)彭紹升輯　清光緒十三年(1887)揚州藏經禪院刻本　一冊

320000－1638－0001543　子部 4186
無隱禪師略錄一卷　普顧居士集校　清光緒十六年(1890)金陵刻經處刻本　一冊

320000－1638－0001544　子部 4187
首楞嚴經疏二十卷　(宋)釋子璿集　清光緒三十二年(1906)揚州藏經院刻本　八冊

320000－1638－0001545　子部 4192
醒聞篇一卷　清刻本　一冊

320000－1638－0001546　子部 4204
法界宗五祖略記一卷賢首五教儀開蒙一卷　(清)釋續法集　清光緒二十二年(1896)刻本　一冊

320000－1638－0001547　子部 4208
華嚴一乘教義分齊章四卷　(唐)釋法藏述　清刻本　一冊

320000－1638－0001548　子部 4210
醒迷錄一卷　清光緒七年(1881)刻本　一冊

320000－1638－0001549　子部 4211
毘陵天甯普能嵩禪師淨土詩一卷　(清)釋德潤錄　清宣統三年(1911)南京西方禪院刻本　一冊

320000－1638－0001550　子部 4215
大乘起信論纂註二卷　(南朝陳)釋真諦譯　(明)釋真界纂註　清光緒十一年(1885)金陵刻經處刻本　一冊

320000－1638－0001551　子部 4225
佛說四十二章經註一卷佛遺教經註一卷　(宋)釋守遂註　(明)釋了童補註　清光緒十六年(1890)金陵刻經處刻本　一冊

320000－1638－0001552　子部 4226
太上感應篇直講一卷　清光緒三年(1877)一得齋刻本　一冊

320000－1638－0001553　子部 4230
太上感應篇圖說八卷　(清)黄正元輯　清光緒十五年(1889)濟善堂刻本　七冊　缺一卷(忠)

320000－1638－0001554　子部 4231－1
大乘起信論一卷　(南朝陳)釋真諦譯　清光緒二十四年(1898)金陵刻經處刻本　一冊

320000－1638－0001555　子部 4231－2
大乘起信論一卷　(南朝陳)釋真諦譯　清光緒二十四年(1898)金陵刻經處刻本　一冊

320000－1638－0001556　子部 4231－3
大乘起信論一卷　(南朝陳)釋真諦譯　清光緒二十四年(1898)金陵刻經處刻本　一冊

320000－1638－0001557　子部 4233
大佛頂首楞嚴經正脈疏四十卷　(明)釋真鑑述　清刻本　二冊　存五卷(十至十二、二十一至二十二)

320000－1638－0001558　子部 4241
修西定課一卷　(清)鄭澄德　(清)鄭澄源注　清光緒二十四年(1898)金陵刻經處刻本　一冊

320000－1638－0001559　子部 4244－1
玄門宗譜一卷　清末南京古斗姆宮刻本　一冊

320000－1638－0001560　子部 4244－2
玄門宗譜一卷　清末南京古斗姆宮刻本　一冊

320000－1638－0001561　子部 4252

北斗經一卷　清刻本　一冊

320000－1638－0001562　子部 4254

養生保命錄一卷　清光緒十六年(1890)集文堂善書房刻本　一冊

320000－1638－0001563　子部 4255

摩訶般若波羅蜜多心經一卷　題(清)玉山老人秘解　清同治十年(1871)刻本　一冊

320000－1638－0001564　子部 4256

金剛經直解一卷　清光緒十五年(1889)賜福堂刻本　一冊

320000－1638－0001565　子部 4265

大方便報恩懺法三卷　清抄本　一冊　存一卷(中)

320000－1638－0001566　子部 4266

地藏菩薩本願經三卷　(唐)釋實叉難陀譯　清抄本　一冊　存一卷(下)

320000－1638－0001567　子部 4267

慈悲血盆懺法三卷　清光緒抄本　一冊　存一卷(中)

320000－1638－0001568　子部 4268

慈悲十王妙懺法三卷　清光緒三十二年(1906)抄本　二冊　缺一卷(上)

320000－1638－0001569　子部 4269

妙法蓮華經七卷　(後秦)釋鳩摩羅什譯　清抄本　一冊　存一卷(六)

320000－1638－0001570　子部 4272

金剛般若波羅蜜經一卷　(後秦)釋鳩摩羅什譯　**般若波羅蜜多心經一卷**　(唐)釋玄奘譯　清末李光明莊刻本　一冊

320000－1638－0001571　子部 4275

呂祖全書三十二卷　清刻本　一冊

320000－1638－0001572　子部 4278

太上寶筏圖說八卷　(清)黃正元輯　清光緒十八年(1892)鴻文書局石印本　五冊　缺三卷(悌、忠、義)

320000－1638－0001573　子部 4282

玉皇心印妙經真解一卷　(清)覺真子註　清同治九年(1870)寶文堂刻本　一冊

320000－1638－0001574　子部 4283

竈王真經一卷　清光緒二十七年(1901)一得齋刻本　一冊

320000－1638－0001575　子部 4285

佛說父母恩重胎骨經一卷　清刻本　一冊

320000－1638－0001576　子部 4289

觀音十二圓覺一卷　清光緒二年(1876)一得齋刻本　一冊

320000－1638－0001577　子部 4290

三元三品三官妙經一卷　清光緒二十四年(1898)宏道堂刻本　一冊

320000－1638－0001578　子部 4294

宗鏡錄一百卷　(宋)釋延壽集　清刻本　七冊　存三十六卷(二十一至二十五、三十一至四十一、四十六至五十、六十一至六十五、七十一至七十五、八十六至九十)

320000－1638－0001579　子部 4295

首楞嚴經疏二十卷　(宋)釋子璿集　清刻本　一冊　存三卷(八至十)

320000－1638－0001580　子部 4297

梵網經盧舍那佛說菩薩十重四十八輕戒本二卷　(後秦)釋鳩摩羅什譯　清刻本　一冊　存一卷(下)

320000－1638－0001581　子部 4298

周易禪解十卷　(清)釋智旭撰　清刻本　一冊　存四卷(七至十)

320000－1638－0001582　子部 4300

三論玄義二卷　(隋)釋吉藏撰　清光緒二十五年(1899)金陵刻經處刻本　一冊

320000－1638－0001583　子部 4301

釋摩訶般若波羅密經覺意三昧一卷　(隋)釋智顗說　清光緒二十九年(1903)揚州藏經院刻本　一冊

320000－1638－0001584　子部 4302

大方廣圓覺修多羅了義經二卷　(唐)釋佛陀

多羅譯　清同治八年(1869)金陵刻經處刻本　一冊

320000－1638－0001585　子部 4303

佛說七具胝佛母準提大明陀羅尼經一卷　(唐)釋金剛智譯　**千手千眼觀世音菩薩廣大圓滿無礙大悲心陀羅尼經一卷**　(唐)釋伽梵達摩譯　**佛頂尊勝陀羅尼經一卷**　(唐)釋佛陀波利譯　**穢跡金剛咒經一卷**　(唐)釋無能勝譯　清光緒八年(1882)金陵刻經處刻本　一冊

320000－1638－0001586　子部 4304－1

金剛般若波羅蜜經直解二卷　清同治四年(1865)一得齋刻書店刻本　一冊

320000－1638－0001587　子部 4304－2

金剛般若波羅蜜經直解二卷　清同治四年(1865)一得齋刻書店刻本　一冊

320000－1638－0001588　子部 4305

仁王護國般若波羅蜜經二卷　(後秦)釋鳩摩羅什譯　清末刻本　一冊

320000－1638－0001589　子部 4309

暗室燈二卷　(清)□□撰　清光緒四年(1878)一得齋刻本　一冊

320000－1638－0001590　子部 4313

達摩寶卷一卷　清光緒九年(1883)一得齋刻本　一冊

320000－1638－0001591　子部 4314

重訂教乘法數十二卷　(清)釋超海等訂　清光緒三十四年(1908)刻本　六冊

320000－1638－0001592　子部 4315

重訂教乘法數十二卷　(清)釋超海等訂　清光緒三十四年(1908)刻本　四冊　存八卷(三至十)

320000－1638－0001593　子部 4320

太上感應篇註合鈔二卷　(清)惠棟箋　(清)姚學塽註　清同治五年(1866)刻本　一冊

320000－1638－0001594　子部 4322

般若心經五家註五種五卷附紫柏老人心經說一卷　金陵刻經處輯　清同治至民國初金陵刻經處、長沙刻經處刻金陵刻經處彙印本　一冊

320000－1638－0001595　子部 4323

格言聯璧一卷　清光緒十六年(1890)濟善堂刻本　二冊

320000－1638－0001596　子部 4329

入佛問答二卷　題(清)問橋居士撰　清光緒十年(1884)刻本　一冊　存一卷(下)

320000－1638－0001597　子部 4331

金剛新眼疏經偈合釋二卷　(清)釋通理撰　清刻本　一冊　存一卷(上)

320000－1638－0001598　子部 4332

神訓必讀一卷　清光緒三年(1877)劉天祿堂刻本　一冊

320000－1638－0001599　子部 4333

解迷顯智成悲十明論一卷　(唐)李通玄撰　清同治八年(1869)如皋刻經處刻本　一冊

320000－1638－0001600　子部 4334

金光明最勝王經十卷　(唐)釋義淨譯　清刻本　一冊　存五卷(一至五)

320000－1638－0001601　子部 4335

修習止觀坐禪法要二卷六妙法門一卷　(隋)釋智顗述　清光緒十八年(1892)金陵刻經處刻本　一冊

320000－1638－0001602　子部 4337

佛說四十二章經解一卷佛遺教經解一卷八大人覺經略解一卷　(清)釋智旭撰　清光緒十一年(1885)金陵刻經處刻本　一冊

320000－1638－0001603　子部 4338

首楞嚴經指掌疏事義十卷　(清)釋心興撰　清刻本　一冊

320000－1638－0001604　子部 4339

藥師經疏鈔擇要三卷　題(清)伯亭老人疏鈔　(清)釋普霈擇要　清刻本　一冊　存一卷(上)

320000－1638－0001605　子部 4340

顯密圓通成佛心要集二卷　（遼）釋道㲀集　清同治十一年（1872）金陵刻經處刻本　一冊

320000－1638－0001606　子部 4341
永嘉真覺大師證道歌一卷　（元）釋法惠注　（元）釋德弘編　清光緒三十四年（1908）金陵刻經處刻本　一冊

320000－1638－0001607　子部 4343
摩訶般若波羅蜜多心經一卷　題（清）玉山老人秘解　清同治一得齋刻本　一冊

320000－1638－0001608　子部 4344
高王觀世音經一卷　清末刻本　一冊

320000－1638－0001609　子部 4346
法華經安樂行義一卷　（南朝陳）釋釋思説　清光緒二十四年（1898）金陵刻經處刻本　一冊

320000－1638－0001610　子部 4350
妙法蓮華經三卷　（後秦）釋鳩摩羅什譯　清刻本　一冊

320000－1638－0001611　子部 4351
金鏗纂陰陽秘旨一卷　（清）董銀峰撰　清光緒十二年（1886）如不及齋刻本　一冊

320000－1638－0001612　子部 4354
楊忠愍公家訓一卷　（明）楊繼盛編　清光緒十九年（1893）石印本　一冊

320000－1638－0001613　子部 4366
昭代名人尺牘小傳二十四卷　（清）吳修輯　清光緒二十四年（1898）石印本　一冊　存一卷（二十一）

320000－1638－0001614　子部 4375
曾文正公記手蹟樣本一卷　中國圖書公司編　清宣統元年（1909）中國圖書公司石印本　一冊

320000－1638－0001615　子部 4386
李傅相七十壽序一卷　（清）張之洞等撰　清光緒十八年（1892）刻本　一冊

320000－1638－0001616　子部 4391
回文經典不分卷　清抄本　一冊

320000－1638－0001617　子部 4394
記中興事堂畫稿不分卷　李濱撰　清宣統元年（1909）石印本　一冊

320000－1638－0001618　子部 4395
湖北汉湖漁子畫稿一卷　（清）黃石繪　清光緒二十三年（1897）石印本　一冊

320000－1638－0001619　子部 4399
玲瓏雪月山房百梅圖不分卷　（清）鮑瑩繪　清光緒二十二年（1896）石印本　二冊

320000－1638－0001620　子部 4401
益壯圖記不分卷　（清）黃璟繪　清光緒三十一年（1905）石印本　一冊　存一冊（一）

320000－1638－0001621　子部 4415
倚松老人詩集二卷　（宋）饒節撰　清宣統二年（1910）刻本　二冊

320000－1638－0001622　子部 4440
史論彙選乙編八卷　（清）吕景端編　清光緒二十七年（1901）石印本　一冊　存一卷（一）

320000－1638－0001623　子部 4441
歷代分類政治考十卷　（清）汪懋麟撰　清末石印本　一冊　存二卷（七至八）

320000－1638－0001624　子部 4442
古今列女傳三卷　（明）解縉等撰　清松盛堂刻本　一冊　存一卷（上）

320000－1638－0001625　子部 4585
慈悲道場懺法十卷　（南朝梁）武帝蕭衍輯　清光緒十八年（1892）金陵刻經處刻本　十冊

320000－1638－0001626　子部 4586
類典不分卷　清抄本　一冊

320000－1638－0001627　子部 4587
名人文選不分卷　清抄本　一冊

320000－1638－0001628　子部 4589
鴻雁留蹤不分卷　清抄本　一冊

320000－1638－0001629　子部 4590
［四川］望江何氏家譜不分卷　清抄本　一冊

320000－1638－0001630　子部 4593

登臨詩不分卷 (清)□□撰 稿本 一冊

320000－1638－0001631 子部4594
三多心齋壬書二卷 清抄本 一冊

320000－1638－0001632 子部4597
文王照膽鏡不分卷 清抄本 一冊

320000－1638－0001633 子部4600
枕善堂尺牘一隅二十卷 (清)陳大溶撰 清抄本 一冊 存四卷(十七至二十)

320000－1638－0001634 子部4601
開卷一笑不分卷 清抄本 一冊

320000－1638－0001635 子部4607
金石碑記摘要偶抄不分卷 清抄本 一冊

320000－1638－0001636 子部4609
尺牘不分卷 清抄本 一冊

320000－1638－0001637 子部4610
龍慧日記不分卷 清光緒二十七年(1901)抄本 一冊

320000－1638－0001638 子部4611
諸葛武侯梅花神課不分卷 清光緒二十七年(1901)抄本 一冊

320000－1638－0001639 子部4613
養雲山莊師友錄箋注稿不分卷 清抄本 一冊

320000－1638－0001640 子部4615
天尺樓藏書記事詩補稿不分卷 清抄本 一冊

320000－1638－0001641 子部4616
大學解說不分卷 清抄本 一冊

320000－1638－0001642 子部4620
鈔錄發函不分卷 清光緒三十四年(1908)抄本 一冊

320000－1638－0001643 子部4626
督憲甄別尊經師課不分卷 清抄本 一冊

320000－1638－0001644 子部4627
岕茶彙鈔一卷 (清)冒襄撰 閒者軒帖考一卷 (清)孫承澤撰 清抄本 一冊

320000－1638－0001645 子部4630
造福全書不分卷 (清)黃一鳳撰 清抄本 一冊

320000－1638－0001646 集部1245
宋百家詩存二十卷 (清)曹庭棟輯 清乾隆六年(1741)曹氏二六書堂刻本 三十八冊

320000－1638－0001647 集部1246
杜少陵全集詳註(杜詩詳註)三十一卷首一卷 (唐)杜甫撰 (清)仇兆鰲輯註 附編二卷 清康熙三十二年(1693)芸生堂刻本 二十七冊 存二十八卷(一至二十五、首一卷、附編二卷)

320000－1638－0001648 集部1247－1
玉井山館文略五卷文續二卷詩十五卷詩餘一卷 (清)許宗衡撰 清同治四年至九年(1865－1870)刻本 六冊

320000－1638－0001649 集部1247－2
玉井山館文略五卷文續二卷詩十五卷詩餘一卷 (清)許宗衡撰 清同治四年至九年(1865－1870)刻本 四冊 存二十一卷(玉井山館文略五卷、詩十五卷、詩餘一卷)

320000－1638－0001650 集部1248
蘇文忠公詩集五十卷目錄二卷 (宋)蘇軾撰 (清)紀昀評 清同治八年(1869)韞玉山房刻朱墨套印本 十二冊

320000－1638－0001651 集部1249
曝書亭集八十卷附錄一卷 (清)朱彝尊撰 清光緒十五年(1889)寒梅館刻本 六冊 存十七卷(一至十七)

320000－1638－0001652 集部1250
玉溪生詩詳註三卷 (唐)李商隱撰 (清)馮浩註 清乾隆德聚堂刻本 四冊

320000－1638－0001653 集部1251
笥河文集十六卷首一卷 (清)朱筠撰 清光緒五年(1879)謙德堂刻本 二冊 存十四卷(一至十三、首一卷)

320000－1638－0001654　集部 1252－1
心盦詞存四卷　(清)何兆瀛撰　清同治十二年(1873)刻本　二册

320000－1638－0001655　集部 1252－2
心盦詩存十二卷　(清)何兆瀛撰　清同治十二年(1873)刻本　二册　存六卷(四至九)

320000－1638－0001656　集部 1253
樊南文集詳註八卷　(唐)李商隱撰　(清)馮浩註訂　清乾隆三十年(1765)悳聚堂刻本　三册　存六卷(一至六)

320000－1638－0001657　集部 1256
健修堂詩集二十二卷　(清)邊浴禮撰　清咸豐七年(1857)白氏刻本　六册　存十八卷(一至十八)

320000－1638－0001658　集部 1257
宋黃文節公全集正集三十二卷首四卷外集二十四卷首一卷别集十九卷續集十卷詞一卷　(宋)黃庭堅撰　**黃青社先生伐檀集二卷**　(宋)黃庶撰　清光緒二十年(1894)義寧州署刻本　二十一册　存七十一卷(宋黃文節公全集正集一至十九、首四卷,外集二十四卷、首一卷,别集一至十八,續集一至三;黃青社先生伐檀集二卷)

320000－1638－0001659　集部 1258
小檀欒室彙刻閨秀詞十集　徐乃昌輯　清光緒二十四年(1898)小檀欒室刻本　十二册　存六十種六十卷

320000－1638－0001660　集部 1259－1
西堂雜組一集八卷　(清)尤侗撰　清康熙刻本　四册

320000－1638－0001661　集部 1259－2
西堂雜組二集八卷　(清)尤侗撰　清康熙刻本　四册

320000－1638－0001662　集部 1259－3
西堂雜組三集八卷　(清)尤侗撰　清康熙刻本　四册

320000－1638－0001663　集部 1259－4
看雲草堂集八卷　(清)尤侗撰　清康熙刻本　四册

320000－1638－0001664　集部 1259－5
於京集五卷　(清)尤侗撰　清康熙刻本　二册

320000－1638－0001665　集部 1259－6
西堂秋夢錄不分卷　(清)尤侗撰　清康熙刻本　一册

320000－1638－0001666　集部 1259－7
西堂小草不分卷　(清)尤侗撰　清康熙刻本　一册

320000－1638－0001667　集部 1259－8
論語詩一卷右北平集一卷　(清)尤侗撰　清康熙刻本　一册

320000－1638－0001668　集部 1259－9
哀絃集不分卷　(清)尤侗撰　(清)尤珍注　清康熙刻本　一册

320000－1638－0001669　集部 1259－10
擬明史樂府一卷外國竹枝詞一卷　(清)尤侗撰　(清)尤珍注　清康熙刻本　一册

320000－1638－0001670　集部 1259－11
百末詞六卷　(清)尤侗撰　清康熙刻本　二册

320000－1638－0001671　集部 1259－12
湘中草六卷　(明)湯傳楹撰　清康熙刻本　三册

320000－1638－0001672　集部 1260
詞律二十卷　(清)萬樹撰　**拾遺八卷**　(清)徐本立編　**補遺一卷**　(清)杜文瀾編　清光緒二年(1876)刻本　十六册

320000－1638－0001673　集部 1262
金文最六十卷　(清)張金吾輯　清光緒二十一年(1895)蘇州書局刻本　十五册　缺四卷(二十七至三十)

320000－1638－0001674　集部 1263
明文在一百卷　(清)薛熙輯　清刻本　五册　存九十一卷(十至一百)

320000－1638－0001675　集部1264
庾子山集十六卷　（北周）庾信撰　（清）倪璠註釋　清光緒十六年（1890）經史閣刻本　十冊　存十四卷（三至十六）

320000－1638－0001676　集部1265＋集部3767
五是堂詩集八卷　（清）顧王霖撰　清光緒二十四年（1898）刻本　四冊

320000－1638－0001677　集部1267
謫麐堂遺集四卷　（清）戴望撰　清光緒元年（1875）刻本　二冊

320000－1638－0001678　集部1272
詞律二十卷　（清）萬樹撰　清康熙二十六年（1687）萬氏堆絮園刻本　八冊

320000－1638－0001679　集部1276
韻字略十二卷　（清）毛謨輯　清光緒元年（1875）桐華書屋刻本　二冊

320000－1638－0001680　集部1277
唐文粹一百卷　（宋）姚鉉編　**補遺二十六卷**　（清）郭麟編　清光緒九年（1883）江蘇書局刻本　二十冊

320000－1638－0001681　集部1278
東萊博議四卷　（宋）呂祖謙撰　清末商務印書館石印本　一冊

320000－1638－0001682　集部1280
字學舉隅一卷　（清）龍啟瑞撰　清光緒十年（1884）京都松竹齋刻本　一冊

320000－1638－0001683　集部1281
正字略一卷　（清）王筠撰　清光緒五年（1879）刻本　一冊

320000－1638－0001684　集部1282
字學舉隅續編一卷　（清）龍啟瑞撰　清光緒二年（1876）刻本　二冊

320000－1638－0001685　集部1283
宋文鑑一百五十卷目錄三卷　（宋）呂祖謙輯　清光緒十二年（1886）江蘇書局刻本　二十一冊

320000－1638－0001686　集部1284
蠶尾集十卷續集二卷後集二卷　（清）王士禛撰　清刻本　八冊

320000－1638－0001687　集部1285
雍益集一卷　（清）王士禛撰　清刻本　一冊

320000－1638－0001688　集部1286
十種唐詩選十七卷　（清）王士禛編　清刻本　五冊

320000－1638－0001689　集部1287
分甘餘話四卷　（清）王士禛撰　清刻本　二冊

320000－1638－0001690　集部1288
南海集二卷　（清）王士禛撰　清刻本　二冊

320000－1638－0001691　集部1289
唐賢三昧集三卷　（清）王士禛輯　清刻本　三冊

320000－1638－0001692　集部1290
國朝金陵詞鈔八卷閨秀詞一卷　陳作霖輯　清光緒十八年（1892）刻本　四冊

320000－1638－0001693　集部1291
古文約選不分卷　（清）允禮選　（清）方苞訂　清刻本　六冊

320000－1638－0001694　集部1292
國朝金陵詩徵四十八卷　（清）朱緒曾編　清光緒十一年（1885）刻本　十六冊

320000－1638－0001695　集部1293
新安先集二十卷　（清）朱之榛編　清同治十三年（1874）刻本　六冊

320000－1638－0001696　集部1294
秋錦山房集二十二卷外集三卷　（清）李良年撰　清乾隆二十四年（1759）刻本　四冊　存七卷（秋錦山房集十九至二十二、外集三卷）

320000－1638－0001697　集部1295
樊榭山房集十卷續集十卷文集八卷集外詩三卷集外詞四卷集外曲二卷　（清）厲鶚撰　清光緒十年（1884）振綺堂刻本　十冊

320000－1638－0001698　集部 1296－1
新田十憶圖詠四卷　（清）吳嵩梁撰　清乾隆五十七年（1792）刻本　二冊

320000－1638－0001699　集部 1296－2
粵遊日記不分卷　（清）吳嵩梁撰　清乾隆五十七年（1792）刻本　一冊

320000－1638－0001700　集部 1296－3
聽香館叢錄六卷　（清）吳嵩梁撰　清乾隆五十七年（1792）刻本　一冊　存二卷（五至六）

320000－1638－0001701　集部 1296－4
香蘇山館古體詩鈔十四卷今體詩鈔十六卷　（清）吳嵩梁撰　清乾隆五十七年（1792）刻本　七冊　存二十一卷（香蘇山館古體詩鈔四至十四、今體詩鈔一至十）

320000－1638－0001702　集部 1297
全唐詩九百卷目錄十二卷　（清）曹寅等輯　清刻本　四冊　存三十九卷（張賁等一卷、司空圖三卷、周繇一卷、聶夷中一卷、顧雲一卷、張喬二卷、儲光義四卷、王昌齡四卷、常建一卷、杜頠等一卷、陶翰一卷、韋應物十卷、盧延讓等一卷、曹松二卷、蘇拯一卷、路德延等一卷、裴說一卷、李洞三卷）

320000－1638－0001703　集部 1298
全唐詩九百卷目錄十二卷　（清）曹寅等輯　清刻本　五冊　存六十三卷（元稹十至二十八、劉禹錫六至十二、張宏靖等一卷、張仲素一卷、庾承宣等一卷、李翱等一卷、呂溫二卷、王涯一卷、賈稜等一卷、歐陽詹一卷、柳宗元四卷、孟郊十卷、張籍五卷、盧仝三卷、李賀五卷、劉義一卷）

320000－1638－0001704　集部 1299－1
懷麓堂文後稿三十卷　（明）李東陽撰　清康熙四十八年（1709）刻本　六冊

320000－1638－0001705　集部 1299－2
懷麓堂文後續稿十卷　（明）李東陽撰　清康熙四十八年（1709）刻本　三冊

320000－1638－0001706　集部 1299－3
懷麓堂詩稿二十卷　（明）李東陽撰　清康熙四十八年（1709）刻本　一冊　存四卷（八至十一）

320000－1638－0001707　集部 1299－4
懷麓堂詩後稿十卷　（明）李東陽撰　清康熙四十八年（1709）刻本　一冊　存六卷（五至十）

320000－1638－0001708　集部 1300
陶彭澤集五卷附錄一卷　（晉）陶潛撰　（明）張燮編　明天啓二年（1622）刻七十二家集本　四冊

320000－1638－0001709　集部 1301
古文辭類纂七十五卷　（清）姚鼐纂　**校勘記一卷**　（清）李承淵撰　清光緒二十七年（1901）求要堂石印本　十冊

320000－1638－0001710　集部 1302
古文辭類纂七十五卷　（清）姚鼐纂　清末刻本　十冊

320000－1638－0001711　集部 1303
古文淵鑒六十四卷　（清）徐乾學等編　清宣統二年（1910）學部圖書館石印本　二十四冊

320000－1638－0001712　集部 1305－1
文選六十卷　（南朝梁）蕭統輯　（唐）李善注　清同治八年（1869）湖北崇文書局刻本　二十冊

320000－1638－0001713　集部 1305－2
文選考異十卷　（清）胡克家撰　清同治八年（1869）湖北崇文書局刻本　三冊　存七卷（一至七）

320000－1638－0001714　集部 1306
文心雕龍十卷　（南朝梁）劉勰撰　明刻本　二冊

320000－1638－0001715　集部 1308－1
友聲集二十六種　（清）王相輯　清咸豐八年（1858）信芳閣刻本　一冊　存三種六卷（願學齋吟稿二卷、補遺一卷，秦晉詩存二卷，情影集存稿一卷）

320000－1638－0001716　集部 1308－2

友聲集二十六種　（清）王相輯　清咸豐八年(1858)信芳閣刻本　一冊　存五種九卷（蓉湖存稿二卷、堞影軒存稿四卷、紙香書屋存稿一卷、夢闌居士存稿一卷、吟香館存稿一卷）

320000－1638－0001717　集部 1308－3
友聲集二十六種　（清）王相輯　清咸豐八年(1858)信芳閣刻本　一冊　存五種七卷（有竹居存稿三卷、清籟館存稿一卷、鐵硯齋存稿一卷、小如詩存一卷、夢綠詩鈔一卷）

320000－1638－0001718　集部 1309－1
躬厚堂詩錄十卷　（清）張金鏞撰　清同治三年(1864)刻本　二冊

320000－1638－0001719　集部 1309－2
躬厚堂詩初錄四卷　（清）張金鏞撰　清同治三年(1864)刻本　一冊

320000－1638－0001720　集部 1310
浙西六家詞六種十一卷　（清）陳維崧編　清寶書堂刻本　三冊　存五種八卷（江湖載酒集三卷、秋錦山房詞一卷、柘西精舍詞一卷、耒邊詞二卷、黑蝶齋詞一卷）

320000－1638－0001721　集部 1311－1
忠雅堂詩集三十卷　（清）蔣士銓撰　清嘉慶二十二年(1817)藏園刻本　七冊　缺四卷（十三至十六）

320000－1638－0001722　集部 1311－2
忠雅堂詞集二卷　（清）蔣士銓撰　清刻本　一冊

320000－1638－0001723　集部 1312
小倉山房尺牘十卷牘外餘言一卷　（清）袁枚撰　清乾隆三十年(1765)隨園刻本　六冊

320000－1638－0001724　集部 1313
文選纂註評林十二卷　（明）張鳳翼纂註　明萬曆刻本　四冊

320000－1638－0001725　集部 1314
山帶閣集三十三卷　（明）朱曰藩撰　明萬曆刻本　九冊

320000－1638－0001726　集部 1315
欽定全唐文一千卷目錄三卷　（清）董誥等編　清嘉慶十九年(1814)武英殿刻本　五冊　存五卷（一百二十二至一百二十六）

320000－1638－0001727　集部 1317
文選六十卷　（南朝梁）蕭統輯　（唐）李善注　**文選考異十卷**　（清）胡克家撰　清光緒上海鴻文書局石印本　八冊

320000－1638－0001728　集部 1321
文選六十卷　（南朝梁）蕭統輯　（唐）李善注　清光緒元年(1875)海録軒刻本　十二冊

320000－1638－0001729　集部 1322
文選六十卷　（南朝梁）蕭統輯　（唐）李善注　清文彬堂刻朱墨套印本　十六冊

320000－1638－0001730　集部 1323
文選六十卷　（南朝梁）蕭統輯　（唐）李善注　清文彬堂刻朱墨套印本　十三冊　存四十七卷（三至二十五、三十二至四十四、五十至六十）

320000－1638－0001731　集部 1324
續古文辭類纂二十八卷　（清）黎庶昌纂　清光緒二十一年(1895)金陵狀元閣刻本　十二冊

320000－1638－0001732　集部 1325
漁洋山人精華錄箋注十二卷補注一卷　（清）王士禛撰　（清）金榮箋注　清刻本　二冊　存四卷（二至五）

320000－1638－0001733　集部 1326
唐詩紀一百七十卷　題（明）方一元編　清刻本　二冊　存十一卷（四至八、十五至二十）

320000－1638－0001734　集部 1327
搜神記八卷　（晉）干寶撰　明刻本　一冊

320000－1638－0001735　集部 1328
張文忠公奏疏抄四卷　（明）張居正撰　（明）李贄選評　明刻本　一冊

320000－1638－0001736　集部 1330
楚辭燈四卷　（清）林雲銘論述　清康熙三十六年(1697)三讓堂刻本　四冊

320000－1638－0001737　集部 1332

東嵒草堂評訂唐詩鼓吹十卷　（金）元好問編　（元）郝天挺注　（明）廖文炳解　（清）朱三錫評　清康熙二十七年（1688）刻本　四册　存八卷（一至四、七至十）

320000－1638－0001738　集部 1333

養雲山莊文集一卷文集續一卷詩集四卷　（清）劉瑞芬撰　清光緒十九年（1893）刻本　四册

320000－1638－0001739　集部 1334

唐詩三百首補註八卷　（清）陳婉俊撰　清咸豐六年（1856）燦花閣刻本　二册

320000－1638－0001740　集部 1335

東洲草堂詩鈔二十七卷　（清）何紹基撰　清同治六年（1867）刻本　九册　存二十卷（一至四、八至十三、十六至十八、二十一至二十七）

320000－1638－0001741　集部 1336

東坡全集六十三卷目錄四卷　（宋）蘇軾撰　明刻本　十四册

320000－1638－0001742　集部 1337

唐人萬首絕句選七卷　（宋）洪邁　（清）王士禛輯　清康熙刻本　四册

320000－1638－0001743　集部 1339

疏影樓詞四種　（清）姚燮撰　清道光十三年（1833）上湖草堂刻本　三册

320000－1638－0001744　集部 1340

詞學集成八卷　（清）江順詒纂輯　清光緒七年（1881）刻本　四册

320000－1638－0001745　集部 1341

天籟軒詞譜六卷　（清）葉申薌編次　（清）孫平叔鑒定　清道光十一年（1831）刻本　五册　存五卷（二至六）

320000－1638－0001746　集部 1342

斜川集六卷　（宋）蘇過撰　清道光六年（1826）刻本　二册

320000－1638－0001747　集部 1343

嘉祐集二十卷　（宋）蘇洵撰　清道光十三年（1833）刻本　二册　存十三卷（一至十三）

320000－1638－0001748　集部 1345

居易錄三十四卷　（清）王士禛撰　清刻漁洋山人著述本　十六册

320000－1638－0001749　集部 1346

松石齋詩草三卷　（清）周懋泰撰　清光緒二十二年（1896）刻本　二册

320000－1638－0001750　集部 1348

詞律拾遺八卷　（清）徐本立編　清同治十二年（1873）吳下刻本　三册

320000－1638－0001751　集部 1350

花間集十卷　（五代）趙崇祚輯　清刻本　二册　存五卷（一至五）

320000－1638－0001752　集部 1352

欒城集四十八卷後集二十四卷三集十卷應詔集十二卷　（宋）蘇轍撰　清道光十二年（1832）眉州三蘇祠刻本　二十册　缺七卷（後集一至七）

320000－1638－0001753　集部 1353－1

悔翁詩餘五卷　（清）汪士鐸撰　清光緒九年（1883）合肥張氏味古齋刻本　一册

320000－1638－0001754　集部 1353－2

悔翁詩鈔十五卷補遺一卷　（清）汪士鐸撰　清光緒九年（1883）合肥張氏味古齋刻本　一册　存八卷（九至十五、補遺一卷）

320000－1638－0001755　集部 1355－1

躬厚堂雜文八卷　（清）張金鏞撰　清光緒四年（1878）刻本　二册

320000－1638－0001756　集部 1355－2

絳趺山館詞錄三卷　（清）張金鏞撰　清光緒四年（1878）刻本　一册

320000－1638－0001757　集部 1356

積山先生遺集十卷　（清）汪惟憲撰　清乾隆三十八年（1773）刻本　二册

320000－1638－0001758　集部 1358

白香詞譜箋四卷　（清）舒夢蘭輯　（清）謝朝

徵箋　清光緒十一年(1885)刻本　二冊　存三卷(一至三)

320000－1638－0001759　集部 1359

水心文集二十九卷　(宋)葉適撰　清乾隆二十年(1755)刻本　十冊　缺二卷(七至八)

320000－1638－0001760　集部 1360

元文類七十卷目錄三卷　(元)蘇天爵輯　明末脩德堂刻本　十一冊　缺七卷(五至十一)

320000－1638－0001761　集部 1361

楹聯錄存三卷附錄一卷　(清)俞樾撰　清刻本　二冊　存三卷(二至三、附錄一卷)

320000－1638－0001762　集部 1362

蘇東坡詩集注三十二卷　(宋)蘇軾撰　(宋)王十朋輯　清康熙文蔚堂刻本　十二冊

320000－1638－0001763　集部 1364

三十家詩鈔六卷首一卷末一卷　(清)曾國藩纂　(清)王定安增輯　清同治十三年(1874)刻本　六冊

320000－1638－0001764　集部 1365

蕙風簃所箸書　況周儀撰　**澹如軒詩一卷**　(清)朱鎮撰　清光緒二十五年(1899)武昌刻本　二冊　存三種十卷(香海棠館詞話一卷、弟一生修梅花館詞一至八,澹如軒詩一卷)

320000－1638－0001765　集部 1366

文選六十卷　(南朝梁)蕭統輯　(唐)李善注　清乾隆海録軒刻朱墨套印本　十六冊

320000－1638－0001766　集部 1367－1

文選六十卷　(南朝梁)蕭統輯　(唐)李善注　清乾隆海録軒刻朱墨套印本　十一冊　存五十五卷(一至二十五、三十一至六十)

320000－1638－0001767　集部 1367－2

文選六十卷　(南朝梁)蕭統輯　(唐)李善注　清乾隆海録軒刻朱墨套印本　二冊　存六卷(二十六至三十一)

320000－1638－0001768　集部 1368

餘園古今體詩精選四卷　(清)繆沅撰　清乾隆刻本　二冊

320000－1638－0001769　子部 1370

五知齋琴譜八卷　(清)徐祺撰　(清)周魯封彙纂　清乾隆三年(1738)刻本　三冊　存五卷(二至三、六至八)

320000－1638－0001770　集部 1371－1

五石瓠齋遺稿二卷　(清)胡世敦撰　清同治十一年(1872)刻本　一冊

320000－1638－0001771　集部 1371－2

五石瓠齋遺稿二卷　(清)胡世敦撰　清同治十一年(1872)刻本　一冊

320000－1638－0001772　集部 1372

李氏蒙求六卷　(唐)李瀚撰　(宋)徐子光註　清同治九年(1870)余肇鈞刻明辨齋叢書本　三冊

320000－1638－0001773　集部 1374

音韻正訛四卷　(明)孫耀輯　清光緒十九年(1893)古道堂刻本　二冊　存二卷(一至二)

320000－1638－0001774　集部 1375

選雅二十卷　程先甲撰　清光緒二十八年(1902)千一齋刻本　二冊　存十卷(一至十)

320000－1638－0001775　集部 1376

西泠詞萃十種　(清)丁丙輯　清光緒十三年(1887)刻本　一冊　存四種五卷(斷腸詞一卷、無弦琴譜二卷、貞居詞一卷、柘軒詞一卷)

320000－1638－0001776　集部 1377

扁善齋文存二卷　(清)鄧嘉緝撰　清光緒二十七年(1901)刻本　二冊

320000－1638－0001777　集部 1378

唐詩近體四卷　(清)胡本淵評選　清光緒二年(1876)刻本　二冊

320000－1638－0001778　集部 1379

茶香室續鈔二十五卷　(清)俞樾撰　清光緒十一年(1885)刻本　五冊　存二十二卷(一至四、八至二十五)

320000－1638－0001779　集部 1380

東坡先生詩集註三十二卷　(宋)蘇軾撰　(宋)王十朋集註　明刻本　八冊

320000－1638－0001780　集部1390
古詩箋三十二卷　（清）王士禛選　（清）聞人倓箋　清乾隆三十一年（1766）芷蘭堂刻本　九册　存二十卷（五言詩一至二、七至八、十至十七，七言詩一至四、六至九）

320000－1638－0001781　集部1392
古詩箋三十二卷　（清）王士禛選　（清）聞人倓箋　清乾隆三十一年（1766）芷蘭堂刻本　十三册　存三十一卷（五言詩一至十七，七言詩一至十二、十四至十五）

320000－1638－0001782　集部1394
因寄軒文初集十卷二集六卷補遺一卷　（清）管同撰　清光緒五年（1879）刻本　四册

320000－1638－0001783　集部1396
寒松閣老人集二十三卷　（清）張鳴珂撰　清光緒十九年（1893）刻本　三册　存八卷（詩集一至六、駢體文一卷、駢體文續一卷）

320000－1638－0001784　集部1397
陶淵明集八卷首一卷末一卷　（晉）陶潛撰　清光緒五年（1879）翰墨園刻朱墨套印本　三册　存五卷（一至四、首一卷）

320000－1638－0001785　集部1400
暖春書屋詩刪三卷　（清）方俊撰　清咸豐十年（1860）秦中刻本　一册

320000－1638－0001786　集部1402
三十家詩鈔六卷首一卷末一卷　（清）曾國藩纂　（清）王定安增輯　清同治十三年（1874）傳忠書局刻本　六册

320000－1638－0001787　集部1403
國朝常州詞錄三十一卷　繆荃孫輯　清光緒刻本　五册　存二十七卷（五至三十一）

320000－1638－0001788　集部1404
杜詩鏡銓二十卷目錄一卷　（唐）杜甫撰　（清）楊倫輯　清同治十一年（1872）望三益齋刻本　十一册

320000－1638－0001789　集部1405
震川大全集三十卷餘集八卷別集十卷補集八卷先太僕評點史記例意一卷歸震川先生論文章體則一卷　（明）歸有光撰　清宣統二年（1910）國學扶輪社石印本　十二册

320000－1638－0001790　集部1406
林和靖詩集四卷拾遺一卷　（宋）林逋撰　**附錄一卷**　朱孔彰輯　清宣統二年（1910）鴻章書局石印本　二册

320000－1638－0001791　集部1408
鄭板橋全集六編　（清）鄭燮撰　清宣統元年（1909）掃葉山房石印本　四册

320000－1638－0001792　集部1413
湘綺樓全集三十卷　王闓運撰　清宣統二年（1910）上海國學扶輪社石印本　十二册

320000－1638－0001793　集部1414
山曉閣選唐大家柳柳州全集四卷　（唐）柳宗元撰　（清）孫琮評　清宣統元年（1909）廣益書局石印本　四册

320000－1638－0001794　集部1418
王文成公全集三十八卷　（明）王守仁撰　清宣統元年（1909）集成圖書公司鉛印本　十二册

320000－1638－0001795　集部1422
楚辭十七卷　（戰國）屈原等撰　（漢）王逸注　清末上海文瑞樓石印本　三册　存十五卷（三至十七）

320000－1638－0001796　集部1423
王荆公唐百家詩選二十卷　（宋）王安石輯　清末石印本　八册

320000－1638－0001797　集部1425－1
白香詞譜一卷　（清）舒夢蘭輯　清末上海錦章圖書局石印本　一册

320000－1638－0001798　集部1425－2
晚翠軒詞韻一卷　清末上海錦章圖書局石印本　一册

320000－1638－0001799　集部1437
漁洋山人精華錄箋注十二卷補注一卷　（清）王士禛撰　（清）金榮箋注　清末石印本　九

冊　缺一卷(三)

320000－1638－0001800　集部 1439
王臨川文集四卷　(宋)王安石撰　清宣統二年(1910)上海會問堂石印本　四冊

320000－1638－0001801　集部 1440
杜詩鏡銓十二卷補注一卷　(唐)杜甫撰　(清)楊倫輯　清末鉛印本　六冊

320000－1638－0001802　集部 1447
劍南詩鈔六卷　(宋)陸遊撰　(清)楊大鶴選　清宣統二年(1910)石印本　六冊

320000－1638－0001803　集部 1448
彭羨門全集四十三卷　(清)彭孫遹撰　清宣統三年(1911)掃葉山房石印本　十一冊

320000－1638－0001804　集部 1453
陽春白雪八卷外集一卷　(宋)趙聞禮輯　清道光九年(1829)刻本　三冊

320000－1638－0001805　集部 1454
甘泉鄉人稿二十四卷餘稿二卷　(清)錢泰吉撰　清同治三年(1864)刻本　五冊

320000－1638－0001806　集部 1455
駢體文鈔三十一卷　(清)李兆洛輯　清刻本　七冊　存十七卷(三至十二、二十至二十四、三十至三十一)

320000－1638－0001807　集部 1456
東坡先生[蘇軾]年譜一卷　(宋)王宗稷編　清康熙刻本　一冊

320000－1638－0001808　集部 1457
明文才調集不分卷　(清)許振禕編集　清光緒十九年(1893)毓蘭書屋刻本　四冊

320000－1638－0001809　集部 1458
唐詩三百首注釋六卷　(清)孫洙輯　(清)章燮注　**續選一卷**　(清)于慶元編　清光緒十六年(1890)石渠山房刻本　六冊

320000－1638－0001810　集部 1459－1
增訂金壺字考一卷　(清)郝在田增訂　清同治十三年(1874)刻本　一冊

320000－1638－0001811　集部 1459－2
增訂金壺字考一卷　(清)郝在田增訂　清同治十三年(1874)刻本　一冊

320000－1638－0001812　集部 1460－1
重訂空谷傳聲一卷　(清)汪鎏撰　清光緒八年(1882)李光明莊刻本　一冊

320000－1638－0001813　集部 1460－2
重訂空谷傳聲一卷　(清)汪鎏撰　清光緒八年(1882)李光明莊刻本　一冊

320000－1638－0001814　集部 1461
養雲山館試帖二卷　(清)許球撰　清光緒元年(1875)刻本　二冊

320000－1638－0001815　集部 1462
李養一先生詩集四卷附一卷　(清)李兆洛撰　清光緒八年(1882)刻本　二冊

320000－1638－0001816　集部 1463
點勘記二卷省堂筆記一卷　(清)歐陽泉撰　清光緒四年(1878)江蘇書局刻本　二冊

320000－1638－0001817　集部 1464
玉臺新詠十卷　(南朝陳)徐陵編　清刻本　五冊

320000－1638－0001818　集部 1466
陶淵明文集十卷　(晉)陶潛撰　清宣統元年(1909)影印本　四冊

320000－1638－0001819　集部 1467
解學士詩一卷　(明)解縉撰　清末李光明莊刻本　一冊

320000－1638－0001820　集部 1495
飣餖吟十二卷　(清)石贊清集　(清)黃丙森等注釋　清咸豐八年(1858)刻本　七冊　存十卷(一至十)

320000－1638－0001821　集部 1497
國朝詩鐸二十六卷首一卷　(清)張應昌選輯　清同治八年(1869)永康應氏秀芷堂刻本　十四冊

320000－1638－0001822　集部 1513
歷代名人尺牘精華錄十二卷　(明)沈佳允輯

清宣統元年(1909)國學昌明社石印本　二册

320000－1638－0001823　集部1520－1
國朝名人小簡二卷　吴曾祺編　清宣統元年(1909)商務印書館鉛印本　二册

320000－1638－0001824　集部1520－2
歷代名人小簡二卷　吴曾祺編　清宣統二年(1910)商務印書館鉛印本　二册

320000－1638－0001825　集部1524－1
高常侍集十卷　(唐)高適撰　清光緒十年(1884)同文書局石印本　二册

320000－1638－0001826　集部1524－2
岑嘉州集八卷　(唐)岑參撰　清光緒十年(1884)同文書局石印本　二册

320000－1638－0001827　集部1524－3
王摩詰集六卷　(唐)王維撰　清光緒十年(1884)同文書局石印本　二册

320000－1638－0001828　集部1524－4
孟浩然集四卷　(唐)孟浩然撰　清光緒十年(1884)上海同文書局石印本　二册

320000－1638－0001829　集部1525
劍南詩鈔六卷　(宋)陸遊撰　(清)楊大鶴選　清宣統二年(1910)掃葉山房石印本　六册

320000－1638－0001830　集部1535
施愚山先生學餘詩集五十卷别集四卷外集二卷　(清)施閏章撰　**年譜四卷**　(清)施念曾編　清宣統二年(1910)國學扶輪社石印本　二十册

320000－1638－0001831　集部1543
御選唐宋詩醇四十七卷目録二卷　(清)高宗弘曆選　清光緒二十一年(1895)鴻文書局石印本　七册　缺七卷(二十三至二十九)

320000－1638－0001832　集部1552
六朝文絜箋注十二卷　(清)許槤評選　(清)黎經誥箋注　清末石印本　四册

320000－1638－0001833　集部1554
七家詩選七卷　(清)張熙宇輯評　清李光明莊刻朱墨套印本　四册

320000－1638－0001834　集部1563
韻海大全五卷　題(清)仁壽堂主人輯　清光緒十三年(1887)上海積山書局石印本　四册

320000－1638－0001835　集部1565
楊忠愍公遺書一卷　(明)楊繼盛撰　清同治五年(1866)木樨山房刻本　一册

320000－1638－0001836　集部1566
楊忠愍公遺書一卷　(明)楊繼盛撰　清同治五年(1866)木樨山房刻本　一册

320000－1638－0001837　集部1573
增廣留青新集二十四卷　清光緒十四年(1888)石印本　十二册

320000－1638－0001838　集部1578
八家四六文註八卷　(清)許貞幹註　清光緒十八年(1892)上海圖書集成書局鉛印本　八册

320000－1638－0001839　集部1581
滄浪詩話註五卷　(宋)嚴羽撰　(清)胡鑑註　清光緒七年(1881)石印本　三册

320000－1638－0001840　集部1596
唐詩三百首註疏六卷　(清)孫洙輯　(清)章燮註　清末錦章書局石印本　四册　缺二卷(四至五)

320000－1638－0001841　集部1610
漁洋山人精華録箋注十二卷補一卷　(清)王士禛撰　(清)金榮箋注　**年譜一卷附録一卷**　清末石印本　十二册

320000－1638－0001842　集部1614
宋七家詞選七卷　(清)戈載輯　清宣統三年(1911)掃葉山房石印本　三册

320000－1638－0001843　集部1620
群經音辨七卷　(宋)賈昌朝撰　清咸豐四年(1854)刻粤雅堂叢書本　一册

320000－1638－0001844　集部1624
杜工部集二十卷首一卷　(唐)杜甫撰　清同治十一年(1872)致一齋刻本　十册

320000－1638－0001845　集部 1625
陶淵明文集十卷　（晉）陶潛撰　清光緒石印本　一冊

320000－1638－0001846　集部 1626
玉笥集十卷　（元）張憲撰　清咸豐粤雅堂刻本　一冊

320000－1638－0001847　集部 1628
是程堂集十四卷　（清）屠倬撰　清嘉慶十九年(1814)刻本　四冊

320000－1638－0001848　集部 1642
劍南詩鈔六卷　（宋）陸遊撰　（清）楊大鶴選　清宣統二年(1910)掃葉山房石印本　六冊

320000－1638－0001849　集部 1644－1
湘綺樓箋啟八卷　王闓運撰　清宣統二年(1910)上海國學扶輪社石印本　一冊　存一卷(一)

320000－1638－0001850　集部 1644－2
湘綺樓詩集十四卷　王闓運撰　清宣統二年(1910)上海國學扶輪社石印本　三冊　存十卷(一至十)

320000－1638－0001851　集部 1648
王文成公文選六卷　（明）王守仁撰　（明）王畿輯　清末鉛印本　六冊

320000－1638－0001852　集部 1653
歷朝名人詞選十三卷　（清）夏秉衡選　清宣統元年(1909)掃葉山房石印本　六冊

320000－1638－0001853　集部 1658
溫飛卿詩集九卷　（唐）溫庭筠撰　（明）曾益注　（清）顧予咸補注　清宣統二年(1910)上海國學扶輪社石印本　四冊

320000－1638－0001854　集部 1661
李長吉歌詩四卷首一卷外集一卷　（唐）李賀撰　（清）王琦輯　清宣統元年(1909)上海文瑞樓石印本　二冊

320000－1638－0001855　集部 1663
帶經堂詩話三十卷首一卷　（清）王士禛撰　清末上海掃葉山房石印本　二冊

320000－1638－0001856　集部 1665
十八家詩鈔二十八卷　（清）曾國藩輯　清光緒十四年(1888)鴻文書局鉛印本　七冊　缺三卷(十七至十九)

320000－1638－0001857　集部 1666
賦學正鵠集釋十卷　（清）李元度編　清光緒二十三年(1897)上海文寶閣石印本　三冊　存二卷(一、三)

320000－1638－0001858　集部 1670
貫華堂選批唐才子詩集八卷　（清）金聖嘆選批　清宣統三年(1911)蘇州振新書社石印本　八冊

320000－1638－0001859　集部 1672－1
孟浩然集四卷　（唐）孟浩然撰　清末石印本　二冊

320000－1638－0001860　集部 1672－2
王摩詰集六卷　（唐）王維撰　清末石印本　二冊

320000－1638－0001861　集部 1672－3
岑嘉州集八卷　（唐）岑參撰　清末石印本　一冊　存四卷(五至八)

320000－1638－0001862　集部 1673
文心雕龍十卷　（南朝梁）劉勰撰　（清）黃叔琳注　（清）紀昀評　清光緒十八年(1892)上海書局石印本　一冊

320000－1638－0001863　集部 1674
八家四六文註八卷首一卷　（清）許貞幹註　清光緒十七年(1891)刻本　八冊　缺一卷(八上)

320000－1638－0001864　集部 1677
詩韻全璧五卷附初學檢韻十二集　清光緒二十一年(1895)四明暢懷書屋石印本　五冊　缺一卷(五)

320000－1638－0001865　集部 1680－1
詩韻合璧五卷　清末石印本　一冊　存一卷(一)

320000－1638－0001866　集部 1680－2

詩韻合璧五卷 清末石印本 四册 存四卷(二至五)

320000－1638－0001867 集部1682
棲雲閣詩十六卷拾遺三卷 (清)高珩撰 清乾隆刻本 八册

320000－1638－0001868 集部1683
賴古堂集二十四卷 (清)周亮工撰 清道光九年(1829)周鑾刻本 八册

320000－1638－0001869 集部1685
忠雅堂詩集二十七卷補遺二卷銅絃詞二卷 (清)蔣士銓撰 清紅杏山房刻本 五册 存十五卷(一至十五)

320000－1638－0001870 集部1686
阮亭古詩選三十二卷 (清)王士禛選 清康熙刻本 四册 缺六卷(七言詩十至十五)

320000－1638－0001871 集部1687
三十家詩鈔六卷首一卷末一卷 (清)曾國藩纂 (清)王定安增輯 清同治十三年(1874)傳忠書局刻本 六册

320000－1638－0001872 集部1688
御選唐宋詩醇四十七卷目錄二卷 (清)高宗弘曆選 清刻本 八册 存二十卷(一至八、二十五至三十二、三十七至四十)

320000－1638－0001873 集部1689
韓詩外傳十卷 (漢)韓嬰撰 清末刻本 二册

320000－1638－0001874 集部1691
詞律拾遺八卷 (清)徐本立編 清同治十二年(1873)吳下刻本 四册

320000－1638－0001875 集部1693
桃花潭文徵六卷 (清)翟大程輯 清光緒三十年(1904)涇川翟氏刻本 五册 缺一卷(二)

320000－1638－0001876 集部1694－1
古歡堂詩集十四卷 (清)田雯撰 清刻本 二册 存三卷(一至三)

320000－1638－0001877 集部1694－2
古歡堂集二十二卷 (清)田雯撰 清刻本 二册 存八卷(一至八)

320000－1638－0001878 集部1695
南宋雜事詩七卷 (清)沈嘉轍等輯 清同治十一年(1872)淮南書局刻本 三册

320000－1638－0001879 集部1696
花間集十卷 (五代)趙崇祚輯 清光緒十四年(1888)邵武徐氏刻本 二册

320000－1638－0001880 集部1697
棲雲山房詩鈔二卷 (清)李樹瀛撰 清咸豐六年(1856)刻本 二册

320000－1638－0001881 集部1698
紅豆樹館詞八卷補遺一卷詩稿十四卷 (清)陶樑撰 清道光刻咸豐七年(1857)增刻本 八册

320000－1638－0001882 集部1700
袁氏家集八種十二卷 (清)袁鎮嵩輯 清光緒十六年(1890)邃懷堂刻本 二册

320000－1638－0001883 集部1702
嶺南三大家詩選二十四卷 (清)王隼輯 清同治七年(1868)南海陳氏刻本 四册

320000－1638－0001884 集部1708－1
椒園詩輯一卷 (清)魏□輯 清道光刻本 二册

320000－1638－0001885 集部1708－2
椒園文輯一卷 (清)魏□輯 清道光刻本 一册

320000－1638－0001886 集部1708－3
鄉黨典義一卷 清道光刻本 二册

320000－1638－0001887 集部1709
檗隖詞存十二卷別集五卷 王以敏撰 清光緒刻本 四册

320000－1638－0001888 集部1710
倚晴樓詩集十二卷續集四卷詩餘四卷 (清)黃燮清撰 清咸豐至同治間刻本 六册

320000－1638－0001889 集部1711

陳檢討集二十卷 （清）陳維崧撰 （清）程師恭注 清同治六年(1867)古桂山房刻本 六冊

320000－1638－0001890 集部1712－1
唐詩三百首註疏六卷 （清）孫洙輯 （清）章燮註 清光緒十七年(1891)上海掃葉山房刻本 六冊

320000－1638－0001891 集部1712－2
唐詩三百首續選一卷 （清）于慶元編 清道光二十年(1840)刻本 二冊

320000－1638－0001892 集部1713－1
吳詩集覽二十卷 （清）吳偉業撰 （清）靳榮藩輯 **吳詩談藪一卷** （清）靳榮藩輯 清乾隆四十年(1775)刻本 二冊 存三卷(吳詩集覽一至二上、吳詩談藪一卷)

320000－1638－0001893 集部1713－2
吳詩集覽二十卷 （清）吳偉業撰 （清）靳榮藩輯 **吳詩談藪一卷** （清）靳榮藩輯 清刻本 六冊 存十一卷(吳詩集覽六至七、十三至二十,吳詩談藪一卷)

320000－1638－0001894 集部1714－1
張三丰先生全集八卷 （明）張三丰撰 （清）李西月輯 清道光刻本 六冊

320000－1638－0001895 集部1714－2
純陽先生詩集十卷 （唐）呂洞賓撰 （清）李西月編 清道光二十六年(1846)刻本 三冊

320000－1638－0001896 集部1714－3
呂祖年譜海山奇遇仙跡七卷 （清）火西月編 清道光刻本 三冊

320000－1638－0001897 集部1714－4
太上十三經注解一卷 （清）李涵虛(李西月)注 清道光刻本 三冊

320000－1638－0001898 集部1714－5
張三丰無根樹詞注解一卷 （清）李西月增解 清道光刻本 一冊

320000－1638－0001899 集部1715
山曉閣重訂昭明文選十二卷 （南朝梁）蕭統輯 （清）孫琮 （清）孫洙評 清刻本 五冊 存六卷(一、六至七、十至十二)

320000－1638－0001900 集部1716
初學集二十卷 （清）錢謙益撰 （清）錢曾注 清宣統三年(1911)國學扶輪社石印本 十一冊 缺三卷(十七至十九)

320000－1638－0001901 集部1717
白香詞譜箋四卷 （清）舒夢蘭輯 （清）謝朝徵箋 清光緒十一年(1885)刻本 二冊

320000－1638－0001902 集部1718
詩存四卷 （清）金德瑛撰 清光緒元年(1875)刻本 二冊

320000－1638－0001903 集部1719
儀鄭堂駢體文三卷 （清）孔廣森撰 清光緒二十一年(1895)善化章經濟堂刻本 二冊

320000－1638－0001904 集部1720
倚晴樓七種曲 （清）黃燮清撰 清光緒七年(1881)刻本 十冊

320000－1638－0001905 集部1721
漁洋山人文略十四卷 （清）王士禛撰 清刻本 八冊

320000－1638－0001906 集部1722
刪訂唐詩解二十四卷 （明）唐汝詢選釋 （清）吳昌祺評定 清康熙刻本 十二冊

320000－1638－0001907 集部1723－1
蜀道驛程記二卷 （清）王士禛撰 清康熙刻本 二冊

320000－1638－0001908 集部1723－2
施註蘇詩四十二卷目錄二卷 （宋）蘇軾撰 （宋）施元之註 （清）邵長蘅等刪補 **續補遺二卷目錄一卷** （清）馮景撰 清刻本 十九冊 缺二卷(二十至二十一)

320000－1638－0001909 集部1724－1
長白山錄一卷 （清）王士禛撰 清康熙刻本 一冊

320000－1638－0001910 集部1724－2
香蘇山館全集五十七卷 （清）吳嵩梁撰 清

刻本　四冊　存十二卷(今體詩二至四、聽香館叢錄一至四、香蘇草堂圖詠一卷、秦淮春泛圖詠一卷、拜梅圖詠一卷、蓮花博士圖詠一卷、鶴聽詩圖詠一卷)

320000－1638－0001911　集部 1725－1
芳茂山人詩錄九卷　(清)孫星衍撰　清嘉慶刻本　三冊　存六卷(一至二、六至九)

320000－1638－0001912　集部 1725－2
皇華紀聞四卷　(清)王士禛撰　清康熙刻本　四冊

320000－1638－0001913　集部 1726
別雅訂五卷許印林遺著一卷　(清)許瀚撰
非石日記鈔一卷　(清)鈕樹玉撰　(清)王頌蔚等輯　清光緒三年(1877)潘祖蔭京師刻滂喜齋叢書本　一冊

320000－1638－0001914　集部 1727
日湖漁唱一卷補遺一卷續補遺一卷　(宋)陳允平撰　清道光九年(1829)江都秦氏享帚精舍刻詞學叢書本　一冊

320000－1638－0001915　集部 1728
樂府雅詞三卷拾遺二卷　(宋)曾慥編　清嘉慶二十一年(1816)秦恩復享帚精舍刻本　四冊

320000－1638－0001916　集部 1729
訥谿先生文錄十卷　(明)周怡撰　明刻本　一冊　存一卷(二)

320000－1638－0001917　集部 1730
河東先生龍城錄二卷　(唐)柳宗元撰　明嘉靖刻本　一冊

320000－1638－0001918　集部 1731－1
邃懷堂駢文箋註十六卷補箋一卷　(清)袁翼撰　清光緒十四年(1888)刻本　六冊　缺四卷(七至八、十三至十四)

320000－1638－0001919　集部 1731－2
邃懷堂文集四卷　(清)袁翼撰　清光緒十四年(1888)刻本　三冊　缺一卷(一)

320000－1638－0001920　集部 1731－3
邃懷堂詩集後編六卷小清容山館詞鈔二卷　(清)袁翼撰　清光緒十三年(1887)刻本　二冊　缺二卷(邃懷堂詩集後編三至四)

320000－1638－0001921　集部 1731－4
哀忠集初編一卷二編一卷三編一卷　(清)袁翼撰　清光緒十三年(1887)刻本　二冊

320000－1638－0001922　集部 1735
尊聞閣詩選初集不分卷　(清)尊聞閣主人輯　清末鉛印本　八冊

320000－1638－0001923　集部 1732
詩韻全璧五卷附初學檢韻十二集　清光緒二十一年(1895)四明暢懷書屋石印本　二冊

320000－1638－0001924　集部 1734
增補詩句題解彙編二十二卷　(清)朱春舫增輯　清光緒五年(1879)京都琉璃廠刻本　十七冊　缺五卷(三、六、十三至十四、十八)

320000－1638－0001925　子部 760－1
買愁集四集　(清)錢尚濠輯　清刻本　一冊　存一集(悟書集)

320000－1638－0001926　二十二柜 1617
瑜伽焰口施食要集一卷　清刻本　一冊

320000－1638－0001927　二十二柜 1742
彙刻書目二十卷　(清)顧修等編　清光緒十二年(1886)上海福瀛書局刻本　十冊　存十卷(一至十)

320000－1638－0001928　二十二柜 1746
欽定四庫全書簡明目錄二十卷　(清)紀昀等編　清光緒五年(1879)墨潤堂刻本　八冊

320000－1638－0001929　二十二柜 1755
式古堂目錄十七卷　(清)尤瑩編　清光緒十九年(1893)石印本　一冊

320000－1638－0001930　二十二柜 1761
校碑隨筆不分卷　方若編　清末朝記書莊石印本　四冊

320000－1638－0001931　集部 1736
近科館課分韻詩初集不分卷二集不分卷三集不分卷四集不分卷　王先謙編　清光緒十三

年(1887)鉛印本　二冊　存二集(初集、二集)

320000－1638－0001932　集部 1737
白香詞譜一卷　(清)舒夢蘭輯　清光緒十四年(1888)翠竹山房刻本　一冊

320000－1638－0001933　集部 1738
赤雅三卷　(明)鄺露撰　清刻本　一冊　存一卷(上)

320000－1638－0001934　集部 1739
名賢手劄墨蹟不分卷　(清)郭慶藩輯　清光緒十一年(1885)點石齋石印本　四冊

320000－1638－0001935　集部 1741
增廣詩句題解彙編四卷　(清)□□編　清光緒十三年(1887)上海大同書局石印本　四冊

320000－1638－0001936　經部 1742
賦學正鵠集釋四卷　(清)李元度編　清光緒二十年(1894)上海文瑞樓石印本　二冊　存二卷(一至二)

320000－1638－0001937　經部 1744
經餘必讀二卷　(清)雷琳等輯　清光緒二十年(1894)久敬齋石印本　一冊

320000－1638－0001938　經部 1745
大六壬大全十三卷　(清)郭載騋輯　清末校經山房石印本　六冊

320000－1638－0001939　經部 1746
增删卜易四卷　題(清)野鶴老人撰　清經元堂刻本　四冊

320000－1638－0001940　經部 1748
無近名齋雜著二卷二編一卷文鈔外編一卷二編二卷　(清)彭翊撰　清光緒十年(1884)刻本　二冊

320000－1638－0001941　史部 1750
地球韻言四卷　張士瀛編　清末李光明莊刻本　二冊

320000－1638－0001942　史部 1751
黃文貞公忠節紀略四卷首一卷　(清)柯自遂輯　(清)劉瑞芬重編　清光緒元年(1875)刻本　二冊

320000－1638－0001943　史部 1752
歷代史略六卷　柳詒徵撰　清末刻本　四冊

320000－1638－0001944　史部 1753
三國志六十五卷　(晉)陳壽撰　(南朝宋)裴松之注　清末掃葉山房石印本　六冊　存三十五卷(蜀志十五卷、吳志二十卷)

320000－1638－0001945　史部 1754－1
庸庵文編四卷　(清)薛福成撰　(清)薛瑩中輯　清光緒刻本　三冊

320000－1638－0001946　史部 1754－2
庸庵文續編二卷　(清)薛福成撰　(清)薛瑩中輯　清光緒刻本　二冊

320000－1638－0001947　史部 1754－3
庸庵文外編四卷　(清)薛福成撰　(清)薛瑩中輯　清光緒刻本　三冊

320000－1638－0001948　史部 1754－4
籌洋芻議一卷治平六策一卷　(清)薛福成撰　清光緒十四年(1888)刻本　一冊

320000－1638－0001949　史部 1754－5
浙東籌防錄四卷　(清)薛福成撰　(清)薛瑩中輯　清光緒十四年(1888)刻本　三冊

320000－1638－0001950　史部 1754－6
出使英法義比四國日記不分卷(清光緒十六年正月至十七年二月)　(清)薛福成撰　清光緒刻本　四冊

320000－1638－0001951　史部 1755
地理教科書四卷　清末江楚書局刻本　四冊

320000－1638－0001952　史部 1756
牧令須知六卷　(清)剛毅撰　清光緒十五年(1889)江蘇書局刻本　二冊

320000－1638－0001953　史部 1757
袁太史時文一卷　(清)袁枚撰　清光緒十八年(1892)簡玉山房石印本　一冊

320000－1638－0001954　史部 1758
西招圖略一卷　(清)松筠撰　清光緒二十九

年(1903)上海文瑞樓石印本　一册

320000－1638－0001955　史部1759

增廣智囊補二十八卷　(明)馮夢龍重輯　清光緒二十一年(1895)上海二酉山房石印本　二册　存十四卷(一至十四)

320000－1638－0001956　史部1760

庸盦海外文編四卷　(清)薛福成撰　清光緒二十三年(1897)上海醉六堂石印本　二册

320000－1638－0001957　史部1761

清儀閣題跋不分卷　(清)張廷濟撰　清光緒十九年(1893)蘇州振新書社石印本　三册

320000－1638－0001958　經部1772

經學輯要二十四卷　(清)吳潁炎等輯　清光緒十三年(1887)點石齋石印本　三十一册

320000－1638－0001959　史部1773

西夏紀事本末三十六卷首二卷　(清)張鑑撰　清光緒十一年(1885)金陵刻本　三册

320000－1638－0001960　史部1775

歷代史論十二卷宋史論三卷元史論一卷　(明)張溥撰　**明史論四卷**　(清)谷應泰撰　**左傳史論二卷**　(清)高士奇撰　清光緒二十四年(1898)上海書局石印本　一册　存十卷(宋史論三卷、元史論一卷、明史論四卷、左傳史論二卷)

320000－1638－0001961　叢書1776

海山仙館叢書五十六種　(清)潘仕成輯　清道光至咸豐刻本　一百五十四册

320000－1638－0001962　叢書1778－1

增訂漢魏叢書八十六種　(清)王謨重輯　清光緒二十一年(1895)石印本　三册　存三十六種二百九卷(焦氏易林四卷、易傳三卷、周易略例一卷、三墳一卷、汲塚周書十卷、詩傳孔氏傳一卷、詩説一卷、韓詩外傳十卷、白虎通德論四卷、獨斷一卷、忠經一卷、孝傳一卷、小爾雅一卷、方言十三卷、博雅十卷、釋名四卷、竹書紀年二卷、穆天子傳六卷、越絕書十五卷、吳越春秋六卷、西京雜記六卷、元經薛氏傳十卷、群輔録一卷、英雄記鈔一卷、高士傳三卷、蓮社高賢傳一卷、神仙傳十卷、潛夫論十卷、中論二卷、中説二卷、風俗通義十卷、人物志三卷、新論十卷、法言十卷、申鑒五卷、論衡三十卷)

320000－1638－0001963　叢書1778－2

增訂漢魏叢書九十六種　(清)王謨重輯　清宣統上海大通書局石印本　二十二册　存六十五種二百九十六卷

320000－1638－0001964　叢書1780－1

檀几叢書五十種五十卷　(清)王晫　(清)張潮編　清刻本　九册　存三十一卷(三至五、十五至十七、二十六至五十)

320000－1638－0001965　叢書1780－2

檀几叢書二集五十種五十卷　(清)王晫　(清)張潮編　清刻本　十六册

320000－1638－0001966　叢書1780－3

檀几叢書餘集二卷　(清)王晫　(清)張潮編　清刻本　四册

320000－1638－0001967　叢書1783

新義録一百卷　(清)孫璧文撰　清光緒刻本　四十册　存九十卷(一至九十)

320000－1638－0001968　叢書1785－1

靈鶼閣叢書第一集十一種十九卷　(清)江標編　清光緒元和江氏湖南使院刻本　八册

320000－1638－0001969　叢書1785－2

靈鶼閣叢書第二集二十四種二十六卷　(清)江標編　清光緒元和江氏湖南使院刻本　七册　存十九種二十一卷(新嘉坡風土記一卷、中西度量權衡表一卷、光論一卷、人参考一卷、積古齋藏器目一卷、平安館藏器目一卷、清儀閣藏器目一卷、懷米山房藏器目一卷、兩罍軒藏器目一卷、木庵藏器目一卷、梅花草盦藏器目一卷、簠齋藏器目一卷、窸齋藏器目一卷、天壤閣雜記一卷、董華亭書畫録一卷、書友詩一卷、士禮居藏書題跋記續二卷、江甯金石待訪目二卷、山左南北朝石刻存目一卷)

320000－1638－0001970　叢書1785－3

靈鶼閣叢書第三集六種十六卷　(清)江標編

清光緒元和江氏湖南使院刻本　八冊　存五種十五卷（漢鼓吹鐃歌十八曲一卷、碧城仙館詩鈔八卷、西疆雜述詩四卷、瓊州雜事詩一卷、匪石山人詩一卷）

320000－1638－0001971　叢書 1785－4
靈鶼閣叢書第四集六種七卷　（清）江標編　清光緒元和江氏湖南使院刻本　五冊

320000－1638－0001972　叢書 1785－5
靈鶼閣叢書第五集八種十三卷　（清）江標編　清光緒元和江氏湖南使院刻本　一冊　缺一種六卷（藏書紀事詩六卷）

320000－1638－0001973　叢書 1785－6
靈鶼閣叢書第六集三種十三卷　（清）江標編　清光緒元和江氏湖南使院刻本　十冊

320000－1638－0001974　叢書 1787
餐菊齋棋評一卷　（清）周鼎撰　清同治十一年（1872）無絃琴室刻本　一冊

320000－1638－0001975　叢書 1788
文館詞林一千卷　（唐）許敬宗等編　清光緒十年（1884）黎庶昌日本東京使署刻古逸叢書本（原存卷一百五十六至一百五十八、三百四十七、四百五十二至四百五十三、四百五十七、四百五十九、六百六十五至六百六十七、六百七十、六百九十一、六百九十九）　二冊

320000－1638－0001976　叢書 1789
影宋本太平寰宇記補闕六卷　（宋）樂史撰　清光緒九年（1883）黎庶昌影刻宋本（原存卷一百十三至一百十八）　一冊

320000－1638－0001977　叢書 1790
碣石調幽蘭一卷　（南朝陳）丘明撰　清光緒十年（1884）黎庶昌日本東京使署刻古逸叢書本　一冊

320000－1638－0001978　集部 1792
菉斐軒詞韻一卷　（宋）紹興内府審定　（清）顧復初輯　清光緒二十六年（1900）盛山官舍刻本　一冊

320000－1638－0001979　集部 1795
枝安山房詞草一卷　（清）李曾裕撰　**倚竹齋詞草一卷**　（清）丁瀛撰　清末刻本　一冊

320000－1638－0001980　集部 1797
三家宫詞三卷二家宫詞二卷　（清）毛晉輯　清同治十二年（1873）淮南書局刻本　一冊

320000－1638－0001981　集部 1799
濯絳宧存稾一卷　劉毓盤撰　清宣統元年（1909）刻本　一冊

320000－1638－0001982　集部 1801
宋元名家詞十六種　（清）江標編　清光緒刻本　四冊　存十五種十七卷（文山樂府一卷、松雪齋詞一卷、雪樓樂府一卷、雁門集一卷、信齋詞一卷、樂齋詞一卷、晦庵詞一卷、竹洲詞一卷、虛齋樂府一卷、和清真詞一卷、風雅遺音二卷、古山樂府一卷、雪林詞一卷、雪坡詞一卷、演山詞二卷）

320000－1638－0001983　集部 1807
國朝名人著述叢編十三種　清末石印本　一冊　存二種二卷（唐人試律說一卷、讀賦卮言一卷）

320000－1638－0001984　集部 1809
管刻詩學問難一卷　（清）陳僅撰　清光緒十二年（1886）管可壽齋刻本　一冊

320000－1638－0001985　集部 1810
袁枚全集三十八種　（清）袁枚撰輯　清末上海校經山房石印本　二冊　存四種十九卷（碧腴齋詩存八卷、隨園詩話補遺八卷、碧梧山館詞選二卷、閩南雜詠一卷）

320000－1638－0001986　集部 1811
隨園三十八種　（清）袁枚編　清光緒十八年（1892）勤裕堂鉛印本　一冊　存三種五卷（飲水詞鈔二卷、箏船詞選一卷、捧月樓詞二卷）

320000－1638－0001987　集部 1815
吳梅村詞一卷　（清）吳偉業撰　清光緒十六年（1890）湖北官書處刻本　一冊

320000－1638－0001988　集部 1816

璞齋集六卷　(清)諸可寶撰　清光緒二十二年(1896)刻本　一册　存一卷(捶琴詞一卷)

320000－1638－0001989　集部1819
玉藤仙館詞存一卷　(清)余焜撰　清光緒三十年(1904)刻本　一册

320000－1638－0001990　集部1823
西湖秋柳詞一卷　(清)楊鳳苞撰　(清)楊知新注　清光緒丁氏嘉惠堂刻武林掌故叢編本　一册

320000－1638－0001991　集部1830
悔翁詩餘五卷　(清)汪士鐸撰　清光緒九年(1883)合肥張氏味古齋刻本　一册

320000－1638－0001992　集部1831
蜨夢詞一卷　(清)朱雲翔撰　清刻本　一册

320000－1638－0001993　集部1834
藕村詞存一卷　(清)張宗橚撰　清宣統三年(1911)上海商務印書館鉛印本　一册

320000－1638－0001994　集部1835
娱老詞一卷　(清)孫衣言撰　清光緒二十年(1894)冶山竹居石印本　一册

320000－1638－0001995　集部1839
詞林正韻三卷發凡一卷　(清)戈載撰　清道光刻本　一册

320000－1638－0001996　集部1841
文選錦字録二十一卷　(明)淩迪知輯　清光緒二十年(1894)上海寶文書局石印本　一册

320000－1638－0001997　集部1843
思兄樓文稿一卷爨餘稿一卷　(清)羅長裿撰　清光緒刻本　一册

320000－1638－0001998　集部1844
碧香書屋詩草一卷　(清)許月菡撰　清光緒三十一年(1905)鉛印本　一册

320000－1638－0001999　集部1845
詞林韻釋一卷　清嘉慶享帚精舍刻本　一册

320000－1638－0002000　集部1846
林和靖詩集四卷拾遺一卷　(宋)林逋撰　清同治十二年(1873)長洲朱氏刻本　一册　存一卷(林和靖詩集一)

320000－1638－0002001　集部1847
鶴園詩鈔二卷　(清)沈夒文撰　清刻本　二册

320000－1638－0002002　集部1850
耿拾遺詩集一卷首一卷補遺一卷　(唐)耿湋撰　清刻本　一册

320000－1638－0002003　集部1852
城北草堂詩抄四卷詩餘二卷詞餘一卷　(清)顧夔撰　清光緒十四年(1888)刻本　一册　存四卷(城北草堂詩抄四卷)

320000－1638－0002004　集部1853
冷吟仙館附錄一卷　(清)左錫嘉撰　清末刻本　一册

320000－1638－0002005　集部1855
蚓竅集一卷　(清)夏家鎬撰　清末刻朱印本　一册

320000－1638－0002006　集部1862
餐芍華館遺文三卷　(清)周騰虎撰　清光緒刻本　一册

320000－1638－0002007　集部1863
樂餘靜廉齋文稿一卷　(清)顧復初撰　清同治六年(1867)成都刻本　一册

320000－1638－0002008　集部1866
西湖竹枝集一卷　(元)楊維禎編　清光緒七年(1881)錢塘丁氏嘉惠堂刻武林掌故叢編本　一册

320000－1638－0002009　集部1867
遼文萃七卷遼史藝文志補證一卷西夏文綴二卷西夏藝文志一卷　王仁俊撰　清光緒三十年(1904)籀鄦誃刻本　一册

320000－1638－0002010　集部1868
四水子遺著一卷　(清)錢友泗撰　郃農偶吟稿一卷　(清)錢炳森撰　清同治刻本　一册

320000－1638－0002011　集部1869
字學舉隅一卷　(清)龍啟瑞撰　清同治十一

年(1872)江寧刻本　一册

320000－1638－0002012　集部1870
海鹽張氏涉園叢刻八種　張元濟編　清宣統三年(1911)上海商務印書館鉛印本　三册　存三種六卷(涉園題詠一卷、退思軒詩集一卷、捫腹齋詩鈔四卷)

320000－1638－0002013　集部1873
司空詩品注釋一卷　(唐)司空圖撰　清末李光明莊刻本　一册

320000－1638－0002014　集部1874
吟秋館詩稿二卷　(清)朱葆元撰　清末刻本　一册

320000－1638－0002015　集部1876
司空詩品注釋一卷　(唐)司空圖撰　清末李光明莊刻本　一册

320000－1638－0002016　集部1878
青溪詩選二卷　(清)蔣師轍撰　清光緒十六年(1890)刻本　一册

320000－1638－0002017　集部1880
仲實詩存二卷　(清)魯蕡撰　清末刻本　一册

320000－1638－0002018　集部1883
陶龕語錄二卷　(清)羅信南撰　清光緒刻本　一册

320000－1638－0002019　集部1884
樂餘靜廉齋詩稿二卷續集一卷　(清)顧復初撰　清光緒二年(1876)成都刻本　二册

320000－1638－0002020　集部1885
蒲上題襟集十二卷　(清)淩霄編　清嘉慶二十一年(1816)刻本　一册

320000－1638－0002021　集部1886
樂餘靜廉齋詩稿初集一卷二集一卷　(清)顧復初撰　清同治六年(1867)成都刻本　一册

320000－1638－0002022　集部1887
蚓竅集一卷　(清)夏家鎬撰　清末刻本　一册

320000－1638－0002023　集部1889
匪我堂文集五卷　(清)劉巖撰　清光緒二年(1876)劉氏復廬刻本　一册

320000－1638－0002024　集部1890
繪像正文千家詩二卷　清末李光明莊刻本　一册

320000－1638－0002025　集部1891
國朝繡像千家詩二卷　(清)李光明繪梓　清末李光明莊刻本　一册

320000－1638－0002026　集部1892
竹居錄存一卷　張士珩輯　清光緒二十三年(1897)冶山竹居刻本　一册

320000－1638－0002027　集部1893
增補重訂千家詩註解二卷　(宋)謝枋得選　(清)王相註　清末李光明莊刻本　一册

320000－1638－0002028　集部1896
小學千家詩人生必讀二卷　題(清)曉星樵人輯　清光緒十六年(1890)李光明莊刻本　一册

320000－1638－0002029　集部1898
牧齋晚年家乘文一卷　(清)錢謙益撰　清宣統三年(1911)上海國學扶輪社鉛印本　一册

320000－1638－0002030　集部1904
古今中外音韻通例一卷　(清)胡垣撰　清光緒刻本　一册

320000－1638－0002031　集部1905
居易堂殘稿一卷　(清)章鶴齡撰　清同治十一年(1872)滬上刻本　一册

320000－1638－0002032　集部1907
唐詩百名家全集　(清)席啓寓編　清康熙四十一年(1702)吳郡東山席氏琴川書屋刻本　一册　存四種九卷(曹祠部詩二卷,儲嗣宗詩集一卷,司馬扎先輩詩集一卷,鹿門詩集三卷、拾遺一卷、續補詩一卷)

320000－1638－0002033　集部1911
弟子職正音一卷　(清)王筠撰　清道光三十年(1850)刻本　一册

320000－1638－0002034　集部 1913－1
退一步齋詩集十六卷　（清）方濬師撰　（清）呂景端編　清光緒刻本　一册　存二卷（一至二）

320000－1638－0002035　集部 1913－2
海珊詩鈔一卷　（清）嚴遂成撰　清道光七年（1827）刻本　一册

320000－1638－0002036　集部 1917
問琴閣詩錄一卷　宋育仁撰　清末刻本　一册

320000－1638－0002037　集部 1920
煙霞萬古樓詩殘稿一卷　（清）王曇撰　清光緒二十六年（1900）寒松閣刻本　一册

320000－1638－0002038　集部 1921
三元喜讌詩二卷　（清）翁方綱輯　清刻本　一册　存一卷（一）

320000－1638－0002039　集部 1925
謀野集刪二卷　（明）王穉登撰　清宣統元年（1909）豐源印書局鉛印本　一册

320000－1638－0002040　集部 1928
合肥三家詩錄二卷　（清）譚獻撰　清光緒十二年（1886）安慶刻本　一册

320000－1638－0002041　集部 1930
張憶娘簪華圖卷題詠一卷　（清）江標輯　清光緒二十三年（1897）元和江標長沙刻靈鶼閣叢書本　一册

320000－1638－0002042　集部 1932
王仲宣集一卷　（漢）王粲撰　清長沙楊氏坦園刻建安七子集本　一册

320000－1638－0002043　集部 1933
駐帆閣駢體文二卷　（清）馬沅撰　清光緒七年（1881）合肥張氏刻本　一册

320000－1638－0002044　集部 1937
松石齋詩草三卷　（清）周懋泰撰　清光緒二十二年（1896）刻本　一册

320000－1638－0002045　集部 1939
詩説一卷　（漢）申培撰　清刻本　一册

320000－1638－0002046　集部 1940
詩傳孔氏傳一卷　清刻本　一册

320000－1638－0002047　集部 1945
心盦詩存三卷　（清）何兆瀛撰　清光緒五年（1879）刻本　一册　存一卷（丙子年一卷）

320000－1638－0002048　集部 1946
柳柳州集四卷　（唐）柳宗元撰　清同治九年（1870）永康胡氏退補齋刻本　一册

320000－1638－0002049　集部 1948
養雲軒詩草三卷　（清）丁雪濤撰　清末刻本　一册　存二卷（一至二）

320000－1638－0002050　集部 1949
乘槎小草一卷　（清）胡效騫撰　清光緒三十二年（1906）木活字印本　一册

320000－1638－0002051　集部 1951
楹聯錄存五卷　（清）俞樾撰　清末刻本　一册　存二卷（三至四）

320000－1638－0002052　集部 1959
籜月山房詩鈔四卷　（清）潘綸恩撰　清同治三年（1864）刻本　一册

320000－1638－0002053　集部 1960
紫筠館詩鈔六卷首一卷　（清）孫齡撰　清道光刻本　一册

320000－1638－0002054　集部 1961
四靈詩集一卷　（清）鄭一龍輯　清光緒四年（1878）刻本　一册

320000－1638－0002055　集部 1962
恬園詠梅詩草一卷　（清）俞敦培編　清同治十二年（1873）刻本　一册

320000－1638－0002056　集部 1968
邗水老民遺藁一卷　（清）胡翰撰　清宣統元年（1909）刻本　一册

320000－1638－0002057　集部 1969
滂喜齋叢書五十種　（清）潘祖蔭編　清同治六年至光緒九年（1867－1883）吳縣潘氏京師刻本　一册　存二種二卷（小草庵詩抄一卷、日本金石年表一卷）

320000－1638－0002058　集部 1972
小酉腴山館詩鈔二卷　（清）吳大廷撰　清同治刻本　一冊

320000－1638－0002059　集部 1974
綠雪館詩鈔二卷　（清）張鴻卓撰　清道光十年（1830）刻本　一冊

320000－1638－0002060　集部 1976
松聲池館詩存四卷　（清）汪璐撰　清光緒十五年（1889）錢塘振綺堂刻本　一冊

320000－1638－0002061　集部 1977
霜天碧一卷　丁傳靖撰　清末刻本　一冊

320000－1638－0002062　集部 1979
雲錦天衣集二卷　（清）鄒寶僡撰　清光緒刻本　一冊　存一卷（上）

320000－1638－0002063　集部 1980
西湖竹枝集一卷　（元）楊維禎編　清光緒七年（1881）錢塘丁氏嘉惠堂刻武林掌故叢編本　一冊

320000－1638－0002064　集部 1981
離騷賦一卷　（漢）王逸注　（清）朱駿聲補注　清道光刻本　一冊

320000－1638－0002065　集部 1982
養雲山莊詩集二卷　（清）劉瑞芬撰　清光緒十九年（1893）刻本　一冊

320000－1638－0002066　集部 1983
怡廬詩鈔二卷　（清）吳炳祥撰　清光緒二十六年（1900）刻本　一冊　存一卷（一）

320000－1638－0002067　集部 1984
古本周易參同契集註二卷補遺一卷附一卷圖像一卷　（漢）魏伯陽撰　（清）仇兆鰲集註　清刻本　二冊　存二卷（古本周易參同契集註二卷）

320000－1638－0002068　集部 1986
新鐫五言千家詩箋註二卷　（清）王相選註　清末李光明莊刻本　一冊

320000－1638－0002069　集部 1987
賦梅書屋詩初集六卷　（清）宋廷樑撰　清光緒十七年（1891）刻本　一冊

320000－1638－0002070　集部 1990
仲實類稿一卷　（清）魯蕡撰　清同治刻本　一冊

320000－1638－0002071　集部 1991
谷盦燹賸一卷續集一卷補遺一卷　（清）張鴻猷撰　清光緒二十年（1894）刻本　一冊

320000－1638－0002072　集部 1992
隨村先生遺集六卷　（清）施瑮撰　清乾隆四年（1739）刻本　一冊

320000－1638－0002073　集部 1993
駕雲螭室詩錄六卷　（清）周文禾撰　清光緒十四年（1888）刻二十八年（1902）印本　一冊

320000－1638－0002074　集部 1994
庚子都門紀事詩六卷首一卷末一卷　延清撰　清光緒二十八年（1902）京江刻本　一冊　存四卷（一至三、首一卷）

320000－1638－0002075　集部 2020
梅華小隱廬詩一卷詞一卷　（清）李希鄴撰　清光緒十二年（1886）上海同文書局石印本　一冊

320000－1638－0002076　集部 2022
桑根遺愛録三卷　（清）楊長年等編　清光緒刻本　一冊

320000－1638－0002077　集部 2023
桑根遺愛録三卷　（清）楊長年等編　清光緒刻本　一冊

320000－1638－0002078　集部 2027
航海吟草一卷　（清）奕譞撰　清光緒上海同文書局石印本　一冊

320000－1638－0002079　集部 2028
明辨齋叢書　（清）余肇鈞輯　清同治二年（1863）明辨齋刻本　一冊　存二種二卷（屈宋古音考一卷、吳才老韻補正一卷）

320000－1638－0002080　集部 2029
五言千家詩二卷　清末李光明莊刻本　一冊

320000－1638－0002081　集部 2030
五言千家詩二卷　清末李光明莊刻本　一册

320000－1638－0002082　集部 2031
繪像正文千家詩二卷　清末李光明莊刻本　一册

320000－1638－0002083　集部 2032
繪像正文千家詩二卷　清末李光明莊刻本　一册

320000－1638－0002084　集部 2033
新鐫五言千家詩箋註二卷　(清)王相選註　清末刻本　一册

320000－1638－0002085　集部 2034
司空詩品注釋一卷　(唐)司空圖撰　清末李光明莊刻本　一册

320000－1638－0002086　集部 2035
解學士詩一卷　(明)解縉撰　清末李光明莊刻本　一册

320000－1638－0002087　集部 2039
學詩法程四卷　(清)王祖源輯　清光緒九年(1883)天壤閣石印本　一册

320000－1638－0002088　集部 2040
香蘭醉草不分卷　清末抄本　一册

320000－1638－0002089　集部 2064
漁洋詩話二卷　(清)王士禛撰　清末上海同文圖書館石印本　一册

320000－1638－0002090　集部 2069
甌香館集十二卷補遺二卷　(清)惲格撰　清末掃葉山房石印本　二册　存五卷(一至五)

320000－1638－0002091　集部 2078
粟香室叢書　金武祥輯　清光緒至民國間江陰金氏刻本　一册　存二種三卷(赤溪雜誌二卷、霞城唱和集一卷)

320000－1638－0002092　集部 2080
唐詩近體四卷　(清)張錫麟評選　(清)張熙麟　(清)張仁麟校訂　清同治七年(1868)木樨山房刻光緒二年(1876)印本　一册　存二卷(一至二)

320000－1638－0002093　集部 2081
百宋一廛賦一卷　(清)顧廣圻撰　(清)黄丕烈注　清末石印本　一册

320000－1638－0002094　集部 2083
嶠雅二卷　(明)鄺露撰　清末影印本　二册

320000－1638－0002095　集部 2087
六朝文絜四卷　(清)許槤評選　清光緒三年(1877)刻朱墨套印本　一册

320000－1638－0002096　集部 2088
六朝文絜四卷　(清)許槤評選　清光緒三年(1877)刻朱墨套印本　一册

320000－1638－0002097　集部 2092
漁洋山人詩問二卷　(清)王士禛撰　清宣統三年(1911)上海掃葉山房石印本　一册

320000－1638－0002098　集部 2097
花餘亭詩存一卷　(清)葉廷芳撰　清同治元年(1862)刻本　一册

320000－1638－0002099　集部 2098
雪鴻吟館詩存一卷　(清)韓聞南撰　清光緒十四年(1888)金陵龍文齋刻本　一册

320000－1638－0002100　集部 2100
古歡堂集二十二卷　(清)田雯撰　清刻本　一册　存四卷(一至四)

320000－1638－0002101　集部 2103
詩本誼一卷　(清)龔橙撰　清光緒十五年(1889)刻本　一册

320000－1638－0002102　集部 2105
百衲琴二卷　(清)秦雲　(清)秦敏樹撰　清光緒十二年(1886)管可壽齋刻本　一册

320000－1638－0002103　集部 2114
東萊博議四卷　(宋)呂祖謙撰　清光緒二十四年(1898)上海鴻寶齋石印本　一册

320000－1638－0002104　集部 2119
靜庵賸稿一卷附錄一卷　(明)朱妙端撰　清末影印本　一册

320000－1638－0002105　集部 2124

拙宜園詞二卷　(清)黃憲清(黃燮清)撰　清同治六年(1867)望雲仙館刻槜李遺書本　一册

320000－1638－0002106　集部2125
陶廬雜憶一卷續詠一卷　金武祥撰　清光緒二十四年(1898)江陰金氏刻本　一册

320000－1638－0002107　集部2126
庚子秋詞二卷　(清)王鵬運等撰　清末石印本　一册　存一卷(上)

320000－1638－0002108　集部2127
東坡樂府三卷　(宋)蘇軾撰　朱祖謀輯　清宣統二年(1910)石印本　二册　存二卷(一至二)

320000－1638－0002109　集部2128
陶詩彙評四卷附録一卷　(晉)陶潛撰　(清)溫汝能評　清末掃葉山房石印本　二册

320000－1638－0002110　集部2131
論説啟悟集初編一卷二編一卷三編一卷　清宣統三年(1911)彪蒙書室編輯所石印本　二册　存二卷(論説啟悟集初編一卷、三編一卷)

320000－1638－0002111　子部2134
校正圖註脈訣四卷　(晉)王叔和撰　(明)張世賢圖註　清末石印本　一册　存三卷(一至三)

320000－1638－0002112　子部2136
二李脈學合鈔不分卷　清抄本　一册

320000－1638－0002113　子部2142
靈素提要淺註十二卷　(清)陳念祖集註　清光緒二十九年(1903)上海錦章書局石印本　一册　存四卷(一至四)

320000－1638－0002114　子部2143
珍珠囊指掌補遺藥性賦四卷　(金)李杲輯　清光緒三十一年(1905)福記書局石印本　一册　存三卷(一至三)

320000－1638－0002115　子部2148
校正圖註脈訣四卷　(晉)王叔和撰　(明)張世賢圖註　清末石印本　一册　存三卷(一至三)

320000－1638－0002116　子部2149
湯頭歌訣一卷　(清)汪昂輯　清末鉛印本　一册

320000－1638－0002117　子部2154
醫醇賸義四卷　(清)費伯雄撰　(清)費應蘭輯　清光緒二十五年(1899)漢讀樓石印本　一册

320000－1638－0002118　子部2157
瘰癧良方一卷　清末刻本　一册

320000－1638－0002119　子部2159
竹林寺女科不分卷　(清)蕭山竹林寺輯　清光緒元年(1875)金陵刻本　一册

320000－1638－0002120　子部2162
無名穴圖藥方一卷　清末刻本　一册

320000－1638－0002121　子部2164
醫學三字經四卷　(清)陳念祖撰　清光緒三十三年(1907)巴蜀善成堂刻本　一册

320000－1638－0002122　子部2165
本草三家合註六卷　(清)郭汝驄集註　清刻本　一册　存二卷(五至六)

320000－1638－0002123　子部2166
雷公炮製藥性解六卷　(明)李中梓輯　清末李光明莊刻本　一册　存三卷(一至三)

320000－1638－0002124　子部2167
醫方湯頭歌括一卷　(清)汪昂編　清康熙刻本　一册

320000－1638－0002125　子部2168
太醫院增補青囊藥性賦直解二卷　(清)羅必煒參訂　清道光十一年(1831)刻本　一册

320000－1638－0002126　子部2169
增訂本草備要四卷　(清)汪昂撰　清大文堂刻本　一册　存一卷(一)

320000－1638－0002127　子部2170
淑老軒經驗方一卷　(清)黃毓恩輯　清光緒

十七年(1891)刻本　一冊

320000－1638－0002128　子部 2172
外科醫宗摘選要方一卷　(清)章雲洲鈔錄　清章雲洲抄本　一冊

320000－1638－0002129　子部 2173
筆花醫鏡四卷　(清)江涵暾撰　清刻本　一冊　存一卷(二)

320000－1638－0002130　子部 2174
珍珠囊指掌藥性賦四卷　(金)李杲輯　清刻本　一冊

320000－1638－0002131　子部 2176
診家樞要一卷　(元)滑壽撰　清抄本　一冊

320000－1638－0002132　子部 2177
痧症備要二卷　(清)郭鏸纂　清光緒六年(1880)刻本　一冊

320000－1638－0002133　子部 2178
重訂驗方新編十八卷　(清)鮑相璈輯　清宣統元年(1909)上海鍊石齋石印本　一冊　存十一卷(一至十一)

320000－1638－0002134　子部 2180
雷真君親傳活人録一卷　清光緒六年(1880)刻本　一冊

320000－1638－0002135　子部 2181
傷寒來蘇全集六卷　(漢)張仲景撰　(清)柯琴編注　清刻本　一冊

320000－1638－0002136　子部 2182
異授眼科七十二症醫治一卷　清光緒抄本　一冊

320000－1638－0002137　子部 2185
重鐫本草醫方合編六卷　(清)汪昂輯　清刻本　一冊　存一卷(六)

320000－1638－0002138　子部 2186
竹林女科證治四卷　(清)蕭山竹林寺輯　清刻本　一冊　存一卷(四)

320000－1638－0002139　子部 2187
產孕集二卷　(清)張曜孫撰　清同治七年(1868)三松堂刻本　一冊

320000－1638－0002140　子部 2188
羣方便覽續編一卷　清道光二十八年(1848)刻本　一冊

320000－1638－0002141　子部 2189
達生編三卷附錄一卷　題(清)亟齋居士撰　清光緒二十八年(1902)泰州刻本　一冊

320000－1638－0002142　子部 2190
達生編一卷　清同治八年(1869)著竹山房刻本　一冊

320000－1638－0002143　子部 2194
衛生寶鑑二十四卷補遺一卷　(元)羅天益撰　清末刻本　一冊　存二卷(十三至十四)

320000－1638－0002144　子部 2195
全體新論一卷　(英國)合信　(清)陳修堂撰　清咸豐元年(1851)上海墨海書館刻本　一冊

320000－1638－0002145　子部 2196
證治彙補八卷　(清)李用粹撰　清光緒十八年(1892)簡玉山房刻本　一冊　存一卷(一)

320000－1638－0002146　子部 2197
廿一膏良方一卷　(清)吳尚先撰　清光緒四年(1878)刻本　一冊

320000－1638－0002147　子部 2199
諸子名言三卷　惲福成選　清光緒三十一年(1905)刻本　一冊

320000－1638－0002148　子部 2200
痧原大略一卷　清抄本　一冊

320000－1638－0002149　子部 2201
外科症治全生集四卷　(清)王維德輯　清刻本　一冊　存二卷(三至四)

320000－1638－0002150　子部 2202
備用藥物一卷經驗簡便良方一卷　清末刻本　一冊

320000－1638－0002151　子部 2204
爛喉痧痧輯要一卷　(清)金德鑑撰　清同治

六年(1867)刻本　一册

320000－1638－0002152　子部 2206
太乙神鍼一卷　(清)范毓馪輯　清光緒四年(1878)南陽氏刻本　一册

320000－1638－0002153　子部 2207
太乙神鍼一卷　(清)范毓馪輯　清光緒十五年(1889)刻本　一册

320000－1638－0002154　子部 2208
衛生要術一卷　(清)潘蔚輯　清光緒二年(1876)刻本　一册

320000－1638－0002155　子部 2209
本草藥性二卷　清抄本　一册　存一卷(一)

320000－1638－0002156　子部 2210
喉科金鑰二卷　袁仁賢輯　清宣統三年(1911)華豐印刷鑄字所鉛印本　一册

320000－1638－0002157　子部 2211
喉科金鑰二卷　袁仁賢輯　清宣統三年(1911)華豐印刷鑄字所鉛印本　一册

320000－1638－0002158　子部 2212
寒溫條辨治疫彙編一卷　(清)楊玉衡撰　(清)李朝棟輯　清光緒二十年(1894)粵城潤身社刻本　一册

320000－1638－0002159　子部 2213
治疔毒良方一卷　清光緒六年(1880)刻本　一册

320000－1638－0002160　子部 2214
肺病問答一卷　(日本)石神亨撰　沙曾詒譯　清光緒二十年(1894)上海文明書局鉛印本　一册

320000－1638－0002161　子部 2215
產孕集二卷　(清)張曜孫撰　清同治七年(1868)刻本　一册

320000－1638－0002162　子部 2227
天香閣隨筆二卷集一卷　(清)李介撰　清咸豐二年(1852)南海伍氏刻粵雅堂叢書本　一册

320000－1638－0002163　子部 2230
列仙酒牌一卷　(清)任熊繪　清光緒十二年(1886)上海同文書局石印本　一册

320000－1638－0002164　子部 2232
書畫琴棋捷訣一卷　清末石印本　一册

320000－1638－0002165　子部 2233
幽夢影二卷　(清)張潮撰　**續影一卷**　(清)朱錫綬撰　清光緒鉛印本　一册

320000－1638－0002166　子部 2234
女科準繩五卷　(明)王肯堂輯　清末石印本　一册

320000－1638－0002167　子部 2235
衛濟餘編十八卷　(清)王纕堂编　清末三讓堂書坊刻本　一册　存三卷(十六至十八)

320000－1638－0002168　子部 2236
增廣驗方新編十六卷　(清)鮑相璈等編　清光緒二十七年(1901)同文俊記石印本　一册　存一卷(一)

320000－1638－0002169　子部 2237
婦嬰至寶八卷　題(清)亟齋居士等輯　題(清)拜松居士增訂　清光緒二十九年(1903)刻本　一册　存五卷(一至五)

320000－1638－0002170　子部 2238
婦嬰至寶八卷　題(清)亟齋居士等輯　題(清)拜松居士增訂　清光緒十四年(1888)刻本　一册　存三卷(六至八)

320000－1638－0002171　子部 2239
太醫院增補青囊藥性賦直解二卷　(明)羅必煒輯　清末上海鴻寶書局石印本　一册

320000－1638－0002172　子部 2242
醫學索源一卷　清光緒二十六年(1900)鉛印本　一册

320000－1638－0002173　子部 2244
眼科良方一卷　(清)葉桂撰　清咸豐八年(1858)刻本　一册

320000－1638－0002174　子部 2245
葉天士眼科集一卷　(清)葉桂撰　清末刻本

一冊

320000－1638－0002175　子部 2246
增補本草備要八卷　（清）汪昂輯　清末錦章書局石印本　一冊

320000－1638－0002176　子部 2247
傷寒醫訣串解六卷傷寒真方歌括六卷　（清）陳念祖撰　清石印本　一冊　缺二卷（傷寒真方歌括五至六）

320000－1638－0002177　子部 2248
救五絕良方一卷　清末刻本　一冊

320000－1638－0002178　子部 2250
遂生編一卷　（清）莊一夔撰　清末刻本　一冊

320000－1638－0002179　子部 2251
新刊經驗痘疹不求人方論一卷　（明）朱棟隆撰　清道光刻本　一冊

320000－1638－0002180　子部 2252
婦嬰至寶八卷　題（清）亟齋居士等輯　題（清）拜松居士增訂　清光緒十四年（1888）刻本　一冊

320000－1638－0002181　子部 2253
醫單抄方一卷　清抄本　一冊

320000－1638－0002182　子部 2256
靈素節要淺註十二卷　（清）陳念祖集註　清刻本　一冊

320000－1638－0002183　子部 2257
千金不易簡便良方一卷　清同治刻本　一冊

320000－1638－0002184　子部 2258
筆花醫鏡四卷　（清）江涵暾撰　清光緒十七年（1891）宋都龍光齋刻本　一冊　存一卷（一）

320000－1638－0002185　子部 2260
浪跡叢談十一卷　（清）梁章鉅撰　清末掃葉山房石印本　一冊　存四卷（八至十一）

320000－1638－0002186　子部 2263
脈理一卷　清光緒四年（1878）蜀東善成堂刻本　一冊

320000－1638－0002187　子部 2265
治驗論案二卷　楊毓斌撰　清光緒南京王元吉石印本　一冊

320000－1638－0002188　經部 2269
四書集註不分卷　（宋）朱熹撰　清末湖南經園堂刻本　一冊　存大學、中庸

320000－1638－0002189　經部 2270
百家姓考略一卷　（清）王相撰　（清）徐士業校　清末李光明莊刻本　一冊

320000－1638－0002190　經部 2271
三字經訓詁一卷　（清）徐士業校　清末李光明莊刻本　一冊

320000－1638－0002191　經部 2272
千字文一卷　清末李光明莊刻本　一冊

320000－1638－0002192　經部 2275
朱柏廬先生治家格言不分卷　（清）朱用純撰　清末李光明莊刻本　一冊

320000－1638－0002193　經部 2276
四書集注不分卷　（宋）朱熹撰　清末李光明莊刻本　一冊　存大學、中庸

320000－1638－0002194　經部 2277
益幼雜字一卷　清末萃文書局刻本　一冊

320000－1638－0002195　經部 2278
增廣便讀昔時賢文不分卷　清末天印山莊刻本　一冊

320000－1638－0002196　經部 2279
幼學語不分卷　清末刻本　一冊

320000－1638－0002197　經部 2280
四書不分卷　清末李光明莊刻本　二冊　存大學、論語上

320000－1638－0002198　經部 2281
四書不分卷　清末李光明莊刻本　一冊　存論語上

320000－1638－0002199　經部 2282
新增幼學雜字一卷　清末李光明莊刻本

一册

320000－1638－0002200　經部 2284
勸學篇二卷　(清)張之洞撰　清末金陵湯明林聚珍書局木活字印本　一册　存一卷(下)

320000－1638－0002201　經部 2285
四書通敘次一卷　(清)胡垣撰　清刻本　一册

320000－1638－0002202　經部 2286
增補音郡音義百家姓一卷　清末李光明莊刻本　一册

320000－1638－0002203　經部 2287
增補音郡音義百家姓一卷　清末李光明莊刻本　一册

320000－1638－0002204　經部 2288
對類指掌一卷　(清)趙實秋　(清)王曉亭輯　清末李光明莊刻本　一册

320000－1638－0002205　經部 2289
新鐫大字女兒經一卷　清末李光明莊刻本　一册

320000－1638－0002206　經部 2290
新增幼學雜字一卷　清末李光明莊刻本　一册

320000－1638－0002207　經部 2291
三字經註解備要一卷　(元)王應麟著　(清)賀興思註解　清末李光明莊刻本　一册

320000－1638－0002208　經部 2292
三字經註解備要一卷　(元)王應麟著　(清)賀興思註解　清末李光明莊刻本　一册

320000－1638－0002209　經部 2293
三字經圖說一卷　清末上海章福記書局石印本　一册

320000－1638－0002210　經部 2294
百家姓一卷　清末李光明莊刻本　一册

320000－1638－0002211　經部 2295
百家姓一卷　清末李光明莊刻本　一册

320000－1638－0002212　經部 2296
百家姓一卷　清末李光明莊刻本　一册

320000－1638－0002213　經部 2297
新刻較準演算法大全一卷　清末李光明莊刻本　一册

320000－1638－0002214　經部 2298
新鐫眉公先生四言便讀群珠雜字二卷　(明)陳繼儒撰　清末李光明莊刻本　一册

320000－1638－0002215　經部 2302
中庸一卷　(宋)朱熹章句　清末上海鑄記書局石印本　一册

320000－1638－0002216　經部 2305
哲學論綱不分卷　(法國)李奇若撰　清光緒二十九年(1903)上海廣智書局鉛印本　一册

320000－1638－0002217　經部 2307
治家格言釋義不分卷　(清)朱用純撰　清末上海求古齋書帖社石印本　一册

320000－1638－0002218　子部 2310
南野堂筆記十二卷　(清)吳文溥撰　清刻本　一册　存三卷(一至三)

320000－1638－0002219　史部 2316
古今逸史四十二種一百六十二卷　(明)吳琯編　清刻本　一册　存三種十二卷(博物志十卷、桂海虞衡志一卷、博異記一卷)

320000－1638－0002220　史部 2317
普通新歷史一卷　普通學書室編　清光緒二十九年(1903)上海普通學書室鉛印本　一册

320000－1638－0002221　史部 2318
疑年録四卷　(清)錢大昕撰　清刻本　一册

320000－1638－0002222　史部 2319
海防要覽二卷　(清)丁日昌　(清)李鴻章撰　清光緒十年(1884)敦懷書屋刻本　一册

320000－1638－0002223　史部 2322
河防通議二卷　(元)沙克什撰　清同治八年(1869)長沙余氏刻明辨齋叢書本　一册

320000－1638－0002224　子部 2325
益州名畫録三卷　(宋)黄休復撰　清光緒七

年(1881)廣漢鍾氏刻本　一册

320000－1638－0002225　子部 2331
泰山秦篆二十九字不分卷　清光緒三十四年(1908)有正書局影印本　一册

320000－1638－0002226　集部 2346
王貞白詩一卷　(唐)王貞白撰　清宣統元年(1909)刻本　一册

320000－1638－0002227　子部 2347－1
常談叢錄九卷　(清)李元復撰　清末刻本　一册　存一卷(九)

320000－1638－0002228　史部 2350
讀史吟評一卷　(清)黄鵬揚撰　清刻本　一册

320000－1638－0002229　子部 2352
挑燈新錄六卷　(清)吳荆園撰　清刻本　一册　存二卷(五至六)

320000－1638－0002230　子部 2353
换骨金丹一卷　清光緒抄本　二册

320000－1638－0002231　子部 2354
隨息居重訂霍亂論四卷　(清)王士雄撰　清光緒二十八年(1902)刻朱印本　二册

320000－1638－0002232　子部 2355
金匱心典三卷　(漢)張仲景撰　(清)尤怡集注　清光緒七年(1881)崇德書院刻本　二册　存二卷(上至中)

320000－1638－0002233　子部 2356
太醫院增補青囊藥性賦直解八卷首一卷末一卷　(清)羅必煒參訂　清末李光明莊刻本　四册

320000－1638－0002234　子部 2357
新鐫本草醫方合編十四卷　(清)汪昂編輯　清兩儀堂刻本　二册　存六卷(本草備要一至四、醫方集解上之一至中之七)

320000－1638－0002235　子部 2361
錦香亭四卷十六回　題(清)素庵主人撰　清經綸堂刻本　一册

320000－1638－0002236　子部 2362
繪圖後聊齋志異十二卷　(清)王韜撰　清光緒十三年(1887)上海鑄記書局石印本　六册

320000－1638－0002237　子部 2363
繡像小説不分卷　清宣統元年(1909)商務印書館石印本　十二册

320000－1638－0002238　子部 2367－1
芥子園畫傳三集四卷　(清)王槩等輯　清光緒石印本　二册

320000－1638－0002239　子部 2367－2
芥子園畫傳四集四卷　(清)丁臯　(清)上官周撰　清末石印本　一册　存一卷(三)

320000－1638－0002240　子部 2368
醫學心悟五卷　(清)程國彭撰　清石印本　一册　存二卷(二至三)

320000－1638－0002241　子部 2370
簡易數學課本二卷　清光緒三十二年(1906)上海商務印書館鉛印本　二册

320000－1638－0002242　子部 2373
臨證指南醫案十卷　(清)葉桂撰　清刻本　七册　存七卷(二至六、八至九)

320000－1638－0002243　子部 2374
康熙字典十二集三十六卷　(清)張玉書等編　清末石印本　五册　缺二集六卷(子集三卷、丑集三卷)

320000－1638－0002244　子部 2375
洞天奥旨十六卷　(清)陳士鐸撰　清乾隆大雅堂刻本　三册　存十二卷(一至四、九至十六)

320000－1638－0002245　子部 2376
增訂醫方易簡十卷　(清)龔自璋纂　(清)黄統增訂　清光緒九年(1883)揚州刻本　三册　存三卷(七、九至十)

320000－1638－0002246　子部 2377
驗方新編二十四卷　(清)鮑相璈編輯　清刻本　四册　存四卷(七、九至十、二十)

320000－1638－0002247　集部 2378

隨園隨筆二十八卷　（清）袁枚撰　清刻本　四冊　存十四卷（一至四、八至十三、十八至二十一）

320000－1638－0002248　集部 2379

小倉山房詩集三十七卷續補二卷　（清）袁枚撰　清刻本　二冊　存四卷（三十六至三十七、續補二卷）

320000－1638－0002249　集部 2380

小倉山房文集三十五卷　（清）袁枚撰　清刻本　四冊　存十卷（三至四、二十至二十七）

320000－1638－0002250　集部 2381

隨園詩話十六卷　（清）袁枚撰　清刻本　一冊　存二卷（十三至十四）

320000－1638－0002251　集部 2383

小倉山房尺牘十卷　（清）袁枚撰　清刻本　三冊　存七卷（四至十）

320000－1638－0002252　史部 2384

困學紀聞注二十卷　（元）王應麟撰　（清）翁元圻輯注　清刻本　六冊　存十二卷（九至二十）

320000－1638－0002253　集部 3681

五百家註音辯昌黎先生文集四十卷　（唐）韓愈撰　清刻本　七冊　存十九卷（三至四、六至八、十五至二十五、二十九至三十一）

320000－1638－0002254　集部 3683

律詩六鈔一卷　（清）方俊輯　清同治九年（1870）金陵書局刻本　一冊

320000－1638－0002255　集部 3687－1

西堂雜組一集八卷　（清）尤侗撰　清刻本　一冊　存三卷（一至三）

320000－1638－0002256　集部 3687－2

西堂雜組三集八卷　（清）尤侗撰　清刻本　一冊　存二卷（三至四）

320000－1638－0002257　集部 3690

仲子詩集十卷　余愔輯　清光緒二十五年（1899）刻本　二冊　存六卷（五至十）

320000－1638－0002258　集部 3691

西堂全集六十一卷　（清）尤侗撰　清刻本　一冊　存三卷（百末詞五至六、後性理吟一卷）

320000－1638－0002259　集部 3692

李義山詩集十六卷　（唐）李商隱撰　（清）姚培謙箋注　清刻本　三冊　存十四卷（三至十六）

320000－1638－0002260　集部 3694

湖海詩傳四十六卷　（清）王昶輯　清刻本　三冊　存十六卷（三十一至四十六）

320000－1638－0002261　集部 3695

杜工部詩集二十卷末一卷　（唐）杜甫撰　（清）朱鶴齡輯注　明刻本　一冊　存二卷（十六至十七）

320000－1638－0002262　集部 3696

劍南詩鈔六卷　（宋）陸遊撰　（清）楊大鶴選　清湖南刻本　二冊　存二卷（五言古一卷、七言古一卷）

320000－1638－0002263　集部 3697

施愚山先生學餘文集二十八卷詩集五十卷擬明史列傳稿七卷別集四卷　（清）施閏章撰　清刻本　六冊　存二十八卷（施愚山先生學餘文集十四至二十八、詩集十九至二十七、別集四卷）

320000－1638－0002264　集部 3699

漁洋山人精華錄箋注十二卷　（清）王士禛撰　（清）金榮箋注　清刻本　一冊　存一卷（二）

320000－1638－0002265　集部 3700

蓮洋集十二卷補遺一卷　（清）吳雯撰　（清）王士禛評定　清乾隆十五年（1750）刻本　二冊　存三卷（七、十二，補遺一卷）

320000－1638－0002266　集部 3701

樂善堂全集三十卷　（清）高宗弘曆撰　清刻本　三冊　存七卷（二十至二十三、二十八至三十）

320000－1638－0002267　集部 3702－1

曾文正公文集四卷　(清)曾國藩撰　(清)李瀚章編　清同治十三年(1874)傳忠書局刻本　二冊　存二卷(一、三)

320000－1638－0002268　集部 3702－2
曾文正公文集四卷　(清)曾國藩撰　(清)李瀚章編　清同治十三年(1874)傳忠書局刻本　四冊

320000－1638－0002269　集部 3703
曾文正公雜著四卷　(清)曾國藩撰　(清)李瀚章編　清同治十三年(1874)傳忠書局刻本　四冊

320000－1638－0002270　集部 3704
老學後盦自訂詩二集六卷　(清)何兆瀛撰　清末刻本　一冊　存三卷(四至六)

320000－1638－0002271　集部 3708
疑雨集四卷　(明)王彦泓撰　清刻本　一冊　存一卷(一)

320000－1638－0002272　集部 3709
尺牘初桄二卷　題(清)子虚氏輯　題(清)停雲軒主人賞訂　清光緒三十三年(1907)育文書局石印本　一冊

320000－1638－0002273　集部 3710
詩賦類聯采新十二卷　清光緒十二年(1886)積山書局石印本　五冊　存十卷(一至六、九至十二)

320000－1638－0002274　集部 3712－1
增廣詩韻全璧五卷　清末石印本　四冊　存三卷(二至三、五)

320000－1638－0002275　集部 3712－2
增廣詩韻全璧五卷　清末石印本　一冊　存一卷(二)

320000－1638－0002276　集部 3712－3
增廣詩韻全璧五卷　清末石印本　一冊　存一卷(二)

320000－1638－0002277　集部 3712－4
增廣詩韻全璧五卷　清末石印本　一冊　存一卷(二)

320000－1638－0002278　集部 3712－5
增廣詩韻全璧五卷　清末石印本　一冊　存一卷(三)

320000－1638－0002279　集部 3713
欽定國朝詩别裁集三十二卷　(清)沈德潛纂評　清刻本　十二冊　存二十九卷(一至二、六至三十二)

320000－1638－0002280　集部 3714
吴梅村詞一卷　(清)吴偉業撰　清光緒三十四年(1908)上海掃葉山房石印本　一冊

320000－1638－0002281　集部 3716
京塵雜録四卷　(清)楊懋建撰　清光緒十二年(1886)上海同文書局石印本　一冊　存二卷(一至二)

320000－1638－0002282　集部 3717
高常侍集十卷　(唐)高適撰　清刻本　一冊　存五卷(一至五)

320000－1638－0002283　集部 3720
詩學纂聞一卷　(清)汪師韓撰　清刻本　一冊

320000－1638－0002284　集部 3721
詳注嚶求集四卷　(清)繆艮撰　(清)倪照注　清光緒三十一年(1905)三仁堂鉛印本　三冊　存三卷(一、三至四)

320000－1638－0002285　集部 3722
庸盦文編四卷　(清)薛福成撰　清光緒二十年(1894)上海醉六堂石印本　二冊

320000－1638－0002286　集部 3723
適軒尺牘八卷　(清)徐菊生撰　清光緒二年(1876)文富堂刻本　一冊　存一卷(一)

320000－1638－0002287　集部 3724
東坡和陶合箋四卷附録一卷　(宋)蘇軾撰　(清)溫汝能評　清光緒十八年(1892)五彩公司石印本　一冊　存二卷(一至二)

320000－1638－0002288　集部 3726
蓬萊仙館尺牘五卷　(清)翟國楝輯　清刻本　一冊　存一卷(四)

320000－1638－0002289　集部 3727
國朝正雅集九十九卷首一卷　(清)符葆森輯　清刻本　一册　存三卷(三至五)

320000－1638－0002290　集部 3728
笠翁詩集十卷　(清)李漁撰　清刻本　一册　存一卷(六)

320000－1638－0002291　集部 3729
紀曉嵐詩注釋四卷　(清)紀昀撰　(清)郭斌評註　清刻本　一册　存一卷(四)

320000－1638－0002292　集部 3730
玉餘尺牘附編八卷　(清)莊士敏撰　清光緒六年(1880)刻本　一册　存一卷(一)

320000－1638－0002293　集部 3731
詩學含英十四卷　(清)劉文蔚輯　清會文堂刻本　四册

320000－1638－0002294　集部 3732
隨園詩話十六卷　(清)袁枚撰　清刻本　一册　存四卷(五至六、十三至十四)

320000－1638－0002295　集部 3733
詩韻集成五卷　(清)余照輯　清刻本　二册　存四卷(一至四)

320000－1638－0002296　集部 3734
佩文詩韻釋要五卷　(清)周兆基撰　(清)朱蘭重輯　清宣統三年(1911)商務印書館石印本　二册

320000－1638－0002297　集部 3737
東嵒草堂評訂唐詩鼓吹十卷　(金)元好問編　(元)郝天挺注　(明)廖文炳解　(清)朱三錫評　清刻本　一册　存二卷(五至六)

320000－1638－0002298　集部 3739
詞源二卷　(宋)張炎撰　清道光八年(1828)刻本　一册

320000－1638－0002299　集部 3741
新刻黃鶴樓銘楹聯一卷　清光緒二年(1876)刻本　一册

320000－1638－0002300　集部 3742
千家詩二卷　(宋)謝枋得撰　(清)王相注　清大成堂刻本　一册

320000－1638－0002301　集部 3743
徐騎省集三十卷　(宋)徐鉉撰　清刻本　一册　存六卷(二十一至二十六)

320000－1638－0002302　集部 3744
古詩源十四卷　(清)沈德潛選　清三味堂刻本　一册　存三卷(十至十二)

320000－1638－0002303　集部 3746
唐人萬首絕句選七卷　(宋)洪邁　(清)王士禛輯　清光緒十二年(1886)金陵書局刻本　一册　存三卷(一至三)

320000－1638－0002304　集部 3747
振綺堂詩存一卷　(清)汪憲撰　清光緒十五年(1889)刻本　一册

320000－1638－0002305　集部 3749
李仲雲先生[概]輓聯一卷　清光緒七年(1881)陳聚德堂刻字店刻本　一册

320000－1638－0002306　集部 3754
靖節先生集十卷首一卷末一卷　(晉)陶潛撰　(清)陶澍注　清光緒九年(1883)江蘇書局刻本　三册

320000－1638－0002307　集部 3760
簡字全譜不分卷　勞乃宣撰　清光緒三十三年(1907)金陵刻本　一册

320000－1638－0002308　集部 3763
翠薇花館詞二十二卷　(清)戈載撰　清嘉慶刻本　五册　存十三卷(一至二、六至八、十二至十四、十八至二十二)

320000－1638－0002309　集部 3764
絕妙好詞箋七卷　(清)查為仁　(清)厲鶚箋　清道光八年(1828)刻本　三册

320000－1638－0002310　集部 3766
袁文箋正十六卷補注一卷　(清)袁枚撰　清光緒十二年(1886)步月山房刻本　四册　存九卷(一至四、九至十、十五至十六,補注一卷)

320000－1638－0002311　集部 3769

鞠傲軒集聯新語不分卷　清宣統三年(1911)刻本　一冊

320000－1638－0002312　集部 3770
李義山詩三卷　(唐)李商隱撰　清宣統影印本　一冊　存二卷(中至下)

320000－1638－0002313　集部 3771
新田十憶圖詠四卷　(清)吳嵩梁撰　清刻本　一冊

320000－1638－0002314　集部 3772
東坡先生編年詩五十卷　(宋)蘇軾撰　(清)查慎行補注　清乾隆二十六年(1761)查開香雨齋刻本　三冊　存十一卷(一至三、十至十三、二十三至二十六)

320000－1638－0002315　集部 3775
詩韻集成十卷　(清)余照輯　清刻本　二冊　存五卷(三至四、八至十)

320000－1638－0002316　集部 3776
御選唐宋詩醇四十七卷目錄二卷　(清)高宗弘曆選　清刻本　一冊　存二卷(四十四至四十五)

320000－1638－0002317　集部 3781－1
詞律拾遺八卷　(清)徐本立編　清末石印本　二冊　存四卷(五至八)

320000－1638－0002318　集部 3781－2
詞律二十卷　(清)萬樹撰　清末石印本　二冊　存四卷(十六至十七、十九至二十)

320000－1638－0002319　集部 3783
映奩詞不分卷　夏敬觀撰　清末刻本　一冊

320000－1638－0002320　集部 3784
笠翁一家言別集六卷　(清)李漁撰　清刻本　一冊　存二卷(三至四)

320000－1638－0002321　集部 3785
新鐫五言千家詩箋註二卷　(清)王相選註　清末李光明莊刻本　一冊

320000－1638－0002322　集部 3786
新刻續千家詩二卷　題(清)晦齋學人輯注　清刻本　一冊

320000－1638－0002323　集部 3788
七家詩選七卷　(清)張熙宇輯評　清末李光明莊刻朱墨套印本　一冊　存二卷(三至四)

320000－1638－0002324　集部 3789
板橋詞鈔一卷板橋題畫一卷　(清)鄭燮撰　清石印本　一冊

320000－1638－0002325　集部 3791－1
國朝繡像千家詩二卷　(清)李光明繪梓　清末李光明莊刻本　一冊

320000－1638－0002326　集部 3791－2
繪像正文千家詩二卷　清末李光明莊刻本　一冊　存一卷(上)

320000－1638－0002327　集部 3792－1
增補重訂千家詩註解二卷　(宋)謝枋得選　(清)王相註　清天祿閣刻本　一冊

320000－1638－0002328　集部 3792－2
新鐫五言千家詩箋註二卷　(清)王相選註　清天祿閣刻本　一冊

320000－1638－0002329　集部 3793
消夏雜記一卷　(清)湯濂撰　清刻本　一冊

320000－1638－0002330　集部 3795
參同契集註二卷　(漢)魏伯陽撰　題(清)知機子集註　清刻本　二冊

320000－1638－0002331　集部 3797
續金陵詩徵六卷首一卷　(清)朱紹亭等輯　清光緒二十年(1894)刻本　一冊　存二卷(一、首一卷)

320000－1638－0002332　集部 3798
國朝金陵詞鈔八卷閨秀詞一卷　陳作霖輯　清末刻本　二冊　存五卷(五至八、閨秀詞一卷)

320000－1638－0002333　集部 3799
國朝金陵詞鈔八卷閨秀詞一卷　陳作霖輯　清光緒二十八年(1902)刻本　四冊

320000－1638－0002334　集部 3803
歷朝名媛詩詞十二卷　(清)陸昶編　清末石印本　二冊　存八卷(一至八)

320000－1638－0002335　集部 3804
十六國宫詞二卷　（清）周昇撰註　清末掃葉山房石印本　四册

320000－1638－0002336　集部 3806
詩韻合璧五卷　清末石印本　四册

320000－1638－0002337　集部 3811
山陽詩徵續編四十四卷　（清）王錫祺輯　清末鉛印本　二册　存六卷（五至十）

320000－1638－0002338　集部 3812
詞林墨妙不分卷　清末石印本　一册

320000－1638－0002339　集部 3815
繫日軒三餘吟草八卷　（清）汪元愷撰　清光緒十七年（1891）刻本　三册　存六卷（三至八）

320000－1638－0002340　集部 3816
愚谷文存十四卷　（清）吳騫撰　清刻本　二册　存三卷（一、十三至十四）

320000－1638－0002341　集部 3817
館課詩鈔七卷　（清）林召棠等輯　清道光二十四年（1844）小蓬萊山館刻本　一册　存一卷（一）

320000－1638－0002342　集部 3818
八家四六文註八卷　（清）許貞幹註　清末上海文瑞樓石印本　四册　存三卷（三至四、七）

320000－1638－0002343　集部 3821－1
國朝書人輯略十一卷首一卷　震鈞（唐晏）輯　清末刻本　三册　存四卷（四、七、十至十一）

320000－1638－0002344　集部 3821－2
國朝書人輯略十一卷首一卷　震鈞（唐晏）輯　清末刻本　二册　存二卷（五、十）

320000－1638－0002345　集部 3828
南野堂詩集七卷首一卷　（清）吳文溥撰　清乾隆五十九年（1794）刻本　一册　存二卷（一、首一卷）

320000－1638－0002346　集部 3829
西湖楹聯二卷名賢祠宇一卷　清刻本　一册　存二卷（西湖楹聯一、名賢祠宇一卷）

320000－1638－0002347　集部 3836
十八家詩鈔二十八卷　（清）曾國藩輯　清末鉛印本　九册　存十卷（十三、十七至二十一、二十四至二十七）

320000－1638－0002348　集部 3843
文選六十卷　（南朝梁）蕭統輯　（唐）李善注　清宣統三年（1911）上海會文堂石印本　三册　存十三卷（一至四、十三至十六、三十九至四十三）

320000－1638－0002349　集部 3846
文選六十卷　（南朝梁）蕭統輯　（唐）李善注　清末上海錦章書局石印本　九册　存三十七卷（一至三十三、四十七至五十）

320000－1638－0002350　集部 3850
大清文宗協天翊運執中垂謨懋德振武聖孝淵恭端仁寬敏顯皇帝聖訓一百十卷　（清）文宗奕詝撰　清末石印本　一册　存十卷（九至十八）

320000－1638－0002351　集部 3854
湘綺樓文集八卷詩集十四卷箋啟八卷　王闓運撰　清宣統二年（1910）上海國學扶輪社石印本　八册　存十九卷（湘綺樓文集八卷、詩集十一至十四、箋啟二至八）

320000－1638－0002352　集部 3857
東坡和陶合箋四卷　（宋）蘇軾撰　（清）溫汝能評　清末掃葉山房石印本　一册　存二卷（三至四）

320000－1638－0002353　集部 3858
陶淵明文集十卷　（晉）陶潛撰　清宣統元年（1909）著易堂石印本　一册　存二卷（一至二）

320000－1638－0002354　集部 3862
澄衷蒙學堂字課圖説四卷　劉樹屏輯　清末石印本　一册　存一卷（三）

320000－1638－0002355　集部 3867

國語二十一卷 （三國吳）韋昭解 清光緒二十七年(1901)鴻寶齋鉛印本 一册 存六卷(一至六)

320000－1638－0002356 集部3870
八家四六文註八卷首一卷 （清）許貞幹註 清光緒十八年(1892)上海圖書集成書局鉛印本 四册 存六卷(一至二、五至六、八,首一卷)

320000－1638－0002357 集部3871
唱經堂杜詩解四卷 （唐）杜甫撰 （清）金人瑞解 清末石印本 二册 存二卷(三至四)

320000－1638－0002358 集部3873
御纂詩義折中二十卷 （清）傅恒等撰 清末石印本 三册 存七卷(四至五、十二至十四、十七至十八)

320000－1638－0002359 集部3877
虛字會通法續編不分卷 徐超輯 清光緒三十三年(1907)群學社圖書發行所鉛印本 一册 存一册(四)

320000－1638－0002360 集部3880
唐詩近體四卷 （清）胡本淵評選 清末嘉蔭堂刻本 一册 存二卷(三至四)

320000－1638－0002361 集部3881－1
御選唐宋文醇五十八卷 （清）高宗弘曆選 清光緒二十一年(1895)上海鴻文書局石印本 六册 存四十三卷(一至十一、十三至二十一、三十六至五十八)

320000－1638－0002362 集部3881－2
御選唐宋詩醇四十七卷目錄二卷 （清）高宗弘曆選 清末石印本 二册 存十三卷(二十三至二十九、三十六至四十一)

320000－1638－0002363 集部3881－3
御選唐宋詩醇四十七卷目錄二卷 （清）高宗弘曆選 清末石印本 一册 存七卷(二十三至二十九)

320000－1638－0002364 集部3884
宋元學案一百卷首一卷考略一卷 （清）黄宗羲撰 （清）黄百家纂輯 （清）全祖望修定 清光緒文瑞樓石印本 一册 存三卷(七十四至七十六)

320000－1638－0002365 集部3886
增補重訂千家詩註解二卷 （宋）謝枋得撰 （清）王相註 清末李光明莊刻本 一册

320000－1638－0002366 集部3887
儀鄭堂駢體文三卷 （清）孔廣森撰 清刻本 一册 存一卷(三)

320000－1638－0002367 集部3888
雲錦天衣集二卷 （清）鄒寶僡撰 清光緒刻本 一册

320000－1638－0002368 集部3892
兩當軒集二十二卷 （清）黄景仁撰 清刻本 三册 存十四卷(五至八、十三至二十二)

320000－1638－0002369 集部3893
唐人試帖四卷 （清）毛奇齡原評 清康熙五十四年(1715)刻本 一册

320000－1638－0002370 集部3894
劍青室遺稿詩二卷隨筆一卷 （清）王藩撰 清宣統三年(1911)石印本 一册

320000－1638－0002371 集部3895
註釋唐詩三百首六卷 （清）孫洙輯 清末李光明莊刻本 二册

320000－1638－0002372 集部3896
唐詩三百首六卷 （清）孫洙輯 清刻本 二册

320000－1638－0002373 集部3897
唐詩三百首註疏六卷 （清）孫洙輯 （清）章燮註 清光緒九年(1883)天祿閣刻本 五册 存五卷(一、三至六)

320000－1638－0002374 集部3898－1
古唐詩合解十二卷 （清）王堯衢註 清末李光明莊刻本 三册 存七卷(一至二、八至十二)

320000－1638－0002375 集部3898－2
古唐詩合解十二卷 （清）王堯衢註 清刻本

二册　存五卷(三至四、十至十二)

320000－1638－0002376　集部3899

呂祖彙集十卷　清刻本　一册　存四卷(一至四)

320000－1638－0002377　集部3900

熊襄愍公集十卷　(明)熊廷弼撰　清刻本　一册　存一卷(五)

320000－1638－0002378　集部3905

李太白文集三十二卷　(唐)李白撰　清光緒十四年(1888)湖北官書處刻本　二册　存十四卷(一至五、十四至二十二)

320000－1638－0002379　集部3907

江邨消夏錄三卷　(清)高士奇撰　清宣統二年(1910)順德鄧氏風雨樓鉛印本　一册　存一卷(一)

320000－1638－0002380　集部3908

駢體文鈔三十一卷　(清)李兆洛輯　清蕭氏刻本　一册　存二卷(一至二)

320000－1638－0002381　集部3909

變雅堂集文集八卷詩集十卷首一卷補遺二卷附録二卷　(清)杜濬撰　清刻本　二册　存十二卷(變雅堂集文集三至四、詩集五至十、補遺二卷、附録二卷)

320000－1638－0002382　集部3910

芳茂山人詩録十卷　(清)孫星衍撰　清刻本　一册　存三卷(澄清堂續稿一卷、濟上停雲集一卷、租船詠史集一卷)

320000－1638－0002383　集部3911

白香詞譜箋四卷　(清)舒夢蘭輯　(清)謝朝徵箋　清刻本　二册　存二卷(二、四)

320000－1638－0002384　集部3912

俞俞齋詩稿初集二卷　(清)史念祖撰　清光緒蔣存遠堂刻本　一册　存一卷(下)

320000－1638－0002385　集部3913

漁洋山人精華錄箋注十二卷補注一卷　(清)王士禛撰　(清)金榮箋注　清刻本　一册　存二卷(十二、補注一卷)

320000－1638－0002386　集部3914

施愚山先生外集二卷　(清)施閏章撰　清乾隆三十年(1765)山曉樓刻本　一册

320000－1638－0002387　集部3917

桐雲閣試貼輯註二卷　(清)楊庚撰　(清)張熙宇輯評　(清)王植桂輯註　清刻本　一册　存一卷(上)

320000－1638－0002388　集部3918

明文才調集四卷　(清)許振褘輯　清光緒十七年(1891)刻本　一册　存一卷(一)

320000－1638－0002389　集部3920

溫飛卿詩集九卷　(唐)溫庭筠撰　(明)曾益注　(清)顧予咸補注　清康熙三十八年(1699)秀埜草堂刻本　二册

320000－1638－0002390　集部3921

匠門書屋文集三十卷　(清)張大受撰　清刻本　四册　存十七卷(一至九、十二至十四、二十六至三十)

320000－1638－0002391　集部3922

唐宋八家鈔八卷　(清)高嵣集評　清刻本　一册　存一卷(三)

320000－1638－0002392　集部3923

香蘇山館今體詩鈔十六卷　(清)吴嵩梁撰　清刻本　一册　存四卷(一至四)

320000－1638－0002393　集部3924

空谷傳聲一卷　清光緒七年(1881)李光明莊刻本　一册

320000－1638－0002394　集部3925

訂補坡仙集三十二卷　(宋)蘇軾撰　清刻本　一册　存目録

320000－1638－0002395　集部3926

王子安集十六卷　(唐)王勃撰　清刻本　三册　存十三卷(四至十六)

320000－1638－0002396　集部3927

曹集銓評十卷　(三國魏)曹植撰　(清)丁晏纂　清同治十一年(1872)金陵書局刻本　一册　存六卷(一至六)

320000－1638－0002397　集部 3928
忠雅堂詩集二十七卷補遺二卷　(清)蔣士銓撰　清刻本　二册　存九卷(十六至二十四)

320000－1638－0002398　集部 3929
大雲山房文稿初集四卷　(清)惲敬撰　清嘉慶刻本　三册　存三卷(一至三)

320000－1638－0002399　集部 3930
昭代名人尺牘二十四卷　(清)吳修輯　清道光六年(1826)刻本　一册　存十卷(一至十)

320000－1638－0002400　集部 3931
歐陽文忠全集一百五十三卷首一卷　(宋)歐陽修撰　清康熙四十八年(1709)刻本　一册　存二卷(一、首一卷)

320000－1638－0002401　集部 3932
金文雅十六卷　(清)莊仲方編　清刻本　三册　存十三卷(四至十六)

320000－1638－0002402　集部 3933
施註蘇詩四十二卷　(宋)蘇軾撰　(宋)施元之註　**續補遺二卷**　(清)馮景撰　清乾隆刻本　八册　存二十二卷(二十三至四十二、續補遺二卷)

320000－1638－0002403　集部 3934－1
唐文粹一百卷　(宋)姚鉉編　清刻本　二册　存十二卷(四至十、二十九至三十三下)

320000－1638－0002404　集部 3934－2
唐文粹補遺二十六卷　(清)郭麐輯　清末刻本　一册　存七卷(二十至二十六)

320000－1638－0002405　集部 3934－3
唐文粹補遺二十六卷　(清)郭麐輯　清末刻本　一册　存七卷(二十至二十六)

320000－1638－0002406　集部 3936
浪跡三談六卷　(清)梁章鉅撰　清末刻本　三册　存三卷(三至五)

320000－1638－0002407　集部 3937
本事詩十二卷　(清)徐釚輯　清乾隆二十二年(1757)刻本　三册　存九卷(四至十二)

320000－1638－0002408　集部 3938
澗于集二十卷　(清)張佩綸撰　清刻本　二册　存三卷(書牘四至六)

320000－1638－0002409　集部 3941
杜詩鏡銓二十卷附録一卷　(唐)杜甫撰　(清)楊倫輯　清刻本　一册　存二卷(十七至十八)

320000－1638－0002410　集部 3942
司空表聖文集十卷　(唐)司空圖撰　清光緒三十一年(1905)仁和朱氏刻本　一册

320000－1638－0002411　集部 3943
文選考異十卷　(清)胡克家撰　清刻本　一册　存三卷(八至十)

320000－1638－0002412　集部 3949
欒城集五十卷後集二十四卷三集十卷　(宋)蘇轍撰　清刻本　一册　存六卷(三集五至十)

320000－1638－0002413　集部 3950
唐音審體二十卷　(清)錢良擇撰　清刻本　一册　存四卷(十四至十七)

320000－1638－0002414　集部 3953
柏梘山房文集十六卷文續集一卷駢體文二卷　(清)梅曾亮撰　清末鉛印本　一册　存六卷(柏梘山房文集十四至十六、文續集一卷、駢體文二卷)

320000－1638－0002415　集部 3954
西遊詩草一卷　(清)藍炳璋撰　清光緒十二年(1886)萊山書屋刻本　一册

320000－1638－0002416　集部 3956
精選名儒草堂詩餘三卷　(元)鳳林書院輯　清嘉慶十六年(1811)江都秦恩復享帚精舍刻本　一册

320000－1638－0002417　集部 3959
篛雲書屋詩鈔六卷　(清)鍾景撰　清刻本　一册　存三卷(四至六)

320000－1638－0002418　集部 3964
子良詩錄二卷　(清)馮詢撰　清同治二年(1863)廣州寶華坊刻本　一册　存一卷(上)

320000－1638－0002419　集部3965－1
字學舉隅一卷　（清）龍啟瑞撰　清末刻本　一册

320000－1638－0002420　集部3965－2
字學舉隅一卷　（清）龍啟瑞撰　清同治十一年（1872）刻本　一册

320000－1638－0002421　3970
寰宇訪碑錄十二卷　（清）孫星衍　（清）邢澍撰　清刻本　一册　存二卷（四至五）

320000－1638－0002422　3979
聚學軒叢書六十種　劉世珩輯　清光緒貴池劉氏刻本　一册　存二種四卷（金石萃編補目三卷、元碑存目一卷）

320000－1638－0002423　3980
書林清話十卷　葉德輝撰　清末刻本　三册　存八卷（三至十）

320000－1638－0002424　3985
金仙證論一卷　（清）柳華陽撰　（清）高雙景訂　清光緒三十二年（1906）養雲仙館刻本　一册

320000－1638－0002425　3986
天方典禮擇要解二十卷後編一卷　（清）劉智撰　清末鉛印本　一册　存六卷（天方典禮擇要解十六至二十、後編一卷）

320000－1638－0002426　3987
金剛經真解一卷　清末鉛印本　一册

320000－1638－0002427　3988
佛說造像量度經一卷解一卷續補一卷　（清）工布查布譯解　清同治十三年（1874）金陵刻經處刻本　一册

320000－1638－0002428　3990
觀音夢授經一卷　清光緒三年（1877）刻本　一册

320000－1638－0002429　3991
毗尼日用切要一卷　（清）釋讀體彙集　清光緒二十一年（1895）金陵刻經處刻本　一册

320000－1638－0002430　3992
維摩詰所說經註八卷　（後秦）釋鳩摩羅什譯　（後秦）釋僧肇註　清光緒十三年（1887）金陵刻經處刻本　一册　存三卷（六至八）

320000－1638－0002431　3995
大乘起信論義記七卷別記一卷　（唐）釋法藏撰　清光緒二十三年（1897）金陵刻經處刻本　二册

320000－1638－0002432　3996
佛經一卷　清末抄本　一册

320000－1638－0002433　3998
十殿冥王寶懺一卷　清光緒二十三年（1897）金陵一得齋善書坊刻本　一册

320000－1638－0002434　4000
翻譯名義集十四卷　（宋）釋法雲編　清刻本　一册　存三卷（十一至十三）

320000－1638－0002435　4001
天仙正理直論增註一卷　（明）伍守陽撰并註　清刻本　一册

320000－1638－0002436　4002
高僧傳初集十五卷首一卷　（南朝梁）釋慧皎撰　清刻本　一册　存八卷（四至十一）

320000－1638－0002437　4003
大乘起信論疏二卷　（唐）釋法藏疏　（唐）釋宗密注　清光緒三年（1877）長沙刻經處刻本　一册　存一卷（下）

320000－1638－0002438　4005
求治苦心說一卷　清光緒二十七年（1901）無錫利濟壇刻本　一册

320000－1638－0002439　4007
修習止觀坐禪法要二卷　（隋）釋智顗述　清光緒二十九年（1903）金陵刻經處刻本　一册

320000－1638－0002440　4008
大乘起信論纂註二卷　（南朝陳）釋真諦譯　（明）釋真界纂註　清光緒十一年（1885）金陵刻經處刻本　一册

320000－1638－0002441　4009
百論疏十四卷　（隋）釋吉藏疏　清刻本　一

冊　存三卷(一至三)

320000－1638－0002442　4011
折疑論集註二卷　(元)釋子成撰　(明)釋師子註　清刻本　一冊　存一卷(上)

320000－1638－0002443　4012
菜根譚一卷　(明)洪應明撰　清光緒十三年(1887)揚州藏經禪院刻本　一冊

320000－1638－0002444　4013
返性圖十卷　清咸豐五年(1855)刻本　一冊　存一卷(二)

320000－1638－0002445　4015
金剛三昧經二卷　(晉)□□譯　清同治十二年(1873)金陵刻經處刻本　一冊

320000－1638－0002446　4017
慈悲道場懺法十卷　(南朝梁)武帝蕭衍輯　清刻本　一冊　存一卷(二)

320000－1638－0002447　4018
徹悟禪師語錄二卷　(清)釋了亮等集　清光緒十六年(1890)揚州藏經院刻本　一冊

320000－1638－0002448　2889
長江圖說十二卷首一卷　(清)馬徵麟撰　清同治九年(1870)刻本　十二冊　存十一卷(一至十、首一卷)

320000－1638－0002449　4087
古高士傳印譜一卷　(清)趙穆篆刻　清光緒二十年(1894)刻鈐印本　一冊

320000－1638－0002450　4094
形學備旨全草十卷首一卷　(美國)狄考文選譯　(清)鄒立文筆述　壽孝天衍草　清光緒二十五年(1899)石印本　四冊　存九卷(一至三、五至九,首一卷)

320000－1638－0002451　4096
高王觀世音經一卷　清末刻本　一冊

320000－1638－0002452　4106
書經精華十卷　(清)王巨源編　清刻本　一冊　存二卷(四至五)

320000－1638－0002453　4107
四書體注合講十九卷　(清)翁復編　清刻本　一冊　存五卷(論語一至五)

320000－1638－0002454　4108
文昌帝君陰騭文句解一卷　清末刻本　一冊

320000－1638－0002455　4111
御批通鑑綱目五十九卷　(宋)朱熹撰　清刻本　一冊　存一卷(一)

320000－1638－0002456　4138
孟子七卷　(宋)朱熹集注　清刻本　三冊　存三卷(一至二、七)

320000－1638－0002457　4141
理財學精義一卷　(日本)田尻稻次郎撰　王秀點譯　清光緒三十二年(1906)商務印書館鉛印本　一冊

320000－1638－0002458　4143
地勢略解一卷　(美國)李安德撰　清光緒十九年(1893)京都匯文書院鉛印本　一冊

320000－1638－0002459　4148
宗鏡錄一百卷　(宋)釋延壽撰　清刻本　二冊　存十卷(五十六至六十、八十一至八十五)

320000－1638－0002460　4151
南無普賢王菩薩一卷　清抄本　一冊

320000－1638－0002461　4154
春秋左傳五十卷　(晉)杜預　(宋)林堯叟注　(唐)陸德明音義　(明)孫鑛等評點　清刻本　一冊　存六卷(三至八)

320000－1638－0002462　4155
社會通詮一卷　(英國)甄克思著　嚴復譯　清光緒二十九年(1903)石印本　一冊

320000－1638－0002463　4160
國文教科書一卷　莊俞等編　清光緒三十二年(1906)商務印書館鉛印本　一冊

320000－1638－0002464　4163－1
論語二卷　清末李光明莊刻本　二冊

320000－1638－0002465　4163－2
論語十卷　(宋)朱熹集注　清末李光明莊刻本　四册　存四卷(五至六、八、十)

320000－1638－0002466　4163－3
論語十卷　(宋)朱熹集注　清末李光明莊刻本　二册

320000－1638－0002467　4165
學佛必讀密教神咒一卷　清末刻本　一册

320000－1638－0002468　4180
中庸一卷　(宋)朱熹章句　清末李光明莊刻本　一册

320000－1638－0002469　4181
重訂幼學須知句解四卷　(清)程登吉撰　清光緒十六年(1890)李光明莊刻本　三册　存三卷(一、三至四)

320000－1638－0002470　4182
暮時課誦一卷　清末刻本　一册

320000－1638－0002471　4183－1
九思堂古文觀止十二卷　(清)吳乘權　(清)吳大職輯　清咸豐五年(1855)義林堂刻本　二册　存四卷(一至二、九至十)

320000－1638－0002472　4183－2
古文觀止十二卷　(清)吳乘權　(清)吳大職評選　清末李光明莊刻本　一册　存二卷(一至二)

320000－1638－0002473　4184
點評春秋綱目左傳句解彙雋六卷　(清)韓菼訂　清李光明莊刻本　一册　存一卷(三)

320000－1638－0002474　4185
點評春秋綱目左傳句解彙雋六卷　(清)韓菼訂　清勸學書局刻本　二册　存二卷(三至四)

320000－1638－0002475　4186
書經六卷末一卷　(宋)蔡沈集傳　清末李光明莊刻本　二册　存四卷(一、五至六,末一卷)

320000－1638－0002476　4187－1
幼學句解四卷　(清)程登吉撰　(清)錢元龍校訂　清末李光明莊刻本　一册　存一卷(四)

320000－1638－0002477　4187－2
幼學句解四卷　(清)程登吉撰　(清)錢元龍校訂　清末李光明莊刻本　一册　存一卷(四)

320000－1638－0002478　4188－1
大清律例增修統纂集成四十卷　(清)陶駿等增修　清末刻本　一册　存三卷(十五至十七)

320000－1638－0002479　4188－2
重訂幼學須知句解四卷　(清)程登吉撰　清末善化堂刻本　一册　存一卷(三)

320000－1638－0002480　4192
左傳句解六卷　(清)韓菼重訂　清末李光明莊刻本　一册　存一卷(二)

320000－1638－0002481　4193－1
龍文鞭影四卷　(明)蕭良有撰　(明)楊臣諍增訂　清末李光明莊刻本　一册　存一卷(三)

320000－1638－0002482　4193－2
龍文鞭影四卷　(明)蕭良有撰　(明)楊臣諍增訂　清末李光明莊刻本　一册　存一卷(三)

320000－1638－0002483　4194－1
增訂二論詳解四卷　(清)劉忠輯　清末李光明莊刻本　一册　存一卷(三)

320000－1638－0002484　4194－2
書經增訂旁訓四卷　(清)徐立綱撰　清末李光明莊刻本　一册　存一卷(四)

320000－1638－0002485　4196－1
詩八卷　(宋)朱熹集傳　清末李光明莊刻本　一册　存二卷(一至二)

320000－1638－0002486　4196－2
詩八卷　(宋)朱熹集傳　清末李光明莊刻本　一册　存二卷(一至二)

320000－1638－0002487　4198
古文釋義新編八卷　(清)余誠評注　清文奎堂刻本　一册　存二卷(七至八)

320000－1638－0002488　4200
古文釋義新編八卷　(清)余誠評注　清刻本　一册　存一卷(六)

320000－1638－0002489　4201
斷易大全三卷首一卷　清刻本　一册　存二卷(上、首一卷)

320000－1638－0002490　4202
曾文正公全集　(清)曾國藩撰　清刻本　一册

320000－1638－0002491　4205
御撰資治通鑑綱目三編二十卷　(清)張廷玉等撰　清刻本　一册　存五卷(十六至二十)

320000－1638－0002492　4207
增訂二論詳解四卷　(清)劉忠輯　清末文盛書局石印本　一册　存一卷(三)

320000－1638－0002493　4208
詩經八卷　(宋)朱熹集傳　清末李光明莊刻本　一册　存一卷(五)

320000－1638－0002494　4209
八宅明鏡二卷　題(唐)楊益撰　清東慎堂刻本　一册　存一卷(上)

320000－1638－0002495　4213
春秋左傳五十卷　(晉)杜預　(宋)林堯叟注　(唐)陸德明音義　(明)孫鑛等評點　清末李光明莊刻本　一册　存三卷(三十五至三十七)

320000－1638－0002496　4214
四書七卷　清末李光明莊刻本　一册　存一卷(孟子上)

320000－1638－0002497　4215
南無消災延壽藥師光明佛懺一卷　清刻本　一册

320000－1638－0002498　4217
最新理科教科書一卷　清宣統二年(1910)商務印書館鉛印本　一册

320000－1638－0002499　4228
增廣玉匣記通書六卷末一卷　(晉)許遜撰　清末李光明家刻本　一册　存二卷(一至二)

320000－1638－0002500　4237
大方廣佛華嚴經八十一卷　(唐)釋實叉難陀譯　清刻本　二册　存一卷(二十九)

320000－1638－0002501　4238
地藏菩薩本願經三卷　(唐)釋實叉難陀譯　清刻本　一册　存一卷(中)

320000－1638－0002502　4246－1
筆算新教科書習題總答一卷　張景良撰　清光緒三十二年(1906)文明書局鉛印本　一册

320000－1638－0002503　4246－2
筆算新教科書習題總答一卷　張景良撰　清宣統二年(1910)文明書局鉛印本　一册

320000－1638－0002504　4250
祝壽文一卷　溫應懷輯　清末溫應懷抄本　一册

320000－1638－0002505　4251
敬竈全書一卷　清光緒七年(1881)一得齋刻字店刻本　一册

320000－1638－0002506　4258
玉歷鈔傳一卷　清李光明莊刻本　一册

320000－1638－0002507　4259
東周列國全志二十三卷一百八回　(清)蔡元放評點　清光緒築野書屋石印本　一册　存二卷(十六至十七)

320000－1638－0002508　4263
道德進化論一卷　(日本)戶水寬人撰　清光緒廣智書局鉛印本　一册

320000－1638－0002509　4268
卜筮正宗十四卷　(清)王維德輯　清末石印本　一册　存一卷(四)

320000－1638－0002510　4274
御批資治通鑑綱目五十九卷首一卷　(宋)朱

熹撰　清末石印本　一冊　存三卷（四十五至四十七）

320000－1638－0002511　4275
欽定書經傳說彙纂二十一卷首二卷書序一卷　（清）王頊齡等撰　清末石印本　一冊　存十三卷（十至二十一、書序一卷）

320000－1638－0002512　4276
御批歷代通鑑輯覽一百二十卷　（清）傅恒等纂　清末石印本　一冊　存四卷（三十七至四十）

320000－1638－0002513　4278
資治通鑑二百九十四卷　（宋）司馬光撰　（元）胡三省音注　清光緒二十四年（1898）積山書局石印本　一冊　存四卷（一至四）

320000－1638－0002514　4279
事類統編九十三卷　（清）黄葆真增輯　清刻本　一冊　存三卷（三十五至三十七）

320000－1638－0002515　4281
御撰資治通鑑綱目三編六卷　（清）張廷玉等撰　清光緒二十八年（1902）漢讀樓書局石印本　二冊

320000－1638－0002516　4287
趨吉避凶三卷　清末刻本　一冊　存一卷（中）

320000－1638－0002517　4288－1
觀音大士勸善文一卷　清光緒三十二年（1906）宏道堂刻本　一冊

320000－1638－0002518　4288－2
觀音大士勸善文一卷　清末刻本　一冊

320000－1638－0002519　4293
地母真經不分卷　清光緒三十一年（1905）刻本　一冊

320000－1638－0002520　4296
皇朝經世文續編一百二十卷　（清）葛士濬輯　清末石印本　二冊　存十一卷（九至十六、一百十三至一百十五）

320000－1638－0002521　4309
述記三十四種　（清）任兆麟編　清刻本　一冊　存六種六卷（莊子一卷、楚辭一卷、小爾雅一卷、尚書大傳一卷、大戴禮記一卷、樂記一卷）

320000－1638－0002522　4310
窮通寶鑒欄江網二卷　（明）余春臺輯　清刻本　一冊

320000－1638－0002523　4311
新刻星平合訂命學須知二卷　清末刻本　一冊　存一卷（下）

320000－1638－0002524　4313
拯嬰彙編一卷　清咸豐十一年（1861）刻本　一冊

320000－1638－0002525　4316
最新官商學界尺牘一卷　清宣統元年（1909）敬業書社石印本　一冊

320000－1638－0002526　4320
無字真經一卷　清光緒三十四年（1908）貴和堂刻本　一冊

320000－1638－0002527　4322
都天滾盤珠要法一卷　清刻本　一冊

320000－1638－0002528　4324
最新理科教科書教授法一卷　清宣統元年（1909）商務印書館鉛印本　一冊

320000－1638－0002529　4329
制藝鎔裁上論八卷下論八卷　清末刻本　一冊

320000－1638－0002530　4330
增廣寫信不求人十卷　清光緒三十二年（1906）石印本　一冊　存一卷（一）

320000－1638－0002531　4331
四書會要錄三十卷　（清）黄瑞撰　清光緒寶文書局石印本　一冊　存一卷（三）

320000－1638－0002532　4332
新訂四書補注備旨十卷　（明）鄧林撰　（清）杜定基增訂　清末刻本　一冊　存二卷（一至二）

320000－1638－0002533　4333
近科鄉會墨僅見一卷　清末刻本　一册

320000－1638－0002534　4335
評選四書義新編十九卷　繆荃孫評閱　清末刻本　一册　存一卷(十)

320000－1638－0002535　4336
欽定萬年書一卷　清光緒石印本　一册

320000－1638－0002536　4338
古香齋新刻袖珍御選古文淵鑒六十四卷　(清)徐乾學等編　清末刻本　一册　存三卷(六十二至六十四)

320000－1638－0002537　4340
增删卜易十二卷　題(清)野鶴老人撰　(清)李文輝增删　清末刻本　一册　存二卷(三至四)

320000－1638－0002538　4341
孟子正義三十卷　(清)焦循撰集　清末石印本　一册　存十一卷(二十至三十)

320000－1638－0002539　4342
十二生肖十二卷　清末石印本　一册　存五卷(六至十)

320000－1638－0002540　4343
論語集解義疏十卷　(三國魏)何晏集解　(南朝梁)皇侃義疏　**論語劄記三卷**　清末石印本　一册　存七卷(論語集解義疏七至十、論語劄記三卷)

320000－1638－0002541　4344
西學大成十二編　清末石印本　一册　存一編(丑編)

320000－1638－0002542　4345
御纂醫宗金鑑九十卷首一卷　(清)吴謙等纂　清末刻本　一册　存二卷(八十三至八十四)

320000－1638－0002543　4346
新鐫法家透膽寒十六卷　題(清)補相子撰　清末刻本　一册　存一卷(二)

320000－1638－0002544　4348
說鈴六十六卷　(清)吳震方輯　清末刻本　一册　存二卷(十六至十七)

320000－1638－0002545　4350
對山書屋墨餘録十六卷　(清)毛祥麟撰　清末刻本　二册　存四卷(九至十、十三至十四)

320000－1638－0002546　4351
四書味根錄三十七卷　(清)金瀓編　清末刻本　一册　存五卷(一至五)

320000－1638－0002547　4352
分類尺牘新裁六卷　(清)涂謙撰　清末刻本　一册　存一卷(六)

320000－1638－0002548　4353
論語集注本義匯參二十卷首一卷　(清)王步青輯　清末刻本　一册　存二卷(一、首一卷)

320000－1638－0002549　4354
高王觀世音經一卷　清光緒二十八年(1902)寶善堂刻本　一册

320000－1638－0002550　4355
萬法歸宗五卷　清末刻本　一册

320000－1638－0002551　4359
鄧母胡太夫人七十壽徵文啓一卷　清光緒十六年(1890)刻朱印本　一册

320000－1638－0002552　4383
格言聯璧一卷　清同治四年(1865)刻本　一册

320000－1638－0002553　4384
寄傲山房塾課纂輯春秋備旨十二卷　(清)鄒聖脈輯　清末石印本　一册　存三卷(一至三)

320000－1638－0002554　4386
四書五經類典集成二十卷　清末石印本　一册

320000－1638－0002555　4387－1
四書題鏡大全十卷　清韞壬齋石印本　一册　存三卷(大學一卷、中庸一卷、論語上論一

卷)

320000－1638－0002556　4387－2
四書味根錄三十七卷　(清)金澂編　清末石印本　一册　存六卷(一至六)

320000－1638－0002557　4388
如是我聞四卷　(清)紀昀撰　清道光二十七年(1847)小蓬萊山館刻本　一册　存二卷(一至二)

320000－1638－0002558　4403
官商學界普通尺牘一卷　清光緒三十四年(1908)北京打磨廠石印本　一册

320000－1638－0002559　4404
較正監韻分章分節四書正文十卷　清末刻本　一册　存一卷(三)

320000－1638－0002560　4407－1
電氣鍍金略法一卷　(英國)華特纂　(英國)傅蘭雅口譯　(清)周郇筆述　清末江南製造總局刻本　一册

320000－1638－0002561　4410
達摩禪師寶卷一卷　清光緒二十九年(1903)金陵一得齋善書坊刻本　一册

320000－1638－0002562　4415
精刻看命一掌金一卷　(唐)釋一行撰　清末刻本　一册

320000－1638－0002563　4416
論語十卷　(宋)朱熹集注　清末李光明莊刻本　一册　存七卷(四至十)

320000－1638－0002564　4417
勅建祖堂山幽棲寺同戒錄一卷　清光緒九年(1883)刻本　一册

320000－1638－0002565　4420－1
大孝目蓮正教血湖懺三卷　清光緒三十四年(1908)抄本　二册　存二卷(上至中)

320000－1638－0002566　4420－2
大孝目蓮正教血湖懺三卷　清光緒三十四年(1908)抄本　一册　存一卷(上)

320000－1638－0002567　4421－1
慈悲淨土寶懺一卷　清末抄本　一册

320000－1638－0002568　4421－2
慈悲淨土寶懺一卷　清末抄本　一册

320000－1638－0002569　4421－3
慈悲淨土寶懺一卷　清末抄本　一册

320000－1638－0002570　4422－1
慈悲水懺法三卷　(唐)釋知玄述　清末抄本　三册

320000－1638－0002571　4422－2
慈悲水懺法三卷　(唐)釋知玄述　清末抄本　三册

320000－1638－0002572　4427
詩八卷　(宋)朱熹集傳　清末李光明莊刻本　一册　存一卷(五)

320000－1638－0002573　4428
增訂詳註廣日記故事一卷　(清)王相增註　清末刻本　一册

320000－1638－0002574　4429
照像乾片法一卷　(英國)傅蘭雅輯　清光緒十三年(1887)鉛印本　一册

320000－1638－0002575　4431
手寫記事一卷　清末抄本　一册

320000－1638－0002576　4435
慈悲三昧水懺法三卷　(唐)釋知玄述　清末刻本　一册　存一卷(中)

320000－1638－0002577　4436
般若波羅蜜多心經一卷　(唐)釋玄奘譯　清光緒十八年(1892)揚州藏經院刻本　一册

320000－1638－0002578　4437
藥師琉璃光如來本願功德經一卷　清末刻本　一册

320000－1638－0002579　4438
金剛般若波羅蜜經一卷　(後秦)釋鳩摩羅什譯　清末刻本　一册

320000－1638－0002580　4441－1

金剛般若波羅蜜經一卷　（後秦）釋鳩摩羅什譯　清末刻本　一冊

320000－1638－0002581　4441－2
金剛般若波羅蜜經一卷　（後秦）釋鳩摩羅什譯　清末刻本　一冊

320000－1638－0002582　4443
千手千眼大悲懺法一卷　清末金陵刻經處刻本　一冊

320000－1638－0002583　4444
般若波羅蜜多心經一卷　（唐）釋玄奘譯　清末刻本　一冊

320000－1638－0002584　4445
中峰國師三時繫念佛事一卷　（宋）釋延壽述　清末刻本　一冊

320000－1638－0002585　4446
金剛般若波羅蜜經一卷　（後秦）釋鳩摩羅什譯　清末刻本　一冊

320000－1638－0002586　4447
金剛般若波羅蜜經一卷　（後秦）釋鳩摩羅什譯　清末刻本　一冊

320000－1638－0002587　4448－1
地藏菩薩本願經三卷　（唐）釋實叉難陀譯　清末刻本　一冊　存一卷（上）

320000－1638－0002588　4448－2
地藏菩薩本願經三卷　（唐）釋實叉難陀譯　清末刻本　一冊　存一卷（上）

320000－1638－0002589　4449
太上中道妙法蓮華經十卷　清末刻本　一冊　存三卷（八至十）

320000－1638－0002590　4450
消災延壽藥師懺法三卷　清末刻本　一冊　存一卷（下）

320000－1638－0002591　4451
慈悲道場懺法十卷　（南朝梁）武帝蕭衍輯　清末刻本　三冊　存三卷（八至十）

320000－1638－0002592　4452－1
地藏菩薩本願經三卷　（唐）釋實叉難陀譯　清光緒十四年（1888）刻本　三冊

320000－1638－0002593　4452－2
地藏菩薩本願經三卷　（唐）釋實叉難陀譯　清光緒十四年（1888）刻本　三冊

320000－1638－0002594　4452－3
地藏菩薩本願經三卷　（唐）釋實叉難陀譯　清光緒十四年（1888）刻本　二冊　存二卷（中至下）

320000－1638－0002595　4452－4
地藏菩薩本願經三卷　（唐）釋實叉難陀譯　清光緒十四年（1888）刻本　二冊　存二卷（中至下）

320000－1638－0002596　4454
金剛般若波羅蜜經一卷　（後秦）釋鳩摩羅什譯　清末刻本　一冊

320000－1638－0002597　4455
金剛般若波羅蜜經一卷　（後秦）釋鳩摩羅什譯　清末刻本　一冊

320000－1638－0002598　4457
太上消劫梓潼本願真經一卷　清末刻本　一冊

320000－1638－0002599　4458
有正味齋詞集八卷　（清）吴錫麒撰　清末刻本　一冊　存二卷（一至二）

320000－1638－0002600　4459
金剛般若經疏一卷　（隋）釋智顗撰　清光緒二十三年（1897）金陵刻經處刻本　一冊

320000－1638－0002601　4462
玉歷鈔傳一卷　清同治元年（1862）普願堂刻本　一冊

320000－1638－0002602　4465
唐詩三百首注釋六卷　（清）孫洙輯　清刻本　一冊　存二卷（三至四）

320000－1638－0002603　4466
大文堂綱鑑易知錄九十二卷　（清）周之炯等編　清刻本　一冊　存二卷（一至二）

320000－1638－0002604　4467
天玉經心印四卷　（清）王宗臣註　清刻本　一冊

320000－1638－0002605　4473
康熙字典十二集　（清）張玉書等編　清刻本　一冊　存一集（寅集）

320000－1638－0002606　4482
書信集一卷　清末抄本　一冊

320000－1638－0002607　4487
子書二十五種　（清）育文書局編　清光緒三十年（1904）育文書局石印本　一冊　存二種十九卷（老子道德經二卷、孔子集語十七卷）

320000－1638－0002608　4490
莊子十卷　（晉）郭象注　（唐）陸德明音義　清光緒二十三年（1897）上海圖書集成局鉛印本　一冊　存三卷（一至三）

320000－1638－0002609　4493
格言聯璧一卷　清末刻本　一冊

320000－1638－0002610　4495
康熙字典十二集三十六卷　（清）張玉書等編　清末刻本　一冊　存一卷（戌集中）

320000－1638－0002611　4510－1
大佛頂萬行首楞嚴神咒行法寶懺一卷　清末抄本　一冊

320000－1638－0002612　4510－2
大佛頂萬行首楞嚴神咒行法寶懺一卷　清末抄本　一冊

320000－1638－0002613　4510－3
大佛頂萬行首楞嚴神咒行法寶懺一卷　清末抄本　一冊

320000－1638－0002614　4511－1
消災延壽藥師懺法三卷　清宣統三年（1911）抄本　二冊　存二卷（上、下）

320000－1638－0002615　4511－2
消災延壽藥師懺法三卷　清宣統三年（1911）抄本　一冊　存一卷（下）

320000－1638－0002616　4512－1
慈悲十王寶懺法三卷　清末抄本　二冊　存二卷（中至下）

320000－1638－0002617　4512－2
慈悲十王寶懺法三卷　清末抄本　二冊　存二卷（中至下）

320000－1638－0002618　4512－3
慈悲十王寶懺法三卷　清末抄本　一冊　存一卷（中）

320000－1638－0002619　4512－4
慈悲十王寶懺法三卷　清末抄本　二冊　存二卷（上至中）

320000－1638－0002620　4513－1
大願大力地藏寶懺三卷　清末抄本　三冊

320000－1638－0002621　4513－2
地藏菩薩本願經三卷　（唐）釋實叉難陀譯　清末抄本　二冊　存二卷（中至下）

320000－1638－0002622　4514－1
慈悲三昧水懺法三卷　（唐）釋知玄述　清末抄本　二冊　存二卷（上、下）

320000－1638－0002623　4514－2
慈悲水懺法三卷　（唐）釋知玄述　清末抄本　一冊　存一卷（下）

320000－1638－0002624　4515
大方便報恩寶懺法三卷　清末抄本　二冊　存二卷（中至下）

320000－1638－0002625　4516
大方便報恩寶懺法三卷　清末抄本　二冊　存二卷（中至下）

320000－1638－0002626　二十四櫃1
江陰藝文志二卷校補一卷　金武祥撰　清光緒十七年（1891）江陰金氏粟香室刻粟香室叢書本　一冊

320000－1638－0002627　二十四櫃10
汲古閣珍藏秘本書目一卷　（清）毛扆藏并校　清末石印本　一冊

320000－1638－0002628　二十四櫃 12
書目答問四卷　(清)張之洞撰　清宣統元年(1909)石印本　二册

320000－1638－0002629　二十四櫃 14
對類指掌一卷　(清)趙賓秋　(清)王曉亭輯　清末李光明莊刻本　一册

320000－1638－0002630　二十四櫃 16
粟香室叢書　金武祥輯　清光緒至民國間江陰金氏刻本　一册　存二種二卷(得月樓書目一卷、延州筆記一卷)

320000－1638－0002631　二十四櫃 19
卜筮正宗十四卷　(清)王維德輯　清刻本　三册　存七卷(五至十一)

320000－1638－0002632　二十四櫃 46
品花寶鑑六十回　(清)陳森撰　清宣統元年(1909)刻本　二十四册

320000－1638－0002633　二十四櫃 49
秣陵古蹟不分卷　清光緒二年(1876)抄本　二册

320000－1638－0002634　二十四櫃 50
繡像封神演義十卷一百回　清宣統二年(1910)章福記石印本　八册　存八卷(一、三、五至十)

320000－1638－0002635　二十四櫃 54
清光緒壬寅甲辰鄉會試中式湘鄉陳毅卷一卷　清光緒刻本　一册

320000－1638－0002636　二十四櫃 55
莫愁湖志六卷首一卷　(清)馬士圖輯　清光緒八年(1882)刻本　二册

320000－1638－0002637　二十四櫃 60
三字經註解備旨二卷　(元)王應麟撰　清刻本　一册　存一卷(下)

320000－1638－0002638　集部 3607
唐宫閨詩外集二卷　(清)劉雲份輯　清夢香閣石印本　一册　存一卷(下)

320000－1638－0002639　集部 3610
詞律拾遺八卷　(清)徐本立編　清末石印本　三册　存二卷(一至二)

320000－1638－0002640　集部 3612
瓦缶雷鳴四卷　(清)黄家驤撰　清光緒二十三年(1897)上海紹文書局石印本　一册　存二卷(一至二)

320000－1638－0002641　集部 3615
星隱樓詞一卷　錢振鍠撰　清光緒二十五年(1899)刻本　一册

320000－1638－0002642　集部 3618
袁文箋正十六卷補注一卷　(清)袁枚撰　(清)石韞玉箋　清末刻本　一册　存三卷(十五至十六、補注一卷)

320000－1638－0002643　集部 3621
小倉山房詩集三十七卷　(清)袁枚撰　清刻本　一册　存五卷(八至十二)

320000－1638－0002644　集部 3626
音註小倉山房尺牘八卷　(清)袁枚撰　(清)胡光斗釋　清光緒十一年(1885)著易堂石印本　一册　存二卷(一至二)

320000－1638－0002645　集部 3628
音註小倉山房尺牘八卷　(清)袁枚撰　(清)胡光斗釋　清末石印本　一册

320000－1638－0002646　集部 3632－1
袁文箋正十六卷補注一卷　(清)袁枚撰　清光緒十四年(1888)掃葉山房石印本　二册　存十五卷(一至六、九至十六，補注一卷)

320000－1638－0002647　集部 3632－2
增訂袁文箋正十六卷補注一卷　(清)袁枚撰　清末刻本　一册　存四卷(一至四)

320000－1638－0002648　集部 3636
隨園詩話十六卷補遺八卷　(清)袁枚撰　清末石印本　四册

320000－1638－0002649　集部 3640
詩畸八卷外編二卷　(清)劉荃等撰　清刻本　一册　存二卷(詩畸三至四)

320000－1638－0002650　集部 3641
玉谿生詩詳註三卷　(唐)李商隱撰　(清)馮

浩註　清末石印本　一冊　存一卷(二)

320000－1638－0002651　集部3647

應制詩賦題解四卷　(清)丁湘錦選注　清刻本　二冊　存二卷(二至三)

320000－1638－0002652　集部3649

國文教授進階不分卷　王建善撰　清光緒二十九年(1903)鉛印本　一冊

320000－1638－0002653　集部3652

吳穀人尺牘二卷　(清)吳錫麒撰　清末石印本　一冊　存一卷(下)

320000－1638－0002654　集部3654

唐著寫信必讀二卷　(清)唐芸洲編　清宣統三年(1911)刻本　一冊　存一卷(上)

320000－1638－0002655　集部3655

春在堂楹聯錄三卷　(清)俞樾撰　清光緒十年(1884)成都志古堂刻本　一冊

320000－1638－0002656　集部3659

墨林今話十八卷　(清)蔣寶齡撰　**續編一卷**　(清)蔣茝生撰　清宣統三年(1911)掃葉山房石印本　六冊

320000－1638－0002657　集部3663

春聯分類四卷　清末李光明莊刻本　一冊

320000－1638－0002658　集部3666

兩般秋雨盦隨筆八卷　(清)梁紹壬撰　清刻本　一冊　存一卷(八)

320000－1638－0002659　集部3669

帚享齋文存一卷　(清)陶時琛撰　清宣統三年(1911)鉛印本　一冊

320000－1638－0002660　集部3670

[清代名人手札]八卷　清光緒十年(1884)石印本　二冊　存三卷(六至八)

320000－1638－0002661　集部3673

胡文忠公全集八十六卷首一卷　(清)胡林翼撰　(清)胡鳳丹重編　清光緒十四年(1888)上海著易堂鉛印本　八冊

江蘇省南京市鼓樓區圖書館古籍普查登記目録

全國古籍普查登記目録

國家圖書館出版社
National Library of China Publishing House

《江蘇省南京市鼓樓區圖書館古籍普查登記目録》

編委會

主　編：高　俊

編　委：徐　力　徐　芹

《江蘇省南京市鼓樓區圖書館古籍普查登記目録》

前　言

江蘇省南京市鼓樓區圖書館成立於1960年，是國家一級圖書館，館藏古籍善本3000餘册，一直未進行系統編目。2016年12月，南京市鼓樓區圖書館在全國古籍普查登記工作中，邀請省、市古籍專家甄别館藏原有古籍圖書，組織館員和志願者分類、統計、編目。

經統計，館藏民國文獻56部1196册；古籍156部2136册。2018年《南京市公共圖書館藏古籍善本題録》正式出版，該題録收録了南京市各公共圖書館所收藏的刊印於清乾隆六十年（1795）前的重要古籍善本。南京市鼓樓區圖書館館藏的清乾隆四十九年（1784）抱經堂刻本《白虎通》四卷等18部古籍善本也被收録其中。2020年9月，這18部古籍善本同時被收録入“江蘇文脉整理與研究工程”的《江蘇文庫·書目編》。

爲改善古籍保存條件，2017年南京市鼓樓區政府對南京市鼓樓區圖書館古籍善本保護建設立項，由區財政下撥古籍保護專項經費，用於采購古籍文獻專用書櫃，設立古籍專題保護室，將全部古籍編目入櫃館藏。下一步將加强古籍保護、研究開發，科學制定古籍原生態保護與數字化計劃。

《南京市鼓樓區圖書館古籍普查登記目録》的編製，讓我們徹底摸清館藏古籍家底、各類分布情况及保存狀態，積壓多年的未編書也廓清面貌。同時本目録的出版，也是向社會各界展示我們的保護成果，方便讀者查詢利用館藏文獻。在此，要感謝本館每一位以不同方式參與普查的同仁的付出，爲普查工作順利進行提供各種保障。另外，還要感謝江蘇省古籍保護中心的有力領導，感謝金陵圖書館的悉心指導，感謝上級主管部門南京市鼓樓區文化和旅游局對古籍保護與普查工作的全力支持，也要感謝業界專家與兄弟館同仁的無私幫助，感謝一直以來關心圖書館事業發展、關注地方文化研究的社會各界人士。

由於編者水平有限，加之古籍普查工作量浩大，編校時間又倉促，本目録難免存在疏漏訛誤之處，敬請專家和廣大讀者批評指正。

江蘇省南京市鼓樓區圖書館

2020年12月

320000－1639－0000001　古籍 001
十三經註疏三百三十三卷　（明）毛晉編　明崇禎元年至十二年（1628－1639）毛氏汲古閣刻本　一百五十七册　缺七卷（春秋公羊註疏七至十三）

320000－1639－0000002　古籍 002
禮記註疏六十三卷　（漢）鄭玄註　（唐）孔穎達疏　明毛氏汲古閣刻十三經註疏本　二十四册

320000－1639－0000003　古籍 003
明朝紀事本末八十卷　（清）谷應泰編著　清順治十五年（1658）刻本　十八册

320000－1639－0000004　古籍 004
十家宫詞十二卷　（清）倪燦編　清康熙二十八年（1689）胡介祉刻乾隆八年（1743）史開基重修本　二册

320000－1639－0000005　古籍 005
亭林全集　（清）顧炎武撰　清康熙刻亭林遺書本　九册　缺四種五卷（韻補正一卷、昌平山水記二卷、譎觚十事一卷、顧氏譜系考一卷）

320000－1639－0000006　古籍 006
大戴禮記十三卷　（漢）戴德撰　（北周）盧辯注　清康熙五十七年（1718）自脩齋刻本　二册

320000－1639－0000007　古籍 007
王右丞集二十八卷首一卷末一卷　（唐）王維撰　（清）趙殿成輯錄　清乾隆二年（1737）刻本　八册

320000－1639－0000008　古籍 008
詩經八卷　（宋）朱熹集傳　清乾隆六年（1741）寧靜堂刻本　四册

320000－1639－0000009　古籍 009
文心雕龍十卷　（南朝梁）劉勰撰　（清）黄叔琳輯注　清乾隆養素堂刻本　二册

320000－1639－0000010　古籍 010
吕氏春秋二十六卷附攷一卷　（清）畢沅校　清乾隆刻經訓堂叢書本　二册

320000－1639－0000011　古籍 011
戴氏遺書　（清）戴震撰　清乾隆微波榭刻本　二册　存十卷（文集一至十）

320000－1639－0000012　古籍 012
戴東原集十二卷覆校札記一卷　（清）戴震撰　清乾隆經韻樓刻本　五册

320000－1639－0000013　古籍 013
白虎通四卷　（漢）班固撰　**白虎通義攷一卷**　（清）莊述祖撰　**闕文一卷**　（清）莊述祖輯　清乾隆四十九年（1784）抱經堂刻本　二册

320000－1639－0000014　古籍 014
水經注四十卷　（北魏）酈道元纂　清曲阜孔氏刻本　十二册

320000－1639－0000015　古籍 015
資治通鑑二百九十四卷　（宋）司馬光撰　（元）胡三省音注　**通鑑釋文辨誤十二卷**　（元）胡三省撰　清嘉慶二十一年（1816）胡克家影元刻本　八十四册　缺四十八卷（二百六至二百五十三）

320000－1639－0000016　古籍 016
李義山詩集三卷附諸家詩評一卷李義山詩譜一卷　（唐）李商隱撰　清同治九年（1870）刻三色套印本　四册

320000－1639－0000017　古籍 017
古逸叢書二十六種二百二卷　黎庶昌輯　清光緒遵義黎氏日本東京使署影刻本　四十九册

320000－1639－0000018　古籍 018
通鑑紀事本末二百三十九卷　（宋）袁樞編　（明）張溥論正　清光緒十三年（1887）廣雅書局刻本　三十八册　存一百八十九卷（一至六、三十至三十七、六十五至二百三十九）

320000－1639－0000019　古籍 019
三國志六十五卷　（晉）陳壽撰　（晉）裴松之註　清石印本　一册　存三十卷（一至三十）

320000－1639－0000020　古籍 020

高令公集一卷　（北魏）高允著　**溫侍讀集一卷**　（北魏）溫子昇著　清刻本　一冊

320000－1639－0000021　古籍 021
屈宋古音義三卷　（明）陳第編　清武昌張氏刻本　二冊

320000－1639－0000022　古籍 022
毛詩古音攷四卷　（明）陳第編　清武昌張氏刻本　二冊　存二卷（一至二）

320000－1639－0000023　古籍 023
古謠諺一百卷目錄一卷　（清）杜文瀾輯　清咸豐十一年（1861）曼陀羅華閣刻本　十六冊

320000－1639－0000024　古籍 024
漢魏六朝百三名家集　（明）張溥輯　清光緒五年（1879）信述堂刻本　一百冊　存八十種

320000－1639－0000025　古籍 025
燕山外史注釋八卷　（清）陳球著　清光緒三十二年（1906）上海海左書局石印本　一冊

320000－1639－0000026　古籍 026
南宋樂府一卷　（清）章季英撰　清光緒二年（1876）歸安趙氏刻本　一冊

320000－1639－0000027　古籍 027
經義述聞三十二卷　（清）王引之撰　清道光七年（1827）京師壽藤書屋刻本　十六冊

320000－1639－0000028　古籍 028
方輿全圖總説五卷　（清）顧祖禹撰　清光緒二十七年（1901）上海圖書集成書局石印本　四冊

320000－1639－0000029　古籍 029
古文辭類纂七十四卷　（清）姚鼐編　**續古文辭類纂三十四卷**　王先謙編　清光緒二十年（1894）上海圖書集成書局石印本　十冊　存二十四卷（古文辭類纂一至二、四至十五、續古文辭類纂一至十）

320000－1639－0000030　古籍 030
二十五子彙函　（清）鴻文書局輯　清光緒十九年（1893）鴻文書局石印本　十五冊　存二十種二百九十四卷（揚子法言十三卷，文子纘義十二卷，吕氏春秋二十六卷、附考一卷，新書十卷，董子春秋繁露十七卷，列子八卷，墨子十五卷、目一卷、篇目考一卷、佚文一卷，荀子二十卷，尸子二卷，孫子十家註十三卷、附遺説一卷、敘録一卷，孔子集語十七卷，文中子中説十卷，山海經十八卷，管子二十四卷，晏子春秋七卷，韓非子二十卷，淮南子二十一卷，老子道德經二卷，黄帝内經靈樞十二卷，黄帝内經素問一至二十一）

320000－1639－0000031　古籍 031
説文通訓定聲十八卷分部檢韻一卷附説雅一卷古今韻準一卷　（清）朱駿聲撰　清刻本　二十冊

320000－1639－0000032　古籍 032
國語二十一卷　（三國吳）韋昭解　（宋）宋庠補音　清蘇州綠蔭堂刻本　六冊

320000－1639－0000033　古籍 033
古唐詩合解唐詩十二卷古詩四卷　（清）王堯衢註　清同治八年（1869）掃葉山房刻本　六冊

320000－1639－0000034　古籍 034
屈原賦不分卷　清上海同文書局石印本　二冊

320000－1639－0000035　古籍 035
唐詩三百首註疏六卷　（清）孫洙編　（清）章燮註　清道光刻本　六冊

320000－1639－0000036　古籍 036
詩表一卷春秋揆畧一卷孝經本讚一卷　（明）黄道周著　清道光五年（1825）刻本　一冊

320000－1639－0000037　古籍 037
二十四史　清光緒二十八年（1902）上海文瀾書局石印本　一百十四冊　缺二種二百十四卷（宋書一百卷、魏書一百十四卷）

320000－1639－0000038　古籍 038
隋書八十五卷　（唐）魏徵等撰　清光緒二十八年（1902）上海文瀾書局石印本　四冊

320000－1639－0000039　古籍 039

宋書一百卷　（南朝梁）沈約撰　清光緒十年（1884）上海同文書局石印本　二十四冊

320000－1639－0000040　古籍 040
經籍籑詁一百六卷首一卷　（清）阮元撰　清光緒十四年（1888）上海鴻寶齋石印本　十二冊

320000－1639－0000041　古籍 041
維摩詰所説經無我疏十二卷　（明）釋傳燈撰　清光緒二十三年（1897）天台山真覺寺刻本　六冊

320000－1639－0000042　古籍 042
通志二百卷附考證三卷　（宋）鄭樵撰　清光緒二十七年（1901）上海圖書集成局鉛印本　六十冊

320000－1639－0000043　古籍 043
宋六十一家詞選十二卷　（清）馮煦編　清宣統二年（1910）掃葉山房石印本　四冊

320000－1639－0000044　古籍 044
明儒學案十六卷　（清）黄宗羲撰　清光緒二十八年（1902）上海文瀾書局石印本　八冊

320000－1639－0000045　古籍 045
納蘭詞五卷補遺一卷　（清）性德撰　清光緒六年（1880）刻本　一冊

320000－1639－0000046　古籍 046
明季三朝野史四卷　（清）顧炎武輯　清光緒三十四年（1908）影印本　一冊

320000－1639－0000047　古籍 047
黄梨洲遺書十種　（清）黄宗羲著　清光緒三十一年（1905）羣學社石印本　十二冊

320000－1639－0000048　古籍 048
書經六卷首一卷末一卷　（宋）蔡沈注　清光緒七年（1881）金陵書局刻本　四冊

320000－1639－0000049　古籍 049
經學輯要二十四卷　（清）吳潁炎編　清光緒二十年（1894）上海點石齋石印本　三十二冊

320000－1639－0000050　古籍 050
周禮六卷　（漢）鄭玄注　（唐）陸明德音義　清嘉慶十一年（1806）清芬閣刻本　六冊

320000－1639－0000051　古籍 051
樂府詩集一百卷目錄二卷　（宋）郭茂倩編　清同治十三年（1874）湖北崇文書局刻本　十六冊

320000－1639－0000052　古籍 052
小學六卷　（明）陳選注　清同治十一年（1872）浙江書局刻本　二冊

320000－1639－0000053　古籍 053
史記一百三十卷　（漢）司馬遷撰　清光緒十四年（1888）上海蜚英館石印本　十二冊

320000－1639－0000054　古籍 054
讀史方輿紀要一百三十卷　（清）顧祖禹輯　清光緒二十七年（1901）圖書集成局鉛印本　二十八冊

320000－1639－0000055　古籍 055
毛詩故訓傳三十卷　（清）毛亨傳　（漢）鄭玄箋　清嘉慶二十一年（1816）木瀆周氏刻本　五冊

320000－1639－0000056　古籍 056
莫愁湖對文一卷　（清）壽安輯　清光緒五年（1879）刻本　一冊

320000－1639－0000057　古籍 057
高常侍集十卷　（唐）高適撰　清光緒十年（1884）上海同文書局石印本　二冊

320000－1639－0000058　古籍 058
王摩詰集六卷　（唐）王維撰　清光緒十年（1884）上海同文書局石印本　二冊

320000－1639－0000059　古籍 059
岑嘉州集八卷　（唐）岑參撰　清光緒十年（1884）上海同文書局石印本　二冊

320000－1639－0000060　古籍 060
孟浩然集四卷　（唐）孟浩然撰　清光緒十年（1884）上海同文書局石印本　二冊

320000－1639－0000061　古籍 061
四書五經義正鵠不分卷　（清）俞樾編輯　清光緒二十七年（1901）上海書局石印本　六冊

320000－1639－0000062　古籍 062
嚋人傳四十六卷補遺六卷　(清)阮元撰　清光緒八年(1882)海監張氏常惺齋刻本　十二册

320000－1639－0000063　古籍 063
四書典林三十卷　(清)江永編　清和安堂刻本　八册

320000－1639－0000064　古籍 064
增廣詩韻大全五卷附注立名論古韻通傳一卷　(清)湯祥瑟原輯　華錕重編　清光緒二十一年(1895)煥文書局石印本　五册　缺一卷(二)

320000－1639－0000065　古籍 065
晏子春秋七卷音義二卷校勘記二卷　(清)孫星衍校　清光緒元年(1875)浙江書局刻本　四册

320000－1639－0000066　古籍 066
樂章集三卷附校勘記一卷校勘記補遺一卷逸詞一卷　(宋)柳永撰　清刻本　二册

320000－1639－0000067　古籍 067
白虎通義攷一卷附目錄一卷闕文一卷　(清)莊述祖撰　清刻本　一册

320000－1639－0000068　古籍 068
北齊書五十卷　(唐)李百藥撰　清同治十三年(1874)金陵書局刻本　四册

320000－1639－0000069　古籍 069
北江詩話六卷　(清)洪亮吉撰　清光緒三年(1877)授經堂刻本　二册

320000－1639－0000070　古籍 070
廣韻五卷　(宋)陳彭年撰　清道光三十年(1850)東山精舍刻本　三册

320000－1639－0000071　古籍 071
離騷彙訂不分卷　(清)王邦采著　清光緒二十六年(1900)廣雅書局刻本　三册

320000－1639－0000072　古籍 072
欽定春秋左傳讀本三十卷　(清)英和等編　清同治十一年(1872)山東書局刻本　十六册

320000－1639－0000073　古籍 073
曉讀書齋初錄二卷二錄二卷三錄二卷四錄二卷　(清)洪亮吉撰　清光緒三年(1877)授經堂刻本　二册

320000－1639－0000074　古籍 074
子書百家　(清)崇文書局輯　清光緒元年(1875)湖北崇文書局刻本　一百六册　存九十二種

320000－1639－0000075　古籍 075
離騷箋二卷　(清)龔景瀚撰　清光緒三年(1877)湖北崇文書局刻本　一册

320000－1639－0000076　古籍 076
楚辭辯證二卷　(宋)朱熹撰　清光緒三年(1877)湖北崇文書局刻本　一册

320000－1639－0000077　古籍 077
刊謬正俗八卷　(唐)顏師古撰　清光緒三年(1877)湖北崇文書局刻本　一册

320000－1639－0000078　古籍 078
尚書大傳四卷附考異一卷補遺一卷續補遺一卷　(漢)鄭玄注　清光緒三年(1877)湖北崇文書局刻本　一册

320000－1639－0000079　古籍 079
更生齋集文甲集四卷乙集四卷續集二卷詩餘二卷　(清)洪亮吉撰　清光緒三年(1877)刻本　四册

320000－1639－0000080　古籍 080
剡川姚氏本戰國策三十三卷　(漢)高誘注
札記三卷　(清)黄丕烈撰　清光緒三年(1877)永康退補齋刻本　五册

320000－1639－0000081　古籍 081
剡川姚氏本戰國策三十三卷　(漢)高誘注
札記三卷　(清)黄丕烈撰　清光緒三年(1877)永康退補齋刻本　五册

320000－1639－0000082　古籍 082
世說新語六卷　(南朝宋)劉義慶撰　清刻本　四册

320000－1639－0000083　古籍 083

山海經十八卷 （晉）郭璞傳 （清）郝懿行箋疏 清嘉慶十四年（1809）阮氏琅嬛仙館刻本 四册

320000－1639－0000084 古籍 084
四書章句集注不分卷 （宋）朱熹撰 清同治十一年（1872）湖南省尊經閣刻本 四册

320000－1639－0000085 古籍 085
大戴禮記補注十三卷序録一卷 （清）孔廣森補注 清同治十三年（1874）淮南書局刻本 四册

320000－1639－0000086 古籍 086
急就篇四卷 （漢）史游撰 （唐）顔師古注 （元）王應麟補注 清光緒六年（1880）福山王氏刻本 二册

320000－1639－0000087 古籍 087
三家詩補遺三卷 （清）阮元撰 清儀徵李氏崇惠堂刻本 一册

320000－1639－0000088 古籍 088
韻補五卷 （宋）吳棫撰 **韻補正一卷** （清）顧炎武撰 清光緒九年（1883）邵武徐氏刻本 二册

320000－1639－0000089 古籍 089
爾雅三卷 （晉）郭璞注 （唐）陸德明音義 清嘉慶二十二年（1817）清芬閣刻本 三册

320000－1639－0000090 古籍 090
史記一百三十卷 （漢）司馬遷撰 清刻本 十四册 存一百十一卷（二十至一百三十）

320000－1639－0000091 古籍 091
佩文韻府一百六卷 （清）張玉書輯 清光緒十五年（1889）上海點石齋石印本 二十四册

320000－1639－0000092 古籍 092
詩經八卷 （宋）朱熹集傳 清光緒九年（1883）掃葉山房刻本 四册

320000－1639－0000093 古籍 093
天下郡國利病書一百二十卷 （清）顧炎武輯 清光緒二十五年（1899）上海二林齋石印本 二十八册

320000－1639－0000094 古籍 094
綱鑑易知録九十二卷附明鑑易知録十五卷 （清）吳乘權撰 清光緒二十七年（1901）上海鑄史齋鉛印本 十六册

320000－1639－0000095 古籍 095
春秋左傳五十卷 （晉）杜預注 （唐）陸德明釋文 清刻本 四册

320000－1639－0000096 古籍 096
北史一百卷 （唐）李延壽撰 清光緒十年（1884）上海同文書局石印本 八册 存二十八卷（一至二十八）

320000－1639－0000097 古籍 097
説文古籀疏證六卷 （清）莊述祖學 清光緒十年（1884）刻本 四册

320000－1639－0000098 古籍 098
易本象四卷首一卷 （明）黄道周著 清道光五年（1825）榕城鼇峯書院刻本 四册 存三卷（一至二、首一卷）

320000－1639－0000099 古籍 099
古詩源十四卷 （清）沈德潛選輯 清竹嘯軒刻本 四册

320000－1639－0000100 古籍 100
搜神記二十卷 （晉）干寶撰 清光緒元年（1875）湖北崇文書局刻本 三册

320000－1639－0000101 古籍 101
李太白文集三十卷 （唐）李白撰 清光緒十四年（1888）湖北官書局刻本 四册

320000－1639－0000102 古籍 102
小倉山房集文集三十五卷 （清）袁枚撰 清刻本 一册 存三卷（四至六）

320000－1639－0000103 古籍 103
小倉山房文集二十四卷詩集二十六卷詩集補遺一卷外集七卷 （清）袁枚撰 清刻本 十五册

320000－1639－0000104 古籍 104
古文觀止約選十二卷 （清）吳乘權等輯 清咸豐元年（1851）刻本 一册 存二卷（七至

八）

320000－1639－0000105　古籍 105
楚辭燈四卷　（晉）林雲銘撰　清刻本　四冊

320000－1639－0000106　古籍 106
楚辭八卷楚辭後語六卷楚辭辯證二卷　（宋）朱熹集注　清光緒八年（1882）江蘇書局刻本　四冊

320000－1639－0000107　古籍 107
唐書二百二十五卷附唐書釋音二十五卷（宋）歐陽修撰　清光緒三十三年（1907）上海華商集成圖書公司鉛印本　三十一冊

320000－1639－0000108　古籍 108
元史二百十卷　（明）宋濂等修　清光緒三十三年（1907）上海華商集成圖書公司鉛印本　二十四冊

320000－1639－0000109　古籍 109
南齊書五十九卷　（南朝梁）蕭子顯撰　清光緒三十三年（1907）上海華商集成圖書公司鉛印本　六冊　存十九卷（一至十九）

320000－1639－0000110　古籍 110
遼史一百十六卷　（元）脱脱等修　清光緒三十三年（1907）上海華商集成圖書公司鉛印本　八冊

320000－1639－0000111　古籍 111
金史一百三十五卷　（元）脱脱等修　清光緒三十三年（1907）上海華商集成圖書公司鉛印本　十六冊

320000－1639－0000112　古籍 112
梁書五十六卷　（唐）姚思廉撰　清光緒三十三年（1907）上海華商集成圖書公司鉛印本　四冊

320000－1639－0000113　古籍 113
杜工部集二十卷附錄一卷　（清）錢謙益注　清康熙刻本　十冊

320000－1639－0000114　古籍 114
説郛　（明）陶宗儀輯　清順治三年（1646）宛委山房刻本　一冊　存十一種十一卷（齊東埜語一卷、野人閒語一卷、西溪叢語一卷、植杖閒談一卷、道山清話一卷、避暑錄話一卷、巖下放言一卷、石林燕語一卷、玉澗襍書一卷、鑑戒錄一卷、仇池筆記一卷）

320000－1639－0000115　古籍 115
王臨川全集一百卷目錄二卷　（宋）王安石撰　清光緒九年（1883）小峘山館刻本　十二冊

320000－1639－0000116　古籍 116
杜詩鏡銓二十卷讀書堂杜工部文集註解附錄一卷　（唐）杜甫撰　（清）楊倫編輯　清光緒十八年（1892）著易堂石印本　八冊

320000－1639－0000117　古籍 117
通志二百卷　（宋）鄭樵撰　清光緒貫吾齋石印本　二十四冊

320000－1639－0000118　古籍 118
通典二百卷　（唐）杜佑纂　清光緒石印本　三冊　存六十八卷（一百三十三至二百）

320000－1639－0000119　古籍 119
三國志六十五卷　（晉）陳壽撰　（南朝宋）裴松之注　清光緒十四年（1888）上海蜚英館石印本　八冊

320000－1639－0000120　古籍 120
文獻通考三百四十八卷　（元）馬端臨著　清光緒二十八年（1902）貫吾齋石印本　二十冊

320000－1639－0000121　古籍 121
文通十卷　（清）馬建忠撰　清光緒二十四年（1898）上海商務印書館鉛印本　十冊

320000－1639－0000122　古籍 122
来生福彈詞八卷三十六回　題（清）梱中逸叟原詞　（清）錢黎民氏補填　清末民國間鑄記山房石印本　八冊

320000－1639－0000123　古籍 123
史論合璧四卷　（清）俞樾　（清）袁枚撰　清末石印本　四冊

320000－1639－0000124　古籍 124
鄭板橋全集六編不分卷　（清）鄭燮撰　清宣統元年（1909）掃葉山房石印本　四冊

320000－1639－0000125　古籍 125
池北偶談二十六卷　(清)王士禛撰　清宣統二年(1910)上海震東學社石印本　六冊

320000－1639－0000126　古籍 126
晉書一百三十卷　(唐)房玄齡等撰　清光緒二十八年(1902)史學會社石印本　八冊

320000－1639－0000127　古籍 127
論語正義二十四卷　(清)劉寶楠撰　清同治五年(1866)刻本　六冊

320000－1639－0000128　古籍 128
新學僞經考十四卷　康有為撰　清光緒十七年(1891)望雲樓石印本　八冊

320000－1639－0000129　古籍 129
通典二百卷　(唐)杜佑撰　清光緒二十八年(1902)上海圖書集成局鉛印本　十六冊

320000－1639－0000130　古籍 130
古文觀止十二卷　(清)吳楚材　(清)吳調侯輯　清光緒十四年(1888)麟玉山房刻本　五冊

320000－1639－0000131　古籍 131
楚辭十七卷　(漢)劉向編集　清同治十一年(1872)金陵書局刻本　四冊

320000－1639－0000132　古籍 132
廣雅疏證十卷博雅音十卷　(清)王念孫撰　清光緒五年(1879)淮南書局刻本　八冊

320000－1639－0000133　古籍 133
晦庵先生朱文公文集一百卷目錄二卷續集十一卷別集十卷　(宋)朱熹撰　清同治十二年(1873)六安涂氏求我齋刻本　二十四冊

320000－1639－0000134　古籍 134
卷施閣文甲集十卷補遺一卷乙集十卷續編一卷　(清)洪亮吉撰　清光緒五年(1879)授經堂刻本　七冊　缺二卷(卷施閣文乙集九至十)

320000－1639－0000135　古籍 135
三國壃域志補註十九卷首一卷　(清)洪亮吉撰　(清)謝鍾英補註　清刻本　八冊

320000－1639－0000136　古籍 136
虛字解一卷　清光緒三年(1877)松竹齋刻本　一冊

320000－1639－0000137　古籍 137
經典釋文三十卷　(唐)陸德明撰　**考證三十卷**　(清)盧文弨撰　清同治八年(1869)湖北崇文書局刻本　十二冊

320000－1639－0000138　古籍 138
擬兩晉南北史樂府二卷附鮚軒外集一卷　(清)洪亮吉撰　清光緒三年至四年(1877－1878)授經堂刻本　一冊　存二卷(擬兩晉南北史樂府二上、附鮚軒外集一卷)

320000－1639－0000139　古籍 139
孔子家語十卷　(三國魏)王肅注　清刻本　一冊　存五卷(六至十)

320000－1639－0000140　古籍 140
孟東野集十卷附錄一卷　(唐)孟郊撰　**追昔遊集三卷**　(唐)李紳撰　清宣統二年(1910)上海著易堂石印本　四冊

320000－1639－0000141　古籍 141
說文解字句讀三十卷　(清)王筠撰　清光緒八年(1882)四川尊經書局朱逌然刻本　十六冊

320000－1639－0000142　古籍 142
施注蘇詩四十二卷　(宋)施元之注　清康熙刻本　十二冊

320000－1639－0000143　古籍 143
宋史四百九十六卷　(元)脫脫等撰　清光緒元年(1875)浙江書局刻本　一百冊

320000－1639－0000144　古籍 144
四書集註不分卷　(宋)朱熹章句　清同治五年(1866)金陵書局刻本　一冊　存二種(大學章句、中庸章句)

320000－1639－0000145　古籍 145
欽定詩經傳說彙纂二十一卷詩序一卷首一卷　(清)王鴻緒等撰　清同治七年(1868)馬新貽刻本　十六冊

320000－1639－0000146　古籍 146

漢書一百卷　（唐）顔師古注　清同治八年（1869）金陵書局刻本　十六册

320000－1639－0000147　古籍 147

易經本義十二卷首一卷末一卷　（宋）朱熹本義　清同治四年（1865）金陵書局刻本　二册

320000－1639－0000148　古籍 148

毛詩古音攷五卷　（明）陳第編　清刻本　二册　存三卷（三至五）

320000－1639－0000149　古籍 149

歷代畫史彙傳七十二卷首一卷附錄二卷　（清）彭藴燦編　清刻本　二十三册

320000－1639－0000150　古籍 150

荔村草堂詩續鈔一卷　（清）譚宗浚撰　清宣統二年（1910）刻本　一册

320000－1639－0000151　古籍 151

通鑑紀事本末二百三十九卷　（宋）袁樞編輯　清光緒廣雅書局刻本　十册　存五十卷（七至二十九、三十八至六十四）

320000－1639－0000152　古籍 152

東坡集八十四卷目錄二卷　（宋）蘇軾撰　清道光十二年（1832）眉州三蘇祠刻本　四十七册

320000－1639－0000153　古籍 153

太平御覽一千卷目錄十五卷　（宋）李昉等撰　清嘉慶二十三年（1818）歙縣鮑氏刻本　九十六册

320000－1639－0000154　古籍 154

羣經平議三十五卷　（清）俞樾撰　清光緒十七年（1891）兩儀堂刻本　二十册

320000－1639－0000155　古籍 155

春在堂全書　（清）俞樾撰　清光緒十五年（1889）刻本　一百册

320000－1639－0000156　古籍 156

經课續編八卷　（清）俞樾撰　清光緒二十五年（1899）刻春在堂全書本　二册

江蘇省南京市江寧區圖書館古籍普查登記目録

全國古籍普查登記目録

國家圖書館出版社
National Library of China Publishing House

《江蘇省南京市江寧區圖書館古籍普查登記目録》

編委會

主　編： 李　媛

編　委： 經　莉　徐　芹　孫尊芳　張　璟

《江蘇省南京市江寧區圖書館古籍普查登記目録》

前　言

江蘇省南京市江寧區圖書館創建於1953年5月1日，原名江蘇省江寧圖書館。館藏古籍按照經、史、子、集進行分類，加了簽條，按照音序做了書名目録。此次普查共524部5274册。

本目録收録古籍共計104部1340册，其中《唐詩三百首》不分卷、《六書通》十卷、《同治上江兩縣志》二十九卷首一卷頗爲珍貴。《唐詩三百首》是一部流傳很廣的唐詩選集，該書成書於乾隆二十八年（1763），作者孫洙模仿《詩經》"詩三百"的説法，意爲繼承《詩經》傳流。該書選入75位唐代詩人及兩位無名氏的詩作共310首，刻印時又補入了杜甫的《咏懷古迹》三首。由於所選作品體裁完備，風格各异，富有代表性，又通俗易懂，刊行後廣爲流傳，是衆多唐詩選本中傳播最廣、影響最大的一本。《春秋左傳標釋》三十卷的書口下鎸"必有齋"三字。卷一末鎸"長洲金麟仁甫書，旌邑劉權伯衡鋟"，在書中署書工和刻工款，詳細説明匠人籍貫、姓名、别字及書寫刊刻方式的，在明刻本中并不常見。《六書通》，一名《篆字匯》，爲篆體字書。成書於順治十八年（1661），原書在流傳中殘缺，後經清畢弘述訂正，故又名《訂正六書通》，集秦漢以下諸家篆法，仿《金石韵府》體例，依《洪武正韵》部次編排。首列《説文》篆文，下列古文、籀文、金文及印文，并注明出處。搜録廣博，窮溯本源，參互辨疑，但其中不免有失形錯漏之處，由於當時字書甚少，故舊時篆刻家仍多以此爲據。《同治上江兩縣志》是上元、江寧兩縣的地方史志。書中記載有關南京歷史變遷、文化發展、自然資源、生産實踐、風土民情等重要史料，對研究南京歷史文化具有很强的實用性和歷史價值。

爲更好地保護館藏古籍，弘揚地方優秀傳統文化，我館做了以下幾方面的工作：一是購置了樟木書櫃，將一些珍貴古籍放入保存，添加了抽濕機，定期放置驅蟲防蛀藥品。書庫滅火器材定時檢查和更换。關好書庫的門、窗，加强防盗工作，杜絶書庫漏電、起火事故的發生。二是逐步開展古籍數字化工作。對古籍進行數字化處理，既能保護古籍文獻，又能充分利用古籍資料，是最有效保護古籍的途徑之一。三是我館在全區長期開展徵集地方古籍文獻的活動。讓地方文獻這一寶貴歷史文化遺産得到保護傳承、開發利用，展現中華民族特有的精神價值、思維方式、生命力和創造力。此次普查在金陵圖書館的關心、支持和精心指導下摸清了古籍家底。由於時間和水平的局限，其中不足之處在所難免，借此機會，懇請方家指正。

江蘇省南京市江寧區圖書館

2020 年 11 月

320000－4602－0000001　A00001
詩毛氏傳疏三十卷　(清)陳奐撰　清道光二十七年(1847)振綺堂刻本　十二冊

320000－4602－0000002　A00002
毛詩原解三十六卷　(明)郝敬撰　清光緒十七年(1891)三餘草堂刻本　六冊

320000－4602－0000003　A00003
附釋音毛詩注疏二十卷　(漢)鄭玄箋　(唐)陸德明音義　(唐)孔穎達疏　清刻本　六冊

320000－4602－0000004　A00004
儀禮注疏五十卷　(唐)賈公彥注疏　清刻本　一冊　存五卷(三十三至三十七)

320000－4602－0000005　A00005
評點春秋綱目左傳句解彙雋六卷　(清)韓菼重訂　清李光明莊刻本　一冊　存一卷(三)

320000－4602－0000006　A00006
春秋穀梁傳注疏二十卷　(晉)范甯集解　(唐)楊士勳疏　(唐)陸德明音義　**校勘記二十卷**　清刻本　七冊

320000－4602－0000007　A00007
皇朝五經匯解二百七十卷　題(清)抉經心室主人輯　清末上海蜚英館石印本　二冊　存二十四卷(一至十二、九十三至一百四)

320000－4602－0000008　A00008
幼學瓊林四卷　(明)程允升撰　清李光明莊刻本　四冊

320000－4602－0000009　A00009
皇清經解□□卷　(清)阮元編　清末學海堂石印本　三冊　存十八卷(一百二十至一百二十五、一百二十八至一百三十九)

320000－4602－0000010　A00010
十三經集字摹本不分卷　(清)彭玉雯撰　清刻本　一冊

320000－4602－0000011　A00011
論語注疏解經二十卷　(三國魏)何晏集解　(宋)邢昺疏　清末刻本　一冊　存六卷(十五至二十)

320000－4602－0000012　A00012
論語十卷　(宋)朱熹集注　清刻本　二冊

320000－4602－0000013　A00013
孟子七卷　(宋)朱熹集注　清刻本　三冊

320000－4602－0000014　A00014
大學一卷中庸一卷　(宋)朱熹集注　清刻本　一冊

320000－4602－0000015　A00015
四書義不分卷　清末江寧府學刻本　一冊

320000－4602－0000016　A00016
康熙字典十二集三十六卷　(清)張玉書等編　清光緒十六年(1890)上海同文書局石印本　六冊

320000－4602－0000017　A00017
字彙十二卷　(明)梅膺祚音釋　清刻本　一冊　存一卷(亥)

320000－4602－0000018　A00018
康熙字典十二集三十六卷　(清)張玉書等編　清光緒三十年(1904)錦章書局石印本　六冊

320000－4602－0000019　A00019
史記一百三十卷　(漢)司馬遷撰　(南朝宋)裴駰集解　(唐)司馬貞索隱　(唐)張守節正義　清光緒八年(1882)上海點石齋石印本　四冊

320000－4602－0000020　A00020
史記一百三十卷　(漢)司馬遷撰　(南朝宋)裴駰集解　(唐)司馬貞索隱　(唐)張守節正義　清同治五年(1866)金陵書局刻本　二十冊

320000－4602－0000021　A00021
史記一百三十卷　(漢)司馬遷撰　(南朝宋)裴駰集解　(唐)司馬貞索隱　(唐)張守節正義　清同治五年(1866)金陵書局刻本　十二冊　存八十四卷(八至十七、二十三至三十九、四十五至九十三、一百十五至一百二十二)

320000－4602－0000022　A00022

漢書一百卷　（漢）班固撰　（唐）顔師古注　清光緒十三年(1887)金陵書局刻本　十冊　存六十卷(一至十四、十六至二十七、四十五至六十三、八十三至九十七)

320000－4602－0000023　A00023

漢書一百卷　（漢）班固撰　（唐）顔師古注　清光緒十三年(1887)金陵書局刻本　十六冊

320000－4602－0000024　A00024

後漢書九十卷　（南朝宋）范曄撰　（唐）李賢注　**志三十卷**　（晉）司馬彪撰　（南朝梁）劉昭注　清刻本　十六冊

320000－4602－0000025　A00025

後漢書九十卷　（南朝宋）范曄撰　（唐）李賢注　**志三十卷**　（晉）司馬彪撰　（南朝梁）劉昭注　清光緒十三年(1887)金陵書局刻本　四冊　存四十一卷(後漢書一至四、六十一至六十七,志三十卷)

320000－4602－0000026　A00026

三國志六十五卷　（晉）陳壽撰　（南朝宋）裴松之注　清光緒十三年(1887)江南書局刻本　八冊

320000－4602－0000027　A00027

三國志六十五卷　（晉）陳壽撰　（南朝宋）裴松之注　清光緒十三年(1887)江南書局刻本　六冊　存五十三卷(六至十七、二十五至六十五)

320000－4602－0000028　A00028

晉書一百三十卷　（唐）房玄齡等撰　清光緒十三年(1887)金陵書局刻本　二十冊

320000－4602－0000029　A00029

晉書一百三十卷　（唐）房玄齡等撰　清同治十一年(1872)金陵書局刻本　二十冊

320000－4602－0000030　A00030

宋書一百卷　（南朝梁）沈約撰　清同治十一年(1872)金陵書局刻本　十六冊

320000－4602－0000031　A00031

宋書一百卷　（南朝梁）沈約撰　清同治十一年(1872)金陵書局刻本　十一冊　存六十八卷(十七至二十一、二十八至四十七、五十八至一百)

320000－4602－0000032　A00032

南齊書五十九卷　（南朝梁）蕭子顯撰　清同治十三年(1874)金陵書局刻本　四冊　存三十七卷(一至十五、三十八至五十九)

320000－4602－0000033　A00033

南齊書五十九卷　（南朝梁）蕭子顯撰　清末刻本　六冊

320000－4602－0000034　A00034

梁書五十六卷　（唐）姚思廉撰　清同治十三年(1874)金陵書局刻本　六冊

320000－4602－0000035　A00035

梁書五十六卷　（唐）姚思廉撰　清同治十三年(1874)金陵書局刻本　二冊　存十五卷(四十二至五十六)

320000－4602－0000036　A00036

陳書三十六卷　（唐）姚思廉撰　清同治十一年(1872)金陵書局刻本　四冊

320000－4602－0000037　A00037

陳書三十六卷　（唐）姚思廉撰　清同治十一年(1872)金陵書局刻本　三冊　存二十九卷(八至三十六)

320000－4602－0000038　A00038

魏書一百十四卷　（北齊）魏收撰　清同治十二年(1873)金陵書局刻本　二十冊

320000－4602－0000039　A00039

魏書一百十四卷　（北齊）魏收撰　清末金陵書局刻本　十五冊　存八十四卷(三十一至一百十四)

320000－4602－0000040　A00040

北齊書五十卷　（唐）李百藥撰　清同治十三年(1874)金陵書局刻本　四冊

320000－4602－0000041　A00041

北齊書五十卷　（唐）李百藥撰　清同治十三

年(1874)金陵書局刻本　三册　存三十八卷(一至九、二十二至五十)

320000－4602－0000042　A00042
周書五十卷　(唐)令狐德棻等撰　清同治十三年(1874)金陵書局刻本　三册　存四十一卷(十至五十)

320000－4602－0000043　A00043
周書五十卷　(唐)令狐德棻等撰　清同治十三年(1874)金陵書局刻本　四册

320000－4602－0000044　A00044
南史八十卷　(唐)李延壽撰　清同治十一年(1872)金陵書局刻本　五册　存三十二卷(一至四、十一至三十二、七十五至八十)

320000－4602－0000045　A00045
南史八十卷　(唐)李延壽撰　清同治十一年(1872)金陵書局刻本　十二册

320000－4602－0000046　A00046
北史一百卷　(唐)李延壽撰　清同治十一年(1872)金陵書局刻本　三册　存十一卷(一至七、二十三至二十六)

320000－4602－0000047　A00047
北史一百卷　(唐)李延壽撰　清同治十一年(1872)金陵書局刻本　十六册

320000－4602－0000048　A00048
隋書八十五卷　(唐)魏徵等撰　清同治十年(1871)淮南書局刻本　十六册

320000－4602－0000049　A00049
舊唐書二百卷　(五代)劉昫等撰　清同治十一年(1872)浙江書局刻本　四十册

320000－4602－0000050　A00050
唐書二百二十五卷　(宋)歐陽修等撰　清同治十二年(1873)浙江書局刻本　四十八册

320000－4602－0000051　A00051
舊五代史一百五十卷　(宋)薛居正等撰　清同治十一年(1872)湖北崇文書局刻本　十六册

320000－4602－0000052　A00052
五代史七十四卷　(宋)歐陽修等撰　(宋)徐無黨注　清同治十一年(1872)湖北崇文書局刻本　八册

320000－4602－0000053　A00053
宋史四百九十六卷　(元)脱脱等撰　清光緒元年(1875)浙江書局刻本　一百册

320000－4602－0000054　A00054
遼史一百十五卷　(元)脱脱等撰　清刻本　十二册

320000－4602－0000055　A00055
金史一百三十五卷　(元)脱脱等撰　清刻本　二十册

320000－4602－0000056　A00056
元史二百十卷　(明)宋濂等撰　清刻本　四十册

320000－4602－0000057　A00057
明史三百三十二卷　(清)張廷玉等撰　清光緒三年(1877)湖北崇文書局刻本　八十册

320000－4602－0000058　A00058
資治通鑑二百九十四卷　(宋)司馬光編　(元)胡三省注　清光緒十四年(1888)上海蜚英館石印本　三十六册

320000－4602－0000059　A00059
續資治通鑑二百二十卷　(清)畢沅撰　清光緒十四年(1888)上海蜚英館石印本　二十册

320000－4602－0000060　A00060
錢陟園考訂資治通鑑綱目五十九卷　(清)錢選撰　清光緒八年(1882)惜物軒刻本　六十册

320000－4602－0000061　A00061
資治通鑑補二百九十四卷　(宋)司馬光編集　(元)胡三省音注　(明)嚴衍補　(明)談允厚參　清光緒二年(1876)思補樓木活字印本　八十册

320000－4602－0000062　A00062
御批通鑑綱目五十九卷首一卷　(宋)朱熹撰　清末民國間石印本　十三册　存五十七卷

（三至五十九）

320000－4602－0000063　A00063
御批歷代通鑑輯覽一百二十卷　（清）傅恒等編　清末刻朱墨套印本　二册　存四卷（四十五、一百十八至一百二十）

320000－4602－0000064　A00064
資治通鑑地理今釋十六卷　（清）吳熙載撰　清光緒八年（1882）江蘇書局刻本　三册

320000－4602－0000065　A00065
高士傳一卷　（晉）皇甫謐撰　（清）任熊繪　清光緒十二年（1886）上海同文書局石印本　一册

320000－4602－0000066　A00066
歷代名臣言行錄二十四卷　（清）朱桓編　清光緒十二年（1886）刻本　一册　存三卷（二十二至二十四）

320000－4602－0000067　A00067
歷代名臣言行錄二十四卷　（清）朱桓編　清刻本　二册　存二卷（七、十七）

320000－4602－0000068　A00068
國朝先正事略六十卷　（清）李元度纂　清刻本　一册　存二卷（十二至十三）

320000－4602－0000069　A00069
尚友錄二十二卷　（明）廖用賢編纂　（清）張伯琮補輯　清刻本　一册　存一卷（十一）

320000－4602－0000070　A00070
史外八卷　（清）汪有典編　清同治四年（1865）陝甘公所刻本　八册

320000－4602－0000071　A00071
同治上江兩縣誌二十九卷　（清）甘紹盤等修　（清）汪士鐸等纂　清同治十三年（1874）刻本　十二册

320000－4602－0000072　A00072
天下郡國利病書一百二十卷　（清）顧炎武輯　清道光二十二年（1842）敷文閣刻本　六十四册

320000－4602－0000073　A00074
水經注四十卷　（北魏）酈道元撰　清光緒元年（1875）湖北崇文書局刻本　十册

320000－4602－0000074　A00075
讀史方輿紀要一百三十卷輿地總圖四卷　（清）顧祖禹撰　清道光十一年（1831）敷文閣刻本　七十九册　缺三卷（一百二十八至一百三十）

320000－4602－0000075　A00076
學治續說一卷說贅一卷　（清）汪輝祖撰　清刻本　一册

320000－4602－0000076　A00077
皇朝通志一百二十六卷　（清）嵇璜等纂修　清光緒八年（1882）浙江書局刻本　四十册

320000－4602－0000077　A00078
二十四史論贊七十八卷　（清）陳闡輯　清光緒二十八年（1902）文淵山房石印本　十二册

320000－4602－0000078　A00081
蠶桑輯要三卷　（清）沈秉成撰　清光緒九年（1883）金陵書局刻本　一册

320000－4602－0000079　A00082
驚風辨證必讀書不分卷　（清）劉德馨輯　清光緒二十七年（1901）上元江氏刻本　一册

320000－4602－0000080　A00083
十二門論宗教致義記三卷　（唐）釋法藏述　清光緒二十一年（1895）金陵刻經處刻本　一册

320000－4602－0000081　A00084
文選六十卷　（南朝梁）蕭統輯　（唐）李善注　清學庫山房刻本　二十二册

320000－4602－0000082　A00085
宋四六選二十四卷　（清）曹振鏞編　清刻本　一册　存二卷（十七至十八）

320000－4602－0000083　A00086
全唐詩三十二卷　（清）曹寅等輯　清光緒十三年（1887）上海同文書局石印本　三十二册

320000－4602－0000084　A00087
唐宋八家文讀本三十卷　（清）沈德潛評點

清末民國間石印本　一冊　存五卷(二十一至二十五)

320000－4602－0000085　A00088
國朝名人著述叢編　淞隱閣輯　清光緒五年(1879)上海淞隱閣石印本　一冊　存三種三卷(救文格論一卷、金石要例一卷、師友詩傳錄續錄一卷)

320000－4602－0000086　A00089
唐宋十大家全集錄五十一卷　(清)儲欣輯　清光緒八年(1882)江蘇書局刻本　三十二冊

320000－4602－0000087　A00090
古文辭類纂七十四卷　(清)姚鼐選　清光緒二十四年(1898)石印本　三冊　存八卷(一至二、五至十)

320000－4602－0000088　A00091
古文辭類纂七十四卷　(清)姚鼐選　清合河康氏家塾刻本　六冊

320000－4602－0000089　A00092
涵芬樓古今文抄一百卷　吳曾祺編　清宣統二年(1910)商務印書館影印本　一冊　存一卷(十八)

320000－4602－0000090　A00093
目耕小題偶編不分卷　(清)沈叔眉編　清李光明莊刻本　一冊

320000－4602－0000091　A00094
七家詩選七卷　(清)張熙宇輯評　清李光明莊刻朱墨套印本　一冊　存二卷(一至二)

320000－4602－0000092　A00095
湯子遺書十卷附錄一卷首一卷　(清)湯斌撰　清刻本　三冊　存二卷(五、七)

320000－4602－0000093　A00096
讀騷閣賦存二卷　(清)李恩綬撰　清李光明莊刻本　一冊　存一卷(下)

320000－4602－0000094　A00097
玉芝堂文集六卷　(清)邵齊燾撰　清光緒八年(1882)寧波群玉山房刻本　二冊

320000－4602－0000095　A00098
繪圖筆生花十六卷三十二回　(清)邱心如撰　清末民國間石印本　十四冊　存十四卷(二至十、十二至十六)

320000－4602－0000096　A10001
周易九卷　(三國魏)王弼　(晉)韓康伯注　(唐)陸德明釋文　**周易略例一卷**　(三國魏)王弼撰　(唐)邢璹注　清乾隆四十八年(1783)武英殿刻本　三冊

320000－4602－0000097　A10002
書經六卷　(宋)蔡沈集傳　清乾隆五十年(1785)金閶書業堂刻本　四冊

320000－4602－0000098　A10003
詩經闡注八卷　(清)浦泰撰　清刻本　二冊

320000－4602－0000099　A10004
禮記六卷　(元)陳澔集說　清乾隆四十四年(1779)姑蘇王氏崇道堂刻本　六冊

320000－4602－0000100　A10005
春秋左傳標釋三十卷　(明)戴文光撰　**帝王封國世系一卷王朝世次圖一卷君大夫姓氏表一卷**　(明)張我城輯　明天啓五年(1625)必有齋刻本　八冊

320000－4602－0000101　A10006
四書繹義十九卷　(清)王鑄撰　清乾隆十九年(1754)天賞樓刻本　十四冊

320000－4602－0000102　A10007
六書通十卷　(明)閔齊伋撰　(清)畢弘述篆訂　清刻本　五冊

320000－4602－0000103　A10008
唐詩三百首不分卷　題(清)蘅塘退士輯　清乾隆二十八年(1763)小石山房刻本　一冊

320000－4602－0000104　A10009
王荆文公詩五十卷　(宋)王安石撰　(宋)李壁箋注　清乾隆六年(1741)刻本　十冊

江蘇省南京市六合區圖書館古籍普查登記目録

全國古籍普查登記目録

國家圖書館出版社
National Library of China Publishing House

《江蘇省南京市六合區圖書館古籍普查登記目録》

編委會

主　編：潘志强

編　委：李　玲　徐　芹　胡静静　徐路垚

《江蘇省南京市六合區圖書館古籍普查登記目録》

前　言

六合,古稱棠邑,擁有悠久的歷史,是中國最早建城的城邑之一,同時也擁有豐富的歷史文化遺存。

六合區圖書館設立于1958年12月,1974年12月恢復六合縣圖書館建制。2013年、2017年六合區圖書館連續榮獲國家一級圖書館稱號,2017年被省文化廳批准爲江蘇省古籍保護單位。2018年,在區委、區政府的高度重視下,六合區圖書館焕發出新的生機,新館落成,總建築面積達8660平方米,閱覽座位800餘個,總、分館藏書量接近60萬册(件),數字資源達25TB。館内還設有24小時自助圖書館、圖書借閲、少兒圖書借閲、少兒數字體驗、綜合閲覽、電子閲覽、視障閲覽、資源播放、特藏文獻、重點讀者閲覽、地方文獻、參考閲覽、政府信息查詢、報告廳、展覽廳、多功能廳、自修室、國學館等服務部門。

六合區圖書館藏有大量綫裝古籍,其來源有歷史緣由,有個人捐贈,也有陸續購買所得。我館一直非常重視古籍保護相關工作,早在"中華古籍保護計劃"實施之前,我館已經專門聘請了六合區程橋高級中學語文高級教師、副校長武健老師協助我們對古籍進行編目。"中華古籍保護計劃"開始之後,在金陵圖書館的大力支持下,我館順利完成了館藏古籍的普查登記工作。新館建成後,特地按照古籍保護的相關標準設立了古籍保管室,同時配套相應設施。我館還對部分書籍進行了修復,目前已經完成修復《皇清經解》一册,後續其他修復工作在開展中。

記住過去,展望未來,是我們編撰此書的初衷。《江蘇省南京市六合區圖書館古籍普查登記目録》收録古籍涵蓋經、史、子、集四大類,入選省級名録共有4部。其中最爲珍貴的爲善本全本《尚友録》六十四卷,是明萬曆四十五年(1617)廖用賢編纂,該書以韵爲綱,以姓爲目,記載各姓的來歷、郡望以及自上古至宋代出過的名人及其籍貫和主要事迹。在我館古籍普查著録過程中,編目同志認真負責,一絲不苟。但由于水平限制,不當之處在所難免,敬請專家學者批評指正。同時感謝江蘇省古籍保護中心對我館古籍保護工作的熱情指導,感謝金陵圖書館對我館古籍編目工作的大力幫助。

本目録收入古籍417部4879册。

江蘇省南京市六合區圖書館

2020年11月

320000－1632－0000001　A00001
附釋音毛詩注疏二十卷　(漢)毛亨傳　(漢)鄭玄箋　(唐)陸德明音義　(唐)孔穎達疏　**校勘記二十卷**　(清)阮元撰　清嘉慶二十年(1815)江西南昌府學刻重刊宋本十三經注疏本　二册　存十卷(附釋音毛詩注疏一至五、校勘記一至五)

320000－1632－0000002　A00002
宋本十三經注疏四百十六卷附校勘記　(清)盧宣旬等輯　清光緒十三年(1887)脈望仙館石印本　二十八册　缺二十三卷(附釋音周禮注疏三十四至四十二、孟子注疏解經十四卷)

320000－1632－0000003　A00003
御纂周易折中二十二卷首一卷　(清)李光地等撰　清同治十年(1871)湖北崇文書局刻本　十二册

320000－1632－0000004　A00005
書經六卷　(宋)蔡沈集傳　清同治三年(1864)浙江撫署刻本　四册

320000－1632－0000005　A00007
欽定詩經傳説彙纂二十一卷詩序二卷首二卷　(清)王鴻緒等編　清同治十年(1871)湖北崇文書局刻本　十八册

320000－1632－0000006　A00008
欽定儀禮義疏四十八卷首二卷　(清)朱軾等撰　清同治十年(1871)湖北崇文書局刻本　三十二册

320000－1632－0000007　A00010
欽定禮記義疏八十二卷首一卷　(清)鄂爾泰等編　清同治十年(1871)湖北崇文書局刻本　四十七册　缺二卷(三十八至三十九)

320000－1632－0000008　A00012
禮書通故五十卷　(清)黄以周撰　清光緒十九年(1893)黄氏試館刻本　二十九册　缺五卷(四至八)

320000－1632－0000009　A00021
小學彙函十四種一百八十八卷　(清)鍾謙鈞輯　清光緒十四年(1888)上海蜚英館石印本　四册　存九種七十六卷

320000－1632－0000010　A00023
經學文鈔十四卷首一卷　梁鼎芬　曹元忠輯　清光緒三十四年(1908)江蘇存古學堂木活字印本　十九册　存八卷(一至七、首一卷)

320000－1632－0000011　A00028
禹貢川澤考二卷　(清)桂文燦撰　清光緒十二年(1886)利華印務局鉛印本　一册

320000－1632－0000012　A00038
毛詩古音考四卷　(明)陳第撰　清同治二年(1863)古潭余氏明辨齋刻本　二册　存二卷(二至三)

320000－1632－0000013　A00039
屈宋古音考不分卷附錄一卷　(明)陳第撰　清同治二年(1863)古潭余氏明辨齋刻本　一册

320000－1632－0000014　A00040
皇清經解一千四百卷首一卷　(清)阮元撰　清道光九年(1829)學海堂刻本　三百二十三册　缺七十九卷(二十二、三十五至三十七、四十上、二百五十二至二百五十五、四百二十九、五百五十四至五百五十六、五百七十、六百七十九至六百九十四、八百四十至八百四十五、八百七十六至八百九十七、一千一百八十三至一千一百八十八、一千一百九十六至一千一百九十七、一千二百二至一千二百三、一千二百六至一千二百九、一千二百五十、一千三百二十八至一千三百三十、一千三百八十五至一千三百八十七)

320000－1632－0000015　A00041
皇清經解續編二百九種一千四百三十卷　王先謙編　清光緒十五年(1889)南菁書院刻本　四十三册　存二百九卷(二十八至三十一、三十五至三十六、五十七至六十一、六十七至七十一、七十四至七十七、八十一至八十三、九十四至一百三十、一百三十四至一百三十八、一百四十一至一百四十八、一百五十四至一百七十八、四百十九至四百二十二、四百五十三至四百五十七、四百七十二至四百七十三、五百七十至五百七十八、五百八十五至五百九十三、六百至六百八、七百四十七至七百五十、八百九十八至九百八、九百三十四至九百四十三、九百四十九至九百五十四、九百六十至九百六十八、一千一百十八至一千一百二十四、一千三百二十五至一千三百四十四、一千四百五至一千四百十)

320000－1632－0000016　A00044
漢書一百二十卷　(漢)班固撰　(唐)顏師古注　清同治八年(1869)金陵書局刻本　五册　存三十七卷(六十四至一百)

320000－1632－0000017　A00047
前漢書一百二十卷　(漢)班固撰　(唐)顏師古注　清光緒二十一年(1895)上海畊餘主人石印本　十二册　缺十卷(九十一至一百)

320000－1632－0000018　A00050
後漢書一百二十卷　(南朝宋)范曄撰　(唐)李賢等注　(晉)司馬彪續　(南朝梁)劉昭注補　清光緒二十一年(1895)上海畊餘主人石印本　十二册

320000－1632－0000019　A00051
後漢書九十卷　(南朝宋)范曄撰　(唐)李賢注　**志三十卷**　(晉)司馬彪撰　(南朝梁)劉昭注　清光緒二十四年(1898)上海點石齋石印本　六册

320000－1632－0000020　A00052
後漢書一百二十卷　(南朝宋)范曄撰　(唐)李賢等注　(晉)司馬彪續　(南朝梁)劉昭注補　清光緒十八年(1892)武林竹簡齋石印本　七册　缺十卷(一至十)

320000－1632－0000021　A00054
後漢書一百二十卷　(南朝宋)范曄撰　(唐)李賢等注　(晉)司馬彪續　(南朝梁)劉昭注補　清光緒三十三年(1907)上海華商圖書集成公司鉛印本　七册　存七十三卷(一至六十五、一百五至一百十二上)

320000－1632－0000022　A00055
後漢書補注二十四卷　(清)惠棟撰　清光緒二十年(1894)廣雅書局刻本　八册　存十六卷(一至十、十九至二十四)

320000－1632－0000023　A00056
後漢書補注續一卷　(清)侯康撰　清光緒十七年(1891)廣雅書局刻本　一册

320000－1632－0000024　A00057
後漢書注補正八卷　(清)周壽昌撰　清光緒十七年(1891)廣雅書局刻本　二册

320000－1632－0000025　A00059
三國志補注續一卷　(清)侯康撰　清光緒十七年(1891)廣雅書局刻本　一册

320000－1632－0000026　A00060
晉書一百三十卷　(唐)房玄齡等撰　(唐)何超音義　清光緒三十三年(1907)上海華商圖書集成公司鉛印本　十册　存七十六卷(一至四十二、八十至一百十三)

320000－1632－0000027　A00061
魏書一百十四卷　(北齊)魏收撰　清光緒三十三年(1907)上海集成圖書公司鉛印本　十册　存七十八卷(十五至五十八、七十六至一百一、一百七至一百十四)

320000－1632－0000028　A00062
北齊書五十卷　(唐)李百藥撰　清光緒三十三年(1907)上海集成圖書公司鉛印本　四册　存三十三卷(一至三十三)

320000－1632－0000029　A00063
隋書八十五卷　(唐)魏徵等撰　清光緒三十三年(1907)上海集成圖書公司鉛印本　十二册

320000－1632－0000030　A00064
北史一百卷　(唐)李延壽撰　清光緒三十三年(1907)上海華商集成圖書公司鉛印本　七册　存四十三卷(一至十七、三十至三十四、五十八至六十四、八十至九十三)

320000－1632－0000031　A00065
舊唐書二百卷　(五代)劉昫等撰　清光緒三

十三年(1907)上海華商集成圖書公司鉛印本　十八冊　存一百八卷(六至三十三、三十九至六十一、一百十五至一百三十四、一百六十四至二百)

320000－1632－0000032　A00066
新唐書二百二十五卷　(宋)歐陽修等撰　清光緒三十三年(1907)上海集成圖書公司鉛印本　十八冊　存一百十八卷(一至六十五、七十一至七十四、八十四至一百二十七、二百二十二至二百二十六)

320000－1632－0000033　A00067
舊五代史一百五十卷　(宋)薛居正等撰　清光緒三十三年(1907)上海華商集成圖書公司鉛印本　三冊　存三十七卷(二十一至三十三、七十六至九十九)

320000－1632－0000034　A00068
新五代史七十四卷　(宋)歐陽修等撰　(宋)徐無黨注　清同治十一年(1872)湖北崇文書局刻本　八冊

320000－1632－0000035　A00069
五代史七十四卷　(宋)歐陽修等撰　(宋)徐無黨注　清光緒三十三年(1907)上海華商集成圖書公司鉛印本　五冊　存六十卷(十五至七十四)

320000－1632－0000036　A00070
宋史四百九十六卷目錄三卷　(元)脱脱等撰　清光緒三十三年(1907)上海華商集成圖書公司鉛印本　五十七冊　缺十七卷(二百十五至二百二十一、四百三十七至四百四十六)

320000－1632－0000037　A00071
遼史一百十六卷　(元)脱脱等撰　清光緒三十三年(1907)上海集成圖書公司鉛印本　六冊　存九十一卷(十三至三十、四十四至一百十六)

320000－1632－0000038　A00073
金史一百三十五卷　(元)脱脱等撰　清光緒三十三年(1907)上海集成圖書公司鉛印本　十三冊　存一百七卷(一至五十、五十九至七十三、八十五至九十四、一百四至一百三十五)

320000－1632－0000039　A00074
元史二百十卷　(明)宋濂等撰　清光緒三十三年(1907)上海集成圖書公司鉛印本　二十一冊　存一百八十三卷(一至九十五、一百十四至二百一)

320000－1632－0000040　A00075
明史三百三十二卷　(清)張廷玉等撰　清光緒三十三年(1907)上海集成圖書公司鉛印本　三十冊　存二百五十一卷(八十二至三百三十二)

320000－1632－0000041　A00076
三史拾遺五卷　(清)錢大昕撰　清光緒十九年(1893)廣雅書局刻本　一冊

320000－1632－0000042　A00077
補三史藝文志一卷　(清)金門詔撰　清光緒十九年(1893)廣雅書局刻本　一冊

320000－1632－0000043　A00078
諸史拾遺五卷　(清)錢大昕撰　清光緒十九年(1893)廣雅書局刻本　一冊

320000－1632－0000044　A00079
清史攬要四卷　(日本)增田貢著　清光緒二十八年(1902)香港書局石印本　三冊　存三卷(一、三至四)

320000－1632－0000045　A00080
韻史二卷　(清)許令瑜撰　**補編一卷**　(清)朱玉岑補　清光緒十五年(1889)上海廣百宋齋刻本　一冊

320000－1632－0000046　A00081
資治通鑑二百九十四卷　(宋)司馬光編　(元)胡三省音注　**釋文辯誤十二卷**　(元)胡三省撰　清嘉慶二十一年(1816)鄱陽胡克家影元刻本　一百冊

320000－1632－0000047　A00082
資治通鑑二百九十四卷目錄三十卷　(宋)司馬光撰　(元)胡三省音注　清光緒二十五年

(1899)上海蜚英館石印本　五十冊

320000－1632－0000048　A00083

資治通鑑補正二百九十四卷首一卷　(宋)司馬光撰　(元)胡三省音注　(明)嚴衍補正　清光緒二十八年(1902)上海益智書局石印本　四十六冊　存二百七十六卷(一至一百四十九、一百六十五至二百五十七、二百六十至二百八十六、二百八十八至二百九十四)

320000－1632－0000049　A00084

資治通鑑綱目五十九卷　(宋)朱熹撰　(明)陳仁錫評閱　清同治十二年(1873)大文堂刻本　八十冊

320000－1632－0000050　A00085

續資治通鑑綱目二十七卷　(明)商輅等撰　(明)陳仁錫評閱　清同治十二年(1873)大文堂刻本　三十冊

320000－1632－0000051　A00086

資治通鑑綱目前編二十五卷　(明)南軒撰　(明)陳仁錫評閱　清同治十二年(1873)大文堂刻本　十冊

320000－1632－0000052　A00087

御批歷代通鑑輯覽一百二十卷　(清)傅恒等編　清同治十一年(1872)湖北崇文書局刻本　三十八冊　缺四十五卷(一至四十五)

320000－1632－0000053　A00088

御批歷代通鑑輯覽一百二十卷　(清)傅恒等編　清光緒十一年(1885)同文書局石印本　八冊　存五十三卷(七至四十、九十六至一百六、一百十三至一百二十)

320000－1632－0000054　A00090

續資治通鑑二百二十卷　(清)畢沅撰　清光緒二十五年(1899)上海蜚英館石印本　三十冊

320000－1632－0000055　A00091

續資治通鑑二百二十卷　(清)畢沅撰　清光緒二十八年(1902)上海積山書局石印本　二十二冊

320000－1632－0000056　A00092

增評加批歷史綱鑑補三十九卷首一卷　(明)袁黄　(明)王世貞編纂　**資治明紀綱目二十卷三編一卷福唐桂三王本末一卷**　(清)張廷玉等撰　清末上海文瑞樓石印本　二十四冊

320000－1632－0000057　A00093

綱鑑易知錄九十二卷明鑑易知錄十五卷　(清)吳乘權等輯　清末三讓堂刻本　二十七冊　存六十一卷(綱鑑易知錄三至二十四、四十一至四十七、五十至五十一、六十三至七十八、八十七至九十,明鑑易知錄一至四、十至十五)

320000－1632－0000058　A00094

鑑撮四卷　(清)曠敏本編　清末刻本　五冊　存三卷(二至四)

320000－1632－0000059　A00095

聖武記十四卷　(清)魏源撰　清光緒四年(1878)申報館鉛印本　十冊

320000－1632－0000060　A00096

聖武記十四卷　(清)魏源撰　清光緒二十六年(1900)揚州六藝書局石印本　六冊

320000－1632－0000061　A00097

路史四十七卷　(宋)羅泌撰　清光緒紅杏山房刻本　十二冊

320000－1632－0000062　A00098

國語二十一卷　(三國吳)韋昭解　**校刊明道本韋氏解國語札記一卷**　(清)黄丕烈撰　清末石印本　二冊　缺九卷(七至十五)

320000－1632－0000063　A00099

國語二十一卷　(三國吳)韋昭解　**校刊明道本韋氏解國語札記一卷**　(清)黄丕烈撰　清光緒二十二年(1896)上海鴻寶齋石印本　二冊　缺八卷(七至十四)

320000－1632－0000064　A00100

戰國策三十三卷　(漢)高誘注　**重刻剡川姚氏本戰國策札記三卷**　(清)黄丕烈撰　清末石印本　五冊

320000－1632－0000065　A00101
戰國策三十三卷　(漢)高誘注　**重刻剡川姚氏本戰國策札記三卷**　(清)黄丕烈撰　清同治八年(1869)湖北崇文書局刻本　五册

320000－1632－0000066　A00102
戰國策三十三卷　(漢)高誘注　**重刻剡川姚氏本戰國策札記三卷**　(清)黄丕烈撰　清光緒二十二年(1896)上海鴻寶齋石印本　三册　存二十卷(九至十八、二十七至三十三,重刻剡川姚氏本戰國策札記三卷)

320000－1632－0000067　A00103
戰國策校注十卷　(宋)鮑彪校注　(元)吴師道重校　清光緒二十二年(1896)惜陰軒刻本　八册

320000－1632－0000068　A00104
十一朝東華約録二百三十二卷　王先謙撰　清光緒二十七年(1901)石印本　二十四册

320000－1632－0000069　A00105
晏子春秋八卷　清光緒元年(1875)湖北崇文書局刻本　二册

320000－1632－0000070　A00106
人壽金鑑二十二卷　(清)程得齡輯　清光緒元年(1875)湖北崇文書局刻本　五册　缺四卷(十一至十四)

320000－1632－0000071　A00107
列女傳八卷　(漢)劉向撰　(清)梁端校注　清道光十七年(1837)錢塘汪氏振綺堂刻同治十三年(1874)補刻本　二册

320000－1632－0000072　A00108
歷代名臣言行錄二十四卷　(清)朱桓輯　清光緒二十四年(1898)掃葉山房石印本　八册

320000－1632－0000073　A00109
國朝學案小識十四卷首一卷末一卷　(清)唐鑑撰　清光緒十年(1884)刻本　十二册

320000－1632－0000074　A00111
國朝先正事略六十卷　(清)李元度編　**續編四卷**　朱孔彰編　清光緒二十八年(1902)石印本　六册　存五十四卷(國朝先正事略一至二十一、三十至六十,續編一至二)

320000－1632－0000075　A00112
校正尚友録統編二十四卷　題(清)錢湖釣徒編　清末石印本　十一册　缺二卷(一至二)

320000－1632－0000076　A00113
碑傳集一百六十卷首二卷末二卷　(清)錢儀吉撰　清光緒十九年(1893)江蘇書局刻本　六十册

320000－1632－0000077　A00114
小腆紀年二十卷　(清)徐鼒述　清光緒十三年(1887)金陵刻本　十六册

320000－1632－0000078　A00115
小腆紀傳六十五卷　(清)徐鼒撰　**補遺一卷**　(清)徐承禮撰　清光緒十三年(1887)金陵刻本　十六册

320000－1632－0000079　A00116
二十四史人物類考四十六卷　程之楨輯　清末石印本　六册　缺十二卷(一至十二)

320000－1632－0000080　A00117
歷代奸庸殷鑒録三十二卷　開智書局輯　清末博文書館石印本　七册　缺五卷(一至五)

320000－1632－0000081　A00118
兩漢博聞十二卷　(宋)楊侃編　清末申報館鉛印本　六册

320000－1632－0000082　A00119
南北史捃華録八卷　(清)周嘉猷撰　清光緒十年(1884)蕉心室刻本　四册　存五卷(一、五至八)

320000－1632－0000083　A00120
十六國春秋輯補一百卷年表一卷　(清)湯球撰　清光緒二十一年(1895)廣雅書局刻本　十册

320000－1632－0000084　A00121
西魏書二十四卷　(清)謝啟昆撰　清光緒十八年(1892)刻本　五册　缺二卷(一至二)

320000－1632－0000085　A00122

嘯亭雜録八卷續錄二卷　(清)昭槤撰　清光緒二十七年(1901)石印本　五冊　存八卷(嘯亭雜錄三至八、續綠二卷)

320000－1632－0000086　A00123
三輔黃圖一卷　(清)孫星衍校定　清光緒十年(1884)吳縣朱氏槐廬家塾刻本　一冊

320000－1632－0000087　A00124
太平寰宇記二百卷目錄二卷　(宋)樂史撰　清光緒八年(1882)金陵書局刻本　三十六冊

320000－1632－0000088　A00125
[光緒]六合縣志八卷　(清)謝延庚等修　(清)賀廷壽等纂　清光緒九年(1883)刻本　十冊

320000－1632－0000089　A00126
[同治]鄖陽志八卷首一卷　(清)吳葆儀修　(清)王嚴恭纂　清同治九年(1870)鄖山書院刻本　十二冊

320000－1632－0000090　A00127
襄陽縣地理志七卷首一卷　(清)楊宗時等纂修　清同治十二年(1873)刻本　八冊

320000－1632－0000091　A00128
[咸豐]長樂縣志十六卷首一卷末一卷　(清)李煥春修　(清)賴榮光纂　(清)鄭敦祐等遞修　(清)劉應垣遞纂　清咸豐三年(1853)刻光緒元年(1875)遞修本　八冊

320000－1632－0000092　A00129
[同治]黄安縣志十卷首一卷　(清)胡承組等修　(清)張家俊等纂　清同治八年(1869)尊經閣刻本　十六冊

320000－1632－0000093　A00130
[道光]武進陽湖縣合志三十六卷首一卷　(清)孫琬等修　(清)李兆洛等纂　清光緒十二年(1886)木活字印本　三十冊

320000－1632－0000094　A00131
朔方備乘六十八卷首十二卷　(清)何秋濤撰　清光緒七年(1881)石印本　八冊

320000－1632－0000095　A00132
西湖遊覽志二十四卷志餘二十六卷　(明)田汝成撰　清光緒二十二年(1896)丁氏嘉惠堂刻武林掌故叢編本　十二冊

320000－1632－0000096　A00133
莫愁湖志六卷　(清)馬士圖撰　**莫愁湖楹聯便覽一卷**　(清)釋壽安輯　清光緒刻彙印本　三冊

320000－1632－0000097　A00134
李傅相歷聘歐美記二卷　(美國)林樂知譯　蔡爾康纂輯　清光緒二十五年(1899)上海廣學會譯著圖書集成局石印本　二冊

320000－1632－0000098　A00135
瀛環志略十卷　(清)徐繼畬撰　清光緒二十一年(1895)上海寶文書局石印本　四冊

320000－1632－0000099　A00136
史漢駢枝不分卷　(清)成孺(成蓉鏡)撰　清光緒十四年(1888)廣雅書局刻本　一冊

320000－1632－0000100　A00138
欽定續通典一百五十卷　(清)嵇璜等撰　清光緒二十七年(1901)上海圖書集成局鉛印本　十冊　存九十八卷(一至四十四、八十一至九十一、一百一至一百六、一百十四至一百五十)

320000－1632－0000101　A00139
通志二百卷　(宋)鄭樵撰　清光緒二十七年(1901)上海圖書集成局鉛印本　三十五冊　存一百二十三卷(一至三十、三十八至一百七、一百三十九至一百六十一)

320000－1632－0000102　A00140
欽定續通志六百四十卷　(清)嵇璜等撰　清光緒二十七年(1901)上海圖書集成局鉛印本　二十七冊　存二百五十七卷(十一至三十二、四十一至一百三、一百九十一至二百、二百四十一至二百八十、二百九十八至三百六、三百三十三至三百九十七、四百三十二至四百四十六、四百六十七至四百八十三、四百八十五至五百)

320000－1632－0000103　A00141

文獻通考三百四十八卷　(元)馬端臨撰　清光緒二十一年(1895)上海點石齋石印本　二十册

320000－1632－0000104　A00142
文獻通考三百四十八卷　(元)馬端臨撰　清光緒二十七年(1901)上海圖書集成局石印本　四十一册　存三百八卷(一至一百九十六、二百三十七至三百四十八)

320000－1632－0000105　A00143
欽定續文獻通考二百五十卷　(清)嵇璜等撰　清光緒二十七年(1901)上海圖書集成局鉛印本　二十九册　存二百卷(一至三十三、五十一至六十、九十四至二百五十)

320000－1632－0000106　A00144
文獻通考輯要二十四卷　湯壽潛編輯　清光緒二十五年(1899)上海圖書集成局鉛印本　十六册

320000－1632－0000107　A00145
欽定續文獻通考輯要二十六卷　湯壽潛編輯　清光緒二十五年(1899)上海圖書集成局鉛印本　十册

320000－1632－0000108　A00146
皇朝文獻通考輯要二十六卷　湯壽潛編輯　清光緒二十五年(1899)上海圖書集成局鉛印本　十册

320000－1632－0000109　A00147
九通提要十二卷　(清)柴紹炳撰　清光緒二十八年(1902)泰東時務譯印局鉛印本　六册

320000－1632－0000110　A00148
九通序不分卷　(□)□□輯　清光緒二十八年(1902)上海景幡山房鉛印本　三册

320000－1632－0000111　A00149
三通序不分卷　蔣德鈞輯　清光緒二十四年(1898)上海書局石印本　二册

320000－1632－0000112　A00150
大清會典四卷　(清)托津等撰　清同治十一年(1872)湖北崇文書局刻本　四册

320000－1632－0000113　A00151
漢官七種十一卷　(清)孫星衍集校　清光緒十一年(1885)吳縣朱氏槐廬家塾刻本　二册

320000－1632－0000114　A00152
大金集禮四十卷校勘記一卷　繆荃孫撰　清光緒二十一年(1895)廣雅書局刻本　二册　存二十一卷(七至二十、三十五至四十,校勘記一卷)

320000－1632－0000115　A00154
吾學錄初編二十四卷　(清)吳榮光撰　清光緒二十年(1894)寶善書局石印本　三册　存七卷(一至七)

320000－1632－0000116　A00155
金石索十二卷　(清)馮雲鵬　(清)馮雲鵷輯　清末石印本　一册　存一卷(四)

320000－1632－0000117　A00156
欽定六部處分則例五十二卷　(清)文孚等修　清刻本　二十二册　缺四卷(一至二、十七至十八)

320000－1632－0000118　A00157
欽定四庫全書總目二百卷首一卷　(清)紀昀等編　清同治七年(1868)廣東書局刻本　九十八册　缺四卷(六十一至六十二、一百八至一百九)

320000－1632－0000119　A00158
漢藝文志考證十卷　(宋)王應麟撰　清末刻藝六藝園叢書本　二册

320000－1632－0000120　A00159
欽定四庫全書簡明目錄二十卷　(清)紀昀等編　清同治七年(1868)廣東書局刻本　五册　存十卷(三至四、九至十一、十四、十七至二十)

320000－1632－0000121　A00160
彙刻書目初編不分卷　(清)顧修編　清光緒元年(1875)長洲無夢園陳氏刻本　四册　存四册(甲、丁、戊至己)

320000－1632－0000122　A00161

彙刻書目續編不分卷　(清)顧修編　清光緒元年(1875)長洲無夢園陳氏刻本　二冊

320000－1632－0000123　A00162
行素堂目睹書錄十編　(清)朱記榮輯　清光緒十年(1884)吳縣朱氏槐廬家塾刻本　十冊

320000－1632－0000124　A00164
金石文鈔八卷續鈔二卷　(清)趙紹祖輯　清嘉慶六年(1801)刻本　八冊　缺二卷(金石文鈔一、續鈔一)

320000－1632－0000125　A00165
歷代史論二十二卷　(明)張溥撰　清光緒二十四年(1898)圖書集成局鉛印本　六冊

320000－1632－0000126　A00166
讀通鑑論十卷末一卷宋論五卷　(清)王夫之撰　清光緒二十四年(1898)上海公興書局石印本　十冊

320000－1632－0000127　A00167
讀通鑑論十卷末一卷宋論五卷　(清)王夫之撰　清光緒二十四年(1898)上海書局石印本　十冊

320000－1632－0000128　A00168
讀通鑑論十卷末一卷　(清)王夫之撰　清光緒二十四年(1898)上海書局石印本　七冊

320000－1632－0000129　A00169
讀通鑑論十卷末一卷宋論五卷　(清)王夫之撰　清光緒二十六年(1900)山西書業昌書莊石印本　八冊

320000－1632－0000130　A00170
奉使紀勝一卷　(清)陳階平撰　**讀史論略一卷**　(清)杜詔撰　清道光九年(1829)刻本　一冊

320000－1632－0000131　A00171
史學叢書初集十四種　清光緒十九年(1893)武林有三長齋石印本　十冊

320000－1632－0000132　A00172
史學叢書二集二十八種一百四十九卷　清光緒十九年(1893)武林有三長齋石印本　十二冊

320000－1632－0000133　A00173
史學叢書初集十四種一百六十七卷　清光緒二十八年(1902)上海文瀾書局石印本　十六冊

320000－1632－0000134　A00174
史學叢書二集二十九種　清光緒二十八年(1902)上海文瀾書局石印本　十冊

320000－1632－0000135　A00175
歷代史事政治論三百八卷目錄二卷　(清)席裕福輯　清光緒二十九年(1903)上海點石齋書局石印本　二十六冊　缺十二卷(二十九至四十)

320000－1632－0000136　A00176
三字經注解備要不分卷　(宋)王應麟撰　(清)賀興思注解　清光緒十五年(1889)上海廣百宋齋鉛印本　一冊

320000－1632－0000137　A00177
二十四史論海三十二卷　題(清)知新子輯　清末石印本　七冊　存七卷(十七、十九至二十三、三十二)

320000－1632－0000138　A00178
孔子家語十卷　(三國魏)王肅注　清光緒元年(1875)湖北崇文書局刻本　一冊　存五卷(六至十)

320000－1632－0000139　A00179
荀子三卷　清光緒元年(1875)湖北崇文書局刻子書百家本　二冊

320000－1632－0000140　A00180
荀子二十卷　(唐)楊倞注　清末石印本　二冊　存十三卷(四至十六)

320000－1632－0000141　A00181
孔叢子二卷　(漢)孔鮒撰　清光緒元年(1875)湖北崇文書局刻本　一冊

320000－1632－0000142　A00182
文中子中說十卷　(隋)王通撰　清光緒元年(1875)湖北崇文書局刻本　一冊

320000－1632－0000143　A00183

傅子一卷　(晉)傅玄撰　**續孟子二卷**　(唐)林慎思撰　清光緒元年(1875)湖北崇文書局刻子書百家本　一册

320000－1632－0000144　A00184

伸蒙子三卷　(唐)林慎思撰　**素履子三卷**　(唐)張弧撰　清光緒元年(1875)湖北崇文書局刻子書百家本　一册

320000－1632－0000145　A00185

張子全書十五卷　(宋)張載撰　清嘉慶十一年(1806)陝西郿縣刻本　八册

320000－1632－0000146　A00186

小學集注六卷　(宋)朱熹撰　(明)陳選注　清光緒十三年(1887)盛德堂刻本　三册

320000－1632－0000147　A00187

胡子知言六卷　(宋)胡宏撰　**薛子道論三卷**　(明)薛瑄撰　**海樵子一卷**　(明)王崇慶撰　清光緒元年(1875)湖北崇文書局刻子書百家本　一册

320000－1632－0000148　A00188

勸學篇二卷　(清)張之洞撰　清末扶輪書局鉛印本　二册

320000－1632－0000149　A00191

呻吟語六卷　(明)呂坤撰　**陸清獻公呻吟語疑一卷**　(清)陸隴其撰　清道光七年(1827)開封府署刻本　六册

320000－1632－0000150　A00193

聽訓齋語二卷恒產瑣言一卷　(清)張英著　清末刻本　一册

320000－1632－0000151　A00194

澄懷園語四卷　(清)張廷玉撰　清末刻本　一册

320000－1632－0000152　A00196

六韜六卷逸文一卷　(清)孫同元輯　清光緒十年(1884)平津館刻本　一册

320000－1632－0000153　A00197

孫子三卷吳子二卷司馬灋一卷　清光緒元年(1875)湖北崇文書局刻子書百家本　一册

320000－1632－0000154　A00198

尉繚子二卷素書一卷　(漢)黄石公著　(宋)張商英注　**心書一卷**　(三國蜀)諸葛亮撰　清光緒元年(1875)湖北崇文書局刻子書百家本　一册

320000－1632－0000155　A00200

管子二十四卷　清光緒元年(1875)湖北崇文書局刻本　四册

320000－1632－0000156　A00201

尸子二卷　(清)孫星衍校　**鄧子一卷**　清光緒元年(1875)湖北崇文書局刻子書百家本　一册

320000－1632－0000157　A00202

商子五卷　清光緒元年(1875)湖北崇文書局刻本　一册

320000－1632－0000158　A00203

韓非子二十卷　清光緒元年(1875)湖北崇文書局刻本　四册

320000－1632－0000159　A00204

農政全書六十卷　(明)徐光啟撰　清光緒二十六年(1900)上海文海書局石印本　八册

320000－1632－0000160　A00209

琴操二卷琴操補一卷　(漢)蔡邕撰　**支遁集二卷補遺一卷**　(晉)釋支遁撰　清光緒十年(1884)邵武徐氏刻本　一册

320000－1632－0000161　A00210

佩文齋廣群芳譜一百卷目錄二卷　(清)汪灝等輯　清同治七年(1868)江左書林刻本　三十二册

320000－1632－0000162　A00212

墨子十六卷墨子篇目考一卷　(清)畢沅注　清光緒元年(1875)湖北崇文書局刻本　四册

320000－1632－0000163　A00213

尹文子一卷慎子一卷公孫龍子一卷鬼谷子一卷　清光緒元年(1875)湖北崇文書局刻子書百家本　一册

320000－1632－0000164　A00214
鶡冠子三卷　(宋)陸佃注　清光緒元年(1875)湖北崇文書局刻本　一册

320000－1632－0000165　A00215
金樓子六卷　(南朝梁)元帝蕭繹撰　清光緒元年(1875)湖北崇文書局刻本　二册

320000－1632－0000166　A00216
劉子二卷　(北齊)劉晝撰　清光緒元年(1875)湖北崇文書局刻本　一册

320000－1632－0000167　A00217
聱隅子二卷　(宋)黄晞撰　**嬾真子五卷**　(宋)馬永卿撰　**廣成子解一卷**　(宋)蘇軾撰　清光緒元年(1875)湖北崇文書局刻子書百家本　一册

320000－1632－0000168　A00218
牟子一卷　(漢)牟融撰　**古今注三卷**　(晉)崔豹撰　清光緒元年(1875)湖北崇文書局刻子書百家本　一册

320000－1632－0000169　A00219
日知録三十二卷補遺四卷　(清)顧炎武撰　清末刻本　十五册　缺一卷(日知録一)

320000－1632－0000170　A00220
十駕齋養新録二十卷養新餘録三卷　(清)錢大昕撰　**錢辛楣先生年譜一卷竹汀居士年譜續編一卷**　(清)錢慶曾撰　清光緒二年(1876)浙江書局刻本　八册

320000－1632－0000171　A00221
癸巳類稿十五卷　(清)俞正燮撰　清道光十三年(1833)求日益齋刻本　三册　存六卷(三至四、九至十二)

320000－1632－0000172　A00222
讀書雜釋十四卷　(清)徐鼒撰　清光緒十二年(1886)扶桑使廨鉛印本　四册

320000－1632－0000173　A00223
開有益齋讀書志六卷續志一卷金石文字記一卷　(清)朱緒曾撰　清光緒六年(1880)金陵翁氏茹古閣刻本　三册　缺二卷(五至六)

320000－1632－0000174　A00224
讀書偶筆二十卷　(清)董桂新撰　清同治五年(1866)董氏賜硯堂刻本　四册

320000－1632－0000175　A00225
郁離子一卷　(明)劉基撰　**空同子一卷**　(明)李夢陽撰　**海沂子五卷**　(明)王文祿撰　清光緒元年(1875)湖北崇文書局刻子書百家本　一册

320000－1632－0000176　A00226
叔苴子内篇六卷外編二卷　(明)莊元臣撰　清光緒元年(1875)湖北崇文書局刻本　二册

320000－1632－0000177　A00228
古夫於亭雜録六卷　(清)王士禛撰　清光緒三年(1877)葛氏嘯園刻本　六册

320000－1632－0000178　A00229
少室山房筆叢四十八卷　(明)胡應麟撰　清光緒二十二年(1896)廣雅書局刻本　八册

320000－1632－0000179　A00230
西學原始考一卷　(清)王韜撰　清光緒十六年(1890)鉛印本　一册

320000－1632－0000180　A00231
格致書院課藝不分卷　(清)王韜編　清光緒二十四年(1898)上海圖書集成印書局鉛印本　八册　存丁亥年、戊子年、己丑年、庚寅年、癸巳年

320000－1632－0000181　A00232
西學通考三十六卷　(清)王韜撰　清光緒十六年(1890)王氏刻本　八册　存二十七卷(四至二十五、二十九至三十、三十四至三十六)

320000－1632－0000182　A00233－A00242
稗海四十八種續集二十三種　(明)商濬編　明萬曆會稽商氏半埜堂刻清康熙振鷺堂補刻本　一百三十二册

320000－1632－0000183　A00244
唐宋叢書九十一種一百四十四卷　(明)鍾人傑　(清)張遂辰編　明經德堂刻本　二十四

冊　存五十七種八十九卷

320000－1632－0000184　A00246
初學記三十卷　(唐)徐堅等撰　清末江西金谿紅杏山房刻本　七冊　存十八卷(一至五、十至十一、十五至二十、二十四至二十八)

320000－1632－0000185　A00247
新鐫校正詳註分類百子金丹全書十卷　(清)郭偉選註　清光緒二十一年(1895)上海煥文書局石印本　四冊　存八卷(一、三至五、七至十)

320000－1632－0000186　A00248
重訂事類賦三十卷　(宋)吳淑撰並自注　清道光十七年(1837)務本堂刻本　五冊　缺五卷(五至九)

320000－1632－0000187　A00249
重訂廣事類賦四十卷　(清)華希閔撰　清道光二十七年(1847)宏德堂刻本　五冊

320000－1632－0000188　A00250
重訂廣事類賦四十卷　(清)華希閔撰　清道光刻本　九冊　缺四卷(二十二至二十五)

320000－1632－0000189　A00251
續廣事類賦三十三卷　(清)王鳳喈撰注　清道光二十六年(1846)務本堂刻本　十二冊　缺二卷(二十五至二十六)

320000－1632－0000190　A00252
續廣事類賦三十三卷　(清)王鳳喈撰注　清刻本　九冊　存二十二卷(四至十七、二十三至三十)

320000－1632－0000191　A00253
廣廣事類賦三十二卷　(清)吳世旃撰注　清道光十八年(1838)務本堂刻本　六冊

320000－1632－0000192　A00254
廣廣事類賦三十二卷　(清)吳世旃撰注　清道光英德堂刻本　四冊　存二十二卷(五至二十二、二十九至三十二)

320000－1632－0000193　A00255
事類賦補遺十四卷　(清)張均輯　清道光五年(1825)務本堂刻本　四冊

320000－1632－0000194　A00256
事類賦補遺十四卷　(清)張均輯　清道光英德堂刻本　五冊　存十二卷(一至十二)

320000－1632－0000195　A00257
增補事類統編九十三卷首一卷　(清)黄葆真增輯　清末石印本　七冊　存五十四卷(九至十七、二十三至四十二、五十一至七十五)

320000－1632－0000196　A00258
增補事類統編九十三卷首一卷　(清)黄葆真增輯　清道光二十九年(1849)敦好堂刻本　七冊　存十四卷(二十六、二十九至四十一)

320000－1632－0000197　A00259
新增說文韻府群玉二十卷　(元)陰時夫編輯　(元)陰中夫編註　清經綸堂刻本　十八冊　缺二卷(一、十)

320000－1632－0000198　A00260
淵鑑類函四百五十卷目錄四卷　(清)張英等編　清光緒上海點石齋石印本　十冊

320000－1632－0000199　A00261
古香齋新刻袖珍淵鑑類函四百五十卷目錄四卷　(清)張英等編　清古香齋刻本　一百四十五冊　缺四十三卷(四十三至四十五、六十二至六十四、一百二十六至一百二十八、一百六十四至一百六十六、一百九十二至一百九十三、三百九至三百十、三百十六至三百十七、三百三十三至三百三十五、三百五十一至三百五十二、三百六十四至三百六十五、三百六十九至三百七十、三百八十八至三百九十、三百九十五至三百九十八、四百二至四百十)

320000－1632－0000200　A00262
佩文韻府一百六卷　(清)張玉書等輯　**拾遺一百六卷**　(清)張廷玉等輯　清光緒十五年(1889)上海點石齋石印本　二十四冊

320000－1632－0000201　A00263
宋稗類鈔三十六卷　(清)潘永因編　清宣統三年(1911)上海藜光社石印本　六冊　存十八卷(一至十八)

320000－1632－0000202　A00264

小鄉嬛山館彙刊類書十二種　(清)小鄉嬛山館編　清末刻本　十一冊　存十種二十四卷(史腴二卷、左傳紺珠二卷、爾雅貫珠一卷、山海經腴詞一卷、竹書紀年集句一卷、六經蒙求一卷、十七史蒙求一卷、均藻五卷、謝華啟秀八卷、文選集腋二卷)

320000－1632－0000203　A00265

小知錄十二卷　(清)陸鳳藻輯　清同治十三年(1874)淮南書局刻本　四冊

320000－1632－0000204　A00266

古事比五十二卷　(清)方中德撰　清末石印本　四冊　存三十八卷(七至三十五、四十四至五十二)

320000－1632－0000205　A00267

世說新語六卷　(南朝宋)劉義慶撰　(南朝梁)劉孝標注　**世說新語補四卷**　(明)何良俊撰　清光緒十一年(1885)蓬觀樓書室刻本　六冊

320000－1632－0000206　A00268

世說新語六卷　(南朝宋)劉義慶撰　(南朝梁)劉孝標注　清光緒十一年(1885)蓬觀樓書室刻本　六冊

320000－1632－0000207　A00269

燕丹子三卷　(清)孫星衍校輯　**玉泉子一卷**　(唐)□□撰　**金華子雜編二卷**　(五代)劉崇遠撰　清光緒元年(1875)湖北崇文書局刻子書百家本　一冊

320000－1632－0000208　A00271

山海經十八卷圖五卷　(晉)郭璞注　清光緒十六年(1890)學庫山房刻本　六冊

320000－1632－0000209　A00272

穆天子傳六卷　(晉)郭璞注　清光緒十一年(1885)吴縣朱氏槐廬家塾刻本　一冊

320000－1632－0000210　A00273

神異經一卷海内十洲記一卷　題(漢)東方朔撰　**别國洞冥記四卷**　題(漢)郭憲撰　**穆天子傳六卷**　(晉)郭璞撰　清光緒元年(1875)湖北崇文書局刻子書百家本　一冊

320000－1632－0000211　A00274

搜神記二十卷　(晉)干寶撰　**搜神後記十卷**　(晉)陶潛撰　清光緒元年(1875)湖北崇文書局刻本　三冊

320000－1632－0000212　A00275

太平廣記五百卷目錄十卷　(宋)李昉等編　清道光二十六年(1846)三讓睦記刻本　五十一冊　缺一百二卷(一至五、十五至二十四、三十四至六十九、一百六十六至一百七十三、三百十六至三百二十九、三百五十六至三百六十四、四百四十一至四百四十九、四百八十七至四百九十二,目錄六至十)

320000－1632－0000213　A00277

太平廣記五百卷目錄十卷　(宋)李昉等編　清刻本　七冊　存八十四卷(三百八十至四百四十二、四百五十六至四百七十六)

320000－1632－0000214　A00278

酉陽雜俎二十卷續集十卷　(唐)段成式撰　清道光二十九年(1849)小鄉嬛山館刻本　六冊

320000－1632－0000215　A00279

竹葉亭雜記四卷　(清)姚元之編　清光緒二十七年(1901)掃葉山房石印本　一冊

320000－1632－0000216　A00280

庸盦筆記二卷　(清)薛福成撰　清光緒二十七年(1901)掃葉山房石印本　一冊

320000－1632－0000217　A00281

情史二十四卷　題(明)詹詹外史評輯　清道光二十八年(1848)經綸堂刻本　九冊　缺六卷(五至七、十至十一、十四)

320000－1632－0000218　A00282

御選語錄十九卷　(清)世宗胤禛輯　清光緒四年(1878)金陵刻經處刻本　十四冊

320000－1632－0000219　A00283

太上感應篇引經箋注一卷　(清)惠棟撰　清同治十三年(1874)芝瑞堂刻本　二冊

320000－1632－0000220　A00285
陰符經注一卷　(漢)張良注　**關尹子一卷**　清光緒元年(1875)湖北崇文書局刻子書百家本　一冊

320000－1632－0000221　A00286
列子二卷　清光緒元年(1875)湖北崇文書局刻本　一冊

320000－1632－0000222　A00287
莊子十卷　(晉)郭象注　(唐)陸德明音義　清光緒二年(1876)浙江書局刻二十二子本　四冊

320000－1632－0000223　A00288
莊子因六卷　(清)林雲銘撰　清光緒六年(1880)培本堂善書局(白雲精舍)刻本　四冊

320000－1632－0000224　A00289
南華真經注疏十卷　(晉)郭象注　(唐)成玄英疏　清光緒遵義黎氏日本東京使署影刻古逸叢書本　四冊　缺二卷(七至八)

320000－1632－0000225　A00290
抱朴子内篇四卷外篇四卷　(晉)葛洪撰　清光緒元年(1875)湖北崇文書局刻本　四冊

320000－1632－0000226　A00291
亢倉子一卷玄真子一卷　(唐)張志和撰　**天隱子一卷**　清光緒元年(1875)湖北崇文書局刻子書百家本　一冊

320000－1632－0000227　A00293
揞黑豆集八卷首一卷　題(清)心圓居士拈別　題(清)火蓮居士集梓　清光緒十三年(1887)平氏刻本　四冊

320000－1632－0000228　A00294
三教日誦無上真經不分卷　清末張思義堂鉛印本　一冊

320000－1632－0000229　A00295
楚辭十七卷　(漢)劉向　(漢)王逸章句　(宋)洪興祖補注　清同治十一年(1872)金陵書局刻本　四冊

320000－1632－0000230　A00296
楚辭章句十七卷　(漢)王逸章句　(宋)洪興祖補注　清光緒二十一年(1895)昭陵經畬主人刻本　五冊

320000－1632－0000231　A00299
陶淵明集十卷　(晉)陶潛撰　清末抄本　四冊

320000－1632－0000232　A00301
庾子山集十六卷　(北周)庾信撰　(清)倪璠注　清道光十九年(1839)善成堂刻本　十一冊

320000－1632－0000233　A00302
徐孝穆全集六卷　(南朝陳)徐陵撰　(清)吳兆宜注　清末吳氏刻本　二冊　存三卷(四至六)

320000－1632－0000234　A00303
初唐四傑集三十七卷　(唐)王勃等撰　清同治十二年(1873)鄒氏叢雅居刻本　十冊

320000－1632－0000235　A00304
王子安集十六卷　(唐)王勃撰　清同治十二年(1873)鄒氏叢雅居刻唐四傑集本　四冊

320000－1632－0000236　A00306
昌黎先生集四十卷外集十卷　(唐)韓愈撰　**點勘四卷**　(清)陳景雲點勘　清同治八年(1869)江蘇書局刻本　十一冊

320000－1632－0000237　A00308
歐陽文忠公全集一百五十三卷首一卷附錄五卷　(宋)歐陽修撰　清嘉慶二十四年(1819)歐陽衡刻本　二十四冊

320000－1632－0000238　A00309
東坡全集一百十卷　(宋)蘇軾撰　清光緒三十四年(1908)寶華盦石印本　四十六冊　缺一卷(東坡集一)

320000－1632－0000239　A00310
姜白石全集八卷　(宋)姜夔撰　清掃葉山房石印本　四冊

320000－1632－0000240　A00311
湛然居士集十四卷　(元)耶律楚材撰　清光

緒二十一年(1895)漸西村舍刻本　三冊　存十一卷(一至七、十一至十四)

320000－1632－0000241　A00312

遜志齋集二十四卷拾補一卷外紀一卷　(明)方孝孺撰　清同治十二年(1873)吳縣孫熹浙江省城刻本　十五冊　缺二卷(十八至十九)

320000－1632－0000242　A00313

二曲集二十六卷　(清)李顒撰　清咸豐元年(1851)刻本　二冊　存十二卷(一至八、十六至十九)

320000－1632－0000243　A00316

有正味齋全集五十三卷　(清)吳錫麒撰　清嘉慶十三年(1808)刻本　十六冊

320000－1632－0000244　A00317

有正味齋全集五十三卷　(清)吳錫麒撰　清嘉慶刻本　九冊　存三十九卷(詩集一至四、十三至十六,詞集八卷,駢體文一至十三、二十至二十四,外集五卷)

320000－1632－0000245　A00318

有正味齋駢文箋注合纂二十四卷　(清)吳錫麒撰　(清)王廣業箋　(清)葉聯芬注　清光緒十五年(1889)上海蜚英館石印本　四冊

320000－1632－0000246　A00319

一行居集八卷　(清)彭紹升撰　清同治十二年(1873)常熟刻經處刻本　四冊

320000－1632－0000247　A00320

曾文正公雜著四卷　(清)曾國藩撰　(清)李瀚章編　清同治十三年(1874)傳忠書局刻本　四冊

320000－1632－0000248　A00321

汪龍莊遺書四種　(清)汪輝祖撰　清同治元年(1862)盱眙吳氏望三益齋刻本　四冊　存三種八卷(學治臆說二卷、續說一卷、說贅一卷,佐治藥言一卷、續佐治藥言一卷,病榻夢痕錄二卷)

320000－1632－0000249　A00322

探本錄二十三卷　(清)雲茂琦撰　清咸豐元年(1851)刻本　六冊

320000－1632－0000250　A00323

蝸隱廬詩鈔二卷　(清)汪貢著　清光緒三十四年(1908)常熟開文社鉛印本　一冊

320000－1632－0000251　A00325

大吉羊室遺稿不分卷　(清)張振凡著　清光緒五年(1879)張氏刻本　一冊

320000－1632－0000252　A00326

文選六十卷　(南朝梁)蕭統輯　(唐)李善注　**文選考異十卷**　(清)胡克家撰　清光緒十八年(1892)上海鴻文書局石印本　六冊

320000－1632－0000253　A00327

文選通假字會四卷　(清)杜宗玉撰　清光緒二十二年(1896)孝感學署刻本　四冊

320000－1632－0000254　A00328

文林綺繡大觀十一種九十八卷　(清)鴻寶齋書局編　清光緒二十二年(1896)鴻寶齋書局石印本　三冊　存三種十四卷(文選集腋二卷、文選音義八卷、文選課虛四卷)

320000－1632－0000255　A00329

古文苑二十一卷　(宋)章樵著　清光緒十二年(1886)江蘇書局刻本　四冊

320000－1632－0000256　A00330

續古文苑二十卷　(清)孫星衍編　清光緒九年(1883)江蘇書局刻本　六冊

320000－1632－0000257　A00331

涵芬樓古今文鈔小傳四卷首一卷　上海商務印書館編譯所編纂　清宣統三年(1911)商務印書館鉛印本　一冊

320000－1632－0000258　A00332

文選補遺四十卷首一卷　(元)陳仁子編　清道光二十五年(1845)湖南小琅嬛山館(琅環館)刻本　十冊

320000－1632－0000259　A00333

瀛奎律髓刊誤四十九卷　(元)方回編　(清)紀昀批點　清道光刻本　十二冊

320000－1632－0000260　A00334

唐駢體文鈔十七卷 (清)陳均輯 清光緒二十一年(1895)刻本 六册

320000－1632－0000261 A00335
駢體文鈔三十一卷 (清)李兆洛編 清光緒八年(1882)唐氏家塾刻本 七册 存二十卷(一至二、十二至二十一、二十四至三十一)

320000－1632－0000262 A00336
宋四六選二十四卷 (清)曹振鏞編 清同治四年(1865)青雲樓刻本 八册

320000－1632－0000263 A00337
八家四六文注九卷 (清)吳鼒編 許貞幹注 清光緒十八年(1892)上海圖書集成印書局石印本 八册

320000－1632－0000264 A00338
國朝駢體正宗十二卷 (清)曾燠編 清刻本 四册 存八卷(三至十)

320000－1632－0000265 A00339
國朝駢體正宗續編八卷 (清)張鳴珂編 清光緒十四年(1888)寒松閣刻本 四册

320000－1632－0000266 A00340
國朝駢體正宗續編八卷 (清)張鳴珂編 清光緒二十一年(1895)善化章氏刻本 七册 存七卷(一至二、四至八)

320000－1632－0000267 A00341
國朝常州駢體文録三十一卷結一宧駢體文一卷 屠寄輯 清石印本 六册

320000－1632－0000268 A00342
忠雅堂評選四六法海八卷 (清)蔣士銓評選 清光緒十八年(1892)湖南書局刻本 六册 缺二卷(五至六)

320000－1632－0000269 A00343
國朝十家四六文鈔 王先謙編 清光緒十五年(1889)王氏刻本 三册

320000－1632－0000270 A00344
問湘樓駢文初稿四卷 (清)胡念修著 清光緒二十四年(1898)杭州刻刻鵠齋叢書本 二册

320000－1632－0000271 A00345
皇朝駢文類苑十四卷 (清)姚燮編 清光緒十二年(1886)刻本 十二册 存七卷(一至七)

320000－1632－0000272 A00346
選注六朝唐賦不分卷 (清)馬傳庚選注 清光緒十四年(1888)邗江文富堂刻本 二册

320000－1632－0000273 A00347
唐人賦鈔六卷 (清)邱先德選 清同治十三年(1874)兩儀堂刻本 五册 缺一卷(四)

320000－1632－0000274 A00348
有正味齋賦二卷 (清)吳錫麒撰 (清)胡玉樹編注 清道光十年(1830)芸生堂刻本 二册

320000－1632－0000275 A00349
賦學正鵠十卷 (清)李元度編纂 清光緒十一年(1885)石渠山房刻本 七册 缺一卷(十)

320000－1632－0000276 A00350
經史百家雜鈔二十六卷 (清)曾國藩輯 清光緒三十二年(1906)上海商務印書館鉛印本 十二册

320000－1632－0000277 A00352
八代詩選二十卷 (清)王闓運撰 清光緒十六年(1890)江蘇書局刻本 八册

320000－1632－0000278 A00353
唐人萬首絕句選七卷 (宋)洪邁編 (清)王士禛選 清康熙洪氏松花屋刻同治九年(1870)金陵書局重修本 二册

320000－1632－0000279 A00354
唐詩三百注釋六卷 (清)孫洙編 (清)章燮注 清光緒十七年(1891)寶慶務本堂書局刻本 八册

320000－1632－0000280 A00355
唐詩三百首不分卷 題(清)蘅塘退士編 清光緒六年(1880)六合文盛堂刻本 二册

320000－1632－0000281 A00356

唐詩三百首不分卷　題（清）蘅塘退士編　清末南京李光明莊刻本　二冊

320000－1632－0000282　A00357
中晚唐詩叩彈集十二卷　（清）杜詔　（清）杜庭珠輯　清同治十二年（1873）鑄經堂刻本　二冊　存五卷（一至三、六至七）

320000－1632－0000283　A00358
明詩紀事一百八十七卷　陳田輯　清光緒至宣統三年（1911）貴陽陳氏聽詩齋刻本　三十八冊

320000－1632－0000284　A00359
南宋雜事詩七卷　（清）沈嘉轍等輯　清同治十一年（1872）淮南書局刻本　四冊

320000－1632－0000285　A00360
金源紀事詩八卷　（清）湯運泰著　清同治十二年（1873）淮南書局刻本　四冊

320000－1632－0000286　A00361
尚絅堂詩集五十二卷　（清）劉嗣綰輯　清同治八年（1869）湖南家刻本　八冊

320000－1632－0000287　A00362
鄂渚同聲集正編二十卷　（清）胡鳳丹等撰　清同治九年（1870）退補齋刻本　二冊

320000－1632－0000288　A00363
袁文箋正十六卷增訂箋正四卷　（清）袁枚撰　（清）石韞玉箋　清光緒十四年（1888）上海蜚英館石印本　三冊

320000－1632－0000289　A00364
曾文正公四種十七卷　（清）曾國藩撰　清末上海著易堂書局石印本　八冊

320000－1632－0000290　A00365
小倉山房尺牘六卷　（清）袁枚撰　（清）陳名金輯註　清同治二年（1863）經元堂刻本　六冊

320000－1632－0000291　A00366
留茅盦尺牘叢殘四卷　（清）嚴簵撰　清咸豐六年（1856）琉璃廠刻本　四冊

320000－1632－0000292　A00367
留茅盦尺牘四卷　（清）嚴簵撰　清咸豐六年（1856）興化集文堂刻本　四冊

320000－1632－0000293　A00368
國朝名人書劄二卷　吳曾祺編纂　清宣統元年（1909）上海商務印書館鉛印本　四冊

320000－1632－0000294　A00369
國朝名人小簡二卷　吳曾祺編纂　清宣統元年（1909）上海商務印書館鉛印本　二冊

320000－1632－0000295　A00370
賦海大觀三十二卷　（清）鴻寶齋主人編　清光緒二十年（1894）石印本　二十三冊　缺三卷（一至三）

320000－1632－0000296　A00371
增廣賦海統編三十卷　題（清）二雲樓主人選編　清光緒十四年（1888）石印本　十一冊　存十九卷（一、四、七至九、十二至二十五）

320000－1632－0000297　A00372
湖塘林館駢體文鈔二卷　（清）李慈銘撰　清刻本　一冊

320000－1632－0000298　A00374
文心雕龍十卷　（南朝梁）劉勰撰　（清）黃叔琳注　（清）紀昀評　清光緒元年（1875）湖南書局刻本　四冊

320000－1632－0000299　A00375
文心雕龍十卷　（南朝梁）劉勰撰　（清）黃叔琳注　（清）紀昀評　清道光刻本　二冊　存五卷（三至四、八至十）

320000－1632－0000300　A00376
本事詩前集六卷後集六卷　（清）徐釚編　清光緒十四年（1888）邵武徐氏刻本　四冊

320000－1632－0000301　A00377
四六叢話三十三卷選詩叢話一卷　（清）孫梅輯　清光緒七年（1881）許應鑅吳下刻本　十二冊

320000－1632－0000302　A00378
制義叢話二十四卷叢話題名一卷　（清）梁章鉅撰　清咸豐元年（1851）知足知不足齋刻本

五冊　存十九卷（五至十、十三至二十四，叢話題名一卷）

320000－1632－0000303　A00379

國朝詩人徵略六十卷　（清）張維屏輯　清嘉慶二十四年（1819）刻本　十冊

320000－1632－0000304　A00380

五代詩話八卷　（清）王士禛輯　（清）鄭方坤刪補　清末上海朝記書莊石印本　四冊

320000－1632－0000305　A00381

詩藪内編六卷外編四卷　（明）胡應麟撰　清光緒廣益書局刻本　三冊

320000－1632－0000306　A00382

定香亭筆談四卷　（清）阮元記　清光緒二十五年（1899）浙江書局刻本　四冊

320000－1632－0000307　A00383

婦人集一卷　（清）陳維崧撰　**婦人集補一卷**　（清）冒襄撰　清冒氏刻本　一冊

320000－1632－0000308　A00384

海天琴思錄八卷　（清）林昌彝著　清同治三年（1864）林氏家刻本　四冊

320000－1632－0000309　A00385

耐冷譚十六卷　（清）宋咸熙撰　清道光武林亦西齋刻本　四冊

320000－1632－0000310　A00386

厚甫詩話（橡坪詩話）十二卷　（清）方恒泰撰　清光緒四年（1878）刻本　四冊

320000－1632－0000311　A00387

通雅堂詩鈔十卷續集二卷　（清）施山撰　清光緒元年（1875）刻本　二冊

320000－1632－0000312　A00388

西河詩話一卷詞話一卷褋箋一卷　（清）毛奇齡著　清宣統三年（1911）上海文瑞樓石印本　二冊

320000－1632－0000313　A00389

楹聯叢話十二卷續話四卷　（清）梁章鉅撰　清道光二十六年（1846）郁松年刻宜稼堂叢書本　六冊

320000－1632－0000314　A00391

詞綜三十八卷　（清）朱彝尊編　清嘉慶八年（1803）裘抒樓刻本　十二冊

320000－1632－0000315　A00392

國朝詞綜四十八卷二集八卷　（清）王昶編　清嘉慶八年（1803）蘇州綠蔭堂刻本　十四冊

320000－1632－0000316　A00393

國朝詞綜續編二十四卷　（清）黃燮清編　清同治十二年（1873）湖北鄂垣刻本　八冊

320000－1632－0000317　A00394

明詞綜十二卷　（清）王昶編　清嘉慶八年（1803）蘇州綠蔭堂刻本　四冊

320000－1632－0000318　A00395

詞選二卷　（清）張惠言輯　**附錄一卷**　（清）鄭善長輯　清同治六年（1867）刻本　一冊

320000－1632－0000319　A00396

續詞選二卷　（清）董毅錄　清同治六年（1867）刻本　一冊

320000－1632－0000320　A00397

唐五代詞選三卷　（清）成肇麐編　清光緒十三年（1887）刻蒙香室叢書本　一冊

320000－1632－0000321　A00399

詞律拾遺八卷　（清）徐本立纂　清同治十二年（1873）吳下刻本　六冊

320000－1632－0000322　A00400

第一生修梅花館詞五卷附錄一卷香海棠館詞話一卷　（清）況周儀撰　清光緒十八年（1892）刻本　一冊

320000－1632－0000323　A00401

皇朝五經彙解二百七十卷　題（清）抉經心室主人編　清光緒二十二年（1896）上海書局石印本　十一冊　存九十六卷（一至九十二、二百二十二至二百二十五）

320000－1632－0000324　A00402

增廣五經備旨四十六卷　（清）鄒聖脈纂輯　清光緒十九年（1893）上海蜚英館石印本　十冊　存三十七卷（易一至三、詩一至八、書一

至七、禮五至十一、春秋一至十二）

320000－1632－0000325　A00403
四書五經類典集成三十四卷　（清）戴兆春輯　清光緒十四年（1888）同文書局石印本　二十三冊　存三十三卷（一至二、四至三十四）

320000－1632－0000326　A00404
經典萃華不分卷　（清）方苹野輯　清末京都琉璃廠刻本　四冊　缺物部上

320000－1632－0000327　A00405
三蘇策論十二卷　（清）張紹齡輯　清光緒二十四年（1898）上海書局石印本　八冊

320000－1632－0000328　A00406
三蘇策論十二卷　（清）張紹齡輯　清光緒二十七年（1901）鍊石書局石印本　六冊

320000－1632－0000329　A00407
試律大觀三十二卷目錄一卷　題（清）竹屏居士輯　清道光十九年（1839）鳳池亭刻本　八冊　存十九卷（一、四至七、九至十八、三十至三十二，目錄一卷）

320000－1632－0000330　A00408
續試律大觀三十二卷　題（清）竹屏居士輯　清光緒十一年（1885）聚珍堂刻本　八冊

320000－1632－0000331　A00409
藝林珠玉一編不分卷二編不分卷三編不分卷　題（清）玉玲瓏山館主人輯　清道光刻本　十八冊

320000－1632－0000332　A00410
綠香山館小題六卷　（清）來鴻瑨撰　清光緒六年（1880）京都刻本　五冊　存五卷（一、三至六）

320000－1632－0000333　A00411
近科通雅集初編不分卷續編不分卷三編不分卷　（清）俞長城輯　清光緒二十三年（1897）復古齋石印本　五冊

320000－1632－0000334　A00413
小題文藪不分卷　（清）沈荷汀選　清光緒九年（1883）上海點石齋石印本　六冊

320000－1632－0000335　A00414
藝林類擷十六卷　（清）謝輔坫選　清咸豐五年（1855）循陔書屋刻本　六冊　缺四卷（三至六）

320000－1632－0000336　A00415
制藝萃珍不分卷　題（清）懷芳居士編　清道光二十八年（1848）刻本　八冊

320000－1632－0000337　A00416
國朝文才調集不分卷　（清）許振禕編　清光緒二十年（1894）上海鴻文書局石印本　四冊

320000－1632－0000338　A00417
分類文腋八卷　（清）李楨選　清嘉慶二十五年（1820）英德堂刻本　八冊

320000－1632－0000339　A00418
仰止子詳考古今名家潤色詩林正宗十八卷　（清）余象斗編　清咸豐八年（1858）自厚堂刻本　二十冊

320000－1632－0000340　A00419
詩句題解韻編八卷　（清）陳維屏輯　清道光十三年（1833）刻本　五冊　存五卷（一至二、四至六）

320000－1632－0000341　A00420
詩韻全璧五卷初學檢韻一卷　（清）湯祥瑟輯　清光緒十七年（1891）暢懷書屋鉛印本　六冊

320000－1632－0000342　A00421
詩韻合璧五卷　（清）湯祥瑟輯　（清）湯文潞重編　清光緒十二年（1886）上洋公興書局鉛印本　五冊

320000－1632－0000343　A00422
經藝淵海不分卷　題（清）常安室主人輯　清光緒十一年（1885）上海點石齋石印本　六冊　存五種（詩經、書經、禮記、易經、春秋）

320000－1632－0000344　A00423
經藝選腴初編不分卷續編不分卷　題（清）浣溪主人輯　清道光十七年（1837）刻本　十六冊

320000－1632－0000345　A00424
江左校士錄六卷　(清)黃體芳編　清光緒十一年(1885)鉛印本　四冊　存四卷(一至四)

320000－1632－0000346　A00425
子笙賦鈔不分卷　(清)江璧撰　清同治四年(1865)刻本　二冊

320000－1632－0000347　A00426
策學備纂三十二卷　(清)吳熲炎等輯　清光緒十九年(1893)上海點石齋石印本　四十八冊

320000－1632－0000348　A00427
策學備纂續集四卷　(清)宋徵獻等輯　清光緒二十年(1894)上海點石齋石印本　十一冊

320000－1632－0000349　A00428
得月樓賦鈔甲編一卷乙編一卷　(清)張元灝選評　清同治三年(1864)刻本　二冊

320000－1632－0000350　A00429
分類賦學雞跖集三十卷　(清)張維城選輯　清光緒六年(1880)粲花吟館刻本　六冊　存二十三卷(一至十八、二十三至二十七)

320000－1632－0000351　A00430
分類賦學十二卷續刻十二卷　(清)張維城選　(清)應泰泉等續選　清光緒十二年(1886)上海點石齋石印本　五冊　存二十卷(分類賦學五至十二、續刻十二卷)

320000－1632－0000352　A00431
角山樓增補類腋六十七卷　(清)姚培謙輯　(清)趙克宜增輯　清光緒十九年(1893)上海點石齋石印本　五冊　存四十八卷(天部八卷、地部二十四卷、人部九至十六、物部一至八)

320000－1632－0000353　A00432
試帖三萬選十卷　題(清)鴻寶齋主人選輯　清光緒十七年(1891)文選書局石印本　十冊　存八卷(一至四、六至八、十)

320000－1632－0000354　A00433
韻蘭賦鈔初集不分卷　(清)王家相選　清嘉慶二十五年(1820)英德堂刻本　五冊

320000－1632－0000355　A00434
墨醇不分卷　(清)杜聯選評　清末會稽社刻本　七冊

320000－1632－0000356　A10001
御纂周易折中二十二卷首一卷　(清)李光地等撰　清康熙五十四年(1715)刻本　十一冊　缺二卷(二十一至二十二)

320000－1632－0000357　A10002
欽定詩經傳說彙纂二十一卷詩序二卷　(清)王鴻緒等編　清康熙六十年(1721)刻本　十八冊

320000－1632－0000358　A10003
欽定春秋傳說彙纂三十八卷首二卷　(清)王掞等撰　清康熙六十年(1721)刻本　三十一冊

320000－1632－0000359　A10004
史記一百三十卷　(漢)司馬遷撰　(南朝宋)裴駰集解　(唐)司馬貞索隱　(唐)張守節正義　明刻清康熙遞修本　十一冊　存七十三卷(六至九、十八至二十八、三十八至四十、五十六至一百十)

320000－1632－0000360　A10005
前漢書一百二十卷　(漢)班固撰　(唐)顔師古注　明刻清康熙遞修本　二十二冊　存一百六卷(六至五十、五十三至七十二、八十至一百二十)

320000－1632－0000361　A10006
後漢書一百二十卷　(南朝宋)范曄撰　(唐)李賢等注　(晉)司馬彪續　(南朝梁)劉昭注補　清康熙四十年(1701)蘇州府刻本　十五冊　存九十卷(帝紀三至六、志二十一至三十、列傳一至七十六)

320000－1632－0000362　A10007
三國志六十五卷　(晉)陳壽撰　(南朝宋)裴松之注　明刻清康熙遞修本　十冊　缺十二卷(魏志二十七至三十、吳志十三至二十)

320000－1632－0000363　A10008
晉書一百三十卷　(唐)房玄齡等撰　**音義三卷**　(唐)何超撰　明刻清康熙遞修本　三十七册　缺四卷(七十一至七十四)

320000－1632－0000364　A10009
宋書一百卷　(南朝梁)沈約撰　明刻清康熙遞修本　二十四册

320000－1632－0000365　A10010
南齊書五十九卷　(南朝梁)蕭子顯撰　明刻清康熙遞修本　八册　缺十三卷(一至八、十一至十五)

320000－1632－0000366　A10011
梁書五十六卷　(唐)姚思廉撰　明刻清康熙遞修本　七册　存四十七卷(一至六、十四至五十、五十三至五十六)

320000－1632－0000367　A10012
陳書三十六卷　(唐)姚思廉撰　明刻清康熙遞修本　四册

320000－1632－0000368　A10013
魏書一百十四卷　(北齊)魏收撰　明刻清康熙遞修本　二十四册

320000－1632－0000369　A10014
北齊書五十卷　(唐)李百藥撰　明刻清康熙遞修本　八册

320000－1632－0000370　A10015
周書五十卷　(唐)令狐德棻等撰　明刻清康熙遞修本　八册

320000－1632－0000371　A10016
隋書八十五卷　(唐)魏徵等撰　明刻清康熙遞修本　十八册　存七十四卷(一至四、六至二十九、三十三至五十二、五十八至六十七、七十至八十五)

320000－1632－0000372　A10017
南史八十卷　(唐)李延壽撰　明刻清康熙遞修本　十六册　缺十四卷(三十六至四十二、七十至七十六)

320000－1632－0000373　A10018
北史一百卷　(唐)李延壽撰　明刻清康熙遞修本　二十七册　缺十卷(四至九、五十五至五十八)

320000－1632－0000374　A10019
唐書二百二十五卷　(宋)歐陽修等撰　**釋音二十五卷**　(宋)董衝撰　明刻清康熙遞修本　四十二册　存二百四十四卷(一至七十四、八十一至二百二十五下,釋音二十五卷)

320000－1632－0000375　A10020
五代史記七十四卷　(宋)歐陽修等撰　(宋)徐無黨注　明刻清康熙遞修本　八册

320000－1632－0000376　A10021
宋史四百九十六卷　(元)脱脱等撰　明刻清康熙遞修本　九十六册　缺十四卷(二百二十五至二百二十七、四百一至四百十一)

320000－1632－0000377　A10022
遼史一百十六卷　(元)脱脱等撰　明刻清康熙遞修本　八册

320000－1632－0000378　A10023
金史一百三十五卷　(元)脱脱等撰　明刻清康熙遞修本　二十册

320000－1632－0000379　A10024
元史二百十卷　(明)宋濂等撰　明刻清康熙遞修本　五十册　存一百二十八卷(七十六至一百六十五、一百七十四至二百十)

320000－1632－0000380　A10025
明史三百三十二卷目錄四卷　(清)張廷玉等撰　清乾隆四年(1739)刻本　七十八册　缺八十五卷(五至六、二十一至二十四、四十至四十二、五十五至六十二、七十四至七十六、一百至一百一、一百二十七至一百三十一、一百四十六至一百六十六、一百八十一至一百八十二、一百八十九至一百九十四、一百九十八至一百九十九、二百二至二百五、二百二十六至二百二十九、二百五十一至二百五十四、二百八十四至二百八十六、二百九十一至二百九十四、三百十三至三百二十)

320000－1632－0000381　A10026

廿一史約編八卷首一卷　(清)鄭元慶撰　清漁古山房刻本　七冊　缺二卷(石、木)

320000－1632－0000382　A10027
資治通鑑綱目五十九卷　(宋)朱熹撰　(明)陳仁錫評閱　明崇禎刻本　四冊　存四卷(二至五)

320000－1632－0000383　A10028
通鑑綱目三編二十卷　(清)張廷玉等撰　清乾隆十一年(1746)刻本　六冊

320000－1632－0000384　A10029
尚友錄二十二卷　(明)廖用賢編　清雍正四年(1726)三瑞堂刻本　二十二冊

320000－1632－0000385　A10030
貳臣傳十二卷逆臣傳四卷　(清)國史館編　清刻本　六冊　存十三卷(貳臣傳一至十一、逆臣傳一至二)

320000－1632－0000386　A10031
水經四十卷　(漢)桑欽撰　(北魏)酈道元注　清勵志書屋刻本　十二冊

320000－1632－0000387　A10032
胡敬齋先生居業錄十二卷　(明)胡居仁撰　(明)余祐編　清乾隆二十二年(1757)江西李氏刻本　四冊

320000－1632－0000388　A10033
秘藏大六壬大全十三卷　(明)郭載騋校　清康熙四十三年(1704)郭氏刻本　十冊　存十卷(一至四、六至十一)

320000－1632－0000389　A10034
天中記六十卷　(明)陳耀文撰　明萬曆刻本　十五冊　存三十卷(三十一至六十)

320000－1632－0000390　A10035
子史精華一百六十卷　(清)吳士玉等輯　清雍正五年(1727)刻本　四十三冊　存一百三十四卷(一至七、十三至十五、二十九至五十四、五十七至八十一、八十八至一百六十)

320000－1632－0000391　A10036
子史輯要詩賦題解四卷續編四卷　(清)胡本淵編　清乾隆三十九年(1774)刻本　三冊　缺二卷(續編一至二)

320000－1632－0000392　A10037
宋稗類鈔八卷　(清)潘永因編　清康熙八年(1669)刻本　八冊

320000－1632－0000393　A10038
楞嚴摸象記十卷　(明)釋袾宏述　明崇禎十二年(1639)刻雲棲法彙本　一冊

320000－1632－0000394　A10040
樊南文集箋注八卷　(清)馮浩編　清乾隆三十年(1765)刻本　三冊　存六卷(一至六)

320000－1632－0000395　A10042
東坡先生全集七十五卷　(宋)蘇軾撰　明末文盛堂刻本　三十冊

320000－1632－0000396　A10043
東坡詩選十二卷　(宋)蘇軾撰　(明)譚元春輯　明刻本　五冊

320000－1632－0000397　A10045
林蕙堂文集十二卷　(清)吳綺撰　清乾隆三十九年(1774)衷白堂刻本　三冊　存六卷(一至四、十一至十二)

320000－1632－0000398　A10046
二曲集二十六卷　(清)李顒撰　清康熙四十四年(1705)刻本　四冊　存十一卷(一至三、十七至十八、二十一至二十六)

320000－1632－0000399　A10047
漁洋山人詩集二十二卷　(清)王士禛撰　清康熙八年(1669)吳郡沂詠堂刻本　六冊

320000－1632－0000400　A10048
漁洋山人精華錄會心偶筆六卷　(清)伊應鼎編述　清乾隆二十四年(1759)刻本　四冊

320000－1632－0000401　A10049
甌北詩鈔十五卷　(清)趙翼撰　清乾隆五十六年(1791)刻本　三冊　存九卷(五言古一至三、七言古四卷、五言律二卷)

320000－1632－0000402　A10050
西堂全集六十五卷　(清)尤侗撰　清康熙四

十三年(1704)尤氏家刻本　二十三冊　缺三卷(西堂雜組一集一至三)

320000－1632－0000403　A10051
西堂全集六十五卷　(清)尤侗撰　清康熙四十三年(1704)尤氏家刻本　十七冊　存二十六卷(西堂雜組一集八卷、西堂雜組二集八卷、西堂雜組三集八卷、西堂剩稿二卷)

320000－1632－0000404　A10052
思綺堂文集十卷　(清)章藻功撰　清聚錦堂刻本　十冊

320000－1632－0000405　A10053
文選六十卷　(南朝梁)蕭統輯　(唐)李善注　(清)何焯評　清乾隆三十七年(1772)葉氏海錄軒刻朱墨套印本　十六冊

320000－1632－0000406　A10054
文選六十卷　(南朝梁)蕭統輯　(唐)李善註　(清)何焯評　清乾隆三十七年(1772)葉氏海錄軒刻本　十五冊　缺四卷(十一至十四)

320000－1632－0000407　A10055
元詩選六卷補遺一卷　(清)顧奎光輯　清乾隆十六年(1751)錫山顧氏刻本　三冊　存五卷(一至五)

320000－1632－0000408　A10056
增修詩話總龜四十八卷後集五十卷　(宋)阮閱輯　明嘉靖二十四年(1545)月窓道人刻本　六冊　存五十七卷(增修詩話總龜二至八、二十八至四十八,後集十一至三十九)

320000－1632－0000409　A10057
宋詩紀事一百卷　(清)厲鶚輯　清乾隆十一年(1746)錢塘厲氏刻本　二十四冊

320000－1632－0000410　A10058
莆風清籟集六十卷　(清)鄭王臣輯選　清乾隆三十七年(1772)鄭氏家刻本　二十冊

320000－1632－0000411　A10059
藝苑名言八卷首一卷　(清)蔣瀾輯　清乾隆四十年(1775)蔣氏懷谷軒刻本　三冊　缺二卷(三至四)

320000－1632－0000412　A10060
彙纂詩法度鍼三十三卷首一卷　(清)徐文弼撰　清乾隆二十四年(1759)徐氏家刻本　八冊　存二十四卷(一至八、十一至二十三、三十二至三十三,首一卷)

320000－1632－0000413　A10061
絕妙好詞箋七卷續鈔一卷　(清)查為仁　(清)厲鶚箋　清乾隆十五年(1750)查氏刻本　四冊

320000－1632－0000414　A10062
詞綜三十卷　(清)朱彝尊編　清康熙十五年(1676)汪氏裘抒樓刻本　四冊

320000－1632－0000415　A10063
詞律二十卷　(清)萬樹撰　清康熙二十六年(1687)保滋堂刻本　九冊

320000－1632－0000416　A10064
五經類編二十八卷　(清)周世樟輯　清康熙二十三年(1684)刻本　九冊　存二十七卷(一至二十七)

320000－1632－0000417　A10065
讀書作文譜十二卷附父師善誘法二卷　(清)唐彪輯著　清康熙四十七年(1708)唐氏家刻本　三冊　缺五卷(讀書作文譜三至七)

江蘇省南京市高淳區圖書館古籍普查登記目録

全國古籍普查登記目録

國家圖書館出版社
National Library of China Publishing House

《江蘇省南京市高淳區圖書館古籍普查登記目録》

編委會

主　編：陳後德

編　委：吴　静　徐　芹　馬筱燕　章豔超　陳小小

林海玲　楊家林

《江蘇省南京市高淳區圖書館古籍普查登記目録》

前　言

南京市高淳區圖書館位於淳溪鎮石臼湖南路 7 號 2 幢,爲國家一級圖書館、江蘇省文明圖書館。

1931 年高淳縣教育局在縣糧倉創辦了高淳縣公共圖書館。1933 年圖書館并入民衆教育館。1949 年 9 月,高淳縣教育館建立,館内辟有藏書室、書報閲覽室。1958 年增辦圖書館,但祇有牌子,其業務仍由縣文化館領導。1974 年經江蘇省文化廳批准正式建立高淳縣圖書館,當時仍與縣文化館在一起辦公,由文化館館長兼圖書館館長。圖書館在文化館内劃 200 平方米的面積,開展外借閲覽。1979 年,在縣城尼姑庵舊址動工蓋建圖書館大樓,1981 年 1 月竣工并正式對外開放。并同時增建 200 平方米的平房,作爲少兒借閲室。圖書館大樓三層,建築面積 1292 平方米,位於縣城淳溪鎮蔣家巷 32 號。2000 年,縣政府決定蓋建圖書館新大樓并於是年 11 月動工,於 2002 年 12 月竣工。2003 年 10 月 1 日正式對外開放。新大樓建築面積 3000 平方米,位於淳溪鎮固城北路 60 號。

我館於 2012 年 12 月底第三次搬遷至新址,新館面積 5390 平方米,藏書 30 多萬册,古籍藏量 2000 餘册,其中清乾隆六年(1741)武英殿刻朱墨套印本《欽定協紀辨方書》三十六卷和清康熙二十四年(1685)四色套印本《古文淵鑒》六十四卷兩部古籍入選了第一批《江蘇省珍貴古籍名録》。另有 11 部古籍收入《南京市公共圖書館藏古籍善本題録》。

多年來,我館的古籍保護工作得到了省、市古籍保護中心的關心、指導和幫助。在古籍普查登記過程中,特别要感謝金陵圖書館的大力支持,他們克服地域、場地等諸多不便,多次親臨指導。在此向他們致以衷心的感謝!

本目録收入古籍 279 部 1535 册。

江蘇省南京市高淳區圖書館

2020 年 11 月

320000－1633－0000001　古籍 001
皇清經解續編二百九卷　王先謙輯　清光緒十五年(1889)上海蜚英館石印本　二十五册　缺五十卷(十九下至二十八、七十六至一百二、一百三十四至一百四十四、一百五十六至一百五十七中)

320000－1633－0000002　古籍 002
石經考異二卷　(清)杭世駿撰　清咸豐元年(1851)長沙小嫏嬛山館刻本　一册

320000－1633－0000003　古籍 003
五經集解三十四卷　清光緒九年(1883)刻本　十二册　存十二卷(一、四、七、十二至十五、十九、二十四至二十六、三十一)

320000－1633－0000004　古籍 004
經學輯要二十四卷　(清)吳潁炎輯　清光緒十三年(1887)點石齋石印本　四册　存六卷(四、十八上、二十至二十二、二十四下之三)

320000－1633－0000005　古籍 005
春秋宗朱辨義十二卷首一卷末一卷　(清)張自超撰　清光緒七年(1881)刻本　五册　存七卷(四至九、首一卷)

320000－1633－0000006　古籍 006
春秋宗朱辨義十二卷首一卷末一卷　(清)張自超撰　清光緒七年(1881)刻本　九册

320000－1633－0000007　古籍 007
春秋宗朱辨義十二卷首一卷末一卷　(清)張自超撰　清光緒七年(1881)刻本　一册　存一卷(六)

320000－1633－0000008　古籍 008
四書味根錄三十七卷　(清)金澄撰　清末民國間鴻寶齋石印本　一册　存四卷(論語八至十一)

320000－1633－0000009　古籍 009
經籍纂詁一百六卷首一卷　(清)阮元編　清末石印本　四册　存二十卷(五至十四、六十五至七十、九十七至一百)

320000－1633－0000010　古籍 010
蛾術編八十二卷　(清)王鳴盛撰　清道光二十一年(1841)刻本　二十册

320000－1633－0000011　古籍 011
論語注疏二十卷　(三國魏)何晏集解　(唐)陸德明音義　(宋)邢昺疏　**考證二十卷**　清同治十年(1871)刻本　一册　存十二卷(論語注疏十五至二十、考證十五至二十)

320000－1633－0000012　古籍 012
孟子七卷　(宋)朱熹集注　清刻本　一册　存二卷(六至七)

320000－1633－0000013　古籍 013
書目答問不分卷　(清)張之洞撰　清刻本　二册

320000－1633－0000014　古籍 014
抗希堂稿二卷　(清)方苞撰　清刻本　一册

320000－1633－0000015　古籍 015
式古堂目錄十七卷　(清)尤瑩編　清光緒十九年(1893)石印本　二册

320000－1633－0000016　古籍 016
皇清經解一百九十卷　(清)阮元編　清刻本　十二册　存九十三卷(二十六至四十九、五十五至六十五、一百十五至一百十七、一百二十四至一百五十五、一百六十八至一百九十)

320000－1633－0000017　古籍 017
十三經策案二十二卷　(清)王謨彙輯　(清)喻祥麟編　清末石印本　一册　存十一卷(十二至二十二)

320000－1633－0000018　古籍 018
石經考辨二卷　(清)馮世瀛輯　清同治六年(1867)刻本　一册

320000－1633－0000019　古籍 019
經講類典合編　(清)鄒聖脈輯　(清)奎壁齋主人重編　清光緒十九年(1893)石印本　十二册　存二種四十一卷(五經典林十二卷、五經囊括纂要二十九卷)

320000－1633－0000020　古籍 020
雪樵經解三十三卷　(清)馮世瀛輯　清末石

印本　四册　存十三卷(十二至十八、二十五至三十)

320000－1633－0000021　古籍 021
五經類編二十八卷　(清)周世樟輯　清末刻本　一册　存二卷(十四至十五)

320000－1633－0000022　古籍 022
小學集注六卷　(明)陳選集注　清末學源堂刻本　一册　存二卷(一至二)

320000－1633－0000023　古籍 023
小學集注六卷　(明)陳選集注　清末刻本　一册　存一卷(六)

320000－1633－0000024　古籍 024
論語十卷　(宋)朱熹集注　清會友堂刻本　一册　存五卷(六至十)

320000－1633－0000025　古籍 025
春秋經傳集解三十卷　(晉)杜預集解　(宋)林堯叟注釋　(唐)陸德明音義　清三槐堂刻本　七册　存十四卷(八至十三、二十一至二十六、二十九至三十)

320000－1633－0000026　古籍 026
書經六卷　(宋)蔡沈集傳　清末三讓堂刻本　一册　存一卷(四)

320000－1633－0000027　古籍 027
書經蔡傳六卷　(宋)蔡沈集傳　孫慶甲校述　清刻本　一册　存一卷(六)

320000－1633－0000028　古籍 028
詩經八卷　(宋)朱熹集傳　清匯海書莊刻本　三册　存五卷(一至五)

320000－1633－0000029　古籍 029
詩經八卷　(宋)朱熹集傳　清光緒二十一年(1895)溧陽文富齋刻本　二册　存三卷(一至三)

320000－1633－0000030　古籍 030
御纂周易折中二十二卷首一卷　(清)李光地等纂　清光緒十九年(1893)潄芳齋刻本　十册

320000－1633－0000031　古籍 031
春秋釋例十五卷　(晉)杜預撰　清刻本　二册　存二卷(六至七)

320000－1633－0000032　古籍 032
春秋繁露十七卷　(漢)董仲舒撰　清刻本　二册　存十二卷(一至十二)

320000－1633－0000033　古籍 033
春秋微旨三卷　(唐)陸淳撰　清刻本　一册

320000－1633－0000034　古籍 034
春秋啖趙集傳纂例十卷　(唐)陸淳撰　清刻本　二册　存六卷(一至六)

320000－1633－0000035　古籍 035
春秋啖趙二先生集傳辯疑十卷　(唐)陸淳撰　清刻本　一册　存五卷(六至十)

320000－1633－0000036　古籍 036
春秋增訂旁訓四卷　清末李光明莊刻本　二册

320000－1633－0000037　古籍 037
春秋左傳五十卷　(晉)杜預　(宋)林堯叟注釋　(唐)陸德明音義　清末狀元閣刻本　十六册

320000－1633－0000038　古籍 038
四書人物類典串珠四十卷　(清)臧志仁輯　清刻本　十一册　存三十三卷(三至二十四、二十六至三十六)

320000－1633－0000039　古籍 039
經餘必讀三編四卷　(清)趙在翰輯　清嘉慶務本堂刻本　二册

320000－1633－0000040　古籍 040
經餘必讀八卷　(清)雷琳等輯　清嘉慶務本堂刻本　二册　存二卷(七至八)

320000－1633－0000041　古籍 041
經餘必讀續編八卷　(清)雷琳等輯　清嘉慶務本堂刻本　五册

320000－1633－0000042　古籍 042
爾雅注疏十一卷考證十一卷　(晉)郭璞注　(宋)邢昺疏　清同治十年(1871)刻本　六册

320000－1633－0000043　古籍043
孟子七卷　(宋)朱熹集注　清高淳崔廣發號刻本　三册　存三卷(一至三)

320000－1633－0000044　古籍044
孟子注疏十四卷　(漢)趙岐注　(宋)孫奭音義並疏　**考證十四卷**　清同治十年(1871)刻本　五册　存二十卷(孟子注疏一下至八下、十一至十二,考證一下至八下、十一至十二)

320000－1633－0000045　古籍045
論語集解義疏十卷　(三國魏)何晏集解　(南朝梁)皇侃義疏　清刻本　二册　存五卷(一至五)

320000－1633－0000046　古籍046
論語筆解二卷　(唐)韓愈　(唐)李翺撰　**鄭志三卷補遺一卷**　(三國魏)鄭小同撰　清刻本　一册

320000－1633－0000047　古籍047
四書經註集證十九卷　(清)吳昌宗輯　清嘉慶三年(1798)江都汪氏刻本　八册　存十一卷(大學一卷、論語十卷)

320000－1633－0000048　古籍048
大清宣統新法令不分卷　商務印書館編譯所編　清宣統二年(1910)商務印書館鉛印本　七册　存七册(一至四、六至八)

320000－1633－0000049　古籍049
中西紀事二十四卷首一卷　(清)夏燮撰　清光緒十一年(1885)京都琉璃廠木活字印本　五册　存十九卷(一至七、十四至二十四,首一卷)

320000－1633－0000050　古籍050
綱鑑擇語十卷　(清)司徒修輯　清刻本　六册

320000－1633－0000051　古籍051
圖民錄四卷　(清)袁守定著　清同治十一年(1872)江西書局刻本　二册

320000－1633－0000052　古籍052
尚友錄二十二卷　(明)廖用賢編纂　(清)張伯琮補輯　清末石印本　一册　存四卷(十六至十九)

320000－1633－0000053　古籍053
耕餘瑣錄十二卷　(清)馮世瀛撰　清同治十二年(1873)刻本　三册　存五卷(一、三至四、七至八)

320000－1633－0000054　古籍054
普通新歷史不分卷　(清)普通學書室編　清光緒二十九年(1903)上海普通學書室鉛印本　一册

320000－1633－0000055　古籍055
南阿新建國史四卷　(日本)福本誠撰　清光緒二十八年(1902)上海文明編譯局石印本　一册　存二卷(三至四)

320000－1633－0000056　古籍056
理氣三訣四卷　(清)葉泰輯　清刻本　一册　存三卷(二下至四)

320000－1633－0000057　古籍057
平陽全書十五卷　(清)葉泰輯　清刻本　一册　存三卷(十一至十三)

320000－1633－0000058　古籍058
校正尚友錄統編二十四卷　題(清)錢湖釣徒編　清末石印本　十册　存二十卷(三至十八、二十一至二十四)

320000－1633－0000059　古籍059
[名家制義六十一家]六十一卷　(清)俞長城論次　清康熙可儀堂刻本　六册　存六卷(二十七、三十五、三十八至三十九、四十六至四十七)

320000－1633－0000060　古籍060
養正遺規二卷補編一卷　(清)陳宏謀編輯　清刻本　一册　存一卷(補編一卷)

320000－1633－0000061　古籍061
訓俗遺規四卷補編二卷　(清)陳宏謀編輯　清刻本　四册　存三卷(訓俗遺規二、補編二卷)

320000－1633－0000062　古籍062

從政遺規二卷　(清)陳宏謀編輯　清刻本　四册

320000－1633－0000063　古籍 063
教女遺規三卷　(清)陳宏謀編輯　清刻本　一册

320000－1633－0000064　古籍 064
歷朝史論彙編二十三卷　清光緒二十七年(1901)上海書局石印本　八册

320000－1633－0000065　古籍 065
十七史蒙求十六卷　(宋)王令撰　清光緒十五年(1889)文昌書局刻本　三册

320000－1633－0000066　古籍 066
李氏蒙求注六卷　(唐)李瀚撰　(宋)徐子光注　清同治九年(1870)古譚余氏明辨齋刻本　二册　存四卷(一至二、五至六)

320000－1633－0000067　古籍 067
李氏蒙求補注六卷　(唐)李翰撰　(清)金三俊注　清刻本　一册　存三卷(四至六)

320000－1633－0000068　古籍 068
繪圖第一俠義奇女傳四卷　題(清)好古主人撰　清光緒二十六年(1900)石印本　一册　存一卷(一)

320000－1633－0000069　古籍 069
文選錦字錄二十一卷　(明)淩迪知輯　清八杉齋刻本　七册　存十五卷(三至十七)

320000－1633－0000070　古籍 070
歐洲列國十九周政治史三卷　許士熊轉譯　清光緒二十八年(1902)上海文明編譯局鉛印本　一册

320000－1633－0000071　古籍 071
精選各國政治考四卷　(清)張之洞編　清光緒二十八年(1902)刻本　四册

320000－1633－0000072　古籍 072
玉臺書史一卷　(清)厲鶚撰　清光緒十六年(1890)藏修書屋刻本　一册

320000－1633－0000073　古籍 073
玉臺畫史五卷別錄一卷　(清)湯漱玉輯　清光緒十六年(1890)藏修書屋刻本　一册

320000－1633－0000074　古籍 074
清秘藏二卷　(明)張應文撰　清光緒十六年(1890)藏修書屋刻本　一册

320000－1633－0000075　古籍 075
綱鑑會纂三十九卷首一卷　(明)王世貞纂　清刻本　四十五册

320000－1633－0000076　古籍 076
國朝先正事略六十卷　(清)李元度編　清同治五年(1866)循陔草堂刻本　二十册　存五十二卷(一至三、六至十一、十四至十五、十八至十九、二十二至六十)

320000－1633－0000077　古籍 077
五軍道里表十八卷　(清)明亮等修　(清)常泰等纂　清刻本　一册　存一卷(十一)

320000－1633－0000078　古籍 078
重鐫官板地理天機會元三十五卷　(唐)卜應天撰　(明)徐之鏌編　清刻本　一册　存三卷(三十三至三十五)

320000－1633－0000079　古籍 079
歷代名臣言行錄二十四卷　(清)朱桓編　清刻本　二十一册　存十九卷(六至二十四)

320000－1633－0000080　古籍 080
大清光緒新法令不分卷　商務印書館編譯所編　清宣統元年(1909)商務印書局鉛印本　二十册

320000－1633－0000081　古籍 081
[嘉慶]重刊江寧府志五十六卷　(清)吕燕昭修　(清)姚鼐纂　清光緒六年(1880)刻本　十二册

320000－1633－0000082　古籍 083
續史學提要箋釋四卷　(清)鄭機撰　清刻本　一册　存二卷(三至四)

320000－1633－0000083　古籍 084
御撰資治通鑑綱目三編二十卷　(清)張廷玉等纂　清乾隆十一年(1746)刻本　四册

320000－1633－0000084　古籍 085

[光緒]續纂江甯府志十五卷首一卷　(清)趙佑宸等修　(清)汪士鐸纂　清光緒六年(1880)刻本　十二冊

320000－1633－0000085　古籍 086
[嘉慶]溧陽縣誌十六卷　(清)陳鴻壽等修　(清)史炳等纂　清光緒二十二年(1896)木活字印本　十冊

320000－1633－0000086　古籍 087
[光緒]溧陽縣續志十六卷　(清)楊家驅等修　(清)馮煦等纂　清光緒二十五年(1899)木活字印本　七冊　存十四卷(一至十四)

320000－1633－0000087　古籍 088
雲林別墅新輯酬世錦囊八卷　(清)鄒景揚輯　清光緒二十年(1894)上海鴻寶齋石印本　一冊　存三卷(五至七)

320000－1633－0000088　古籍 089
南唐書三十卷　(宋)馬令撰　清光緒十六年(1890)藏修書屋刻本　五冊

320000－1633－0000089　古籍 090
南唐書十八卷　(宋)陸遊撰　**音釋一卷**　(元)戚光撰　清藏修書屋刻本　二冊　存十三卷(七至十八、音釋一卷)

320000－1633－0000090　古籍 091
列國政要一百三十二卷首一卷　(清)戴鴻慈　(清)端方輯　清光緒三十三年(1907)商務印書館石印本　二十四冊　存八十一卷(一至四十四、八十六至八十九、一百至一百三十二)

320000－1633－0000091　古籍 092
紀效新書十八卷首一卷　(明)戚繼光著　清道光二十三年(1843)京都琉璃廠文貴堂刻本　四冊

320000－1633－0000092　古籍 093
千金翼方三十卷　(唐)孫思邈撰　(宋)林億等校　清光緒四年(1878)莫繩孫影印本　八冊

320000－1633－0000093　古籍 094
夷夏用兵鑒古錄四十卷　錢鬻杲評注　清光緒二十年(1894)木活字印本　五冊

320000－1633－0000094　古籍 095
繪圖花月因緣十六卷五十二回　(清)魏秀仁撰　題(清)棲霞居士評　清光緒十九年(1893)上海書局石印本　一冊　存三卷(九至十一)

320000－1633－0000095　古籍 096
正字略不分卷　(清)王筠撰　清道光綠蔭堂刻本　一冊　存二畫至二十八畫

320000－1633－0000096　古籍 097
英字指南六卷　(清)楊勳輯譯　清光緒五年(1879)求志草堂石印本　二冊　存二卷(一至二)

320000－1633－0000097　古籍 098
息柯雜著六卷歸石軒畫談十卷　(清)楊翰撰　清刻本　一冊　存十二卷(息柯雜著五至六、歸石軒畫談十卷)

320000－1633－0000098　古籍 099
彙纂功過格十二卷首一卷末一卷　清光緒二十年(1894)刻本　七冊

320000－1633－0000099　古籍 100
瘟疫論類編五卷　(明)吳有性撰　(清)劉奎訂正　(清)劉秉錦編釋　清道光二十年(1840)三讓堂刻本　二冊

320000－1633－0000100　古籍 101
古經解彙函四十一種二百八十三卷　(清)鍾謙鈞等輯　清同治十二年(1873)粵東書局刻本　九冊　存七種二十九卷(鄭氏周易注三卷、補遺一卷,易緯乾坤鑿度二卷,易緯稽覽圖二卷,廣雅十卷,干祿字書一卷,大宋重修廣韻五卷,廣韻五卷)

320000－1633－0000101　古籍 102
長沙方歌括六卷首一卷　(清)陳念祖撰　清光緒三十四年(1908)章福記書局石印本　一冊

320000－1633－0000102　古籍 103

時方妙用歌括二卷景岳新方砭四卷　(清)陳念祖撰　清光緒三十四年(1908)章福記書局石印本　一册

320000－1633－0000103　古籍 104
醫學心悟五卷　(清)程國彭撰　清末上海錦章書局石印本　二册　存二卷(一、三)

320000－1633－0000104　古籍 105
靈樞節要淺注十二卷　(清)陳念祖集注　清光緒三十一年(1905)上海文盛堂書局石印本　一册　存八卷(五至十二)

320000－1633－0000105　古籍 106
本草綱目五十二卷　(明)李時珍撰　清末石印本　一册　存十九卷(十九至三十七)

320000－1633－0000106　古籍 107
增批輯注東萊博議四卷　(清)劉鍾英輯注　清末石印本　一册　存一卷(三)

320000－1633－0000107　古籍 108
獸經不分卷　(明)黄省曾撰　**虎苑二卷**　(明)王穉登撰　清刻本　一册

320000－1633－0000108　古籍 109
傷寒百證歌五卷經絡歌訣不分卷　(宋)許叔微撰　清光緒十六年(1890)藏修書屋刻本　二册

320000－1633－0000109　古籍 110
藥症忌宜不分卷　(清)陳澈編輯　清光緒十六年(1890)藏修書屋刻本　一册

320000－1633－0000110　古籍 111
昭代名人尺牘小傳二十四卷　(清)吳修輯　清光緒十六年(1890)藏修書屋刻本　一册　存十卷(一至十)

320000－1633－0000111　古籍 112
雨窗消意錄甲部四卷　(清)牛應之撰　清刻本　一册　存二卷(三至四)

320000－1633－0000112　古籍 113
傳症彙編三種二十卷　(清)熊立品編次　清乾隆四十一年(1776)刻本　七册

320000－1633－0000113　古籍 114
本草崇原三卷　(清)張志聰注釋　(清)高士栻纂集　清乾隆三十二年(1767)刻本　二册

320000－1633－0000114　古籍 115
中西匯通醫經精義二卷　(清)唐宗海撰　清光緒三十四年(1908)上海千頃堂書局石印本　二册

320000－1633－0000115　古籍 116
傷寒論淺註補正七卷首一卷　(清)陳念祖註　(清)唐宗海補正　清光緒三十四年(1908)千頃堂書局石印本　二册　存四卷(一至四)

320000－1633－0000116　古籍 117
血證論八卷　(清)唐宗海撰　清光緒三十四年(1908)上海千頃堂書局石印本　一册　存三卷(六至八)

320000－1633－0000117　古籍 118
金匱要略淺注補正九卷　(漢)張仲景撰　(清)陳念祖淺注　(清)唐宗海補正　清光緒三十四年(1908)千頃堂書局石印本　二册　存三卷(四至六)

320000－1633－0000118　古籍 119
時務通考三十一卷　題(清)杞廬主人輯　清光緒二十三年(1897)上海點石齋石印本　十六册　存十三卷(二、四至五、九、十一至十四、十七至十八、二十二至二十四)

320000－1633－0000119　古籍 120
評選靜香樓醫案二卷　(清)尤怡撰　(清)柳寶詒選評　清光緒三十年(1904)石印本　一册

320000－1633－0000120　古籍 121
御覽書苑菁華二十卷　(宋)陳思輯　清光緒十六年(1890)藏修書屋刻本　五册　存十七卷(四至二十)

320000－1633－0000121　古籍 122
隸釋二十七卷　(宋)洪适撰　清同治十年(1871)皖南洪氏晦木齋刻洪氏晦木齋叢書本　七册

320000－1633－0000122　古籍 123

傷寒論註四卷　(清)柯琴撰　清乾隆金閶綠慎堂刻傷寒來蘇集本　四冊

320000－1633－0000123　古籍124
傷寒附翼二卷　(清)柯琴撰　清乾隆金閶綠慎堂刻傷寒來蘇集本　二冊

320000－1633－0000124　古籍127
本草經三卷　(三國魏)吳普等述　(清)孫星衍　(清)孫馮翼輯　清光緒十七年(1891)池陽周氏刻本　三冊

320000－1633－0000125　古籍128
本草經疏三十卷　(明)繆希雍撰　清光緒十七年(1891)池陽周氏刻本　十三冊

320000－1633－0000126　古籍129
脈經十卷　(晉)王叔和撰　清光緒十七年(1891)池陽周氏刻本　四冊

320000－1633－0000127　古籍130
脈訣刊誤二卷　(元)戴起宗撰　(明)朱升節抄　(明)汪機補訂　清光緒十七年(1891)池陽周氏刻本　二冊

320000－1633－0000128　古籍131
增輯難經本義二卷　(明)滑壽本義　(清)周學海增輯　清光緒十七年(1891)池陽周氏刻本　二冊

320000－1633－0000129　古籍132
中藏經二卷附方一卷　(漢)華佗著　清光緒十七年(1891)池陽周氏刻本　二冊

320000－1633－0000130　古籍133
巢氏諸病源候總論五十卷　(隋)巢元方撰　清光緒十七年(1891)池陽周氏刻本　十冊

320000－1633－0000131　古籍134
脈因證治四卷　(元)朱震亨著　清光緒十七年(1891)池陽周氏刻本　二冊

320000－1633－0000132　古籍135
小兒藥證直訣三卷　(宋)錢乙著　(宋)閻孝忠輯　**閻氏小兒方論一卷**　(宋)閻孝忠撰　清光緒十七年(1891)池陽周氏刻本　二冊

320000－1633－0000133　古籍136
褚氏遺書一卷　(南朝齊)褚澄撰　清光緒十七年(1891)廣州藏修堂刻本　一冊

320000－1633－0000134　古籍137
葛仙翁肘後備急方八卷　(晉)葛洪撰　(清)程永培校　清光緒十七年(1891)廣州藏修堂刻本　六冊

320000－1633－0000135　古籍138
元和紀用經一卷　(唐)王冰撰　清光緒十七年(1891)廣州藏修堂刻本　一冊

320000－1633－0000136　古籍139
蘇沈內翰良方十卷　(宋)蘇軾　(宋)沈括撰　(清)程永培校　清光緒十七年(1891)廣州藏修堂刻本　三冊

320000－1633－0000137　古籍140
十藥神書一卷　(明)葛可久撰　**附加減靈秘十八方一卷**　清光緒十七年(1891)廣州藏修堂刻本　一冊

320000－1633－0000138　古籍141
韓氏醫通二卷　(明)韓懋撰　清光緒十七年(1891)廣州藏修堂刻本　一冊

320000－1633－0000139　古籍142
折肱漫錄七卷　(明)黃承昊撰　清光緒十七年(1891)廣州藏修堂刻本　二冊

320000－1633－0000140　古籍143
名醫類案十二卷　(明)江瓘輯　清同治十年(1871)藏修堂刻本　十二冊

320000－1633－0000141　古籍144
欽定授時通考七十八卷　(清)鄂爾泰等撰　清江西書局刻本　二十四冊

320000－1633－0000142　古籍145
外臺秘要方四十卷　(唐)王燾撰　清同治十三年(1874)廣東翰墨園刻本　四十冊

320000－1633－0000143　古籍146
息柯白牋八卷　(清)楊翰撰　清同治十二年(1873)羊城九曜山房刻本　三冊

320000－1633－0000144　古籍147
扁鵲心書三卷　(宋)竇材重集　(清)胡玨參

論　清光緒刻本　一册

320000－1633－0000145　古籍148

再重訂傷寒集注十卷附五卷　(清)舒詔撰　清刻本　五册　存十卷(三至七、十至十四)

320000－1633－0000146　古籍149

傷寒論淺注六卷　(清)陳念祖集注　清光緒二十七年(1901)新化三味書局刻本　四册

320000－1633－0000147　古籍150

產科心法二卷　(清)汪喆撰　清光緒十八年(1892)輝棣舊廬刻本　一册

320000－1633－0000148　古籍151

廣續方言四卷　程先甲輯　清光緒二十三年(1897)木活字印本　二册

320000－1633－0000149　古籍152

芷園素社痎瘧論一卷痎瘧疏方一卷　(清)盧之頤疏　**達生編一卷**　清刻本　一册

320000－1633－0000150　古籍153

血證論八卷　(清)唐宗海著　清光緒十六年(1890)唐氏刻本　四册

320000－1633－0000151　古籍154

增訂花柳指迷六章　(美國)嘉約翰輯譯　(清)林應祥筆述　清光緒十五年(1889)羊城博濟醫局刻本　一册

320000－1633－0000152　古籍155

女科二卷　(清)傅山撰　清同治八年(1869)湖北崇文書局刻本　一册

320000－1633－0000153　古籍156

產後編二卷　(清)傅山撰　清同治八年(1869)湖北崇文書局刻本　一册

320000－1633－0000154　古籍157

侣山堂類辯二卷　(清)張志聰撰　清刻本　一册

320000－1633－0000155　古籍158

學治臆說二卷續說一卷說贅一卷　(清)汪輝祖撰　清同治五年(1866)刻本　一册

320000－1633－0000156　古籍159

陳安道先生[瑚]年譜二卷　(清)陳溥述　清光緒十八年(1892)東倉書庫刻本　一册

320000－1633－0000157　古籍160

京試各科錄不分卷　清末刻本　一册

320000－1633－0000158　古籍161

澄衷蒙學堂字課圖說四卷　(清)澄衷蒙學堂輯　清光緒三十年(1904)澄衷蒙學堂石印本　一册　存凡例、檢字、類字

320000－1633－0000159　古籍162

博物新編三卷　(英國)合信撰　清末刻本　一册　存一卷(一)

320000－1633－0000160　古籍163

歸石軒畫談十卷　(清)楊翰撰　清同治十二年(1873)刻本　三册　存五卷(一至四、七)

320000－1633－0000161　古籍164

課兒草三刻不分卷　(清)錢福蓀編　清光緒十八年(1892)快雪軒刻本　十一册

320000－1633－0000162　古籍165

新刊良朋彙集六卷　(清)孫偉輯　清光緒九年(1883)上洋埽葉山房刻本　六册

320000－1633－0000163　古籍166

新刊醫林狀元壽世保元十二卷　(清)龔廷賢編　清光緒十二年(1886)上洋江左書林刻本　八册　缺二卷(乙至丙)

320000－1633－0000164　古籍167

龍舒淨土文十卷首一卷末一卷　(宋)王日休撰　清光緒九年(1883)金陵刻經處刻本　一册

320000－1633－0000165　古籍168

沈氏尊生書七十二卷　(清)沈金鰲撰　清刻本　一册　存三卷(二至四)

320000－1633－0000166　古籍169

新刻小兒推拿方脈活嬰秘旨全書二卷　(明)龔廷賢撰　(明)姚國禎補輯　清同治八年(1869)大陞堂刻本　一册

320000－1633－0000167　古籍171

韻會舉要三十卷禮部韻略七音三十六字母通

考一卷　(元)黄公紹編輯　(元)熊忠舉要　清光緒九年(1883)淮南書局刻本　八册　缺六卷(十一至十六)

320000－1633－0000168　古籍172
梅氏叢書輯要六十二卷　(清)梅文鼎撰　(清)梅瑴成輯　清同治十三年至光緒二年(1874－1876)梅纘高頤園刻本　十九册　缺二卷(四十至四十一)

320000－1633－0000169　古籍173
佐治藥言一卷續一卷　(清)汪輝祖撰　清同治五年(1866)刻本　一册

320000－1633－0000170　古籍174
草字彙十二卷　(清)石梁輯摹　清道光五年(1825)刻本　二册　存五卷(子至辰)

320000－1633－0000171　古籍175
學古診則四卷　(清)盧之頤輯　清乾隆三十五年(1770)刻本　三册

320000－1633－0000172　古籍176
三十樹梅花書屋詩鈔四卷　(清)李崧霖撰　清刻本　二册

320000－1633－0000173　古籍177
夢綠亭會合詩一卷續編一卷　(清)楊翰撰　清光緒三年(1877)刻本　一册

320000－1633－0000174　古籍178
浯溪考二卷　(清)王士禛撰　清刻本　一册

320000－1633－0000175　古籍179
程氏家塾讀書分年日程三卷綱領一卷　(元)程端禮撰　清同治八年(1869)江蘇書局刻本　一册

320000－1633－0000176　古籍180
韻山堂詩集七卷補遺一卷　(清)王文誥撰　清光緒十四年(1888)浙江書局刻本　一册

320000－1633－0000177　古籍181
增補繪像山海經廣注十八卷　(清)吳任臣撰　清末尊德堂刻本　一册　存二卷(一至二)

320000－1633－0000178　古籍182
課徒續草不分卷　(清)錢振鍠撰　清木活字印本　一册

320000－1633－0000179　古籍183
全體新論不分卷　(英國)合信　(清)陳修堂撰　清咸豐元年(1851)羊城惠愛醫館刻本　一册

320000－1633－0000180　古籍184
松峰說疫六卷備用良方一卷　(清)劉奎撰　清刻本　四册

320000－1633－0000181　古籍185
壺園試帖二卷　(清)徐寶善撰　清光緒十六年(1890)吳氏刻本　二册

320000－1633－0000182　古籍186
洗冤錄詳義四卷首一卷　(清)許槤編校　**摭遺二卷**　(清)葛元煦編　**摭遺補一卷**　(清)張開運輯　清光緒十六年(1890)湖北官書處刻本　四册　存四卷(一、首一卷、摭遺二卷)

320000－1633－0000183　古籍187
佩文韻府一百六卷　(清)張玉書等纂　**拾遺一百六卷**　(清)張廷玉等輯　清刻本　一百三十九册　存九十三卷(佩文韻府七、九、十一至二十六上、二十七至三十四上、三十五至五十七、六十三至一百六)

320000－1633－0000184　古籍188
山左校士錄一百六卷　(清)黃體芳輯　清光緒二年(1876)刻本　八册

320000－1633－0000185　古籍189
新譯日本法規大全不分卷　(清)南洋公學譯書院譯　商務印書館編譯所補譯　清光緒三十三年(1907)上海商務印書館鉛印本　八十一册

320000－1633－0000186　古籍190
增訂南九宮曲譜二十一卷附錄一卷　(明)沈璟輯　明三樂齋刻本　六册

320000－1633－0000187　古籍191
一笠庵北詞廣正譜不分卷　(清)李玉撰　清康熙青蓮書屋刻本　四册

320000－1633－0000188　古籍192

褒遺草堂詩鈔十二卷 (清)楊翰撰 清刻本 二冊 存九卷(四至十二)

320000－1633－0000189 古籍 193
古文辭類纂七十五卷 (清)姚鼐纂 (清)李承淵校勘 **校勘記一卷附録一卷** 清刻本 八冊 存五十六卷(二十一至七十五、校勘記一卷)

320000－1633－0000190 古籍 194
學海堂二集二十二卷 (清)吳蘭修編 清道光十八年(1838)啟秀山房刻本 八冊 存十四卷(一至五、十一至十二、十六至二十二)

320000－1633－0000191 古籍 195
蘇文忠公詩編注集成四十六卷總案四十五卷首一卷目録一卷諸家雜綴酌存一卷蘇海識餘四卷牋詩圖一卷 (宋)蘇軾撰 (清)王文誥編注 清光緒十四年(1888)浙江書局刻本 二十三冊 缺一卷(首一卷)

320000－1633－0000192 古籍 196
宛雅初編八卷 (明)梅鼎祚輯 清光緒二十五年(1899)宛村劉氏樹本堂刻本 二冊

320000－1633－0000193 古籍 197
宛雅二編八卷 (清)施閏章 (清)蔡蓁春輯 清光緒二十五年(1899)宛村劉氏樹本堂刻本 二冊

320000－1633－0000194 古籍 198
宛雅三編二十四卷 (清)施念曾 (清)張汝霖輯 清光緒二十五年(1899)宛村劉氏樹本堂刻本 八冊

320000－1633－0000195 古籍 199
粵西得碑記一卷 (清)楊翰撰 清光緒二年(1876)北平楊瀚語上息園刻息柯居士全集本 一冊

320000－1633－0000196 古籍 200
先德録一卷 (清)楊翰撰 清光緒二年(1876)北平楊瀚語上寄廬刻本 一冊

320000－1633－0000197 古籍 201
白香亭詩三卷 (清)鄧輔綸撰 清光緒十九年(1893)刻本 一冊 存一卷(一)

320000－1633－0000198 古籍 202
聽雨軒讀本前集□□卷今集一卷 (清)陳鍾麟選 清同治七年(1868)緯文堂刻本 三冊 存二卷(聽雨軒讀本前集上、今集一卷)

320000－1633－0000199 古籍 203
學海堂集十六卷 (清)阮元編 清咸豐九年(1859)啟秀山房刻本 四冊 存十卷(七至十六)

320000－1633－0000200 古籍 204
學海堂三集二十四卷 (清)張維屏編 清咸豐九年(1859)啟秀山房刻本 七冊 缺三卷(四至六)

320000－1633－0000201 古籍 205
絳雪軒會藝不分卷 清咸豐二年(1852)刻本 三冊

320000－1633－0000202 古籍 206
卜筮正宗十四卷 (清)王維德輯 清乾隆元年(1736)金閶綠蔭堂刻本 四冊

320000－1633－0000203 古籍 207
詩韻合璧五卷 (清)湯文潞編 清石印本 一冊 存一卷(四)

320000－1633－0000204 古籍 208
墨醇二編不分卷 (清)高敏編 清刻本 一冊

320000－1633－0000205 古籍 209
增注字類標韻六卷 (清)華綱輯 (清)范多珏重訂 清光緒十九年(1893)煥文書局石印本 一冊 存三卷(一至三)

320000－1633－0000206 古籍 210
古文淵鑒六十四卷 (清)徐乾學等編注 清康熙二十四年(1685)刻五色套印本 二十一冊 存三十三卷(一至八、十至十四、十九至二十二、三十三、三十五、四十一至四十六、五十、五十七至六十三)

320000－1633－0000207 古籍 211
墨選觀止不分卷 (清)梁葆慶選評 清三讓

堂刻本　四冊

320000－1633－0000208　古籍 212
雲在軒詩集三卷筆談一卷　(清)錢希撰　**求拙齋遺詩一卷**　(清)蔣南棠撰　清刻本　一冊

320000－1633－0000209　古籍 213
陳鈞堂詩文不分卷　(清)陳康祺撰　清同治九年(1870)刻本　三冊

320000－1633－0000210　古籍 214
欽定協紀辨方書三十六卷　(清)允祿等撰　清乾隆六年(1741)刻朱墨套印本　四冊　存五卷(一、九、十二至十四)

320000－1633－0000211　古籍 215
繪圖林蘭香八卷　題(清)隨緣下士輯　清末石印本　二冊　存二卷(四、八)

320000－1633－0000212　古籍 216
兩漢雋言十六卷　(宋)林鉞輯　(明)淩迪知校　清光緒六年(1880)八杉齋刻本　三冊　存八卷(一至五、十四至十六)

320000－1633－0000213　古籍 217
玉海纂二十二卷　(元)王應麟撰　(明)劉鴻訓輯　清光緒五年(1879)徐氏八杉齋刻本　六冊　存九卷(二至三、八至十一、十四至十五、十七)

320000－1633－0000214　古籍 218
鏡漪軒詩草不分卷　(清)陳淇撰　清道光二十三年(1843)刻本　一冊

320000－1633－0000215　古籍 219
鏡漪軒詩草不分卷　(清)陳淇撰　清道光二十三年(1843)刻本　一冊

320000－1633－0000216　古籍 220
鏡漪軒詩草不分卷　(清)陳淇撰　清道光二十三年(1843)刻本　一冊

320000－1633－0000217　古籍 221
鏡漪軒詩草不分卷　(清)陳淇撰　清道光二十三年(1843)刻本　一冊

320000－1633－0000218　古籍 222
聚星堂制藝不分卷　(清)陳犖撰　清光緒七年(1881)吳四寶堂刻本　一冊

320000－1633－0000219　古籍 223
瀛奎律髓刊誤四十九卷　(元)方回選　(清)紀昀批點　清掃葉山房刻本　六冊　存二十八卷(一至十二、三十三至四十八)

320000－1633－0000220　古籍 224
陳檢討集二十卷　(清)陳維崧撰　(清)程師恭注　清同治十三年(1874)大文堂刻本　六冊

320000－1633－0000221　古籍 225
歷代名臣言行錄二十四卷　(清)朱桓編　清光緒二十六年(1900)湖南書局刻本　三十二冊

320000－1633－0000222　古籍 226
高士宗先生手授醫學真傳一卷　(清)高世栻授　(清)王嘉嗣等述　清乾隆寶笏樓刻本　一冊

320000－1633－0000223　古籍 227
醫家心法一卷　(清)高斗魁撰　(清)胡珏評　清乾隆三十二年(1767)寶笏樓刻醫林指月本　一冊

320000－1633－0000224　古籍 228
易氏醫按一卷　(明)易大艮錄　清乾隆寶笏堂刻本　一冊

320000－1633－0000225　古籍 229
質疑錄一卷　(明)張介賓撰　清乾隆寶笏樓刻本　一冊

320000－1633－0000226　古籍 230
宋元明詩約鈔三百首不分卷　(清)朱梓　(清)冷昌言編　清道光朱梅溪刻本　一冊

320000－1633－0000227　古籍 231
唐詩三百首注疏六卷　題(清)蘅塘退士編　(清)章燮注　清刻本　一冊　存一卷(三)

320000－1633－0000228　古籍 232
許竹篔時文不分卷　(清)許景澄撰　清同治九年(1870)刻本　一冊

320000－1633－0000229　古籍 233
韓慕廬先生稿不分卷　（清）韓菼撰　清刻本　四册

320000－1633－0000230　古籍 234
賦學正鵠十卷　（清）李元度輯　清刻本　一册　存二卷（二至三）

320000－1633－0000231　古籍 235
皇朝經世文續編一百二十卷　（清）葛士濬輯　清石印本　二十九册　存一百八卷（一至八十九、九十四至一百九、一百十三至一百十五）

320000－1633－0000232　古籍 236
舉業前模八卷　（清）周百順編　清道光十六年（1836）經國堂刻本　四册

320000－1633－0000233　古籍 237
舉業新模八卷首一卷末一卷　（清）周百順編　清道光十六年（1836）經國堂刻本　二册

320000－1633－0000234　古籍 238
舉業新模四續六卷　（清）周百順編　清道光十六年（1836）經國堂刻本　二册

320000－1633－0000235　古籍 239
舉業新模五續六卷　（清）周百順編　清道光十六年（1836）經國堂刻本　一册

320000－1633－0000236　古籍 240
芳堅館題跋四卷　（清）郭尚先撰　（清）郭籛齡　（清）許祖滂輯　清光緒藏修書屋刻本　一册

320000－1633－0000237　古籍 241
詒晉齋集八卷　（清）永瑆撰　清藏修書屋刻本　三册　存六卷（三至八）

320000－1633－0000238　古籍 242
述古叢抄四集　（清）劉晚榮撰　清同治十年（1871）藏修書屋刻本　四册

320000－1633－0000239　古籍 243
無聲詩史七卷　（清）姜紹書輯　清藏修書屋刻本　二册

320000－1633－0000240　古籍 244
靈棋經不分卷　（晉）顔幼明　（南朝宋）何承天註　（元）陳師凱　（明）劉基解　清刻本　二册

320000－1633－0000241　古籍 245
李氏音鑑六卷　（清）李汝珍撰　清嘉慶十五年（1810）寶善堂刻本　三册

320000－1633－0000242　古籍 246
格言聯璧一卷　（清）金纓輯　清同治十年（1871）鐵函山房刻本　一册

320000－1633－0000243　古籍 247
韻府拾遺一百六卷　（清）張廷玉等編　清石印本　一册　存十一卷（六十三至七十三）

320000－1633－0000244　古籍 248
金匱方歌括六卷　（清）陳元犀韻注　清光緒三十四年（1908）上海章福記石印本　一册

320000－1633－0000245　古籍 249
慎柔五書五卷　（明）釋住想撰　（明）石震訂　（明）顧元交編　清刻本　三册

320000－1633－0000246　古籍 250
遼詩話二卷　（清）周春撰　清藏修書屋刻本　二册

320000－1633－0000247　古籍 251
全唐詩九百卷　（清）曹寅等輯　清雙峰書屋刻本　一册　存一册（第一函八）

320000－1633－0000248　古籍 252
焦氏易林四卷　（漢）焦贛撰　**易林元籥十測一卷**　（明）盛如林輯　清嘉慶知白齋刻本　一册

320000－1633－0000249　古籍 253
焦氏易林十六卷　（漢）焦贛撰　清嘉慶十三年（1808）黄丕烈士禮居刻士禮居黄氏叢書本　一册　存八卷（一至八）

320000－1633－0000250　古籍 254
景岳全書六十四卷　（明）張介賓撰　清刻本　一册　存二卷（六至七）

320000－1633－0000251　古籍 255
七家詩合註七卷　（清）陳沆等撰　清書業德

刻本　一冊　存二卷(六至七)

320000－1633－0000252　古籍 256

增評寄獄雲詩四卷　(清)聶銑敏撰　(清)朱兆鳳評　清掃葉山房刻本　四冊

320000－1633－0000253　古籍 257

律例館校正洗冤錄五卷附錄一卷　(宋)宋慈撰　(清)王又槐增輯　(清)李觀瀾補輯　(清)阮其新補注　清道光五年(1825)三讓堂刻本　二冊　存五卷(律例館校正洗冤錄五卷)

320000－1633－0000254　古籍 258

秘書廿八種不分卷　(清)汪士漢輯　清同治四年(1865)紫文閣刻本　二十四冊

320000－1633－0000255　古籍 259

重訂廣事類賦四十卷　(清)華希閔撰　清乾隆二十九年(1764)刻本　二冊　存五卷(一至五)

320000－1633－0000256　古籍 260

茹古軒元家衣缽隨鈔不分卷　題(清)硯山居士彙編　清刻本　四冊

320000－1633－0000257　古籍 261

鄉會元燈不分卷　清刻本　一冊

320000－1633－0000258　古籍 262

尺木堂綱鑑易知錄九十二卷明鑑易知錄十五卷　(清)周之炯等編　清光緒三十年(1904)石印本　十五冊　缺七卷(明鑑易知錄一至七)

320000－1633－0000259　古籍 263

太史華句八卷　(明)淩迪知輯　清八杉齋刻本　一冊　存五卷(四至八)

320000－1633－0000260　古籍 264

楚騷綺語六卷　(明)張之象輯　清光緒六年(1880)八杉齋刻本　三冊　存四卷(一、四至六)

320000－1633－0000261　古籍 265

蒙香草堂時文全集不分卷　(清)周景益撰　清刻本　一冊

320000－1633－0000262　古籍 266

翁注困學紀聞二十卷首一卷　(清)翁元圻撰　清末石印本　四冊　存十五卷(二至十六)

320000－1633－0000263　古籍 267

精選策學百萬卷類編四百卷　清光緒二十年(1894)文盛堂石印本　十八冊　存一百六十二卷(一至二十、三十一至六十、八十七至一百四十七、一百七十四至二百八、二百十八至二百三十三)

320000－1633－0000264　古籍 268

欽定四庫全書總目二百卷首四卷總目一卷　(清)紀昀等編　清光緒二十年(1894)上海點石齋石印本　十九冊　缺九卷(一百七至一百十五)

320000－1633－0000265　古籍 269

策學備纂三十二卷首一卷　(清)吳熲炎等纂　清光緒十三年(1887)點石齋石印本　三冊　存五卷(二、六至七、十二至十三)

320000－1633－0000266　古籍 270

策學備纂三十二卷首一卷　(清)吳熲炎等纂　清石印本　一冊　存一卷(十二)

320000－1633－0000267　古籍 271

策學纂要十六卷　(清)戴朋　(清)黃卷輯　清石印本　一冊　存五卷(五至九)

320000－1633－0000268　古籍 272

天崇百篇不分卷　(清)吳懋政評選　清刻本　一冊

320000－1633－0000269　古籍 273

葉天士女科診治秘方四卷　(清)葉桂撰　清末石印本　一冊　存一卷(一)

320000－1633－0000270　古籍 274

中國歷史教科書不分卷　劉師培撰　清光緒三十二年(1906)商務印書館鉛印本　一冊

320000－1633－0000271　古籍 275

康熙字典三十六卷十二集　(清)張玉書等纂　清道光七年(1827)刻本　四十冊

320000－1633－0000272　古籍 276

康熙字典三十六卷十二集　(清)張玉書等纂　清末石印本　六册

320000－1633－0000273　古籍 277
精選中外時務文編四十四卷　清光緒石印本　十册　存十八卷(一、四至九、二十一至二十二、二十九至三十三、三十八至四十、四十四)

320000－1633－0000274　古籍 278
諸名論著不分卷　清刻本　一册

320000－1633－0000275　古籍 279
易經文捷訣不分卷　清光緒十八年(1892)鴻寶齋石印本　一册

320000－1633－0000276　古籍 280
皇朝經世文新編二十一卷　麥仲華輯　清上海大同譯書局石印本　二十三册　缺一卷(十四)

320000－1633－0000277　古籍 281
御批通鑑輯覽一百二十卷　(清)傅恒等撰　清光緒二十五年(1899)美華寶記石印本　十八册　存一百九卷(一至六十二、六十八至七十七、八十四至一百二十)

320000－1633－0000278　古籍 282
一笠庵北詞廣正譜不分卷　(清)李玉撰　清青蓮書屋刻本　一册　存雙調、雙調後

320000－1633－0000279　古籍 283
唐王燾先生外臺秘要方四十卷　(唐)王燾撰　清末石印本　四册　存十二卷(七至九、十八至二十、三十二至三十七)

中國藥科大學圖書館古籍普查登記目録

全國古籍普查登記目録

國家圖書館出版社
National Library of China Publishing House

《中國藥科大學圖書館古籍普查登記目録》

編委會

主　　編： 許建真　張　静

編　　委： 歐陽寧　朱　華　江　凌　趙　莉

《中國藥科大學圖書館古籍普查登記目録》

前　言

中國藥科大學坐落於古都南京，是一所歷史悠久、特色鮮明、學風優良、在藥學界享有盛譽的教育部直屬、國家“211 工程”和“雙一流”建設高校，始建於1936年，前身爲國立藥學專科學校(四年制)，是我國歷史上第一所由國家創辦的藥學高等學府。

中國藥科大學圖書館古籍來源於學校前身幾個階段的收藏遺留以及校友的捐贈。2018年，本館積極回應“江蘇文脈整理與研究工程”的號召，開展古籍普查工作，經過整理，查明館藏古籍185部1136册。本館古籍收藏規模雖然不大，但别具特色，主要爲醫藥類古籍，也收藏有文史類古籍數種。館藏古籍中本草類的古籍約22部；醫方、驗方、炮製等類目的古籍約28部；内經、傷寒、針灸、金匱以及各科醫案約114部。館藏古籍版本類型較多，有刻本、石印本、鉛印本、油印本、抄本，其中清末刻本占大多數，多爲坊刻、私刻，偶有官刻本。本館古籍中特色藏品有清乾隆四十九年(1784)刻本《本草綱目》五十二卷、清嘉慶二十四年(1819)金閶書業堂刻本《景岳全書》三十五卷、清嘉慶十三年(1808)養心堂刻本《治痢金丹》十一卷等。

館藏古籍全部收藏於圖書館特藏室，配置了滅火系統、防盗報警系統、温濕度控制系統等，制定了相應的管理和閲覽制度，并擬定了館藏古籍數字化建設以及方書挖掘研究計劃。

經歷寒暑，反復核查，本館的古籍目録終於編輯出版，此次普查得到南京圖書館古籍部同仁的大力協助及悉心指導，館内許建真、張静、歐陽寧、朱華、江凌、趙莉等同志參與了此次館藏古籍普查工作，在此表示感謝。本目録的編撰雖力求準確，但是普查過程中難免有紕漏失誤之處，敬請方家不吝指正！

中國藥科大學圖書館

2020年11月

320000－4651－0000001　R24/75
丹溪心法五卷　(元)朱震亨撰　明新安吳勉學刻本　四册　缺一卷(五)

320000－4651－0000002　R242/85
石室秘錄六卷　(清)陳士鐸撰　清刻本　三册

320000－4651－0000003　R2/295
景岳全書六十四卷　(明)張介賓撰　清康熙會稽魯超刻本　二十一册　存三十卷(二十六、二十九、三十一、三十四、三十八、四十至六十四)

320000－4651－0000004　R2/306
醫宗金鑑九十卷　(清)吳謙等纂　清刻本　四十六册

320000－4651－0000005　R932.5/20
食物本草會纂十二卷　(清)沈李龍輯　清綠蔭堂刻本　四册　存六卷(五至十)

320000－4651－0000006　R221/60
内經知要二卷　(明)李中梓編注　清乾隆二十九年(1764)掃葉山莊刻本　二册

320000－4651－0000007　R254/44
治痢金丹十一卷　(清)沈漢澄述輯　清嘉慶十三年(1808)養心堂刻本　十一册

320000－4651－0000008　R932.3/112
本草述三十二卷　(清)劉若金著　清嘉慶十五年(1810)還讀山房刻本　二十册

320000－4651－0000009　R2/293
景岳全書六十四卷　(明)張介賓撰　清嘉慶二十四年(1819)金閶書業堂刻本　十册　存十卷(一至二、四、七、九、十二、十五、十七、二十、二十三)

320000－4651－0000010　R221/66
黃帝内經素問注證發微九卷靈樞注證發微九卷附素問補遺一卷　(明)馬蒔注　清太醫院刻本　十一册

320000－4651－0000011　R2/291
己任編八卷　(清)高鼓峰著　**醫宗己任編八卷**　(清)楊乘六輯　清涵古堂刻本　四册

320000－4651－0000012　R249/118
三家醫案合刻三卷　(清)吳金壽編　清掃葉山房刻本　二册　缺一卷(三)

320000－4651－0000013　R249/121
葉氏醫案存真三卷　(清)葉桂撰　清道光十六年(1836)葉萬青刻本　四册

320000－4651－0000014　R221/63
重廣補註黃帝内經素問二十四卷　(唐)王冰註　(宋)林億等校　清道光二十九年(1849)京口遵仁堂刻本　六册

320000－4651－0000015　R22/116
醫林改錯不分卷　(清)王清任著　清石印本　一册

320000－4651－0000016　R932.81/70
醫方集解二十三卷　(清)汪昂撰　清光緒十三年(1887)掃葉山房刻本　六册

320000－4651－0000017　R932.8/290
行軍方便便方三卷　(清)羅世瑤編　清咸豐二年(1852)刻本　二册　缺一卷(三)

320000－4651－0000018　R932.81/67
醫方易簡新編六卷　(清)龔自璋　(清)黃統輯　**醫方易簡續編二卷**　(清)葉照林輯　清同治三年(1864)盛世豐等香山集善堂刻本　八册

320000－4651－0000019　R222/57
增輯傷寒論類方四卷　(清)徐大椿輯　(清)潘霨增輯　清同治五年(1866)潘氏刻本　四册

320000－4651－0000020　R932.8/286
幾希錄良方合璧不分卷　(清)張惟善集　清同治八年(1869)刻本　二册

320000－4651－0000021　R932.8/283
良朋彙集四卷　(清)孫偉輯　清同治九年(1870)刻本　四册

320000－4651－0000022　R244/160
理瀹駢文摘要二卷　(清)吳師機著　清光緒

元年(1875)江蘇書局刻本　二冊

320000－4651－0000023　R249/122
重刊補註洗冤録集證六卷　(宋)宋慈撰　(清)王又槐增輯　(清)李觀瀾補輯　清光緒三年(1877)浙江書局刻本　七冊

320000－4651－0000024　R2/294
當歸草堂醫學叢書十卷　(清)丁丙編　清光緒四年(1878)丁氏當歸草堂刻本　十冊

320000－4651－0000025　R932.8/282
備急千金要方三十卷千金翼方三十卷　(唐)孫思邈撰　清光緒四年(1878)長洲黄學熙影印本　十二冊

320000－4651－0000026　R932.8/291
千金翼方三十卷　(唐)孫思邈撰　清光緒四年(1878)獨山莫氏影印本　八冊

320000－4651－0000027　R2/289
景岳全書發揮四卷　(清)葉桂著　清光緒五年(1879)吴氏醉六堂刻本　四冊

320000－4651－0000028　R932.8/284
良朋彙集五卷急救仙方一卷　(清)孫偉輯　清光緒九年(1883)校經山房刻本　六冊

320000－4651－0000029　R932.3/116
本草綱目五十二卷　(明)李時珍撰　**本草綱目拾遺十卷**　(清)趙學敏輯　清光緒十一年(1885)合肥張氏味古齋刻本　三十二冊

320000－4651－0000030　R932.81/68
醫方集解不分卷　(清)汪昂撰　清光緒十三年(1887)掃葉山房刻本　六冊

320000－4651－0000031　R25/45
串雅内編四卷　(清)趙學敏編　清光緒十三年(1887)榆園刻本　二冊

320000－4651－0000032　R932.81/66
醫方論四卷　(清)費伯雄著　清光緒十四年(1888)掃葉山房刻本　二冊

320000－4651－0000033　R2/283
陳修園醫書二十一種　(清)陳念祖撰　清光緒十八年(1892)圖書集成印書局鉛印本　四冊

320000－4651－0000034　R2/308
醫悟十二卷　(清)馬冠群撰　清光緒十九年(1893)木活字印本　八冊

320000－4651－0000035　R932.3/118
本草從新十八卷　(清)吴儀洛編　清光緒二十年(1894)學庫山房刻本　六冊　存六卷(一至六)

320000－4651－0000036　R932.3/115
本草經疏三十卷　(明)繆希雍著　清光緒十七年(1891)池陽周氏刻本　十冊

320000－4651－0000037　R26/26
外證醫案彙編四卷　(清)余景和撰　清光緒二十年(1894)會稽孫氏刻本　四冊

320000－4651－0000038　R272/41
幼科鐵鏡六卷　(清)夏鼎著　清光緒二十一年(1895)貴池劉信天堂刻本　二冊

320000－4651－0000039　R2/312
太醫院增補青囊藥性賦直解三卷太醫院增補醫方捷徑八卷　(清)李象春著　清光緒二十三年(1897)經綸元記刻本　四冊

320000－4651－0000040　R2/297
六科準繩六種　(明)王肯堂輯　清光緒二十四年(1898)掃葉山房石印本　三十六冊

320000－4651－0000041　R932.81/65
醫方彙編四卷首一卷　(英國)梅滕更口譯　(清)劉廷楨筆述　清光緒二十八年(1902)上海廣學會鉛印本　五冊

320000－4651－0000042　R932.3/122
經史證類大觀本草三十一卷　(宋)唐慎微纂　清光緒三十年(1904)武昌柯氏醫學館刻武昌醫學館叢書本　十八冊

320000－4651－0000043　R932.3/121
校正本草綱目五十二卷　(明)李時珍撰　清宣統元年(1909)經香閣刻本　十一冊

320000－4651－0000044　R249/119
丹溪治法心要八卷　(元)朱震亨撰　清宣統

元年(1909)武林蕭氏鉛印本　二冊

320000－4651－0000045　R2/669
王叔和圖注脈訣規正四卷　(清)沈鏡刪注　清兩儀堂刻本　二冊

320000－4651－0000046　R51/80
瘟疫指南四卷　(□)□□撰　清刻本　一冊

320000－4651－0000047　R932.3/188
本草綱目五十二卷　(明)李時珍撰　清乾隆四十九年(1784)刻本　十冊

320000－4651－0000048　R2－51/285
張氏醫通十六卷　(清)張璐撰　清嘉慶七年(1802)東都書市亦西齋刻本　二十四冊

320000－4651－0000049　K22/98
重刻剡川姚氏本戰國策劄記三卷　(清)黃丕烈撰　清嘉慶八年(1803)黃氏讀未見書齋刻本　一冊

320000－4651－0000050　R249/113
洗冤錄集證四卷　(宋)宋慈撰　(清)王又槐增輯　清道光三年(1823)刻本　三冊　缺一卷(二)

320000－4651－0000051　R2/648:2
普濟應驗良方八卷末一卷　(清)德軒氏輯　清道光十八年(1838)刻本　一冊　存四卷(五至八)

320000－4651－0000052　K23/94
續後漢書九十卷　(元)郝經撰　清道光二十一年(1841)刻本　二十六冊　存八十七卷(一至八十七)

320000－4651－0000053　R2/675
醫學從衆錄八卷　(清)陳念祖撰　清刻本　二冊

320000－4651－0000054　R2/677
醫學從衆錄八卷　(清)陳念祖撰　清道光二十五年(1845)漁古山房刻本　一冊　存二卷(一至二)

320000－4651－0000055　R2/649:1
增補衛生鴻寶六卷　(清)祝補齋輯　清咸豐七年(1857)上海寶賢堂刻本　一冊　存一卷(一)

320000－4651－0000056　R2/674
種福堂續選臨證指南四卷　(清)葉桂撰　清同治三年(1864)文盛堂刻本　一冊　存一卷(一)

320000－4651－0000057　R932.93/479
驗方新編八卷　(清)鮑相璈輯　清同治四年(1865)義林堂書坊刻本　一冊　存一卷(一)

320000－4651－0000058　R932.93/480
辨證奇聞十五卷　(清)陳士鐸撰　清同治六年(1867)刻本　一冊　存二卷(一至二)

320000－4651－0000059　K24/195
隋書八十五卷　(唐)魏徵等撰　清同治十年(1871)淮南書局刻本　十二冊

320000－4651－0000060　R932.3/191
本草萬方鍼線八卷　(清)蔡烈先撰　清同治十一年(1872)春明堂刻本　八冊

320000－4651－0000061　K23/97
魏書一百十四卷　(北齊)魏收撰　清同治十二年(1873)金陵書局刻本　二十冊

320000－4651－0000062　K23/96
後漢書一百二十卷目録一卷　(南朝宋)范曄撰　(唐)李賢等注　(晉)司馬彪續　(南朝梁)劉昭注補　清同治十二年(1873)嶺東使署刻本　十八冊

320000－4651－0000063　R2/690
遂生編一卷福幼編一卷　(清)莊一夔撰　清同治十二年(1873)壽椿堂刻本　一冊

320000－4651－0000064　K24/194
遼史一百十五卷　(元)脱脱等撰　清同治十二年(1873)江蘇書局刻本　十冊　存八十五(一至八十五)

320000－4651－0000065　Z126/91
國語二十一卷　(三國吳)韋昭注　清光緒二年(1876)成都尊經書院刻本　三冊　存十七卷(一至十七)

320000－4651－0000066　B22/548
爾雅初學讀本不分卷　(清)萬廷蘭撰　清光緒二年(1876)南昌萬廷蘭芝堂刻本　三冊

320000－4651－0000067　K22/97
國語明道本攷異四卷　(清)汪遠孫撰　清光緒二年(1876)刻本　一冊

320000－4651－0000068　R76/34
經驗喉科紫珍集不分卷　清光緒三年(1877)目耕齋刻字店刻本　一冊

320000－4651－0000069　R2/687
疫喉淺論二卷　(清)夏雲撰　清光緒五年(1879)刻本　一冊

320000－4651－0000070　R932.93/477
辨證奇聞十卷　(清)錢松撰　清光緒五年(1879)刻本　二冊　存四卷(一至二、五至六)

320000－4651－0000071　R24/160
醫學心悟四卷　(清)程鍾齡著　**華佗外科十法一卷**　清光緒六年(1880)埽葉山房石印本　三冊　缺一卷(三)

320000－4651－0000072　R2/665
喉齒全科五卷　(清)莊煜著　清光緒七年(1881)抄本　三冊　存三卷(一、四至五)

320000－4651－0000073　R932.93/139
驗方新編十六卷　(清)鮑相璈輯　清光緒七年(1881)合肥味古齋刻本　十冊

320000－4651－0000074　Z126/93
十三科古方選注不分卷　(清)王子接注　清光緒十八年(1892)刻本　二冊

320000－4651－0000075　R932.93/141
驗方續編不分卷　(清)海山仙館編　清光緒十二年(1886)味古齋刻本　一冊

320000－4651－0000076　R2/681
春溫三字訣一卷　(清)張子培撰　**痢症三字訣一卷**　(清)唐容川撰　**濕熱條辨一卷**　(清)薛雪撰　**溫熱贅言一卷**　題(清)寄瓢子撰　**瘧疾論一卷**　(清)韓善徵撰　清光緒十八年(1892)刻本　一冊

320000－4651－0000077　R2/663
御纂醫宗金鑑九十卷首一卷　(清)吳謙等纂　清光緒十八年(1892)上海圖書集成印書局石印本　二十冊　存五十七卷(一至十九、二十六至三十八、五十至七十四)

320000－4651－0000078　R2/693
洞天奥旨十六卷　(清)陳士鐸撰　清光緒十九年(1893)刻本　三冊　存十卷(三至十二)

320000－4651－0000079　K92/539
山海經十八卷　(清)郝懿行疏　清光緒十九年(1893)刻本　五冊

320000－4651－0000080　K92/540
山海經存九卷首一卷　(清)汪紱釋　清光緒二十年(1894)石印本　四冊

320000－4651－0000081　R932.3/192
增廣本草綱目五十二卷　(明)李時珍撰　清光緒二十年(1894)上海圖書集成印書局鉛印本　十七冊

320000－4651－0000082　R26/53
繪圖外科正宗十二卷　(明)陳實功撰　清光緒三十一年(1905)經元書室刻本　十冊

320000－4651－0000083　I222/38
文選五卷首一卷　(南朝梁)蕭統撰　(唐)李善注　**文選考異十卷**　(清)胡克家撰　清光緒二十一年(1895)寶文書局石印本　六冊　缺七卷(文選考異四至十)

320000－4651－0000084　R2/572
增訂驗方新編縮本十八卷　清光緒二十三年(1897)上海廣百宋齋石印本　一冊

320000－4651－0000085　Z126/92
通志二百卷　(宋)鄭樵撰　清光緒二十二年(1896)浙江書局刻本　九十三冊

320000－4651－0000086　Z126/95
通典二百卷附考證　(唐)杜佑纂　清光緒二十二年(1896)浙江書局刻本　五十冊

320000－4651－0000087　R245/279

繪圖針灸大成十卷　清光緒二十二年(1896)上海文瑞樓石印本　三冊

320000－4651－0000088　K23/95
前漢書一百二十卷　(漢)班固撰　清光緒二十三年(1897)金陵書局刻本　十六冊

320000－4651－0000089　R2/704
傅青主女科二卷補遺一卷　(清)傅山撰　清光緒二十五年(1899)圖書集成局鉛印本　一冊

320000－4651－0000090　K22/100
欽定史記一百三十卷　(漢)司馬遷撰　清光緒二十六年(1900)上海煥文書局石印本　一冊

320000－4651－0000091　R51/79
洞主仙師白喉治法忌表抉微一卷　題(清)耐修子輯　**經驗救急諸方一卷**　清光緒二十七年(1901)順成書局石印本　一冊

320000－4651－0000092　R932.93/478
校正增廣驗方新編十八卷　(清)陸嘯松撰　清光緒三十年(1904)洽記書局石印本　六冊

320000－4651－0000093　R961/42
雷公炮製藥性賦六卷　(清)李中梓輯　清光緒三十三年(1907)錦文堂石印本　一冊

320000－4651－0000094　R2/670
古今醫案按十卷　(清)俞震輯　清宣統元年(1909)上海會文堂書局石印本　十冊

320000－4651－0000095　R276/49
白喉全生集不分卷　(清)李紀方輯　清宣統元年(1909)金陵惜善堂刻本　一冊

320000－4651－0000096　R2/288
東垣十書十卷　清文奎堂刻本　十冊

320000－4651－0000097　R222/56
傷寒緒論二卷　(清)張璐纂述　清抄本　七冊

320000－4651－0000098　R2/305
徐靈胎醫書六種十卷　(清)徐大椿著　清半松書屋刻本　十冊

320000－4651－0000099　R272/39
天花精言六卷　(清)袁句著　清刻本　六冊

320000－4651－0000100　R271/64
濟陰綱目十四卷　(明)武之望輯著　清刻本　八冊

320000－4651－0000101　R212/142
增補遵生八箋十九卷　(明)高濂編　清課花書屋刻本　二十冊

320000－4651－0000102　R241/88
四診抉微八卷　(清)林之翰著　清刻本　四冊

320000－4651－0000103　R245/121
針灸大成十卷　(明)楊繼洲著　清光緒善成堂刻本　十冊

320000－4651－0000104　R272/42
痧痘集解六卷　(清)俞茂鯤集解　清松蔭堂刻本　四冊

320000－4651－0000105　R932.3/111
本草衍義二十卷　(宋)寇宗奭編撰　清刻本　四冊

320000－4651－0000106　R241/87
脈經十卷　(晉)王叔和撰　清光緒刻本　四冊

320000－4651－0000107　R932.81/69
醫方集解三卷　(清)汪昂撰　清致盛堂刻本　三冊

320000－4651－0000108　R93/157
本經序疏要六卷　(清)鄒澍撰　清光緒刻本　六冊

320000－4651－0000109　R93/156
本經疏證十二卷　(清)鄒澍撰　清光緒刻本　四冊　存四卷(一至四)

320000－4651－0000110　R244/161
理瀹駢文四卷　(清)吳師機著　清刻本　四冊

320000－4651－0000111　R221/62

類經圖翼十一卷 （明）張介賓著　清刻本　六冊

320000－4651－0000112　R2/296
琉球百問不分卷 （清）曹存心著　清抄本　四冊

320000－4651－0000113　R271/60
女科指掌不分卷 （清）葉其蓁編輯　清抄本　一冊

320000－4651－0000114　R271/59
女科或問不分卷 （□）□□撰　清抄本　一冊

320000－4651－0000115　R2/311
世補齋醫書十六卷 （清）陸懋修輯　清刻本　七冊　存十四卷(傷寒論陽明病釋四卷、内經運氣病釋九卷、内經運氣表一卷)

320000－4651－0000116　R254/43
興化實濟局霍亂論不分卷 （清）江曲春撰　清刻本　一冊

320000－4651－0000117　R2/303
醫學心悟□□卷 （清）程國彭著　清末民國間石印本　四冊　存四卷(一至四)

320000－4651－0000118　R2/307
醫悟十二卷 （清）馬冠群撰　清刻本　四冊

320000－4651－0000119　Z126/31
藝海珠塵 （清）吳省蘭輯　清刻本　二冊　存一種八卷(蘇沈良方一至八)

320000－4651－0000120　R272/40
嬰童百問十卷 （明）魯伯嗣撰　清抄本　六冊　存六卷(一至六)

320000－4651－0000121　R2/302
御纂性理精義十二卷 （清）李光地等纂修　清抄本　三冊　存三卷(一至三)

320000－4651－0000122　R932.3/117
增廣本草綱目五十二卷 （明）李時珍撰　清刻本　七冊　存七卷(一至七)

320000－4651－0000123　R932.3/113
本草求真十一卷 （清）黄宫繡撰　清刻本　十二冊

320000－4651－0000124　R932.8/289
本事方十卷續集十卷 （宋）許叔微著　清刻本　五冊

320000－4651－0000125　R932.2/84
神農本草經百種錄一卷 （清）徐大椿撰　清刻本　一冊

320000－4651－0000126　R932.3/120
重修政和經史證類備用本草三十卷 （宋）唐慎微輯　清刻本　十二冊　存十二卷(一至十二)

320000－4651－0000127　R222/236
金匱心典三卷 （清）尤怡撰　清刻本　三冊

320000－4651－0000128　R932.3/194
增補本草圖説二卷增补本草備要八卷本草備要圖説二卷 （清）汪昂撰　清末民國間石印本　四冊

320000－4651－0000129　Z126/96
人生必讀書十六卷 （清）鄒祖堂輯　清吳縣鄒鍾俊刻本　四冊　存八卷(四至十一)

320000－4651－0000130　R272/81
幼科鐵鏡不分卷 （清）夏鼎著　清刻本　一冊

320000－4651－0000131　R276/50
銀海精微二卷 （唐）孫思邈著　清崇文堂刻本　一冊　存一卷(二)

320000－4651－0000132　K22/79
重訂路史全本四十七卷 （宋）羅泌撰　（宋）羅苹注　清乾隆元年(1736)進修書院刻本　十一冊

320000－4651－0000133　R2/667
增訂醫門初學萬金一統要訣分類八卷首一卷末一卷 （清）羅必煒參訂　清光緒李光明莊刻本　四冊

320000－4651－0000134　K24/193
路史四十七卷 （宋）羅泌撰　清石印本　二

冊　存二卷(發揮一至二)

320000－4651－0000135　K24/192
路史四十七卷　(宋)羅泌撰　清石印本　三冊　存三卷(餘論一至三)

320000－4651－0000136　R2/659
醫述十六卷　(清)程文囿輯　清光緒十七年(1891)琴溪梅村家塾漢上刻本　十六冊

320000－4651－0000137　S68/212
秘傳花鏡六卷　(清)陳淏子輯　清末掃葉山房刻本　六冊

320000－4651－0000138　R2/678
時方妙用四卷　(清)陳念祖撰　清嘉慶八年(1803)漁古山房刻本　二冊

320000－4651－0000139　R2/660
御纂醫宗金鑑九十卷首一卷　(清)吳謙等纂　清尊經閣刻本　七冊　存十三卷(一至十三)

320000－4651－0000140　R2/645
景岳全書六十四卷　(明)張介賓撰　清刻本　六冊

320000－4651－0000141　R932.8/657
經驗方一卷　(清)沈善兼輯　清光緒二十二年(1896)柞谿沈氏擇古齋刻本　一冊

320000－4651－0000142　R77/62
傅氏眼科審視瑤函六卷　(明)傅仁宇撰　清經國堂刻本　五冊

320000－4651－0000143　R76/33
喉症全科紫珍集不分卷　題(清)燕山竇氏撰　清刻本　一冊

320000－4651－0000144　R2/499
喉症全科紫珍集不分卷　題(清)燕山竇氏撰　(清)丁兆庭輯　清抄本　一冊

320000－4651－0000145　K22/101
史記一百三十卷　(漢)司馬遷撰　清刻本　七冊

320000－4651－0000146　R2/646:2
增補加批臨證指南醫案八卷　(清)葉桂撰　(清)徐大椿評　清石印本　一冊　存一卷(二)

320000－4651－0000147　R2/404:2
臨證指南醫案十卷　(清)葉桂撰　清石印本　一冊　存一卷(二)

320000－4651－0000148　R2/647
金匱心典三卷　(清)尤怡撰　清刻本　三冊

320000－4651－0000149　R2－53/87
醫門法律六卷　(清)喻昌撰　清刻本　一冊　存二卷(五至六)

320000－4651－0000150　I214/17
眉山集十二卷　(宋)唐庚撰　清抄本　二冊

320000－4651－0000151　K23/98
戰國策三十三卷　(漢)高誘注　清刻本　三冊　存二十五卷(九至三十三)

320000－4651－0000152　R932.8/669
中藥方三卷　(□)□□撰　清抄本　三冊

320000－4651－0000153　R2/685
傷科大成一卷　(清)趙濂著　清抄本　一冊

320000－4651－0000154　R2/684
喉科藥性賦不分卷　(□)□□撰　清抄本　一冊

320000－4651－0000155　R2/680
女科要旨四卷　(清)陳念祖撰　清刻本　一冊

320000－4651－0000156　R2/679
靈素節要淺注十二卷　(清)陳念祖撰　清刻本　二冊　存八卷(五至十二)

320000－4651－0000157　R2/658
御纂醫宗金鑑九十卷　(清)吳謙等纂　清刻本　六冊　存十六卷(醫宗金鑑外科十六卷)

320000－4651－0000158　R2/688
醫宗必讀十卷　(明)李中梓撰　清刻本　二冊　存六卷(五至十)

320000－4651－0000159　R2/689

金匱方歌括六卷　(清)陳念祖撰　清石印本　一冊

320000－4651－0000160　R222/155
金匱要略淺注十卷　(清)陳念祖撰　清刻本　二冊

320000－4651－0000161　R222/242
傷寒醫訣串解六卷傷寒真方歌括六卷　(清)陳念祖撰　清石印本　一冊

320000－4651－0000162　R2/686
溫病條辨六卷首一卷　(清)吴塘撰　清石印本　四冊

320000－4651－0000163　R254/111
治痢金丹□□卷　(清)夏雲撰　清刻本　一冊　存一卷(一)

320000－4651－0000164　R932.3/197
本草綱目五十二卷　(明)李時珍撰　清刻本　五冊　存八卷(一、三、六至九、十五至十六)

320000－4651－0000165　R2/692
種痘新書十二卷　(清)張琰編輯　清刻本　三冊　存四卷(三、五至六、十二)

320000－4651－0000166　R932.3/196
本草綱目拾遺十卷　(清)趙學敏輯　清刻本　一冊　存五卷(六至十)

320000－4651－0000167　R26/75
外科正宗十二卷　(明)陳實功撰　清刻本　二冊　存四卷(三至六)

320000－4651－0000168　R2/701
瘍醫大全四十卷　(清)顧世澄撰　清抄本　一冊　存一卷(二十八)

320000－4651－0000169　R2/709
圖注喉科杓指四卷　(清)包永泰著　清石印本　三冊　存三卷(二至四)

320000－4651－0000170　R932.8/671
增評醫方集解二十三卷　(清)汪昂撰　清末民國間石印本　一冊　存五卷(十至十四)

320000－4651－0000171　R932.93/482
校正增廣驗方新編十八卷　(清)陸嘯松撰　清石印本　一冊　存四卷(九至十二)

320000－4651－0000172　R2/695
瘍醫大全四十卷　(清)顧世澄撰　清石印本　三冊　存八卷(十二至十四、二十九至三十三)

320000－4651－0000173　R2/694
校正驗方新編二十四卷　(清)鮑相璈輯　清石印本　三冊

320000－4651－0000174　R932.93/481
癰疽陽證歌不分卷　(□)□□撰　清抄本　一冊

320000－4651－0000175　R932.8/670
囍齋彙選簡要良方一卷　(清)徐寶謙輯　**通治又方一卷**　清抄本　一冊

320000－4651－0000176　R2/691
瘍醫大全四十卷　(清)顧世澄撰　清石印本　一冊　存一卷(三十三)

320000－4651－0000177　R245/284
針灸大成十卷　(□)□□撰　清刻本　一冊　存一卷(八)

320000－4651－0000178　R2/683
達生編一卷　題(清)亟齋居士撰　**婦科雜症一卷引痘略一卷**　(清)邱熺輯　**救迷良方一卷**　(清)何其偉輯　清刻本　一冊

320000－4651－0000179　R932.8/673
驗方新編目錄不分卷　清抄本　一冊

320000－4651－0000180　R2/698
喉科論不分卷　(□)□□撰　清抄本　一冊

320000－4651－0000181　R2/697
喉齒全科不分卷　(清)石生增訂　清抄本　一冊

320000－4651－0000182　R26/74
校正外科正宗不分卷　(明)陳實功撰　清刻本　一冊

320000－4651－0000183　R222/241
金匱要略淺注十卷　(清)陳念祖撰　清刻本　一册　存三卷(三至五)

320000－4651－0000184　R276/51
疫喉淺論二卷疫喉淺論治驗一卷　(清)夏雲撰　清刻本　一册

320000－4651－0000185　R2/706
增補痘疹玉髓金鏡録四卷　(明)翁仲仁撰　清石印本　一册　存二卷(三至四)

《中共江蘇省委黨校圖書館古籍普查登記目録》
書名筆畫字頭索引

一畫

二畫

三畫

四畫

五畫

六畫

七畫

八畫

九畫

十畫

十一畫

十二畫

十三畫

十四畫

十五畫

十六畫

十七畫

十八畫

十九畫

二十畫

二十一畫

二十二畫

二十三畫

二十四畫

二十五畫

《中共江蘇省委黨校圖書館古籍普查登記目録》
書名筆畫索引

一畫

二畫

三畫

四畫

五畫

六畫

七畫

八畫

九畫

十畫

十一畫

十二畫

十三畫

十四畫

十五畫

十六畫

十七畫

十八畫

十九畫

二十畫

二十一畫

二十二畫

二十三畫

二十四畫

二十五畫

《中共南京市委黨校圖書館古籍普查登記目録》
書名筆畫字頭索引

四畫

五畫

六畫

九畫

十畫

十三畫

十四畫

十六畫

十七畫

《中共南京市委黨校圖書館古籍普查登記目録》
書名筆畫索引

四畫

五畫

六畫

九畫

十畫

十三畫

十四畫

十六畫

十七畫

《江蘇省南京市秦淮區圖書館古籍普查登記目録》
書名筆畫字頭索引

一畫

二畫

三畫

四畫

五畫

六畫

七畫

八畫

九畫

十畫

十一畫

十二畫

十三畫

十四畫

十五畫

十六畫

十七畫

十八畫

十九畫

二十畫

二十一畫

二十二畫

二十三畫

二十四畫

二十六畫

二十八畫

《江蘇省南京市秦淮區圖書館古籍普查登記目録》
書名筆畫索引

一畫

二畫

三畫

四畫

五畫

六畫

七畫

八畫

九畫

十畫

十一畫

十二畫

十三畫

十四畫

十五畫

十六畫

十七畫

十八畫

十九畫

二十畫

二十一畫

二十二畫

二十三畫

二十四畫

二十六畫

二十八畫

《江蘇省南京市鼓樓區圖書館古籍普查登記目録》
書名筆畫字頭索引

二畫

三畫

四畫

五畫

六畫

七畫

八畫

九畫

十畫

十一畫

十二畫

十三畫

十四畫

十五畫

十六畫

十七畫

十八畫

十九畫

二十一畫

二十二畫

《江蘇省南京市鼓樓區圖書館古籍普查登記目錄》
書名筆畫索引

二畫

三畫

四畫

五畫

六畫

七畫

八畫

九畫

十畫

十一畫

十二畫

十三畫

十四畫

十五畫

十六畫

十七畫

十八畫

十九畫

二十一畫

二十二畫

#《江蘇省南京市江寧區圖書館古籍普查登記目録》
書名筆畫字頭索引

二畫

三畫

四畫

五畫

六畫

七畫

八畫

九畫

十畫

十一畫

《江蘇省南京市江寧區圖書館古籍普查登記目録》
書名筆畫索引

二畫

三畫

四畫

五畫

六畫

七畫

八畫

九畫

十畫

十一畫

十二畫

十三畫

十四畫

十五畫

十六畫

十七畫

十九畫

二十一畫

二十二畫

二十四畫

《江蘇省南京市六合區圖書館古籍普查登記目録》
書名筆畫字頭索引

一畫

二畫

三畫

四畫

五畫

六畫

七畫

八畫

九畫

十畫

十一畫

十二畫

十三畫

十四畫

十五畫

十六畫

十七畫

十八畫

十九畫

二十畫

二十一畫

二十二畫

《江蘇省南京市六合區圖書館古籍普查登記目録》
書名筆畫索引

一畫

二畫

三畫

四畫

五畫

六畫

七畫

八畫

九畫

十畫

十一畫

十二畫

十三畫

十四畫

十五畫

十六畫

十七畫

十八畫

十九畫

二十畫

二十一畫

二十二畫

《江蘇省南京市高淳區圖書館古籍普查登記目録》
書名筆畫字頭索引

一畫

二畫

三畫

四畫

五畫

六畫

七畫

八畫

九畫

十畫

十一畫

十二畫

十三畫

十四畫

十五畫

十六畫

十七畫

十八畫

十九畫

二十一畫

二十二畫

二十四畫

《江蘇省南京市高淳區圖書館古籍普查登記目録》
書名筆畫索引

一畫

二畫

三畫

四畫

五畫

六畫

七畫

八畫

九畫

十畫

十一畫

十二畫

十三畫

十四畫

十五畫

十六畫

十七畫

十八畫

十九畫

二十一畫

二十二畫

二十四畫

《中國藥科大學圖書館古籍普查登記目録》
書名筆畫字頭索引

二畫

三畫

四畫

五畫

六畫

七畫

八畫

九畫

十畫

十一畫

十二畫

十三畫

十四畫

十五畫

十六畫

十七畫

十八畫

十九畫

二十一畫

二十三畫

二十四畫

《中國藥科大學圖書館古籍普查登記目録》
書名筆畫索引

二畫

三畫

四畫

五畫

六畫

七畫

八畫

九畫

十畫

十一畫

十二畫

十三畫

十四畫

十五畫

十六畫

十七畫

十八畫

十九畫

二十一畫

二十三畫

二十四畫